rowohlt
BERLIN

Herfried Münkler

Die Deutschen und ihre Mythen

Rowohlt · Berlin

2. Auflage März 2009

Satz Minion PostScript, InDesign,
bei Pinkuin Satz und Datentechnik, Berlin
Druck und Bindung CPI – Clausen & Bosse, Leck
Printed in Germany
ISBN 978 3 87134 607 1

Inhalt

Einleitung

Verglichen mit ihren europäischen Nachbarn oder den USA, ist die Bundesrepublik Deutschland eine weithin mythenfreie Zone – zumindest, wenn es um politische Gründungs- und Orientierungsmythen geht: kein Sturm auf die Bastille mit anschließender glorreicher Revolution, die zum politischen Orientierungszeichen einer ganzen Epoche wurde, wie in Frankreich;[1] kein Unabhängigkeitskrieg, in dem politische Werte durchgesetzt wurden, und keine Erzählungen über die zähe Selbstbehauptung kleiner Gruppen in einer feindlichen Umgebung, an der man sich ein Beispiel für gegenwärtige Herausforderungen nehmen könne, wie in den USA;[2] keine ungebrochene Erinnerung an eine glanzvolle imperiale Epoche, in der man der Welt Ordnung und Zivilisation gegeben habe, aus der die Eliten Selbstbewusstsein ziehen, wie in England; und auch keine identitätsstiftende Erinnerung an Untergang und Wiedererstehung, an heroischen Widerstand, der am Schluss von Erfolg gekrönt gewesen ist, wie in Polen.[3] Die Beispiele reichen vom Siegeskult bis zur stolzen Opfererzählung, vom politischen bis zum technologischen Führungsanspruch und zeigen die Bandbreite, innerhalb deren politische Mythen ihre Wirkung entfalten können. In Deutschland findet sich nichts Vergleichbares, lediglich die Erinnerung an das zweimalige politisch-militärische Scheitern in der ersten Hälfte des 20. Jahrhunderts und die furchtbaren Verbrechen des Nationalsozialismus, zunächst schamhaft beschwiegen, dann aber, zumindest von den Historikern, entschlossen aufgearbeitet.

Auch das sind Großerzählungen, aus denen nationale Identität gewonnen wird, nur dass sie durchgängig mit negativen Vorzeichen versehen sind.[4] Deutschland nimmt insofern eine Sonderstellung ein; kein anderes Land hat sich einer ähnlichen Erinnerungsarbeit unterworfen und die Zeichen moralischer Schande so sichtbar gemacht: nicht Japan, nicht Russland als Nachfolger der Sowjetunion und schon gar nicht Italien. Damit kann man als Deutscher einverstanden sein, aber Stolz will sich angesichts dessen, was da erinnert wird, nicht einstellen. Was aus der intensiven Beschäftigung mit der Vergangenheit erwächst, ist ein politisches Selbstverständnis, das sich weder lautstark noch demonstrativ kommunizieren lässt.

Man kann diesen Mangel freilich auch als Vorteil begreifen: Endlich ist es in Deutschland möglich, Politik jenseits mythischer Irrungen und Wirrungen, ohne narrative Verlockungen und frei vom Ballast eines geschichtlichen Wiederholungszwangs allein auf der Grundlage rationaler Interessenkalküle und diskursiven Erwägens zu betreiben. Aber so einfach sind die Dinge nicht. Das zu zeigen ist die Absicht dieses Buches. Es gibt keinen geraden Weg «vom Mythos zum Logos»,[5] schon gar nicht in der Politik, und auch Max Webers gerne bemühte Entzauberungsdiagnose ist, genauer betrachtet, viel zu melancholisch, als dass sie als Trompetensignal des Fortschritts in eine bessere, weil vernünftigere Welt verstanden werden könnte.[6]

Tatsächlich ist man nach dem Zweiten Weltkrieg in der Bundesrepublik keineswegs gänzlich ohne Mythen ausgekommen, nur waren diese nicht mehr auf die Politik, sondern auf den individuellen Wohlstand und dessen Zurschaustellung bezogen. Während man in der DDR versuchte, eine alternative Narration deutscher Geschichte gründungsmythisch aufzubereiten, in der Volksaufstände und revolutionäre Projekte an die Stelle der Kriege und Schlachten traten, verzichtete man im Westen auf einen offiziellen Gründungsmythos und begnügte sich damit, ein ausgesprochen symbolarmer Staat zu sein. Das wurde anfänglich durch den Provisoriumscharakter der Bundesrepublik erheblich erleichtert.[7] So verlagerte sich das Bedürfnis nach mythischer Narration und symbolischer Repräsentation von Politik und Staat auf Markt und Konsum. Der Volkswagen wurde zum Zeichen des Dazugehörens, und der Mercedes war das Symbol des gelungenen Aufstiegs, die Bestätigung des Erfolgs. Überspitzt gesagt, löste der Mercedesstern das Eiserne Kreuz der Kriegsgeneration ab. Käfer und Golf dominierten die Märkte und prägten die Identität von Generationen, aber der Mercedes brachte zum Ausdruck, dass deutsche Leistung auch international wieder Respekt und Anerkennung fand. Janis Joplin sang: «Oh Lord, won't you buy me a Mercedes Benz.» Nachdem es mit Schlachtflotten und Panzerarmeen vorbei war, hat kaum etwas den deutschen Anspruch auf Weltgeltung so deutlich verkörpert wie das Automobil aus Stuttgart. Das hat der spätere Unternehmensvorstand Jürgen Schrempp nicht begriffen, als er Namen und Symbol leichtfertig für die Bezeichnung Daimler-Chrysler drangab – eine Fehlentscheidung, die mit Milliardenaufwand revidiert werden musste. Ein Blick auf den Mythos hätte der Konzernzentrale diese Verluste ersparen können. Mythen sind Ansammlungen symbolischen Kapitals, von denen man gut leben kann, solange man sie hegt und pflegt. Dieses symbolische Kapital ist jedoch auch schnell verspielt.

Wie Schrempp die Bedeutung eines Namens und der angelagerten Symbolik unterschätzt hat, so neigen viele Politiker dazu, Narrationen im politischen Betrieb ein zu geringes Gewicht beizumessen.[8] Vor allem, wenn Politik sich nicht in routiniertem Administrieren erschöpft, sondern einschneidende Reformen erforderlich werden oder politisches Neuland zu betreten ist, erlangen solche Narrative große Bedeutung. Mythen versichern dann, dass die zu meisternden Aufgaben bewältigt werden können, weil das *damals* auch gelungen ist. Sie schaffen Orientierung und Zuversicht und sind damit kognitive wie emotionale Ressourcen der Politik. Das hat sich bei der sogenannten Agenda 2010 des zweiten Kabinetts Schröder gezeigt, die ohne narrativ-symbolische Rückendeckung auskommen musste und nicht zuletzt deshalb keine ausreichende Unterstützung innerhalb der SPD fand. Man hat aus der Not eine Tugend zu machen versucht, indem man die einzelnen Reformmaßnahmen mit einer explizit technischen Symbolik umgab, etwa die Hartz-Reformen durchnummerierte oder das Zieljahr der Reformen «Zwanzig-Zehn» aussprach. Aber das waren Symboliken, die eher negative Empfindungen hervorriefen als die politische Phantasie stimulierten. Die Entstehung der Linkspartei[9] und die Abwanderung größerer Wählerschichten von der Sozialdemokratie ist – jedenfalls zum Teil – eine Folge des narrativen wie symbolischen Mangels, mit der dieses Projekt in Gang gesetzt wurde. Das Defizit politischer Mythen in Deutschland hat also einen Preis, und der besteht im Fehlen von Großerzählungen, die Zutrauen und Mut erzeugen und politische Reformen begleiten und absichern können. Der Befund mag überraschen: Mangel an politischen Mythen und struktureller Konservatismus gehen offenbar Hand in Hand.

Nun hat aber, wie die deutsche Geschichte des 19. und frühen 20. Jahrhunderts zeigt, ein überbordender Reichtum an politischen Mythen ebenfalls seinen Preis, und der war mit Sicherheit größer als der, den die Bonner und die Berliner Republik für ihre Mythenfeindlichkeit bisher zu zahlen hatten. Unter dem Einfluss der Französischen Revolution und der sich in ihrem Gefolge entwickelnden politischen Dynamik hatte Ende des 18. Jahrhunderts in Deutschland eine Suche nach Nationalmythen und Nationalhelden eingesetzt, die an die Stelle der in der Jahrhundertmitte versiegten neostoischen Heroenmythik der höfischen Gesellschaft trat.[10] Vom wieder aufgefundenen *Nibelungenlied* bis zu Goethes *Faust* und Tacitus' *Germania*, vom Cheruskerfürsten Hermann/Arminius über den Stauferkaiser Barbarossa bis zum Reformator Luther wurden literarische Texte und historische Personen auf ihre Tauglichkeit zu politischen Gründungs- und Orientierungsmythen getestet. In sagenumwobene Orte, literarische Texte und historische Ereignisse wurde eine Bedeutung investiert, durch die sie über sich hinauswiesen, Geheimnisse bargen oder heilsgeschichtliche Versprechen enthielten. Der Dichter Wilhelm Raabe hat von den drei großen sinnbehafteten Bergen beziehungsweise Burgen Deutschlands gesprochen, in denen sich Vergangenheit und Zukunft des Landes spiegelten: dem Brocken, dem Kyffhäuser und der Wartburg.[11] Mit der Reichsgründung setzte eine «Verdenkmalung» der Landschaft ein, durch die bestimmten mythisch besetzten Orten eine sakrale Aura verliehen wurde.[12] Das Arminiusdenkmal im Teutoburger Wald und das Barbarossadenkmal auf dem Kyffhäuser, das Niederwalddenkmal oberhalb von Rüdesheim und das Völkerschlachtdenkmal in Leipzig, zuvor bereits die Walhalla nahe Regensburg und die Ehrenhalle bei Kelheim sind damals entstanden, die Wartburg wurde grundlegend restauriert, und der Kölner Dom, dessen Bau Mitte des 16. Jahrhunderts eingestellt worden war, wurde nunmehr vollendet.[13] Die Brüder Grimm sammelten nicht nur hessische Märchen, sondern auch deutsche Sagen, die Romantiker Brentano und Arnim edierten Lieder und Gedichte in der berühmten Sammlung *Des Knaben Wunderhorn*, und fast möchte man meinen, hier habe sich überhaupt erst zugetragen, was Max Weber ein Jahrhundert später dann für beendet erklärte: die Verzauberung der Welt.

Dabei waren beileibe nicht alle Verzauberungen genuin politisch, aber fast alle erwiesen sich als politisch anschlussfähig, zumindest derart, dass sie etwas zur Identität der Nation beisteuerten und das vorgeblich Besondere, Einmalige der Deutschen fassbar machten. In diesem Sinne befriedigen politische Mythen ein kollektives Distinktionsbedürfnis, wobei sie es selten bei bloßer Abgrenzung belassen, sondern Überlegenheitsvorstellungen und Dominanzansprüche wecken. Das ist vor allem dort der Fall, wo sich Gegenmythen entwickeln, wie im 19. Jahrhundert zwischen Deutschland und Frankreich[14] und seit den 1950er Jahren noch einmal zwischen der Bundesrepublik und der DDR. Sie beziehen ihre Kraft daraus, dass sie das Selbstbewusstsein der Gegenseite in Frage stellen. Das zeigt sich in der Kontrastierung von Versailles mit der Fluss- und Burgenlandschaft am Mittelrhein: auf der einen Seite die als künstlich betrachtete Einheit von Schloss und Park und auf der anderen Seite die als natürlich gefeierte Rheinlandschaft mit ihren tiefen Geheimnissen und den sich an die Natur anschmiegenden architektonischen Einsprengseln der Klöster, Kirchen und Burgen. Das war ein radikaler Gegenentwurf zu Versailles, der sich nicht nur gegen Frankreich, sondern auch gegen die Nachahmer des Französischen in Deutschland richtete. Oder «Rom» wurde zum Gegenbild des aufrechten, guten Deutschen stilisiert, beziehungsweise das, was als deutsch gelten sollte, wurde als Gegenentwurf zu all dem entfaltet, was sich mit «Rom» verbinden ließ. Der Franzosenkaiser

Napoleon und der Cheruskerfürst Hermann sind ein weiteres Gegensatzpaar, das für die mythische Kontrastierung von imperialem Anspruch und antiimperialem Widerstand steht, oder auch Napoleon und Königin Luise, der französische Satan und die preußische Heilige. Derart scharf ausgeprägte Gegensätze sollten Feindbilder markieren und das Selbstbild verdeutlichen. Zum System der Gegenmythen gehören auch konkurrierende Inanspruchnahmen ein und derselben Tradition, wie dies bei der frühneuzeitlichen Debatte über Karl den Großen der Fall war, den sowohl Franzosen als auch Deutsche für sich reklamierten.[15] Andere Beispiele sind das Straßburger Münster und der Bamberger Reiter, mit denen gegen Frankreich ein deutscher Anspruch auf die wahre und echte Gotik geltend gemacht wurde.[16]

Der Mythisierungsschub des 19. Jahrhunderts erfasste nicht nur den Raum, sondern griff in Gestalt eines politischen Heiligenkalenders mit Gedenk- und Feiertagen auch auf die Zeit aus. Das Kirchenjahr verlor sein Sakralitätsmonopol. Nun wurden die Jahrestage großer Schlachten oder politischer Gründungsereignisse ebenfalls mit Weihen versehen, die Dankbarkeit und Verpflichtung erzeugen sollten. In der Regel wurden die politischen Festtage mit Aufzügen und Militärparaden gefeiert. In der DDR lebte diese Tradition fort, während die Bundesrepublik sich auf Festansprachen mit musikalischer Umrahmung in geschlossenen Räumen beschränkte. Die bundesrepublikanische Linie eines reduzierten politischen Festkalenders bei Verzicht auf Militärparaden und Vorbeimärsche ist in der Berliner Republik übernommen worden. Der Sakralitätsverzicht politischer Festtage korrespondiert dem Mangel an gründungsmythischen Erzählungen. So ist der «Tag der deutschen Einheit» für die regionalen Schausteller wichtiger als für die republikanische Verfassungskultur Deutschlands.[17]

Im Prinzip führt die sakrale Aufladung des politischen Alltags jedoch zu Immobilismus. Das ist nur scheinbar ein Widerspruch zur obengemachten Beobachtung, dass politische Mythen bei der Unterstützung tiefgreifender Reformmaßnahmen hilfreich sind, während ihr Fehlen einen strukturellen Konservatismus befördert. Politische Mythen wirken nämlich in ihrer dreifachen Gliederung von narrativer Variation, ikonischer Verdichtung und ritueller Inszenierung keineswegs einsinnig im Sinne eines die Veränderung unterstützenden Faktors, sondern können auch den Kräften der Beharrung zur Seite stehen. Mit narrativer Variation ist dabei gemeint, dass Mythen nicht bloß weitererzählt, sondern auch fort- und umerzählt werden und dass die dabei zu beobachtenden Variationen spezifisch politische Deutungsleistungen darstellen, in denen einer Neuorientierung des politischen Verbandes vorgearbeitet wird. Vor allem am Barbarossa-, aber auch am Nibelungenmythos ist das zu beobachten. Unter ikonischer Verdichtung ist nicht bloß Verbildlichung, sondern auch Statuarisierung zu verstehen, insofern die einmal durchgesetzte Ikonik ein sehr viel größeres Beharrungsvermögen gegenüber Varianten aufweist als die Erzählung. Als Hypothese lässt sich somit formulieren, dass Narrative eher die Veränderung befördern, während Bilder und Denkmäler, die den Mythos zur Darstellung bringen, sowie die ihm gewidmeten Feste einen überwiegend bewahrenden Charakter haben. Das ist nicht verwunderlich, da Narrationen am wandlungsfähigsten sind, umerzählt und modifiziert werden können, wohingegen die mit Ikonisierung und Ritualisierung verbundene Sakralität Personen, Ereignisse und Berichte unverfügbar macht und Variationen unter Häresieverdacht stellt. Demgegenüber eröffnet der Verzicht auf politische Sakralisierung erhöhte Flexibilität und schafft die Möglichkeit, Perspektiven auszuloten, die im Mythos nicht vorgesehen sind. Andernfalls sind schmerzliche Prozesse der Desakralisierung unvermeidlich, wie man sie in den Städten der ehemaligen DDR zu Beginn der 1990er Jahre erleben konnte, als Denkmäler abgebaut und Straßen umbenannt wurden.[18]

Halten wir fest: In politischen Mythen wird das Selbstbewusstsein eines politischen Verbandes zum Ausdruck gebracht, beziehungsweise dieses Selbstbewusstsein speist sich aus ihnen. Sie sind die narrative Grundlage der symbolischen Ordnung eines Gemeinwesens, die insbesondere dann in Anspruch genommen werden muss, wenn sich Symboliken nicht mehr von selbst erschließen oder wenn es gilt, sie zu verändern. In einer solchen Situation sind politische Mythen und Symbole Angriffen von innen wie von außen ausgesetzt, und dabei stellen mythische Narrationen die wichtigste Verteidigungslinie der symbolischen Ordnung dar. Selbstverständlich sind politische Mythen aber auch offensiv einsetzbar, indem mit ihnen die Ansprüche eines politischen Gegners in Zweifel gezogen oder bestritten werden können.

Die Angriffe auf die symbolische Ordnung können sehr unterschiedlicher Art sein: Gegen architektonische Zeichen sind sie meist gewaltsam. Der mit physischen Mitteln durchgeführte Denkmalsturz, die Politik des Sprengstoffs, wie sie etwa unter Walter Ulbricht betrieben wurde, um Erinnerungen auszulöschen und das kollektive Gedächtnis der politischen Gemeinschaft neu programmieren zu können, ist freilich mit narrativen Mitteln nicht abzuwehren.[19] Aber die Politik des Sprengstoffs ist selbst auf die Begleitung durch Narrationen angewiesen; sonst erschiene sie als bloßer Vandalismus. Sie muss begründende Erzählungen dafür anbieten, warum das Abräumen früherer Symbolsysteme kein Verlust, sondern eine Befreiung ist. Solche demonstrativen Desymbolisierungen sind jedoch eher selten. Dass sie in der deutschen Geschichte des 20. Jahrhunderts mehrfach vorgekommen sind, hat mit deren Brüchen und Verwerfungen zu tun. Vergleichbares ist bei den europäischen Nachbarn nicht zu beobachten. In der Regel verläuft die Entheiligung von Plätzen und Gebäuden schleichend: Sie leiden über längere Zeit an der Erosion ihrer Symbolik, dementsprechend erfolgen auch keine Investitionen in ihren physischen Erhalt mehr, und es beginnt ein zunächst unmerklicher Verfall, bis zuletzt nur noch bedeutungslos gewordene Trümmer zu beseitigen sind. Der entscheidende Punkt in diesem Prozess ist die mythische Narration: Wenn ihre Kraft versiegt, verliert der Ort, auf den sie sich bezieht, seine Bedeutung.

In der deutschen Geschichte ist ein unmerkliches Dahinscheiden jedoch die Ausnahme; die Regel waren heftige Kämpfe um politische Mythen, bei denen diese umerzählt wurden, um sie neuen politischen Zielen anzupassen, oder sie wurden zerstört, indem man sie ihrer narrativen Umkleidungen entledigte und den ideologischen Kern bloßstellte. Wird dieser Kern sichtbar, verliert der Mythos seine Kraft. Man sieht die in ihm nur noch verborgenen Interessen. Mythen- und Ideologiekritik sind insofern eng miteinander verwandt. Es kommt deswegen nicht von ungefähr, wenn im Folgenden immer wieder auf Heinrich Heine Bezug genommen wird, der ein genialer Fortspinner und Umdeuter mythischer Erzählungen war.

Solche Kämpfe können nur dann geführt werden, wenn die Mythen weit verbreitet und bekannt sind. Dazu bedarf es einer sozialen Schicht, die mit Mythen und Symbolen so gut vertraut ist, dass sie auch nur im Zungenschlag hörbare Pointen wahrzunehmen vermag, um sich an ihnen zu vergnügen oder über sie zu erregen. Diese Schicht war in Deutschland das Bildungsbürgertum. Mit seinem Niedergang haben jene mythischen Narrationen an Relevanz verloren, die auf die Kenntnis von Kunst und Literatur angewiesen waren. Wenn, wie sich am Schluss des Buches zeigen wird, für die politische Mythik heute Fernsehunterhalter und Prominente, Werbedesigner und Bildzeitungsredakteure von größerer Bedeutung sind als Historiographen und Literaten, Maler, Bildhauer und Schriftsteller, so hat das auch mit der Veränderung der medialen Systeme zu tun, vor allem aber mit der politischen Marginalisierung des deutschen Bildungsbürgertums.

Politische Mythen haben in allen europäischen Nationen eine wichtige Rolle gespielt,[20] Deutschland allerdings war ein regelrechtes Dorado der politischen Mythographie. Das hängt mit der politischen Deutungshoheit des Bildungsbürgertums[21] und mit der verspäteten Staatsbildung zusammen: Bis 1871 waren Mythen und Symbole die einzige Repräsentation der Nation. Das hatte zur Folge, dass die nationalen Erwartungen und Anstrengungen auf das Feld des Symbolischen verwiesen waren. Was im politischen Erfahrungsraum nicht der Fall war, wurde mit umso größerer Intensität in den Erwartungshorizont[22] hineingeschrieben, und der wurde über weite Strecken durch Mythen illustriert. Heinrich Heine hat das deutsche Streben ins «Luftrevier» verspottet, aber kaum einer hat besser gewusst als er, welche gewaltige Kraft von diesen «Hirngespinsten» ausgehen konnte. Man kann große

Teile seines Werks als den Versuch begreifen, sie zu domestizieren. Auch das war Arbeit am Mythos,[23] wie sie im Folgenden beschrieben und analysiert wird.

Mit der Reichsgründung von 1871 kamen mythenfundierte Symbolik und politisch-administrative Struktur zusammen. Die erwähnte «Verdenkmalung» bedeutsamer Orte und Landschaften war die Folge.[24] Die kurzzeitige Verschmelzung von Erwartungshorizont und Erfahrungsraum löste einen Schub an Sakralisierung von Raum und Zeit aus, in dem sich der Anspruch des Bürgertums auf politisch-kulturelle Deutungshoheit ausdrückte. Mit der Bismarck'schen Reichsgründung war nur die eine Hälfte des politischen Projekts des Bürgertums realisiert worden, die Verbindung von Staat und Nation, nicht jedoch die andere, nämlich die Übernahme der politischen Führung. Daher wollte man wenigstens die Deutungshoheit über das neue Reich innehaben und auf diese Weise die adligen Eliten in Politik, Verwaltung und Militär lenken und leiten. Die Verfügung über die politischen Mythen wurde zum Ersatz für politische Partizipation. Daraus sind die Dynamik der politischen Mythenbildung in Deutschland und die Heftigkeit zu erklären, mit der um sie gestritten wurde. Pointiert formuliert: Mit Hilfe der politischen Mythen haben Teile des Bildungsbürgertums die adligen Eliten des Reichs vor sich hergetrieben und ihnen immer neue Ziele gesteckt. Seinen Höhepunkt fand das in der Kriegszieldebatte von 1914 bis 1917, als sich die konkurrierenden Gruppierungen in immer weitergehenden Erwartungen überboten und so die Chance für einen Verhandlungsfrieden blockierten.[25] Gerade in der Kriegszieldiskussion haben die politischen Mythen der Deutschen verhängnisvolle Wirkungen gehabt.

Warum hat dann aber erst 1945 und nicht bereits 1918/19 die große Wende im Umgang der Deutschen mit ihren politischen Mythen stattgefunden? Mit Ausrufung der Republik und der Bildung einer dem Parlament verantwortlichen Regierung standen alle Möglichkeiten politischer Partizipation offen. Doch erhebliche Teile des Bürgertums gingen zur Weimarer Republik auf Distanz oder bekämpften sie sogar.[26] Dies dürfte zum einen auf die Verbitterung über die Kriegsniederlage zurückzuführen sein, deren Folgen revidiert werden sollten, wobei den politischen Mythen die Aufgabe der mentalen Wiederaufrüstung zukam, zum anderen jedoch auf den politischen Aufstieg der Arbeiterschaft. Just in dem Augenblick, da das Bürgertum den Schritt von der politisch-kulturellen Deutungshoheit zu den Schalthebeln der Politik machen konnte, musste es die Verfügung darüber mit der Arbeiterschaft teilen. Das war im politisch-mythischen Erwartungshorizont nicht vorgesehen und trug mit dazu bei, dass sich die konservativen und nationalistischen Gruppen des Bürgertums in die befestigten Räume seiner Mythen zurückzogen, um die ungeliebte Republik von dort aus zu zermürben und sturmreif zu schießen. Politische Mythen, die vordem der Ziel- und Richtungsbestimmung des Kaiserreichs gedient hatten, wurden nun dazu eingesetzt, die Republik zu denunzieren: Sie sei schwach und verdanke ihr Bestehen einem Verrat. Gleichzeitig wurden Erwartungshorizonte aufgebaut, die mit der politischen Ordnung von Weimar unvereinbar waren und in nicht unerheblichem Maße die Hoffnung auf einen Führer weckten beziehungsweise diesem Akzeptanz verschafften. Dies war der hohe Preis, den die Deutschen für ihre zeitweilige Mythenversessenheit zu zahlen hatten.

Dafür erfolgte nach dem Zweiten Weltkrieg ein mythenpolitischer Schnitt, wie er radikaler nicht hätte sein können. Fast alle politischen Mythen waren desavouiert: An eine Wiederkehr Barbarossas nach langem Schlaf war nicht mehr zu denken, und die Nibelungen hatten auf ihrem Zug nach Osten allesamt den Tod gefunden. Von der germanischen Identität, auf die man zeitweilig so stolz gewesen war, wollte man nichts mehr wissen, und auch der Preußenmythos war anrüchig geworden.

Im Umgang mit den Trümmern der alten deutschen Mythen gingen DDR und Bundesrepublik unterschiedliche Wege: Während die DDR ein neues Mythensystem errichtete, in dessen Zentrum geschichtliche Ereignisse standen, die sich als Vorgeschichte des Arbeiter-und-Bauern-Staates aufbereiten ließen – vom Bauernkrieg über die antinapoleonischen Befreiungskriege bis zum antifaschistischen Widerstand –, blieben in der Bundesrepublik die mythenpolitischen

Trümmerberge zunächst weitgehend unbearbeitet. So zügig die physische «Enttrümmerung» der westdeutschen Städte erfolgte, so lustlos wurde die Auseinandersetzung mit den politisch-mythischen Trümmern untergegangener Großmachtträume betrieben. Das lief darauf hinaus, dass sich Einzelne, wenn sie dies wollten, darin eingraben konnten, ohne dass sie daran gehindert wurden. Es zeigte sich jedoch bald: Wer sich aus diesen Trümmern geistige Behausungen zimmerte, betrieb politische Selbstmarginalisierung. Was übrig geblieben war, ließ sich allenfalls für einen Geschichtsunterricht ohne mythenpolitischen Anspruch nutzen. Die Denkmäler boten sich für eine kommerzielle Vermarktung ohne politische Sinnvermittlung an, das heißt für Tourismus. Der Verzicht auf den politischen Sinn war die Voraussetzung für ihre Vermarktung. So wurde eine Distanz hergestellt, die dafür sorgte, dass man an diesen Orten nicht durch heilige Schauder in die politische Pflicht genommen wurde, sondern in touristischer Unbefangenheit seiner Neugier frönen konnte.

Aber ganz hat auch die Bundesrepublik auf Sinnstiftung durch mythische Erzählungen nicht verzichten können. Die Konsummythen, von denen bereits die Rede war, dienten nicht nur als Kaufanreize und Marketinginstrumente einer sich in ihrem neuen Wohlstand einrichtenden Gesellschaft, sondern avancierten auch zu Gegenerzählungen zur Mythik der DDR: Sie bestritten deren Anspruch, der bessere deutsche Staat zu sein, und hielten ihr die notorischen Versorgungsdefizite der Bevölkerung und die Einschränkung der Reisefreiheit als Manko der politischen Ordnung vor. Damit konterkarierten die bundesrepublikanischen Konsummythen den antifaschistischen Gründungsmythos, in dem die DDR den Widerstand gegen Hitler und die Zerschlagung des Nazi-Regimes für sich monopolisiert hatte.

Auch hier zeigen sich die Funktionsimperative von Gegenmythen: Der Antifa-Mythos der DDR war nicht nur eine Selbstvergewisserung des zweiten deutschen Staates, in dem die politische Herkunft und die mit ihr verbundenen Werte festgelegt wurden, sondern stellte zugleich einen Angriff auf die Bundesrepublik dar, die nicht oder nicht gründlich genug mit dem «Hitler-Faschismus» gebrochen habe; in der

BRD gäben die Ewiggestrigen den Ton an, und daran werde sie zugrunde gehen. Damit wird eine weitere Funktion politischer Mythen deutlich: Sie arbeiten an der Herausbildung eines «Wir», indem sie es scharf gegen ein «Sie» abgrenzen. Sie bebildern Alterität, um Identität zu festigen.

Die Arbeit des Mythos an der Wir/Sie-Unterscheidung erfolgt ebenfalls durch narrative Variation, ikonische Verdichtung und rituelle Inszenierung. Besonders gut kann die in Karikaturen geleistete ikonische Verdichtung diese Funktion erfüllen, da es in ihnen auf die Überzeichnung von Identifikationsmerkmalen ankommt, welche Assoziationen antippen und so das gesamte Programm der Wir/Sie-Unterscheidung abrufen. Verglichen damit sind die rituellen Inszenierungen politischer Mythen eher selbstreferentiell, das heißt, sie betten das «Wir» in eine feierliche Selbstgewissheit ein, ohne sich sonderlich um den Gegenentwurf des «Sie» zu bekümmern. Bei Festveranstaltungen würde die Präsenz des gegenmythischen «Sie» nur die Feierlichkeit stören.[27]

Ihre volle Kraft entfalten politische Mythen erst, wenn sie auf allen drei Ebenen präsent sind. Dabei stellt die Narration mit ihren Variationen die Grundstruktur des Mythensystems her, auf der Verbildlichung und Fest aufruhen[28] – dies gilt zumindest für die im 19. und 20. Jahrhundert wirkmächtig gewordenen politischen Mythen. Sie wendeten sich zunächst mit narrativen Mitteln an die Imaginationskraft der Menschen, und erst nachdem sie «die Massen ergriffen» hatten, ging man daran, Denkmäler zu errichten und politische Feste zu feiern. Unbeschadet dessen ist der in der jüngeren Forschung anzutreffende Hinweis ernst zu nehmen, wonach die Entstehung neuer suggestiver Bildtechniken im späten 20. Jahrhundert das Bild gegenüber dem Text habe dominant werden lassen. Obendrein eigne es sich sehr viel besser für die Zwecke der Beeinflussung, da es beim Betrachter eine direktere emotionale Wirkung hervorrufe. Demnach hat auch in der politischen Mythik ein *iconic turn* stattgefunden, in dessen Folge die narrative Variation – und damit die Möglichkeit einer kritischen Auseinandersetzung mit dem Mythos auf dessen ureigenstem Terrain: dem Erzählen

– gegenüber dem Plakativen, der direkt stimulierten Imagination, an Bedeutung verloren hat.[29] Darum soll es am Schluss des Buches gehen.

Mit dem Dominantwerden des Ikonischen über das Narrative dürfte eines der wichtigsten Merkmale des Mythos verblassen: seine Differenz gegenüber dem Dogma. Der Mythos, auch der politische Mythos, hat keine festen Konturen, seine Bedeutung kann durch Umstellung seiner verschiedenen Bestandteile immer wieder neu verändert werden. Der französische Ethnologe Claude Lévi-Strauss hat dies als *bricolage*, als Basteln, bezeichnet und die Beobachtung gemacht, dass die *bricolage* nicht zielgerichtet verläuft, sondern improvisiert wird, schon weil unterschiedliche und konkurrierende «Bastler» an diesem Prozess beteiligt sind.[30] Die Arbeit am Mythos findet statt, ohne dass jemand festlegt, was richtig ist und geglaubt werden muss. Sobald ein Mythos jedoch zum Dogma wird, verliert er das spezifisch Mythische: das permanente Fort- und Umerzählen.

Von seiner Tendenz her ist der Mythos demokratisch-egalitär; an der Arbeit an ihm sind Großeltern, die ihren Enkeln Geschichten erzählen, ebenso beteiligt wie hochgelehrte Wissenschaftler, die mit den Mitteln komparativer Exegetik Varianten vergleichen und nach dem Ur- oder Ursprungsmythos suchen. Bei politischen Mythen versucht die Führung des Staates, auf das Forterzählen Einfluss zu nehmen. Sie tut das in der Demokratie freilich mit anderen Mitteln als in autoritären oder gar totalitären Systemen. In Demokratien bewegt sie sich bevorzugt auf den Ebenen der ikonischen Verdichtung und rituellen Inszenierung, während ihre Definitionsmacht im Bereich narrativer Variation begrenzt ist, denn um ihn zu kontrollieren, bedarf es der Zensur. Generell aber gilt: Sobald der Mythos zum Dogma erstarrt, ist er tot. Das ist das Problem autoritärer oder gar totalitärer Systeme: dass sie politischer Mythen bedürfen, diesen aber keine Entfaltungsräume gewähren können, weil sie dann jenen politischen Kräften Spielraum verschaffen würden, die sie doch klein halten wollen.

Nun sollte freilich die narrative Variabilität des Mythos nicht mit einer Beliebigkeit des Fort- und Weitererzählens verwechselt werden.[31] Lévi-Strauss hat von der inneren Struktur des Mythos gesprochen, die den Mythos zu einem Verweisungssystem macht, das die Dauerstrukturen unseres Bewusstseins prägt, indem es den Sprachuntergrund unserer Verständigung darstellt.[32] Politische und semiotische Ordnungen stehen in einem Verweisungszusammenhang. Roland Barthes hat diesen Ansatz weiterentwickelt, indem er Mythen als eine Metasprache begriffen hat, die von ganz bestimmten soziopolitischen Gruppen verwendet wird. Der Mythos ist eine starre Botschaft, die das, was geschichtlich geworden ist, in feststehende Natur verwandelt und es so der Verfügung politischer Opponenten entzieht. Mythen würden somit politische Handlungsspielräume verengen: Die Metasprache des Mythos lässt das Gewordene als etwas Ewiges und Unverfügbares erscheinen. In soziologischer Wendung seiner Mythenanalyse identifiziert Barthes politische Mythen als Sprache des Kleinbürgertums, das die Welt mystifiziert, weil es sie nicht verändern kann und nicht verändern will.[33]

Damit hat Barthes das Feld markiert, auf dem mit politischen Mythen um die Besetzung von Begriffen und Vorstellungen gekämpft wird. Aber er hat seiner Analyse eine politische Schlagseite verliehen, die den Mythos zum Instrument der politischen Rechten und die Entmythisierung zum Privileg der politischen Linken gemacht hat.[34] Das ist freilich kaum überzeugend, wenn man an den Kult um die großen Führer der linken Parteien denkt, die mit Mythen ummantelt und durch Mythen erhöht worden sind. Wenn Barthes als «links» nur gelten lassen will, was mythenkritisch-aufklärerisch ist, so verwechselt er den politischen Machtkampf mit der gepflegten Atmosphäre intellektueller Salons und muss sich die Frage stellen lassen, ob nicht das Projekt der Aufklärung selbst ein politischer Mythos im hier entwickelten Sinne ist. Gleichwohl hat Barthes die ideologiekritische Dimension sichtbar gemacht, die jeder Mythenanalyse eigen ist, wenn sie nicht in eine pure Weitererzählung des Mythos umschlagen will.[35] Wo Ideologiekritik jedoch nicht wie ein Seziermesser, sondern wie eine Axt gehandhabt wird, greift die Auffassung um sich, bei politischen Mythen handle es sich durchweg um Demagogie und Gegenaufklärung, und wer dagegen angehe, fördere schon deshalb den politischen Fortschritt.

Ganz anders hat Karl Marx in seiner Schrift «Der 18te Brumaire des Louis Bonaparte» die Konstellationen beschrieben: «Die Menschen machen ihre eigene Geschichte, aber sie machen sie nicht aus freien Stücken, nicht unter selbstgewählten, sondern unter unmittelbar vorhandenen, gegebenen und überlieferten Umständen. Die Tradition aller todten Geschlechter lastet wie ein Alp auf dem Gehirne der Lebenden. Und wenn sie eben damit beschäftigt scheinen, sich und die Dinge umzuwälzen, noch nie Dagewesenes zu schaffen, gerade in solchen Epochen revolutionärer Krise beschwören sie ängstlich die Geister der Vergangenheit in ihrem Dienste herauf, entlehnen ihnen Namen, Schlachtparolen, Kostüme, um in dieser altehrwürdigen Verkleidung und mit dieser erborgten Sprache die neue Weltgeschichtsszene aufzuführen.»[36] So habe sich Luther als Apostel Paulus und die Französische Revolution abwechselnd als römische Republik oder römisches Kaisertum drapiert. Nachdem jedoch die Revolutionäre die neue Gesellschaftsordnung hergestellt hatten, «verschwanden die vorsintfluthlichen Kolosse und mit ihnen das wieder auferstandene Römertum – die Brutusse, Gracchusse, Publicolas, die Tribunen, die Senatoren und Cäsar selbst. […] Ganz absorbirt in die Produktion des Reichthums und in den friedlichen Kampf der Konkurrenz begriff sie [die bürgerliche Gesellschaft] nicht mehr, daß die Gespenster der Römerzeit ihre Wiege gehütet hatten. Aber unheroisch, wie die bürgerliche Gesellschaft ist, hatte es jedoch des Heroismus bedurft, der Aufopferung, des Schreckens, des Bürgerkriegs und der Völkerschlachten, um sie auf die Welt zu setzen.»[37]

Die ersten Seiten von Marx' Analyse des Aufstiegs Napoleons III. enthalten mehr an analytischer Einsicht in die Wirkung politischer Mythen als manch opulent angelegte Theorie politischer Mythen. Für Marx lassen sich politische Mythen, zumindest bis zur sozialistischen Revolution, die er selbst propagiert, nicht eindeutig dem Reaktionären oder Revolutionären zuordnen, sondern sie stehen der politischen Nutzung durch unterschiedliche Kräfte offen. Man kann freilich nachvollziehen, dass die meisten Autoren, die sich überwiegend mit den Mythen des Nationalsozialismus beschäftigt haben, die von Marx beschriebene Ambivalenz politischer Mythen nicht beobachtet, sondern diese kurzerhand der Gegenaufklärung und der politischen Reaktion zugeschlagen haben. Das gilt selbst für Ernst Cassirer, der in seiner *Philosophie der symbolischen Formen* (1923–1929) noch den spezifischen Erkenntnisgehalt von Mythen thematisiert hatte,[38] dann aber unter dem Eindruck des Nationalsozialismus in seinem Spätwerk *Der Mythus des Staates* (1946) schrieb: «Die neuen politischen Mythen wachsen nicht frei auf; sie sind keine wilden Früchte einer üppigen Einbildungskraft. Sie sind künstliche Dinge, von sehr geschickten und schlauen Handwerkern erzeugt.»[39] Es ging um Manipulation: «Die politischen Mythen handelten auf dieselbe Weise wie eine Schlange, die versucht, ihre Opfer zu lähmen, bevor sie angreift. Die Menschen fielen ihnen zum Opfer ohne jeden ernsten Widerstand. Sie wurden besiegt und unterworfen, bevor sie sich klar gemacht hatten, was eigentlich geschah.»[40] Und so gelangt Cassirer schließlich zu einer Feststellung, die Marx' Beobachtung, politische Mythen könnten einen revolutionären Heroismus hervorbringen, diametral entgegengesetzt ist: «Fatalismus scheint von mythischem Denken untrennbar zu sein.»[41]

Die genauere Betrachtung politischer Mythen fördert beides zutage: Mythen, die auf Veränderung drängen und die von ihnen Angesprochenen geradezu zum Handeln zwingen, und Mythen, die von der Unveränderlichkeit der Geschichte erzählen und die Unterwerfung unter ein unwandelbares Schicksal nahelegen.

Hans Blumenberg, neben Ernst Cassirer und den französischen Strukturalisten Claude Lévi-Strauss und Roland Barthes der vierte in der Gruppe der wichtigsten Mythostheoretiker des 20. Jahrhunderts, hat dem Mythos eine eher emanzipatorische, ja, überlebenssichernde Funktion zugeschrieben. In der mythischen Erzählung würden archaische Ängste durch mythische Erzählungen gebannt; der Mensch gewinne Distanz gegenüber dem Unheimlichen; gleichzeitig verleihe der Mythos der Welt Sinnhaftigkeit und mache sie zu einer Welt für den Menschen.[42] Nicht durch die revolutionäre Tat verschafft dieser sich Freiheit, sondern indem er eine ihm gleichgültig gegenüberstehende Welt narrativ überwältigt. Was Blumenberg allgemein am Mythos entwickelt hat, soll hier an den politischen Mythen der Deutschen nachvollzogen werden: Wie die politische Welt, einigen vertraut, anderen gänzlich unvertraut, mit narrativen Deutungen umstellt und mit interpretativen Narrationen überzogen wird, um Gewissheiten in einem Bereich zu erlangen, der sonst der Kontingenz des Kampfs um die Macht ausgeliefert gewesen wäre – so jedenfalls sahen es die meisten Mythopoeten der Zeit.

Unabhängig von der Frage, ob politische Mythen eine befreiende oder einengende Wirkung haben, tragen sie zur Ausgestaltung eines kollektiven Gedächtnisses bei, das für die Identität politischer Gemeinschaften von zentraler Bedeutung ist.[43] Auf diese Weise formen sie das Selbstbild von Kollektiven, werden politisch handlungsleitend und haben orientierende Funktion. Diese Mythomotorik hat der Kulturwissenschaftler Jan Assmann im Hinblick auf «kalte» und «heiße» Gesellschaften (Lévi-Strauss) differenziert: *Kalte Gesellschaften* sind bestrebt, den Einfluss der Geschichte auf ihr Gleichgewicht wegzuerzählen. Der Mythos hat hier die Funktion, Impulse zu neutralisieren, die Veränderung bewirken könnten; der Wandel wird eingefroren, und die mythische Annahme einer Wiederkehr des Gleichen dient der Bestätigung von Kontinuität, auf deren Wahrnehmung solche Gesellschaften angewiesen sind.

Im Gegensatz dazu sind *heiße Gesellschaften* regelrecht begierig auf Veränderung; der Mythos treibt in ihnen Entwicklung und Erneuerung voran, indem er die Erinnerung an Brüche und Umschwünge lebendig hält und weitere Umbrüche voraussagt. Auf dieser Grundlage kann Assmann erklären, warum einige Mythen eher konservative, andere wiederum revolutionäre Effekte haben. Fundierende Mythen stellen gegenwärtige Erfahrungen in das Licht der Geschichte, um sie als sinnvoll, gottgewollt, notwendig oder unabänderlich erscheinen zu lassen. Kontrapräsentische Mythen dagegen heben auf das Fehlende oder Verlorene ab; sie stellen Brüche heraus und betonen das Nochnicht, was zur Folge hat, dass sie jederzeit in einen revolutionären Messianismus umschlagen können.

All dies lässt sich auch an den politischen Mythen der Deutschen beobachten, die Veränderungen mal gebremst und mal vorangetrieben haben. Welche Mythen politisch zum Tragen kamen beziehungsweise wie sie weitererzählt wurden, hat freilich auch mit den Generationen zu tun, deren Erfahrungsraum und Erwartungshorizont sie prägen. Politische Mythen und die Erfahrung von Generationenzugehörigkeit hängen aufs engste miteinander zusammen. Vor allem in Umbruchsituationen dienen politische Mythen als gemeinsame Bezugspunkte, indem sie von dem berichten, was für diese Generation die verbindenden Erfahrungen sind oder doch sein sollten.

Auf der Suche nach dem sozialen Generationenbegriff hat Karl Mannheim die gemeinsamen Erlebnisse herausgestellt,[44] aber diese erwachsen kaum aus der Unmittelbarkeit gemeinsamer Erfahrungen, sondern das Gemeinsame an den je gemachten Erfahrungen wird wesentlich durch politische Mythen und deren Kanonisierungsfunktion für das kollektive Gedächtnis hergestellt. Mannheim spricht von den prägenden Erlebnissen, die in der Kindheit und vor allem der Jugend gemacht werden, hebt anschließend aber hervor, dass eine soziale Generation unterschiedlich viele physische Alterskohorten umfassen könne, wobei ein schneller sozialer Wandel und rasch aufeinanderfolgende politische Umbrüche dazu führen, dass eine Generation nur wenige Kohorten habe, während langsamer Wandel und fehlende Umbrüche zur Folge hätten, dass sich viele Alterskohorten in einer sozialen beziehungsweise politischen Generation sammelten. Entscheidend dafür dürfte die Erlebnisverarbeitung sein, und dabei spielen Meinungsführer und Deutungseliten die entscheidende Rolle. Sie nämlich versehen das Erlebte mit Sinn und Bedeutung beziehungsweise verbinden es narrativ und ikonisch mit den großen Erzählungen des politischen Verbandes und weisen dabei der jeweiligen Generation eine Rolle in der politischen und sozialen Geschichte des Großverbands zu.

Im 19. und frühen 20. Jahrhundert sind die Generationen in Deutschland durch Kriege und deren mythisch-narrative Aufbereitung geprägt worden, mit der Revolution von 1848 als Zwischenetappe – im 19. Jahrhundert waren es vor allem die Befreiungskriege von 1813–15, die Einigungskriege von 1866 und 1870/71,[45] und im 20. Jahrhundert wurde explizit von den beiden Kriegsgenerationen, der Zwischenkriegs- und der Nachkriegsgeneration gesprochen. Erst nach 1945 kamen kriegsunabhängige Bezeichnungen für soziale Generationen auf: die «skeptische Generation», die «68er-Generation», die «Generation Golf» und schließlich die «Generation Berlin»,[46] der laut Heinz Bude diejenigen angehören, die nach dem Regierungsumzug von Bonn nach Berlin die Nachkriegszeit mitsamt ihren Kontroversen und Erinnerungen hinter sich gelassen haben und sich vor allem durch Nüchternheit und Risikokompetenz auszeichnen. Man kann bezweifeln, ob dieser Befund so zutrifft, aber er legt das Dominantwerden einer Generation nahe, die sich für die deutsche Geschichte und ihre Erzählungen nicht mehr sonderlich interessiert und stattdessen starke Gegenwartsbezüge aufweist. Auch diese Generation kommt nicht ohne politische Mythen aus, nur sind diese präsentisch und weisen wenig narrative Varianz auf. Ikonische Verdichtung ist für sie zentral, während rituellen Inszenierungen wenig Bedeutung beigemessen wird.

Die nachfolgende Beschäftigung mit den politischen Mythen der Deutschen ist in fünf große Kapitel gegliedert. Die Nationalmythen, mit denen sich das erste Kapitel beschäftigt, erzählen von der Herkunft der Deutschen und vermitteln Zukunftsversprechen. Das ist das Charakteristikum von Nationalmythen – dass sie Vergangenheit und Zukunft miteinander verbinden und dabei Hinweise für das Handeln in der Gegenwart geben. Nicht selten sind sie Versprechen und Fluch in einem: Was als Erzählung daherkommt, wird, sobald sie zum Paradigma der eigenen Geschichte erhoben ist, zum Bann des Wahrnehmens und Handelns. Gilt das Berichtete erst als Nationalepos, Nationalmythos oder Nationalfigur, wird das, was eben noch literarisches Spiel oder durch eine Lokalsage vermittelte Erinnerung war, zur verbindlichen Vergangenheitsdeutung und zur Vorhersage des Zukünftigen. Aus profanem Spiel wird heiliger Ernst. Die Sakralisierung literarischer Figuren und historischer Gestalten, etwa durch die Erhebung des *Nibelungenliedes* zum deutschen Nationalmythos, hat viel zur Erzeugung der Opferwilligkeit beigetragen, ohne welche die deutsche Geschichte anders verlaufen wäre.

Daneben stehen im zweiten Kapitel die durch politische Mythen geprägten Vorstellungen des Eigenen und Fremden, die Wir-Sie-Stereotype, die unter der Überschrift «Ein Kampf gegen Rom» behandelt werden. Identität versuchte man in diesen Ausformungen politischer Mythen, von der Narration der Schlacht im Teutoburger Wald bis zu den gegen den Papst gerichteten Invektiven der Reformation, in erster Linie durch Abgrenzung zu erreichen.

Die Beschäftigung mit dem Preußenmythos im dritten Kapitel ist – auch – eine Suche nach den narrativ-ikonischen Wurzeln des deutschen Sonderwegsbewusstseins. Ausgangspunkt für die Vorstellung, es gebe einen deutschen Weg in eine eigene Moderne, war der Aufstieg Preußens im 18. Jahrhundert und der Mythos von der «deutschen Sendung» Preußens. Der Preußenmythos und die preußischen Mythen erzählten, wie dieser Sonderweg zu beschreiten sei, und dabei standen Dienst und Pflicht, Disziplin und – zunächst zumindest – Bescheidenheit im Zentrum der Erzählungen.

Die dem vierten Kapitel zugrunde liegende Suchbewegung folgt nicht der Spur literarischer Erzählungen oder historischer Erinnerung, sondern orientiert sich an Orten und Räumen. Manches, was in den vorangegangenen Kapiteln angerissen wurde, taucht hier noch einmal auf: die Burg als Symbol für Schutz und Trutz, Sicherheit und Freiheit, Verheißung und Erlösung; die Stadt in ihrer jeweiligen Ausformung als Verkörperung nationaler Identität wie regionalen Stolzes, dazu die sagenumwobene Landschaft als Inbegriff des Nationalen, und schließlich eine Vorstellung von Kultur, die als Kompensation verfassungspolitischer Defizite und machtpolitischen Scheiterns nutzbar war.

Das fünfte und letzte Kapitel ist durch das Modell der Gegenmythen geprägt. Da politische Mythen umso mehr Macht über die Vorstellungswelt der Menschen gewinnen, je stärker sie in einen Zusammenhang von Herausforderung und Reaktion eingebettet sind, wird der mythenpolitisch untermauerte Überlegenheitsanspruch der Gegenseite mit eigenen politischen Mythen beantwortet. Der Gegenseite wird darin der Grund ihres Selbstbewusstseins «wegerzählt». Diese gegenmythische Konfrontation, die bereits die Beziehung zwischen Deutschland und Frankreich lange Zeit prägte, wird hier im Verhältnis zwischen der Bundesrepublik und der DDR verfolgt.

Ohne dass dies zunächst beabsichtigt gewesen wäre, ist aus dem Buch über die politischen Mythen der Deutschen eine Geschichte deutscher Selbstdeutungen geworden. Das hat einen genauen Blick auf die Ausformung der jeweiligen Mythen erforderlich gemacht. Gleichwohl wurde keine enzyklopädische Behandlung aller auffindbaren Mythen angestrebt, sondern eine Auswahl im Hinblick auf die genannten Konstellationen vorgenommen. Luther und Bismarck etwa haben deshalb kein eigenes Kapitel erhalten. Stattdessen wird der politisch mythisierte Luther sowohl im Kapitel «Ein Kampf gegen Rom» als auch in dem Abschnitt über die Wartburg behandelt, und Bismarck, die überragende Gestalt aus der Gründergeneration des Hohenzollern'schen Kaiserreichs, ist an vielen Stellen präsent: Als der Schmied des Reichs wird er zum neuen Siegfried; nach seiner Entlassung aus dem Amt des Reichskanzlers wird er zu einem neuen Barbarossa, auf dessen Wiederkehr viele sehnsüchtig warten; er ist eine zentrale Gestalt des Preußenmythos, Höhepunkt der preußischen Geschichte und deren Ende in einem.[47]

Solche Formen mythischer Selbstdeutungen gehören weitgehend der Vergangenheit an. Inwieweit diese Selbstdeutungen nach wie vor eine wohl eher untergründige als manifeste Wirkung haben, wäre eine eigene Untersuchung wert, deren Grundzüge hier allenfalls angedeutet werden können. Der Rückblick auf die politischen Mythen der Deutschen legt jedoch nahe, dass einige von ihnen durchaus wiederbelebt, andere neu geformt werden könnten und dass eine gesteigerte Aufmerksamkeit für mythopoetisch geprägte Inszenierungen von Politik jedenfalls ebenso angezeigt bleibt wie die Frage, ob Politik auf mythische Gründungserzählungen und Zukunftsverheißungen verzichten kann.

I. Nationalmythen

Nationalmythen beschwören Gestalten der Vergangenheit, um Zukunft zu garantieren. Sie erheben den Anspruch, die Geschichte der Nation nicht nur zu deuten, sondern ihren Fortgang auch zu strukturieren. Dazu müssen sie freilich zwei große Herausforderungen bewältigen: Sie müssen die Komplexität des Geschehens reduzieren und dieses ethischen und ästhetischen Vorstellungen anpassen, und sie müssen den Schrecken der Kontingenz wegerzählen, also die Furcht besänftigen, die nationale Geschichte sei womöglich nur eine bedeutungslose Episode der Weltgeschichte. Indem sie diesen beiden Anforderungen genügen, stiften Nationalmythen Vertrauen und Zuversicht, dass die Nation die groß und bedrohlich vor ihr stehende Zukunft meistern werde. Barbarossa, der schlafende Kaiser, wird wiederkehren und das Reich in all seiner Macht und Herrlichkeit neu errichten; Siegfried, der stolze Held, wird alle anderen überstrahlen; und der forschende Gelehrte Faust wird die Welt verändern und beherrschen. So werden Nationalmythen zu Interpunktionen und Ligaturen im Fluss der Zeit.

Damit literarische Texte und historische Ereignisse das leisten können, muss ihr mythisierbarer Kern freigelegt werden: Was zum Nationalmythos avancierte, war nicht das *Nibelungenlied* als literarischer Text, sondern eine von den Herausgebern der Textsammlungen und Sagenbücher kompilierte Sage, in der die psychische Komplexität der Figuren vereinfacht und ihr Charakter vereindeutigt wurden.[1] Das gilt in ähnlicher Weise für Faust, bei dem sich der Typus des Welterforschers schon bald von seiner Charakterzeichnung durch Goethe entfernte. Jedenfalls kam, je stärker das *Nibelungenlied* zur Nibelungensage umgestaltet und zum Nationalmythos erhoben beziehungsweise Faust zum Inbegriff des ruhelos tätigen Deutschen stilisiert wurde, eine «volkspädagogische Komponente» ins Spiel, die Ambivalenzen und Uneindeutigkeiten tilgte, indem sie die Helden heldisch, den Verrat abgründig und die Einzelfigur kollektiv anschlussfähig machte.[2] So wurde aus dem *Nibelungenlied* ein politischer Mythos, der Identität anbot und Identifikation abverlangte, wobei die jeweiligen politischen Konstellationen darüber entschieden, ob man eher Siegfried oder Hagen zum Vorbild wählte. Aus dem Teufelsbündner Faust, der entweder schmählich scheiterte oder auf die Hilfe himmlischer Mächte angewiesen war, wurde im Verlauf dieser Umwandlungen eine umstürzend zupackende Figur, die zum Symbol des deutschen Aufbruchs im 19. und 20. Jahrhundert avancierte. Am einfachsten hatte man es da noch mit Kaiser Friedrich Barbarossa, den man nur aus einer notorischen Schlafmütze, als die ihn die Lokalsagen kannten, in eine schlummernde Urgewalt verwandeln musste, die kurz vor einem Aufbruch stand, der die politische Welt grundlegend verwandeln würde.

Der Herausbildung der Nationalmythen im 19. Jahrhundert kam ein «Streit der Institute» zugute, der mit der Ausdifferenzierung der philosophischen Fakultät nach der Humboldt'schen Universitätsreform zu tun hatte: Germanisten und Historiker wetteiferten darum, wer den größeren und besseren Beitrag zur sinnhaften Ausstaffierung der nationalkulturellen Identität leisten könne. Goethes *Faust* als größtes Werk der nationalen Literatur und die Proklamation des *Nibelungenliedes* zum Nationalmythos sollten den Anspruch der neuen akademischen Disziplin Germanistik auf universitäre Verankerung untermauern,[3] während Barbarossa und der Reichsmythos eher von den Historikern gepflegt wurden. Wer für sich in Anspruch nehmen konnte, der geistige Hüter nationaler Identität zu sein, durfte damit rechnen, bei der Neuaufteilung der universitären Positionen entsprechend berücksichtigt zu werden.

Und noch eine weitere Entwicklung beförderte die Herausbildung der deutschen Nationalmythen im 19. Jahrhundert: Mit der Revolution von 1789 hatten die Franzosen nicht nur einen politischen Modernitätsvorsprung gegenüber ihren europäischen Nachbarn erlangt, sondern verfügten auch über einen politischen Mythos, der seinesgleichen suchte.[4] Aber während sich der politische Modernitätsvorsprung durch entsprechende Reformanstrengungen einholen ließ, musste gegen die Suggestionen eines politischen Mythos, wie ihn die Erstürmung der Bastille, die Hinrichtung des Königs und die revolutionäre Selbstreinigung der Nation darstellten,[5] seinerseits ein starker Mythos aufgeboten werden. Diesen suchten die deutschen Schriftsteller und Intellektuellen im Mittelalter, das nicht nur romantisiert, sondern auch germanisiert wurde. So hatte es den Vorzug, dass die Deutschen es für sich allein reklamieren konnten und nicht mit den Franzosen teilen mussten.[6]

Unübersehbar ist jedoch, dass die zu den deutschen Nationalmythen erhobenen Erzählungen ihre dunklen und abgründigen Seiten haben: Kaiser Barbarossa ertrank im Fluss Saleph, womit auch das Projekt seines Kreuzzugs scheiterte; Siegfried fiel einer schmählichen Intrige zum Opfer; und Faust, der sich mit dem Teufel eingelassen hatte, wusste nicht, wie er dieser Verbindung wieder entkommen konnte. Keiner dieser Mythen war eine Erfolgserzählung. Was Erfolg in der Zukunft garantieren sollte, beruhte auf der Erzählung von Scheitern in der Vergangenheit. Die Nationalmythen der Deutschen haben den Schrecken solchen Scheiterns nicht durch Beschweigen, sondern durch Einschließung ins nationale Geschick zu bändigen versucht. Doch die Mehrdeutigkeit blieb den Mythen eingeschrieben und ließ sich jederzeit reaktivieren.

Statue des erwachenden Kaisers Friedrich I. im «Barbarossahof» des Kyffhäuserdenkmals (1896).

Die Wiederkehr des Kaisers

Barbarossa und die Erneuerung des Reichs

Die Vorstellung von dem Herrscher, der nach seinem Tod in einem Berg oder einer Höhle schläft und auf seine Rückkehr wartet, ist vielgestaltig und hat politisch unterschiedliche Ausdeutungen erfahren: Zu Beginn des 19. Jahrhunderts wurde sie in Deutschland zum Versprechen einer Wiederherstellung des untergegangenen Reichs, während sie um das Jahr 1600 herum vor allem eine Verheißung auf tiefgreifende soziale Veränderungen und langanhaltenden Frieden war. In der politischen Mythologie der Deutschen hat Kaiser Friedrich an unterschiedlichen Fronten gedient: an der sozialrevolutionären des ausgehenden Mittelalters, wo sich Erlösungsphantasien an ihn knüpften, die bei Bauern und städtischen Unterschichten die Bereitschaft zu Aufruhr und Umsturz beförderten, und in den Reihen der Nationalkonservativen am Ende des 19. Jahrhunderts, als sich die Veteranenverbände in Deutschland zusammenschlossen, um ein Bollwerk gegen die «gemeingefährlichen Bestrebungen der Sozialdemokratie» zu errichten.

Freilich ist Kaiser Friedrich immer sehr viel stärker ein Symbol des Abwartens als ein Signal zum Angriff gewesen.[1] Das Vertrauen auf die bevorstehende Wiederkehr des Kaisers und die damit einhergehende grundlegende Wandlung der Verhältnisse ist zumeist mit einem politischen Quietismus Hand in Hand gegangen, der von «unüberlegten Einzelaktionen» abriet, weil der richtige Zeitpunkt noch nicht gekommen oder es besser sei, den «dazu Berufenen» die Lenkung des Staatsschiffs und der politischen Angelegenheiten zu überlassen. Insofern stand Barbarossa für die Hoffnung, dass der Gang der Ereignisse auch ohne entschlossenes Handeln der Betroffenen eine Wende zum Guten nehmen werde.[2]

Die Vielfältigkeit des Barbarossamythos hat ihren Grund nicht zuletzt darin, dass hier ein Wandermotiv und eine historische Gestalt miteinander verbunden worden sind. Die Vorstellung vom Herrscher, der gestorben und doch nicht tot ist, findet sich in vielen Kulturen und hat demgemäß unterschiedliche Ausprägungen und Auslegungen erfahren.[3] Berichte, denen zufolge der Kaiser hier und dort gesehen worden sei und seine baldige Rückkehr angekündigt habe, beschäftigten die Phantasie des Volkes und wurden in Zeiten der Unruhe immer wieder aufgegriffen.

Dabei hat zunächst gar nicht Friedrich I. Barbarossa, sondern sein Enkel Friedrich II. die Rolle des wiederkehrenden Kaisers innegehabt. Die Ambivalenzen des späteren Mythos waren im zeitgenössischen Bild des sein Reich von Süditalien aus regierenden Kaisers vorgeprägt. Für die einen war er der erste moderne Herrscher, der in Sizilien und Süditalien die Lehensordnung durch eine Frühform des Beamtenstaates ersetzt und die Entwicklung einer experimentell ausgelegten Wissenschaft befördert hatte und dem es auf dem Verhandlungsweg gelungen war, Jerusalem für die Christenheit zurückzugewinnen. Dieser Sicht Friedrichs II. als *stupor mundi*, als «Staunen der Welt», stand die Auffassung gegenüber, dass der Kaiser insgeheim ein Ketzer sei, sich mit einer sarazenischen Leibgarde umgeben habe, die christliche Kirche zerstören und das Papsttum vernichten wolle – kurz, dass in ihm der Antichrist erschienen sei.[4] Als der Kaiser 1250 überraschend starb, wollten viele nicht glauben, dass die politisch beherrschende Figur der letzten drei Jahrzehnte ohne designierten Nachfolger einfach verschwunden war. Der Kaiser sei mit großem Gefolge in den Ätna geritten, hieß es, wobei offen blieb, ob er damit in die Hölle gestürzt oder bloß im Berg verschwunden sei, von wo er zu gegebener Zeit zurückkehren werde. Dabei dominierten zunächst die antikaiserlichen Kräfte, die vor allem vonseiten der Franziskaner tatkräftige Unterstützung fanden. Aber auch sie konnten nicht verhindern, dass sich im Volk die Erwartung einer Umwälzung der sozialen Verhältnisse und des Beginns einer langen Friedenszeit mit der Hoffnung auf Rückkehr des Kaisers verband.[5]

In einer im Jahre 1348, also unter dem Eindruck der großen Pest, seiner *Chronik* angefügten Nachricht schreibt Johann von Winterthur: «In diesen Zeiten verbreitete sich bei vielen Menschen verschiedenen, ja jeglichen Standes die sehr bestimmte Nachricht, Kaiser Friedrich, der Zweite dieses Namens, [...] werde in größter Macht und Herrlichkeit kommen, um den ganz verderbten Zustand der Christenheit zu reformieren. Die Leute, die das meinen, fügen hinzu, daß er notwendig kommen müsse, auch wenn er in Tausend Stücke zerschnitten, ja zu Asche verbrannt worden wäre; denn es sei Gottes Ratschluß, daß es geschehen müsse, und könne nicht abgeändert werden.» Johann hält eine solche Vorstellung zwar für abstrus, schildert jedoch recht anschaulich, wie sich in ihr sozialrevolutionäre Ideen mit antiklerikalen Affekten verbanden: «Dieser Meinung nach wird Friedrich wiedererweckt werden und an die Spitze seines Reiches zurückkehren; dann wird er arme Mädchen und Frauen reichen Männern zur Ehe geben und umgekehrt. Er wird die Nonnen und Laienschwestern verheiraten und die Mönche verehelichen. Den Unmündigen, Weisen und Witwen, denen alles und jedes geraubt wurde, wird er das Weggenommene wiederverschaffen und jedermann Gerechtigkeit widerfahren lassen. Die Geistlichen wird er so schrecklich verfolgen, daß sie ihre Tonsuren, wenn sie keine andere Kopfbedeckung haben, mit Kuhmist verdecken, um sie nicht zu zeigen. Die Mönche, besonders die Franziskaner, deren Anzeigen die päpstlichen Prozesse gegen ihn in Gang brachten und die ihn aus dem Kaisertum trieben, wird er aus dem Land verjagen. Nachdem er das Reich wieder aufgerichtet und gerechter und ruhmreicher als früher regiert hat, wird er mit einem großen Heer über das Meer fahren und auf dem Ölberg oder bei dem dürren Baum das Kaisertum niederlegen.»[6]

Knapp zweihundert Jahre danach ist im Tegernseer *Ludus de Antichristo* ebenfalls von der Rückkehr des Kaisers und der Neuordnung der sozialen Strukturen die Rede. Nachdem der Kaiser die Reform vollendet hat, tritt er ab, damit Christus allein herrsche. Symbol dessen ist wiederum ein dürrer Baum, an den der Kaiser die Insignien seiner Herrschaft hängt, woraufhin der Baum von neuem frisches Grün treibt. Doch dieser Machtverzicht, so die Warnung im geistlichen Spiel, gibt den Weg frei für den Antichrist, der die Menschen mit trügerischen Versprechungen auf seine Seite zieht, bis Gott schließlich selbst eingreift und ihn zerschmettert.[7] Hier übernehmen Kaiser und Reich die Funktion des *Katechons*: Sie halten das Weltende auf, weswegen die vorschnelle Abdankung gefährliche Folgen hat. Der Kaiser muss weiterherrschen, um die Beschleunigung der Zeit zum Ende der Welt hin zu blockieren. Er ist kein Herrscher wie andere, sondern hat heilsgeschichtliche Bedeutung.[8] Das ist das Gegenteil dessen, was Johann von Winterthur als die vorherrschende chiliastische Auffassung seiner Zeit überliefert hat, die Vorstellung eines Tausendjährigen Reichs, in dem die politische und soziale Welt besser und gerechter sein wird. Dennoch spielt in beiden Auffassungen, der konservativen wie der revolutionären, der Kaiser die Hauptrolle: Das eine Mal beschleunigt er das Weltende, das andere Mal hält er es auf.[9] Ohne ihn war auch für den «Oberrheinischen Revolutionär», eine im Vorfeld der Bauernkriege zirkulierende Kampfschrift, keine Reformation der Welt möglich, und so erweist sich hier einmal mehr der messianische Endkaiser als Vollender des göttlichen Heilsplans. Bis in den deutschen Bauernkrieg hinein haben diese revolutionär-chiliastischen Vorstellungen gewirkt, und immer wieder sind Personen aufgetreten, die sich als der sehnsüchtig erwartete Kaiser ausgegeben und Anhänger um sich geschart haben.[10]

Unabhängig von diesen generellen Ausdeutungen des Mythos hat sich das Wandermotiv vom wiederkehrenden Herrscher an einigen Stellen mit Lokalsagen verbunden, in denen erzählt wurde, dass ein Kaiser entweder in aufgelassenen Burgen des Nachts umherirre oder gelegentlich sein Versteck in einem Berg verlasse, um sich Wanderern und Hirten zu zeigen und sie reich zu beschenken. Solche Sagen rankten sich um den Untersberg bei Salzburg, Sennheim im Elsass, eine Grotte nahe Kaiserslautern und schließlich auch den Kyffhäuser beziehungsweise die dortige Burg Kyffhausen.[11] Zunächst blieb offen, um welchen Kaiser es sich handle, aber seit dem 15. Jahrhundert verdrängte Friedrich I. immer stärker seinen hochgebildeten Enkel, auf den sich die Wiederkehrerwartung ursprünglich bezogen hatte. Ohne diesen Wechsel hätte die Legende wohl kaum zum Nationalmythos der Deutschen werden können: Friedrich II. war kein Herrscher, der in Deutschland stärkere Empfindungen wecken konnte; er hatte sich selten nördlich der Alpen aufgehalten und war des Deutschen nur unzureichend mächtig. Ganz anders Friedrich I., den man gegen Ende des 13. Jahrhunderts in Italien als Barbarossa zu bezeichnen begann, um ihn von seinem bartlosen Enkel zu unterscheiden:[12] Von den Italienzügen abgesehen, bei denen die reichen Handelsstädte in die Botmäßigkeit des Reichs gezwungen werden sollten, hatte sein Hauptaugenmerk immer den deutschen Angelegenheiten gegolten, wobei der Auseinandersetzung mit Heinrich dem Löwen eine herausgehobene Bedeutung zukam.[13] Auch Barbarossa war überraschend gestorben, und sein Tod hatte ebenfalls politisch weitreichende Folgen: Als er am 10. Juni 1190 auf dem Weg nach Jerusalem im Fluss Saleph badete, dabei einen Kollaps erlitt und ertrank, verlor der Dritte Kreuzzug seinen Kopf und seine Seele; niemand konnte Friedrich als Anführer ersetzen. Das Heer zerfiel, der Kreuzzug scheiterte. Der Tod des Kaisers auf dem Höhepunkt staufischer Machtentfaltung ließ sich gut mit der Vorstellung verbinden, er sei gar nicht gestorben, sondern verschwunden und werde dereinst wiederkehren, um das Reich zu erneuern.[14]

Eine wichtige Rolle bei der Indienstnahme Barbarossas für nationale Zwecke kam der Reformation sowie einer national ausgerichteten humanistischen Historiographie zu, deren Vorkämpfer die Auseinandersetzungen des Kaisers mit dem Papst nutzten, um antirömische und antikuriale Ressentiments zu schüren.[15] Am Anfang steht Luthers Erklärung von 1523, in seinem Landesherrn habe sich die Prophezeiung von der Wiederkehr des Kaisers erfüllt: Zwar sei Kurfürst Friedrich der Weise formell nicht Kaiser, doch hätte er es werden können, da ihm die Kurfürsten das Amt angetragen hatten. Und was Barbarossa als Befreiung des Heiligen Grabes angestrebt habe, sei Friedrich dem

Weisen gelungen, indem er die Heilige Schrift aus der Gefangenschaft des Papstes befreit habe.

Eine noch schärfere Wirkung kam der von Luther, Melanchthon und Flaccius Illyricus aus dem *Volksbüchlein von Kaiser Friedrich* (1519) aufgegriffenen Behauptung zu, Papst Alexander III. sei dem Kaiser im Jahre 1177 bei der Versöhnungszeremonie in Venedig, die einen der immer wieder auftretenden Konflikte zwischen Kaiser und Papst beenden sollte, mit dem Fuß auf den Hals getreten, was für die Reformatoren ein weiterer Beleg für den tyrannischen Charakter der päpstlichen Herrschaft war und von den humanistischen Historiographen als eine Demütigung der Deutschen durch die Italiener ausgelegt wurde. Hier wurde Barbarossa zum Symbol des jahrhundertealten Kampfes gegen Rom.[16] Diese Polemik lebte eine Zeitlang fort, um sich im Verlauf des 17. und 18. Jahrhunderts dann zu verlieren. Barbarossa spielte nur noch in Lokalsagen und bei gelehrten Historikern eine Rolle.

Das änderte sich schlagartig im Jahre 1806 mit dem offiziellen Ende des «Heiligen Römischen Reichs Deutscher Nation»: Nachdem der Habsburger Franz II. abgedankt hatte, war die Kette der auf Barbarossa folgenden Kaiser gerissen, das Reich war dahin und das Kaisertum als Anspruch auf die europäische Hegemonie auf die Franzosen, auf Napoleon, übergegangen. Zwar hatte Franz II. sich gleich darauf als Franz I. zum österreichischen Kaiser krönen lassen, aber das war die Gründung eines neuen mitteleuropäischen Kaisertums und nicht die Fortsetzung des alten deutschen. Damit hatte die Vorstellung von der Wiederkehr des Kaisers eine andere Richtung bekommen: Jetzt ging es nicht mehr um eine Reform der Sitten und sozialen Verhältnisse, es ging um die Wiedererrichtung des Reichs.[17] Angesichts der politisch deprimierenden Lage war die Rückbesinnung auf das Mittelalter, ja dessen Verklärung zu einer von den Deutschen dominierten Epoche ein Trost und zugleich die Versicherung, dass die Zukunft keine Fortsetzung der Gegenwart sein werde, sondern die Erneuerung der Vergangenheit.

«Jedes Volk», notiert Hegel in den Zusätzen zu seiner Schrift *Die Positivität der christlichen Religion* (1795/96), «hatte ihm eigene Gegenstände der Phantasie, seine Götter, Engel, Teufel oder Heilige, die in den Traditionen des Volkes fortleben, deren Geschichte und Taten die Amme den Kindern erzählt und [diese] durch den Eindruck auf ihre Einbildungskraft an sich zieht und jene Geschichten bleibend macht.»[18] Derartigen «Geschöpfen der Einbildungskraft» seien «die alten Helden der Geschichte ihres Vaterlandes» beigesellt. Doch die christliche Missionierung habe das germanische Walhalla entvölkert, und mit der gelehrten Bildung sei den Deutschen eine fremde Kultur aufgepfropft worden. «In der Einbildungskraft unseres Volkes lebt ein David, ein Salomon, aber die Helden unseres Vaterlandes schlummern in den Geschichtsbüchern der Gelehrten, und für diese hat ein Alexander, ein Cäsar usw. ebensoviel Interesse als die Geschichte eines Karls des Großen oder Friedrich Barbarossa.»[19] Derselbe Hegel, der später mit ästhetischen Argumenten die *Ilias* dem *Nibelungenlied* vorzog,[20] ist hier – wohl unter dem Eindruck der Französischen Revolution – um die mythenpolitische Grundausstattung der Deutschen besorgt. «Außer etwa Luther bei den Protestanten, welches könnten auch unsere Helden sein, die wir nie eine Nation waren? welches wäre unser Theseus, der einen Staat gegründet und ihm Gesetze gegeben hätte; wo unsere Harmodiosse und Aristogitone, denen wir als Befreiern unseres Landes Skolien sängen?»[21] Die Antwort auf diese Frage, die Hegel schon bald danach nicht mehr beschäftigen sollte, gaben die Romantiker und die Autoren der Befreiungskriege; der aufklärerische Antikebezug, wie ihn die Klassik gepflegt hatte, wurde ergänzt durch immer häufigere Verweise auf das Mittelalter, und Siegfried, Hermann/Arminius und Barbarossa wurden zu den Helden der Deutschen.[22]

Was Hegel beschreibt, ist ein Zustand kultureller Kolonisierung, in dem das Fremde das Eigene überwiegt und am Eigenen nichts Rechtes zu finden ist, womit sich Staat machen ließe. Offensichtlich hatte Hegel keine Vorstellung davon, in welchem Maße Barbarossa im 19. Jahrhundert die Phantasie der deutschen Dichter und Schriftsteller beschäftigen und welche Dynamik davon ausgehen würde.[23]

Am Anfang dieser Barbarossa-Renaissance, in der sich konservative, liberale und sogar demokratische Stränge ausmachen lassen, stehen *politisch* die Befreiungskriege, in denen die französische Dominanz über die Staaten in Deutschland beendet wurde, und die anschließende Restauration sowie *literarisch* Friedrich Rückerts Barbarossa-Ballade und die Sagensammlung der Brüder Grimm. Die politischen Verhältnisse, zunächst das unaufhaltsam erscheinende französische Vordringen und dann die Bildung des unter napoleonischem Einfluss stehenden Rheinbunds, riefen förmlich nach einer Retter- und Erlöserfigur, und die Lyrik beziehungsweise die in romantischem Geist erfolgende Sammlung von Volkssagen gab darauf die Antwort.

«Von diesem Kaiser», so heißt es in den *Deutschen Sagen* (1816) der Brüder Grimm unter der Überschrift «Friedrich Rotbart auf dem Kyffhäuser», «gehen viele Sagen im Schwange. Er soll doch nicht tot sein, sondern bis zum jüngsten Tage leben, auch kein rechter Kaiser nach ihm mehr aufgekommen. Bis dahin sitzt er verhohlen in dem Berg Kyffhausen, und wann er hervorkommt, wird er seinen Schild hängen an einen dürren Baum, davon wird der Baum grünen und eine beßre Zeit werden. Zuweilen redet er mit den Leuten, die in den Berg kommen, zuweilen läßt er sich auswärts sehen. Gewöhnlich sitzt er auf der Bank an dem runden steinernen Tisch, hält den Kopf in der Hand und schläft, mit dem Haupt nickt er stetig und zwinkert. Der Bart ist ihm groß gewachsen, nach einigen durch den steinernen Tisch, nach anderen um den Tisch herum, dergestalt daß er dreimal um die Rundung reichen muß, bis zu seinem Aufwachen, jetzt aber geht er erst zweimal darum. Ein Bauer, der 1699 aus dem Dorf Reblingen Korn nach Nordhausen fahren wollte, wurde von einem kleinen Männchen in den Berg geführt, mußte sein Korn ausschütten und sich dafür die Säcke mit Gold füllen. Dieser sah nun den Kaiser sitzen, aber ganz unbeweglich. Auch einen Schäfer führte ein Zwerg hinein, da stand der Kaiser auf und fragte: fliegen die Raben noch um den Berg? Und auf die Bejahung des Schäfers rief er: nun muß ich noch hundert Jahre länger schlafen.»[24]

Eine bessere Vorlage für die Ausarbeitung unterschiedlicher Varianten des Mythos, für deren Präzisierung oder Revision, kurzum für die «Arbeit am Mythos», ist kaum vorstellbar. In der knappen Zusammenfassung der in Umlauf befindlichen Sagen ist tendenziell alles enthalten, was sich in den nachmaligen Deutungskämpfen findet: selbstverständlich die in Aussicht gestellte Wiederkehr des Kaisers, wobei außer dem Versprechen auf bessere Zeiten offen bleibt, was sie bewirken wird; das Changieren des Kaiserbilds zwischen einem auf seine Rückkehr wartenden Kriegshelden und einem alten Tattergreis, der schon nicht mehr ganz Herr seiner Sinne ist; schließlich die unterschiedlichen Anzeichen für die Wiederkehr des Kaisers, das eine Mal das Wachstum des Bartes, ein anderes Mal der Flug der Raben, die als Symbole der Zwietracht zu verstehen sind. Damit stand bereit, was für die nächsten Jahrzehnte die Phantasie unzähliger Lyriker und Dramatiker beschäftigen sollte, von der Versicherung, man solle die Geduld nicht verlieren, der Kaiser werde schon kommen, bis zur ungeduldig drängenden Nachfrage, wie lange er noch auf sich warten lasse, von der Identifizierung der Hohenzollern als Nachfolger der Hohenstaufen bis zur entschiedenen Absage an dieses verstaubte Gespenst aus der Vergangenheit, mit dem nichts mehr anzufangen sei.

Vermutlich hätte der kurze Text aus dem Sagenbuch der Brüder Grimm nicht diese Wirkung entfaltet, wenn nicht etwa zur selben Zeit, im Jahre 1817, Friedrich Rückerts Ballade «Barbarossa» erschienen wäre, die dem offenen Sagentext literarische Form und politische Konturen verlieh:[25]

«Der alte Barbarossa
Der Kaiser Friederich,
Im unterird'schen Schlosse
Hält er verzaubert sich.

Er ist niemals gestorben,
Er lebt darin noch jetzt;
Er hat im Schloß verborgen
Zum Schlaf sich hingesetzt.

Er hat hinabgenommen
Des Reiches Herrlichkeit,
Und wird einst wiederkommen
Mit ihr, zu seiner Zeit.

Der Stuhl ist elfenbeinern,
Darauf der Kaiser sitzt;
Der Tisch ist marmelsteinern,
Worauf sein Haupt er stützt.

Sein Bart ist nicht von Flachse,
Er ist von Feuersglut,
Ist durch den Tisch gewachsen,
Worauf sein Kinn ausruht.

Er nickt als wie im Traume,
Sein Aug' halb offen zwinkt;
Und je nach langem Raume
Er einem Knaben winkt.

Er spricht im Schlaf zum Knaben:
Geh' hin vor's Schloß, o Zwerg,
Und sieh, ob noch die Raben
Herfliegen um den Berg.

Und wenn die alten Raben
Noch fliegen immerdar,
So muß ich auch noch schlafen
Verzaubert hundert Jahr.»

Rückerts Gedicht ist der erste Schritt der politischen Präzisierung: Der Kaiser mag zwar alt sein, aber trotz seines Schlafes, Folge eines Zaubers, steckt in ihm eine unbändige Energie, was sich in der Feuersglut des Bartes zeigt, der die Kraft hat, durch den Tisch zu wachsen.

Mit der gerade erfolgten Befreiung Deutschlands vom napoleonischen Joch hat sich für Rückert die Hoffnung auf Erneuerung jedoch nicht erfüllt.[26] Damit war die Unzufriedenheit mit den Ergebnissen des Wiener Kongresses und der dort verweigerten politischen Einigung Deutschlands markiert. Bis zur Reichsgründung im Jahre 1871 sollte Barbarossa zum Statthalter und Symbol dieser Unzufriedenheit werden, gleichgültig, welche konkreten Erwartungen man an ihn knüpfte. Das konnte so gelassen klingen wie bei Rückert, aber auch drängende Züge annehmen, wie bei Hoffmann von Fallersleben: «Kaiser Friedrich, auf! Erwache! / Mit dem heil'gen Reichspanier / Komm zu der gerechten Rache! / Gott der Herr, er ist mit dir.»[27]

Eine der Auflösungen für das Rätsel der Wiederkehr bestand darin, ein Herrschergeschlecht zu identifizieren, das die Position der Hohenstaufen einnehmen und an ihrer statt das Reich wiedererrichten würde. Diese Deutung hatte den Vorzug, dass sie die Sage zugleich entmythisierte und ihr eine konkrete politische Richtung gab, wobei die Identifikation der neuen Kaiser in der Regel auf die Hohenzollern und nicht – was immerhin auch möglich gewesen wäre – auf die Habsburger hinauslief.[28]

Der Erste, der die Verbindungslinie zu den Hohenzollern explizit zog, war der Dramatiker Christian Dietrich Grabbe in seinem Stück *Kaiser Friedrich Barbarossa* (1829). Im Streit mit Heinrich dem Löwen aus dem Geschlecht der Welfen wendet sich Barbarossa dem Burggrafen von Hohenzollern zu, darauf anspielend, dass ihrer beider Stammburgen, Hohenstaufen bei Göppingen und Hohenzollern bei Hechingen, nicht weit voneinander entfernt lagen:[29]

«Ha, du mein Hohenzollern! Tritt du jetzt
An meines Löwen Stelle. Oft wenn ich
Von meines Schlosses Zinnen dich, o Nachbar,
Und deine Burg erblickte, wenn ich dann
An dich gedacht, deiner Ahnen Taten,
An euren Namen, fiel prophetisch es
Mir ein: gewiß, daß einst, wenn Hohenstaufen

In dieses finsteren Zeitalters Kämpfen
Zu Trümmern sank, der Hohenzollern sich
Bei hellern Sonnen wird erheben, das
Vollendend, was mein Haus begonnen …
[…]
– Ich ahns, daß andre Friedriche mich einst
Ersetzen, sei's aus meinem Haus, sei's
Aus eurem.»

Grabbes Vorgabe mündete schon bald in einen breiten Strom von Barbarossa-Literatur ein, in dem unter wechselnden Begründungen Staufer und Zollern miteinander verknüpft wurden. Ein naheliegendes Motiv war dabei, die den Kyffhäuser umkreisenden Raben (Symbol für Zwietracht und Bruderkrieg, an denen die Wiederherstellung des Reichs bislang gescheitert war) durch den preußischen Adler vertreiben zu lassen – für viele stand damit fest, dass die deutsche Einheit nur durch die Gewaltandrohung eines Mächtigeren herbeizuführen wäre.[30]

Eine ganz eigene, weder preußische noch habsburgische Verknüpfung hat Richard Wagner in seiner im Sommer 1848 geschriebenen Abhandlung «Die Wibelungen» hergestellt, in der er über die waghalsige etymologische Konstruktion Nibelungen-Wibelungen-Waiblingen-Ghibellinen die Staufer mit den Nibelungen verband – mit dem Ergebnis, dass Barbarossa und Siegfried zu ein und derselben Person verschmolzen.[31] «Dort, im Kyffhäuser, sitzt er nun, der alte ‹Rotbart› Friedrich, um ihn die Schätze der Nibelungen, zur Seite ihm das scharfe Schwert, das einst den grimmigen Drachen erschlug.»[32] Im Nibelungenhort sah Wagner also die Reichskleinodien, und das von Rotbart in den Berg hinabgenommene Schwert war die in der realen Politik fehlende Heeresmacht der Deutschen; Barbarossa selbst erhielt durch die Identifikation mit Siegfried eine Art von Frischzellentherapie, die ihm Alter und Hinfälligkeit nahm: Er war wieder der jugendliche Held, den es nach Streit und Kampf dürstet. Nicht minder aufschlussreich ist die politische Stoßrichtung, die der Sachse Wagner mit Barbarossa verband. Der in der späteren Gesamtausgabe wohlweislich weggelassene Schluss seiner Abhandlung lautet: «Wann kommst du wieder, Friedrich, du herrlicher Siegfried! und schlägst den bösen nagenden Wurm der Menschheit? – Zwei Raben fliegen um meinen Berg, – sie mästen sich fett vom Raube des Reiches! Von Südost hackt der eine, von Nordost hackt der andere: – verjagt die Raben, und der Hort ist euer! – Mich aber laßt ruhig in meinem Götterberge!»[33]

Bei den Raben der Zwietracht, die der Wiedererrichtung des Reichs entgegenstehen, handelt es sich nach Wagner also um Preußen und Österreich; sie müssen zuerst bezwungen werden, damit das Reich, das die Menschheit retten soll, erneuert werden kann. Dies aber, so Wagners Überzeugung in seiner revolutionären Zeit, wird kein Friedrich oder Siegfried bewirken, es ist und bleibt die Aufgabe des Volkes selbst[34] – Wagners Barbarossa ist die Personifikation des dritten Deutschland, das sich weder den Habsburgern noch den Hohenzollern unterwerfen, sondern seinen eigenen unabhängigen Weg in die Zukunft gehen will. Dass dieser Weg für Wagner 1848 demokratisch und sozialistisch war, muss hier nicht weiter ausgeführt werden.[35]

Die Idee, Barbarossa könne durch die Aktivierung des Volkes überflüssig werden, findet sich erstmals in Heinrich Heines Gedichtzyklus «Deutschland. Ein Wintermärchen» (1844), in dem Heine die politischen Mythen der Deutschen Revue passieren lässt.[36] Viermal setzt er an, um mit der Sage von dem im Berg schlafenden Kaiser ins Reine zu kommen. Zunächst erinnert er sich an seine Amme, die zu ihm, als er noch ein Kind war, oftmals «vom Rotbart sprach, / Von unserem heimlichen Kaiser»,[37] vom Kyffhäuser, von einem unterirdischen Schloss mit Soldaten, Pferden und Waffen und von der schwarz-rot-goldenen Fahne. Und schließlich kam in ihren Erzählungen die Stunde, da der Kaiser erwachte und mit seinem Heer auszog, um die Welt wieder in Ordnung zu bringen: «Sie reiten gut, sie schlagen gut, / Sie haben ausgeschlafen. / Der Kaiser hält ein strenges Gericht, / Er will die Mörder bestrafen.»[38]

Während die Kutsche, so der Reisebericht in Gedichtform, über vom Regen aufgeweichte Wege weiterrumpelt, wird Heine müde und schläft ein. Er träumt von einem Besuch bei Kaiser Rotbart in seinem unterirdischen Schloss:[39]

«Er saß nicht mehr auf steinernem Stuhl,
am steinernen Tisch wie ein Steinbild;
Er sah auch nicht so ehrwürdig aus,
Wie man sich gewöhnlich einbildt.

Er watschelte durch die Säle herum
Mit mir in trautem Geschwätze.
Er zeigte wie ein Antiquar
Mir seine Kuriosa und Schätze.»

Der Alte hat so gar nichts Kämpferisches an sich und neigt zur Knausrigkeit: Er fordert den Besucher auf, leise zu sprechen, damit die schlafenden Soldaten nicht erwachen – just an diesem Tag nämlich wird ihr Sold fällig, und da der Alte nur einen Dukaten pro Jahrhundert zahlt, will er ihn den Männern lieber heimlich in die Tasche stecken, um Diskussionen über Solderhöhung zu vermeiden. Dass er noch nicht losgeschlagen hat, begründet er mit Pferdemangel. Es seien aber Agenten in alle Welt ausgeschickt worden, die besten Pferde anzukaufen. Des träumenden Dichters Zwischenruf, wenn die Pferde fehlten, solle er doch Esel nehmen, wiegelt Rotbart ab. Mit dem Losschlagen habe es keine Eile; auch Rom sei nicht an einem Tag erbaut worden: «Wer heute nicht kommt, kommt morgen gewiß, / Nur langsam wächst die Eiche, / Und chi va piano va sano, so heißt / Das Sprichwort im römischen Reiche.»[40]

Heine erwacht von den Wagenstößen auf dem unebenen Weg, schläft aber bald wieder ein, um erneut von Rotbart zu träumen. Der ist völlig seiner Sammelleidenschaft verfallen und weiß nicht, was sich im letzten Jahrhundert zugetragen hat: Weder hat er von der Französischen Revolution gehört noch davon, dass das französische Königspaar und viele Adlige auf der Guillotine gelandet sind. Nicht ohne bösartiges Vergnügen beschreibt ihm der Dichter die revolutionäre Form der Hinrichtung. Der Kaiser unterbricht ihn, verwahrt sich dagegen, von seinem Besucher geduzt zu werden, droht ihm und bezeichnet dessen Reden als Hochverrat und Majestätsbeleidigung. Da bricht es aus Heine heraus:

«Herr Rotbart – rief ich laut – du bist
Ein altes Fabelwesen,
Geh, leg dich schlafen, wir werden uns
Auch ohne dich erlösen.
[…]
Das beste wäre, du bliebest zu Haus,
Hier in dem alten Kyffhäuser –
Bedenk ich die Sache ganz genau,
So brauchen wir gar keinen Kaiser.»

Nur im Traum, so die Pointe, wagt der Deutsche die Meinung zu sagen, die er sonst tief in seinem Herzen verborgen hält. Der Anblick der vorbeihuschenden Bäume lässt Heine die schroffe Zurückweisung gleich darauf bereuen:[41]

«Vergib mir, o Rotbart, das rasche Wort!
Ich weiß, du bist viel weiser
Als ich, ich habe so wenig Geduld –
Doch komme du bald, mein Kaiser!»

Es sei besser, die alten Verhältnisse wiederherzustellen, als weiter in einem Zustand leben zu müssen, der beides gleichzeitig sei: modern und rückständig, fortgeschritten in Wirtschaft und Technik, aber rückschrittlich in politischer und kultureller Hinsicht. So wird der Barbarossamythos für Heine unter der Hand zur Anklage einer verlogenen Gegenwart:[42]

«Das Mittelalter, immer hin,
Das wahre, wie es gewesen,
Ich will es ertragen – erlöse uns nur
Von jenem Zwitterwesen,

Von jenem Kamaschenrittertum,
Das ekelhaft ein Gemisch ist
Von gotischem Wahn und modernem Lug,
Das weder Fleisch noch Fisch ist.»

Niemand ist davor und danach so reflektiert und so witzig mit dem Barbarossamythos umgegangen wie Heine. Er hat das in der Vorstellung vom wiederkehrenden Kaiser enthaltene ideologiekritische Potential zur Geltung gebracht und dabei eine republikanisch-demokratische Position formuliert, die ohne Rückgriff auf ein Herrschergeschlecht die anstehenden politischen Probleme zu lösen beanspruchte. Aber diese Position blieb realpolitisch schwach, und im Verlaufe der 1848er Revolution zeigte sich bald, dass die überwiegende Mehrheit der Deutschen nicht auskam, ohne eines der beiden Herrschergeschlechter, die Hohenzollern oder die Habsburger, in Anspruch zu nehmen: Zunächst trug die Frankfurter Paulskirchenversammlung dem Preußenkönig Friedrich Wilhelm IV. die Kaiserkrone an, und als dieser sie ausschlug, weil sie bloß eine demokratische, keine dynastische oder fürstliche Legitimation habe, wurde der Habsburger Erzherzog Johann zum Reichsverweser bestellt. Doch die Träume von einer revolutionär beschleunigten Wiederkehr des Kaisers waren mit Friedrich Wilhelms Weigerung dahin, und der Barbarossamythos geriet in eine Krise.[43]

Nach dem Scheitern der Märzrevolution stellte sich mit großer Dringlichkeit die Frage, in welchen Grenzen das Reich wiederherzustellen sei. Sollte man die kleindeutsche oder die großdeutsche Lösung anstreben? Letztere sah die politische Vereinigung aller deutschsprachigen Gebiete vor, während sich Erstere auf den Norddeutschen Bund und Süddeutschland von Bayern bis Baden beschränkte. Anders gesagt: Sollte die Einigung unter Einschluss oder Ausschluss Österreichs und der von Wien beherrschten Territorien erfolgen? Es ging also nicht nur darum, wer die Kaiserkrone tragen sollte, Habsburger oder Hohenzollern, sondern um die Alternative zwischen einem Nationalstaat oder einem multinationalen Gebilde mit Anspruch auf die politische Hegemonie über Europa.

In einer Situation, die durch die Erinnerungen an das Mittelalter und die sich darum rankenden Mythen geprägt war, ist es nicht verwunderlich, dass diese Kontroverse in Form einer politisch-kulturellen Bewertung der mittelalterlichen Kaiserpolitik beantwortet wurde. Im Zentrum stand dabei die Frage, ob die staufische Italienpolitik für Deutschland produktiv und sinnvoll war oder ob sie auf eine Vergeudung von Kraft und Energie hinauslief – schließlich hatte Barbarossa immer neue Kriegszüge gegen Italien geführt, dabei die oberitalienischen Städte wirtschaftlich ausgepowert und ihre Befestigungen zerstört, ohne dass es ihm gelungen war, eine dauerhafte Kontrolle über sie zu gewinnen; darüber hatte er sich mit seinem Vetter Heinrich dem Löwen zerstritten, der zunächst sein wichtigster Verbündeter gewesen war. Das von Barbarossa in den ersten Jahren seiner Herrschaft verfolgte politische Programm, das auf eine Einbindung des Welfen in die kaiserliche Politik bei Stärkung seiner Hausmacht setzte, war damit zerbrochen.[44]

Einer der Ersten, der in Deutschland das Freiheitsstreben der lombardischen Städte gegen die staufische Politik verteidigte, war der süddeutsche Historiker Wilhelm Zimmermann. Während Friedrich Raumer in den 1820er Jahren die Staufer romantisch verklärt hatte, wies Zimmermann auf deren Fehler und Illusionen hin: Statt sich die wohlhabenden oberitalienischen Städte zu Verbündeten in der Auseinandersetzung mit dem Papsttum zu machen, habe Barbarossa sie mit seinem Weltmachtstreben in die Arme Roms getrieben.[45] Auch Zimmermann hat also die politischen Kontroversen seiner eigenen Zeit in das 12. Jahrhundert projiziert und auf der Folie der staufischen Politik seine politischen Optionen entwickelt. Wie auch immer – der Streit um die groß- oder kleindeutsche Lösung war mit zahlreichen anderen Fragen angereichert, und in seinem Zentrum stand Friedrich Barbarossa. Der politische Mythos schuf einen Reflexionsraum, in dem sich beschreiben ließ, wie die Zukunft Deutschlands aussehen sollte, ohne dass man explizit Stellung beziehen musste. Man kann auch sagen: Zensur und politische Verfolgung führten in Deutschland dazu, dass man einen Mythos mit zahlreichen Filiationen brauchte, um sich über gegenwärtige Herausforderungen und zukünftige Perspektiven verständigen zu können.

Höhepunkt dieser Debatte war der Streit zwischen den Historikern Heinrich von Sybel und Julius Ficker.[46] Mit seinem Vortrag «Über die neueren Darstellungen der deutschen Kaiserzeit», den er anlässlich des Geburtstags des bayerischen Königs Maximilian II. am 28. November 1859 hielt, wandte Sybel sich gegen die Darstellung des mittelalterlichen Kaisertums durch den Königsberger Historiker Wilhelm Giesebrecht,[47] von der Sybel fürchtete, sie könne einen unheilvollen Einfluss auf die politische Selbstperspektivierung haben. In scharfem Widerspruch zu Giesebrecht bestritt Sybel, dass die imperiale Politik der Kaiser Deutschland genützt habe; vielmehr habe sie die nationalstaatliche Entwicklung blockiert und Deutschland im Vergleich zu Frankreich um Jahrhunderte zurückgeworfen.[48] Dabei stellt Sybel Heinrich I. und seinen Sohn Otto in scharfen Gegensatz zueinander. Von Heinrich schreibt er: «Gleich nach seiner Erwählung hat er die Weihe und Salbung durch Priesterhand abgelehnt; er wollte, ist mit Recht gesagt worden, auch äußerlich kein romanischer Kaiser, er wollte der deutsche König des deutschen Volkes sein. Und wie im Innern waltete er auch nach außen. Niemals war die europäische Stellung Deutschlands tüchtiger und ehrenhafter als am Schlusse seiner Regierung. Heinrich ist nie auf die Eroberung fremden Gutes ausgegangen, aber den heimatlichen Boden hat er mit einer Reihe glänzender Siege geschont und in einer fast ununterbrochenen Siegeslaufbahn die Fülle unbefleckter Lorbeeren geerntet.»[49]

Dagegen heißt es über Otto I.: «Sein Auge umfasste weitere Kreise. Nachdem er in harten Kämpfen die inneren Faktionen niedergerungen, warf er sofort seine Blicke auf die romanischen Staaten, welche aus der Erbschaft Karls des Großen hervorgegangen waren, auf Frankreich, Italien und Burgund.»[50] Die Tendenz dieser Politik sei die schrankenlose Weltherrschaft gewesen, die Otto sowie seine salischen und staufischen Nachfolger angestrebt und für die sie die Kraft und das Vermögen der deutschen Nation verschwendet hätten. Die Rebellionen und Aufstände im Innern deutete Sybel als Verweigerung gegenüber den ebenso zahl- wie nutzlosen Opfern dieser Politik.

Als Alternative zu imperialer Machtentfaltung stellte Sybel mehrfach die Ostkolonisation heraus, die immer wieder zugunsten eines «stets lockenden und stets täuschenden Machtschimmer[s] im Süden der Alpen» geschwächt oder blockiert worden sei. «Widerwillig folgte seitdem die Nation den Geboten ihrer Herrscher zu den mörderischen Romfahrten – bis sie sich endlich unter den Hohenstaufern nach dem entscheidenden Vorgang Herzog Heinrichs des Löwen mit voller Energie davon losriß, um ihre Kräfte ungestört auf die großen Gründungen in Österreich, Böhmen, Schlesien, Brandenburg, Preußen zu wenden.»[51]

Bei Sybel erfährt der in der Historiographie ansonsten ob seines «Verrats» gescholtene Heinrich der Löwe eine Rehabilitation, wie sie eindrucksvoller nicht sein könnte. Der welfische Widerstand gegen die staufische Politik wird vom Verdacht der Eigennützigkeit befreit; Heinrich habe nur das Interesse der Nation im Blick gehabt. Dass Sybel hinter dem historischen Konflikt zwischen Heinrich und Barbarossa den aktuellen zwischen Habsburgern und Hohenzollern sichtbar machen will (um das bayerische Königshaus auf die Seite Preußens zu ziehen), wird spätestens am Schluss seines Vortrages deutlich. Zwei einander entgegengesetzte Richtungen, heißt es dort, hätten die deutsche Geschichte seit dem Sturz der Hohenstaufen bewegt: Die eine habe «vor allem das lockende Bild auswärtiger Eroberung und kriegerischer Größe vor Augen», ihre Anhänger träumten von der «Herstellung der alten Kaisermacht in allen Landen Europas», und zwar «ohne Rücksicht auf nationale Grundlage und Gesinnung». Auf der anderen Seite lebten «die Stimmungen Heinrichs I., Herzog Ludolfs, Herzog Heinrichs des Löwen» fort, die sich «gegen den Ehrgeiz» wandten, welcher «die Kräfte der Nation zum Schaden ihrer selbst und der Nachbarn in der Fremde zersplittert» habe.[52]

Die Verteidigung Heinrichs des Löwen war im Kontext der Rede auch eine Verteidigung Preußens und seiner Politik gegen den Vorwurf, Österreich 1859 im Krieg gegen Piemont und Frankreich nicht zu Hilfe gekommen und so dessen Niederlagen in den norditalienischen Ebenen billigend in Kauf genommen zu haben – so wie dies auch Heinrich der Löwe getan hatte, als er den Kaiser im Krieg gegen Mailand verließ. Mit der Festlegung auf die Ostkolonisation spielte Sybel die hohenzollernsche Karte, während die Habsburger, die gerade in den Schlachten von Solferino und Magenta die Herrschaft über Norditalien verloren hatten, nicht nur als Verlierer, sondern auch als politische Irrläufer dastanden.

In seinen 1861 unter dem Titel «Das deutsche Kaiserreich und seine universalen und nationalen Beziehungen» veröffentlichten Innsbrucker Vorlesungen[53] hat Julius Ficker entschieden Einspruch gegen diese Sichtweise erhoben. Und wenn ihm auch später mit Blick auf seine methodische Sorgfalt weitgehend recht gegeben wurde, so hat er doch ebenfalls eine politische Absicht verfolgt – er wollte eine großdeutsche Lösung unter habsburgischer Führung propagieren.[54]

Fickers Hauptargument bei der historischen Würdigung der salischen und staufischen Politik läuft darauf hinaus, dass die von Sybel nahegelegte Option für den Nationalstaat nie bestanden habe; mehrere Mächte hätten das Ziel verfolgt, ein Universalreich zu errichten, und die deutschen Kaiser hätten sich ihnen entgegenstellen müssen: den – freilich schon im Abklingen befindlichen – Weltreichsbestrebungen in Byzanz, vor allem aber denen des Islam, mit dem man immer wieder auch kriegerisch konfrontiert war. Und schließlich sei der Kaiser den universalen Tendenzen der christlichen Kirche verpflichtet gewesen. Von daher fällt Ficker ein ganz anderes Urteil über Heinrich den Löwen als Sybel: «Wenn hie und da den unzufriedenen Großen die italienischen Züge Gelegenheit zum Aufstande boten, wenn sie persönlicher Interessen wegen ihre Teilnahme weigerten, wer möchte das schlechtweg zusammenwerfen mit den Stimmungen der Nation?» Heinrich habe keineswegs die nationalen, sondern ausschließlich die «eigenen persönlichen Interessen» verfolgt.[55] Das war eine scharfe Kritik an der Politik Preußens, das Österreich bei der Verteidigung Norditaliens nicht zu Hilfe gekommen war. Bei den Schlachten in der Poebene sei es auch um die zukünftige Ordnung am Rhein gegangen.[56]

Das alles war ebenso eine idealpolitische wie eine realpolitische Auseinandersetzung: Die großdeutsche Lösung konnte sich als Wiedererrichtung des mittelalterlichen Kaisertums in seiner glänzenden Form feiern, während die kleindeutsche Lösung ohne geschichtliche Anleihen auskommen musste. Zeitweilig hatte es folglich den Anschein, der Barbarossamythos werde in dem Maße verblassen, wie sich die Waage zugunsten Preußens und der Hohenzollern senkte.[57] Als die Frage der groß- oder kleindeutschen Reichsgründung mit dem preußischen Sieg bei Königgrätz definitiv entschieden war, betraf das auch das Schicksal Barbarossas. Das wird in Georg Herweghs Gedicht «Schwabenkaiser» deutlich:

«Wie kommt's, daß man zu Königgrätz
Dich, Kaiser, nicht zu Roß sah?
Von Moltke hört ich und von Rheetz,
Doch nichts von Barbarossa.
[…]
Sechshundert Jahr zu harren dein,
War leeres Stroh gedroschen,
Ich geh' zum Nationalverein
Mit dreißig Silbergroschen.

Ich will mir einen neuen Herrn
Statt meines alten kaufen;
Zum Kaiser hab' ich grad' so gern
Die Zollern wie die Staufen.»[58]

Mit der Gründung des Deutschen Reichs im Januar 1871 ist das Spannungsverhältnis zwischen Staufern und Zollern also keineswegs verschwunden. Als Wiederkehr des Kaisers war sie allerdings nur vordergründig zu begreifen. Einige Autoren mochten in ihrem Überschwang das neue Kaiserreich ganz in der Tradition des alten sehen; es unterschied sich von ihm aber nicht nur in der Weite seiner Ausdehnung, sondern auch durch den bewussten Verzicht auf jede religiöse Legitimation. Keiner hat das schärfer gesehen als Gustav Freytag: «Vom Pfaffen eingerichtet, durch Pfaffen geweiht und verpfuscht, war sie [die Kaiserwürde] ein Gebilde des falschesten und verhängnisvollsten Idealismus, welche je Fürsten und Völkern den Sinn verstört, das Leben verdorben hat. Schwer hat unsere Nation die innerlich unwahre Idee gebüßt, Jahrhunderte der Schmach und des politischen Verfalls sind aus ihr hervorgegangen.»[59]

So diente denn die Ansippung des Zweiten an das Erste Deutsche Kaiserreich zunächst nur dazu, dem nüchternen Beamten- und Militärstaat Preußen etwas geschichtlichen Glanz zu verleihen; in seiner praktisch-politischen Orientierung blieb das neue Reich gegenüber dem der Staufer deutlich auf Distanz. Das war schon ein Gebot der Klugheit, wollte man sich in Europa nicht isolieren: Die von Bismarck ausgegebene Formel, das Deutsche Reich sei politisch saturiert,[60] hatte die Funktion, alle anderslautenden Warnungen und Befürchtungen der Nachbarn zu zerstreuen. Auch damit ging man auf Distanz zur Politik Friedrich Barbarossas, dessen Kanzlei die anderen europäischen Könige als *reguli* (Königlein) oder *reges provinciales* (Provinzkönige) tituliert hatte. Zugleich hatte sie erstmals das Reich als *sacrum imperium* (Heiliges Reich) bezeichnet[61] und ihm so eine Sakralität verliehen, mit der sich eine Oberhoheit gegenüber den anderen Königreichen beanspruchen ließ. Das hatte für Misstrauen gesorgt und die Deutschen eher unbeliebt gemacht: «Wer hat die Deutschen zu Richtern der Nationen bestellt?», hatte Johann von Salisbury damals gefragt. «Wer hat diesen plumpen und wilden Menschen das Recht gegeben, nach Willkür einen Herrn über die Häupter der Menschenkinder zu setzen?»[62] Bismarck wollte unter allen Umständen verhindern, dass irgendjemand diese Frage erneut stellte.

Dementsprechend fiel auch die von der nationalliberalen Mehrheit getragene Reichstagsadresse aus, mit der das Parlament auf die Thronrede Wilhelms antwortete. Man erteilte der Tradition des ottonischen, salischen und staufischen Reichs eine entschiedene Absage und nahm für sich einen politischen Neubeginn in Anspruch: «Auch

Deutschland hat einst, indem die Herrscher den Überlieferungen eines fremdländischen Ursprungs folgten, durch Einmischung in das Leben anderer Nationen die Keime des Verfalls empfangen. Das neue Reich ist dem selbsteigenen Geiste des Volkes entsprungen, welches nur zur Abwehr gerüstet, unwandelbar den Werken des Friedens ergeben ist.»[63] Solche Formulierungen hätten auch von Sybel stammen können. Die politische Konsequenz lautete: «In dem Verkehr mit fremden Völkern fordert Deutschland für seine Bürger nicht mehr als die Achtung, welche Recht und Sitte gewährleisten, und gönnt, unbeirrt durch Abneigung oder Zuneigung, jeder Nation die Wege zur Einigkeit, jedem Staate die beste Form seiner Gestaltung nach eigener Weise zu finden.»[64]

Um jeden Zweifel an dieser Position zu zerstreuen, trat der Sprecher der Nationalliberalen, Rudolf von Bennigsen, ans Rednerpult und malte die Folgen einer Politik, wie Barbarossa und sein Kanzler Rainald von Dassel sie betrieben hatten, in düsteren Farben aus: Die Auseinandersetzungen zwischen Reich und Kirche, Kaiser und Papst habe «eine ungemessene Folge blühender Geschlechter deutscher Jugend gezwungen […], ihr Leben zu lassen in den italienischen Gefilden, mit allem Verderben, welches dadurch für das äußere und innere Leben des italienischen wie des deutschen Volkes entstanden ist», und gerade die mächtigsten Kaiser hätten sich um Deutschland nicht gekümmert, «in langen Regierungsjahren Deutschland kaum betreten» und «ihren Nachfolgern Deutschland durch den Bürgerkrieg und ewige Fehden verwüstet und zerrissen» hinterlassen.[65]

Das kaiserliche Streben nach der Weltmacht, so die übereinstimmende Position von Nationalliberalen und Freisinnigen, habe den inneren Zwist in Deutschland aufkeimen lassen und dadurch dessen Macht zertrümmert. Ausdrücklich wird in diesem Zusammenhang Heinrich der Löwe erwähnt, der sich nur deshalb gegen den Kaiser gewandt habe, weil Friedrich den Schwerpunkt seiner Politik außerhalb Deutschlands gesucht habe.[66] Schon aus zwei realpolitischen Gründen wollte man sich Friedrich Barbarossa nicht zum Vorbild nehmen: Zum einen sollten die anderen Staaten nicht in eine Einheit gegen das

Reich getrieben werden, zum anderen wollte man den Königs- und Fürstenhäusern innerhalb des Reichs keinen Anlass geben, sich an der Politik Heinrichs des Löwen zu orientieren. Die meisten Mitglieder des ersten Reichstags brauchte man nicht daran zu erinnern, wie beschwerlich der Weg zur Reichsgründung gewesen war. Für sie war das Schreckbild innerer Konflikte, das Bennigsen heraufbeschwor – imperiale Machtentfaltung nach außen und Bürgerkrieg im Innern –, ein durchaus realistisches Szenarium, daher sahen sie keinen Grund, Wilhelm als den wiedererstandenen Friedrich zu feiern.

Die Gegenposition dazu vertrat am entschiedensten der Zentrumsabgeordnete Ludwig Windthorst: Auch er beklagte zunächst die Unterdrückung anderer Völker, die Romzüge und vor allem die inneren Konflikte in der Kaiserzeit des Mittelalters. «Nichtsdestoweniger bin ich aber der Meinung, daß, wenn die Herstellung von ‹Kaiser und Reich› in der deutschen Bevölkerung einen Anklang fand, die Erinnerungen an jene Zeit, Erinnerungen, die im Volke nicht untergehen, es waren, welche das bewirkten [...].» Aus dem nüchternen Betrieb moderner Staatlichkeit sei diese Unterstützung nicht zu gewinnen; sie erwachse aus einer Poesie, die «eine tiefe Saite des deutschen Charakters» zum Schwingen bringe.[67] Damit hatte Windthorst den Punkt getroffen, an dem sich politische Imagination und Realpolitik voneinander trennten: Es mag gute Gründe dafür gegeben haben, dass das neue Kaiserreich zu seinem mittelalterlichen Vorläufer Distanz hielt, aber gegenüber dem Ansturm literarischer Ergüsse, in denen Wilhelm und Friedrich, Hohenzollern und Hohenstaufen miteinander verbunden wurden, war diese Distanz nicht aufrechtzuerhalten.[68] Der Mythos triumphierte über die Realpolitik. Felix Dahn machte mit dem Gedicht «Macte Imperator», das wenige Wochen nach der Reichsgründung erschien, den Anfang:

«Heil dir, greiser Imperator,
Barbablanca, Triumphator,
Der Du Frankreich niederzwangst!
[...]

Heil dir, greiser Imperator,
Barbablanca, Triumphator,
Retter du des Vaterlands.»[69]

Mit dem Beinamen Barbablanca, Weißbart, hatte Dahn Kaiser Wilhelm als wiedergekehrten Rotbart, Barbarossa, identifiziert, und gegen dieses Bild kam keine noch so wohlbedachte Realpolitik an. Dahns Gedicht steht am Anfang einer Bahn, die am Ende des Jahrhunderts die Verbindung zwischen Staufern und Zollern, Friedrich und Wilhelm, Rotbart und Weißbart in Denkmalform bringen sollte.

Freilich hatten bereits bei der Reichsgründung politisch relevante Kräfte gegen Bismarck, den Kaiser und die Reichstagsmehrheit auf der Ansippung des neuen an das alte Kaiserreich bestanden, und das waren keineswegs nur Zentrumspolitiker um Windthorst, sondern eine Gruppe, die vom Kronprinzen Friedrich selbst angeführt wurde. Friedrich fühlte sich nicht mehr, wie noch sein Vater, zunächst als preußischer König, der obendrein die deutsche Kaiserkrone trug; er wollte dem Kaisertitel und dem Reichsgedanken ein eigenes Gewicht geben.[70] Das alles spielte dann in der kurzen Zeit von drei Monaten, während deren er deutscher Kaiser war, keine Rolle mehr, hatte er doch den Thron bereits todkrank bestiegen. Aber sein Sohn Wilhelm II. teilte Friedrichs Standpunkt. Bei der Enthüllung des Kaiser-Friedrich-Denkmals in Aachen erklärte er, sein Vater habe ihm eingeschärft: «Die Macht des Reiches muß wiedererstehen, und der Glanz der Kaiserkrone muß wieder aufleuchten. Barbarossa muß aus dem Kyffhäuser wieder erlöst werden!»[71] Die Entlassung Bismarcks als Reichskanzler war sicherlich nicht auf Meinungsverschiedenheiten in dieser Frage zurückzuführen, aber die hätten zweifellos an Gewicht gewonnen, wenn Bismarck Reichskanzler geblieben wäre.

Mit Wilhelm II. begann die Ära der Weltpolitik. Von der Saturiertheit des Deutschen Reichs war keine Rede mehr, und der Barbarossabezug stand jetzt für diese Wendung zu einer imperialen Politik.[72] Das Bedürfnis nach historischem Glanz, wie es von den Mythopoeten unterschiedlicher politischer Couleur bedient worden war, hatte sich gegenüber der altpreußischen Zurückhaltung durchgesetzt. Aus einem bloßen Zugeständnis an die Poesiebedürftigkeit des Volkes, bei dem einige Literaten Barbarossa zum Vorläufer der Hohenzollern erklärt hatten, war das Versprechen zukünftiger Größe geworden, und die Ansippung des neuen Reichs ans alte wurde in einer Reihe von Denkmälern offizialisiert. In der Vorhalle der Kaiser-Wilhelm-Gedächtniskirche taucht Barbarossa ebenso auf wie in der Rotunde der Berliner Siegessäule,[73] womit sich das Wilhelminische Reich auch in seiner Hauptstadt in die Tradition des mittelalterlichen Kaiserreichs stellte.

Zu den eindrucksvollsten Zeugnissen dieser denkmalpolitischen Ansippung Preußen-Deutschlands an das mittelalterliche Reich gehört die Kaiserpfalz in Goslar. Nicht nur die beiden vor der Pfalz nebeneinander aufgestellten Reiterstandbilder Friedrichs und Wilhelms machen die Wiederkehr Barbarossas sinnfällig,[74] sondern auch die Ausmalung der Innenräume durch den Maler Hermann Wislicenus, der in seinen Wandgemälden einen breiten Bogen von der Christianisierung Deutschlands durch Karl den Großen bis zu Luthers Auftritt vor dem Wormser Reichstag geschlagen hat. Auf dem großen Bild an der Stirnseite des Saales ist die Wiedererstehung des Deutschen Reiches dargestellt:[75] Kaiser Wilhelm zu Pferde in Generalsuniform und mit Pickelhaube in der Mitte, dahinter Kronprinz Friedrich, links davon, ebenfalls mit militärischer Kopfbedeckung, Bismarck, Moltke und Roon; über dem Geschehen der Zug der deutschen Kaiser des Mittelalters von Karl dem Großen bis zu Maximilian I. Die Verbindung zwischen dem mittelalterlichen und dem neuen Kaiserreich ist hier sehr stark: Vorgeschichte und Erfüllung; nicht Neugründung, sondern Wiedererrichtung.

Im Zentrum dieser imperialen Vorgeschichte aber steht Barbarossa: Drei der Bilder haben ihn zum Thema,[76] und eines davon zeigt den wiedererwachten Kaiser, wie er mit Ornat, Krone und gezücktem Schwert in der Rechten das Tor seines unterirdischen Schlosses durchschreitet. Nur auf den ersten Blick hat es den Anschein, als sei er nach langem Schlaf erwacht, um die ihm zugedachte Aufgabe zu erfüllen.

Sieht man genauer hin, handelt es sich eher um eine Befreiung: Ein mächtiger Adler hat sich mit weitgespreizten Schwingen dem Schlosseingang genähert, und vor ihm stieben die Raben davon, die als Symbole der Uneinigkeit Deutschlands das Erwachen des Kaisers und damit die Wiedererrichtung des Reichs verzögert haben. Was durch Uneinigkeit und Zwist verspielt worden ist, hat Preußen durch sein kraftvolles und entschlossenes Auftreten zurückgeholt. Nicht aus eigener Kraft ist Barbarossa erwacht; die Wiedererrichtung des Reichs hat den Kaiser zum Leben erweckt, nicht umgekehrt.

Dieser Vorstellung folgt auch das gewaltige Monument auf dem Kyffhäuser, vom «Volk in Waffen» für seinen verstorbenen Kriegsherrn Wilhelm errichtet.[77] Schon von seinen Ausmaßen her sprengt das Denkmal alle Grenzen: Die Anlage ist 96 Meter breit und 131 Meter tief, der Turm in ihrer Mitte misst 81 Meter. Wie so oft im Wilhelminismus zeugten diese Ausmaße nicht unbedingt von Selbstgewissheit und Zukunftssicherheit, sondern waren eher Ausdruck der Angst vor äußeren wie inneren Feinden, gegen die diese Bollwerke errichtet wurden. In diesem Fall ging es vor allem um die inneren Feinde, die deutsche Sozialdemokratie, gegen die sich die Kriegervereine als Hüter und Wahrer der Reichseinheit stellen wollten. Dem Reich, das einst an innerem Zwist zugrunde gegangen war, sollte ein solches Schicksal kein zweites Mal widerfahren, und das mächtige Denkmal auf dem Kyffhäuser brachte diese Entschlossenheit zum Ausdruck.[78]

Zunächst aber mussten die Kriegerverbände selber eine Einheit bilden, waren sie doch weiterhin in Nord- und Süddeutsche gespalten, und in der Zweiteilung ihrer Organisation lebte die Erinnerung an den Krieg von 1866 fort, in dem sie gegeneinander gekämpft hatten. Das von Alfred Westphal, Hauptmann der Reserve und Professor für Geodäsie, projektierte Denkmal sollte die Versöhnung und Vereinigung beider Kriegerverbände symbolisieren: Der Südwestdeutsche Friedrich Barbarossa und der Nordostdeutsche Wilhelm Barbablanca bilden eine Einheit, und das Kyffhäusergebirge südlich des Harzes hatte dabei den großen Vorzug, dass es weder zu Preußen noch zu Süddeutschland gehörte – es lag «dazwischen». In diesem Sinne ist das Kyffhäuser-

Denkmal ein Trickster:[79] Es erlaubte die Versöhnung unterschiedlicher Reichsvorstellungen und widerstrebender Traditionen, die sich in der deutschen Geschichte bekämpft hatten: die städtisch-liberale Tradition Süddeutschlands und die landesherrschaftlich orientierte Ordnung Nordostdeutschlands, die klein- und die großdeutsche Reichsperspektive, vor allem aber die katholische und die protestantische Konfession. Indem man Barbarossa in das Hohenzollernreich integrierte, wollte man Süddeutschen und Katholiken den Eindruck nehmen, sie seien die Besiegten und ins Reich Hineingezwungenen, Bürger zweiter Klasse oder was auch immer sich an Ressentiments finden ließ. Vielmehr bildeten Barbarossa und seine Zeit das Fundament, auf dem das Reich neu errichtet worden war.

Bruno Schmitz, der Sieger des deutschlandweit ausgeschriebenen Wettbewerbs, hat das Denkmal in diesem Sinne angelegt: Im Fundamentbereich ist die natürliche Gesteinsformation – der feste Grund des Reiches – sichtbar, und am Sockel des Turms thront die überlebensgroße Gestalt Kaiser Friedrich Barbarossas, zu seinen Füßen Ritter, Zwerge und Fabelwesen, sein in Schlaf versunkener Hofstaat. Der Kaiser, in einen weiten Mantel gehüllt und mit der Krone auf dem Haupt, ist im Erwachen begriffen: Mit der Linken greift er sich in seinen lang wallenden Bart, während er die Rechte zum Schwert führt. Der Mund ist leicht geöffnet, die Augen schauen geradeaus, das angewinkelte rechte Bein erweckt den Eindruck, er werde sich sogleich erheben. Richtet man den Blick von Barbarossa nach oben, versteht man, was es mit dem Erwachen des Kaisers auf sich hat: Aus dem Turm reitet der in Kupfer getriebene, neun Meter hohe Kaiser Wilhelm heraus, in Uniform, mit Pickelhaube und geschmückt mit dem Großkreuz zum Eisernen Kreuz. Mit der Linken umfasst er den Zügel, mit der Rechten einen – inzwischen verlorenen – Marschallstab. Zwei allegorische Figuren empfangen ihn: ein germanischer Krieger und eine walkürenhafte Gestalt, die als «Geschichte» bezeichnet wird. Ersterer symbolisiert die Kampfkraft, Letztere die damit erworbene Ehre. «Für Kaiser und Reich», so die Inschrift des Denkmals, mit der die Kriegervereine auf ihren Beitrag nicht bloß zum Bau des Denkmals, sondern auch zur Wiedererrichtung des Reichs verweisen. Der gewaltige Turm mit der Krone auf der Spitze steht für nichts anderes als das Reich selbst, das nun, wie man meinte, sicher gegründet war und allen innern wie äußern Feinden trotzen würde. Deutlicher noch als bei der Grundsteinlegung wurde das bei der Einweihung des Denkmals sichtbar, zu der auch Kaiser Wilhelm II. gekommen war. Seine kurze Ansprache beschloss er mit den Worten: «Möge es dem deutschen Volke nie an Männern fehlen, die in Treue, Opferwilligkeit und Vaterlandsliebe denen gleichen, die dem Großen Kaiser dienen und dadurch zur Vollendung seines Lebenswerks, der Wiederaufrichtung des Reiches, mitwirken durften. Das walte Gott.»[80]

Wilhelm hatte auf dem Kyffhäuser auf jede Neuinszenierung Barbarossas verzichtet, aber man wird davon ausgehen können, dass er sich selbst, wenn denn sein Großvater mit Friedrich I. parallelisiert wurde, mit dem Stauferkaiser Friedrich II. verglichen hat. Seine Reise ins Heilige Land, anlässlich deren er die aus deutschen Mitteln finanzierte Erlöserkirche in Jerusalem ihrer Bestimmung übergab, bot die Gelegenheit, diese Vorstellung auszuleben. Friedrich Barbarossa hatte vergeblich versucht, Jerusalem im Kreuzzug zu erobern; sein Enkel Friedrich II. hatte mit Sultan Saladin eine Übereinkunft getroffen, wonach Jerusalem für einige Zeit in die Hände der Christen zurückgegeben wurde, ohne dass diese dafür hatten kämpfen müssen. In derselben Rolle sah sich auch Wilhelm II., als er 1898 nach einer Mittelmeerreise von Venedig nach Haifa den Boden des Heiligen Landes betrat: ein friedlicher Herrscher auf der ersten «Evangelischen Kreuzfahrt».[81] Aber Wilhelm kam nicht allein, sondern wurde von 1300 Pferden und Maultieren, 100 Personenwagen, 230 Zelten und einem unüberschaubaren Tross begleitet. Als der Kaiser am Reformationstag in Jerusalem einzog, erinnerte das Ambiente an die Zeit der Kreuzzüge – jedenfalls was man sich in romantischer Tönung darunter vorstellte.[82]

Das staufische Erbe, mit dem man zeitweilig als Legitimationsressource des Deutschen Reiches ein wenig spielen wollte, hatte sich mehr und mehr des Kaisers und seiner Entourage bemächtigt. Damit war genau das eingetreten, was Bismarck und die Reichstagsmehrheit unter allen Umständen hatten verhindern wollen: die im Zeichen wachsenden Misstrauens erfolgende Einigung der anderen Staaten Europas gegen die Deutschen. Diesem Bündnis war das Deutsche Reich im Weltkrieg nicht gewachsen. Zwar bestand es bei erheblichen Gebietsverlusten fort und zerfiel nicht wieder, wie manche befürchtet hatten, in die Teile, aus denen Bismarck es geschmiedet hatte, aber es war nunmehr ein Reich ohne Kaiser. Ihm fehlte die Poesie, die hätte überdecken können, woran es in materieller Hinsicht mangelte. Der Ersatzkaiser Hindenburg[83] mag in manchem eine Aushilfe gewesen sein – letztlich war er bloß der Platzhalter eines anderen, und das war kein neuer Wilhelm oder Friedrich, sondern Adolf Hitler.

Mit der nationalsozialistischen Ideologie erfuhr Barbarossas Widersacher Heinrich der Löwe zunächst eine deutliche Aufwertung. Schon in *Mein Kampf* hatte Hitler geschrieben: «Damit ziehen wir Nationalsozialisten bewußt einen Strich unter die außenpolitische Richtung unserer Vorkriegszeit. Wir setzen dort an, wo man vor sechs Jahrhunderten endete. Wir stoppen den ewigen Germanenzug nach dem Süden und Westen Europas und weisen den Blick nach dem Land im Osten [...] und gehen über zur Bodenpolitik der Zukunft.»[84] Neben König Heinrich I. und dem Sachsenherzog Widukind wurde Heinrich der Löwe zur mythischen Leitfigur einer Orientierung auf die Expansion nach Osten. Die Sybel-Ficker-Kontroverse lebte wieder auf, wobei es nun nicht mehr um kleindeutsche oder großdeutsche Lösungen ging, sondern um die Richtung der politisch-militärischen Expansion. «Während Kaiser und Papst, Imperium und Kirche im Mittelalter um die Macht rangen», so der spätere Reichsminister Walter Darré 1933, «und Kaiser Friedrich, der Rotbart, auf dem Boden Italiens Ströme deutschen Blutes opferte, vollzog sich im Osten die bis auf unsere Tage viel zu wenig gewürdigte Entwicklung der Ausweitung des deutschen Lebensraumes über die Elbe hinaus. Der große Welfenherzog Heinrich der Löwe drängte mit ungeheurer Kraftanstrengung die Slawenflut zurück.»[85] Und ganz ähnlich auch Alfred Rosenberg in *Der Mythus des 20. Jahrhunderts*: «Als einer der größten Männer unserer Geschichte erscheint Heinrich der Löwe, der mit der ganzen Macht einer starken Persönlichkeit den Wahnsinnsfahrten nach Italien Einhalt zu gebieten versuchte, die Siedlung des Ostens begann, somit den ersten Grundstein legte für ein kommendes Deutsches Reich und die ersten Sicherheiten schuf für die Erhaltung und Stärkung des deutschen Volkstums.»[86] Schließlich nahmen sich Heinrich Himmler und die SS des Welfenherzogs als ihrer Leitfigur an und betrieben die Umgestaltung des Braunschweiger Doms als der Kirche Heinrichs des Löwen zu einer Art sakralem Zentrum des Reichs.[87]

Wie aber konnte es dann dazu kommen, dass das militärisch und politisch entscheidende Unternehmen des NS-Reichs, der Angriff auf die Sowjetunion, dessen ausdrückliches Ziel die Gewinnung von Lebensraum im Osten war, den Decknamen «Unternehmen Barbarossa» erhielt? Dies ist umso bemerkenswerter, als der Generalstab den Decknamen «Unternehmen Fritz» vorgeschlagen hatte, den Hitler selbst in «Unternehmen Barbarossa» änderte. In der Forschungsliteratur ist vermutet worden, Hitler habe das aus propagandistischen Gründen getan und eine Verbindung zwischen seinem eigenen militärischen Vorhaben und dem von Kaiser Barbarossa angeführten dritten Kreuzzug herstellen wollen.[88] Tatsächlich schrieb der *Völkische Beobachter* am 28. Juni 1941: «Der Kampf Deutschlands gegen Moskau wird zum Kreuzzug Europas gegen den Bolschewismus.»[89] Aber Hitler, der in der Vorstellungswelt der Mythen zu Hause war, wusste, dass der dritte Kreuzzug gescheitert war, und da er wie kaum ein anderer den Fluch des Mythos fürchtete, ist eine Erklärung, die den Überfall auf die Sowjetunion mit Barbarossas Kreuzzug verbindet, wenig plausibel.[90] Vielmehr dürfte der Grund für die Umbenennung in der obsessiven Furcht vor Uneinigkeit und Zwist im Innern zu suchen sein. Mythologisch gedacht, stellt sie sich folgendermaßen dar:

Nachdem sich das «Unternehmen Seelöwe», der Angriff auf England über den Ärmelkanal hinweg, als undurchführbar erwiesen hatte, war man innerhalb der politisch-militärischen Führung uneins, ob man den Angriff nun nach Südosten oder direkt nach Osten richten solle, eher in den Mittelmeerraum und über diesen hinaus in den Vorderen und Mittleren Orient mit seinen Erdölvorkommen, um in Form einer indirekten Strategie England in die Knie zu zwingen,[91] oder aber als Angriff auf die bolschewistische Sowjetunion als den eigentlichen Hauptfeind des Nationalsozialismus.[92] Für Hitler lag es nahe, die Debatte im Kontext der historisch-mythischen Überlegungen zu Barbarossa und Heinrich dem Löwen zu sehen, an denen er sich seit *Mein Kampf* mehrfach beteiligt hatte. Zwar war er davon überzeugt, dass die Germanisierung der Slawen eher im deutschen Interesse gelegen hätte als die sich wiederholenden Italienzüge, aber für ihn stand auch fest, dass Heinrichs Verhalten in Chiavenna, als er das Heer Barbarossas mit seinem Anhang verließ, für die anschließende Niederlage des Kaisers gegen das Bündnis der lombardischen Städte bei Legnano verantwortlich war. Unter keinen Umständen wollte er einen neuen Konflikt dieser Art, wie er etwa in einer Auseinandersetzung über die Südost- oder die Ostexpansion hätte entstehen können, und so entschied er sich, den Angriff nach Osten zu befehlen, ihm aber den Decknamen «Barbarossa» zu geben. Durch die mythische Figur des Tricksters wollte er den Gegensatz zwischen Ost- und Südostexpansion, in dem die unterschiedlichen Fraktionen der NSDAP bereits Position bezogen hatten, zum Verschwinden bringen und das Schicksal mit Hilfe mythischer Benennungen täuschen. Was er jedoch erreichte, war etwas ganz anderes: Mit der Katastrophe des unter dem Namen Barbarossa geführten Russlandfeldzugs ist der Wunsch nach einer Wiederkehr des Kaisers, wie er die deutsche politische Kultur über eineinhalb Jahrhunderte geprägt hat, ein für alle Mal verschwunden. Politisch hat Barbarossa jede Relevanz verloren.[93]

Verrat, Heldenmut und Opfergang

Die Nibelungen als Fluch und Schicksal

Fluch und Schicksal sind mythische Begriffe; sie stehen für die Macht des Mythos, indem sie das Unabänderliche des mythisch Angekündigten behaupten: Man kann unternehmen, was man will, um seinem Schicksal auszuweichen – man entkommt ihm nicht. Der antike Mythos von Ödipus zeigt dies in äußerster Schärfe: Eltern wie Sohn versuchen dem vom Orakel verkündeten Schicksal zu entgehen, wonach Ödipus seinen Vater töten und mit der Mutter Kinder zeugen werde – Laios und Iokaste, indem sie das Kind einem Hirten übergeben, damit er es fern von Theben im Gebirge töte; Ödipus, der nicht getötet, sondern ausgesetzt wurde und den das Königspaar von Korinth an Kindes statt angenommen hatte, indem er nicht zu seinen vermeintlichen Eltern zurückkehrt. Doch gerade dabei begegnet er dem leiblichen Vater, der ihm mit dem Wagen über die wunden Füße fährt. In seinem Schmerz und seiner Wut erschlägt Ödipus den Fremden. So nimmt das Schicksal seinen Lauf, denn bald darauf befreit Ödipus das von einem menschenfressenden Ungeheuer bedrohte Theben und erhält als Dank die Königswitwe zur Frau.[1] Ödipus kann dem auf seinem Geschlecht liegenden Fluch nicht entkommen. Niemand entgeht seinem Schicksal; es ist unabänderlich.

Jedes Aufklärungsprogramm muss also darum bemüht sein, das mit den Begriffen ‹Schicksal› und ‹Fluch› Bezeichnete aufzulösen, es im Säurebad des Verstandes zu verdampfen und die Menschen zu Herren ihres Geschicks zu machen, des individuellen wie des kollektiven. Damit die Menschen aber zu freien und eigenverantwortlichen

Filmstill aus Fritz Langs «Die Nibelungen» (1923/24): Hagen von Tronje (Hans Adalbert von Schlettow) *schützt König Gunther* (Theodor Loos) *im brennenden Etzelpalast.*

Gestaltern ihrer Geschichte werden können, müssen sie sich, so das aufklärerische Credo, zunächst einmal als solche begreifen. Alle Vorstellungen, wonach das, was geschehen ist und geschehen wird, vorherbestimmt und unabänderlich sei, müssen «aufgeklärt» und weggearbeitet werden. Es kommt nicht von ungefähr, dass die Aufklärung des 18. und die politischen Emanzipationsbewegungen des 19. Jahrhunderts die Religion, die jene älteren mythischen Determinationen in sich aufgenommen hatte, als ihren Hauptfeind ansahen: Erst wenn der Mensch sich als freies, geschichtsmächtiges Wesen begreife, könne er tatsächlich zu einem solchen werden.[2] Stärker als die jüdische und christliche Religion haben jedoch mythische Vorstellungen die Geschichte der politischen Kollektive unter den Bann des Schicksals gestellt.

In den Mythen fehlt die Idee eines allmächtigen Gottes, der aus Willkür oder Gnade alles, was er festgelegt und verkündet hat, auch wieder ändern kann. In der Welt der politischen Mythen gibt es nur Kassandren und keinen Jona, nur ohnmächtige Verkünder des Unheils und niemanden, der durch seine Prophezeiungen auf die Menschen Einfluss nimmt und so den Eintritt des Vorhergesagten abwendet.[3] Ganz offensichtlich ist Ersteres die für Intellektuelle angenehmere, jedenfalls die bequemere Position: Die Dinge nehmen ihren angekündigten Verlauf, und man muss nicht damit rechnen, dass Gott seinen Entschluss, die Stadt Ninive für die Sünden ihrer Bewohner vom Erdboden zu vertilgen, wieder zurücknimmt, weil ihn, nachdem der Prophet das Strafgericht angekündigt hat, die Buße der Einwohner von Ninive anrührt – und er seinen Propheten dadurch Lügen straft. Die Mythen der Griechen wie Germanen kannten einen solchen Sinneswandel der Götter nicht. Hier setzte das Schicksal dem Schalten und Walten der Götter enge Grenzen. Was vorherbestimmt war, trat auch ein. Wenn der von den Moiren oder Nornen gesponnene Faden gerissen war, konnte kein Gott ihn wieder zusammenflicken. Das ergab eine Zuverlässigkeit zukünftigen Geschehens, wie sie keine Offenbarungsreligion und schon ganz und gar nicht aufklärerische Vorstellungen von der Zukunftsmächtigkeit des Menschengeschlechts bieten konnten.

Diese «Zuverlässigkeit» des mythisch Vorherbestimmten erklärt, warum es gerade in der Zeit aufklärerischer Religionskritik, zumal dort, wo die Aufklärung die Religion zurückgedrängt hatte, zu einer Renaissance mythischer Vorstellungen im Dienste der Politik kam.[4] Wo alles möglich ist, gibt es keine Gewissheiten – und das ist für Intellektuelle ausgesprochen misslich. Deren Flucht in den Mythos, in apokalyptische Verheißungen oder determinierten Fortschritt, fatalistische Ergebenheit in ein unabwendbares Schicksal oder verzweifelte Bemühungen, dem über die Nation verhängten Fluch doch noch zu entkommen, kennzeichnen das politische Denken des 19. Jahrhunderts, vor allem in Deutschland, wo die politische Entwicklung in besonderem Maße ungewiss und die Zukunftserwartungen eigentümlich hochgespannt waren.[5]

Die Rezeption des *Nibelungenlieds* in Verbindung mit anderen Texten der mittelalterlichen Literatur, insbesondere dem vom *Hürnen Seyfried*, dazu Wagners *Ring des Nibelungen*, schließlich die vielfältige politische Nutzung von Versatzstücken daraus stellen einen heißen Abschnitt der Arbeit am Mythos dar.[6] Damit sollen jene Phasen bezeichnet werden, in denen Mythen unmittelbar auf Politik einwirken.

«*Wenn* man», so August Wilhelm Schlegel, «das Nibelungenlied, das eine glorreiche Welt darstellt, große Menschen mit einer vaterländischen männlichen Gesinnung, wenn man ein solches Werk zum Hauptbuch bey der Erziehung der deutschen Jugend macht, *dann* wird es auch gelingen, kraftvolle Männer zu erziehen und die Einheit des Reiches wieder herzustellen.»[7] Ein «deutsches Nationalepos» sei das *Nibelungenlied*, meinte einer seiner ersten Herausgeber, der Jurist und Germanist Friedrich von der Hagen,[8] und als schließlich die Wiederherstellung des Reichs in greifbare Nähe gerückt war, schrieb Karl Simrock, ein weiterer Herausgeber, über das Epos: «Das ist Feld- und Zeltpoesie, damit kann man Armeen aus dem Boden stampfen, wenn es den Verwüstern des Reichs, den gallischen Mordbrennern, der römischen Anmaßung zu wehren gilt.»[9]

Diese Wertschätzung ist dem Lied nicht von Anfang an zuteil

geworden. So beschied der Preußenkönig Friedrich dem Liedherausgeber Chr. H. Myller, der ihm die erste vollständige Ausgabe überreicht hatte: «Ihr urtheilt viel zu vorteilhaft von denen Gedichten aus dem 12., 13. und 14. Seculo, deren Druck ihr befördert habet und zur Bereicherung der Teutschen Sprache so brauchbar haltet. Meiner Einsicht nach sind solche nicht einen Schuß Pulver werth und verdienten nicht aus dem Staube der Vergangenheit gezogen zu werden. In meiner Büchersammlung wenigstens würde ich dergleichen elendes Zeug nicht dulden, sondern hinausschmeißen.»[10] Noch Hegel hat dem *Nibelungenlied* zwar eine nationalpädagogische Funktion zugestanden, dessen literarische Qualität jedoch weit hinter den griechischen Epen eingeordnet. Zwar wolle er ihm den «nationalen substantiellen Gehalt in Bezug auf Familie, Gattenliebe, Vasallentum, Diensttreue, Heldenschaft» und eine gewisse «innere Markigkeit» nicht absprechen, aber für ein Epos sei es, «aller epischen Breite zum Trotz», zu sehr «dramatisch-tragischer Art», und die Darstellung verliere «sich oft ins Harte, Wilde und Grausame, während die Charaktere, wenn sie auch derb und in ihrem Handeln prall erscheinen, doch in ihrer abstrakten Schroffheit mehr rohen Holzbildern ähnlich sehen, als sie der menschlich ausgearbeiteten, geistvollen Individualität der Homerischen Helden und Frauen vergleichbar sind».[11]

Schon bald dominierte die politische Nutzung allerdings über die ästhetische Skepsis. So sollte das *Nibelungenlied* für die heroische Opferbereitschaft der (männlichen) Jugendlichen sorgen. Das aber war nicht so einfach; in einer an Gymnasiallehrer gerichteten didaktischen Handreichung aus dem Jahr 1917 heißt es: «Um das Interesse am Nibelungenlied für die Obersekunda neu zu beleben, wird der Lehrer zweckmäßig die nationalen Gefühle der Jugend aufrufen, indem er darauf hinweist, daß im Jahre 1813 die deutschen Studenten das Nibelungenlied wie ein heiliges Buch im Tornister mit ins Feld nahmen und sich am Lagerfeuer an den Heldengestalten deutscher Vorzeit zu eignen großen Taten begeisterten.»[12] Hier wird eine unterstellte Kriegsbegeisterung der Schüler in Dienst genommen, um das offenbar keineswegs bei allen vorhandene Interesse an hochmittelalterlicher

Literatur zu wecken.[13] Die von Simrock und von der Hagen vorhergesagte Heroisierung der Jugend durch das Lied wird dabei umgekehrt: Die nationale Begeisterung soll dafür herhalten, dass sich die Jugendlichen für das Lied als Unterrichtsstoff interessieren. Durchweg wurde von den Pädagogen freilich die Verschmelzung von beidem angestrebt: Die im Lied geschilderten heroischen Dispositionen, Siegfrieds ungestümes Draufgängertum und Hagens fatalistische Todesbereitschaft, sollten vorbildlich werden für eine Generation, die von der Schulbank unmittelbar in die Schützengräben würde ziehen müssen.

Das *Nibelungenlied* erzählt, wie sich der am burgundischen Hof in Worms angekommene Siegfried als ein im Kampf unüberwindlicher Held erweist, dem von den Burgundenkönigen deren schöne Schwester Kriemhild zur Frau gegeben wird, nachdem Siegfried für Gunther, die starke Brünhild bezwungen hat. Durch Unachtsamkeit plaudert er aus, dass nicht Gunther, sondern er Brünhild besiegt hat; Gunthers Ehre ist verletzt, und Hagen entscheidet, dass Siegfried sterben muss, um sie wiederherzustellen. An einer Quelle im Odenwald stößt er dem über das Wasser gebeugten Siegfried den Speer in den Rücken. Später wird Hagen noch die auf Rache für ihren toten Mann sinnende Kriemhild des Horts berauben, den er im Rhein versenkt. Im Zweiten Teil des Lieds ziehen die Nibelungen die Donau entlang nach Osten. Sie folgen einer Einladung des Hunnenkönigs Etzel, den Kriemhild inzwischen geheiratet hat. Die aber sinnt immer noch auf Rache für Siegfried und lässt die sich tapfer wehrenden Burgunden von ihr ergebenen Helden in Etzels großer Halle niedermachen, bis zuletzt nur noch Hagen und Gunther leben. Auch sie werden überwältigt und fallen Kriemhilds Rache zum Opfer.

Die beiden Teile des Lieds sind, durch den Ersten Weltkrieg getrennt, in Deutschland als politische Verheißung wie als Fluch durchgespielt worden. Wie stark die Selbstbeschreibung Deutschlands als Siegfried verbreitet war,[14] zeigt Heinrich Heines Gedicht «Deutschland» aus dem Sommer 1840: «Deutschland ist noch ein kleines Kind, / Doch die Sonne ist seine Amme; / Sie säugt es nicht mit stiller Milch, / Sie säugt es mit wilder Flamme.» Das Kind wächst schnell heran, gerät mit den Nachbarskindern in Streit und erprobt an ihnen seine Kräfte. Heine fährt fort:

«Dem Siegfried gleicht er, dem edlen Fant,
Von dem wir singen und sagen;
Der hat, nachdem er geschmiedet sein Schwert,
Den Amboß entzwei geschlagen.

Ja, du wirst einst wie Siegfried sein,
Und töten den hässlichen Drachen,
Heisa! Wie freudig vom Himmel herab
Wird deine Frau Amme lachen!

Du wirst ihn töten, und seinen Hort,
Die Reichskleinodien, besitzen.
Heisa! Wie wird auf deinem Haupt
Die goldene Krone blitzen.[15]»

Heines ironisch distanzierte Voraussage bewahrheitete sich 1870/71, und nun war es Richard Wagner, der im Gedicht «An das deutsche Heer vor Paris» dieses als Siege-Fried apostrophierte, dem «ängstliche Diplomaten» und «ärgerliche Demokraten» mit der Devise in den Arm fallen wollten:

«Zu viel des Sieg's!
Mögt ihr bescheid'ner sein:
begnügt euch friedlich mit der Wacht am Rhein!
Laßt uns Paris, wo sich's so hübsch verschwört,
und seid zufrieden mit der Schlacht bei Wörth!»

Wagner war nicht der Einzige, der den Sieg über die Franzosen mit dem Nibelungenmythos verband: Auch in Emmanuel Geibels Gedicht «An Deutschland» werden die Nibelungen in Anspruch genommen, wenn es heißt, «Wie Erz durchströme deine Glieder / Das Mark der Nibelungen wieder.» Und selbst der gegenüber dem Siegestaumel distanzierte Georg Herwegh dichtete: «Vorüber ist der harte Strauß, / Der welsche Drache liegt bezwungen, / Und Bismarck-Siegfried kehrt nach Haus / Mit seinem Schatz der Nibelungen.»[16]

Weisen Gründungsmythen, wie der von der Gründung Roms durch Romulus, der vom Auszug der Juden aus Ägypten oder der des Bastillesturms als dem Markierungsereignis der Französischen Revolution in die Vergangenheit, um aus ihr Zuversicht für künftige Herausforderungen zu gewinnen, so ist das zum Nationalmythos ausgerufene Nibelungenlied von vornherein sehr viel stärker in die Zukunft gerichtet. Weil sich die Erzählung von Siegfried nicht historisieren ließ,[17] es also keine Geschichte gab, die man rückgängig machen oder wiederholen konnte, indem man zum mythisch fixierten Ausgangspunkt zurückkehrte,[18] handelte es sich hier um ein pures Versprechen auf zukünftige Größe. Der politische Mythos von Siegfried und den Nibelungen war ein Wechsel auf die Zukunft ohne historische Deckungszusage. Dieser Wechsel, so das Versprechen des Mythos, werde eingelöst, wenn die im Lied gefeierten Tugenden unbändiger Stärke, heroischer Entschlossenheit und bedingungsloser Treue die wesentlichen Tugenden der Deutschen seien. Das erklärt den ungehalten-aggressiven Tonfall, der fast immer mit der Anrufung der Nibelungen einherging. Ohnehin wurde, wer sich in dessen Erwartungshorizont bewegte, von permanenten Verfolgungs- und Einkreisungsobsessionen heimgesucht, wobei es gleich blieb, ob man die prekäre Situation Siegfrieds am Wormser Hof oder den verzweifelten Widerstand der Burgunden in Etzels Halle im Auge hatte.

Nur in den beiden Jahrzehnten nach der Reichsgründung, als man nach der von Bismarck vorgegebenen Maxime politischer Saturiertheit agierte, verband sich mit Siegfried und den Nibelungen eine gewisse Ruhe und Gelassenheit: In den obenzitierten Gedichten wird bestätigt, dass Siegfried sich bewährt habe, der Drache erschlagen sei und die von ihm gehüteten Insignien des Kaisertums heimgeholt worden sind. Aber diese Ruhe währte nicht lange: Entweder drängte es den unsteten Siegfried zu neuen Taten, oder ein Ring von Feinden begann sich um Deutschland zu schließen. Am besten, man sprengte ihn jetzt, bevor man von ihm erdrückt und erdrosselt wurde. Der Mythos von

Siegfried und den Nibelungen passte vorzüglich zu der Nervosität des Deutschen Reichs,[19] und beide haben sich wechselseitig stimuliert und verstärkt.

«Feinde ringsum», so Otto Lyon im Jahre 1893: «Dies Wort des begeisterten Sängers, das im Anfang unseres Jahrhunderts für Deutschland galt, bezeichnet auch im Ausgange des Jahrhunderts wieder die Lage des Volkes aufs schlagendste. Von Osten und Westen, von außen und innen drohen Feinde, die mit hämischem Neid auf die herrliche Entfaltung deutscher Kraft und deutscher Art blicken und das in jungem Glanze entstandene deutsche Reich so gern in Trümmer schlagen oder in hinterlistiger Weise unterwühlen oder vernichten wollen.»[20] Tatsächlich war die politische Situation des Reichs seit der deutsch-russischen Entfremdung und der Annäherung Russlands an Frankreich schwierig, und obendrein verschlechterte sich in Folge des Tirpitz'schen Flottenprogramms das Verhältnis zu Großbritannien zusehends. Man musste damit rechnen, im Kriegsfall allein dazustehen oder nur das schwächelnde Österreich-Ungarn zum Verbündeten zu haben. Das war keine zwangsläufige Folge der geopolitischen Lage Deutschlands zwischen West- und Osteuropa, sondern das Ergebnis einer Politik, die immer wieder unbedacht und vorlaut auftrat – ganz so wie Siegfried am Wormser Königshof: Man fürchtete ihn ob seiner Stärke, zumal er im Ruf der Unverwundbarkeit stand, aber man sah in ihm einen permanenten Störenfried und Unruhestifter, den man gerne losgeworden wäre oder etwas zurechtgestutzt hätte. Hier zeigt sich erstmals – mythisch formuliert – der Fluch des Siegfriedmythos: Indem man sich wie Siegfried aufführte, wurde man auch als solcher behandelt.

Die Wahrnehmung von Politik in mythischen Bildern hat zur Folge, dass die Konstellationen als unveränderlich wahrgenommen werden, womit auch der Gedanke blockiert ist, man könne, indem man sich änderte, die Einstellung der anderen ändern. Wer sich als Siegfried fühlt und ein großes, starkes Schwert hat, verliert die Alternativen zur gewaltsamen Lösung aus dem Blick. Nun ist die Politik des Deutschen Reichs im Vorfeld des Ersten Weltkriegs eher unbeholfen und ungeschickt als durchgängig aggressiv und auf Krieg ausgerichtet gewesen, aber gerade dadurch ging sie in eine weitere Falle, die das Nibelungenlied als Nationalepos bereithielt: Wenn die Verhältnisse schwierig seien, müsse man sich auf das Ureigenste besinnen, und das sei der Siegfriedcharakter. Man müsse, wenn man nicht hinreichend respektiert werde, auf das zurückgreifen, was Siegfried am besten kann: zuschlagen.

Nicht nur die eigene Verantwortlichkeit für die politisch-militärische Einkreisung des Reichs wurde im mythischen Bild von den «Feinden ringsum» unsichtbar gemacht; zugleich wurde die Politik der anderen Staaten moralisch diskreditiert: Womit man es zu tun hatte, waren nicht andere Interessen, mit denen man eine Übereinkunft hätte finden können, sondern Neid und Häme, Heimtücke und Hinterlist. Dagegen müsse man rücksichtslos vorgehen. Die Umzingelung durch heimtückische Feinde wurde versinnbildlicht in der Nacht vor dem entscheidenden Kampf in Etzels Burg, als Hagen und Volker vor dem Raum mit den schlafenden Burgunden Wache halten und so den geplanten Überfall der Hunnen verhindern. Emmanuel Geibel dichtet:[21]

«Die lichten Sterne funkeln
Hernieder kalt und stumm;
Von Waffen klirrt's im Dunkeln
Der Tod schleicht draußen um.»

Volkers Gedanken eilen zurück in die Zeit, als er ein junger Mann war und gemeinsam mit Siegfried und Hagen gegen die Feinde der Burgunden kämpfte. Der zwischenzeitliche Mord an Siegfried und das Zerwürfnis mit Kriemhild kommt ihm nicht in den Sinn. So kann er dem Kampf am nächsten Tag mit trotziger Entschlossenheit entgegensehen:

«Ihr Kön'ge, sonder Zagen
Schlaft sanft, ich halte Wacht;
Ein Glanz aus alten Tagen
Erleuchtet mir die Nacht.

Und kommt die Früh' im blut'gen Kleid:
Gott grüß dich grimmer Schwerterstreit!
Dann magst du, Tod, zum Reigen
Uns geigen!»

Vertrauensseligkeit und Arroganz haben die Burgunden in diese verzweifelte Lage gebracht; sie hätten nur Kriemhilds Einladung an den Hunnenhof ablehnen und am Rhein bleiben müssen. All das kommt in dieser Nacht jedoch nicht zur Sprache. Es geht um Todesmut als ästhetisierte Form der Hingabe an ein als unabwendbar stilisiertes Schicksal. Todeserotik und Schicksalsbejahung waren von jeher probate Mittel, um die Kampfbereitschaft von Soldaten zu steigern und sie dann weiterkämpfen zu lassen, wenn die Niederlage feststand und alles für die Kapitulation sprach. Und so hat denn jener Teil des Liedes, der von Kampf und Sterben der Burgunden handelt, immer wieder der Einstimmung auf die letzte Schlacht gedient. Unter dem Eindruck von Gerüchten über ein Bündnis zwischen Frankreich, Russland und Italien gegen das noch ungeeinte Deutschland hatte Felix Dahn im Jahre 1859 gedichtet:[22]

«Schon einmal ward so stolz gerungen von deutschen Helden, kühn im Tod:
Ein zweiter Kampf der Nibelungen sei unsern Feinden angedroht:
Prophetisch war die alte Sage und grauenhaft wird sie erfüllt,
Wann an dem letzten deutschen Tage der Schlachtruf dreier Völker brüllt.
Von Blute schäumend ziehn mit Stöhnen empört die Donau und der Rhein:
Es wollen brausend ihren Söhnen die deutschen Ströme Helfer sein;
Auf! Schleudert Feuer in die Felder, von jedem Berg werft Glut ins Land,
Entflammt die alten Eichenwälder zum ungeheuren Leichenbrand.

Dann siegt der Feind: – doch mit Entsetzen, und triumphieren soll er nicht!
Kämpft bis die letzte Fahn' in Fetzen, kämpft bis die letzte Klinge bricht,
Kämpft bis der letzte Streich geschlagen ins letzte deutsche Herzblutrot,
Und lachend, wie der grimme Hagen, springt in die Schwerter und den Tod.
Wir stiegen auf in Kampfgewittern, der Heldentod ist unser Recht:
Die Erde soll im Kern erzittern, wann fällt ihr tapferstes Geschlecht:
Brach Etzels Haus in Glut zusammen, als er die Nibelungen zwang,
So soll Europa stehn in Flammen bei der Germanen Untergang!»

Derlei liest sich heute wie eine Blaupause der Anweisungen, die Hitler für die Führung des Endkampfs um Deutschland gegeben hat und von denen einige zum Glück nicht umgesetzt wurden. Dabei mag dahingestellt bleiben, ob diese Ideen eher auf Wagners «Götterdämmerung» oder Texte wie den zitierten zurückgehen – in jedem Fall waren sie dem Nibelungenmythos entnommen, der die Vorstellung eines dramatischen Untergangs bei Dichtern wie Akteuren beflügelt hat.

Auch der Strafrechtslehrer Franz von Liszt bediente sich des Bilds der nächtlichen Wache, als er am 18. November 1914 im Rahmen einer öffentlichen Vorlesungsreihe von Professoren der Berliner Universität über die Nibelungentreue sprach. «Hagen weiß», so erläutert er seinen Zuhörern, «daß der letzte Kampf gekommen ist, daß die Burgunden trotz aller Tapferkeit unterliegen müssen im Kampf gegen die Übermacht. Da sucht er sich einen Genossen für den letzten Kampf, einen Waffenbruder, und findet ihn in Volker von Alzey, dem Spielmann, der das Schwert mit derselben Sicherheit gebraucht wie den Fiedelbogen. Von da ab stehen die zwei bis zum letzten Augenblick in Treue beisammen im Kampf gegen die Übermacht [...]. Und als am nächsten

Tage der Kampf entbrennt, da führen sie, nebeneinander kämpfend, die niemals fehlenden Hiebe gegen die Schar der Gegner, bis Volker fällt und Hagen verwundet und gefangen wird.»[23]

Ausdrücklich erklärt Liszt, dass der «waffengewaltige, stolze, grimme Hagen» als «das Sinnbild Preußen-Deutschlands» zu verstehen sei und «der in Kampf und Lied gewandte Volker» als «das Sinnbild des sangesfrohen und kampfeslustigen Österreich-Ungarn»,[24] doch so nahe diese Dechiffrierung lag, so problematisch war die Verbindung der Mittelmächte mit dem Schicksal der Nibelungen. Zwar scheiterte der deutsche Plan, in einer ausgreifenden Umfassungsbewegung Frankreich schnell niederzuwerfen und die dann freigewordenen Kräfte zum Kampf gegen Russland in den Osten zu verlegen, und auch die österreichisch-ungarischen Armeen mussten an der serbischen wie der russischen Front herbe Niederlagen hinnehmen, aber als Liszt seine Rede hielt, herrschte noch allgemeine Siegeszuversicht vor. Dazu passte der Verweis auf Volkers Tod und Hagens Ende nicht. Warum also meinte Liszt, eine Parallele zwischen den Kriegskonstellationen von 1914 und dem verzweifelten Kampf der Burgunden in Etzels Burg herstellen zu müssen?

Ausschlaggebend dürfte eine Äußerung des Reichskanzlers Bernhard von Bülow gewesen sein, der am 29. März 1909 das deutsche Bündnis mit Österreich-Ungarn als Nibelungentreue bezeichnet hatte. «Meine Herren», sagte Bülow vor dem Reichstag, «ich habe irgendwo ein höhnisches Wort gelesen über unsere Vasallenschaft gegenüber Österreich-Ungarn. Das Wort ist einfältig. Es gibt hier keinen Streit um den Vortritt, wie zwischen den beiden Königinnen im Nibelungenlied. Aber die Nibelungentreue wollen wir aus unserem Verhältnis zu Österreich-Ungarn nicht ausschalten, die wollen wir gegenseitig wahren.»[25]

Bülow wollte den verschiedentlich geäußerten Verdacht zerstreuen, das Deutsche Reich habe sich außenpolitisch in die Abhängigkeit von Wien und dessen Balkanpolitik begeben. Hintergrund dieses Vorwurfs war die Bosnienkrise von 1908/09, in der Europa am Rande eines Krieges gestanden hatte. Die Wiener Regierung annektierte damals das ursprünglich zum Osmanischen Reich gehörige Bosnien-Herzegowina, das auch Serbien für sich beanspruchte. Tatsächlich sollte von hier über das Attentat auf den österreichischen Thronfolger Franz Ferdinand in Sarajewo eine direkte Linie in den Ersten Weltkrieg führen. Bülow wollte offenbar die Frage der deutschen Unterstützung für die österreichische Annexionspolitik jeder weiteren Diskussion entziehen, indem er sie als «Nibelungentreue» apostrophierte. Wer unter diesen Umständen die deutschen Interessen ins Spiel brachte und zu Zurückhaltung mahnte, setzte sich dem Verdacht der Untreue aus. Sieht man jedoch genauer hin, so verbarg sich hinter den mythischen Assoziationen sehr wohl eine kühle Interessenpolitik, die Bülow als Nibelungentreue camouflierte.[26]

Am 12. November 1908 hatte Bülow auf dem Höhepunkt der Bosnienkrise vor dem Bundesratsausschuss für auswärtige Angelegenheiten erklärt: «Wir haben nicht den Beruf, uns vor Österreich-Ungarn zu stellen, aber wir müssen hinter Österreich-Ungarn stehen.»[27] Das war mehr als ein belangloses Wortspiel; Bülow hat hier – unter Ausschluss der Öffentlichkeit – das Verhältnis des kaiserlichen Deutschlands zur Donaumonarchie präzise skizziert: Österreich-Ungarn war in der bosnischen Annexionskrise der Vorgeschobene, der vom Deutschen Reich für dessen eigene Interessen benutzt wurde. Bülow wollte den «Ring der Einkreisungsmächte» aufsprengen: Eine Kraftprobe auf dem Balkan war dafür sehr viel besser geeignet als ein deutsch-französischer oder deutsch-englischer Konflikt. Russland würde in der Bosnienfrage fest hinter Serbien stehen; ob England sich allerdings wegen einer aus seiner Sicht unbedeutenden Streitfrage in einen großen Krieg hineinziehen lassen würde, war mehr als fraglich. Wenn die Russen merkten, dass sie zwar für die britischen Interessen eintreten sollten, die große Seemacht für die russischen Interessen aber keinen Finger krümmte,[28] würden sie am Sinn des Bündnisses mit England zweifeln. Bülows Politik war in der Bosnienfrage alles andere als naiv und treu, sondern folgte einem strategischen Kalkül, bei dem Österreich-Ungarn eine Schachfigur war, die von Deutschland gezogen wurde.[29]

Die ‹treuen Nibelungen›, als welche Fürst Bülow im Reichstag die

Deutschen ausgegeben hatte, waren in Wirklichkeit kühle Interessenabwäger und Nutzenmaximierer. Folgt man Bülow auf seinem Weg mythischer Ästhetisierung, so kommt man nicht umhin, die von ihm betriebene Politik als ränkehaft zu bezeichnen. Wie anders soll man es nennen, wenn der Freund unter heißen Treuebekundungen kalt instrumentalisiert wird? Die Anrufung der Nibelungen und ihrer Treue bis in den Tod sollte in Bülows Kalkül verdecken, dass Deutschland eine offensive Politik betrieb; sie sollte deren Kritikern den Wind aus den Segeln nehmen und eine möglichst breite Zustimmung für den eingeschlagenen Weg mobilisieren – eine Rechnung, die voll aufging. Zugleich galt es, Österreich zu überzeugen, dass Berlin nur seinem Bündnispartner Rückendeckung gebe; in Wien sollten keinerlei Fragen aufkommen, welche Ziele die deutsche Balkanpolitik verfolgte. Bülow wollte täuschen, und die Täuschung gelang.

Mythische Bilder besitzen freilich eine Kraft, die kaum auf zeitlich begrenzte Zwecke zu beschränken ist; versucht man, sie zu funktionalisieren, kehren sie wieder, wenn man sie nicht mehr brauchen kann – etwa dann, wenn sie an den Zusammenhang von Nibelungentreue und Untergang erinnern. Das war im Sommer 1914 der Fall, als die inzwischen von Reichskanzler Theobald von Bethmann Hollweg geleitete deutsche Regierung zu entscheiden hatte, wie viel Rückendeckung sie der Wiener Regierung im Konflikt mit Serbien geben sollte. Doch dann griffen auf beiden Seiten die Bündnisverpflichtungen, die Mechanismen der Mobilmachung setzten ein, und keiner konnte mehr zurück, ohne politisch sein Gesicht zu verlieren. Mit einem Male kämpfte man gegen eine Übermacht von Feinden, und jeder unbeteiligte Beobachter musste sich fragen, wie Deutschland den Krieg gewinnen wollte.

In dieser Situation nahm Franz von Liszt in seiner Vorlesung den Begriff der Nibelungentreue wieder auf: Er zitierte Bülows Ausspruch im Reichstag und fügte hinzu, er sei «unter dem stürmischen Beifall des ganzen Hauses» erfolgt.[30] Liszt wollte den Bann des Untergangs wegerzählen, den Bülow auf das deutsch-österreichische Bündnis gelegt hatte. Ausführlich schildert er zunächst die im Lied berichteten Ereignisse, um dann den wesentlichen Unterschied zur Gegenwart herauszustellen: «Hagen von Tronje und Volker von Alzey, die hatten Blutschuld auf sich geladen durch die Ermordung Siegfrieds, und darum waren sie dem Untergang trotz aller Tapferkeit geweiht. Wenn aber Deutschland und Österreich-Ungarn nebeneinander und Schulter an Schulter und Rücken an Rücken kämpfen gegen die Übermacht der Feinde, so werden sie den Sieg davontragen; denn von Treubruch ist in den langen Jahren der Vergangenheit dieses Bündnisses nirgends und niemals die Rede gewesen, und die Blutschuld ruht auf den Häuptern unserer Gegner, bei den serbischen Meuchelmördern und bei Russland, das über sie die schützende Hand gehalten hat, und bei den Franzosen und bei den Engländern, die mit den Meuchelmördern da unten sich verbündet haben. Und so wollen wir das Bild festhalten, aber mit einem anderen Ausgang. Nicht der Untergang, sondern der Sieg wird das Ende des gemeinsamen Kampfes sein.»[31]

Der Hinweis auf die Ermordung des österreichischen Erzherzogs Franz Ferdinand dient Liszt dazu, den Bann zu lösen; das Attentat wird geradezu zum mythischen Siegesgaranten der Mittelmächte. Liszt bleibt so innerhalb der Erzählstruktur des Epos, nur dass er den Blick auf die Niederlage gegen denjenigen auf den sicheren Sieg vertauscht. Deswegen kann er seinen Vortrag schließen: «Heldenmut und Heldentreue, das ist, wie die Ereignisse uns zeigen, das innerste Wesen unseres deutschen Volkes, und niemals meine ich, ist das Nibelungenlied, das Hohelied von Heldenmut und Heldentreue, unserem Herzen so nahe gewesen wie in diesen Tagen. Diese Treue zu halten, dem Freunde Freund zu sein bis zum äußersten, dem Feinde Feind zu sein bis zum äußersten: das ist deutsche Art, das ist Nibelungentreue. Und so soll unsere Losung auch fernerhin sein: Durch Treue zum Sieg.»[32]

Offenbar legte Liszt Wert darauf, die mythischen Assoziationen nicht in die Sphäre von Wagners *Ring* hinübergleiten zu lassen, wo ein Machtkampf zwischen Göttern, Riesen und Zwergen im Zentrum steht, in den die Menschen hineingezogen werden. So erwähnt Liszt zwar kurz, «daß bei der großen Mehrheit von uns, die wir hier in diesem Saale beisammen sind, der Gedankengang unseres alten Nibelungenliedes verdrängt worden ist durch die großartigste aller Nachdichtungen, durch Richard Wagners ‹Ring des Nibelungen›, der aus ungleich älteren Quellen geschöpft hat»,[33] aber danach kehrt er sofort zum mittelalterlichen Text zurück. Ja, er erzählt den darin geschilderten Gang der Ereignisse detailliert nach, um ihn von den Wagner'schen Überlagerungen zu befreien. Das sollte gegen politische Assoziationen aus dem *Ring* immunisieren, denen Reichskanzler von Bethmann Hollweg noch am 30. Juli 1914 erlegen war, als er unmittelbar vor der kaskadenförmigen Abfolge von Generalmobilmachungen und Kriegserklärungen in Europa an den deutschen Botschafter in Wien telegrafierte: «Wir sind zwar bereit, unsere Bündnispflicht zu erfüllen, müssen es aber ablehnen, uns von Wien leichtfertig und ohne Beachtung unserer Ratschläge in einen Weltenbrand hineinziehen zu lassen.»[34] Weltenbrand – das war mehr als die Situation nach dem Untergang der Burgunden in Etzels Burg, der den Verlauf der Weltgeschichte nicht bedrohte: die Helden allesamt erschlagen, die meisten Gegner ebenfalls, dazu der große Saal bis auf die Grundmauern niedergebrannt, aber das alles blieb ein regional, auf den Mittellauf von Rhein und Donau begrenztes Ereignis. Der Fortgang der Weltgeschichte war durch den Untergang der Burgunden und die empfindlichen Verluste der Hunnen nicht in Frage gestellt. Am Schluss von Wagners *Ring* hingegen versinkt eine ganze Welt in Flammen. Tatsächlich war das eine sehr viel genauere Vorwegnahme der Ergebnisse des Ersten Weltkriegs. Doch von einem derart desaströsen Ausgang des Krieges, für Sieger wie Besiegte, wollte Ende 1914 niemand etwas wissen.

Die Vorstellung, man könne durch kleine Eingriffe in die narrative Struktur den Mythos politisch handhabbar machen, scheint weit verbreitet gewesen zu sein. So wurde Deutschland, zunächst als Siegfried identifiziert, bei anderer Gelegenheit mit Hagen gleichgesetzt, und auch Bismarck, der Schöpfer des Wilhelminischen Reichs, konnte beide Rollen übernehmen: Er war Siegfried, wenn er als der Schmied des Reiches dargestellt wurde, als derjenige, der dessen Schwert, die schimmernde Wehr, das siegreiche Heer geschaffen hatte; zu Hagen wurde er, wenn man ihn als treuen Berater und tapferen Streiter seines Herrn und Kaisers zeigen wollte. Es gehört zur politischen Arbeit am Mythos, dass sie sich weder an die narrative Abfolge der Ereignisse noch an die Zeichnung der Charaktere hält, sondern diese nach eigenem Gutdünken modelliert. Die im Zentrum des *Nibelungenlieds* stehende Gegenüberstellung von Siegfried und Hagen, dem offenherzig-naiven, mitunter vorlauten, aber immer weltzugewandt-optimistischen Heldentypus auf der einen und dem erfahrenen und vielwissenden, aber verschlossenen, im Spiel der Macht versierten und doch zu fatalistischem Pessimismus neigenden Kämpfertyp,[35] wird in der politischen Nutzung des Liedes aufgelöst: Man bindet beide in den nationalen Heroenkreis ein, weil man auf keinen von ihnen verzichten kann. Im Kampf gegen eine Welt voll Feinde braucht man alle, die blonden Streiter wie die dunkelhaarigen Kämpfer.

Ein frühes Beispiel dafür ist Friedrich Becks Gedicht «Die Heldenschlacht» (1870).[36] Zunächst wird darin ein Personal des *Nibelungenlieds* imaginiert, das alle Zwistigkeiten hinter sich gelassen hat:

Ich sah einst in dem Traume ein Thal so wunderbar,
Dort aus des Waldes Saume trat eine Heldenschaar;
Die stolzen Nibelungen, sie schritten wohlgemuth,
Es hatten ausgesungen die Helden kühn und gut.

Sie ruhten längst vom Streite auf Paradieseshöhn,
An Herrn Siegfriedens Seite sah man da Hagen gehn,
Der starke Spielmann munter im Sange schritt daher,
Es horchten König Gunther, Gernot und Giselher.

Der Dichter Wolfram von Eschenbach kommt hinzu und berichtet vom Tugendverfall in Deutschland. Man beschäftige sich dort nur noch mit der Ilias und habe das *Nibelungenlied* darüber ganz vergessen. Das erzürnt die deutschen Helden, und als Wolfram ihnen vorschlägt, das Personal Homers herbeizurufen, um es in einer Entscheidungsschlacht gegen das deutsch-germanische Aufgebot antreten zu lassen, stimmen sie begeistert zu.

Schon war von Siegfrieds Streichen Achill durch Wunden roth,
Da rief er: ‹Soll ich weichen? O weh mir dieser Noth!
Hilf uns, o Pallas milde! Es drängt uns die Gefahr;
Deck' uns mit deinem Schilde, eh' wir der Ehren bar!'

Da fuhr ein seltsam Brausen wohl über Berg und Thal,
Man hörte Winde sausen, es zuckten Flammen zumal;
In schwarzen Wolken zogen die Heidengötter einher,
Sie spannten die Todesbogen, sie warfen Geschoß und Speer.

Da sprach Siegfried der schnelle: ‹Dies ist des Satans Macht!
Doch schwindet sie zur Stelle, wie vor dem Licht die Nacht;
Durch Christus und Marien!› so rief er, rief's und schlug;
Da mussten die Helden fliehen sammt ihrem Göttertrug.

Das Kräftemessen der Helden wird durch das Eingreifen der Götter zu einem «Kampf der Kulturen». Freilich können die germanisch-christlichen Helden alle Gegner und Widersacher besiegen – wenn sie nur ihre Einigkeit bewahren.

Da dies aber alles andere als selbstverständlich ist, sind die Mythenarbeiter aufgerufen, den Gründen der inneren Zwietracht nachzuspüren. Wie konnte es dazu kommen, dass Siegfried erschlagen ward und Hagen den letzten Kampf in Etzels Burg alleine führen musste? Für Felix Dahn hat der Streit der Königinnen, die Einmischung der Frauen in die Politik, das Zerwürfnis der Helden Verrat und Mord und schließlich den Untergang nach sich gezogen: «So sei'n verflucht die Weiber, Weib ist, was falsch und schlecht: / Hier um zwei weiße Leiber verdirbt Burgunds Geschlecht», schreibt er in «Hagens Sterbelied» von 1870.[37]

Das freilich war eher misogyn als politisch und auch kein weiterführender Vorschlag, da Frauen politisch keine Rolle spielten. Sehr viel «politischer» fällt die 1936 von Josef Weinheber in dem Gedicht «Siegfried – Hagen» gegebene Antwort aus. Siegfrieds Tod wird darin als Selbstopfer für das Volk dargestellt – wovon mit Blick auf das im Lied erzählte Geschehen keine Rede sein kann – und Hagen zum inneren Feind erklärt: Während Siegfried den äußeren Feind bekämpft, fällt Hagen ihm heimtückisch in den Rücken. Hier geht es nicht um die Versöhnung des heroischen Personals, sondern es werden klare Feindbilder markiert. Unverkennbar steht Weinhebers Deutung unter dem Eindruck der deutschen Niederlage von 1918, die auf Streiks und schließlich auf die Revolution in der Heimat zurückgeführt wird: Man sei dem «im Feld unbesiegten Heer» in den Rücken gefallen. Weinheber, der sich 1945 das Leben nahm, dichtete:[38]

Held mit blonden Haaren
und mit schwerem Schwert:
Wir waren, ach, wir waren
deiner Tat nicht wert.
[…]
Wir schlugen uns selbst zu Stücken,
Ehrgier, Wurmgift, Neid.
Gegen den Speer im Rücken
ist keiner gefeit.

Immer ersteht dem lichten
Siegfried ein Tronje im Nu.
Weh, wie wir uns vernichten
und das Reich dazu.

Ein entpersonalisierter Hagen wird hier zum Inbegriff der inneren Gefährdung des Reichs, zu seiner Bedrohung durch Falschheit, Tücke und Verrat. Von hinten, von unten, von innen greift er an und wird so zum Symbol des inneren Feindes, der Fünften Kolonne.

Aber die Deutung Hagens als innerer Feind hat nie ungeteilte Zustimmung gefunden. Die durch Hagen symbolisierten Fähigkeiten und Eigenschaften – und zwar keineswegs nur Opferbereitschaft und Todeserotik im zweiten Liedteil, sondern auch seine Funktion als Berater und Gefolgsmann der Burgundenkönige im ersten Teil des Liedes – waren für die politische Vorstellungswelt der Deutschen zu wichtig, als dass man sie dem inneren Feind und Verräter abtreten konnte. Börries von Münchhausen hat das 1920 in dem Gedicht «Ein Lied Volkers» auf den Punkt gebracht:[39] Volker bewundert Hagen als militärischen Anführer («Mir dröhnt der Helm an den Ohren, / Wenn Hagen im Kampf Befehle gibt»), obwohl er um den hinterhältigen Mord an Siegfried weiß («Und ich sah doch beim Odenwald-Bronnen / An seinem Speere auch Siegfrieds Blut!»). Im Heer wird über Hagen hinter vorgehaltener Hand geredet: Er habe mit Siegfried den besseren Mann getötet, und als er Kriemhild den Nibelungenschatz nahm, um ihre politische Handlungsfähigkeit einzuschränken, habe er sich an einer wehrlosen Frau vergangen. Hagens Ruf als Held ist durch den Mord an Siegfried und den Raub des Horts ein für alle Mal beschädigt. Münchhausen stellt die Dinge dar, wie sie ein Frontverband im Krieg kommuniziert hätte: Auch wenn der Regimentskommandeur ein paar tiefdunkle Flecken auf seinem Wappenschild hat, ist und bleibt er doch ein hervorragender Soldat:

Er ist es, den die Edelsten scheuen,
Er ist von den Dornen des Grauens umzäunt,
Und der Treueste aller Getreuen
Fand selber nie einen hingebenden Freund.

Wir gaben an klirrenden Tagen
Dem König den Schwertarm für billige Huld, –
Doch am schwersten Tage gab Hagen
An Gunther den Eid: ‹Mein Teil sei die Schuld!›

Drum, ob auch das Herz mir erzittert,
Als Siegfried gestöhnt und als Kriemhild geweint,
Doch bist du, von Grauen umwittert,
Der Held meiner Lieder, mein Hagen, mein Freund!

Was Münchhausen hier im Auge hatte, war die in den deutschen Kriegsplanungen, dem Schlieffenplan, vorgesehene Verletzung der belgischen Neutralität, ohne die eine raumgreifende Umfassungsbewegung des rechten Flügels der deutschen Armee nicht möglich gewesen wäre.[40] Abgesehen davon, dass der deutsche Einmarsch die englische Kriegserklärung an das Reich nach sich zog und damit, bei nüchterner Betrachtung der Dinge, die Aussicht auf einen Sieg extrem verschlechterte,[41] handelte es sich um einen schwerwiegenden Verstoß gegen das Völkerrecht, der in den Versailler Verhandlungen über die Kriegsschuldfrage später eine herausgehobene Rolle spielte.

Am Nachmittag des 4. August 1914 war Reichskanzler von Bethmann Hollweg vor den Reichstag getreten und hatte gegenüber den Abgeordneten erklärt: «Unsere Truppen haben Luxemburg besetzt, vielleicht schon belgisches Gebiet betreten müssen.» Zwar habe sich Frankreich verpflichtet, die belgische Neutralität zu respektieren, aber «wir wußten, daß Frankreich zum Einfall bereitstand», und «wir konnten nicht warten». Der deutsche Einmarsch in Belgien sei unter militärischen Gesichtspunkten erforderlich gewesen. «Das Unrecht, das wir damit tun werden», so Bethmann Hollweg, «werden wir wiedergutzumachen suchen, sobald unser militärisches Ziel erreicht ist.»[42] Der Zwang der Umstände rechtfertigte ein politisch-militärisches Vorgehen, das sonst Verrat und ein Überfall gewesen wäre.

Dennoch – das hatte es bis dahin nicht gegeben: dass der verantwortliche Minister eines kriegführenden Staates die Rechtswidrigkeit seiner Handlungen eingestand, sich dabei auf das Prinzip «Not kennt kein Gebot» berief und gleichzeitig versprach, das Unrecht wiedergutzumachen. Für Großadmiral Tirpitz war diese Aussage der größte Fehler, den ein deutscher Staatsmann je gemacht hatte, während der Liberale Conrad Haussmann die Passage für die beste und eindringlichste in der Rede des Reichskanzlers hielt. Ernst Jünger wiederum sah darin einen Beleg dafür, dass sich Deutschland nur auf einen begrenzten, nicht auf den totalen Krieg eingestellt hatte: Statt eine Völkerrechtsverletzung einzugestehen, hätte man die Völkerrechtsnormen im Sinne einer pangermanischen Befreiungsideologie interpretieren müssen: Man sei in Belgien einmarschiert, um die Flamen vom Joche der Wallonen zu befreien.[43]

Die Begründung des deutschen Einmarschs in Belgien mit einer antiimperialen Befreiungsideologie wäre listig gewesen; sie hätte die Gewaltanwendung mit einer Rechtfertigung versehen, deren sich auch die Entente bediente und die vor allem in den US-amerikanischen Plänen für die politische Neuordnung Europas im Zentrum stand. Aber eine solche List war mit dem politischen Ehrenkodex der Deutschen nicht vereinbar; Gewalt ja, List nein. Dementsprechend wird, wo die Autoren auf die Ehrenrettung Hagens aus sind, nicht dessen listige Erfragung der verwundbaren Stelle Siegfrieds erwähnt,[44] sondern nur die Gewalttat selbst, die Ermordung Siegfrieds. Mit heroischer Geste übernimmt Hagen «die volle Verantwortung» für den Mord, den er mit Blick auf die politische Selbstbehauptung des burgundischen Königshauses für unvermeidbar gehalten hat. Gunther bleibt bei der Lüge, Räuber hätten Siegfried im Wald erschlagen; Hagen dagegen gesteht Kriemhild schließlich ein, Siegfried getötet zu haben.

Der Germanist Gustav Roethe hat darin eine besondere deutsche Tugend gesehen: «Nie hat Deutschland einen verschlagenen Diplomaten besessen, der das Ränkespiel der Nachbarstaaten mit gleicher Münze zu übertrumpfen wusste.»[45] Gewalt war ein selbstverständlicher Bestandteil deutscher Politik, Lüge und Tücke nie! Auf dem Schlachtfeld, nicht durch Bestechung und Spionage sollte der Sieg errungen werden. Um den Nachteil wettzumachen, der aus dem Listverzicht erwuchs, erklärte Roethe kurzerhand die Treue, den Widerpart der List, zur spezifisch deutschen Kriegswaffe; sie sei «unsere größte und letzte Stärke: die persönliche Treue gegen den Kaiser, die sachliche Treue gegen Dienst und Pflicht und Beruf, vor allem die stolze Treue gegen uns selbst, die demütig begeisterte Treue gegen unsere Idee, die ehrfürchtig fromme Treue zu unserem Gott, sie wird uns durch diese Welt von Feinden geleiten».[46] Das war eine klare Absage an eine mit anrüchigen Mitteln betriebene Politik, und diese Absage erfolgte bei Roethe im Namen der ethisch-ästhetischen Ideale des Heroischen. Wenn man sich schon einem Politiker anvertrauen musste, dann nur einem Hindenburg, denn dessen Wahlspruch lautete: «Treue ist das Mark der Ehre.»[47]

Auch in seiner am 3. September 1914 gehaltenen Rede «Wir Deutschen und der Krieg», mit der Roethe als ein weiterer Professor der Berliner Universität seinen Beitrag zu kriegerischer Gesinnung und Siegeswillen des gebildeten Bürgertums in Deutschland leistete,[48] ist er auf Lüge und Wahrheit als Mittel der Politik zu sprechen gekommen: «Nichts vielleicht ist für uns Deutsche heute so peinlich und widerwärtig wie die fürchterliche Unwahrhaftigkeit, in der sich unsere Gegner überbieten. Sie lügen aus verschiedenen Gründen und auf verschiedene Weise. Der Russe ist auch hier verhältnismäßig am harmlosesten: er lügt dummschlau und brutal drauf los, wie der Barbar, kurzsichtig wie das Kind, das sich herausredet. [...] Der Engländer aber lügt systematisch und kaltblütig und bewußt; er schmiedet aus der Lüge eine giftige Waffe, gegen die seine infamen Dum-Dum-Geschosse[49] geradezu menschenfreundlich wirken. [...] Die Lüge ist gegen deutsche Art. Auch Bismarck hat große diplomatische Triumphe eben dadurch gefeiert, daß er die Wahrheit so offen heraus gesagt hat, wie ein englischer oder französischer Diplomat das schlechterdings nicht für möglich hält. Ich muß gestehen, mir hat es im Gegensatz zu der widerlichen Heuchelei, an die uns das Ausland gewöhnt hat, etwas tief Ergreifendes gehabt, als unser trefflicher Reichskanzler in der großen Reichstagssitzung vom 4. August, in der besten Rede, die er je gehalten hat, ehrlich und unumwunden zugestand: wir haben in Luxemburg und Belgien das Völkerrecht gebrochen! Ob dieses Geständnis klug war, das ist gleichgültig; es war wahrhaftig und damit entsprach es deutschem Bedürfnis.»[50]

Die innerdeutsche Debatte über Bethmanns Eingeständnis vom 4. August 1914 ist mit großer Intensität geführt worden, und dabei wurden immer wieder Wahrhaftigkeit und Treue, also ein mit dem Nibelungenmythos verbundener Moralkomplex, beschworen – nicht zuletzt deswegen, weil der für viele Deutsche völlig überraschende Kriegseintritt Englands offiziell mit der Verletzung der belgischen Neutralität begründet wurde. Die Wendung vom «perfiden Albion» als Bezeichnung für England hatte hier eine ihrer Ursachen: Man sah darin eine bloß vorgeschobene Behauptung, hinter der sich das englische Interesse verbarg, die alleinige Kontrolle der Weltmeere und des Welthandels zu behaupten.[51] Damit standen in diesem Krieg, wie Werner Sombart es programmatisch zusammenfasste, «Händler» gegen «Helden».

Die Weltsicht der von Sombart als «Helden» Bezeichneten war denkbar unkompliziert: Hingabe ans Vaterland und bedingungslose Pflichterfüllung.[52] Während die Händler immer nur an sich selbst dächten und auf ihren Vorteil schielten, opferten sich die Helden bereitwillig «für dieses Ganze, das über uns lebt, das da ist, auch ohne uns und unseren Willen».[53]

Der Unterschied zwischen Händlern und Helden zeige sich vor allem im Krieg: Der Händler führe ihn um bestimmter Interessen willen und weil er sich davon einen Vorteil verspreche; er wäge Ertrag und Kosten ab. Der Held dagegen führe Krieg um des Krieges willen beziehungsweise weil der Krieg ihm «als die größte sittliche Macht erscheint, deren sich die Vorsehung bedient, um die Menschen auf Erden vor Verlotterung und Fäulnis zu bewahren».[54] Sombarts Resümee lautete: «Deutsch sein heißt, ein Held zu sein, und dem englischen Händlertum im Geiste und im Leben setzen wir ein deutsches Heldentum entgegen. Händler und Held: sie bilden die beiden großen Gegensätze, bilden gleichsam die beiden Pole aller menschlichen Orientierung auf Erden. Der Händler, sahen wir, tritt an das Leben heran mit der Frage, was kannst du Leben mir geben; er will nehmen, will für möglichst wenig Gegenleistung möglichst viel für sich eintauschen, will mit dem Leben ein gewinnbringendes Geschäft machen; das macht: er ist arm; der Held tritt ins Leben mit der Frage: was kann ich dir Leben geben? Er will schenken, will sich verschwenden, will sich opfern – ohne Gegengabe; das macht: er ist reich.»[55]

Sombarts Stilisierung des Gegensatzes von Händlern und Helden war ein weiterer Versuch, den Krieg aus einem blutigen Aufeinandertreffen konträrer Interessen in einen «Kampf der Kulturen» zu verwandeln, bei dem entgegengesetzte Lebensauffassungen und Gesellschaftsordnungen um die Vormachtstellung in Europa rangen. Bei dieser Form der «geistigen Mobilmachung» (Kurt Flasch) hatten die deutschen Intellektuellen eine herausgehobene Position, zumal die «Ideen von 1914» eine Kriegserklärung nicht nur an die aufklärerischen Prinzipien der Französischen Revolution, sondern auch an den britischen Liberalismus darstellten.[56] Aber die deutschen Intellektuellen standen dabei nicht allein; aufseiten der Entente wurde der Krieg ebenfalls als ein Gegensatz konträrer kultureller und gesellschaftlicher Prinzipien begriffen, etwa in der Stilisierung der Deutschen zu Barbaren oder neuen Hunnen[57] oder als Verteidigung der Aufklärung gegen die politische Romantik. In diesem gewaltigen Kampf um die richtige Weltanschauung und Gesellschaftsordnung verwies man auf deutscher Seite gern auf den Nibelungenmythos. Er lieferte das Material, um den Typus des Helden in seinen Variationen zu veranschaulichen, aus ihm ließen sich ethische Dispositionen ableiten, und hier konnte man schließlich das Modell des Verrats finden, mit dem die Niederlage Deutschlands im Herbst 1918 auf Heimtücke und Niedertracht zurückgeführt werden konnte: der Dolchstoß in den Rücken des von vorne unbesiegbaren Heeres.

Bevor es jedoch so weit war, dass der strahlende Held Siegfried hinterrücks ermordet wurde, musste er sich zunächst im Kampf bewähren, und das tat die deutsche Armee auf eine ebenso erstaunliche wie bemerkenswerte Weise: Man bot einem zahlenmäßig weit überlegenen Gegner nicht nur Paroli, sondern führte den Krieg auch auf gegnerischem Gebiet, also «in Feindesland»; obwohl dem Erfolg des Schlieffenplans das «Wunder an der Marne» entgegengestand, hatte man sich im Spätherbst 1914 doch auf einer Linie eingegraben, die von der Schweiz bis zum Ärmelkanal reichte und an der eine französisch-englische Großoffensive nach der anderen scheiterte. Im Osten bediente man sich einer sehr viel beweglicheren Kriegführung, bei der die taktische Überlegenheit der deutschen Verbände stärker zum Tragen kam. Die Aussicht auf einen politisch-militärischen Zusammenbruch Russlands und die dann mögliche Konzentration der Kräfte im Westen lieferte den deutschen Siegeserwartungen neue Nahrung, sodass man bis in das Frühjahr 1918 glauben konnte, der Krieg lasse sich noch gewinnen.[58] In der deutschen Diskussion wurde das unter dem Begriff des *Siegfriedens* verhandelt, dessen Gegenpole der Verhandlungs- oder gar Verzichtfriede waren. Siegfrieden – das hieß, dass man nach dem Sieg auf dem Schlachtfeld den Frieden diktieren[59] und maximale Kriegsziele durchsetzen konnte, die auf eine grundlegende politische Neuordnung Europas (und Afrikas) hinauslaufen würden; die Deutschen würden sich ihren unter so großen Verlusten erkämpften «Platz an der Sonne» sichern,[60] und der blonde Held mit dem gewaltigen Schwert lieferte das Vorbild für den Kampf: Er errang den Sieg gegen eine zahlenmäßige Übermacht der Feinde, die zumeist als monströses Getier, häufig Schlangen und Drachen, dargestellt wurden. Der Nibelungenmythos legte diese ikonische Verdichtung nahe; er prägte freilich nicht nur die Vorstellung der großen Ziele, sondern sickerte bis in die Namensgebung von Verteidigungslinien und Angriffsbewegungen durch.

Als sich Anfang 1917 die Anzeichen mehrten, dass der neue französische Generalstabschef Nivelle, der Nachfolger Joffres, für das Frühjahr eine große Offensive plante, bei der die deutsche Armee auf den Rhein zurückgeworfen und dort vernichtet werden sollte, entschlossen sich Hindenburg und Ludendorff, die im Zentrum des französischen Angriffs stehenden Truppen aus einer Bogen- in eine Sehnenstellung zurückzunehmen, um so die Front zu verkürzen und Reserven für Gegenangriffe freizubekommen. Nivelle, der in der Schlussphase der Schlacht von Verdun die Taktik der Feuerwalze weiterentwickelt und damit beachtliche Erfolge erzielt hatte, vertraute auf den Angriffselan der französischen Truppen; Hindenburg und Ludendorff dagegen setzten auf die inzwischen mehrfach bewährte Defensivtaktik der Deutschen; sie ließen die neuen Stellungen tief staffeln und gaben ihnen den Namen *Siegfriedlinie*.[61] Offenbar waren sie davon überzeugt, die im Prinzip demoralisierende Wirkung eines Rückzugs aus Stellungen, die man unter so großen Opfern verteidigt hatte,[62] lasse sich durch die Wahl eines siegverheißenden Namens wettmachen. Außerdem wurde dadurch unterstrichen, dass man keineswegs daran dachte, von der Idee eines Siegfriedens abzurücken.

General Nivelle interpretierte den deutschen Rückzug als Zeichen der Schwäche und gab seinen Divisionen den Angriffsbefehl. Er wurde von der britischen 1. und 3. Armee im Raum Arras unterstützt. Aber schon nach wenigen Tagen brach die Offensive am Chemin des Dames zusammen. Die hochgespannten französischen Erwartungen, das frühe Scheitern des Angriffs und die schweren Verluste führten zu den größten Meutereien, die es in der französischen Armee jemals während eines Krieges gegeben hatte.[63] Nur mit Hilfe exemplarischer Exekutionen konnte die Disziplin wiederhergestellt werden. Dennoch war die französische Armee über Wochen nur begrenzt einsatzfähig, der Druck auf die deutschen Stellungen ließ deutlich nach. Zu diesem Zeitpunkt war Nivelle seines Kommandos enthoben und durch Philippe Pétain ersetzt worden.

Eineinhalb Jahre später nahm Ludendorff nach dem endgültigen Scheitern der letzten Durchbruchsoffensive deutscher Truppen – der Michael-Offensive, in deren Rahmen abermals Operationen mit nibelungischen Decknamen wie «Hagenangriff» und «Walkürenritt», stattfanden – die Front erneut auf die Siegfriedlinie zurück. Er vertraute darauf, dass sich der Abwehrerfolg vom April 1917 wiederholen lasse. Ob der deutsche Generalstabschef dabei mehr auf die strategisch günstige Position oder die Unbesiegbarkeit verheißende Kraft des mythischen Namens vertraute, mag dahingestellt bleiben. Der Rückzug auf die Siegfriedlinie hat jedenfalls dazu beigetragen, dass der sich abzeichnende Zusammenbruch der Front wenige Wochen später als Folge eines hinterhältigen Angriffs verstanden werden konnte, ohne den der herrliche Held niemals zur Strecke gebracht worden wäre.

«Das schwerste und bitterste Jahr der deutschen Geschichte ist zu Ende gegangen» – so die Bilanz, die ein Konsistorialrat Dr. Conrad am 31. Dezember 1918 in der *Kreuzzeitung* für das letzte Kriegsjahr zog. «Tiefer ist noch nie ein Volk im jähen Wechsel zusammengebrochen wie wir. Von einer Riesenhöhe sind wir herabgestürzt. Stolz, machtvoll, lorbeergekrönt standen wir am Anfang des Jahres da, und jetzt liegen wir im Staube. [...] Jener unselige 9. November! Er hat uns alles genommen, worauf wir stolz gewesen sind. Den deutschen Kaiserthron hat er uns umgestoßen. Das Reich hat er uns zerschlagen. Zucht und Ordnung hat er uns weggespült. Die deutsche Treue hat er uns zertreten. Den deutschen Namen hat er uns besudelt. Ehrlos hat er uns vor der ganzen Welt gemacht. Mit Lügen hat er uns gespeist. Mit leeren Versprechungen hat er uns betört. Arbeit, Frieden, Brot wollte er uns bringen. Und was hat er uns gebracht? Die Diktatur einer Minderzahl, die in beständiger Furcht vor der Gasse die Zügel am Boden schleifen und die Ohnmacht mit der Willkür wetteifern ließ. [...] Was die Feinde in jahrelangem Ringen nicht geschafft haben, haben wir selber uns angetan. *Unseren kämpfenden Truppen haben wir den Dolch in den Rücken gestoßen.*»[64]

Die Dolchstoßlegende, wie man die Behauptung genannt hat, das vom Feind unbezwungene Heer sei durch die Revolution in der Heimat gemeuchelt worden,[65] ist eine neue Wendung des auf den Deutschen liegenden Nibelungenfluchs. Bereits am 1. Oktober 1918, also noch vor Beginn der Revolution in Deutschland, notierte Oberst von Thaer: «Als wir versammelt waren, trat L[udendorff] in unsere Mitte, sein Gesicht von tiefstem Kummer erfüllt, bleich, aber mit hocherhobenem Haupt. Eine wahrhaft schöne germanische Heldengestalt. Ich mußte an Siegfried denken mit der tödlichen Wunde im Rücken von Hagens Speer.»[66] Schon im Juli 1917 hatte sich Generalmajor Hans von Seeckt, der spätere Chef der Reichswehr, gefragt: «Warum fechten wir eigentlich noch? Die Heimat ist uns in den Rücken gefallen, und damit ist der Krieg verloren.»[67] Hindenburg hat diese Vorstellung in sein «Vermächtnis an das deutsche Volk» aufgenommen: «Wie Siegfried unter dem hinterlistigen Speerwurf des grimmigen Hagen, so stürzte unsere ermattete Front; vergebens hatte sie versucht, aus dem versiegenden Quell der heimatlichen Kraft neues Leben zu trinken.»[68] Und in Hitlers *Mein Kampf* heißt es: «Wer damals nicht mitkämpfte, waren die parlamentarischen Strauchdiebe, dieses gesamte politisierende Parteigesindel.» Sie hätten «gegen diesen Sieg so lange gehetzt und gewühlt, bis endlich der kämpfende Siegfried dem hinterhältigen Dolchstoß erlag».[69] Schließlich stellte General von Kuhl, im Herbst

1918 Generalstabschef der Heeresgruppe Kronprinz Rupprecht, in seinem Gutachten für den Untersuchungsausschuss des Reichstags fest: «Die Revolution hat dem Heer im letzten Augenblick den Dolch in den Rücken gestoßen, nachdem eine lange Wühlarbeit vorher es zu untergraben versucht hat.»[70]

Die Formel vom Dolchstoß hat sich in den Jahren nach Kriegsende so verselbständigt, dass sie eines erklärenden Zusatzes nicht mehr bedurfte.[71] Das hatte mit dem suggestiven Bild zu tun, war aber auch eine Folge der Verknüpfung des Krieges mit dem Nibelungenmythos, die von Beginn an vorgenommen wurde. In bürgerlichen Kreisen sind die tatsächlichen Ereignisse nur noch durch den Wahrnehmungsfilter mythischer Deutungen ins Bewusstsein gelangt: Die Geschichte der Deutschen bewegte sich im Bannkreis der Nibelungen als Präfiguration der jeweiligen Gegenwart, und die Mythopoeten interessierten sich nicht für die Aufklärung der realen Geschichte, sondern versuchten, den Mythos mit Blick auf einen beim nächsten Mal erfolgreichen Ausgang fortzuspinnen.

Wie aber kam es zur Verschiebung vom Speer auf den Dolch? Während Thaer und Hindenburg sich noch ganz innerhalb des *Nibelungenliedes* bewegten, sprach Konsistorialrat Conrad von einem Dolchstoß, ohne ihn explizit auf Siegfried zu beziehen, und erst Hitler ließ Siegfried einem Dolchstoß erliegen. Weder Hagen noch der Speer waren geeignet, die Niedertracht und Verwerflichkeit der Attacke auf den Rücken des deutschen Heeres sinnfällig zu machen: Eine «Speerwurflegende» hätte niemals dieselbe denunziatorische Intensität erlangt wie das Bild vom hinterhältigen Dolchstoß. Der Speer bleibt, selbst wenn er meuchlings geführt wird, eine Waffe für den Kampf zwischen Gleichen, während der Dolch eine Waffe ist, mit der Stärkere durch Schwächere zu Fall gebracht werden. In seiner *Rede über die Diktatur* hat der spanische Gegenrevolutionär Donoso Cortés im Jahre 1849 erklärt, man habe in Europa die Wahl zwischen der Diktatur der Regierung und der Diktatur der Auflehnung: «Es handelt sich [...] darum zu wählen zwischen der Diktatur des Dolchs und der Diktatur des Säbels; ich wähle die Diktatur des Säbels, denn sie ist die vornehmere.»[72] Seit

Donoso war der Dolch, zuvor ein Mittel des Tyrannenmords, in konservativen Kreisen das Symbol für den Aufstand der unteren Schichten. Es lag somit nahe, bei der Erklärung der deutschen Niederlage den edlen Speer gegen den niederträchtigen Dolch auszutauschen.

Im Vorwort zur Neuauflage seiner *Grundlagen des 19. Jahrhunderts* hat Houston Stewart Chamberlain nach Kriegsende Vorschläge gemacht, wie auf eine solche Bedrohung zu reagieren sei. Der in Bayreuth heimisch gewordene Sohn eines englischen Admirals, als glühender Wagnerianer dem Nibelungenmythos aufs engste verbunden, glaubte zu wissen, wie Deutschland den Krieg hätte gewinnen können: durch einen vom ersten Tag an uneingeschränkten U-Boot-Krieg und durch die rücksichtslose Bombardierung feindlicher Städte mit Hilfe von Luftschiffen.[73] Dazu habe man sich jedoch aus Verzagtheit nicht entschließen können, während die Feinde sehr bald erkannten, «daß deutsche Heldenkraft unüberwindlich sei». Also hätten sie beschlossen, dass Deutschland «von innen aus zerstört werden» müsse.[74] Siegfrieds Lindenblatt gegen Achills Ferse vertauschend, fährt Chamberlain fort: «Der Feind erkannte die Achillesferse des von ihm gefürchteten Deutschen Reiches: das Bestehen zweier *reichsfeindlicher* Parteien; auch wußte er genau, daß mit der Einführung der demokratischen Regierungsform dieses Reich zugrundegerichtet würde.»[75] Danach waren Sozialdemokratie und katholisches Zentrum die verwundbaren Stellen des Reichs; durch sie seien Pessimismus, Defaitismus und innere Zwietracht eingeschleppt worden. «Wäre am Tag der Kriegserklärung eine militärische Diktatur eingesetzt worden, ganz Deutschland hätte erleichtert aufgeatmet.»[76] Die Errichtung einer Diktatur des Säbels hätte den Dolchstoß verhindert.

Diesen Gedanken hat der konservative Revolutionär Arthur Moeller van den Bruck variiert: «Wir haben unseren Heeren nicht Glauben gegeben, sondern Glauben genommen. Und wir haben darüber schließlich den Krieg verloren. Wir sind nicht besiegt worden. Aber wir sind überwunden worden – durch uns selbst.»[77] Vor dem nächsten Krieg müsse man daher kräftig in den Glauben investieren; «ein unglücklicher Krieg ist niemals unwiderruflich. Der ärgste Friede ist niemals endgültig.»[78] Die geistige Wiederaufrüstung begann in Deutschland, bevor noch die Waffenschmieden und Rekrutierungsbüros wieder in Betrieb genommen werden konnten.

Die auf Ernst Jünger und Erich Ludendorff zurückgehende Formel von der «totalen Mobilmachung» beziehungsweise dem «totalen Krieg» als aus der Niederlage zu ziehender Konsequenz zielte vor allem auf das Ende der Unterscheidung zwischen Kombattanten und Nonkombattanten, Front und Heimat; in ihm sind alle am Kampf beteiligt, und deswegen können die Zivilisten dem Militär auch nicht in den Rücken fallen. Heimat und Front sind eines. Die Idee einer Totalisierung des Krieges ist die wohl radikalste Konsequenz aus dem Dolchstoß. Ernst Jünger (und wohl auch Hitler) war sich freilich darüber im Klaren, dass das Kaiserreich nicht in der Lage gewesen wäre, einen totalen Krieg zu führen. Wer einen totalen Krieg führen wollte, musste zunächst mit dem Umbau der gesellschaftlichen Ordnung beginnen. Dabei genügte es nicht, die Unterscheidung von Front und Heimat zu beseitigen; man musste auch die Unterschiede der Klassen und Stände aufheben. Die Voraussetzung des totalen Kriegs war die totale Volksgemeinschaft.[79] Wo jeder Unterschied zwischen Front und Heimat aufgehoben war, bot das Heer niemandem mehr den Rücken. Totale Mobilmachung und totaler Krieg sollten verhindern, dass Deutschland zum zweiten Mal das Siegfriedschicksal erleiden müsste. Und tatsächlich: Kein Matrosenaufstand, keine Streikbewegung in der Heimat, keine breite Welle von Befehlsverweigerungen hat dem Zweiten Weltkrieg ein Ende gemacht. Der einzige nennenswerte Versuch hierzu kam aus den Führungsgruppen des Heeres und wurde von einer Gruppe von Offizieren getragen, die nicht bereit waren, den Krieg nach Art des Untergangs in Etzels Halle weiter zu führen. Dabei bediente sie sich einer Notfallplanung, die den Decknamen «Walküre» trug.[80]

Die «idealistische» Variante einer Wiederherstellung der deutschen Kriegführungsfähigkeit bestand in der Erneuerung des Siegfriedgeistes. Während des Kriegs bereits notierte Bruno Tanzmann in seinem *Versuch einer neuen Deutung des Nibelungenliedes*: «Wer Ohren hat, der hört jetzt im furchtbarsten Krieg aller Kriege wieder das Nibelungenlied brausen. Die Götterdämmerung bricht an: jetzt in diesem furchtbaren Weltkriege wird sich zeigen müssen, ob in uns Deutschen noch der weltüberwindende Siegfriedgeist lebt.»[81] Diese Hoffnung hatte getrogen, wie Tanzmann am Schluss seines 1919 erschienenen Buches feststellt. Da für ihn der Nibelungenmythos aber das Narrativ des deutschen Schicksals war, hing alles davon ab, ob der alte Siegfriedgeist nun wieder erwachte. Das Lied sei «der kristallische Spiegel des Kindheits- und Jugendschicksals der germanischen Rasse».[82] Kindheit und Jugend waren dabei nicht Entwicklungsphasen, die man durchschritt und hinter sich ließ, sondern sie bildeten den Jungbrunnen, zu dem das Volk zurückkehren musste, um erneut eine geschichtsmächtige Kraft zu werden. Erst wenn der jugendliche Siegfried- und Nibelungengeist wiedergewonnen sei, «wird unsere Not ein Ende haben. Dann wird die Seele des Deutsch-Germanentums den Balmung [Siegfrieds Schwert] erfassen, daß er sich von selber schwingt und durch die Drachenfeindschaft der Welt blitzt. Der Schmach- und Mordfrieden, in den uns sentimentale Pazifisten und Fremdgeistige und -blütige hineingeredet haben, wird dann sein Ende finden. Das wird dann die lebendige Auferstehung des Nibelungenliedes sein.»[83]

Auch Gustav Roethe griff 1928 die von ihm schon bei Kriegsausbruch beschworene Nibelungentreue auf und erklärte: «Wenn das Land an Maas und Rhein, Weichsel und Memel» – die im Versailler Friedensvertrag von Deutschland abgetrennten Gebiete – «dem Reich die Treue halten, so würden ihm, wie im Nibelungenlied, gewaltige Rächer erwachsen: Dann naht auch die Stunde der rächenden Rettung, und die Toten des Weltkrieges, die Helden unserer Vergangenheit, erstehn zu neuem Leben.»[84] Einige Jahre später, 1934, hielt Karl Busch den Nibelungengeist bereits für wiedererwacht: «Kurz vor dem Weltkrieg erwuchs eine neue heldische Auffassung des Nibelungenstoffs, die sich dann in der ‹Nibelungentreue› des deutschen Volkes so heroisch bewährte und die wir selbst von Tag zu Tag weitertragen und vertiefen müssen.»[85] Von Verrat und Dolchstoß war nun keine Rede mehr, und tatsächlich haben die Nazis ab 1934 den Begriff des Dolchstoßes aus dem politischen Vokabular getilgt.[86] Wo es keinen Begriff gab, konnte es auch die Sache nicht geben – hoffte man jedenfalls.

Daneben steht die «materialistische» Variante, die es nicht bei der bloßen Wiedererweckung des Siegfriedgeistes belassen wollte, sondern mit der Verschmelzung von Heer und Heimat Ernst machte: «Schön ist das Land am Rhein», heißt es 1933 in Max Brauns Roman *Nibelungenland*. «Der Eisenhammer der Arbeit schüttert an den Ufern. Das ist Siegfrieds Schmiede, in welcher der junge Held, in unsere Zeit gestellt, zwischen Essen und Kesseln, zwischen Silos und Retorten, unter kreisenden Triebwellen und qualmenden Schloten das neue Schwert schmiedet, das uns im friedlichen Wettbewerb aus Dreck und Morast heraushauen soll, das er aber zum Kampf zu schärfen nicht zögern wird, wenn dieser unvermeidlich sein sollte. Siegfrieds Schwert!»[87] Siegfried, der Held, der das Schwert nicht nur zu führen versteht, sondern es auch selber geschmiedet hat – womit im Übrigen an die Stelle des *Nibelungenliedes* Wagners *Ring* tritt –, wird zur ideellen Verkörperung der Einheit von Arbeitsdienst und Wehrmacht. Wer sein Schwert selbst geschmiedet hat, wird achtsam damit umgehen, und wer das Schwert selbst führen wird, schmiedet es mit größter Sorgfalt. Siegfried wurde so zum mythischen Symbol für die Einheit von Arbeiter und Soldat: Auch die Silos und Kessel, Essen und Retorten waren Fronten, an denen Schlachten geschlagen wurden, und der heldenhafte Kämpfer an der Front war kein anderer als der Arbeiter, der die von ihm hergestellten Waffen zum Einsatz brachte. Siegfried als Volkssturmmann.

Aber so weit war es bei Kriegsbeginn im Jahre 1939 noch nicht; der Krieg nahm zunächst einen günstigen Verlauf, und die hochgradig professionelle Wehrmacht eilte von Sieg zu Sieg, ohne dass die Heimat unter den Folgen des Krieges sonderlich zu leiden hatte. Die Blitzkriegführung der ersten Kriegsjahre war eine weitere Maßnahme, um den gefürchteten Dolchstoß zu vermeiden: Solange das Volk vom Krieg profitierte, würde es dem Heer nicht in den Rücken fallen. Deswegen hat Hitler die Rüstungsproduktion nicht unbegrenzt hochfahren lassen.[88] Die Versorgung der Bevölkerung sollte auf jeden Fall gesichert sein. Schnelle Siege, kurze Kriege – ein zufriedenes Volk. Kaum etwas hat Hitler mehr gefürchtet als einen neuerlichen Dolchstoß. So glaubte er ihn verhindern zu können.

Erst als sich der Krieg in die Länge zog, Churchill keinen Frieden zu schließen bereit war und der Feldzug gegen die Sowjetunion vor Moskau steckenblieb, kam es anders. Die Kriegverluste wurden größer, die Lasten schwerer, die Anstrengungen härter; man würde den Krieg verlieren, wenn es nicht gelang, die Erdölvorkommen am Nordrand des Kaukasus und um das Kaspische Meer zu erobern.[89] Dementsprechend war der Feldzug für den Sommer 1942 angelegt: statt Blitzkrieg Ressourcenkrieg, um Durchhaltefähigkeit zu erlangen. Der Vorstoß verlief erfolgreich, bis man die Wolga bei der Stadt Stalingrad erreichte, wo die deutschen Divisionen seit dem Frühherbst 1942 in schwere Straßen- und Häuserkämpfe verwickelt wurden. Im November wurde die deutsche Front im Norden und Süden von sowjetischen Verbänden durchbrochen und die 6. Armee in und um Stalingrad eingeschlossen.[90] Hitler verbot den Ausbruch, Göring versicherte, seine Flugzeuge könnten die eingeschlossene Armee aus der Luft versorgen, was sich als falsch erwies, und der Versuch, den Kessel durch einen Panzervorstoß von außen aufzubrechen, scheiterte. Damit war die 6. Armee verloren.

Am 3. Februar 1943 gab das Oberkommando der Wehrmacht bekannt: «Der Kampf um Stalingrad ist zu Ende. Ihrem Fahneneid bis zum letzten Atemzug getreu ist die 6. Armee unter der vorbildlichen Führung des Generalfeldmarschalls Paulus der Übermacht des Feindes und der Ungunst der Verhältnisse erlegen.» Die bis dahin schwerste Niederlage der Wehrmacht sollte erträglich gemacht werden, indem man ihr eine ethisch-ästhetische Dimension verlieh: «Unter der Hakenkreuzfahne, die auf der höchsten Ruine von Stalingrad weithin sichtbar gehisst wurde, vollzog sich der letzte Kampf. Generale, Offiziere, Unteroffiziere und Mannschaften fochten Schulter an Schulter bis zur letzten Patrone. Sie starben, damit Deutschland lebe.»[91] Schulter an Schulter – das war einmal mehr die Formel der Nibelungentreue. Und abermals hat diese Disposition in die Katastrophe geführt. Hitler scheint das Nibelungenschicksal gefürchtet zu haben, denn er hatte ausdrücklich angeordnet, auf den für den Sitzungssaal der Reichskanzlei bestimmten Wandteppichen nur Szenen aus der Edda, aber keine aus dem *Nibelungenlied* darzustellen.[92] Ragnarök, Weltenbrand – das ja; aber kein Meuchelmord an Siegfried und vor allem kein Untergang in Etzels Saal. Nichts fürchtete der Mythenbildner Hitler mehr als den mythischen Fluch. Auch der Germanist Hans Naumann, führendes Mitglied des NS-Dozentenbundes,[93] hat das mythische Schicksal gefürchtet und deshalb im November 1942, als die deutschen Truppen in Stalingrad bereits eingekesselt waren, dem *Nibelungenlied* kurzerhand die Qualität eines Nationalepos abgesprochen. Es sei vielmehr eine staufische Elegie, und mit diesem Bescheid dekretiert er, «dass wir uns einfach weigern, die Geschichte unseres Volkes demgemäß zu begreifen und zu deuten».[94] Zwar handle es sich um «ein Hoheslied des Heldentums und der Treue»,[95] aber das Ende der Ereignisse, «der hoffnungslose Massentod alles germanischen Kriegsvolkes»,[96] nehme dem Lied jede Qualifikation zum Nationalepos. «Den hohen Mut [...] aus einer Dichtung von der Bewährung im Untergang zu gewinnen, ist höchstens Sache kleiner erlesener Gruppen, eines jungen Offizierskorps, einer Elitekameradschaft, einer edlen Gefolgschaft, aus deren Schoß der Stoff ja auch entstammt und deren Herz an solcher Dichtung gestählt und erzogen wird, ist aber unmöglich Sache eines ganzen, breiten, gesunden Volks aus Alt und Jung, aus Weib und Kind.»[97]

Eine Alternative zu Naumanns beschwörendem Versuch, dem im Lied vorgezeichneten Schicksal der nach Osten ziehenden Kämpfer zu entkommen, war Hermann Görings Erklärung zur Vernichtung der 6. Armee in Stalingrad: Stalingrad, so Göring im *Völkischen Beobachter*, sei eine Neuauflage des Kampfes in Etzels Halle: «Wir kennen ein gewaltiges Heldenlied von einem Kampf ohnegleichen, es heißt ‹Der Kampf der Nibelungen›. Auch sie standen in einer Halle voll Feuer und Brand, löschten den Durst mit dem eigenen Blut, aber sie kämpften bis zum Letzten. Ein solcher Kampf tobt heute dort, und noch in tausend Jahren wird jeder Deutsche mit heiligem Schauer von diesem Kampf in Ehrfurcht sprechen und sich erinnern, daß dort trotz allem Deutschlands Sieg errungen worden ist.»[98]

Görings Worte sind an Zynismus kaum zu überbieten; schließlich hatte er die Versorgung der Soldaten aus der Luft garantiert, und nun schwadronierte er davon, dass Durst mit (eigenem) Blut gelöscht werden könne. Zunächst freilich war die Erklärung eine Aufforderung an die Soldaten, auch ohne Aussicht auf Sieg weiterzukämpfen. Durch einen heroischen Kampf schreibe man sich für tausend Jahre in die Geschichtsbücher ein. Die Hinterbliebenen sollten sich ebenfalls damit trösten, dass die Männer und Söhne in der Erinnerung des Volkes weiterlebten. Aber all das erklärt nicht, warum – in Görings Logik – durch dieses Opfer Deutschlands Sieg errungen worden sei, selbst dann nicht, wenn man Görings Hinweis folgt, durch den Todeskampf der 6. Armee seien 60 bis 70 sowjetische Divisionen gebunden worden. Das hatte bloß Bedeutung für den Winter 1942/43 und allenfalls verhindert, dass der Südabschnitt der deutschen Front völlig zusammengebrochen war.[99] Dass Stalingrad und die Vernichtung der 6. Armee der Durchbruch zum deutschen Endsieg gewesen sei, ergab nur dann einen Sinn, wenn man darin ein Opfer sah, mit dem der Fluch gelöst und der Bann getilgt wurde: Das Nibelungenschicksal der Deutschen war erfüllt, jetzt stand dem Sieg nichts mehr im Weg.[100]

Damit war man allerdings noch lange nicht den Assoziationen des Nibelungenmythos entkommen. Jetzt nämlich setzte die Totalisierung des Krieges ein, von der zuvor bloß geredet worden war, und Josef Goebbels gab dazu in seiner berüchtigten Sportpalastrede das Startzeichen.[101] Nach Stalingrad als Hagens letztem Kampf schlug erneut die Stunde Siegfrieds, und zwar des Volkssturmmanns Siegfried, der sein Schwert nicht nur geschmiedet hatte, sondern es auch führte. Durch Siegfrieds Schmiedekunst war der Fluch, der auf dem Schwert lag, weggearbeitet worden. Statt Wotan, der das von ihm gezeugte Nibelungengeschlecht mit Wissen und Waffen ausrüstete – was er nicht durfte und woran er schließlich scheiterte –, hatte der Nibelunge selbst die Stücke des zerborstenen Schwerts zerraspelt, sie in der Glut verflüssigt und daraus ein neues Schwert geschmiedet.[102] Der Held hatte sich von göttlicher Hilfe unabhängig gemacht. Im Kampf auf sich allein gestellt, schritt er nun von Sieg zu Sieg. Für den Wagnerverehrer

Hitler lag eine solche Überlegung nahe.[103] Damit galt das Hauptaugenmerk nicht länger der Versorgung der Bevölkerung; die Rüstungsproduktion wurde rücksichtslos gesteigert.

Rüstungsminister Speer gelang es in der Tat, noch einmal beträchtliche Ressourcen zu mobilisieren, sodass Deutschland 1944 den Höhepunkt seiner Kriegsproduktion erreichte.[104] Dennoch war der Krieg für Deutschland längst verloren, eigentlich ging es nur mehr darum, einen aussichtslos gewordenen Kampf unter möglichst günstigen Bedingungen zu beenden. Das war allerdings nicht Hitlers Sicht, zumal ihm klar war, dass das Ende des Krieges auch das Ende der nationalsozialistischen Herrschaft in Deutschland sein würde. Unter diesen Umständen setzte er darauf, das Ende des Nationalsozialismus als das Ende Deutschlands zu inszenieren, und dabei dürfte er sich abermals an den Vorgaben des Nibelungenmythos orientiert haben, und zwar am Weltenbrand, mit dem die «Götterdämmerung» in Wagners *Ring* endet.

Der Mythos des Nibelungenkampfes hatte für Hitler eine weitere Funktion: Er brachte seine Vorstellung von wahrem Heldentum zum Ausdruck. Als klar war, dass in Stalingrad kein Sieg mehr errungen werden konnte, verbot Hitler jede Kapitulation, durch die einige zigtausend Leben hätten gerettet werden können; stattdessen bestand er auf dem Kampf bis zum letzten Mann. Hitler hat die Dramaturgie der Stalingradschlacht nach den Vorgaben des letzten Kampfes der Nibelungen entworfen, und er ging davon aus, den Armeebefehlshaber Friedrich Paulus durch die Beförderung zum Generalfeldmarschall auf die Umsetzung dieser Dramaturgie verpflichten zu können. Paulus hat das getan – bis er schließlich doch kapitulierte, was Hitler wütend zur Kenntnis nehmen musste: «Mir tut das darum so weh», erklärte er nach der formgerechten Kapitulation der Armeereste, «weil das Heldentum von so vielen Soldaten von einem einzigen charakterlosen Schwächling ausgelöscht wird.»[105] Kapitulation, das war im Lichte der Nibelungenvorgaben charakterlose Feigheit, Verrat am Heldentum. Hitler wollte den Krieg nicht nach den Gepflogenheiten des europäischen Militärs geführt wissen, die ihm zuwider waren. So wurde der

Krieg für ihn zu einer gigantischen Inszenierung mythischer Vorgaben und der aus ihnen gespeisten Phantasien.[106]

Die Anfang 1945 von ihm erteilten Befehle – in den Worten Speers: «Es sei nicht notwendig, auf die Grundlagen, die das Volk zu seinem primitivsten Weiterleben braucht, Rücksicht zu nehmen. Im Gegenteil sei es besser, selbst diese Dinge zu zerstören»[107] – liefen darauf hinaus, das in Stalingrad in Szene Gesetzte in gigantischem Maßstab zu wiederholen. Dieses Mal sollte die Geschichte nicht nur, wie am Ende des Ersten Weltkriegs, nach den Vorgaben des Mythos *umgeschrieben*, dieses Mal sollte sie danach *inszeniert* werden.[108] Von einer politischen Lebenslüge am Ende des Ersten Weltkriegs war der Nibelungenmythos im Verlauf des Zweiten Weltkriegs zur politischen Handlungsanweisung avanciert.

In seinem sogenannten *Politischen Testament* notierte Hitler: «Ich habe mich daher entschlossen, in Berlin zu bleiben und dort aus freien Stücken in dem Augenblick den Tod zu wählen, in dem ich glaube, daß der Sitz des Führers und Kanzlers selbst nicht mehr gehalten werden kann. [...] Möge es dereinst zum Ehrbegriff des deutschen Offiziers gehören – so wie dies in unserer Marine schon der Fall ist –, daß die Übergabe einer Landschaft oder Stadt unmöglich ist und daß vor allem die Führer hier mit leuchtendem Beispiel voranzugehen haben in treuester Pflichterfüllung bis in den Tod.»[109]

Damit war die Bindekraft des Mythos dann aber doch überfordert. Auch die Umfälschung von Hitlers Selbstmord in den «Heldentod» im Wehrmachtsbericht vom 2. Mai 1945 konnte das nicht mehr ändern. Die Verpflichtung auf den Nibelungengeist zeitigte im Frühjahr 1945 kaum noch Wirkung: Überall, vor allem an den westlichen Frontabschnitten, verweigerten Offiziere, Beamte und oftmals auch Parteigrößen Hitler die Gefolgschaft in den Untergang, kapitulierten oder retteten sich auf andere Weise aus Etzels Burg.[110] Die Faszination des heroischen Untergangs, die der Mythos lange Zeit entfaltet hatte, brach, und das geschichtswirksame Potenzial erschöpfte sich. So wurden das *Nibelungenlied* und Wagners *Ring* wieder das, was sie zunächst gewesen waren: Kunst und Literatur.[111]

Fausts und Mephistopheles' Ritt auf dem Weinfass aus Auerbachs Keller in Leipzig. Holzstich (um 1875) nach einem Gemälde von Alexander von Liezen-Mayer.

Der Pakt mit dem Teufel

Doktor Johann Georg Faust

Um wen es sich bei Faust handelt, ist bis heute nicht ausgemacht, und über die Frage, ob es klug sei, mit ihm Umgang zu pflegen, wird nach wie vor gestritten: Während die einen in Faust einen melancholischen Zweifler und Grübler sehen, der zu jeder Tat unfähig sei, wird er von den anderen gerade als der entschlossene, im Umgang mit übernatürlichen Kräften gehärtete Tatmensch gepriesen. Für die einen ist Faust eine diabolischen Mächten verfallene Kreatur, die am Ende elendig zugrunde geht, für andere verkörpert er die menschliche Selbsterlösung nach der Befreiung aus dem Bann der Religion.[1] Eine zentrale Frage ist dabei, was von dem Teufelspakt zu halten ist, den Faust geschlossen hat: Fällt dieser ihm zuletzt zum Opfer, oder trägt der Teufel sogar dazu bei, den Weg in ein selbstgeschaffenes Paradies zu ebnen? So wird Faust einmal als der moderne Mensch in seiner ganzen Verzweiflung und Hilflosigkeit begriffen, dann wieder als der Welterforscher und -eroberer schlechthin.

Die Faustfigur ist ein Paradebeispiel für das, was Blumenberg als «Arbeit am Mythos» bezeichnet hat:[2] den Umstand, dass mythische Erzählungen nicht von Anfang an fertig ausgebildet sind und anschließend nur noch interpretiert und verstanden werden müssen, sondern dass der Mythos das Ergebnis der lange währenden Umgestaltung eines ursprünglichen narrativen Kerns ist. Dabei war die Bearbeitung des Stoffs durch Goethe, die diesen ein Leben lang beschäftigt hat – vom sogenannten Ur-Faust des Jahres 1775 bis zur Versiegelung des zweiten Teils der Tragödie im August 1831 –, mehr als nur eine wichtige

Station in der Arbeit am Mythos: Ohne sie hätte die Fausterzählung wohl kaum zum Nationalmythos werden können.

Den «anheimelnden Zauber», den sie auf die Deutschen ausübe und «den bis zum heutigen Tage kein Ausländer ganz verstanden» habe, erklärte der Historiker Heinrich von Treitschke in seiner vielgelesenen *Deutschen Geschichte des 19. Jahrhunderts* (1879) damit, dass Goethes *Faust* «wie ein symbolisches Bild der vaterländischen Geschichte [erschien]. Wer sich darein vertiefte, übersah den ganzen weiten Weg, den die Germanen durchmessen hatten seit den dunklen Tagen, da sie nah mit den Göttern des Waldes und des Feldes in traulicher Gemeinschaft lebten, bis zu dem lebensfrohen Volksgetümmel, das aus unseren alten Städten [...] ins Freie drängt. Hier war des deutschen Lebens Überschwang: der wilde Teufelsspuk unseres Volksaberglaubens und die zarte Innigkeit deutscher Frauenliebe, der Humor der Studenten, die Schlaglust der Soldaten und die Sonnenflüge des deutschen Gedankens – fast alles, was unser Leben ausmacht [...]; dem schlichten Leser schien alles verständlich, dem geistvollen unergründlich.»[3] Franz Dingelstedt, Direktor des Wiener Burgtheaters, ernannte Goethes *Faust* zur «zweiten Bibel unserer Nation», es sei «das Allerheiligste unseres nationalen Schrifttums»,[4] und der Kunsthistoriker Herman Grimm stellte in seinen 1876 gehaltenen Berliner Goethe-Vorlesungen fest: «Dadurch, daß wir Faust und Gretchen besitzen, stehen die Deutschen in der Dichtkunst aller Zeiten und Nationen an erster Stelle.»[5] So wurde Faust nicht nur zum «populärsten Bild des deutschen Wissenschaftlers und Intellektuellen», sondern aus ihm wurde auch «die Gestalt eines Nationalhelden» geformt.[6]

Man kann daraus mit dem Literaturwissenschaftler Gert Mattenklott die These ableiten, die zum Nationalmythos erhobene Fausterzählung sei die «Philosophie des deutschen Sonderwegs», und Faust sei der «Repräsentant einer Elite, die sich kulturell immer neu legitimieren muß»,[7] aber damit ist man vermutlich schon den Suggestionen erlegen, die der Mythos transportiert: dass es einen deutschen Sonderweg in die Moderne gebe, gleichgültig, ob man diesen für problematisch oder für verhängnisvoll hält, und vor allem, dass das Bildungsbürgertum in Deutschland tatsächlich eine Elitenposition besessen und Einfluss auf Politik und Gesellschaft genommen habe.[8]

Genau das steht im Zentrum des Faust-Mythos, wie er im 19. Jahrhundert Gestalt angenommen hat: Nicht sozioökonomische Prozesse und machtpolitische Konstellationen entscheiden danach über den Gang der Geschichte, sondern die seelische Verfassung der Menschen, ihre Haltung und ihr Charakter. Unter dem Schlagwort des Faustischen wollten einige Publizisten und Literaten eine spezifisch deutsche, geschichtsmächtige Disposition erkennen, auf die man sich freilich entschieden einlassen müsse, um die Welt zu verändern. Dass der Faust-Mythos eine so tiefe Spur in der Geschichte der deutschen Selbstwahrnehmung hinterlassen würde, war zu Beginn der Neuzeit freilich nicht zu erkennen.

An seinem Anfang steht eine spätmittelalterlich-frühneuzeitliche Erzählung von einem – je nachdem – Scharlatan oder Wissenschaftler, der durch öffentliche Auftritte auf Marktplätzen oder, seltener, bei Hofe die Menschen beeindruckt und in seinen Bann gezogen hat. Das Zusammentreffen von Renaissance und Reformation, einem zunehmend wissenschaftlichen Verhältnis zur Natur auf der einen und einer gesteigerten Sorge um das Seelenheil auf der anderen Seite findet in den Berichten von dem historischen Faust – möglicherweise zwischen 1478 und 1480 im württembergischen Knittlingen geboren und um 1540 in Staufen/Breisgau unter unklaren Umständen gestorben[9] – seinen Niederschlag: Der Astrologe, Alchemist und Wunderheiler Johann Georg Faust, wie Günther Mahal ihn charakterisiert hat,[10] wurde neben die Naturphilosophen Agrippa von Nettesheim und Theophrastus von Hohenheim, genannt Paracelsus, gestellt – mit dem Unterschied freilich, dass er keine Texte hinterlassen hat, sondern nur durch die Zeugnisse anderer, Philipp Melanchthons etwa oder des Sponheimer Abts Johannes Trithemius, für die Nachwelt greifbar ist.[11] So ist es kein Wunder, dass sich bald eine Fülle von Gerüchten, Vermutungen und Vorwürfen um ihn rankten: Er habe Geister beschworen, mit Toten gesprochen und zaubern können; Faust wurde zum Teufelsbündner, der seine Seele verkauft hat, um irdische Macht und übernatürliche Kräfte zu erlangen. Diese Sicht bestimmte die 1587 bei Johann Spieß in Frankfurt erschienene *Historia von D. Johann Fausten*, die zur Grundlage aller weiteren Bearbeitungen des Stoffs wurde.[12]

Für die Bühne ist er zuerst durch den Engländer Christopher Marlowe bearbeitet worden, um dann in der Gestalt eines Puppenspiels nach Deutschland zurückzukehren; noch in der Zeit Goethes war diese Tradition lebendig.[13] Daneben nahm sich die protestantische Mahnliteratur der Faust-Erzählung an.[14] Faust wurde zum warnenden Beispiel für die verhängnisvollen Folgen eines sündigen Lebens: Neugier und Unbußfertigkeit, sinnliche Begierde und ehrgeizige Selbstdarstellung lassen ihn einen Pakt mit dem Teufel eingehen, der ihn Leben und Seelenheil kostet. Als er begreift, dass er unrettbar verloren ist, hilft alles Wehklagen nicht mehr, es ist zu spät.

Um Faust aus einer Gestalt der protestantischen Mahnliteratur in einen Mythos der Moderne verwandeln zu können, musste man ihn entdiabolisieren: Die Macht des Teufels musste zurückgenommen werden, um dem Geist der Aufklärung und der Vorstellung vom Fortschritt des Menschengeschlechts Rechnung zu tragen. Die Domestikation des Teuflischen machte den Faust-Mythos mit der Moderne kompatibel, und gleichzeitig war sie die Voraussetzung dafür, dass die Erzählung von dem Manne, der sich mit dem Teufel eingelassen hatte und daran zugrunde gegangen war, national anschlussfähig wurde. Ohne Entdiabolisierung hätte Goethes *Faust* kaum zur «zweiten Bibel» der Deutschen werden können, wie es bei Dingelstedt heißt.

Indem Goethe dem Teufelspakt (nach dem Muster der Hiob-Geschichte des Alten Testaments) eine Wette zwischen Gott und Mephisto voranstellt, hat er die Macht des Teufels stark relativiert,[15] was unter anderem in der berühmten Selbstbeschreibung deutlich wird, in der Mephisto von sich sagt, er sei «ein Teil von jener Kraft, die stets das Böse will und stets das Gute schafft».[16] Das hat Ernst Bloch Parallelen zwischen Goethes *Faust* und Hegels *Phänomenologie des Geistes* entdecken lassen: Mephisto sei nichts als die Negation im Prozess des dialektischen Fortschritts, also ein notwendiger Widerstand, ohne den keine Entwicklung möglich wäre,[17] so, wie der abgefallene Engel Luzifer und seine Scharen aus Widersachern Gottes zu dessen raffinierten Gehilfen bei der Fortentwicklung der Weltordnung wurden.

Eine andere Strategie der Entdiabolisierung des Mythos bestand darin, die *Historia* weniger als Bericht über einen geschichtlichen, wenngleich schwer fassbaren Johann Georg Faust zu begreifen, sondern sie nach Art der Brüder Grimm auf eine alte deutsche beziehungsweise germanische Volkssage zurückzuführen, wobei Faust dann der vom Christentum in die Hölle verbannte Gott Wotan ist.[18] Wenn Fausts Höllensturz bloß die Rache des zuletzt siegreichen Christentums an den Göttervorstellungen der Germanen war, konnte es mit der dämonischen Macht seines Widerparts Mephisto nicht weit her sein. Eine Variante dieser Entdiabolisierung war die Vorstellung des Titanischen, die sich in allen Kulturen findet: «Die Faustidee ist uralt», heißt es in dem einflussreichen, seit 1858 in Berlin erscheinenden konservativen *Staats- und Gesellschafts-Lexikon*. Sie sei in anderer Form auch bei Juden und Heiden anzutreffen. Der Sturz Luzifers und der ihm anhängenden Engel, der Aufstand der Titanen gegen die Götter in der griechischen Mythologie, schließlich die Gestalt des Prometheus – «in allen diesen Mythen und phantastisch-poetischen Gebilden lebt bereits der faustische Grundgedanke, welcher sodann in der Person des Faust zu einem germanisch-nationalen Geisteseigentum wurde».[19]

So waren die Linien vorgezeichnet, denen entlang ein Stoff der protestantischen Predigtliteratur zum nationalen Mythos werden konnte. Deutlich ausgeprägt findet sich der Faust-Mythos bereits im Freundeskreis um den Dichter Friedrich de la Motte Fouqué sowie dem der Hegel'schen Schule zugehörigen Hallenser Philosophen Hermann Friedrich Wilhelm Hinrichs. Für Hinrichs steht fest, dass «*unser Faust* als das nach der Wahrheit strebende Bewußtseyn im poetischen Gewande» nur «aus dem deutschen Volksgeiste hervorgehen» konnte, schließlich hätten die Deutschen zur höchsten Form der Philosophie gefunden, während «die andern christlichen Völker mehr oder weniger blos die empirischen Wissenschaften zur Weise ihres Wissens» gemacht hätten. Diese Beschränktheit identifizierte Hinrichs mit Fausts

Adlatus Wagner, der selber weiß, wie sehr er seinem Lehrer unterlegen ist: «Insofern deshalb alle andern Völker in Sachen der Wissenschaft das deutsche Volk als ihren Herrn und Richter anerkennen müssen, vereinigt dasselbe alle Weisen der wissenden Erkenntnis in sich, und hat wie Faust so auch den Wagner zu seinem wissenschaftlichen Elemente.»[20] Vom verhängnisvollen Teufelspakt ist bei Hinrichs keine Rede mehr. So hat vor allem die Hegel-Schule zu einem positiven Faustbild beigetragen und dadurch die Möglichkeit einer entsprechenden Selbstidentifikation eröffnet. Über Marx und Engels sollte diese Tradition auf den Marxismus übergehen und im politischen Mythensystem der DDR schließlich eine eigene Relevanz erlangen.

Aber dominant war diese Sicht von Faust und dem Faustischen nie, da sich vor allem in München und Wien eine Sichtweise geltend machte, die den Schritt zur Entdiabolisierung des Mythos nicht mitmachte und mit der Faustfigur weiterhin Übermut und Sündenfall, Verderben und Verdammnis assoziierte.[21] Für sie war Fausts titanisches Streben nichts als eine Ausgeburt des Nihilismus. Insofern war auch hier Faust der Inbegriff des modernen Menschen, aber eben nicht im Sinne eines stolzen Selbstbewusstseins, sondern als Ausdruck von Selbstüberschätzung und Hochmut, die ins Verderben führen mussten. Der Teufelspakt steht dabei weniger für die Verbindung mit einer äußeren dämonischen Macht, als vielmehr für das ungehemmte Ausleben dämonischer Bestrebungen im Menschen selbst: Faust verkörpert danach eine zum Scheitern verurteilte Vorstellung der Selbsterlösung des Menschen. Er wird, bei katholischen wie bei protestantischen Autoren, zum Inbegriff des modernen Menschen, der sich von Gott abgewandt hat und in eitler Selbstüberhebung seinem Verderben entgegeneilt. Diese Sichtweise war gegen eine affirmative Identifikation des Faustischen mit dem Deutschen gefeit.

Es ist ein Zeichen für die Intensität der Arbeit am Faust-Mythos während des 19. Jahrhunderts, dass sich daneben eine weitere Sichtweise entwickelte, in der Faust negativ mit dem nationalen Typus des Deutschen verbunden wurde. Faust steht in dieser vor allem bei den Jungdeutschen verbreiteten Sicht für die Verweigerung der Tat. Ausgehend von Hölderlins berühmter Charakterisierung der Deutschen als «thatenarm und gedankenvoll»,[22] identifizierte man diese Eigenschaften mit Fausts grüblerischem Räsonnement und legte den Deutschen nahe, die faustischen Elemente ihres Charakters zu überwinden. Schillers Diktum, «Deutsches Reich und deutsche Nation» seien «zweierlei Dinge» und die Deutschen sollten sich anstatt auf Politik und Reich auf Kultur und sittliche Größe konzentrieren, sei historisch überholt;[23] das ästhetische Zeitalter sei zu Ende, das Zeitalter des Politischen habe begonnen. Für Friedrich Spielhagen etwa ist der faustische Mensch krank, eine romantische Larve, die sich nun endlich entpuppen müsse. Der «Göttinger» Georg Gottfried Gervinus und der Schwabe Friedrich Theodor Vischer lehnten Faust als Vorbild ab, weil sie in ihm eine Verkörperung des politischen Quietismus sahen.[24] Faust sei «ein Mann mit greisenhaften Reflexionen», bei dem nicht «schöpferische Jugend», sondern «altkluge Bedenklichkeit» anzutreffen sei.[25]

Das änderte sich schlagartig mit der Reichsgründung. Reichsgeschichte und Faust-Mythos beleuchteten sich nun gegenseitig als Erfolgsgeschichte. Treitschke erklärte 1879 das Erscheinen des Ersten Teils von Goethes Fausttragödie im Jahr 1808 – also nach der Auflösung des alten Reichs und der militärischen Katastrophe Preußens – zum Wendepunkt in der Geschichte der Nation: «Die bange Frage, ob es denn wirklich aus sei mit dem alten Deutschland, lag auf aller Lippen; und nun, mitten im Niedergange der Nation, plötzlich dies Werk – ohne jeden Vergleich die Krone der gesamten modernen Dichtung Europas – und die beglückende Gewissheit, daß nur ein Deutscher so schreiben konnte, daß dieser Dichter unser war und seine Gestalten von unserem Fleisch und Blut! Es war wie ein Wink des Schicksals, daß die Gesittung der Welt unser doch nicht entbehren könne und Gott noch Großes vorhabe mit diesem Volke.»[26]

Für Gustav von Loeper, einen Berliner Ministerialbeamten, der es bis zum Vorsitzenden der Goethe-Gesellschaft in Weimar brachte, war aus Goethes literarischem Werk gar eine weltgeschichtliche Mission geworden: Die Rettung des Abendlandes, zu der nur die Deutschen fähig seien. Ihnen sei die Aufgabe zugewiesen, eine «faustische Antwort» auf die Herausforderungen der Zeit zu geben und dabei «faustische Haltung» zu bewahren; die anderen, zumal die romanischen Völker, seien dazu nicht Lage, was sich schon daran zeige, dass sie sich Mephisto stärker verbunden fühlten als Faust.[27] Dabei war der *Faust* nicht nur die poetisch-gestalthafte Verdichtung der imperialen Mission Deutschlands,[28] sondern von Goethes Werk hieß es, es habe die Deutschen zu praktischem Agieren in der Welt befähigt und zur Ablösung des ästhetischen Zeitalters durch ein Säkulum des Politischen beigetragen. Von einer Faust'schen Tatenarmut war nun keine Rede mehr, im Gegenteil: «Das Werk reagiert gegen die Herabsetzung praktischen, sittlichen Thuns Seitens des romantischen Geistes und versucht die pessimistische Lebensauffassung zu einer optimistischen zu läutern.»[29]

Auch für den Philosophen Kuno Fischer[30] war die Faustdichtung etwas ausschließlich Deutsches. In Goethes Werk besitze «der deutsche Geist [...] eine Urkunde seiner innersten Eigenthümlichkeit», die in den titanisch-promethischen Zügen der Figur liege. Das Bild der Adlerflügel, mit denen Faust sich der Welt überhebe und sie nicht bloß von oben betrachte, sondern auch (in wissenschaftlicher, kultureller und politischer Hinsicht) beherrsche, wird zu einer wiederkehrenden Metapher, die – entgegen der naheliegenden Ikarus-Assoziation, in der auf den Höhenflug der Absturz folgt – für die Selbsterlösung des (deutschen) Menschen steht.

Neben der Entdiabolisierung der mythischen Erzählung wird hier eine weitere Voraussetzung dafür sichtbar, dass Faust zum nationalen Siegesdenkmal werden konnte: Er musste von der Schuld, die er durch den Gebrauch der ihm im Teufelspakt zugewachsenen Macht auf sich geladen hatte, freigesprochen werden. Weder der Tod Gretchens, ihrer Mutter und ihres Bruders noch die Zerstörungen, die das Kolonisierungsprojekt hinterlässt, auch nicht der schreckliche Tod Philemons und Baucis' in ihrer von Fausts Schergen in Brand gesetzten Hütte[31] am Schluss des zweiten Teils der Tragödie spielen noch eine Rolle. Das große Projekt der Autonomieerklärung Fausts und der Umgestaltung der Welt rechtfertigt alle Opfer und Kosten, und die von Goethe herausgearbeitete Ambivalenz der Faust-Figur wird durch eine rasende Fortschrittseuphorie aufgezehrt. Wo gehobelt wird, da fallen Späne, aber deswegen kann man dem Schreinermeister keine moralische Schuld zumessen …

In dieser Deutung des *Faust* zeigt sich, dass Deutschland nicht nur zu einem imperialen Akteur in Europa, sondern auch zur führenden Industriemacht des Kontinents geworden war. Bereits 1839 hatte Wolfgang Stich diese Entwicklung vorweggenommen, als er Fausts Projekt einer Verbindung der Welt durch Verkehr und Schifffahrt so charakterisierte: «In diesem *Streben*, in dieser *realistischen Tendenz* nach erweitertem Weltverkehr, deren Ziel unübersehbar ist und die in ihrem unbedingten Fortschreiten die Hütte stiller Genügsamkeit vernichtet – in dieser freien Herrschaft über die Natur offenbart sich der Geist der gegenwärtigen, besonnen handelnden Weltepoche. Mit ihr schließt Faust, insofern er auf Erden strebt und handelt.»[32] Dass die brutale Industrialisierung und Urbanisierung der Erde vor der Hütte von Philemon und Baucis nicht haltmacht, rechtfertigt sich für Stich durch den Eintritt in die moderne Welt, die kein Rasten und kein Ruhen mehr kennt: «Das Asyl des Glaubens, des Friedens, der Genügsamkeit verschwindet, und der Blick verliert sich in den großen, weiten, endlosen Gang des Weltlebens.»

Niemand hat die intellektuellen Kosten, die mit der «Enttragisierung» Fausts und seiner nationalen Vereinnahmung einhergingen, genauer registriert als Friedrich Nietzsche. «Man sollte denken», heißt es in den *Unzeitgemäßen Betrachtungen*, «daß Faust […] als unersättlicher Empörer und Befreier geführt werde, als die verneinende Kraft aus Güte, als der eigentliche gleichsam religiöse und dämonische Genius des Umsturzes», in Wirklichkeit jedoch hasse er «jedes Gewaltsame, jeden Sprung – das heißt aber: jede Tat; und so wird aus dem Weltbefreier Faust gleichsam nur ein Weltreisender».[33] Hinter Fausts revolutionärer Attitüde verbirgt sich ein kontemplativer Tourist, und schließlich lässt auch der die Maske fallen: «An einer beliebigen Stelle der Erde endet der Flug, die Schwingen fallen herab, Mephistopheles ist bei der Hand. Wenn der Deutsche aufhört, Faust zu sein, ist keine Gefahr größer als die, daß er ein Philister werde und dem Teufel verfalle – nur himmlische Mächte können ihn hiervon erlösen.»[34]

In einer frühen Form der Verfremdung hat Nietzsche den Plot von *Faust I* zusammengefasst, um seine ganze untragische Banalität herauszustellen und das Philiströse darin aufzuspüren: «Eine kleine Näherin wird verführt und unglücklich gemacht; ein großer Gelehrter aller vier Fakultäten ist der Übeltäter. Das kann doch nicht mit rechten Dingen zugegangen sein? Nein, gewiß nicht! Ohne die Beihilfe des leibhaftigen Teufels hätte es der große Gelehrte nicht zustande gebracht. – Sollte dies wirklich der größte deutsche ‹tragische Gedanke› sein, wie man unter Deutschen sagen hört?»[35] Je mehr ein durchsetzungsfähiger Faust zur Identifikationsgestalt der Deutschen wurde, desto heftiger gerieten Nietzsches Attacken gegen Goethes *Faust*: «Welches zufällige und zeitliche und wenig notwendige und dauerhafte Problem! Eine Entartung des Erkennenden, ein Kranker, – nichts mehr! Keineswegs die Tragödie des Erkennenden selber! Nicht einmal die des ‹freien Geistes›.»[36]

Aber Nietzsche wurde im wilhelminischen Deutschland nicht gehört, beziehungsweise der Nietzsche, der hier Gehör fand, war ein anderer als der unentwegte Warner vor übersteigertem Nationalgefühl und faustischer Selbstverliebtheit. Überhaupt ist eine zunehmende Ablösung des «Faustischen» von der Gestalt des Goethe'schen Faust zu beobachten, und schon bald wurde unter dem Begriff all das zusammengefasst, wovon man glaubte, dass es der Selbstbehauptung des Reichs in einer feindlich eingestellten Welt zuträglich sei. Nietzsches Rat, durch eine Umorientierung von Faust auf Mephisto mehr romanischen, zumal italienischen Geist in sich aufzunehmen, um so ironische Distanz gegenüber einer tränenfeuchten Sentimentalität zu gewinnen,[37] fand keine Resonanz. Stattdessen setzte sich die Sichtweise Erich Schmidts durch, eines Germanisten, dem die deutsche Geistesgeschichte ein Tummelplatz der faustischen Gestalten war: Reuchlin, Hutten, Paracelsus und andere standen für eine Geisteshaltung des

Selbstbewussten und Widerständigen, die sich durch nichts und niemand unterkriegen ließ.[38]

Im Ersten Weltkrieg sollte dieser Faust Gelegenheit bekommen, seine Schlagkraft zu beweisen. Die Soldaten, die mit Goethes Dichtung im Tornister in den Krieg zogen,[39] waren überzeugt, dass sie die Kultur gegen die westliche Zivilisation wie die östliche Barbarei verteidigten. Selbst für einen positiv verstandenen Militarismus glaubte man, Faust in Anspruch nehmen zu können, etwa wenn Werner Sombart in *Händler und Helden* (1915) schrieb: «Militarismus ist der zum kriegerischen Geist hinaufgesteigerte heldische Geist. Er ist Potsdam und Weimar in höchster Vereinigung. Er ist ‹Faust› und ‹Zarathustra› und Beethoven-Partitur in den Schützengräben.»[40]

Was blieb davon, nachdem der Krieg verloren war? Brecht war sich sicher, dass Faust im Feld geblieben war: «Wenn es wahr ist, daß Soldaten, die in den Krieg zogen, den *Faust* im Tornister hatten – die aus dem Krieg zurückkehrten, hatten ihn nicht mehr.»[41] Wieso er ihnen abhandengekommen war, hat Brecht offen gelassen, er ging wohl davon aus, dass eine Desillusionierung stattgefunden habe. Es gab aber auch einige, die den *Faust* aus dem Tornister genommen hatten, weil die Faust-Gestalt ihnen bloß ein Denker und zu wenig ein Mann der Tat war. Der klassische Philologe Konrat Ziegler, dessen akademisches Lebenswerk in der Redaktion der Realenzyklopädie der Altertumswissenschaften bestand, war einer von ihnen. Noch während des Krieges hatte Ziegler seine Enttäuschung über den Zweiten Teil des *Faust* niedergeschrieben. Es war der «Tatmensch großen Stils», den er darin vermisste, oder – in der von Ziegler verwendeten Begrifflichkeit Nietzsches: Das Dionysische werde im Zweiten Teil der Tragödie allzu sehr vom Apollinischen verdrängt.[42] Hinter Zieglers Goethe-Kritik stand natürlich ein zutiefst politischer Gedanke: Wäre die deutsche Seite faustischer, das heißt entschlossener, härter, heroischer aufgetreten, dann hätte man den Krieg schon längst gewonnen.[43]

Die Niederlage des Deutschen Reichs war also auch eine Niederlage Fausts. Um seine Rolle als mythische Verdichtung des rechten deutschen Charakters weiterspielen zu können, musste Faust abermals eine neue Gestalt annehmen. Aus einem frohgemuten Begleiter der Reichspolitik verwandelte er sich in einen heroisch-fatalistischen Kämpfer, der um das zukünftige Verhängnis wusste und ihm dennoch widerstand.

In seinem *Untergang des Abendlandes* hat Oswald Spengler das Wesen der von ihm aufgespürten «faustischen Kultur» beschrieben: «Aktivität, Entschlossenheit, Selbstbehauptung werden gefordert; der Kampf gegen die bequemen Vordergründe des Lebens, die Eindrücke des Augenblicks, des Nahen, Greifbaren, Leichten, die Durchsetzung dessen, was Allgemeinheit und Dauer hat, was Vergangenheit und Zukunft seelisch aneinanderknüpft, ist der Inhalt aller faustischen Imperative von den frühesten Tagen der Gotik bis zu Kant und Fichte und weit darüber hinaus zu dem Ethos der ungeheuren Macht- und Willensäußerungen unserer Staaten, Wirtschaftsmächte und unserer Technik.» Dieses Ausgestelltsein auf das Ferne und Weite steht im Gegensatz zu der antiken Sicht, die mit dem Genuss des Augenblicks zufrieden war. «Das Carpe diem, das gesättigte Sein des antiken Standpunktes ist der vollkommene Widerspruch gegen das, was Goethe, Kant, Pascal, was die Kirche wie das Freidenkertum als allein wertvoll empfanden, das *tätige, ringende, überwindende* Sein.»[44]

In Spenglers vergleichender Morphologie der Weltgeschichte bildet die faustische Kultur die letzte von drei Entwicklungsstadien, die in den kulturfähigen Großräumen – Europa und dem Vorderen Orient, Indien, China sowie dem präkolumbianischen Amerika – aufeinanderfolgen: Ihr gehen die antike (oder apollinische) und die magische (gelegentlich auch als mittelalterlich oder arabisch bezeichnete) Kultur voraus. Die Menschen dieser drei Kulturen unterscheiden sich durch die Art ihrer Naturerkenntnis, durch ihr Verhältnis zur Mathematik, zu Kunst und Architektur, zum Raum und vor allem zu Zeit und Geschichte: «Der antike Mensch sah nur sich, seine Geschicke als ruhende Nähe, und fragte nicht mehr nach dem Woher und Wohin. [...] Der magische Mensch sieht Geschichte als das große Weltendrama zwischen Schöpfung und Untergang, als das Ringen zwischen Seele und Geist, Gut und Böse, Gott und Teufel, ein streng begrenztes

Geschehen mit einer *einmaligen Peripetie* als Höhepunkt: der Erscheinung des Erlösers. Der faustische Mensch sieht in der Geschichte eine gespannte Entwicklung auf ein Ziel […]. Er kann sich Geschichte gar nicht anders vorstellen […].»[45]

Spengler, der Goethe und Nietzsche als die Denker bezeichnet hat,[46] denen er am meisten verdanke, hat die «faustische Kultur» nicht nur von der Faustfigur Goethes, sondern vom Faust-Mythos überhaupt abgelöst. In der «faustischen Kultur» wandle sich das Erscheinungsbild Fausts von Epoche zu Epoche, und das Großartige an Goethes Werk sei, dass es diese Wandlungen in die Faustfigur hineingespiegelt habe. «In Goethes Werther, dem Bild einer Jugendwende, die jeder faustische, aber kein antiker Mensch kennt, taucht die Frühzeit Petrarcas und des Minnesangs noch einmal auf. Als Goethe den Urfaust entwarf, war er Parzival. Als er den ersten Teil abschloß, war er Hamlet. Erst mit dem Zweiten Teil wurde er der Weltmann des 19. Jahrhunderts, welcher Byron verstand. […] Und Goethes zweiter Faust, Wagners Parsifal verraten im voraus, welche Gestalt *unser* Seelentum in den nächsten, den letzten *schöpferischen Jahrhunderten* annehmen wird.»[47] Im Gegensatz zur schöpferischen Kultur ist die Zivilisation für Spengler ein Zustand der Erschöpfung, in der nicht mehr der Kampf und die Durchsetzung der eigenen Vorstellungen, sondern der Weltfrieden und die Völkerversöhnung im Mittelpunkt des Wollens und Strebens stehen. Spengler spricht von «Fellachentum». Wie alle Kulturen werde auch die faustische dereinst in diesen Zustand münden. Daher der Titel seines Werks: *Der Untergang des Abendlands.*[48]

Aber so weit ist es noch nicht: Das Ziel dieser Entwicklung könne, so Spengler, durchaus der Sozialismus sein, «im höchsten Sinne die logische und praktische Krönung» des faustischen Projekts:[49] «Der Sozialist – der sterbende Faust des zweiten Teils – ist der Mensch der historischen Sorge, des künftigen, das er als Aufgabe und Ziel empfindet, dem gegenüber das Glück des Augenblicks verächtlich wird.»[50] Freilich schwebt Spengler kein internationalistischer oder kosmopolitischer Sozialismus vor, sondern einer, der sich mit preußischem Geist und preußischem Stil[51] verbindet, insofern Preußen «die späteste

Nation des Abendlandes» sei.[52] In diesem Sinne hat Spengler dann in *Preußentum und Sozialismus* auf die deutsche Niederlage reagiert und ist schließlich auch eine zeitweilige Liaison mit dem Nationalsozialismus eingegangen, wiewohl er diesen aus ästhetischen Gründen verabscheut und Hitler eher verachtet hat.[53] Letzten Endes wurde für Spengler die Idee eines autoritären Preußentums zum Bewahrer des Faustischen und zur letzten Zuflucht des Deutschen, wenn es nicht in einer hedonistischen Massenzivilisation, Nietzsches Vorstellung von den «letzten Menschen», untergehen wollte: «Preußentum ist etwas sehr Vornehmes und gegen jede Art von Mehrheit und Pöbelherrschaft gerichtet [...] Die preußische Idee richtet sich gegen den Finanzliberalismus wie gegen den Arbeitersozialismus. Jede Art von Masse und Mehrheit, alles was ‹links› ist, ist ihr verdächtig.»[54] So wurde Faust für Spengler schließlich zu einem Preußen, einem einsamen heroisch-trotzigen Kämpfer gegen den Ansturm der Massen.[55]

Während Spengler den Bruch zwischen Antike und Moderne betonte, suchten andere nach Kontinuitäten und fragten etwa nach dem Anteil des Prometheischen in Faust oder begriffen Faust sogar als Widergänger des Prometheus. Bereits Kuno Fischer hatte die Auffassung vertreten, Goethe habe seinen Faust ursprünglich als Prometheus konzipiert, aber dann sei ihm die Hiob-Geschichte des Prologs in die Quere gekommen.[56] Erich Schmidt sah hingegen weniger die Abweichung des Faustischen vom Prometheischen, sondern stellte die gelungene Verbindung von germanisch-deutschen und klassisch-griechischen Vorstellungen heraus: «Der germanische Geist schließt mit der heroischen Schönheit Griechenlands einen Bund und geht aus dieser Ehe nicht als ein elegisch rückwärts schauender Epimetheus, sondern gleich Prometheus davon durchdrungen, des echten Mannes wahre Feier sei die Tat, dem neuen werkkräftigen Leben entgegen.»[57] Dagegen hat Arthur Moeller van den Bruck die Auffassung vertreten, Goethe habe den Eindruck der antiken Klassik wegarbeiten müssen, unter den er während seiner italienischen Reise gekommen sei, um sich der durch und durch «gotischen» Gestalt des Faust wieder annehmen zu können, dessen Endfassung dann ganz im Zeichen der

Gotik stehe, wie er sie in Straßburg erstmals erfasst habe. In seinem schmalen, unter das Motto «Goethe ist Deutschland» gestellten Goethebuch hat Moeller Goethes Entwicklung als einen steten Kampf «um die Frage Antike oder Gotik, griechisches Maß oder germanische Drastik» geschildert, «der sich durch sein ganzes Leben hindurchzog, und den er erst spät, eigentlich erst mit der Endfassung des ‹Faust›, endgültig zugunsten der Gotik und der Drastik entschied, gehört hierher».[58]

Gegen derlei Versuche, den faustischen Menschen als den Gipfelpunkt der Geistes- und Kulturgeschichte zu präsentieren, vor allem aber gegen Spenglers Identifikation des Abendlandes mit der «faustischen Kultur»,[59] erhob Theodor Haecker in seinem 1931 erschienenen Buch *Vergil. Vater des Abendlandes* entschieden Einspruch: «Der sogenannte faustische Mensch, mit dem so viel Unfug getrieben wird, dessen Ideologie so viele Jugend, intellektuell wie moralisch, verwüstet, ist nicht etwa ein neuer Mensch, der ein Recht hätte, sich gleichwertig gegenüberzustellen dem Heiden, dem Juden und dem Christen [...], sondern er ist ein triebhaft hypertrophischer wie ein intellektuell atrophischer Mensch, den es aber wesentlich im Judentum wie im Heidentum schon gegeben hat. Auf den höchsten Wegen indes, die das Judentum und das Heidentum gegangen sind, haben sie den gegen die Gottheit trotzenden Menschen seitwärts oder schon weit unten liegen gelassen. Hiob begräbt ihn in sich selber, und die beiden größten Heiden und weltlichen Väter des Abendlandes, die geschrieben haben, Platon und Vergil [...], haben in ihrem Ideal vom Menschen nicht eine Spur mehr von Trotz gegen Gott gelassen. Es ist jedoch wahrlich nicht an dem, daß Platon und Vergil von dem sogenannten faustischen Menschen [...] in seiner wesentlichen Geistesart oder -unart nichts gewußt hätten, wie eine moderne typenwahnsinnige Ignoranz meint. Im Gegenteil, in den platonischen Dialogen steht schließlich mehr über den faustischen Menschen als bei Spengler, jedenfalls Wesentlicheres, [...] und Vergil, der Sulla und Antonius erlebt hatte, um sie in der Hölle wiederzufinden, wusste wenigstens im Politischen, was sogenannte faustische Figuren sind.»[60] – Ein Wissen, das Spengler abging, sonst wäre ihm das Fehlurteil nicht unterlaufen, Mussolini werde Hitler mit Leichtigkeit über den Tisch ziehen.[61]

Theodor Haecker hat die Deutschen noch vor Hitlers «Machtergreifung» vor einem weiteren Kokettieren mit Faust und dem Faustischen gewarnt und sie auf eine andere, die katholisch-römische Tradition verwiesen; eineinhalb Jahrzehnte später, nachdem Hitler die Deutschen in einen Krieg gestürzt und diesen verloren hatte, hat sich Thomas Mann in seinem *Doktor Faustus* dem Thema sehr viel grundsätzlicher gewidmet, indem er den Gang der deutschen Geschichte und die Erzählung von Doktor Faust, den am Schluss der Teufel holt, parallel gelesen hat. In dem 1945 gehaltenen Vortrag *Deutschland und die Deutschen* hat Mann den politischen Bezug ausdrücklich hergestellt: «Unser größtes Gedicht, Goethes ‹Faust›, hat zum Helden den Menschen an der Grenzscheide von Mittelalter und Humanismus, den Gottesmenschen, der sich aus vermessenem Erkenntnistriebe der Magie, dem Teufel ergibt. Wo der Hochmut des Intellekts sich mit seelischer Altertümlichkeit und Gebundenheit gattet, da ist der Teufel. Und der Teufel, Luthers Teufel, Fausts Teufel, will mir als eine sehr deutsche Figur erscheinen, das Bündnis mit ihm, die Teufelsverschreibung, um unter Drangabe des Seelenheils für eine Frist alle Schätze und Macht der Welt zu gewinnen, als etwas dem deutschen Wesen eigentümlich Naheliegendes. Ein einsamer Denker und Forscher, ein Theolog und Philosoph in seiner Klause, der aus Verlangen nach Weltgenuß und Weltherrschaft seine Seele dem Teufel verschreibt –, ist es nicht ganz der rechte Augenblick, Deutschland in diesem Bilde zu sehen, heute, wo Deutschland buchstäblich der Teufel holt?»[62]

Um die damit angedeutete Verbindung zwischen Fausts Schicksal und deutscher Geschichte auszugestalten, musste Thomas Mann freilich hinter Goethe zurück bis zur *Historia* von 1587;[63] er musste den mit Goethe begonnenen Prozess der Entdiabolisierung und Entdämonisierung rückgängig machen und den Teufel wieder als Gegenspieler begreifen, mit dem nicht zu spaßen ist und dem man sich nicht entziehen kann. Der Teufel, mit dem Adrian Leverkühn sich eingelassen hatte, war kein ironisch-distanzierter Gesprächspartner wie

Goethes Mephisto, sondern eine furchtbare Macht; bei den wenigen Begegnungen der beiden erfüllt Eiseskälte den Raum. Für eine begrenzte Zeit verleiht der Teufel schöpferische Fähigkeiten, aber dann muss der Preis dafür entrichtet werden, und es gibt, wiederum anders als bei Goethe, keine Macht, die das verhindern kann. Thomas Manns Adrian Leverkühn muss die Rechnung begleichen, und das beginnt lange vor seinem eigenen Ende mit dem Tode seines geliebten Neffen, des kleinen Nepomuk Schneidewein. Die dialektische Bändigung des Bösen als Macht des Negativen, die in den Gang des Fortschritts integriert ist, hat sich als Illusion erwiesen.

Während Mann die hegelianische Entschärfung des Teufelspakts eher implizit zurückweist, setzt er sich mit denen, die den Teufelspakt als politisches Projekt propagiert hatten, explizit auseinander. In den Münchner Treffen bei Baron Riedesel spielt ein gewisser Dr. Chaim Breisacher die Rolle des konservativen Revolutionärs, für den der Teufelspakt ein Mittel zum Zweck ist. Unverkennbar ist er Oswald Spengler nachgebildet: «Er war ein Polyhistor, der über alles und jeden zu reden wusste, ein Kulturphilosoph, dessen Gesinnung aber insofern *gegen* die Kultur gerichtet war, als er in ihrer ganzen Geschichte nichts als einen Verfallsprozess zu sehen vorgab.»[64] Im Gespräch, bei dem er den klassisch-konservativen Baron in die Enge drängt und die Bewunderung der anderen, zumal der Damen, gewinnt, erklärt er, in der echten Religion kämen Begriffe wie Sünde und Strafe als theologische Fassung ethischer Kausalzusammenhänge überhaupt nicht vor, und das Gebet sei lediglich «die vulgarisierte und rationalisierte verwässerte Spätform von etwas sehr Energischem, Aktivem und Starkem: der magischen Beschwörung, des Gotteszwangs».[65] Wer so redete, war auch bereit, sich mit dem Teufel einzulassen, wenn ihm dies bei der Verfolgung seiner Ziele nützlich schien.

Nun war es freilich nicht Oswald Spengler, sondern Max Weber, der nach der deutschen Niederlage im Weltkrieg erklärt hatte: «Zur Wiederaufrichtung Deutschlands in seiner alten Herrlichkeit würde ich mich gewiß mit jeder Macht der Erde und auch mit dem leibhaftigen Teufel verbünden, nur nicht mit der Macht der Dummheit.»[66]

Die Vorstellung des Teufelspakts hat Weber während seiner letzten Lebensjahre unter dem Eindruck der deutschen Niederlage immer wieder beschäftigt. So nimmt es nicht wunder, dass er auch bei der Unterscheidung von Gesinnungs- und Verantwortungsethik, wie er sie in dem Vortrag *Politik als Beruf* entwickelt, darauf zu sprechen kommt: «Keine Ethik der Welt kommt um die Tatsache herum, daß die Erreichung ‹guter› Zwecke in zahlreichen Fällen daran gebunden ist, dass man sittlich bedenkliche oder mindestens gefährliche Mittel und die Möglichkeit oder auch die Wahrscheinlichkeit übler Nebenfolgen mit in den Kauf nimmt.»[67] Die Moralität der Ziele bedeute allerdings nicht, dass alle Mittel recht sind, denn «keine Ethik der Welt kann ergeben: wann und in welchem Umfang der ethisch gute Zweck die ethisch gefährlichen Mittel und Nebenerfolge ‹heiligt›».[68] Man müsse sich vielmehr auf politische Klugheit und Urteilskraft verlassen, und daran habe es der deutschen Politik während des Krieges gemangelt.

Nicht der Teufelspakt ist für Weber das Problem, sondern die Bedingungen, unter denen man ihn eingeht: «Wer Politik überhaupt und wer vollends Politik als Beruf betreiben will, hat sich jener ethischen Paradoxien und seiner Verantwortung für das, was aus *ihm selbst* unter ihrem Druck werden kann, bewußt zu sein. Er läßt sich, ich wiederhole es, mit den diabolischen Mächten ein, die in jeder Gewaltsamkeit lauern.» Ein grundsätzlicher Verzicht auf Gewalt sei keine Lösung des Problems, beziehungsweise sie stehe nur Heiligen, nicht aber politischen Menschen offen; die Devise, auf Gewalt, die einem angetan werde, mit Gewaltlosigkeit oder gar der Einladung zu weiterer Gewalt zu reagieren, wie es die Bergpredigt nahelege, laufe auf eine Ethik der Würdelosigkeit hinaus: «Eine Ethik der Würdelosigkeit – außer: für einen Heiligen. Das ist es: man muß ein Heiliger sein in *allem*, zumindest dem Wollen nach, muß leben wie Jesus, die Apostel, der heilige Franz und seinesgleichen, *dann* ist diese Ethik sinnvoll und Ausdruck einer Würde. *Sonst nicht.*»[69] Wer den Teufelspakt scheut, muss bereit sein, seine Würde dranzugeben – das war die bis dahin schärfste Zuspitzung des Problems, die jeden, der Politik betreiben wollte, vor eine klare Entscheidung stellte.

Selbst innerhalb des Christentums sei Gewaltlosigkeit daher kein unbedingtes Ideal: «Auch die alten Christen wußten sehr genau, daß die Welt von Dämonen regiert sei, und daß, wer mit der Politik, das heißt: mit Macht und Gewaltsamkeit als Mitteln, sich einläßt, mit diabolischen Mächten einen Pakt schließt, und dass für sein Handeln es *nicht* wahr ist: daß aus Gutem nur Gutes, aus Bösem nur Böses kommen könne, sondern oft das Gegenteil.»[70] Das war, ohne dass Weber das hier erwähnt, eine Variante der Selbstcharakterisierung von Goethes Mephisto als «Teil von jener Kraft, die stets das Böse will und stets das Gute schafft».[71] Aber Webers Überlegungen sind – unter dem Eindruck der Kriegsniederlage kaum verwunderlich[72] – nicht von der Goethe'schen Zuversicht in den letzten Endes positiven Gang der Dinge getragen, sondern heben auf eine Entscheidung ab, die auch um den Preis des Seelenheils zu treffen ist.[73] Und statt auf die nördlich der Alpen beheimatete Faustfigur verweist Weber in diesem Zusammenhang auf den Florentiner Politiktheoretiker Niccolò Machiavelli: «Der Genius, oder Dämon, der Politik lebt mit dem Gott der Liebe, auch dem Christengott in seiner kirchlichen Ausprägung, in einer inneren Spannung, die jederzeit in unaustragbarem Konflikt ausbrechen kann. Das wussten die Menschen auch in den Zeiten der Kirchenherrschaft. Wieder und wieder lag das Interdikt – und das bedeutete damals eine für die Menschen und ihr Seelenheil viel massivere Macht als die (mit Fichte zu reden) ‹kalte Billigung› des kantianischen ethischen Urteils – auf Florenz, die Bürger aber fochten gegen den Kirchenstaat. Und mit Bezug auf solche Situationen lässt Macchiavelli [sic!] an einer schönen Stelle […] der Florentiner Geschichten einen seiner Helden jene Bürger preisen, denen die Größe der Vaterstadt höher stand als das Heil ihrer Seele.»[74]

Ohne Webers Pathos der Entscheidung hat der Historiker Friedrich Meinecke explizit auf den Teufelspakt als Grundfigur des Politischen zurückgegriffen. Zwar teilte er nicht die Auffassung, die Macht sei «an sich böse», aber er sprach von einem auf ihr liegenden Fluch, der aus der permanenten sittlichen Versuchung erwachse, sie zu missbrauchen.[75] Statt der Verwandlung des Bösen ins Gute, auf die Goethe abgehoben hatte, beschäftigt ihn die Verwandlung des Gutgemeinten ins Verhängnis: «Eine dämonische Tatsache ist es, daß Gutes und Böses oft ineinander gewachsen sind. Mephisto spielt in der Geschichte nicht nur die Rolle, das Böse zu wollen und das Gute zu schaffen – womit man sich vielleicht, der Theologie gemäß, abfinden könnte. Sondern er verdirbt auch oft genug dem, der ursprünglich das Gute will, das Konzept und lenkt ihm Herz und Hand so, daß etwas ganz Böses daraus wird. Deswegen hat die Weltgeschichte einen überaus tragischen, ja fast dämonischen Charakter.»[76]

Thomas Mann, der wie Friedrich Meinecke aus Vernunftgründen für die Weimarer Republik eingetreten war, hat dies ähnlich und dann doch wiederum ganz anders gesehen: Vor allem bezweifelt er, dass es sich bei diesem Teufelspakt der Politik, beziehungsweise bei dem Ansatz, Politik so zu begreifen, um eine generelle Disposition handelt, sondern er sieht darin ein spezifisch deutsches Problem. In gewisser Hinsicht wiederholt sich zwischen Mann und Meinecke die Debatte, ob Faust eine menschheitlich-allgemeine oder eine spezifisch deutsche Gestalt sei – nur diesmal mit negativen Vorzeichen.

Für Thomas Mann sind das Faustische und der Teufelspakt Selbstbeschreibungen eines zur Politik ungeeigneten Volkes – womit er Schillers Sichtweise aufgreift, der den Deutschen vorschlug, auf das Reich zugunsten der Kultur zu verzichten.[77] Dem stellt Mann die Gelassenheit der «zur Politik berufenen und geborenen Völker» gegenüber, die «instinktiv die politische Einheit von Gewissen und Tat, von Geist und Macht wenigstens subjektiv immer zu wahren» verstehen; «sie treiben Politik als eine Kunst des Lebens und der Macht, bei der es ohne den Einschlag von Lebensnützlich-Bösem und allzu Irdischem nicht abgeht, die aber das Höhere, die Idee, das Menschheitlich-Anständige und Sittliche nie ganz aus den Augen läßt: eben hierin empfinden sie ‹politisch› und werden fertig mit der Welt und mit sich selbst auf diese Weise.»[78] Der Deutsche sei dazu nicht fähig, denn er lehne solche Kompromisse als zutiefst heuchlerisch ab; was ihn für die Welt so schlimm und unerträglich mache, sei keine notorische Neigung zum Bösen, sondern das enttäuschte Streben nach dem höchsten Besten. In diesem Sinne hatte Thomas Mann auch erklärt, «die Theorie von den beiden Deutschland, einem guten und einem bösen», sei falsch: «Das böse Deutschland» sei vielmehr «das fehlgegangene gute, das gute im Unglücke, in Schuld und Untergang».[79] Der Deutsche sei «nicht dazu geboren, mit dem Leben fertig zu werden, und er erweist seine Unberufenheit zur Politik, indem er sie auf eine plump ehrliche Weise missversteht. Von Natur aus durchaus nicht böse, sondern fürs Geistige und Ideelle angelegt, hält er die Politik für nichts als Lüge, Mord, Betrug und Gewalt, für etwas vollkommen und einseitig Dreckhaftes und betreibt sie, wenn er aus weltlichem Ehrgeiz sich ihr verschreibt, nach dieser Philosophie. Der Deutsche, als Politiker, glaubt sich so benehmen zu müssen, daß der Menschheit Hören und Sehen vergeht – dies eben hält er für Politik. Sie ist ihm das Böse, – so meint er denn um ihretwillen recht zum Teufel werden zu sollen.»[80] Das ist freilich mehr als bloß ein Teufelspakt; es ist die Anverwandlung an den Teufel!

«Steckt nicht», lässt Klaus Mann in seinem *Mephisto* Hermann Göring fragen, «in jedem rechten Deutschen ein Stück Mephistopheles, ein Stück Schurke und Bösewicht? Wenn wir nichts hätten als die faustische Seele – wo kämen wir denn da hin?» Das bezog sich auf Gustaf Gründgens' große Interpretation des Goethe'schen Mephisto auf der Theaterbühne, spielte gleichzeitig aber auf den realen Pakt mit dem Teufel an, auf den sich nach Hitlers Ernennung zum Reichskanzler viele deutsche Künstler und Wissenschaftler eingelassen hatten.[81] Die bekannteste dieser «faustischen Karrieren» – jedenfalls hat er selbst dies so dargestellt – war die von Albert Speer, der als Architekt und Städteplaner einen Machthaber brauchte, mit dem er seine riesigen Projekte realisieren konnte. «Für einen großen Bau hätte ich wie Faust meine Seele verkauft», schrieb Speer später in seinen *Erinnerungen*, und das Zusammentreffen mit Hitler kommentiert er mit der Feststellung: «Nun hatte ich meinen Mephisto gefunden.»[82]

Im Sinne eines solchen Teufelspakts[83] kann auch die Art und Weise beschrieben werden, in der sich Carl Schmitt und Martin Heidegger mit dem Nationalsozialismus gemein gemacht haben, dabei freilich in intellektueller Überheblichkeit von der Vorstellung getragen, sie könnten den Nazis (denen zumindest Schmitt zunächst durchaus skeptisch gegenüberstand) erklären, welche Ziele sie zu verfolgen hätten. Jeder auf seine Weise glaubte sich in der Lage, «den Führer zu führen».[84] Was Carl Schmitt betrifft, wird dies in dem Verhör deutlich, das Robert Kempner, einer der Ankläger im Nürnberger Kriegsverbrecherprozess, mit ihm geführt hat, um zu klären, inwieweit Schmitt wegen einiger seiner völkerrechtlichen Schriften unter dem Vorwurf der Vorbereitung eines Angriffskrieges in Nürnberg anzuklagen sei. Dazu ist es dann nicht gekommen. In einem der Verhöre fragte Kempner Schmitt, ob er nach 1933 gefordert habe, die deutsche Gesetzgebung und Rechtsprechung müsse mit nationalsozialistischem Geist erfüllt werden. Darauf Schmitt: «‹Ich fühlte mich damals überlegen. Ich wollte dem Wort Nationalsozialismus von mir aus einen Sinn geben.› – ‹Hitler hatte einen Nationalsozialismus, und Sie hatten einen Nationalsozialismus?› – ‹Ich fühlte mich überlegen.› – ‹Sie fühlten sich Adolf Hitler überlegen?› – ‹Geistig unendlich. Er war mir so uninteressant, daß ich gar nicht darüber sprechen will.›»[85]

Einen Hinweis darauf, wie Schmitt glaubte, den Teufel lenken zu können, ohne dass der merke, wie ihm geschehe, gibt der Bericht von Nicolaus Sombart über seine Spaziergänge mit Carl Schmitt im Grunewald: Schmitt habe Hitler – im Gegensatz zu den anderen Angehörigen des konservativen Bürgertums, mit denen er Umgang hatte – «als mythische Größe» ernst genommen. «Je kleiner wir Hitler machen, um so kleiner machen wir uns selbst, pflegte er zu sagen. Er ist ein Golem. Man muß den kleinen Zettel, der unter seiner Zunge liegt und auf dem die Chiffre seines Geheimnisses steht, in die Hand bekommen. Dann hat man ihn in seiner Macht. Diesen Zettel, diese Chiffre wollte er finden. Dann sagte er wieder: ‹Bei Hitler ist das anders als beim Golem, er hat unter seiner Zunge nicht einen Zettel. Wenn man da sucht, findet man den ganzen Papierkorb des 19. Jahrhunderts!›»[86]

Auch wenn sich Schmitt in seinen späteren Selbstrechtfertigungen eher in der Rolle des Kapitäns Benito Cereno aus der gleichnamigen Erzählung Herman Melvilles gesehen hat, dessen Schiff von Piraten übernommen worden ist, liegt doch die Vorstellung des Teufelspaktes nahe. Tatsächlich «empfand sich [Schmitt] als ein anderes Opfer, gebrandmarkt als Teufel, der in der Hölle leben musste», wie sein Biograph Christian Linder schreibt,[87] und in seinem *Glossarium* spricht Schmitt einmal mit Blick auf sich und Deutschland vom «Höllensturz».[88] Jedenfalls scheint dies Kempner durch den Kopf gegangen zu sein, als er Schmitt fragte: «‹Wann haben Sie dem Teufel abgeschworen?› – ‹1936.› – ‹Schämen Sie sich nicht, damals derartige Dinge geschrieben zu haben, wie zum Beispiel, dass die Rechtsprechung nationalsozialistisch sein soll? […]› – ‹Heute selbstverständlich. Ich finde es nicht richtig, in dieser Blamage, die wir da erlitten haben, noch herumzuwühlen. […] Es gibt kein Wort darüber zu reden.›»[89]

Das ist die andere Seite des Teufelspakts, den die deutschen Intellektuellen mit den Nazis eingegangen waren: dass sie ihn nach dem militärischen Zusammenbruch und dem Ruchbarwerden der begangenen Verbrechen als eine Blamage verbuchten, über die man am besten nicht mehr sprach. Noch mehr als für Schmitt galt das für den Erforscher der Begriffsgeschichte des Faustischen, den Aachener Germanisten Hans Schwerte, der seine vorherige Identität als SS-Offizier Dr. Hans Ernst Schneider im Rahmen der Stiftung «Ahnenerbe» kurzerhand gelöscht, eine neue Dissertation geschrieben, seine Frau noch einmal geheiratet und auch sein Kind adoptiert hatte.[90] Alles Vorherige war eine einzige Blamage.

Im Unterschied zu Schmitt ist Heidegger schon lange vor Hitlers «Machtergreifung» ein überzeugter Anhänger des Nationalsozialismus gewesen, und zwar in einem die geistigen Traditionen und universitären Konstellationen radikal verändernden Sinne. Rüdiger Safranski hat diesen Unterschied prägnant zusammengefasst: «Heidegger wollte die Revolution, Schmitt wollte die Ordnung.»[91] Immerhin hatte sich Schmitt Ende 1932 noch an den sogenannten Querfrontplänen beteiligt, einem Bündnis der konservativen Eliten mit Teilen der Arbeiterbewegung, durch das unter Verleihung quasidiktatorischer Befugnisse an Reichspräsident Hindenburg die NSDAP von der Macht ferngehalten werden sollte.[92] Ab Mitte Januar scheint Schmitt von Depressionen gepeinigt worden zu sein, während Heidegger zunehmend in Hochstimmung geriet und der geistigen Erneuerung Deutschlands entgegenfieberte.

Nach 1945 hat sich Heidegger auf seine politische Naivität und die Erwartung einer rettenden Wende für das gedemütigte und darniederliegende Deutschland berufen: «Zu 1933: ich erwartete vom Nationalsozialismus eine geistige Erneuerung des ganzen Lebens, eine Aussöhnung sozialer Gegensätze und eine Rettung des abendländischen Daseins vor den Gefahren des Kommunismus.» Heidegger zählt dann neben seiner Rektoratsrede einige Vorträge auf, in denen er diese Erwartung zum Ausdruck gebracht habe, und stellt resümierend fest: «Einige Sätze darin sehe ich heute als Entgleisung an. Das ist alles.»[93]

Das revolutionäre Pathos Heideggers findet sich jedoch nur zu deutlich in seiner Rede unter dem Titel *Die Selbstbehauptung der deutschen Universität*: Die deutsche Studentenschaft sei auf dem Marsch, um die alte, herkömmliche akademische Freiheit aus der Universität zu verstoßen und Platz zu schaffen für Bindung und Dienst. Die Bindung an die Volksgemeinschaft konkretisiere sich im Arbeitsdienst, die an die Ehre der Nation im Wehrdienst und die an den geistigen Auftrag des deutschen Volkes im Wissensdienst. «Alle willentlichen und denkerischen Vermögen, alle Kräfte des Herzens und alle Fähigkeiten des Leibes müssen *durch* Kampf entfaltet, *im* Kampf gesteigert und *als* Kampf bewahrt bleiben.»[94] Aber wie Schmitt hatte auch Heidegger seine Fähigkeit, den Gang der Ereignisse unter seine Kontrolle zu bekommen, maßlos überschätzt. Als ihm immer deutlicher wurde, dass seine Vorstellungen von Wissenschaft und Philosophie und die der Nazi-Führung nicht vereinbar waren und die meisten seiner eigenen Projekte fehlschlugen oder belächelt wurden, trat er als Rektor der Universität Freiburg zurück.[95]

Was Heidegger sich als einen Ausbruch aus der platonischen Höhle ins Licht des Seins vorgestellt hatte,[96] war gründlich fehlgeschlagen; in Heideggers Umgebung wählte man dafür freilich nicht das Bild des Paktes zwischen Faust und Mephisto, sondern analogisierte das Rektorat und Heideggers Begeisterung für den Nationalsozialismus mit

Platons drei Reisen zu dem Tyrannen von Syrakus, mit dem er seine Vorstellung vom Idealstaat realisieren wollte.[97] «Nun, Herr Kollege, wieder zurück aus Syrakus?», soll Heidegger nach dem Rücktritt vom Rektorat spöttisch gefragt worden sein.

Der Politikwissenschaftler Dolf Sternberger hat politisches Denken und Handeln auf drei Paradigmen zurückgeführt, die er als dämonologisch, eschatologisch und politologisch bezeichnet.[98] Auf den ersten Blick geht es dabei um Aristoteles, Machiavelli und Augustinus, aber hinter diesen ideengeschichtlichen Bezügen steht die Beschäftigung mit dem deutschen politischen Denken des 20. Jahrhunderts. Für Sternberger handelt die politische Dämonologik von dem Menschen Möglichen, aber nicht Zuträglichen, die Eschatologik von dem Zuträglichen, aber Menschen nicht Möglichen, und allein die Politologik verbindet das Mögliche und Zuträgliche miteinander.[99] Blickt man durch Sternbergers Brille zurück auf die hier behandelten «Teufelsbündner», so fällt an ihnen eine eigentümliche Verbindung von Dämonischem und Eschatologischem auf: bei Heidegger in der Erwartung eines Durchbruchs zur Lichtung des Seins, bei Schmitt in der Suche nach dem Katechon als Aufhalter des Weltendes.[100] Was die deutsche Politik der ersten Hälfte des 20. Jahrhunderts so furchtbar gemacht hat, ist danach die Verbindung des Dämonischen mit dem Eschaton: der Teufelspakt um der Erlösung willen. Das hat wohl auch Thomas Mann gemeint, als er von der Verbindung des guten mit dem bösen Deutschland sprach.

Die angemessene Reaktion darauf wäre die Entmischung, und vielleicht ist die berühmte Stelle des *Doktor Faustus* in diesem Sinne zu verstehen, an der Serenus Zeitblom von einem seiner letzten Gespräche mit Adrian Leverkühn berichtet: «Ich wollte gehen, aber er hielt mich auf, indem er mich bei meinem Nachnamen rief: ‹Zeitblom!›, was ebenfalls sehr hart klang. Und als ich mich umwandte: ‹Ich habe gefunden›, sagte er, ‹*es soll nicht sein.*› – ‹Was, Adrian, soll nicht sein?› – ‹Das Gute und Edle›, antwortete er mir, ‹was man das Menschliche nennt, obwohl es gut ist und edel. Um was die Menschen gekämpft, wofür sie Zwingburgen gestürmt, und was die Erfüllten jubelnd verkündet haben, das soll nicht sein. Es wird zurückgenommen. Ich will es zurücknehmen.› – ‹Ich verstehe dich, Lieber, nicht ganz. Was willst du zurücknehmen?› – ‹Die Neunte Symphonie›, erwiderte er. Und dann kam nichts mehr, wie ich auch wartete.»[101]

Eine ganz andere Richtung hat die Auseinandersetzung mit Faust und dem Faustischen in der DDR genommen, wo man trotz aller Ehrungen, mit denen man Thomas Mann überhäufte, entschieden an der Goethe'schen Fassung des Stoffs als vorerst endgültigem Stadium der Arbeit am Mythos festhielt:[102] Der noch auszuarbeitende dritte Teil des *Faust* werde die Verwirklichung der sozialistischen Gesellschaftsordnung in Deutschland sein, zumindest in der DDR – so Ulbricht im *Neuen Deutschland* vom 28. März 1962.[103] Damit folgte man den Vorgaben von Georg Lukács, der Goethes *Faust* als Höhepunkt des bürgerlichen Humanismus interpretiert hatte, während Thomas Manns *Doktor Faustus* ein Roman über die Krise des Kapitalismus in dessen monopolistisch-imperialistischem Endstadium sei.[104] Die Beschäftigung damit falle eher unter Feindaufklärung, für ein positives Selbstverständnis des Sozialismus sei sie irrelevant. Zweierlei ist hier bedeutsam: Zum einen wurde der Faust-Mythos mit den sozioökonomischen Entwicklungsetappen einer marxistisch interpretierten Geschichte verknüpft und damit von der spezifisch deutschen Geschichte losgelöst, zum anderen reklamierte man den Stoff im Sinne des bürgerlichen Erbes, das der Sozialismus nunmehr antrete. Marx' und Engels' *Kommunistisches Manifest* und Goethes *Faust*, so Walter Ulbricht anlässlich der Verleihung der Leipziger Ehrenbürgerschaft, seien «die Lieblingswerke der Sozialisten».[105] Unter diesen Umständen verwundert es nicht, dass zahllose Funktionärsreden mit Zitaten aus Goethes *Faust* gespickt wurden, um die Aufbauleistung im Arbeiter-und-Bauern-Staat herauszustellen.

Als besonders anschlussfähig für das sozialistische Mythensystem erwies sich das Faust'sche Kolonisierungsprojekt mit der Perspektive eines «freien Volkes auf freiem Grund», während der dort ebenfalls beschriebene Sumpf und faule Pfuhl, der alles bereits Erreichte verpeste, sich vorzüglich auf die Bundesrepublik beziehen ließ.[106] Auch hier hatte Lukács die intellektuelle Vorarbeit geleistet, indem er Faust als Repräsentant des bürgerlich-humanistischen Schaffensbegriffs und Mephisto als Personifikation kapitalistischer Verwertungslogik dechiffrierte: «Die nackte Goldgier Satans ist etwas Breites und Allgemeines, etwas, das für alle Klassengesellschaften gültig ist. Erst bei Mephisto wird die spezifisch kapitalistische Bedeutung des Geldes als ‹Verlängerung› des Menschen, als seine Macht über Menschen und Umstände dargestellt.»[107] Aus diesem widerstreitenden Miteinander-Ringen musste mit «geschichtlicher Notwendigkeit» der Sozialismus hervorgehen.[108] Dabei wurde die Rechtfertigung von Zerstörung und Mord durch den sozioökonomischen Fortschritt, wie sie schon Wolfgang Stich betrieben hatte, bruchlos in den DDR-Sozialismus hinübergerettet. So erklärte Gerhard Scholz, Leiter des Weimarer Goethe- und Schiller-Archivs, bei den von Faust begangenen Morden handele es sich um ein «geschichtlich notwendiges Ungerechtsein», und Goethe sei es gerade in der Philemon-und-Baucis-Szene darum gegangen, «das Einmündenmüssen der Gerechtigkeit in revolutionären Ausnahmezuständen» als historisch notwendig aufzuzeigen.[109] Der «Teufelspakt» wird hier unter Verweis auf den Fortschritt und seine unvermeidlichen Kosten gerechtfertigt.

Angesichts dieser mythenpolitischen Selbstsituierung der DDR war es verständlich, dass die Bemühungen Brechts und Eislers um eine andere Faust-Sicht auf den entschiedenen Widerstand des politischen Establishments stießen, zumal der alternative Faust nicht in die Erbe-, sondern die Misere-Auffassung hineingehörte.[110] Das war bei Brecht nicht anders zu erwarten, und auch Hanns Eislers *Johann Faustus*,[111] in dem der österreichische Marxist Ernst Fischer das Libretto für eine deutsche Nationaloper gesehen hat,[112] war «ein Held der deutschen Misere».[113] Im *Neuen Deutschland*, dem Zentralorgan der SED, wurde Eislers Arbeit am Mythos jedoch als «Angriff auf den moralischen Bestand der deutschen Nation als einer historisch gewordenen Gemeinschaft ganz bestimmter geistiger Prägung» abgekanzelt.[114] Damit war klar, dass diese Faust-Oper keine Chance hatte, in Ost-Berlin, Leipzig oder Dresden aufgeführt zu werden. Eisler machte sich nicht mehr die Mühe der Vertonung. Grollend zog er sich nach Wien zurück.

Eisler knüpfte an eine Überlegung Friedrich Theodor Vischers an, der vor der 1848er Revolution gegen die sich in Deutschland aufbauende Begeisterung für den Goethe'schen *Faust* eingewandt hatte, Goethe hätte seinem Faust nach Abschluss des Ersten Teils einen stärkeren «Drang nach Leben» verleihen sollen, etwa, indem er ihn zum Befreier von politischen wie kirchlichen Fesseln gemacht hätte, und was hätte da mit Blick auf den historischen Faust nähergelegen, als eine Verbindung zum Bauernkrieg von 1524/25 herzustellen? Ein konsequenter Faust hätte im Zweiten Teil der Tragödie zum «Vorkämpfer für die Freiheit an der Spitze des Volkes», zum Revolutionär, zum Kämpfer für «ewige, allgemeine Menschen- und Volksrechte» werden müssen, und Mephisto wäre dann die Rolle des ewigen Reaktionärs geblieben.[115] Hier setzte Eisler an, doch statt zum erfolgreichen Revolutionär macht er Faust zum Prototyp des Intellektuellen, der die aufständischen Bauern verraten hat und dafür vorzeitig vom Teufel geholt wird. Schon die erste Szene zeigt, dass Faust nicht nur um die Unterdrückung der Bauern weiß, sondern deren wachsenden Widerstandswillen auch als objektiv revolutionäre Situation begreift. Letzten Endes interessieren ihn aber Bücher und theoretische Probleme mehr als praktisches Handeln. Er bleibt in seiner Studierstube und kämpft nicht an der Seite der Bauern, obwohl er als Wissenschaftler, der über magische Kräfte verfügt, den Aufständischen womöglich hätte helfen können. Eisler geht es freilich um die prinzipielle Beziehung der bürgerlichen Intellektuellen zum revolutionären Volk, bei dem er im Anschluss an Brechts *Tui*-Romanfragment die fortgesetzte Neigung der Intellektuellen zum Klassenverrat aufzeigt: Faustus' Vorfahren waren nämlich Bauern. Zwischen Wittenberg, dem Wohnort Fausts, und dem fernen Atalanta, wohin Faust sich mit Mephistos Hilfe begibt, um dort allerhand Zauberkunststücke und nutzloses Blendwerk aufzuführen, entwickelt sich ein Geschehen, auf das Faust eigentlich keinen Einfluss hat. Die Niederlage der Aufständischen im Bauernkrieg blockiert und lähmt ihn.[116] Im Gegensatz zu Goethes Faust, der aus der ruhigen Studierstube in die rastlose Welt strebt, sucht Eislers Faustus nach einer inneren Ruhe, die er jedoch angesichts der äußeren Verhältnisse nicht finden kann.

Eislers *Johann Faustus* ist über weite Strecken als bewusster Gegensatz zu Goethes *Faust* konzipiert. Das zeigt sich in der 2. Szene, die analog zum Osterspaziergang bei Goethe als ein Spaziergang vor den Toren Wittenbergs angelegt ist: Während bei Goethe das Volk mit Festen und Jahrmärkten beschäftigt ist, die dessen «wahren Himmel» darstellen, trifft Faustus bei Eisler auf den Bauern-Invaliden Karl, der verstümmelt aus dem Krieg zurückgekehrt ist und von dem es heißt, er habe unter der Folter standgehalten. Nicht das feiernde, sondern das leidende Volk tritt hier auf, und nicht ausgelassenes Treiben, sondern die Niederlage im revolutionären Kampf – 1952 bei Erscheinen des Textes eine naheliegende Assoziation zu Nazizeit und Krieg – prägen das Geschehen. Damit mochte Eisler Teilen des deutschen Bürgertums einen Spiegel vorgehalten haben, aber Mut und Zuversicht für den Aufbau des Sozialismus waren aus seiner Darstellung nicht zu gewinnen. Von einem solchen Faust wollte die DDR-Führung nichts wissen. Sie hielt stattdessen zäh an Goethe fest.

Die Selbstapostrophierung der Deutschen als faustisch ist, jedenfalls im affirmativen Sinne nach 1945, verschwunden, während der Faust-Mythos als ein wichtiger Bezug für Selbstreflexion und Selbstperspektivierung geblieben ist. Hans Schwerte[117] hat in seiner in liberal-demokratischem Geist geschriebenen Studie über das Faustische als Ideologie die These vertreten, was zunächst Poesie gewesen und dann Ideologie geworden sei, kehre nun zurück in den Zustand der Poesie.[118] Das hat sich, 1963 formuliert, als Fehlprognose erwiesen: Der Faust-Mythos ist nach wie vor Gegenstand der Mythenarbeit im Blumenberg'schen Sinne.[119] Im Unterschied zum Barbarossa- und Nibelungenmythos[120] hat er als Medium politisch-zivilisatorischer Selbstreflexion die Zäsur des Jahres 1945 überstanden, wenngleich die Fragen, die an ihn herangetragen werden, andere sind als zwischen 1840 und 1945. Der Aufruf zu heroisch-trotzigem Durchhalten wurde von der Sorge abgelöst, ob die Menschen auf Dauer den von ihnen freigesetzten Kräften gewachsen seien: denen der Technik, der Wissenschaft und des Kapitalismus. Damit ist Faust wieder in die Nähe des Prometheus gerückt. Wenn darunter zunächst ein Aufbegehren gegen Gott verstanden wurde, so geht es nun um die Vorstellung menschlicher Selbstüberschätzung und Selbstüberforderung, bei der die verfügbaren Fähigkeiten die zu ihrer Beherrschung erforderliche Sensibilität weit überschießen. Günther Anders' Formel von der «Antiquiertheit des Menschen» bezieht sich vor allem auf das, was Fausts Bemühungen hinterlassen haben:[121] Charakteristikum der modernen Welt ist nach Anders ein «prometheisches Gefälle», das die Differenz bezeichnet zwischen dem, was der Mensch vermittels seiner wissenschaftlich-technischen Fähigkeiten bewirken, und dem, was er kontrollieren und verantworten kann. Der Teufelspakt, so Anders' Prognose, hat eine Lücke in den menschlichen Weltbezug gerissen, durch die das Menschengeschlecht in den Abgrund stürzen wird.

Anfang der 1980er Jahre hat Horst Domdey[122] auf dem Höhepunkt der Debatte über die Nato-Nachrüstung diese intellektuelle Orientierung an Faust und dem Faustischen dafür verantwortlich gemacht, dass die mit der Aufstellung von atomaren Gefechtsfeldwaffen verbundenen spezifischen Gefahren nicht in den Blick kämen. So, wie der faustische Glaube an den Triumph des Fortschritts und die menschliche Fähigkeit zur Naturbeherrschung gebunden sei, so korrespondiere dem die Vorstellung von der unabwendbaren Katastrophe, die das Ende der ganzen Menschheit darstelle. Dieses große Entweder-Oder blende alle Zwischenkonstellationen aus, die mit der Aufstellung nuklear bestückter Mittelstreckenraketen in Europa das Wahrscheinliche geworden seien. Hatte Günther Anders von der Apokalypsenblindheit des Menschen angesichts des «prometheischen Gefälles» gesprochen, also eine permanent wachsende Kluft zwischen Herstellungs- und Vorstellungskraft für die Unvermeidlichkeit der menschlichen Selbstvernichtung verantwortlich gemacht,[123] so hat Domdey hingegen die faustische Illusion in den Blick genommen, die gegen die kleinen Katastrophen unempfindlich mache.

Zu einem anderen Ergebnis ist Oskar Negt gekommen: Faust, dessen Karriere als Intellektueller begann, endet als Unternehmer, dem das Prinzip der Rast- und Ruhelosigkeit zur zweiten Natur geworden ist.[124] Negt setzt dieses, wie er meint, von einer calvinistischen Arbeitsethik geprägte Faustbild zu einem neoliberalen Gesellschaftsmodell in Beziehung, in dem jeder als Unternehmer seiner selbst begriffen wird, und zwar unabhängig davon, ob er über andere Produktionsmittel als sich selbst verfügt. Das menschliche Leben wird hier als ein betriebswirtschaftlich durchkalkulierter Prozess der Selbstverwertung entworfen. So sei auch Faust: «Erst als Unternehmer, der alle Widerstände wegräumt und alles Vergangene verjähren lässt, kommt Faust zu sich selbst; der fünfte Akt des zweiten Teils sieht aus, als wäre er eine große Festveranstaltung des unternehmerischen Menschen.»[125] Was für Ulbricht und Lukács vormals als Vorspiel zur sozialistischen Gesellschaft erschien, wird von Negt als Höhepunkt eines neoliberalen Gesellschaftsentwurfs dechiffriert. Aber diese Gesellschaft hat keinen Bestand, denn sie wird von Lemuren und finsteren Gesellen belagert, die sich auf Mephistos Geheiß darauf vorbereiten, Faust zu töten und seine Ordnung zu zerstören. So ist bei Negt die Drohung mit Mephisto zur letzten Verteidigungslinie des Sozialstaats geworden.

II. Ein Kampf gegen Rom

Das Reich, in welches wir eintreten», so der Historiker Wilhelm Giesebrecht 1871, dem Gründungsjahr des Hohenzollernreichs, «ist eine neue Schöpfung; in ihm ist *Nichts* römisch; *Alles deutsch*!»[1] Damit wollte Giesebrecht nicht nur die Schatten der Vergangenheit vertreiben und sämtliche Verbindungen zwischen dem untergegangenen Heiligen Römischen Reich Deutscher Nation und dem nach drei Kriegen neugegründeten Kaiserreich kappen, sondern er brachte das neue Reich auch gegen Rom in Stellung: Die antirömischen Polemiken bedeuteten eine Feinderklärung, die sich gegen alles richtete, was irgendwie mit römischen Traditionen kokettierte; man hatte ein neues Kapitel der Weltgeschichte aufgeschlagen, und das hieß für das Deutsche Reich, dass es sich von allen römischen Traditionen lossagen musste. Das galt freilich nicht Rom als Hauptstadt des eben erst gegründeten Königreichs Italien, sondern dem Symbol einer zweitausendjährigen europäischen Ordnungsvorstellung, dem romanischen Imperium, das zuletzt von Frankreich, von den beiden Napoleons in Anspruch genommen worden war, und zugleich dem universalen Anspruch des Papstes und der katholischen Kirche. Seit Anfang des 19. Jahrhunderts ist Rom in Deutschland zum Inbegriff des Feindlichen und Bedrohlichen geworden. Carl Schmitt hat das später den «antirömischen Affekt» genannt.[2] Da nimmt es nicht wunder, dass Thomas Mann den Ersten Weltkrieg als einen «neuen Ausbruch [...] des uralten [...] Kampfes der römischen Welt gegen das eigensinnige Deutschland» bezeichnet hat.[3]

In diesem antirömischen Affekt mischten sich die unterschiedlichsten Motive. Zumeist hatten sie nicht mehr miteinander zu tun, als dass sie antithetisch zu dem mit Rom Bezeichneten standen: Da war der protestantische Widerstand gegen den römischen Katholizismus; die Erinnerung an die Wanderbewegung der germanischen Stämme, die das Römische Reich im Westen überrannt und auf seinem Gebiet eigene *regna* gegründet hatten, kulturell aber romanisiert wurden; die Abneigung gegen die Rationalität des Römischen Rechts, der die fallbezogene Gerechtigkeitsvorstellung des Germanischen gegenübergestellt wurde; sodann die Herausstellung einer agrarischen Lebensweise als Quellgrund germanisch-deutscher Sittlichkeit, die man gegen die Weltstadt Rom als Symbol des Lasters und des Bösen konturierte. Die antirömische Positionierung des Reichs hatte jedoch nicht nur integrierende, sondern auch spaltende Effekte, da sie äußere und innere Feinderklärung miteinander verband. Also musste schon bald nach Mythen und Symbolen gesucht werden, mit denen sich die konfessionellen Spaltungslinien wieder relativieren ließen. Ein Verbindungsglied war die Vorstellung, wonach alle im neuen Reich zusammengeführten Königreiche und Fürstentümer germanischen Ursprungs seien. Dieser politische Germanismus,[4] der sich schon vor der Reichsgründung entwickelt hatte, wurde zum Ausgangspunkt einiger überaus folgenreicher politischer Mythen.

Doch der Anschluss an die Völkerwanderung und die in ihrem Gefolge auf imperialem Territorium gegründeten germanischen Königreiche erwies sich als problematisch: Die über den Zusammenbruch des Imperiums hinaus fortbestehende kulturelle Dominanz Roms war eine Bedrohung germanischer Identität, die in den mythischen Narrationen immer wieder bearbeitet wurde. Arthur Moeller van den Bruck schreibt 1904: «Wohl ist die Geschichte Europas die Geschichte seiner germanischen Durchsetzung geworden, nur geschah sie auf Kosten des Germanentums selber. Entweder war das Romanentum doch noch zu mächtig, und wir mussten es geschehen lassen, daß wir, im Frankenreich, zu vollkommenen Romanen wurden; oder aber wir sonderten uns ab und erlangten, wie im Angelnlande, zwar eine ausgesprochen germanische Kultur, gingen aber darüber des engen Zusammenhalts mit dem Mutterstamme und darüber wieder des besten Teils germanischer Kultur verlustig; während wir in Italien und Spanien überhaupt keinen festen Fuß fassen konnten und uns in fruchtlosen Kämpfen nur aufrieben.»[5] Nicht die deutsche Nation ist hier der erste Bezugspunkt, sondern die Gesamtheit der germanischen Völkerschaften, und aus diesen tritt die deutsche Nation nur insofern besonders hervor, als sie sich erfolgreich gegen die kulturelle Romanisierung behauptet und den «Zusammenhalt mit dem Mutterstamm» bewahrt hat. Was Moeller damit meint, führt er hier nicht weiter aus; es geht aber wohl um die britische Imperiumsbildung und die damit verbundene Verlagerung des politischen Focus aus der germanischen Welt, die Moeller im Auge hat. Also sind die Deutschen zu den Sachwaltern des Germanischen geworden, und die ihnen übertragene Aufgabe besteht darin, nicht nur das Germanische gegen die nach wie vor bedrohliche Romanisierung zu verteidigen, sondern auch die einst germanischen Gebiete zurückzuerobern und die germanischen Völkerschaften zu ihrer ursprünglichen Identität zurückzuführen. Letzteres bildete sich seit dem späten 19. Jahrhundert zur offensiven Variante des Germanenmythos aus.

Als «junges Volk» hätten sich die Germanen der Überlegenheit höherer Kulturen immer wieder mit Schild und Schwert erwehren müssen; aber eine bloß kriegerische Konfrontation allein sei auf Dauer nicht erfolgversprechend, wenn man über keine durchsetzungsfähige Kultur verfüge. Damit sind die beiden Fronten bezeichnet, an denen sich der Germanenmythos zu bewähren hatte: in der Herausstellung einer spezifisch germanisch-deutschen Kriegstüchtigkeit und gleichzeitig in der Inanspruchnahme einer eigenen Kultur, die notfalls mit der Waffe in der Hand gegen fremde Einflüsse geschützt werden musste.

In der Regel lief dies auf eine Verteidigung der agrarischen gegen die urbane Lebensform hinaus. Damit freilich ließ sich bloß eine defensive Position beziehen und ein Abwehrkampf imaginieren, in dem man schließlich unterliegen musste. So nimmt es nicht wunder, dass das Beharren auf germanischer Lebensweise und Kultur schon bald durch Rassenvorstellungen überlagert wurde, in denen es um Expansion und Grenzverschiebung ging. Auf ihrer Grundlage wurde ein offensiver Überlegenheitsanspruch geltend gemacht, wie er mit dem an Heim und Scholle gebundenen germanischen Bauern kaum möglich war. Der Germanenmythos sollte Schwerter und Pflugscharen miteinander verbinden.

Was im Mythos unter Rom zu verstehen war, blieb offen und konnte in der jeweiligen Fort- und Umerzählung modifiziert und den je veränderten Gegebenheiten angepasst werden. Hatten die mittelalterlichen Reichsbildungen durchweg im Zeichen des Römischen Reiches stattgefunden und sich als dessen Fortsetzung oder Wiederherstellung (*renovatio Romae*) verstanden, so entwickelte sich erstmals mit der Reformation eine dezidiert antirömische Position, die sich zunächst jedoch weniger gegen das Reich als gegen das Papsttum richtete. Aber auch das stand nicht von vornherein fest, da es Luther ja ursprünglich um eine Reformation der gesamten Kirche ging; erst als klar war, dass sich die römische Kurie dem von Wittenberg ausgehenden Reformprozess widersetzte, wurde die Reformation zu einem gegen Rom und das Papsttum gerichteten Vorgang. Als sich Kaiser Karl dann auf die Seite des Papstes stellte und einige deutsche Fürsten zu Schutzherren Luthers und seiner Anhänger wurden, bekam sie auch antiimperiale Züge.

Dabei konnte Rom zunächst im spanischen und später auch im französischen Gewande auftreten; ausschlaggebend war jeweils, wer gerade das Imperium für sich beanspruchte und aus dieser Position heraus den Deutschen Vorschriften machen und Anweisungen geben wollte. Luthers antispanische Invektiven in der Zeit, als der «Spanier» Karl die Kaiserkrone trug, sind dafür ebenso ein Beispiel wie die antiimperiale Rhetorik der deutschen Intellektuellen, die seit 1806 zum Widerstand gegen das expandierende napoleonische Kaiserreich aufriefen und dabei auf Arminius/Hermann verwiesen, der in den Zeiten des Kaisers Augustus den Römern eine schwere Niederlage zugefügt und sie letztlich zum Rückzug aus Germanien gezwungen habe. Auch die von Bismarck geprägte Formel «Nach Canossa gehen wir nicht!»

hat eine klar antirömische Stoßrichtung, in diesem Falle freilich den Suprematieanspruch des Kaisertums gegen das Papsttum ausspielend: Der Tort, den Papst Gregor VII. dem salischen Kaiser Heinrich IV. angetan habe, werde sich nicht wiederholen. Im Hintergrund all dessen stand seit 1870/71 die Frage, wie man es mit dem Süden halten solle: Ob die Alpen als südliche Grenze der germanischen Expansion anzusehen seien oder ob man sich am Vorbild der wandernden Völker und der hochmittelalterlichen Kaiser orientieren und abermals über Italien den Zugriff aufs Mittelmeer wagen solle. Diese politisch-strategische Grundfrage, die auch im Barbarossa-Mythos verhandelt wurde,[6] floss in den Germanenmythos ein, und zwar in der Beschäftigung mit der politischen Geschichte der Goten, vor allem in Felix Dahns Roman «Ein Kampf um Rom», der deswegen am Schluss dieses Kapitels als ein besonderer Beitrag zur Arbeit am Rom- wie am Germanen-Mythos in Augenschein genommen wird.

«Aus germanischer Vorzeit: Bardengesang». Holzstich (1891) nach einer Zeichnung von G. von Urlaub.

Die Sittlichkeit der Hinterwäldler

Tacitus und der frühe Germanenmythos

Das entscheidende Ereignis für die Selbststilisierung der Deutschen als Nachfahren der Germanen war die Wiederentdeckung der *Germania* des Tacitus, eines zu Beginn des 2. nachchristlichen Jahrhunderts entstandenen ethnographischen Berichts über die Völkerschaften nördlich der Alpen, die von dem römischen Geschichtsschreiber im Anschluss an Caesar unter der Sammelbezeichnung der Germanen zusammengefasst wurden.[1] Eine Abschrift dieses Textes hatte über Jahrhunderte unbeachtet in einem nordhessischen Kloster, Fulda oder Hersfeld, gelegen und war dort Mitte des 15. Jahrhunderts von italienischen Humanisten aufgespürt und nach Italien gebracht worden, wo sie in die Hände von Enea Silvio Piccolomini gelangte, der sie nach seiner Wahl zum Papst für politische Ziele nutzte: In einer Gegenüberstellung des einstigen Germanien mit dem heutigen Deutschland zeigte Pius II. die zivilisatorischen Leistungen, die der römische, namentlich der kirchliche Einfluss auf die Germanen/Deutschen gehabt habe. Damit wies er die von Martin Mayr, dem Kanzler des Mainzer Erzbischofs, zusammengestellten *Gravamina*, die Klagen über die Beschwernisse der Deutschen durch die römische Kurie, zurück und rechtfertigte die Zahlungen als Ausgleich für die von Rom vollbrachte Zivilisierungsleistung.[2] Dank römischer Hilfe sei die Barbarei der alten Deutschen überwunden worden, sodass sie nunmehr ein geachtetes Mitglied der europäischen Völkerfamilie seien.

Die Reaktion der deutschen Humanisten ließ nicht lange auf sich warten. Schnell entwickelte sich eine heftige Debatte, in der als selbstverständlich unterstellt wurde, was erst zu beweisen gewesen wäre: dass die Deutschen die Nachfahren der Germanen waren.[3] Umso erbitterter wurde darüber gestritten, ob das Römische Reich und schließlich auch die römische Kirche Germanien tatsächlich zivilisiert oder bloß die Sittlichkeit seiner Bewohner korrumpiert hätten. Das behaupteten nämlich einige deutsche Humanisten, die damit die finanziellen Ansprüche Roms zurückwiesen und eine ausgesprochen antiimperiale und antikuriale Kulturtheorie entwarfen, der zufolge das Ursprüngliche in seiner Reinheit und Unverdorbenheit weit über dem Entwickelten stand.[4] Erst durch den Kontakt mit Rom seien die Keime der Verderbnis eingeschleppt worden; Korruption etwa sei unter den Germanen praktisch unbekannt gewesen. Es komme also darauf an, gegen die römische Dekadenz Widerstand zu leisten. Diese Debatte wurde bis zum Ende des Zweiten Weltkriegs immer wieder aktualisiert. Ihre Folgen hat der Historiker Horst Fuhrmann knapp zusammengefasst: «Kein anderes Dokument hat das deutsche Nationalgefühl und den deutschen Nationalismus so stark geprägt wie die *Germania.*»[5] Das führte schließlich dazu, dass Heinrich Himmler in den Jahren 1936 und 1943 große Anstrengungen unternahm, sich die älteste Ausgabe der *Germania* zu verschaffen, die er in Italien vermutete.[6]

Über die Motive, die Tacitus zu seiner Darstellung germanischer Bräuche und Lebensweisen veranlasst haben, ist in der Forschung lange diskutiert worden. Immerhin handelt es sich bei der *Germania* um die einzige monographische Abhandlung dieser Art. Am plausibelsten ist die «Sittenspiegeltheorie»: Durch die Darstellung eines fremden, barbarischen Volkes sollten die Römer an die Sitten und Ehrenkodices ihrer Vorfahren erinnert werden, an die republikanische Zeit, in der bürgerliche Tugend Rom groß gemacht hatte. Das Bild der Germanen wäre demnach stark durch politisch-ethische Argumente angereichert, mit denen Tacitus seinen Landsleuten zeigen wollte, wie sie selbst einmal gewesen seien und dass der Verlust der ursprünglichen Tugenden sich zu einer Bedrohung ihrer «Weltherrschaft» auswachsen könne.[7] Aber weder die frühneuzeitlichen Humanisten noch die Schriftsteller des 19. Jahrhunderts interessierten sich für die Absichten des Autors und die Kompositionstechnik seines Werkes; man nahm Tacitus' Text schlichtweg für bare Münze: So waren sie, unsere Vorfahren, und so sollten die Deutschen bleiben oder wieder werden, wenn sie Bestand haben wollten in der Welt.

Redlichkeit, Freiheitsliebe und Sittenreinheit, Treue und Aufrichtigkeit, Tapferkeit der Männer und Keuschheit der Frauen – das sind Eigenschaften, die Tacitus den Germanen attestierte. Dass er daneben auch von deren Heimtücke und Hinterlist gesprochen hat, wurde nicht weiter erwähnt; eher schon fand sein Hinweis auf die Trunksucht und Spielleidenschaft der Germanen in die humanistischen Tugendkataloge Eingang, was sich dann in Programmen zur Moralreform niederschlug. Wichtiger als die Dämpfung deutscher Untugenden war den Humanisten die Abwehr fremder, in der Regel als «römisch» oder «welsch» bezeichneter Einflüsse. Dabei wurden zwei Formen römischer Einflussnahme besonders herausgestellt: Die angebliche Lüsternheit der Römer sowie ein Typus politischer Klugheit, der auf Täuschung und Verstellung setze und so die germanische Biederkeit untergrabe. Ersteres beruhte auf einer sinnentstellenden Lektüre antiker Berichte, wonach Quinctilius Varus, der römische Statthalter für Germanien, und seine Soldaten von Lüsternheit auf die germanischen Frauen getrieben wurden; neben Unterdrückung und Plünderung seien sexuelle Übergriffe an der Tagesordnung gewesen. Diese Vorwürfe entsprangen nicht bloß dem Unbehagen an den verbreiteten Fraternisierungen während imperialer beziehungsweise kolonialer Perioden; es ging auch um den Kontrast zwischen germanischer Keuschheit und römischer Verderbnis, und darüber sollte die nationale Identität kommuniziert werden. Die Vorstellung von der sittlichen Sonderstellung der germanisch-deutschen Frauen und deren Bedrohung durch römische Lüsternheit, wobei auch Spanier und Franzosen die Rolle der Römer spielen können, findet sich bereits in Martin Luthers Tischgesprächen: Das von den Spaniern in der Welt verbreitete Verderben besteht Luther zufolge nicht nur in moralischer Verderbnis, sondern auch in Krankheiten, mit denen die Spanier durch Unzucht und perverse Neigungen ihre Nachbarn infizierten. Über die spanische Lüsternheit meint Luther, dass Männer und Frauen bei ihnen auf unnatürliche Weise miteinander koitierten,[8] und ein anderes Mal wird für die Schlechtigkeit der Italiener (*Italorum malitia*) der Umstand angeführt, dass sie ihre Frauen zwängen, Keuschheitsgürtel anzulegen und nicht, wie bei den Deutschen, «leib und weib und kinder einander vertrauen». Die Franzosen seien wollüstig, aber die Spanier völlig wild und ungestüm, sodass sie Italiener und Franzosen an Lüsternheit überträfen. «Es kann sie kein Nation nicht leiden.»[9]

Diese Vorstellung saß tief und hat das Selbstbild der Deutschen bis ins 20. Jahrhundert geprägt. So heißt es in der zweiten Strophe von Hoffmann von Fallerslebens «Lied der Deutschen»:

«Deutsche Frauen, deutsche Treue,
Deutscher Wein und deutscher Sang
Sollen in der Welt behalten
Ihren alten schönen Klang.
Uns zu edler Tat begeistern
Unser ganzes Leben lang.»

Die Keuschheit und Sittlichkeit der deutschen Frauen wurde unmittelbar mit der von Tacitus behaupteten ethnischen Unvermischtheit der Germanen verbunden. «Ich selbst», so Tacitus,[10] «schließe mich der Ansicht an, daß sich die Bevölkerung Germaniens niemals durch Heiraten mit Fremdstämmen vermischt hat und so ein reiner, nur sich selbst gleicher Menschenschlag geblieben ist. Daher ist auch die äußere Erscheinung trotz der großen Zahl von Menschen bei allen dieselbe: wild blickende blaue Augen, rötliches Haar und große Gestalten […].»

Die Forschung hat freilich längst nachgewiesen, dass es im Zuge der sogenannten Ethnogenesen – der Entstehungsprozesse wandernder Völker – zur Verschmelzung unterschiedlicher ethnischer Gruppen gekommen ist, an denen keineswegs nur germanische Völkerschaften beteiligt waren.[11] Aber Tacitus' Erklärung für die ursprüngliche Unverdorbenheit der Germanen hat Wirkung gezeigt. Sie wurde in den

Rassetheorien des 19. und 20. Jahrhunderts in die Reinheit des Blutes übersetzt und so zum politischen Fluch, an dessen Folgen Deutschland bis heute leidet. Die Germanenforschung des 19. Jahrhunderts hat aus den körperlichen Merkmalen, die Tacitus den Germanen zugeschrieben hatte, den Phänotyp des germanisch-nordischen Menschen entwickelt.[12] Im Brockhaus von 1834 etwa heißt es, die Germanen seien «ein Volk mit trotzigen blauen Augen, hochgelben Haaren, von starkem Körperbau und riesenhaftem Wuchs, abgehärtet gegen Kälte und Hunger, nicht gegen Durst und Hitze, von kriegerischem Geiste, bieder, treu, freundlich und arglos gegen den Freund, gegen den Feind listig und verstellt, das, jedem Zwange trotzend, die Unabhängigkeit als sein edelstes Gut betrachtet und eher das Leben als seine Freiheit aufzugeben bereit ist».[13] Als «Volk in Weizenhaaren», als «ährenhaariges Volk» hat Ernst Bertram zu Beginn der 1920er Jahre die Germanen gefeiert, und damit war die Aufforderung verbunden, unter allen Umständen ein «Ende [...] als spätantikes Levantinertum, als Mischlingsvolk und gebildetes Weltsklaventum» zu verhindern.[14] Der NS-Ideologe Alfred Rosenberg hat das noch schärfer ausgedrückt, als er von dem drohenden Völkerchaos sprach, das «durch hemmungslose Rassenvermischung» entstehe, «durch Aufquirlen alles Kranken, durch übersteigerte sinnliche Ekstasen, durch aufgeblähten syrischen Afterglauben». Das deutsche Volk habe sich zu entscheiden: «Entweder steigen wir durch Neuerleben und Hochzucht des uralten Blutes, gepaart mit erhöhtem Kampfwillen, zu einer reinigenden Leistung empor, oder aber auch die letzten germanisch-abendländischen Werte der Gesittung und Staatenzucht versinken in den schmutzigen Menschenfluten der Weltstädte [...].»[15] Rom war der Inbegriff dieser Weltstädte, ein neues Babylon, und vor der von dort ausgehenden Gefahr einer «Blutvermischung» sollten schließlich die Nürnberger Rassegesetze schützen.[16]

Die zweite große Bedrohung der im Anschluss an Tacitus imaginierten deutsch-germanischen Identität ging von dem mit «Rom» verbundenen politischen Raffinement aus, dem gegenüber die germanisch-deutschen Zentraltugenden Treue und Aufrichtigkeit chancenlos seien. «Dieses Volk», so Tacitus,[17] «ohne Falsch und Trug, offenbart noch stets bei zwanglosem Anlaß die Geheimnisse des Herzens; so liegt denn aller Gesinnung unverhüllt und offen da [...]; sie beraten, wenn sie sich nicht zu verstellen wissen; sie beschließen, wenn sie sich nicht irren können.» Täuschung und Verstellung, so nahmen die Humanisten diesen Gedanken auf, seien den Deutschen von jeher fremd gewesen, und dabei solle es auch bleiben. Die Deutschen wurden zur letzten Bastion der Sittlichkeit, während die Welt in Sünde und Laster versank. Aber sie würden, so eine seit dem späten 16. Jahrhundert zu hörende Auffassung, zunehmend durch die Lehre des italienischen Politiktheoretikers Machiavelli bedroht. Der Theologe Georg Nigrinus klagte 1580, ein «fremd Florentinisch Policeyscribent» (also ein politischer Schriftsteller) und die ihm anhängende Sekte wollten die «alten aufrichtigen Sitten, Recht und Gebräuch verkehren, vergifften und beschmeissen». Er, Nigrinus, hoffe aber, dass sich «das Tyrannisch Gifft, welches unter den versüßten Lehrpuncten deß Machiavelli verborgen», unter den Deutschen nicht werde ausbreiten können und dass sie «auß den benachbarten Exempeln» – den Hugenottenmorden in der Pariser Bartholomäusnacht – «eine zeitige warnung ziehen» werden.[18] Siebzig Jahre später stellte der Reichspublizist Dietrich Reinkingk in seiner Schrift *Biblische Policey* mit Befriedigung fest, dass «unsere vorfahren die alte redliche teutschen» für das, was bei den Romanen Staatsräson heiße, «einen eckel gehabt» hätten und diesem Gräuel ihrer «angebohrener Sincerität [Rechtschaffenheit] und Aufrichtigkeit» wegen «keinen Namen gegönnet noch geben können».[19]

Die Vorstellung von der deutschen Treue wurde als Abwehr gegen jene Lehren aufgerufen, die sich in Europa unter den Begriffen Machiavellismus, Tacitismus, Staatsräson und Arkanlehre ausbreiteten.[20] Sie verband sich mit der Idee einer «teutschen Libertät», welche die Grundlage für eine auf persönlichen Tugenden beruhende Ordnung sei; deren Gegenpol bildete eine rational-bürokratische Staatlichkeit, in der Tücke und Lüge regierten und die man mit dem römisch-welschen

Modell identifizierte. In den Worten des Germanisten Roethe: «Es gehört zu den ersten Lebensäußerungen erwachenden Nationalgefühls, dass der Deutsche deutsches Wort, deutsche Treue der welschen Lüge und Tücke gegenüberstellte.»[21]

Treue und Tücke haben ihren je eigenen Ort: Während man diese vor allem in den großen Städten findet, ist jene mit dem Wald verbunden. Die starke Bewaldung Germaniens, von der Tacitus spricht – «Das Land zeigt zwar im einzelnen einige Unterschiede; doch im ganzen macht es mit seinen Wäldern einen schaurigen, mit seinen Sümpfen einen widerwärtigen Eindruck»[22] –, wurde daher ins Positive gewendet: Sie war kein Zeichen dafür, dass die Germanen ein barbarisches Leben führten, sondern wurde zum Urgrund ihrer Sittlichkeit erklärt. In Montesquieus berühmter Formel, wonach die Freiheit aus den Wäldern Germaniens stamme,[23] ist dieser Gedanke für einen bestimmten Strang der französischen Verfassungsdebatte relevant geworden. In Deutschland hat man die Verbindung der Germanen zum Wald wörtlicher genommen und damit einen weiteren Gegensatz zwischen Germanen und Romanen hergestellt.

Ein Forstrat Dr. Zentgraf hat 1923 in einer Broschüre für politische Bildung die Verwurzelung der deutschen Treue im Waldboden auf zwei Ursachen zurückgeführt: zunächst auf die im Wald stattfindende hohe Jagd, in deren Folge «die Edelsten des Volkes nicht weichlichem Wohlleben verfielen, sondern jederzeit gestählten Körpers und im Waffenhandwerk geübt zu Führern ihres Volkes befähigt waren». Sodann verweist er auf die für Deutschland typische Zugehörigkeit der Waldwirtschaft zum Bauernbetrieb, die dazu geführt habe, dass es keine «entnervende Winterpause» gab, sodass hier «ein hartes und arbeitsgewohntes Geschlecht» herangewachsen sei.[24]

Weichliches Wohlleben und entnervende Ruhe bringen auf üble Gedanken; das beste Heilmittel dagegen ist der Wald. Das aber heißt: Entwaldung bedroht die deutsche Sittlichkeit. So ist es für Zentgraf auch «kein Zufall, daß die Lehren des Bolschewismus dort in unserem deutschen Vaterlande am stärksten und raschesten Eingang gefunden haben, wo der deutsche Wald entweder ganz fehlt oder doch seiner natürlichen Reize völlig bar unter den Einflüssen einer einseitigen Forstwirtschaft zu einer Holzfabrik geworden ist».[25] Von hier lassen sich Verbindungslinien zu der Waldsterbensdebatte der 1980er Jahre herstellen, aber auch zu den gemütvollen Fernsehserien des deutschen Vorabendprogramms («Forsthaus Falkenau»), die inzwischen, nach einer Überlegung Andreas Dörners,[26] zu einem beachtlichen Teil die Aufgaben narrativer Sinnbewirtschaftung übernommen haben und an die Stelle politischer Großmythen getreten sind.

Neben der Sittlichkeit und Naturverbundenheit der Germanen hat Tacitus vor allem ihre Wehrhaftigkeit und Kriegstüchtigkeit herausgestellt, zu der auch Frauen und Kinder beitrügen: «Schon manche wankende und sich auflösende Schlachtreihe wurde, wie es heißt, von den Frauen wieder zum Stehen gebracht: durch beharrliches Flehen, durch Entgegenhalten der entblößten Brust und den Hinweis auf die nahe Gefangenschaft, die den Germanen um ihrer Frauen willen weit unerträglicher und schrecklicher dünkt.»[27] Das Bild der Frauen, die mit nackten Brüsten die fliehenden Männer zum Weiterkämpfen auffordern, hat im deutschen Germanenmythos eine große Rolle gespielt. Die deutsche Frau ist danach weder Amazone noch «Flintenweib», aber sie ist gegenüber dem Ausgang der Kämpfe alles andere als gleichgültig und keine willige Beute, die sich dem Sieger hingibt, um ihr Leben zu retten.[28] Die weibliche Keuschheit war also direkt mit der männlichen Tapferkeit verbunden: Da der Tod leichter zu verschmerzen ist als Verlust der Ehre, fordern die Frauen die Fortsetzung des Kampfes auch dann, wenn es keine Aussicht auf Sieg mehr gibt. Sie sind es, die im mythischen Germanenbild die Männer vor die Alternative «Sieg oder Untergang» stellen und die Möglichkeit von Flucht oder Kapitulation blockieren.[29]

Die Kampfbereitschaft prägte, so Tacitus, das gesellschaftliche Leben der Germanen durch und durch: «Niemals, weder bei Sachen der Gemeinde noch bei eigenen, erledigen sie etwas anders als in Waffen. Doch darf keiner Waffen tragen, ehe ihn der Stamm für wehrfähig erklärt. Das geschieht in öffentlicher Versammlung: einer der Stammeskämpfer oder der Vater oder Verwandte wappnen den jungen Mann mit Schild und Frame. Dies ist das Männerkleid der Germanen, dies die erste Zier der Jugend; vorher zählen sie nur zum Hause, von jetzt an zum Gemeinwesen.»[30] Damit ist eine weitere Differenz zwischen Römern und Germanen markiert: Der Römer erhält zum Zeichen seines Eintritts in die politische Gemeinschaft die Toga, jenes kurze Gewand, das seine Berechtigung zur Teilnahme an den öffentlich-bürgerschaftlichen Versammlungen anzeigt. Das war eine zivile Angelegenheit: Er wurde *Bürger*. Der Germane dagegen wurde laut Tacitus vollberechtigtes Mitglied des soziopolitischen Verbandes, indem er *Krieger* wurde. Eine bürgerschaftliche Perspektive gab es nicht.[31] Im deutschen Militarismus, der die Nation als uniformierte Gemeinschaft dachte, ist dies zum politischen Programm geworden.

Tacitus' Bericht über die Wehrhaftigkeit und Kriegstüchtigkeit der Germanen hatte jedoch nicht bloß eine kriegerische Selbstaffirmation der Deutschen zur Folge, sondern brachte auch einen regelrechten Kranz von Fremdstereotypen hervor, dessen letzte Ausläufer immer noch in den Klischees der britischen Presse über den deutschen Fußball zu beobachten sind:[32] Nicht Spiel, sondern Kriegführung ist es, was die Deutschen treiben, und dementsprechend sind auch *German tanks* auf dem Platz zu finden. Am Anfang dessen steht der päpstliche Gesandte Gianantonio Campano, der auf dem Regensburger Reichstag von 1471 dafür werben sollte, dass das Deutsche Reich ein großes Truppenkontingent für den Kampf gegen die Türken stellte. In seiner (vermutlich nicht gehaltenen) Rede hat Campano nach dem Vorbild des Enea Silvio Piccolomini auf die taciteische *Germania* zurückgegriffen, im Unterschied zu Enea aber nicht mit der Kontrastierung von Einst und Jetzt gearbeitet, sondern die Kriegstüchtigkeit als eine bei den heutigen Deutschen ebenso wie bei den alten Germanen anzutreffende Eigenschaft gepriesen, die es nahelege, dass die Deutschen das Amt eines Vorkämpfers gegen die Türkengefahr übernähmen.[33] Campanos Rechnung, den Deutschen zu schmeicheln, um sie dadurch umso leichter für die Ziele der päpstlichen Politik instrumentalisieren zu können, ging zumindest teilweise auf: In den Texten der deutschen Humanisten wurde die Kriegstüchtigkeit zum stehenden Charakteristikum der Deutschen, was dadurch bestätigt wurde, dass in Gestalt der Landsknechte die militärische Arbeitskraft am Anfang des 16. Jahrhunderts zu einem deutschen Exportschlager geworden war. Überall auf den europäischen Kriegsschauplätzen waren Söldner aus Deutschland anzutreffen, die der Armut ihrer Heimat zu entkommen und ihr Glück im Kriege zu machen suchten. Geschichtliche Erfahrung und mythische Narration haben sich so gegenseitig verstärkt. Bis hin zu der im preußischen Militär Mitte des 19. Jahrhunderts als Kopfschutz wie Kopfzier eingeführten Pickelhaube[34] haben sich die Symbole des Militarismus im Selbstbild wie Fremdsterotyp mit den Deutschen verbunden. Ihren Höhepunkt erreichte die Verbindung von kriegerischem Charakter und nationaler Identität im Dritten Reich: So sollten sämtliche der von Hitler für die Marmorgalerie der Neuen Reichskanzlei bestellten Wandgobelins große Schlachten der deutschen Geschichte darstellen – als erste im Übrigen die Hermannsschlacht im Teutoburger Wald.[35]

Campanos lobende Anerkennung der deutschen Kriegstüchtigkeit war freilich von Anfang an vergiftet, denn für ihn war der *amor belli* keine Eigenschaft eines zivilisierten Volkes, sondern stand für das fortdauernd Barbarische im deutschen Nationalcharakter. In gewisser Hinsicht schlug der gewitzte Italiener zwei Fliegen mit einer Klappe, wenn er die ihm wenig sympathischen Deutschen in den Kampf gegen die Türken schickte: Sollten sich beide Bedrohungen der Zivilisation doch gegenseitig zugrunde richten.

Dass die Deutschen nach wie vor Barbaren seien, hat Campano mit zwei Indizien belegt: der Unverständlichkeit ihrer Sprache und dem üblen Geruch, der sich überall ausbreite, wo Deutsche seien. An einen italienischen Freund schreibt er: «Hier leben gar die Toten! Glaube aber ja nicht, dass solches himmlischer Gnade geschuldet ist. Allein, es geschieht Kraft ihrer – der Deutschen – Sitten und Gewohnheiten. [...] Du aber wirst vielleicht sagen: Das ist aber schön, daß selbst die Toten [...] leben? Schön? Dann will ich bei all dem Leben hier lieber selbst tot sein: Denn wenn diejenigen, die auf Erden wandeln, so stinken wie Leichen, wie stinken dann erst die Leichen, die nicht mehr leben?»[36] Die Deutschen stänken, und über ganz Deutschland liege ein pestilenzialischer Geruch – als während des Ersten Weltkriegs den Deutschen französischerseits vorgehalten wurde, sie seien Barbaren, wurden diese olfaktorischen Vorwürfe erneut ins Spiel gebracht:[37] zunächst die Gefräßigkeit der Deutschen, sodann die Überfunktion ihrer Verdauungsorgane und infolgedessen ihr penetrant übler Körpergeruch. *La polychésie de la race allemande* – Die Vielscheißerei der deutschen Rasse lautete der Titel eines 1915 erschienenen Aufsatzes in einer französischen Fachzeitschrift für Psychotherapie.[38]

Die Kriegstüchtigkeit der Germanen, auf die von den Humanisten des 16. Jahrhunderts bis zu den Ideologen des Nationalsozialismus Bezug genommen wurde, ist bei Tacitus folgendermaßen beschrieben: «Kommt es zur Schlacht, ist es schimpflich für den Gefolgsherrn (princeps), an Tapferkeit zurückzustehen, schimpflich für das Gefolge (comitatus), es dem Herrn an Tapferkeit nicht gleichzutun. Doch für das ganze Leben lädt Schmach und Schande auf sich, wer seinen Herrn überlebend aus der Schlacht zurückkehrt: ihn zu schirmen und zu schützen, auch die eigenen Heldentaten ihm zum Ruhme anzurechnen, ist des Dienstes heiligste Pflicht. Die Herren (principes) kämpfen für den Sieg, die Gefolgsleute für den Herrn.»[39] Nun war eine derartige Form der Militärorganisation seit der Ablösung feudaler Gefolgschaftsverbände durch die gedrillten Formationen von Berufssoldaten weder aktuell noch mit der staatlichen Ordnung vereinbar: An die Stelle von Gefolgschaft und Treue waren die Prinzipien von Befehl und Gehorsam getreten. Das schloss eine besondere Anhänglichkeit von Soldaten gegenüber ihren Kommandeuren nicht aus, aber das war nicht das Prinzip der militärischen Ordnung der Staaten. Die Todesbereitschaft der Helden und die Folgebereitschaft der Mitstreiter spielte eher auf der individuell-motivationalen als der militärisch-organisatorischen Ebene eine Rolle. Ein Beispiel dafür ist Theodor Körners Gedicht auf die Freiwilligen des Lützow'schen Freikorps vom

April 1813: «Es zuckt der Tod auf dem Angesicht, / Doch die wackern Herzen erzittern nicht, / Das Vaterland ist ja gerettet!»[40] Eine ähnliche Tonlage wird auch in Emanuel Geibels «Kriegslied» angestimmt: «Und ob der Fremden Söldner Schar / Wie Dünensand sich mehrt: / Getrost, je größer die Gefahr, / Je höher Herz und Schwert! / Und ob aus seiner Höllenburg / Der Teufel selber droht: / Ein kühner Mut geht mittendurch, / Das Eisen bricht die Not.»[41]

Unmittelbaren Einfluss auf die Art der Kriegführung gewann der Mythos des germanischen Kriegers[42] erst in der Schlussphase des Zweiten Weltkriegs, als ein bedingungsloser Durchhaltewille zum Prinzip des Widerstands erklärt wurde. Gemäß einem «Führerbefehl» vom 25. November 1944 hatte jeder Kommandeur, bevor er kapitulierte, zu fragen, ob ein anderer bereit sei, an seiner Stelle die Befehlsgewalt für die Fortsetzung des Kampfes zu übernehmen. «Führer deutscher Soldaten kann nur sein, wer mit allen Kräften des Geistes, der Seele und des Körpers seinen Männern täglich die Forderungen vorlebt, die er an sie stellen muß; Tatkraft und Entschlußfreudigkeit, Charakterfestigkeit und Glaubensstärke und harte unbedingte Einsatzbereitschaft sind seine unerläßlichen Eigenschaften für den Kampf. Wer sie nicht oder nicht mehr besitzt, kann nicht Führer sein und hat abzutreten. Ich befehle daher: Glaubt ein Truppenführer, der auf sich gestellt ist, den Kampf abbrechen zu müssen, so hat er erst seine Offiziere, dann die Unteroffiziere und danach die Mannschaften zu befragen, ob einer von ihnen den Auftrag erfüllen und den Kampf fortführen will. Ist dies der Fall, übergibt er diesem – ohne Rücksicht auf seinen Dienstgrad – die Befehlsgewalt und tritt selbst mit ein.»[43] Das war ein letzter Versuch, den absehbaren militärischen Zusammenbruch mit germanischen Gefolgschafts- und Treuevorstellungen aufzuhalten.

Der von Tacitus berichtete Ehrenkodex der Germanen, wonach die Gefolgschaft den Tod ihres Anführers auf dem Schlachtfeld nicht überleben dürfe, wirft ein weiteres Licht auf Hitlers Entscheidung, im eingekesselten Berlin zu bleiben und sich nicht in die sogenannte Alpenfestung ausfliegen zu lassen;[44] vor allem macht sie die Absichten deutlich, die hinter der nach Hitlers Selbstmord verbreiteten Falschmeldung des Oberkommandos der Wehrmacht vom 2. Mai 1945 standen: «An der Spitze der heldenmütigen Verteidiger der Reichshauptstadt ist der Führer gefallen. Von dem Willen beseelt, sein Volk und Europa vor der Vernichtung durch den Bolschewismus zu erretten, hat er sein Leben geopfert. Dieses Vorbild ‹getreu bis zum Tode› ist für alle Soldaten verpflichtend.»[45] Damit war noch einmal ausgesprochen, was die nationalsozialistische Führung von den Soldaten erwartete: Kampf bis zum Untergang. Nur eine Woche später, am 9. Mai, musste das Oberkommando der Wehrmacht zwar bekanntgeben: «Seit Mitternacht schweigen nun an allen Fronten die Waffen. Auf Befehl des Großadmirals [Dönitz] hat die Wehrmacht den aussichtslos gewordenen Kampf eingestellt», aber ganz wollte man auf den germanischen Heldenmythos nicht verzichten; der letzte Satz des letzten Wehrmachtsberichts, gewissermaßen die letzte offizielle Äußerung des nationalsozialistischen Deutschlands, lautet: «Die Toten verpflichten zu bedingungsloser Treue, zu Gehorsam und Disziplin gegenüber dem aus zahllosen Wunden blutenden Vaterland.»[46]

Der Germanenmythos diente aber nicht nur der Abgrenzung gegen alles, was unter dem Rubrum Rom subsumiert und als Bedrohung germanisch-deutscher Identität begriffen werden konnte, sondern mit ihm verbanden sich auch Vorstellungen von der inneren Ordnung des politischen Verbandes, die denen der Staatlichkeit und des Ethos, auf dem sie beruhte, radikal entgegenstanden. Den Wäldern Germaniens entwuchs auch das Pathos eines anarchischen Widerstandes gegen jede rational-bürokratische Ordnung, egal, ob sie von außen kam und als römisch identifiziert wurde oder ob sie aus eigenen Kräften und Dynamiken entstand. Es kommt nicht von ungefähr, dass Ernst Jünger den Träger partisanischen Widerstands gegen diese Herausforderung als «Waldgänger» bezeichnet hat. Ähnliches findet sich bereits bei Heinrich von Kleist, der unter der spätabsolutistischen Ordnung gelitten und gegen sie die germanische Freiheit aufgerufen hat. An Adolfine von Werdeck, die ihm von einem Besuch im Teutoburger Wald berichtet hatte, schrieb er im November 1801: «Also auf dem Arminiusberge standen Sie, an jener Wiege der deutschen Freiheit, die nun ihr Grab gefunden hat? Ach, wie ungleich sind zwei Augenblicke, die ein Jahrtausend trennt. […] Die armen, lechzenden Herzen! Schönes und Großes möchten sie tun, aber niemand bedarf ihrer, alles geschieht jetzt ohne ihr Zutun. Denn seitdem man die Ordnung erfunden hat, sind alle großen Tugenden unnötig geworden. Wenn uns ein Armer um eine Gabe anspricht, so befiehlt uns ein Polizeiedikt, daß wir ihn in einem Arbeitshaus abliefern sollen. […] Wenn ein Jüngling gegen den Feind, der sein Vaterland bedroht, mutig zu den Waffen greifen will, so belehrt man ihn, dass der König ein Heer besolde, welches für Geld den Staat beschützt. – Wohl dem Arminius, dass er einen großen Augenblick fand. Denn was bliebe ihm heutzutage übrig, als etwa Lieutenant zu werden in einem preußischen Regiment?»[47]

Dieses Geflecht aus Ablehnung des modernen Staates, politischer Orientierung an persönlichen Beziehungen und ethischen Bindungen sowie die Präferenz für eine föderative Reichsvorstellung ist immer wieder mit dem Germanenmythos verknüpft worden. Führt man das Sonderbewusstsein der Deutschen, von einigen Historikern als deutscher Sonderweg bezeichnet, auf eine staatliche wie nationale Verspätung gegenüber den europäischen Nachbarn zurück, dann ist der Germanenmythos daran nicht schuldlos.[48] Der Soziologe Helmuth Plessner, der als Erster die These von der historischen Verspätung Deutschlands vertreten hat, schrieb dazu in kritischer Distanz bereits Anfang der 1930er Jahre: «Deutsches Volk bedeutet Verbundenheit mit dem Boden, der Heimat, altväterischer Sitte. Insofern ist es allem künstlichen, zivilisierten Wesen fremd.» Volk sei im Deutschen darum «ein Protestbegriff», der «das Römische in allen seinen Abwandlungen» «als volksfremd und volksschädlich von sich ausschließt».[49] So steht «Rom» für alles, was das Germanische und eine daran angelehnte Vorstellung von Individualität und sozialer Ordnung bedrohte. Aber so diffus und heterogen, wie die «römische» Bedrohung war, war auch die Gegenvorstellung des Germanischen. Sie unterlag einem permanenten Prozess der Umerzählung, sodass es nur in sehr beschränktem Maße zur Herausbildung eines mythischen Kerns kam, der sich als beständig gegenüber den Variationen erwies. Zu ihm gehört vor allem der Bericht über die Hermannsschlacht, in der die tief nach Germanien vorgedrungenen Römer vernichtet und die «Freiheit Germaniens» gerettet worden sei.

«Schlacht zwischen Germanen und Römern am Rhein». Gemälde (1876) von Friedrich Tüshaus.

«Als die Römer frech geworden ...»
Arminius und die Schlacht im Teutoburger Wald

Seit dem 19. Jahrhundert herrscht die Vorstellung, die deutsche Geschichte beginne mit der Schlacht im Teutoburger Wald und deren Sieger, der Cheruskerfürst Arminius, sei der erste historisch fassbare Deutsche. Diese Vorstellung bestimmte den historischen Imaginationsraum der Deutschen. So eröffnet Arminius die Reihe der großen Deutschen in der Ruhmeshalle Walhalla, und auch der Maler Otto Geyer hat in der Berliner Nationalgalerie das Treppenhausfries zur deutschen Geschichte mit Arminius beginnen lassen. Doch diese frühe Datierung der Anfänge des Deutschen war historisch fragwürdig und zog schon bald eine Reihe politischer Folgen nach sich, die man gerne vermieden hätte. Spätestens nach der Reichsgründung von 1871, als Deutschland eine vorherrschende Rolle in der europäischen Politik für sich beanspruchte, konnte man mit einem antiimperialen Gründungsakt und einer rebellischen Leitfigur als nationalem Identitätsstifter nichts Rechtes mehr anfangen.

In der Varusschlacht, der *clades Variana*, die bereits von den Humanisten als «Schlacht im Teutoburger Wald» bezeichnet und in der Nähe von Detmold lokalisiert worden ist,[1] hatte ein germanisches Stammesbündnis unter Führung des Cheruskerfürsten Arminius drei römische Legionen mitsamt dem Statthalter für Germanien, Quinctilius Varus, in einen Hinterhalt gelockt und in einem sich über mehrere Tage hinziehenden Kampf vernichtet. Nachdem römischerseits zunächst große Anstrengungen unternommen wurden, die Niederlage zu rächen und die Herrschaft über die Gebiete östlich des Rheins und nördlich der

Donau wiederherzustellen, beschloss Kaiser Tiberius schließlich, die Germanenfeldzüge zu beenden. Die Reichsgrenze wurde auf Rhein und Donau fixiert, und Germanien blieb «frei». Der Sieger der großen Schlacht, der Cherusker Arminius, war zu dieser Zeit bereits tot, freilich nicht im Kampf gegen Rom gefallen, sondern von germanischen Gegnern ermordet.

Als sich die Schlacht im Jahre 1909 zum 1900. Mal jährte, schrieb der Publizist Gottlob Egelhaaf, Arminius/Hermann sei nicht bloß der Befreier Germaniens gewesen, als den Tacitus ihn bezeichnet hatte: «Er war noch mehr: Wenn man an das Schicksal Galliens und Spaniens, an die durchgängige Widerstandsunfähigkeit junger Völker gegen höhere Kulturstufen denkt, so ist kein Zweifel: Indem Arminius das römische Heer vernichtete, hat er unsere Nationalität gerettet. Daß wir noch Deutsche sind, verdanken wir ihm.»[2]

Ein stärkeres Argument für die gründungsmythische Inanspruchnahme eines Ereignisses ist schwer vorstellbar. Aber zugleich zeigt sich in Egelhaafs Auszeichnung der kriegerischen Rettung von Sprache und Nationalität ein ausgeprägtes Bedrohtheitsgefühl: Nicht nur stützte sich die eigene Identität auf ein Ereignis, über das man nur aus römischen Quellen wusste, was die Deutschen unauflöslich an die Geschichte des Römischen Reiches band, sondern sie wirkte auch in höchstem Maße fragil, als müsse sie sich ständig gegen die Gefahr ihrer Auslöschung behaupten. Helmuth Plessner hat die Konsequenzen sehr deutlich beschrieben: «Deutsches Staatsbewußtsein sucht sich in der Geschichte zu verankern, in einer Perspektive auf die realen Anfänge, aber als Ankergrund bietet sich immer wieder nur naturhafte Ursprünglichkeit. Und wenn es sich, stolz auf sein ewiges Barbarentum, gegen den älteren, glücklicheren, nüchternen Westen verteidigt, scheint es, als bildeten alle großen Aufbrüche deutscher Geschichte: der Krieg gegen Napoleon, Luthers Reformation, Widukinds Widerstand gegen Karl *einen* Kampf der Riesen gegen Rom, den Armin, der Cherusker, begann.»[3]

In der Hermannserzählung sind drei Elemente miteinander verbunden, die bei der «Arbeit am Mythos» jeweils unterschiedlich akzentuiert werden konnten: Die Aufforderung, die Freiheit durch einen mit allen Mitteln geführten Kampf gegen ausländische Invasoren wiederzugewinnen; dieses Element fand in Kleists *Hermannschlacht* seinen Höhepunkt.[4] Sodann die Aufforderung zu Einigkeit und politischer Geschlossenheit, bei der weniger Arminius' Kampf gegen die Römer, sondern die Auseinandersetzungen zwischen einer römerfreundlichen und einer römerfeindlichen Fraktion innerhalb der Germanen die zentrale Rolle spielen. Schließlich konnte in der Hermannserzählung die Bekundung stolzen Selbstbewusstseins in den Vordergrund treten: Auf dem Höhepunkt seiner Macht habe man dem Römischen Reich die Stirn geboten und dessen Expansion gestoppt.[5] Diese (mindestens) dreifache Auslegungsmöglichkeit hat dem Mythos eine hohe Flexibilität verliehen und ihn für unterschiedliche politische Konstellationen anschlussfähig gemacht.[6]

Ullrich von Hutten etwa feierte Arminius als den Befreier Germaniens, der zu seiner Zeit wieder als Vorbild dienen könne: In seiner Klageschrift an Friedrich den Weisen, den sächsischen Kurfürsten, rief Hutten schon 1520 zum entschiedenen Kampf gegen die römische Kurie auf, was nichts anderes hieß, als Luther offen zu unterstützen. Zunächst versichert er, zu allen Zeiten seien die Sachsen frei und im Kampf unüberwindlich gewesen, und so hätten sie auch dann Widerstand geleistet, wenn das restliche Deutschland bereits bezwungen und von ausländischen Herrschern unterworfen gewesen sei. «Von ihnen ist auch herkommen der aller unüberwindlichst und starkmütigst Held Arminius […], der nit allein sein Ort, Gebiet und Vaterland, sonder die gantzen teutschen Nation von den Händen der Römer uff die Zeit, so sie am allermächtigsten und in der Blüt ihrer Herrschung waren, erlöset und wieder in Freiheit gesetzt» hat. Dieser Hermann «würd sich seiner Nachkommenden schämen», wenn «er sicht uns Teutschen, über die er doch die Römer etwan, do sie redlich und adentlich Leut und Herren der gantzen Welt waren, nit gewollt herrschen lassen, den weichen, zarten Pfaffen und weibischen Bischöfen unterworfen sind».[7] Wenige Zeilen vor dieser Passage hatte Hutten den Kurfürsten ermahnt, nicht von dem von allen verlassenen Doktor

Martinus Luther abzufallen, sondern ihn zu unterstützen und zu fördern.[8]

Die Verbindung zwischen Arminius und Luther sollte bis weit ins 19. Jahrhundert hinein nicht mehr abreißen.[9] Sie lag nicht zuletzt deswegen nahe, weil das in den *Annalen* des Tacitus gezeichnete Bild des Cheruskers – sein entschiedener Widerstand gegen die römische Vorherrschaft und die schweren Auseinandersetzungen innerhalb der germanischen Stämme – Parallelen zum Reformator als evident erscheinen ließ.

Insofern sich die deutschen Kaiser in der Tradition des Römischen Reichs sahen und entsprechende Titel führten, hatte die plötzlich aufgekommene Arminius-Verehrung nicht bloß einen verstörenden, sondern auch einen potentiell zerstörerischen Charakter, ließ sich mit ihr doch eine Auflehnung gegenüber Kaiser und Reich begründen; seitdem sich Karl V. klar auf die Seite des Papstes gestellt hatte und die gewaltigen Ressourcen seines spanischen Erbes in den Kampf gegen die Reformation flossen, wurde auch Spanien in die antirömische Rhetorik einbezogen.

Hatte Hutten den jungen Kaiser zunächst noch als «edles deutsches Blut» begrüßt, so änderte sich das, seitdem deutlich wurde, dass ihn Deutschland nur am Rande interessierte und er vorwiegend mit den Problemen seines Reichs im Süden beschäftigt war. Mit der Ausbreitung der Reformation schickte der Kaiser dann spanische Truppen nach Deutschland, bei denen er davon ausgehen konnte, dass sie ihm treu ergeben waren und nicht mit den Protestanten sympathisierten. Gegen die Spanier gewandt, erklärte Luther in einer seiner Tischreden: «Der Spanier Hoffart, Vermessenheit und Thyranney bedeutet nichts Guts. Sie plagen Italien und gedenken Herren über Deutschland zu werden, wollten gern die deutschen Fürsten aus ihren Regalibus haben, daß sie allein herrschten und regierten.»[10] Auch die Vorstellung von der «welschen List und Tücke» taucht hier auf, etwa wenn Luther über Karls Bruder Ferdinand sagt, er benutze die Deutschen im Krieg gegen die Türken, um die spanische Macht zu steigern und die Spanier zu Herren Deutschlands zu machen.[11] Sämtliche Stereotype, die zur

Charakterisierung der Römer entwickelt worden waren, gingen nun auf die Spanier über.

Damit stand ein politisches Stigmatisierungspotential zur Verfügung, das jederzeit abrufbar war und entsprechend eingesetzt werden konnte. Mit dem Ausgreifen der napoleonischen Eroberungen auf Deutschland, vor allem seit sich Napoleon zum Kaiser gekrönt hatte, wurde es erneut aktiviert. Vor allem aber wurde nun auch der große Kämpfer gegen diese Bedrohungen wieder auf die politische Bühne gerufen: Arminius/Hermann und die Hermannsschlacht wurden zu dem politisch-mythischen Versprechen, dass Widerstand nicht nur möglich, sondern zuletzt auch erfolgreich sein werde.

Spätestens nach der vernichtenden Niederlage Preußens gegen Napoleon im Jahre 1806 wurde Hermann für alle, die sich mit der napoleonischen Vorherrschaft nicht abfinden wollten, zum Symbol ihrer Hoffnungen, und die Schlacht im Teutoburger Wald – die nicht nach den Vorgaben einer offenen, symmetrischen Feldschlacht geführt worden war, sondern aus einer Abfolge von Überfällen auf die in sumpfigem Waldgelände unbeweglichen römischen Kolonnen bestand – lieferte das Modell, nach dem man die militärisch überlegenen Franzosen besiegen könne.[12] So heißt es in Ernst Moritz Arndts «Vaterlandslied» (1812), das mit den berühmten Versen «Der Gott, der Eisen wachsen ließ, / Der wollte keine Knechte» beginnt:

> «Dem Buben und dem Knecht die Acht!
> Der speise Kräh'n und Raben!
> So ziehn wir aus zur Hermannsschlacht,
> Und wollen Rache haben.»[13]

Das war neben der Kampfansage an Napoleon vor allem eine Kriegserklärung nach innen, bei der allen, die mit dem Franzosen sympathisierten («Buben und Knechte») Strafe angedroht wurde. Angesichts der Napoleonverehrung in Teilen des Bürgertums und unter vielen Gebildeten handelte es sich hierbei um eine nicht kleine Gruppe.[14] Die Mobilisierung nach außen ging also mit einem keineswegs nur symbolischen Bürgerkrieg einher.

Die Verschränkung von äußerem und innerem Krieg ist das zentrale Thema in Kleists *Hermannschlacht*, die um 1809 unter dem Eindruck des Tiroler Aufstands gegen die bayerisch-französische Herrschaft und des antinapoleonischen Partisanenkrieges in Spanien geschrieben wurde.[15] Kleists Hermann ist sich darüber im Klaren, dass man eine offene Schlacht gegen die Römer verlieren würde, zumal der Rückhalt in den eigenen Reihen fraglich ist und viele germanische Anführer offen oder insgeheim mit den Römern sympathisieren. Die Fremdherrschaft wird von ihnen nicht als drückend erfahren, und der Umgang mit den römischen Offizieren hinterlässt bei vielen germanischen Frauen – auch bei Thusnelda, der Gattin Hermanns – einen durchweg positiven Eindruck, wenn man das römische Auftreten mit dem zumeist ungehobelten Verhalten vieler Germanen vergleicht. Hermann muss den Kampf also an vielen Fronten gleichzeitig aufnehmen, und dazu ist er nur in der Lage, indem er sich auch der List, der Tücke und des Verrats bedient. Das, was im Germanenmythos als «welsches Verderben» deutscher Sittentreue gebrandmarkt worden ist, wird hier instrumentalisiert, um die römische Macht zu besiegen und sich römischen Einflusses zu entledigen. Hermann treibt also ein Spiel, in dem er sich öffentlich als Freund der Römer präsentiert, insgeheim aber die Kräfte des Widerstands organisiert und alles daransetzt, die römische Herrschaft als brutaler und ausbeuterischer erscheinen zu lassen, als sie tatsächlich ist. So gelingt es ihm schließlich, nicht nur die germanischen Kräfte zu bündeln, sondern ihnen auch einen bedingungslosen Willen zum Widerstand einzupflanzen und sie dadurch zum Sieg zu führen.

Für Kleist sind die römisch-germanischen Konstellationen freilich nur der «ferne Spiegel» (Tuchman), in dem er die Ausgangslage und das Widerstandspotential der eigenen Zeit darstellt: Nachdem die regulären Armeen der deutschen Fürsten eine Schlacht nach der anderen gegen Napoleon verloren hatten und von ihnen kein Widerstand mehr zu erwarten war, kam alles darauf an, das Volk auf den Plan zu rufen, seinen Zorn zu wecken und es mit Waffen gegen die fremde Macht zu versorgen. Zugleich galt es, die inneren Feinde auszuschalten, die sich solchen Plänen widersetzten – auch in dieser Hinsicht dient Hermann als Vorbild. Sein Kampf ist auch einer gegen den innergermanischen Egoismus und das mangelnde Interesse an gemeingermanischen Herausforderungen. Das muss der Ubierfürst Aristan erfahren, als er Hermann erklärt, er kenne kein Germanien, sondern nur seine Ubier. Dafür lässt Hermann ihm den Kopf abschlagen – Beifall der Fürsten, die sich seiner Linie angeschlossen haben.[16] Das war zugleich Kleists entschiedene Antwort auf Schillers und Goethes in den *Xenien* angestellten Überlegungen, wo es unter der Überschrift «Das Deutsche Reich» heißt: «Deutschland? Aber wo liegt es? Ich weiß das Land nicht zu finden, / Wo das gelehrte beginnt, hört das politische auf.» Und unter der Überschrift «Der deutsche Nationalcharakter»: «Zur Nation euch zu bilden, ihr hoffet es, Deutsche, vergebens, / Bildet, ihr könnt es, dafür freier zu Menschen euch aus.»[17] Dagegen setzte Kleist als Antwort: Deutschland liege da, wo die Idee des Kampfes herrsche, über den und durch den Deutschland gewonnen werde.[18] Die Personifikation dieser Idee des Kampfes war Hermann/Arminius.

Der Erfolg in der Völkerschlacht 1813 wurde von vielen in Deutschland als Bestätigung dieser und ähnlicher Vorstellungen empfunden – auch wenn bei Leipzig nicht Partisanen in einer Waldschlacht gekämpft, sondern die regulären Armeen der ost- und mitteleuropäischen Verbündeten über Napoleon gesiegt hatten, in dessen Heeresmacht sich im Übrigen viele Soldaten der Rheinbundstaaten – wenn man so will Deutsche – befunden hatten. Das Problem der inneren Zerrissenheit also blieb, und der große Sieg konnte bestenfalls ein Anfang gewesen sein, den man jetzt weiterführen musste, um wirklich erfolgreich zu sein. Ein Mittel dazu war die Ausformung des Hermann/Arminius zum politischen Leitmythos. Das war nicht zuletzt auch deswegen naheliegend, weil auf dem Wiener Kongress (1814/15) die politische Einheit Deutschlands nicht hergestellt worden war. Sie blieb ein Projekt, das man im Hermann-Mythos als noch zu erledigende Aufgabe in den politischen Erwartungshorizont einschreiben konnte; die Erzählung vom Sieg im Teutoburger Wald sollte als Ansporn dienen, die Herausforderung anzunehmen. Insofern erfüllte sie zugleich die Funktion eines Gründungs- und eines Orientierungsmythos. Heinrich Heine hat das in «Deutschland. Ein Wintermärchen» mit der ihm eigenen Ironie kommentiert:

«Das ist der Teutoburger Wald,
Den Tacitus beschrieben,
Das ist der klassische Morast,
Wo Varus stecken geblieben.

Hier schlug ihn der Cheruskerfürst,
Der Hermann, der edle Recke;
Die deutsche Nationalität,
Die siegte in diesem Drecke.»[19]

Anschließend stellt Heine Überlegungen an, was wohl passiert wäre, wenn man die Schlacht verloren oder es keinen Hermann gegeben hätte: Dann wäre die deutsche Freiheit verloren, in Deutschland würde Latein gesprochen, und es herrschten römische Sitten. Dass es mit der deutschen Freiheit 1844, als das «Wintermärchen» entstand, nicht zum Besten stand, glaubte Heine nicht weiter betonen zu müssen, daher konzentrierte er sich darauf, die Hermann-Verehrer unter seinen Zeitgenossen – den Turnvater Jahn, den Demokraten Maßmann und den Philosophen Schelling – mit lateinischen Namen und in römischer Manier zu präsentieren. Das dabei entstehende Bild ist freilich so schrecklich, dass er abbricht und mit einem Seufzer der Erleichterung feststellt:

«Gottlob! Der Hermann gewann die Schlacht,
Die Römer wurden vertrieben,
Varus mit seinen Legionen erlag,
Und wir sind Deutsche geblieben!»[20]

Ebenfalls nicht ohne ironische Distanz, freilich in einer jovial-großspurigen Aneignung, liest sich das wenige Jahre später in Victor von Scheffels Gedicht «Die Schlacht im Teutoburger Wald», das zu einem der beliebtesten Studentenlieder geworden ist und bevorzugt bei feucht-fröhlichen Gelagen angestimmt wurde.

«Als die Römer frech geworden
Zogen sie nach Deutschlands Norden
Vorne beim Trompetenschall
Ritt der Generalfeldmarschall
Herr Quinctilius Varus.

Doch im Teutoburger Walde
Huh, wie pfiff der Wind so kalte;
Raben flogen durch die Luft
Und es war ein Moderduft
Wie von Blut und Leichen.

Plötzlich aus des Waldes Duster
Brachen krampfhaft die Cherusker
Mit Gott für Fürst und Vaterland
Stürmten sie von Wut entbrannt
Gegen die Legionen.

Weh! Das ward ein großes Morden.
Sie erschlugen die Kohorten;
Nur die römische Reiterei
Rettete sich noch ins Frei',
Denn sie war zu Pferde.»[21]

Scheffels Gedicht ist ein Beispiel dafür, dass politische Mythen keineswegs in feierlich-ernster Form zelebriert werden müssen, sondern auch in ausgelassen frechen Liedern politische Wirkung entfalten können. Die mythische Narration wurde hier zur musikalischen Begleitung ausgelassener Trinkgelage.

Was zur vollen Instrumentierung eines Nationalmythos noch fehlte, war die Errichtung eines Denkmals, das den Ort des Geschehens markierte und der Person des Arminius ein definitives Aussehen verlieh. Noch ganz unter dem Eindruck der Befreiungskriege hatte man in der

Nähe von Detmold mit dem Bau eines Denkmals begonnen, das, als Heine und Scheffel ihre Gedichte schrieben, freilich noch nicht fertiggestellt war.[22] Beide beziehen sich in der letzten Strophe auf dieses gewaltige Projekt. Heine schreibt:

«O Hermann, dir verdanken wir das!
Drum wird dir, wie sich gebühret,
Zu Detmold ein Monument gesetzt;
Hab selber subskribieret.»[23]

Und bei Scheffel heißt es:

«Und zu Ehren der Geschichten
Tat ein Denkmal man errichten,
Deutschlands Kraft und Einigkeit
Verkündet es jetzt weit und breit:
‹Mögen sie nur kommen!›»[24]

Diese bei Scheffel noch unter dem Eindruck französischer Ansprüche auf den Rhein formulierte Aufforderung,[25] man solle nur versuchen, nach Deutschland vorzudringen, denn jedem, der dies wage, werde es gehen wie Varus im Teutoburger Wald (oder Napoleon bei Leipzig), war nach der Reichsgründung von 1871 kein Thema mehr, dessen sich die politischen Publizisten gerne angenommen hätten. Zwar gab es die von Bismarck eröffneten inneren Konflikte mit Katholiken und Sozialdemokraten, aber die wurden mit der Forderung «Seid einig!» behandelt und damit in eine dem symbolischen wie dem realen Bürgerkrieg entgegengesetzte Form gebracht. Auch der von Kleist propagierte revolutionäre Volkskrieg,[26] mit dem man in Gestalt der Franktireurs 1870/71 unangenehme Erfahrungen gemacht hatte, sollte durch die Aussicht auf einen dauerhaften Frieden abgelöst werden. Vor allem aber lief die antiimperiale Stoßrichtung des Mythos ins Leere, nachdem Deutschland nicht länger Kampfplatz der um die europäische Hegemonie streitenden großen Mächte war, sondern sich selbst in einen Akteur mit imperialen Vormachtsansprüchen verwandelt hatte.

Hermann/Arminius war so lange eine brauchbare Sinnstiftungsressource, wie die Franzosen das Kaisertum für sich reklamierten und dabei bereit waren, militärisch nach Deutschland vorzustoßen, oder Ansprüche formulierten, mit denen sie tief in die deutschen Angelegenheiten eingriffen. Hier lag die Verbindung zu Arminius nahe. Bis zum September 1870 war der Ruf nach einem neuen Arminius, der die zerstrittenen Deutschen einen und gegen Frankreich führen solle, plausibel. Danach musste man weitreichende Umdeutungen vornehmen, um Hermann im Mythenpersonal der Nation einen Platz zuweisen zu können, an dem er die neugewonnene Ordnung der Deutschen nicht störte. Mochten Burschenschaften oder Fußballvereine sich auch programmatisch nach Arminius benennen – mythenpolitisch war er eher für Zeiten der Unterlegenheit als solche stolzen Selbstbewusstseins geeignet.

Eine Methode, den antiimperialen Impetus Hermanns im imperialen Deutschland zu bändigen, war die Mythenkopplung: Man verband den Cherusker mit einer anderen historischen oder mythischen Gestalt, um das Potential rebellischer Ordnungsstörung zu entschärfen. Gerd Unverfehrt hat dies als «Verlust der Eindeutigkeit» bezeichnet;[27] tatsächlich dürfte das Ziel der Arbeit am Mythos seit den 1870er Jahren gerade im Abschleifen von Eindeutigkeit gelegen haben. So bot es sich an, Arminius und Kaiser Wilhelm I. zu verknüpfen: den Cheruskerfürsten als den, der mit der deutschen Einigung begonnen, und Wilhelm, der sie vollendet hatte. In einer Sockelnische des Detmolder Hermannsdenkmals findet sich ein Bronzerelief Kaiser Wilhelms mit der Inschrift: «Der lang getrennte Stämme vereint mit starker Hand, / Der welsche Macht und Tücke siegreich überwand, / Der längst verlorne Söhne heimführt zum Deutschen Reich, / Armin, dem Retter, ist er gleich.»[28] Am Hildesheimer Reiterdenkmal Wilhelms wurde ein seitliches Sockelrelief mit Arminius und Barbarossa als ideellen Vorfahren des Hohenzollern angebracht, und der Einband zu Luise Pichlers Roman *Hermann der Befreier* zeigt einen weißbärtigen, erkennbar älteren Arminius, der ikonographisch der Gestalt des Kaisers nachempfunden ist.[29]

Auch die Verbindung zwischen Luther und Arminius-Hermann

wurde nach der Reichsgründung von 1871 wiederbelebt. In Anbetracht der protestantischen Prägung des Reichs lag es nahe, die römische Kurie als die neue Bedrohung auszumachen, der gegenüber man auf der Hut sein musste. Anlässlich der Enthüllung des Hermannsdenkmals brachte die Zeitschrift *Kladderadatsch* am 16. August 1875 ein Bild, das den Arminius des Hermannsdenkmals und den Luther des Wormser Denkmals nebeneinander zeigt, der eine mit hochgerecktem Schwert, der andere mit aufgeschlagener Bibel, vereint durch das Motto «Gegen Rom». Dass aktuell damit das Papsttum gemeint war, wird durch die im Hintergrund aufscheinende Kuppel des Petersdoms deutlich. Der zu diesem Zeitpunkt bereits in vollem Gang befindliche Kulturkampf Preußen-Deutschlands gegen den katholischen Ultramontanismus, von Bismarck mit seiner antirömischen Canossa-Formel angeheizt,[30] wurde in die Kontinuität des germanischen Widerstands gestellt, etwa wenn Heinrich Thorbecke den Kampf gegen die «Anstrengungen des päpstlichen Roms» als eine neue Form der Hermannsschlacht bezeichnete.[31] Der Ultramontanismus der römischen Kurie wurde kurzerhand in eine neue Form des Imperialismus umgedeutet, gegen die man trefflich antiimperialen Widerstand leisten konnte. So konnte der Kampf gegen Rom weitergehen, auch nachdem das Kaisertum in Berlin angekommen war.

Eine andere Form der Integration Hermanns in den nationalen Mythenfundus der Deutschen war seine Identifikation mit dem Siegfried des *Nibelungenliedes*. Arminius sei in den Heldenliedern der Germanen noch lange besungen worden, berichtet Tacitus; also hielt man in der germanisch-deutschen Heldendichtung Ausschau, und dabei drängte sich die Verbindung zwischen Arminius und Siegfried auf,[32] durch die der Cheruskerfürst mit einem Schlag nicht nur vermittels römischer Quellen, sondern auch in der mittelalterlichen Literatur sichtbar wurde. Das zum Nationalepos ausgerufene *Nibelungenlied*[33] und die aus dem mythischen Dunkel der germanischen Wälder aufgetauchte Befreiergestalt Hermanns verbanden sich miteinander und wurden eins. Hermann war Siegfried, Siegfried war Hermann – damit war die deutsche Identität in Geschichte wie Literatur bestätigt. Das konnte und wollte man sich durch keine kritisch-sezierende Wissenschaft nehmen lassen.[34]

Immerhin gab es einige plausible Parallelen zwischen Arminius und Siegfried: Die in unwegsamem Gelände langgezogene Marschformation der römischen Legionen, metallisch glitzernd und unbesiegbar, ließ leicht einen fürchterlichen Drachen assoziieren; der sagenhafte Hort der Nibelungen konnte mit der Kriegskasse und den mitgeführten Schätzen des römischen Heeres verbunden werden, wie denn auch bei der Debatte über die Identifizierung des Schlachtfeldes Münz- und Schatzfunde eine wichtige Rolle gespielt haben; dazu Arminius' unglückliches Verhältnis zu Thusnelda, das in mancher Hinsicht an Siegfrieds tragische Ehe mit Kriemhild erinnert; sodann der Streit mit den Verwandten, deren Missgunst und Neid schließlich zur Ermordung des Helden führen.[35] Diese Analogien waren leicht zu ziehen und haben immer wieder die mythische Phantasie beschäftigt. Der Kotzebue-Attentäter Karl Ludwig Sand etwa erklärte zwei Tage vor seiner Hinrichtung: «Will uns die deutsche Kunst einen erhabenen Begriff von Freiheit bildlich geben, so soll sie unsern Hermann, den Erretter des Vaterlandes, darstellen, stark und groß, wie ihn das Nibelungenlied unter dem Namen Siegfried nennt, der kein anderer als unser Hermann ist.»[36] Offensichtlich hat Sand sich selbst in dieser Tradition gesehen, als er den Dichter August von Kotzebue, der im Sold des russischen Zaren stand, aufsuchte und tötete. Das Beispiel des Attentäters Sand zeigt freilich, wie riskant der Bezug auf Arminius für die politische Ordnung war, gerade wenn man ihn mit Siegfried identifizierte. Wer sich als Siegfried-Hermann begriff, war kein guter und folgsamer Untertan. Die nach dem Kotzebue-Attentat erlassenen Karlsbader Beschlüsse dienten auch dazu, die kleinen Arminiusse und Siegfriede in der Gesellschaft, die durch das mythische Vorbild hervorgebracht worden waren, wieder an die politische Kette zu legen.

Die letzte und wahrscheinlich effektivste Form der Bändigung von Arminius' revolutionär-antiimperialem Potential war die Errichtung des gewaltigen Denkmals im Teutoburger Wald. Eine solche Bändigung war jedoch kaum die Absicht Ernst von Bandels, der als gerade

19-Jähriger die ersten Skizzen für das Denkmal anfertigte: Bandel wollte Hermann verherrlicht wissen. Fünfzehn Jahre später, 1834, hatte er mit der Grotenburg, der höchsten Erhebung des Teutoburger Waldes, den Ort gefunden, an dem das Denkmal errichtet werden sollte.[37] Bis zu seiner endgültigen Fertigstellung vergingen weitere vier Jahrzehnte, und ohne die Großspenden der Hohenzollern und des Reichstages wäre es vermutlich nie vollendet worden.

Das Denkmal besteht aus zwei Teilen: einem in neugotischem Stil gehaltenen Unterbau, der in eine gewaltige Kuppel mündet, sowie der auf diesem Unterbau stehenden Hermannsfigur mit dem hochgereckten Arm, der in der Faust ein nach oben gerichtetes Schwert hält. Bis zu dessen Spitze misst das Denkmal etwas mehr als 55 Meter. Allein das Schwert ist sieben Meter lang und 11 Zentner schwer. Die Pose, in der Hermann es hält, ist die des siegreichen Herrschers, nicht die des Kämpfers.[38] Rom ist kein apokalyptischer Gegenspieler, sondern bloß eine bezwungene Macht, was durch die römischen Legionsadler unter Hermanns rechtem Fuß symbolisiert wird. Auf dem Kopf trägt Arminius einen gewaltigen Flügelhelm, der eher mittelalterlichen Rüstungen nachempfunden ist, im 19. Jahrhundert aber mit dem Bild des germanischen Kriegers assoziiert wurde. Die Adlerschwingen des Helms stehen für das Wappentier des Reichs, das sich den römischen Legionsadlern überlegen erwiesen hat.

Entgegen den geschichtlichen Ereignissen wird Arminius als Befreier und Einiger Deutschlands dargestellt. Sein politisches Scheitern an den innergermanischen Gegensätzen und die Ermordung sind in der triumphalen Pose zum Verschwinden gebracht; so steht der Cherusker für das, was seit 1870/71 erreicht war. Dadurch wird ihm der Geist des Aufständischen und die rebellische Energie genommen. Der Mythos des Aufstandes wird besänftigt, indem er als vollendet erzählt wird. Arminius und die sich an ihn anschließenden Mythen des Volkskriegs und des partisanischen Widerstands werden durch die Versicherung beruhigt, man sei am Ziele angelangt. So wurde das Denkmal zu einem Ort der mentalen Demobilisierung, mochten an seinem Sockel auch noch so martialische Reden gehalten werden.

Die Ansprachen am 16. August 1875, dem Tag der Denkmalseinweihung, waren freilich eher gemäßigt und standen ganz im Zeichen der Bismarck'schen Formel von der Saturiertheit des Reichs. Weder Rachegelüste noch Expansionsbestrebungen nach außen kamen zur Sprache. Hatte Kleist in der Ode «Germania an ihre Kinder» den Chor noch verkünden lassen: «Schlagt ihn tot! Das Weltgericht / Fragt uns nach den Gründen nicht!»[39], so endete nun die Festrede des Geheimen Regierungsrates Preuß mit der versöhnlichen Feststellung: «Ja, die Träume unserer Jugend, sie haben sich verwirklicht, die Wünsche und Hoffnungen unseres Mannesalters, sie sind in Erfüllung gegangen. Wir sind wieder ein Volk und wollen es bleiben mit Gottes Hilfe von nun an immerdar.»[40]

Zwar gab es immer wieder Jahrestage und Feiern, an denen der Teutoburger Waldschlacht in martialischen Tönen gedacht wurde, aber dann verzog sich der Qualm dieser Auftritte, und das Denkmal wurde erneut zum Anziehungspunkt für sonntägliche Ausflüge. Die Nazis konnten mit Arminius-Hermann wenig anfangen, da ihr Interesse mehr der germanischen Expansion galt als der Verteidigung des «heimatlichen Bodens». Als sich das Ende 1944 änderte und nun Deutschland selbst zu verteidigen war, war es für eine Neubelebung eines Arminiuskults zu spät, beziehungsweise man konzentrierte sich auf die Zeit der preußischen Befreiungskriege, aus der man nicht nur die Decknamen für die militärischen Planungen bezog, sondern auch den Stoff für den UFA-Film «Kolberg», der die von Gneisenau und Nettelbeck organisierte Verteidigung des Ostseestädtchens gegen eine erdrückende französische Überlegenheit zeigt. In dieser Situation hätte sich auch ein Hermann-Film als Motivationshilfe für den bedingungslosen Widerstand angeboten. Aber der wurde nicht gedreht.[41]

Während nach 1945 im Westen unternommene Versuche, das Hermannsschlachtdenkmal in ein «Mahnmal für die Wiedervereinigung» umzuinterpretieren, schnell scheiterten,[42] erlebten Hermann und die Schlacht im Teutoburger Wald in der DDR eine gewisse Renaissance. So ließ Ulbricht Kleists *Hermannschlacht* aufführen, weil die darin entfalteten Konstellationen, in denen eine größere Anzahl germanischer Fürsten mit den Römern koalierte, nach seiner Auffassung der an den Westmächten orientierten Politik Adenauers entsprachen. Wie im affirmativen Bezug der DDR auf die preußischen Reformer und deren Kampf gegen die mit Napoleon verbündeten Rheinbundstaaten[43] lebten die innergermanischen Auseinandersetzungen zur Zeit des Arminius noch einmal als «ferner Spiegel» für die Konstellationen der Nachkriegszeit auf. Diese Sicht wurde von namhaften DDR-Historikern flankiert, die Engels' Feststellung aufgriffen, wonach die Schlacht im Teutoburger Wald «einen der entscheidenden Wendepunkte der Geschichte» darstellte,[44] und erklärten: «Die germanischen Stämme östlich des Rheins sicherten durch den Sieg im Teutoburger Wald und durch die erfolgreiche Abwehr weiterer römischer Kriegszüge ihre eigenständige sozioökonomische und ethnische Entwicklung.»[45] Das war nichts anderes als eine Fortsetzung der nationalen Historiographie des 19. Jahrhunderts, nur eben nach links gebürstet.

Aber auch in der DDR konnte Arminius kein revolutionäres Feuer mehr entfachen. Die Kraft der mythischen Narration hatte sich erschöpft.[46] Ein Kampf gegen Rom war im Nachkriegseuropa nicht mehr angesagt. Eher ging es darum, in Italien und anderen südlichen Ländern Urlaub zu machen – ein Problem, das Tom Kühnels Inszenierung der *Hermannschlacht* am Deutschen Theater in Berlin 2004 bestimmte, während Claus Peymanns Bochumer Inszenierung von 1982 letztmalig von der Vorstellung geprägt war, man müsse mit Kleists *Hermannschlacht* vor Deutschland warnen. Arminius und die *Hermannschlacht* wurden in Peymanns Inszenierung noch einmal zu einem nervenkitzelnd-schauerlichen Blick in den Abgrund der deutschen Vergangenheit.

«Hier stehe ich, ich kann nicht anders!»
Luthers Kampf gegen Rom

Auch ohne die Koppelung mit Hermann/Arminius ist Luther eine weitere Gestalt im mythischen Kampf der Deutschen gegen Rom. Als sich zeigte, dass die von ihm geltend gemachten theologischen Bedenken gegen den Ablasshandel – bei dem die Gläubigen sich mit Geld von Fegefeuerstrafen freikaufen konnten – nicht die Zustimmung der römischen Kurie fanden, wurde sein Kampf um den rechten evangelischen Glauben zu einem Kampf gegen Rom. Die Verschärfung dieses Kampfes und die Vertiefung seiner Rechtfertigungslehre, Kern der reformatorischen Theologie, gingen Hand in Hand. Der römische Widerstand gegen die reformatorischen Ideen wiederum verwandelte diese aus einem innertheologischen Streit in eine nationalpolitische Auseinandersetzung, in deren Verlauf die Sache Luthers als Sache der Deutschen dargestellt werden konnte. So avancierte der Wittenberger Theologe zum «Helden der deutschen Nation» – freilich um den Preis, dass daraus eine innere Spaltungslinie in der nationalen Geschichte enstand, die weder im Augsburger Religionsfrieden noch durch den Westfälischen Frieden überwunden werden konnte. Das mythische Schicksal des Arminius wiederholte sich: Luthers Befreiungstat wurde zur Ursache inneren Zwists. So jedenfalls stellt es sich aus dem Blickwinkel des politischen Mythos dar.

Zwar mag es die beiden im Luthermythos zentralen Szenen – den Thesenanschlag an der Wittenberger Schlosskirche am 31. Oktober 1517 und die Wormser Antwort auf die Frage, ob er seine Schriften widerrufe – in der berichteten Form historisch so nicht gegeben

Martin Luther vor Kaiser Karl V. auf dem Reichstag in Worms 1521.

haben. Aber sie haben in ihrer mythisch-narrativen Ausformung dem deutschen Protestantismus Kraft und Selbstvertrauen gegeben. Dass Luther seine 95 Thesen am Vorabend von Allerheiligen 1517 an die Tür der Schlosskirche genagelt habe, geht auf eine späte Erinnerung Melanchthons zurück, der freilich erst im August 1518 nach Wittenberg kam. Tatsächlich scheint Luther die Thesen, in denen er sich kritisch mit dem Ablasshandel auseinandersetzte, verschickt zu haben, um nach akademischem Brauch zu einer Disputation an der Wittenberger Universität aufzufordern. Diese universitätsinterne Erörterung kam nicht zustande; stattdessen löste Luther eine sehr viel breitere Diskussion aus, die in den Vorwurf der Ketzerei mündete.[1] Das von den deutschen Protestanten als Beginn der Reformation gefeierte Ereignis hat als solches wohl nicht stattgefunden. Aber man brauchte eine Begebenheit, die den Anfang der die deutschen Verhältnisse umstürzenden Reformation markierte. Die Hammerschläge, mit denen Luther seine Überzeugung an die Kirchentür nagelte, wurden zur akustischen Repräsentation protestantischen Selbstbewusstseins in Deutschland.

Das galt auch für Luthers Auftritt in Worms. «Vor Kaiser und Reich», so die stehende Wendung, habe sich Luther zu seinen Schriften bekannt und allen Anfechtungen getrotzt: «Hier stehe ich, ich kann nicht anders!» Das zweifache Ich bezeugt die tiefe Glaubensüberzeugung ebenso wie ein stolzes Selbstbewusstsein. Diesem Ich konnten weder die feingesponnenen Projekte derer etwas anhaben, die einen Ausgleich in letzter Minute vermitteln wollten, noch die Drohungen der päpstlichen Gesandten, die glaubten, sie hätten mit dem Wittenberger leichtes Spiel.

In Luthers Satz findet sein sich über mehr als ein Jahrzehnt hinziehender Glaubenskampf einen triumphalen Abschluss; die grüblerische Innerlichkeit, in der Nationalstereotypik ein Charaktermerkmal der Deutschen, bricht nach außen durch. Alle äußeren Drohungen prallen ab, alle inneren Anfechtungen sind überwunden. Sein Auftritt auf dem Reichstag wurde zu *der* heroischen Szene des deutschen Protestantismus. Luther hatte standgehalten, gegen den Kaiser, gegen den Papst und schließlich gegen den Teufel. So wurde sein Auftritt in Worms zu einem Sieg über den Höllenfürsten selbst.[2] Was im Mythos zu einem Augenblick komprimiert ist, hat sich über zwei Tage hingezogen und hat eine Vorgeschichte, die nur bedingt ins Bild passt. Auf dem Weg nach Worms litt Luther seit Eisenach an Magen- und Darmbeschwerden.[3] Die Angst vor dem, was bevorstand, scheint ihm kräftig in den Leib gefahren zu sein. Luther sah darin einmal mehr ein Werk des Teufels. An Georg Spalatin schrieb er: «Wir kommen, obwohl Satan mich durch mehr denn eine Krankheit daran zu hindern versucht hat. Denn auf der ganzen Reise von Eisenach bis hierher habe ich mich in einem Zustand von Schwäche befunden, wie ich ihn noch nie an mir kennengelernt habe und der auch jetzt noch anhält. [...] Aber Christus lebt, und wir wollen nach Worms, wenngleich alle Pforten der Hölle und alle Gewaltigen der Luft sich widersetzen.»[4]

Als Luther zur ersten Befragung geführt wurde, war ihm die schlechte körperliche Verfassung anzusehen. Er sprach leise und war schlecht zu verstehen. «Der soll mich nicht zum Ketzer machen», sagte der Kaiser bei seinem Anblick.[5] Auf die entscheidende Frage des Trierer Offizials Johann von der Eck, ob er sich zu seinen Schriften bekenne oder etwas aus ihnen widerrufen wolle, antwortete er, dafür brauche er Bedenkzeit; die Bitte wurde ihm gewährt, man verschob die Sitzung auf den nächsten Tag.[6]

Sie fand in einem größeren Saal statt. Zunächst wurde anderes besprochen, und Luther musste draußen warten. Währenddessen schwoll die Menschenmenge an, und bei dem Verhör Luthers scheinen auch Personen im Raum gewesen zu sein, die dort nichts zu suchen hatten. Johann von der Eck wiederholte seine Frage, und Luther antwortete nun laut und deutlich. Er unterteilte seine Schriften, von denen die meisten auf einer Bank aufgestapelt lagen, in drei Gruppen: die, in denen er die Frömmigkeit des Glaubens und der Sitten dargelegt habe, würden selbst von seinen Gegnern als nützlich anerkannt, er könne sie also unmöglich widerrufen. Zweitens gebe es die Schriften gegen das Papsttum. Auch die könne er nicht widerrufen, seien in sie doch allgemeine Erfahrungen und Klagen aufgenommen, die sich auch in den *Gravamina* fänden; hierin verteidige er die deutsche Nation gegen die

Tyrannei des Papsttums. Das war an die deutschen Fürsten gerichtet. Schließlich gebe es Schriften gegen einzelne Personen, die sich schützend vor die römische Tyrannei gestellt hätten und die er dafür hart angegangen sei. Wenn man Beweise vorlege, dass er sich geirrt habe, wolle er widerrufen und als Erster seine Bücher verbrennen. Luther verglich seine Situation mit dem Prozess Christi vor dem Hohen Rat, in dem Beschuldigungen ohne Beweise vorgebracht worden waren. Abschließend gestand er ein, dass der theologische Streit politische Konflikte erzeugt habe. Hier gelte das Wort Christi, er sei nicht gekommen, den Frieden zu bringen, sondern das Schwert. Die Unterdrückung von Konflikten, in denen es um das Wort Gottes gehe, sei schlimmer als der offene Streit darüber.[7]

In dem mit Fackeln erleuchteten, von Neugierigen überfüllten Saal war es heiß. Aber Luther wollte auf die lateinische Wiederholung seiner Rede nicht verzichten. Er wusste, dass nicht alle Anwesenden Deutsch verstanden, vor allem nicht der Kaiser selbst. Karl V. verachtete die deutsche Sprache; später meinte er einmal, sie sei allenfalls zu Kommandos an Pferde geeignet.[8] Also wiederholte Luther das Gesagte noch einmal auf Lateinisch. Danach forderte ihn von der Eck zu einer klaren und eindeutigen Aussage auf, ob er widerrufen wolle oder nicht. Dann die entscheidende Antwort: «Wenn ich nicht durch Zeugnisse der Schrift oder einsichtige Vernunftgründe widerlegt werde – denn ich glaube weder dem Papst noch den Konzilien allein, da es feststeht, dass sie öfter geirrt und sich widersprochen haben –, bin ich durch die von mir angeführten Schriftworte bezwungen. Und solange mein Gewissen in Gottes Wort gefangen ist, kann und will ich nichts widerrufen, weil es unsicher ist und die Seligkeit bedroht, etwas gegen das Gewissen zu tun. Gott helfe mir, Amen.»[9] In späteren Drucken der Reichstagsakten erst findet sich die anschließende Wendung: «Ich kann nicht anders, hier stehe ich.»[10] Vermutlich hat Luther sie in Worms nicht verwendet, und sie ist später hinzugefügt worden. Aber sie entspricht dem Geist und Gestus von Luthers Auftritt. Sie gibt ihm einen kraftvollen Schlusspunkt; sie ist der erste Schritt der «Arbeit am Mythos». Auf dem Wormser Lutherdenkmal ist die Langfassung zu lesen: «Hier stehe ich, ich kann nicht anders, Gott helfe mir, Amen!» Sie ist im Mythos kanonisch geworden.

Unmittelbar nach Luthers Erklärung verließ Karl den Saal; ihm war klar, dass er soeben eine Niederlage erlitten hatte. Während Luther die Treppe hinunterging, riefen einige aus dem spanischen Gefolge des Kaisers: «Ins Feuer mit ihm!»[11] Aber an eine Festsetzung oder gar Hinrichtung des Wittenbergers, wie bei dem böhmischen Reformator Jan Hus auf dem Reichstag von Konstanz, war nicht zu denken. Dafür war Luthers Anhängerschaft unter den Fürsten und in der städtischen Bevölkerung von Worms zu groß. «Neun Zehntel von Deutschland», so berichtete der päpstliche Nuntius Hieronymus Aleander nach Rom, «schreien ‹Luther›, und das übrige Zehntel wenigstens: ‹Tod dem römischen Hof›, und jedermann verlangt und schreit nach einem Konzil».[12] Die Festsetzung Luthers hätte zu einem Aufstand geführt, bei dem die päpstliche und kaiserliche Seite den Kürzeren gezogen hätte. Währenddessen gab eine große Menschenmenge Luther das Geleit zu seiner Unterkunft. Dort reckte er die Hände mit gespreizten Fingern empor und rief: «Ich bin hindurch, ich bin hindurch!» Das war die Siegesgeste deutscher Landsknechte nach erfolgreichem Kampfspiel.[13] Luther wusste um seinen Sieg: Er hatte standgehalten, er hatte die Unterstützung vieler bemerkt, und seine Gegner hatten nicht gewagt, gegen ihn vorzugehen. Er hatte allein mit Worten gekämpft. Und mit ihnen hatte er seine Widersacher überwunden.

Luthers Angriffe gegen Rom speisen sich aus zwei Quellen: der Vorstellung, die «Verdrehungen und Lügen» der römischen Juristen und Theologen gefährdeten das Seelenheil der Menschen, namentlich der Deutschen, und dem Eindruck, dass die Kurie die Deutschen um ihr Geld betrüge, indem sie immer neue Belastungen erfinde und einen beständigen Geldstrom nach Rom organisiere, damit der Papst und sein Hofstaat in Saus und Braus leben könnten. Seit Beginn der 1520er Jahre hat Luther dagegen polemisiert und dabei nationalpolitische und apokalyptische Vorstellungen miteinander verbunden: Der Papst, der die armen Deutschen aussauge, sei in Wahrheit der Antichrist, nicht der Stellvertreter Gottes auf Erden. So wurde Luther zu dem Propheten, der sich in dem politisch zerklüfteten und sozial zerrissenen Deutschland an die Spitze einer Volksbewegung setzte.[14] Der Kampf gegen Rom und die «Romanisten», wie Luther die Anhänger und Verteidiger des päpstlichen Machtanspruchs in geistlichen wie weltlichen Angelegenheiten bezeichnete, war das einigende Band.

Nach seinem reformatorischen Durchbruch nutzte Luther die Eindrücke, die er während seiner 1510/11 im Auftrag des Augustinerordens unternommenen Romreise gewonnen hatte, für seine antirömische Polemik. Er hatte erwartet, im Zentrum der Christenheit, der Stadt der Märtyrer, das Heil in Fülle zu finden. Ihn irritierte jedoch das «gotteslästerliche Treiben», das er beobachtete. Wenn der Satz gelte, überall dort, wo Gott eine Kirche baue, stelle der Teufel eine Kapelle daneben, so müsse man über Rom sagen: Wenn es eine Hölle gibt, so sei Rom darauf gebaut.[15] «Da ist ein Kaufen, Verkaufen, Wechseln, Tauschen, Rauschen, Lügen, Betrügen, Rauben, Stehlen, Prunken, Hurerei, Gaunerei, auf allerlei Weise Gottesverachtung, dass es dem Antichrist nicht möglich ist, lasterhafter zu regieren. Es ist nichts mit Venedig, Antwerpen, Kairo gegen diesen Jahrmarkt und Kaufhandel zu Rom, abgesehen davon, dass dort doch Vernunft und Recht bewahrt werden; hier geht es, wie der Teufel selber will.»[16] Die Heftigkeit, mit der er ganz Rom als babylonische Hure, als neues Sodom und Gomorrha brandmarkte, sind Folgen der damals gewonnenen Eindrücke. Hier begegnen wir Luthers antiurbanem Affekt, der in seinen Kampf gegen Rom eingeflossen ist und diesen mit den Selbstbeschreibungen der Deutschen verbunden hat.

Der reformatorische Durchbruch Luthers selbst war freilich rein theologischer Art. Ausgelöst hatten ihn Fragen nach Gott und Gottes Gnade; weder das römische Treiben noch die Bedrückung der Deutschen waren für seinen Bruch mit Rom ausschlaggebend. Nachdem er jedoch erfolgt war, spielte beides für Luther eine große Rolle. Jetzt klagte er auch, «dass die teuren Fürsten Kaiser Friedrich I. und II. und viele andere deutsche Kaiser so jämmerlich von den Päpsten mit Füßen getreten und unterdrückt worden sind»,[17] und forderte, «niemals mehr sollte die teuflische Hoffart zugelassen werden, daß der Kaiser die Füße des Papstes küsst oder zu seinen Füßen sitzt oder, wie man sagt, ihm den Steigbügel hält oder den Zaum eines Maultiers, wenn er aufsitzt, um zu reiten; noch viel weniger, dass er dem Papst Gehorsam und treue Untertänigkeit schwört [...]».[18]

Die antirömische Stimmung auf dem Wormser Reichstag war dadurch angeheizt worden, dass die Frage nach dem Verhältnis zwischen Papst und Kaiser, die während des hohen Mittelalters zu heftigen Konflikten geführt hatte, erneut aufgekommen war. Der päpstliche Nuntius Aleander nämlich hatte das deutsche Kaisertum als päpstliches *beneficium* bezeichnet: «Deutschland möge zufrieden sein. Einst hat der Heilige Stuhl ihm das Reich gegeben. Wenn die Deutschen weiterhin fromm und dem Heiligen Stuhl treu ergeben sind, wird er es ihnen lassen. Sonst ...!»[19] Was sich hinter diesem «Sonst ...!» verbarg, hat Spalatin berichtet. «Wenn ihr Deutschen», so habe Aleander erklärt, «die ihr an den Römischen Stuhl am wenigsten von allen gezahlt habt, auch das Joch der römischen Knechtschaft abschüttelt, so wollen wir doch dafür sorgen, daß ihr euch im Bruderzwist aufreibt und euch selbst hinmordet.»[20] Das war Wasser auf die Mühlen derer, die das Projekt einer Reformation des Glaubens mit der Befreiung Deutschlands aus der geistlichen Oberhoheit Roms verbinden wollten. Wer auf der Seite des deutschen Kaisers stand, musste für die Reformation sein. Und wenn Karl die Reformation bekämpfte, zeigte das nur, dass es kein wahrer deutscher Kaiser, sondern ein Spanier war.

Luther hat sich immer wieder dadurch provoziert gefühlt, dass die Italiener in päpstlichen Diensten sich den rückständigen Deutschen für unendlich überlegen hielten und das auch deutlich zu verstehen gaben. Die ständigen Geldforderungen Roms führte Luther ebenfalls darauf zurück, dass man dort der Auffassung war, die Deutschen seien rückständige Tölpel, die man nach Belieben schröpfen könne: «Die dummen Deutschen sollten ewig Erzdummköpfe bleiben, nur immer Geld geben.»[21] Neben dem Verkauf von Ablässen sei die Ernennung von Kardinälen ein vorzügliches Mittel, um ein Land auszuplündern. So sei Italien einst reich gewesen, durch seine zahllosen Kardinäle und deren prunkvolle Hofhaltung sei es inzwischen jedoch zugrunde gerichtet. «Nun, da Italien ausgesogen ist, kommen sie nach Deutschland, heben fein säuberlich an; aber sehen wir zu, Deutschland wird rasch Italien gleich werden. Wir haben schon etliche Kardinäle. Was die Römer dabei suchen, sollen die trunkenen Deutschen nicht verstehen [...]. Der Antichrist muß die Schätze der Erde heben, so wie es angekündigt ist.»[22]

Selten hat Luther darauf verzichtet, die Bedrohung durch das römische Ränkespiel herauszustellen, dem die Deutschen aufgrund ihrer Treue und Aufrichtigkeit – hier nimmt er die zeitgenössische Debatte über die Merkmale der Germanen und Deutschen auf – ausgeliefert seien: So lehre der Papst «die Christen, insbesondere der deutschen Nation, die als von edler Natur, beständig und treu in allen Historien gelobt werden, [...] unbeständig, meineidig, Verräter, Bösewichte, treulos zu sein».[23] Endlich jedoch sei seine Macht gebrochen, und umso deutlicher trete neben der Arroganz Roms dessen Starrsinnigkeit zutage: «Italia ist schon oft gedemütigt worden und ist doch immer stolz gewesen. Jetzt aber ist sie bleich vor Furcht, sie sieht und erkennt ihre Bosheit, allein daß sie von uns Germanis nicht bestraft sein will, als von einer barbarischen Nation.»[24] Luther selbst hat das reformatorische Projekt nationalpolitisch zugespitzt.

Die Beispiele für Luthers antirömisch-antipapistische Invektiven ließen sich vermehren. Seit den 1520er Jahren sah Luther im Papsttum eine teuflische Macht, die den Menschen nicht nur das Geld aus der Tasche zog, sondern sie auch um ihr Seelenheil brachte; das Titelbild zu einer 1545 verfassten kleinen Schrift «Wider das Papsttum zu Rom, vom Teufel gestiftet», ein aus der Cranach-Schule stammender Holzschnitt, zeigt eine Papstkrönung im geöffneten Höllenrachen; Teufel setzen einem mit Eselsohren versehenen Papst die Tiara auf den Kopf, die wiederum mit einem Kothaufen gekrönt ist.[25]

Mit der Herausbildung von Landeskirchen nach Luthers Tod verlor die national ausgelegte antirömische Komponente im Luthertum zunächst an Relevanz, und der Calvinismus, inzwischen zur Speerspitze in der Auseinandersetzung mit dem Katholizismus avanciert, hat diesen Konflikt international und mit Schwerpunkt in den westeuropäischen Ländern geführt. Erst in den Geschichtsphilosophien Fichtes und Hegels wurde Luther wieder die Rolle des grundstürzenden Neuerers zugeschrieben,[26] und mit der Etablierung einer universitären Geschichtswissenschaft wurde auch seine Bedeutung für die Entstehung der deutschen Nation herausgestellt.[27] Beide, Geschichtsphilosophie wie Geschichtswissenschaft, formten ein Lutherbild, das durch Herder vorgeprägt war: «Luther war ein patriotischer großer Mann», heißt es in dessen «Briefen zur Beförderung der Humanität». «Als Lehrer der deutschen Nation, ja als Mitreformer des ganzen jetzt aufgeklärten Europa ist er längst anerkannt; auch Völker, die seine Religionssätze nicht annehmen, genießen seiner Reformation Früchte.»[28] Luthers nationalpolitische Leistung wurde hier in eine prinzipiell europäische, wenn nicht menschheitsgeschichtliche Perspektive eingebettet.[29]

Der deutsche Luther-Mythos ist aber auch durch bildliche Darstellungen des Reformators in den verschiedenen Stationen seines Lebens geprägt worden. Zwei Darstellungstypen dominieren: zum einen der junge asketische Luther, zumeist im Mönchsgewand und mit Tonsur, aber auch als Junker Jörg auf der Wartburg[30] und zum anderen der ältere Luther, dem das ruhiger gewordene Leben in Wittenberg und die Fürsorglichkeit seiner Frau Käthe ins Gesicht geschrieben sind. Der asketische Glaubenseifer, wie ihn die frühen Porträts zeigen, ist einer unübersehbaren Zufriedenheit gewichen. Luther blickt auf ein erfolgreiches Lebenswerk zurück. Dazwischen verschwindet die mittlere Lebensphase, wiewohl Lucas Cranach auch während dieser Zeit Lutherbilder angefertigt hat. Für die beiden großen Lutherdenkmäler des 19. Jahrhunderts in Wittenberg und Worms wurden Porträt und Gestalt des älteren Luther gewählt. Das Bild des Kämpfers, der sich mit allen Autoritäten und Obrigkeiten angelegt hatte, sollte durch das des gesetzten Reformators überlagert werden, der etwas Neues aufgebaut und befestigt hatte und nicht mehr mit dem Einreißen und Zerstören des Alten beschäftigt war. Das ist bei dem 1821 eingeweihten Wittenberger Denkmal Johann Gottfried Schadows, bei dem ein von

Schinkel entworfener gotisierender Baldachin das Statuarische der Figur betont, leichter nachvollziehbar als bei dem Wormser Lutherdenkmal Ernst Rietschels von 1868, das doch dem Reichstagsauftritt eines 37-Jährigen gilt. Aber Rietschel, der bereits die Luther-Büste für die Walhalla bei Regensburg geschaffen hatte, hat nicht die dramatische Konfrontation mit «Kaiser und Reich», sondern die Erfolgsgeschichte der Reformation dargestellt. In diesem statuarischen Ensemble ist nichts mehr von der Dramatik der frühen Reformationsjahre sichtbar. Nicht als Kämpfer um die evangelische Wahrheit, sondern als Lehrer seines Volkes steht Luther mit der aufgeschlagenen Bibel in der Hand da. Man wollte dem Aufrührerischen und Umstürzlerischen keinen Ausdruck verleihen, sondern sich des Gelungenen vergewissern.[31] Luther, der Antiautoritäre, war zur Autorität geworden.

Seit Mitte des 19. Jahrhunderts begann sich der Luther-Mythos in Richtung einer nationalistisch-exklusiven Inanspruchnahme des Reformators für eine deutsche Sonderrolle in der Welt zu ändern. 1871, in unmittelbarer Reaktion auf die Kaiserproklamation, schrieb Adolf Stöcker, damals Divisionspfarrer in Metz, später Hofprediger in Berlin: «Das heilige evangelische Reich deutscher Nation vollendet sich [...]. In dem Sinn erkennen wir die Spur Gottes von 1517 bis 1871.»[32] Der Wittenberger Thesenanschlag wurde zum Vorspiel für die Gründung des Kaiserreichs. Aber das war nur die Hauptverbindungslinie zwischen Luther und dem Deutschen Reich, die durch ein ganzes Kapillarsystem kleiner und feiner Verbindungen ergänzt wurde.

In seiner Gedächtnisrede zu Luthers 400. Geburtstag im Jahre 1883 beschwor Heinrich von Treitschke einen durch und durch nationalen Luther, «in dessen Adern die ungebändigte Naturgewalt des deutschen Trotzes» kochte und der so die «ganze alte Ordnung der sittlichen Welt, die einem Jahrtausend heilig gewesen, die lange Kette der ehrwürdigen Traditionen, welche das Leben der Christenheit gebunden hielten», habe zum Einsturz bringen können.[33] Von der Kritik, mit der Luther seinen Landsleuten immer wieder entgegengetreten war, ist keine Rede mehr;[34] Luther habe den Deutschen «jedes Wort von den Lippen genommen» und «in Art und Unart das innerste Wesen seines

Volkes verkörpert». «Ein Ausländer mag wohl ratlos fragen: wie nur so wunderbare Gegensätze in einer Seele zusammenliegen mochten: diese Gewalt zermalmenden Zornes und diese Klugheit frommen Glaubens, so hohe Weisheit und so kindliche Einfalt, so viel tiefsinnige Mystik und so viel Lebenslust, so ungeschlachte Grobheit und so zarte Herzensgüte, und wie derselbe ungeheure Mensch, der einen Brief an seine Fürstliche Ungnaden Herzog Georg von Sachsen kurzab unterzeichnete ‹Von Gottes Gnaden Martin Luther, Evangelist zu Wittenberg›, dann wieder zerknirscht in den Staub sinken konnte. Wir Deutschen finden in alledem kein Rätsel, wir sagen einfach: das ist Blut von unserem Blute. Aus den tiefen Augen dieses urwüchsigen deutschen Bauernsohnes blitzte der alte Heldenmut der Germanen, der die Welt nicht flieht, sondern sie zu beherrschen sucht durch die Macht des sittlichen Willens, und weil er heraussagte, was im Gemüte seines Volkes schon lebte, nur deshalb konnte der arme Mönch [...] schließlich der neuen römischen Weltmacht ebenso furchtbar werden wie einst die germanischen Kohortenstürmer dem Reiche der Caesaren.»[35]

Der Kampf gegen Rom, den Treitschke führt, ist seines theologischen Gehalts weitgehend entleert. Dabei hat Treitschke den Luther-Mythos,[36] an dem er selber kräftig mitgearbeitet hat, nicht nur mit dem Germanenmythos seiner Zeit verbunden, sondern auch die religiösen in politische Gegensätze überführt. Frankreich hat nun auch im Luther-Mythos die Nachfolge Roms angetreten; gegen Frankreich sei, wie Treitschke betont, der Protestantismus «allezeit unser sicherster Grenzhüter» gewesen.[37] Dieser nationale Stolz zeigt sich auch in dem Gedicht, das der württembergische Oberhofprediger Karl Gerok anlässlich des 1883er-Jubiläums in der Familienzeitschrift *Daheim* veröffentlichte. Der Appell der Schlussstrophen richtet sich an das deutsche Volk:

«Deutsches Volk, in stolzem Ton
Nenn ihn deinen besten Sohn,
Einen deutscher'n sahst du nicht,
Seit man Thuiskons Sprache spricht.

Deutsch sein Name, deutsch sein Blut,
Deutsch sein Trotz und Mannesmut,
Deutsch sein frommes Kinderherz,
Froh in Gott im Ernst und Scherz.

Hoch, das Festgeläute ruft,
Steig empor aus deiner Gruft!
Martin Luther, Mann von Erz,
Feuergeist und Felsenherz!»[38]

Und in der 1904 erschienenen Lutherbiographie Adolf Hausraths heißt es, Luther habe «der Nation Eisen ins Blut gegossen».[39] Luther wurde zur Verkörperung dessen, was im Germanenbild der römischen Historiker wie der frühneuzeitlichen Humanisten an typischen Merkmalen entwickelt worden war. Er war *der* Deutsche schlechthin, und er war dies vor allem durch seine Antihaltung gegenüber allem, was als «römisch» oder «welsch» bezeichnet werden konnte.

1917, im entscheidenden Jahr des Ersten Weltkriegs, zugleich dem 400. Jubiläum des Wittenberger Thesenanschlags, hat der Theologe Paul Althaus den um Luther entwickelten protestantischen Nationalmythos umrissen: «Niemand kann Luther so lieb haben wie wir Deutsche. Er ist der ‹heimliche Kaiser› der Deutschen. Seines Lebens Segen ist weit über die Grenzen unseres Volkes hinausgegangen. Aber nirgends kann der deutsche Prophet so verstanden werden, wie in Deutschland. Wie einen Bruder lieben wir ihn. Denn er war [...] deutsch in seinem Ringen und Zürnen, deutsch in der Sinnigkeit seines Gemütes unter Kindern, Tieren und Blumen. Kindlich und weich und wundersam zart – und dann wieder von einem Mannestrotz ohnegleichen, von tiefstem Gewissensernste und doch von mächtiger, königlicher Freiheit seines Wesens, das ist der deutsche Luther. [...] Es gibt Leute, welsche und angewelschte Deutsche, denen er nicht fein genug, denen seine Gestalt zu bäurisch, sein Poltern zu barbarisch ist – von Kaiser Karl V. und den feinen Gelehrten jener Tage an bis heute. [...] Wie hat Martin Luther unser deutsches Volk lieb gehabt! Wenn er sah, wie sein

Volk von Welschen gedrückt, geschunden und verachtet wurde, dann schwoll ihm die Zornesader gar gewaltig und deutscher Grimm donnerte durch seine Anklageschriften. Eines würde Luther auch heute gewisslich nicht sein: neutral!»[40]

Nun war Neutralität im Deutschland des Jahres 1917 sicherlich nicht das Problem. Eher schon ging es darum, Luther zu feiern, ohne dabei die deutschen Katholiken vor den Kopf zu stoßen, Luther also für die Einheit Deutschlands im Kriege zu nutzen und dabei die konfessionelle Spaltung hintanzustellen. Stöckers «heiliges evangelisches Reich deutscher Nation» war dazu nicht geeignet, zumal inzwischen die beiden anderen protestantischen Mächte, mit denen man sich zeitweilig in einer Weltbeherrschungskoalition geglaubt hatte, Großbritannien und die USA, dem Deutschen Reich den Krieg erklärt hatten. Jetzt ging es um das Zusammenstehen beider Konfessionen. Der Historiker Erich Marcks hat das in seiner (ebenfalls 1917) in Süddeutschland mehrfach gehaltenen Reformationsrede auf den Punkt gebracht: «Protestantismus und Katholizismus: das ist das dauernde Nebeneinander und Gegeneinander zweier Geistesrichtungen; aber sie leben innerhalb eines Ganzen, das sich heute gebieterisch und großartig zusammenschließt: Volk und Vaterland.»[41]

Marcks muss zunächst die vom Mythos geweckten Erwartungen bedienen. Also spricht er von Luther als dem «Helden der Nation»[42] und bezeichnet die Reformation als «die größte Revolution unserer Geschichte: eine Umwälzung, wirklich, wenn es je eine gegeben hat; die seelische, die religiöse, die unendlich tief hineingriff auch in die sichtbare Welt».[43] In ihrem Verlauf sei es zu «einem sonderbaren, niemals erklärbaren Ineinanderfluten des Genius und seines Volkes» gekommen: «Deutschland ergriff ihn. Es hat sein Wesen, seinen Schlachtruf, seine Persönlichkeit erfasst und festgehalten, mit Verständnis und Vertrauen, und er gewann für ein Menschenalter [...] unvergleichliche Macht.»[44] Aber dann scheiterte, was bis in die Mitte des 16. Jahrhunderts als möglich erschien: «dass die lutherische Religion die deutsche Religion wurde».[45] So kam es in Deutschland zu einem «Gegen- und nicht nur [...] Nebeneinander» von Protestantismus und Katholizismus;

daraus erwuchsen Konflikte und 1618 sogar ein innerer Krieg. Aber das dürfe keine Rolle mehr spielen, der Gegensatz solle «als Quelle nicht eines Streites […], sondern der Lebendigkeit und der Fülle» dienen.[46] Und so macht Marcks aus der Not eine Tugend: «Es ist uns Deutschen niemals leicht geworden, innerlich und äußerlich gleichermaßen, wir wollen ringen und müssen ringen, die Welt ringsum zwingt uns dazu, und es entspricht dem Besten in uns selbst. […] Wir sehen auch in der Glaubensspaltung ein Erlebnis, ein eigenstes und notwendiges Erlebnis unserer Geschichte, wie sie nun einmal ist […].»[47]

Das war im Hinblick auf den Burgfrieden mit den Katholiken ungleich geschickter als die Auffassung des Berliner Theologen Reinhold Seeberg, der die Reformation als «das Christentum im Verständnis des germanischen Geistes» bezeichnete.[48] Marcks hatte den Kampf gegen Rom abgeschwächt, um die innere Einheit in den bevorstehenden Kämpfen zu sichern, Seeberg dagegen hat den Gegensatz forciert, weil er bis zuletzt auf einen «Sieg-Frieden» setzte. Aber dann ging der Krieg verloren, und die neue Aufgabe des Luther-Mythos bestand darin, jenes trotzige Sonderbewusstsein zu stärken, auf das sich die Nationalisten als Form kulturellen Widerstands gegen die Siegermächte verständigt hatten. In den ersten Auflagen seines 1925 erstmals erschienenen Lutherbuchs hat Gerhard Ritter das auf den Begriff gebracht: Luther habe «dem metaphysischen Wesen der Deutschen zum Selbstbewusstsein verholfen. Er hat es eigentlich ans Licht gebracht.» Und dann, gleichsam als Vorwegnahme der berühmten *Bild*-Zeitungsüberschrift anlässlich der Wahl von Kardinal Ratzinger zum Papst:[49] «Er ist wir selber: der ewige Deutsche.»[50]

Zum deutschen Luther-Mythos gehört auch das Bild des treusorgenden Ehemanns und Vaters, der den Respekt vor seiner Frau, der ehemaligen Nonne Katharina von Bora, in der Anrede «Herr Käthe» zum Ausdruck bringt, der mit den Kindern musiziert und sich um ihre religiöse Erziehung kümmert und der schließlich das Weihnachtsfest in der hierzulande bis heute üblichen Form geprägt hat. In diesem Sinne ist Luther nicht nur der Begründer des evangelischen Pfarrhauses,[51] sondern zugleich der Schöpfer des protestantischen Familienideals, das bis weit ins 20. Jahrhundert hinein vorbildlich geblieben ist. Durch die Malerei des 19. Jahrhunderts ist es mit seinen strengen wie idyllischen Seiten über Szenen aus dem Leben Luthers, von der Hochzeit mit Katharina von Bora über gemeinsames Musizieren bis zur Darstellung des Christabends 1536,[52] ins sozialethische Imaginationsfeld der Deutschen eingegangen.

Während die nationalistischen Bestandteile des Luthermythos nach 1945 eingehender Kritik unterzogen und abgebaut wurden,[53] haben die auf die Vorbildlichkeit des familialen Lebens bezogenen Mytheme den Bruch von 1945 weitgehend überstanden und erst mit den sozialen Veränderungen seit den späten 1960er Jahren an Prägekraft verloren. Dagegen hat die DDR, wie noch zu zeigen sein wird,[54] Luther noch einmal als politischen Mythos zu nutzen versucht und dabei auch an die nationalpolitischen Elemente angeknüpft.

Wenngleich heute im deutschen Protestantismus die aggressive Wendung gegen Rom keine Rolle mehr spielt, so ist doch mit der Enttäuschung der hochgesteckten Erwartungen an die Ökumene eine neue Aufmerksamkeit für das eigene konfessionelle Profil entstanden, und in diesem Rahmen hat auch der Luther-Mythos wieder an Bedeutung gewonnen. Es ist freilich kein nationalpolitischer, sondern eher ein theologischer sowie ein sozialpolitischer Luther, der zuletzt neues Interesse und einen – begrenzten – Vorbildcharakter erlangt hat.

Der Zug nach Süden

Der Untergang der Goten und der Bußgang nach Canossa

Seine für mehr als ein halbes Jahrhundert wirkmächtigste Ausgestaltung hat der Germanenmythos in Felix Dahns 1876 erschienenem Roman *Ein Kampf um Rom* erhalten. Darin wird die zeitweilig glänzende Herrschaft des Gotenkönigs Theoderich in Italien und deren Untergang in mehreren Kriegen gegen den oströmischen Kaiser Justinian geschildert.[1] Im Zentrum steht die Kaiserin Theodora, eine ehemalige Zirkustänzerin, deren politischer Aufstieg sich nach Dahn dem Einsatz ihres schönen Leibes verdanke. Bis 1939 wurden von Dahns Roman 600 000 Exemplare verkauft, ein gewaltiger Erfolg für einen sogenannten Professorenroman, bei dem ein Hochschullehrer – Dahn hatte seit 1872 einen rechtsgeschichtlichen Lehrstuhl in Königsberg, später in Breslau inne – sein akademisches Arbeitsgebiet in eine literarische Erzählung umformt. Bei diesem Erfolg hat die mit Goethes Italienreise einsetzende Sehnsucht der Deutschen nach südlicher Klassik Pate gestanden, zumal sich das Geschehen, wie Dahn es darstellt, letzten Endes um die ewige Rom-Sehnsucht der Germanen dreht, ihren Drang nach Süden und die Frage, ob sie dort ihr Glück finden oder untergehen würden.[2]

Damit wandelte sich die Erzählung vom Kampf gegen Rom aus einer wesentlich defensiven Geschichte in die eines expansiven Ausgreifens, und die zunächst überwiegend antiimperialen Elemente werden in ein Projekt der Hegemonie-, wenn nicht Reichsbildung überführt. Die römischen Legionen werden nicht länger auf dem eigenen, heimischen Boden abgewehrt, sondern die germanischen Völkerschaften

«Alarichs Begräbnis». Der Holzstich nach einem Gemälde von Albert Baur erschien 1873 in der Gartenlaube.

stoßen nun bis ins Zentrum des Weltreichs vor. Sie könnten, so die Erzählung, dessen Nachfolger werden.

Dass der Zug nach Süden und die Eroberung Italiens jedoch nicht immer glücklich endete, sondern mit dem Risiko eines frühen Todes verbunden war, wusste der leidlich Gebildete bereits aus August von Platens Ballade «Das Grab im Busento», das den Tod des Westgotenkönigs Alarich zum Thema hat. Im Jahre 401 war Alarich zum ersten Mal in Italien eingefallen, hatte sich aber angesichts der von dem germanischen Heermeister Stilicho gut organisierten Verteidigung wieder zurückziehen müssen.[3] Nach Stilichos Ermordung gelang den Westgoten dann doch der Vorstoß bis Rom; am 24. August 410 drangen sie in die Ewige Stadt ein und plünderten sie drei Tage lang. Anschließend zogen sie weiter nach Süditalien, wo Alarich überraschend starb. Nach der *Origo Gothica* soll er bei Cosenza in dem Fluss Busento bestattet worden sein, wobei gemäß einem verbreiteten Wandermotiv das Flussbett trockengelegt wurde, um für den König ein Grab auszuheben. Platens romantisches Gedicht hat die erste Eroberung Roms durch die Germanen und den bald darauf erfolgten Tod ihres Anführers für mehrere Generationen zum Bildungsgut gemacht:

«Abgelenkt zum zweiten Male ward der Fluss herbeigezogen
Mächtig in ihr altes Bette schäumten die Busentowogen.
Und es sang ein Chor von Männern: ‹Schlaf in deinen Heldenehren!
Keines Römers schnöde Habsucht soll dir je dein Grab versehren!›»[4]

Was Platen nicht erwähnt, sind Alarichs Versuche, mit dem Römischen Reich beziehungsweise dessen Amtsträgern ein Übereinkommen herzustellen, das den von ihm angeführten Goten auf Dauer feste Wohnsitze innerhalb der Grenzen des Reichs sichern sollte. Zu diesem Zwecke hatte Alarich sogar das Amt eines römischen Heermeisters (*magister militum*) angenommen. Doch die permanenten Intrigen und Machtverschiebungen im Westteil des Reichs standen einer verlässlichen Übereinkunft im Wege, und so schwankte Alarichs

«Politik scheinbar unvermittelt zwischen Romfeindschaft und Ausgleichsbereitschaft».[5]

Ein knappes Jahrhundert später war der Ostgotenkönig Theoderich erfolgreicher. Mit der doppelten Legitimation eines gotischen Heerkönigs aus der Sippe der Amaler und dem oströmischen Titel eines *patricius per Italiam* gelang ihm in den Jahren 489 und 490 in mehreren Schlachten die Eroberung Italiens. Der dort herrschende germanische Söldnerführer Odoaker, der den letzten weströmischen Kaiser Romulus Augustulus abgesetzt hatte, zog sich mit den Resten seines Heeres in die Sumpffestung Ravenna zurück, wo er von Theoderich nach längerer Belagerung getötet wurde.[6] Die fast dreißigjährige Herrschaft des Ostgotenkönigs in Italien gründete sich auf dem Konzept einer gotisch-römischen Synthese, in der beide Völkerschaften zwar nicht verschmolzen werden, aber friedlich nebeneinander leben und sich die Herrschaft über Italien teilen sollten. Die Goten waren für das Heerwesen und die Römer für administrative Aufgaben zuständig. Beide Seiten behielten ihre eigene Rechtsordnung, und Mischehen *(conubia)* waren verboten. Auch in Glaubensfragen blieben beide Völker getrennt, da die Goten dem arianischen Glaubensbekenntnis anhingen.

Theoderichs Politik einer Kohabitation von Römern und Goten kam in den letzten Jahren seiner Herrschaft ins Wanken; eine gotische Hofpartei in Ravenna und eine Gruppe römischer Senatoren intrigierten gegeneinander und streckten gleichzeitig ihre Fühler nach Byzanz aus. Theoderich ließ einige seiner römischen Berater hinrichten und schließlich sogar den Papst in den Kerker werfen, wo dieser den Tod fand. Kurz darauf starb auch Theoderich. Während ihm in Ravenna ein Grabmal errichtet wurde, das die Grabhügeltradition der Steppenvölker mit den Techniken römischer Baukunst und spätantikem Stilwillen verband, rankten sich schon bald um den Tod des Königs die wildesten Gerüchte: Die von ihm hingerichteten Senatoren hätten ihn in einen Vulkankrater gestürzt, und andere erzählten, Theoderich sei vom Teufel geholt worden.

Hier setzt Dahns Erzählung ein: Theoderichs zehnjähriger Enkel kann die Herrschaft noch nicht antreten; an seiner Stelle übernimmt seine Mutter die Regentschaft. Bei dem Versuch, die Machtverteilung zwischen Römern und Goten wiederherzustellen, gerät sie zunehmend in Konflikt mit einer gotischen Partei, der die Herrschaft einer Frau zuwider ist. Dahn schildert die politischen Auseinandersetzungen als eine Abfolge von Intrigen und Verrätereien, sodass der Leser regelrecht erleichtert ist, wenn endlich der offene Krieg beginnt.

Offene Kriegführung, so die unterschwellige Botschaft, klärt nicht nur die Fronten, sondern sorgt auch dafür, dass die «weibischen Charaktere», die sich im Frieden in den Entscheidungszentren breitgemacht haben, von dort verschwinden und aufrechten Männern Platz machen. Aber wie konnte es überhaupt dazu kommen, dass sich innerhalb der gotischen Führungsschicht so viel Schwäche und Feigheit ausgebreitet hat? Dahn macht mehrere Deutungsangebote: Eines davon ist der lange Friede unter der Herrschaft Theoderichs, während dessen es an der gehörigen Auslese gefehlt hat und die Schwachen aufgestiegen sind; ein anderes ist die allmähliche Verweichlichung der Goten im Süden, wo sie ihre agrarische Lebensweise aufgegeben und sich der städtischen Zivilisation angepasst hätten.

Zwei Grundelemente des Germanenmythos treten hier wieder hervor: der Krieg und die bäuerliche Lebensweise als Grundkonstanten germanischen Lebens sowie städtische Zivilisation und politisches Ränkespiel als dessen Widerpart, an dem die hochgewachsenen Germanen verderben. Zu urbaner Zivilisation und politischem Ränkespiel gesellt sich das emanzipierte Weib, das nicht mehr als Hausfrau und Mutter dem Manne dient, sondern mit List und Launen seine eigenen Wege geht. Amalaswintha und Mataswintha, Tochter und Enkelin des Theoderich, die nach Dahn am Niedergang der gotischen Macht ein gerüttelt Maß Schuld haben, sind noch die harmloseren Beispiele dessen, während die byzantinische Kaiserin Theodora die teuflische Variante darstellt. Meidet die Städte und meidet den Süden, wendet euch ab von Rom, so die zentrale Botschaft von Dahns Roman: Dort schmilzt die Kraft germanischer Männer wie Schnee in der Sonne; den Verführungen wie Verderbnissen des Südens ist der Germanendeutsche auf Dauer nicht gewachsen, also sollte er sie meiden. Allenfalls eine zeitlich begrenzte Bildungsreise, die auch Dahn wie viele seiner akademischen Kollegen unternommen hat, ist zulässig; auf Dauer jedoch zersetzt das Leben im Süden Kraft und Ethos. Es sind eher klimatheoretische als rassekundliche Vorstellungen, die Dahn anleiten.

Dahns Distanz zu Rassevorstellungen, wie sie zu dieser Zeit die deutsche, aber auch die französische Weltanschauung beeinflussten,[7] zeigt sich auch darin, dass er die beiden gotischen Protagonisten in der Schlussphase des Kampfs um Rom, die Könige Totila und Teja, als blonden und als schwarzhaarigen Typ schildert, wobei gerade der blonde Totila ein überzeugter Anhänger der ursprünglichen Politik Theoderichs ist und auf einen produktiven Ausgleich zwischen Goten und Römern setzt, während der schwarzgelockte und blaßgesichtige Teja – kein strahlender Kriegsheld, aber der beste und tapferste Kämpfer der Goten – zwischen einem konsequenten Rückzug in den europäischen Norden und der Todeserotik eines heroischen Endkampfes schwankt.[8] Die «römische» Gegenfigur zu ihnen ist neben der byzantinischen Kaiserin Theodora der armenische Hofeunuch Narses, der in der Schlussphase das Oberkommando auf dem italienischen Kriegsschauplatz hat: Er ist kein Krieger wie die germanischen Heerführer, sondern ein kühl berechnender Stratege und Logistiker, der sich in einer Sänfte auf den Feldherrnhügel tragen lässt, um von dort aus das Geschehen zu beobachten und seine Anweisungen zu geben. Narses wird den Kampf um Rom, der in der Endphase zu einem mit großer Erbitterung geführten Vernichtungskrieg ausartet, schließlich gewinnen, und ausschlaggebend wird die erdrückende Masse seiner Söldner sein – darunter im Übrigen zahlreiche Germanen, die er mit Hilfe oströmischen Goldes anwerben konnte. So erliegen die Goten zuletzt der Übermacht von Ränke und Reichtum, Gier und Gold. Es ist nicht mehr die militärische Macht Roms, die in den mythischen Erzählungen und Formeln die Germanen und Deutschen bedroht, sondern sein verborgener, schleichender, oft unmerklicher Einfluss.

Was Felix Dahn als Sittenverfall der Goten erzählt hat, gegen den man sich zur Wehr setzen müsse, wenn man nicht untergehen wolle, war für Bismarck das untergründige Verbindungsnetz der römisch-katholischen Kirche, über das, wie er meinte, in Deutschland ein Einfluss ausgeübt wurde, der seine Politik konterkarierte und, was noch gefährlicher war, die Deutschen dem wiedererrichteten Reich abspenstig machte. Dagegen musste und wollte Bismarck ankämpfen.

Bismarck verstand es meisterhaft, seine Sicht politischer Verhältnisse in einprägsame Formeln zu fassen und sie so zu lancieren, dass sie schon bald in aller Munde waren. Eine dieser Formeln bezog sich auf Canossa, die Burg der Markgräfin Mathilde von Tuszien, in die sich Papst Gregor VII. im Januar 1077 zurückgezogen hatte, als er die Nachricht erhielt, Kaiser Heinrich IV. rücke mit einem großen Heer über die Alpen heran. Aber Heinrich kam nur mit kleinem Gefolge, und er kam, um den Papst um Lösung des über ihn verhängten Banns zu bitten. Drei Tage und Nächte musste der Kaiser im Burghof ausharren, bis Gregor einwilligte und ihn wieder in die Gemeinschaft der Kirche aufnahm.[9] Wer auch immer in diesen Tagen in Canossa gesiegt haben mag, der Papst, weil er Heinrich zur Unterwerfungsgeste zwang, oder der Kaiser, der Gregor zu Rücknahme der Exkommunikation nötigte – seit der Reformation wurde die Canossa-Szene als Demütigung der deutschen Kaiser durch die welschen Päpste angesehen.[10]

Die Aufklärer waren sich darin einig, dass der Prozess der Säkularisierung unumkehrbar und die Macht der Kirche gebrochen sei. Aber was sich für französische Autoren mit der Aufklärung von selbst erledigt hatte, blieb für deutsche ein Problem: In Gedichten, Dramen und Bildern haben sie den Bittgang des Kaisers als nationale Demütigung dargestellt, als eine speziell den Deutschen zugefügte Schmach und Schande, die darauf harre, endlich getilgt zu werden. Zunächst aber ging es darum, wie auch der eingangs zitierte Historiker Wilhelm Giesebrecht erklärte, dass das 1871 neugegründete Kaiserreich nichts mit dem alten Reich zu tun hatte, in dem den Päpsten ein so verhängnisvoller Einfluss zugekommen war. Auch Adolf Stöckers Formel vom «Heiligen evangelischen Reich deutscher Nation» ist in diesem Zusammenhang zu sehen. Die Frage, wie die Deutschen zum Kaisertum gekommen seien, bei deren Beantwortung in der Vergangenheit stets der Papst eine zentrale Rolle gespielt hatte, konnte nun durch den stolzen

Verweis auf die militärischen Siege von Königgrätz (1866) und Sedan (1870) erledigt werden. Hatte Napoleon zu seiner Kaiserkrönung noch den Papst anreisen lassen, um sich dann selbst die Krone aufzusetzen, so zeigt Anton von Werners berühmtes Bild der Kaiserproklamation im Spiegelsaal von Versailles vor allem ein Gepränge von Uniformen.[11] Später ist häufig geltend gemacht worden, das Bürgertum sei bei der Kaiserproklamation nicht zu sehen; legitimationspolitisch ist jedoch das Fehlen des Papstes das eigentlich Neue. Nicht die Weitergabe sakraler Legitimität, sondern der Lohn des Siegers war die Gründungsurkunde des Zweiten Kaiserreichs der Deutschen.

In diese Konstellation hinein sagte Bismarck am 14. Mai 1872 den Satz: «Seien Sie außer Sorge: *Nach Canossa gehen wir nicht* – weder körperlich noch geistig!» Die Angesprochenen waren die Abgeordneten des Deutschen Reichstags, die auf die Erklärung des Kanzlers mit «lebhaftem Bravo» reagierten.[12] Unmittelbarer Anlass für Bismarcks Erklärung war eine diplomatische Verstimmung: Papst Pius IX. hatte Anfang Mai die Ernennung des deutschen Kurienkardinals Gustav Adolf von Hohenlohe-Schillingsfürst zum deutschen Gesandten beim Heiligen Stuhl abgelehnt,[13] weil dieser als ein Gegner des kurz zuvor verkündeten Unfehlbarkeitsdogmas galt. Durch die Verbindung mit Canossa machte Bismarck aus einem diplomatischen Konflikt eine Frage des Respekts vor dem Deutschen Reich und eine neuerliche Auseinandersetzung zwischen Papst und Kaiser um die Oberhoheit in Europa. Er wusste, dass er dabei auf die Unterstützung nicht nur der Nationalen und Liberalen,[14] sondern auch der politischen Linken rechnen durfte.

Wahrscheinlich kommt der Baronin von Spitzemberg, der Frau des württembergischen Gesandten in Berlin, die zum engeren Freundeskreis Bismarcks gehörte, das ursprüngliche Recht an der Formel zu: Sie las damals Wilhelm Giesebrechts *Geschichte der deutschen Kaiserzeit* und beschäftigte sich besonders mit Heinrich IV. Mit Bismarck hat sie, wie ihrem Tagebuch zu entnehmen ist, darüber und speziell auch über die Szene zu Canossa gesprochen; so konnte sie mit Grund davon ausgehen, den Kanzler zu seiner griffigen Formulierung animiert zu haben.[15] Bismarck scheint an dem Bild Gefallen gefunden zu haben, denn er ließ sich die Darstellung der Szene des gedemütigten Kaisers durch den Maler Hermann Freihold Plüddemann auf dem Türvorhang zu seinem Arbeitszimmer in Varzin abbilden.[16] Man wird davon ausgehen dürfen, dass dies für Bismarck kein Hinweis auf die Gefährdung weitreichender Macht, sondern eine Erinnerung an den Feind war. Mit Bismarcks Canossa-Formel hatte der Kulturkampf gegen den römischen Ultramontanismus, den Anspruch päpstlicher Direktionsgewalt über die katholische Kirche auch jenseits der Alpen, voll eingesetzt, und der sollte für die politische Identität des Hohenzollernreichs prägend werden.[17]

Während Bismarck die Erinnerung an den kaiserlichen Bußgang von Canossa politisch genutzt hat, um Feindschaften zu markieren und Koalitionen zu schmieden, hat Heinrich Heine einige Jahrzehnte zuvor die Canossa-Szene in ein leidlich frivoles Licht gestellt, das die in Deutschland kursierenden Vorurteile gegen den «Mönch Hildebrand», der sich als Papst Gregor feiern ließ, aufnahm und sie mit den Rachephantasien des gedemütigten Kaisers verband, die sich wie eine Vorwegnahme des nachfolgend über Europa kommenden *furor teutonicus* las.[18]

«Auf dem Schlosshof zu Canossa
Steht der deutsche Kaiser Heinrich,
Barfuß und im Büßerhemde,
Und die Nacht ist kalt und regnicht.

Droben aus dem Fenster lugen
Zwo Gestalten, und der Mondschein
Überflimmert Gregors Kahlkopf
Und die Brüste der Mathildis.

Heinrich, mit den blassen Lippen,
Murmelt fromme Paternoster;
Doch im tiefen Kaiserherzen
Heimlich knirscht er, heimlich spricht er:

‹Fern in meinen deutschen Landen
Heben sich die starken Berge,
Und im stillen Bergesschachte
Wächst das Eisen für die Streitaxt.

Fern in meinen deutschen Landen
Heben sich die Eichenwälder,
und im Stamm der höchsten Eiche
wächst der Holzstiel für die Streitaxt.

Du mein liebes treues Deutschland
Du wirst auch den Mann gebären,
Der die Schlange meiner Qualen
Niederschmettert mit der Streitaxt.›»[19]

Was lag näher, als in Bismarck den Rächer aller von den römischen Päpsten gedemütigten deutschen Kaiser zu sehen und darauf zu vertrauen, dass die endlich gefertigte Streitaxt noch lange bereitgehalten würde, um welsche Tücke und römische Lüsternheit zu züchtigen. Das war mehr als die Verweigerung eines neuerlichen Bußgangs nach Canossa; hier ging es um rächende Strafe für all das, was Rom den Deutschen angetan hatte.

Die protestantische Ausrichtung des Hohenzollernreichs, das den Konflikt mit dem römischen Katholizismus geradezu gesucht hat, wurde von dem getauften Katholiken Hitler nach seinem Machtantritt nicht wieder aufgegriffen. Im Gegenteil: Eine der ersten außenpolitischen Handlungen des neuen Reichskanzlers bestand im Abschluss eines Konkordats mit der Kurie. Auch die politisch-militärische Zusammenarbeit mit dem Italien Mussolinis war angesichts des italienischen «Verrats» von 1915, als das mit dem Deutschen Reich und der Donaumonarchie verbündete Italien aufseiten der Westalliierten in den Ersten Weltkrieg eintrat, alles andere als naheliegend. Die zwischen Hitler und Mussolini nach anfänglichem Misstrauen gebildete Achse zwischen Berlin und Rom stand im Widerspruch zu dem in Deutschland nach wie vor vorherrschenden Bild eines notorischen Kampfes gegen Rom und bedurfte daher ideologischer Flankierung. Aber wie war dies möglich, nachdem in der völkischen Ideologie weit über die Kampf-gegen-Rom-Mythen hinaus ein unüberwindbarer Gegensatz zwischen Norden und Süden herausgestellt worden war? In einem 1925 in Kopenhagen gehaltenen Vortrag hatte Ernst Bertram erklärt: «Nordmeer und Mittelmeer, die Kinder des Eises und die Söhne der Wüste tragen zuletzt doch hier [in Kunst und Dichtung] ihren ewigen Götterdämmerungskampf aus.»[20] Damit war der Gegensatz über Rom und Italien hinaus auf die gegenüberliegende Küste des Mittelmeeres und insbesondere in dessen östliche Hälfte verlagert worden. Klaus von See hat darauf hingewiesen, dass in der völkischen Literatur bevorzugt die Juden als «Wüstenvolk» dem «Waldvolk» der Germanen gegenübergestellt wurden.[21] Diese Gegensatzverschiebung wurde vervollständigt, als an die Stelle der Germanen die Arier traten.

Die Römer zu Germanen zu ernennen wäre nach den ideologischen Kämpfen um diesen Gegensatz auch bei intensiver Arbeit am Mythos nicht möglich gewesen; aus ihnen jedoch Arier zu machen erschien nicht von vornherein als aussichtslos. Also wurde ein großangelegtes Projekt zur ideologischen «Arisierung» der Römer in Gang gesetzt, welches das Bündnis zwischen Hitler und Mussolini flankieren und so die nationalsozialistisch-faschistische Kooperation von dem Verdacht befreien sollte, es handle sich um eine zeitlich befristete Interessengemeinschaft.

Ansatzpunkt dieser mythenpolitischen Neuaufstellung war die klassische Griechenbegeisterung der Deutschen und insbesondere die Verehrung Spartas, die sich gegen die athenische «Händlermentalität» und die dort vorherrschende demokratische Grundstimmung richtete. Ludwig Thoma hat die bis weit ins Kaiserreich zurückreichende Spartanerideologie in seinen *Lausbubengeschichten* in der Figur des Hauptmann Semmelmeier karikiert, der die in seine Obhut gegebenen Knaben zu guten Spartanern zu erziehen verspricht und sie dann beim Mittagessen mit einer billigen Suppe abspeist, die er als spartanische «Blutsuppe» bezeichnet.[22] Während des Ersten Weltkriegs hatte man sich mit der Landmacht Sparta identifiziert und darauf vertraut, dass analog zum Ausgang des Peloponnesischen Krieges am Ende Deutschland die Oberhand behalten werde.[23] Schließlich identifizierte Göring im Verlauf der Schlacht um Stalingrad die 6. Armee mit dem Aufgebot des Spartanerkönigs Leonidas, der die Passhöhe der Thermopylen bis zum letzten Mann gegen die persische Übermacht verteidigt hatte,[24] wie überhaupt das spartanische Ideal des Kampfes um des Kampfes willen, also einer Kampfesethik, die weder nach Sinn noch Zweck fragte und einfach weiterkämpfte,[25] die nazistische Ideologie zumindest in der Schlussphase des Zweiten Weltkriegs bestimmt hat.

Das Heldentum der Spartaner wollte man nicht rassemythisch externalisiert wissen, und so erklärte man unter Rückgriff auf die sprachgeschichtliche Bezeichnung des Indogermanischen die Dorer zu einer «artverwandten Rasse», der man schließlich auch die alten Römer beigesellte. Sie seien, meinte der NS-Ideologe Rosenberg in seinem *Mythus des 20. Jahrhunderts*, in einer der spätantiken Völkerwanderung um mehr als ein Jahrtausend vorangehenden indogermanischen Völkerwelle aus dem Norden kommend in den Mittelmeerraum vorgedrungen und hätten dort Alt-Griechenland wie Alt-Rom als hochstehende Kriegerkulturen hervorgebracht. Aber dann seien sie einer hemmungslosen Rassenvermischung zum Opfer gefallen. Einige arische Stämme freilich hätten sich halten können, und so konnte der NS-Rassenforscher Hans F. K. Günther festhalten, «daß Caesar beschrieben wird als sehr hochgewachsen und schlank und sehr hellhäutig»; er habe «geradezu eine vollendet nordrassische Kopfform» gezeigt.[26]

Der Widerpart war von nun an nicht mehr Rom, sondern Karthago, das im Anschluss an Sombarts Kontrastierung von Händlern und Helden mit England identifiziert wurde. «*Karthago* ist England, die moderne Plutokratie, das vom Judentum durchsetzte Händlervolk, dessen Kriegsminister von 1937 bis 1940 der Jude Leslie Hore-Belisha ist – ein beliebtes Objekt deutscher Kriegspropaganda –, *Rom* dagegen sind die indogermanischen Völker Deutschlands und Italiens, die durch eine letzte Kraftanstrengung ihre Feinde besiegen werden wie seinerzeit die Römer die Phönizier» – so hat Klaus von See die Grundthese des von dem Leipziger Althistoriker Joseph Vogt 1943 herausgegebenen Bandes *Rom und Karthago* zusammengefasst.[27] Die charakterlichen Merkmale der Karthager – sie sind perfide und treulos, scharfzüngig und spitzfindig, kämpfen nicht selbst, sondern lassen Söldner für sich antreten, während sie hemmungslos ihrer Goldgier frönen – gleichen fast vollständig denen, die noch kurz zuvor für die Römer als Gegner der Germanen gegolten hatten.

Die rassepolitische Neuaufstellung wie die Warnung Dahns vor dem Zug der Germanen weit in den Süden dürften bei der Vorbereitung und Planung des Zweiten Weltkriegs eine gewisse Rolle gespielt haben. Womöglich hat auf Hitlers Entschluss, den Krieg im Sommer 1941 nicht in südöstliche Richtung weiterzutreiben, um die Verbindungslinie zwischen Großbritannien und Indien zu zerschneiden, sondern stattdessen die Sowjetunion anzugreifen,[28] die Lektüre von Dahns *Ein Kampf um Rom* eingewirkt. Hitler kannte den Roman und schätzte seinen Verfasser.[29] Dass ihm das Schicksal der Goten ein Warnzeichen war, zeigte sich 1944, als er die nördlich von Rom errichtete «Gotenlinie» in «Grüne Linie» umbenennen ließ.[30] Er begründete dies damit, dass erstere Benennung «im Falle ihrer Eroberung dem Feinde Anlaß zu Siegesgeschrei geben» könne.[31] Aber vermutlich fürchtete er weniger feindliches «Siegesgeschrei» als das Fatum der Goten, das er zu diesem Zeitpunkt noch umgehen zu können hoffte. Insgesamt hatte Hitler jedoch gegen die Verwendung von aus den Gotenzügen stammenden Decknamen nichts einzuwenden; so erfolgte die Entwaffnung der italienischen Truppen nach dem Sturz Mussolinis unter den Decknamen «Achse» und «Alarich».[32]

Bemerkenswert ist in diesem Zusammenhang auch, dass Hitler, der auf einer bedingungslosen Verteidigung von Paris bestanden und verlangt hatte, die französische Hauptstadt dürfe nur als «Trümmerfeld» in feindliche Hände fallen – wozu es nicht kam, weil General von Choltitz bei Eintreffen der alliierten Truppen kapitulierte[33] –, Vergleichbares für Rom nicht verlangt hat.[34] So konnte das *Oberkommando der Wehrmacht* am 5. Juni 1944 bekanntgeben: «Trotz des Angebots der deutschen Führung, die *Stadt Rom* zur Erhaltung ihrer kulturellen

Werte nicht in die Kampfhandlungen einzubeziehen, stießen nordamerikanische Panzerverbände in den Mittagsstunden des 4. Juni bis ins Stadtzentrum vor, um sich in den Besitz der Tiberbrücken zu setzen. Es kam zu erbitterten Straßenkämpfen, die in den Abendstunden noch andauerten. [...] Die deutsche Führung wird aber auch jetzt noch bestrebt sein, die Kämpfe in und um Rom auf das für die Kriegführung unumgängliche Maß zu beschränken.»[35] Tatsächlich ist Rom so gut wie unzerstört geblieben. Ein neuerlicher «Kampf um Rom» hat nicht stattgefunden.[36]

In der Schlussphase des Zweiten Weltkriegs hat die im Zeichen des Arischen vollzogene Verschmelzung von Germanen und Römern noch einmal Wirkung gezeigt. So notierte Goebbels in seinem Tagebuch: «Der Führer hat mir Anweisung gegeben, in der deutschen Presse längere Abhandlungen über den Punischen Krieg zu veröffentlichen.»[37] Für ein imperialistisches Projekt wie das des Dritten Reiches war es in der Tat konsequenter, sich mit einem wirklichen Imperium, auch wenn dessen Aufbau während des Zweiten Punischen Krieges noch bevorstand, zu identifizieren als mit der im Kern zutiefst antiimperialen Figur des Arminius. Aber wie die siegverheißende Identifikation mit Sparta im Ersten Weltkrieg getrogen hatte, sollte sich auch die Anschmiegung an das Rom des Krieges gegen Hannibal als irreführend erweisen: Das nazistische Berlin war nicht das republikanische Rom und vermochte seinen Feinden nicht zu trotzen. Man könnte es als eine konsequente Reaktion der Deutschen betrachten, dass sie nach 1945 den Mythos eines ewigen Kampfes gegen Rom verwarfen und stattdessen Italien bis in die 1970er Jahre zu ihrem bevorzugten Urlaubsland machten.

III. Preußenmythos und preußische Mythen

Der politische Aufstieg Preußens war nach unscheinbaren Anfängen spektakulär: Innerhalb weniger Jahrzehnte avancierte ein zweitklassiger, eher drittklassiger Akteur aus dem armen Nordosten Deutschlands zur europäischen Großmacht. Selbstverständlich hatte es schon früher solche kometenhaften Aufstiege gegeben, etwa den Schwedens, das ein Jahrhundert zuvor einen ähnlichen Sprung geschafft hatte, aber nie waren die materiellen Voraussetzungen dafür so dürftig gewesen wie bei Preußen. Als sich der brandenburgische Kurfürst 1701 zum «König in Preußen» krönte,[1] hatte niemand ahnen können, welche Macht und Bedeutung dieses Königreich im 18. und 19. Jahrhundert erlangen würde. Die Sozial- und Wirtschaftsgeschichte hat keine überzeugende Erklärung für Preußens Aufstieg anzubieten. Was dem Land an natürlichen Ressourcen und Wirtschaftskraft fehlte, hat es durch Humankapital wettgemacht, durch Disziplin und Tüchtigkeit, Sparsamkeit und Zähigkeit, durch «Sekundärtugenden» also.

Als dieser Begriff während der 1970er Jahre in der Bundesrepublik aufkam, sollte er nicht nur die Folgebereitschaft der Deutschen in der Nazizeit erklären, sondern er hatte auch einen antipreußischen Unterton.[2] Tatsächlich bestand das als preußisch bezeichnete politische Ethos über weite Strecken aus einem Ensemble von Sekundärtugenden, zusammengehalten durch die berühmte Formel Friedrichs II., er sei der erste Diener seines Staates. Diese Auffassung setzte sich im 18. Jahrhundert scharf vom höfischen Repräsentationsmodell ab, das von Versailles aus in Europa Schule gemacht hatte. Anstelle des höfischen Zeremoniells wurde die Idee des Dienstes zur Repräsentation der Staatlichkeit,[3] und ihren symbolischen Ausdruck fand sie darin, dass die preußischen Könige seit Friedrich Wilhelm I. die Uniform eines ihrer Regimenter trugen. Wenn Wilhelm II., der letzte preußische König, sich mehrfach am Tag umkleidete, um in immer wieder anderen Paradeuniformen aufzutreten, so folgte er darin scheinbar den Vorgaben seiner Vorfahren, hatte sie aber mit einem gänzlich anderen Geist erfüllt.[4]

Man kann den Begriff der «Sekundärtugend» als eine späte Revanche der Süd- und Westdeutschen für ihre Borussifizierung im Verlauf des 19. Jahrhunderts ansehen, als Sprachhandlung, die gar nicht mehr gegen Preußen als Staat, sondern gegen den fortwirkenden Mythos Preußen gerichtet war.[5] An Preußen erinnert zu werden störte die Westdeutschen beim Genuss ihres neuen Wohlstands: «Als Symbol jedenfalls schätzte man nun nicht mehr den schwarzen Adler, sondern die silberne Mark, die Ikone war nicht mehr hager und von der Last eines ehernen Pflichtethos gebeugt, sie rauchte vielmehr Zigarre und war ausnehmend dick» – so hat der Nürnberger Historiker Axel Gotthard den «Alten Fritz» und Ludwig Erhard, den «Vater der sozialen Marktwirtschaft», einander gegenübergestellt.[6] Wie man seit Ende der 1950er Jahre im Westen lebte, hätte man schon früher leben können, wenn nicht die Preußen dazwischengekommen wären, den Reichtum des Landes für ihren überdimensionierten Militärapparat abgeschöpft und das Land selbst in immer neuen Kriegen zugrunde gerichtet hätten – auf diesen Nenner lässt sich die antiborussische Grundstimmung der Bundesrepublik bringen.

Aber dann kam in den späten 1970er Jahren unter dem Einfluss des Preußenmythos doch wieder die Frage hoch, ob das auf Dauer gutgehen könne, was man sich nun an Wohlstand und Sorglosigkeit leistete. Das nur noch im Mythos fortbestehende Preußen wurde zum Stachel im Fleisch der Bundesrepublik, und indem man die vielgerühmten preußischen Tugenden als «Sekundärtugenden» abqualifizierte, betäubte man das Schmerzgefühl, das von diesem Stachel ausging.

Eine Alternative dazu war, Preußen als eine definitiv abgeschlossene Etappe deutscher Geschichte zu begreifen und die von ihm nach wie vor ausgehende Herausforderung in Gestalt historischer Ausstellungen zu domestizieren. Die Berliner Preußenausstellung von 1981 war solch ein Projekt.[7] Man konnte es sich freilich auch einfacher machen, indem man kurzerhand die DDR als fortbestehendes Preußen begriff, zwar rot angestrichen, darunter aber der alte Geist und das alte Zeremoniell. Man externalisierte so den preußischen Einspruch gegen das eigene Wohlergehen.

Historisierung, Abwertung und Externalisierung waren die Strategien, mit denen man in der Bundesrepublik versuchte, Preußen loszuwerden. Die DDR hatte es damit schon aufgrund ihrer geographischen Lage erheblich schwerer, und nachdem sie sich von Preußen zunächst ideologisch abgesetzt hatte, stellte sie sich seit den 1980er Jahren zunehmend in preußische Kontinuität.[8] Mit dem Beitritt der neuen Länder zur Bundesrepublik ist Preußen wieder zu einer Herausforderung der Deutschen geworden.

«Die Kaiserproklamation im Spiegelsaal von Versailles 1871». Gemälde (1855) von Anton von Werner.

Disziplin und Dünkel

Preußen als politisch-mythische Herausforderung Deutschlands

Preußen ist durch die Leistungsbereitschaft wie Leidensfähigkeit seiner Menschen groß geworden. Diese zunächst eher simple Beobachtung steht im Zentrum des Preußenmythos und hat ihn gerade für Länder an der Peripherie der Wohlstandszonen attraktiv gemacht. Zum Preußenmythos gehört nämlich die Botschaft, dass Wohlstand und Wohlergehen die Menschen satt und schlaff machen und sie davon abhalten, politisch voranzukommen, während Armut und Kargheit zu Disziplin und Pflichtbewusstsein zwingen, aus denen wiederum Macht und Stärke erwachsen.[1] Preußens Aufstieg im 18. Jahrhundert wurde zum paradigmatischen Entwicklungspfad, den beschreiten müsse, wer nicht mit natürlichen Reichtümern gesegnet sei, es aber dennoch zu etwas bringen wolle in der Welt. Dementsprechend wurden die Piemontesen als die «Preußen Italiens» oder die Japaner als die «Preußen Asiens» bezeichnet. Anhand des Preußenmythos ließ sich das Modell gewinnen, dem ein Land zu folgen habe, das seine Randlage aufgeben und ins Zentrum rücken wollte. Voraussetzung dafür war eine korruptionsresistente Elite, die den Staat nicht als politische Beute ansah, sondern sich vielmehr verpflichtet fühlte, ihm zu dienen. So konnte man nicht nur den politischen Aufstieg schaffen, sondern auch Krisen meistern und Katastrophen bewältigen, an denen andere scheiterten.

So spektakulär Preußens Aufstieg war, so dramatisch war sein Ende. Am 25. Februar 1947 ist es gewissermaßen seinem eigenen Mythos zum Opfer gefallen: Vor allem Churchill, aber auch die Amerikaner waren überzeugt, Deutschland und damit Europa werde nicht zur Ruhe kommen, solange Preußen fortbestehe. Deswegen unterzeichnete der Alliierte Kontrollrat an jenem Tag ein Gesetz, dessen erster Artikel lautet: «Der Staat Preußen, seine Zentralregierung und alle nachgeordneten Behörden werden hiermit aufgelöst.»[2] Die Begründung für diesen historisch einmaligen Akt[3] lieferte die Präambel des Kontrollratsbeschlusses: «Der Staat Preußen, der seit jeher Träger des Militarismus und der Reaktion in Deutschland gewesen ist, hat in Wirklichkeit zu bestehen aufgehört. Geleitet von dem Interesse an der Aufrechterhaltung des Friedens und der Sicherheit der Völker und erfüllt von dem Wunsche, die weitere Wiederherstellung des politischen Lebens in Deutschland auf demokratischer Grundlage zu sichern, erläßt der Kontrollrat das folgende Gesetz»[4] – dann folgte das Auflösungsdekret.

Der Vorwurf des Militarismus war nicht neu – schon im 18. Jahrhundert hatte man von Preußen gesagt, es sei kein Staat, der sich eine Armee, sondern eine Armee, die sich einen Staat halte[5] –, allerdings hätte man ihn, leicht abgeändert, auch einigen der in Potsdam tagenden Siegermächte machen können. Der Grad der Militarisierung Preußens war im 18. Jahrhundert zwar hoch, aber wiederum nicht so hoch, dass er den der anderen Großmächte deutlich übertroffen hätte.[6] Außerdem gab es in Anbetracht der heiklen geopolitischen Lage Preußens gute Gründe, sich eine starke Armee zu halten, denn das Königreich Preußen bestand aus einer unzusammenhängenden Ansammlung von Gebieten zwischen Rhein und Memel, und das in unmittelbarer Nähe zu den großen Mächten Europas. Doch mit «Militarismus» war im Alliierten Kontrollratsgesetz nicht bloß die zahlenmäßige Stärke der Armee gemeint; es ging auch um die Einstellung und den «Geist», welche diese Armee prägten. Als dessen Verkörperung wurde der preußische Soldat angesehen, mehr noch der preußische Offizier, aber auch der Landjunker, der seine Uniform als ständische Auszeichnung trug, in der Regel ungebildet war und unfähig, grammatisch vollständige Sätze zu formulieren, weswegen er sich einer abgehackten Redeweise bediente, die aus Substantiven und Substantivierungen mit Ausrufezeichen bestand. Heinrich Heine hat diesen soldatischen Typus unvergleichlich geschildert. In «Deutschland. Ein Wintermärchen» berichtet er von seinem Aufenthalt in Aachen:

«Ich bin in diesem langweiligen Nest
Ein Stündchen herumgeschlendert.
Sah wieder preußisches Militär,
Hat sich nicht sehr verändert.
[…]
Noch immer das hölzern pedantische Volk
Noch immer ein rechter Winkel
In jeder Bewegung, und im Gesicht
Der eingefrorene Dünkel.

Sie stelzen noch immer so steif herum,
So kerzengrade geschniegelt,
Als hätten sie verschluckt den Stock,
Womit man sie einst geprügelt.»[7]

Der bedingungslose Respekt vor Uniformen und der eingefleischte Gehorsam gegenüber Ranghöheren ist in der negativen Version des Preußenmythos zu einer einprägsamen Karikatur – Pickelhaube, Hand am Helm, leicht vorgebeugter Oberkörper – geronnen. In seinem Theaterstück *Der Hauptmann von Köpenick* hat Carl Zuckmayer die Schatten- und Nachtseiten der preußischen Sekundärtugenden in ein satirisch-grelles Licht gerückt:[8] Der gesamte Apparat der Kommunalverwaltung wie des Staates konnte zum Stillstand gebracht werden, sobald man ihm uniformiert und in militärischem Tonfall gegenübertrat. Indem Zuckmayer, dessen Stück auf einem tatsächlichen Vorkommnis beruht, einen arbeits- und wohnsitzlosen Haftentlassenen zum Hauptmann machte, dem man die zum Aufbau eines bürgerlichen Lebens notwendigen Papiere vorenthält, verknüpfte er Absurdität und Tragik in einer Weise miteinander, die den preußischen Stil der Lächerlichkeit preisgab. Wo nämlich hatte der Schuster Wilhelm Voigt sein militärisch exaktes Auftreten gelernt? – Im Zuchthaus!

In der preußischen Geschichte finden sich freilich auch Figuren, die das Gegenteil eines bedingungslosen Kadavergehorsams verkörpern. Johann Friedrich Adolf von der Marwitz etwa, der während des Siebenjährigen Krieges den Befehl seines Königs verweigerte, Besitzungen des sächsischen Königs als Revanche für die Plünderung des Charlottenburger Schlosses auszurauben, stattdessen seinen Abschied nahm und auf seinen Grabstein schreiben ließ: «Sah Friedrichs Heldenzeit und kämpfte mit ihm in allen seinen Kriegen, wählte Ungnade, wo Gehorsam nicht Ehre brachte.»[9] Oder General Yorck, der Ende 1812 eigenmächtig die Konvention von Tauroggen unterschrieb, dadurch das von ihm geführte Armeekorps aus dem Verband der Grande Armée Napoleons, mit dem Preußen verbündet war, herauslöste und es für neutral erklärte. Das war nicht bloß Befehlsverweigerung und Insubordination, sondern Hochverrat: Anstelle seines Königs hatte Yorck sich die Entscheidung darüber angemaßt, wer der vermeintliche und wer der wirkliche Feind sei – ein militärgeschichtlich seltener, wenn nicht einmaliger Vorgang. An Friedrich Wilhelm III. schrieb Yorck die berühmten Sätze: «Ich erwarte nun sehnsuchtsvoll den Ausspruch Ew. M., ob ich gegen den wirklichen Feind vorrücke oder ob es die politischen Verhältnisse erheischen, dass Ew. M. mich verurteilen. Beides werde ich mit treuer Hingebung erwarten und ich beschwöre E. K. M., dass ich auf dem Sandhaufen ebenso ruhig wie auf dem Schlachtfelde, auf dem ich grau geworden bin, die Kugeln erwarten werde.»[10] Auch solche Beispiele eines unerschütterlichen Selbstbewusstseins und bedingungslosen persönlichen Mutes gehören zum Preußenmythos.

Die Auflösung Preußens stellte für die westlichen Alliierten freilich die Lösung eines Problems dar, das sie gegenüber Stalin und den Kommunisten leicht ins Hintertreffen hätte bringen können: Es ging um die Frage, wie der Nationalsozialismus in Deutschland, einem fortgeschrittenen Industrieland, an die Macht gelangen konnte, während der Faschismus sonst nur in Agrarländern gesiegt hatte und in den westlichen Demokratien zurückgeschlagen worden war. Um eine erschöpfende Antwort darauf zu geben, hätte man ein ganzes Ursachengeflecht betrachten müssen (auch die Rolle der Westmächte, die, vom Versailler Friedensvertrag bis zur Appeasementpolitik gegenüber Hitler, ihren Teil zum Erstarken des Nationalsozialismus beigetragen hatten) – und hätte keine griffige Erklärung präsentieren können, die mit der kommunistischen Formel vom Faschismus als terroristischer Entwicklungsetappe des Kapitalismus hätte konkurrieren können.[11] Diese Formel hielt einer wissenschaftlichen Überprüfung zwar nicht stand, doch sie besaß politischen Biss und zeigte an, wie bei der Zerschlagung des Nationalsozialismus in Deutschland vorzugehen war. Dem konnte man nicht mit differenzierten Analysen entgegentreten, sondern musste eine ähnlich einleuchtende Vorstellung anbieten, wer schuldig sei. Damit war das Urteil über Preußen gefällt. Preußen hatte zu bezahlen, was Deutschland ihm eingebrockt hatte. Es diente als der Sündenbock, den man brauchte, um Deutschland vom Nationalsozialismus zu reinigen und die Deutschen von ihrer Schuld zu befreien.[12] Ohne eine solche Reinigung konnten die Deutschen nicht wieder in die westliche Völkergemeinschaft aufgenommen werden. Das aber war nach Überzeugung der US-Regierung unabdingbar, um Westeuropa auf Dauer gegen die Sowjetunion zu verteidigen. Während man im Osten Kapitalismus und Großgrundbesitz für den Aufstieg des Nationalsozialismus verantwortlich machte, tat man im Westen Preußen in Acht und Bann. Die ostelbischen Junker traf es somit zweimal. Sie wurden zu den eigentlichen Verlierern des Krieges. Dabei durften die Westalliierten darauf vertrauen, dass man in West- und Süddeutschland auch unabhängig von der zwölfjährigen NS-Zeit froh war, Preußen loszuwerden.

Eine empirisch-quantitativ ausgerichtete Politische-Kultur-Forschung, wie sie in der Politikwissenschaft während der 1960er/70er Jahre Konjunktur hatte,[13] hat das Urteil, welches 1947 über Preußen gesprochen wurde, durch großangelegte vergleichende Studien zu untermauern versucht.[14] Dabei zeigte die Forschung, dass in Deutschland eine starke Fixierung auf den Staat vorherrschte, die dem Funktionieren demokratischer Mechanismen zuwiderlief, während es keine vergleichbare Orientierung an der Zivilgesellschaft gab. Die Behauptung, dies sei auf eine spezifisch preußische Prägung der Deutschen zurückzuführen,[15] kann man als liberal-demokratische Preußenkritik bezeichnen.

Eine andere Möglichkeit, Preußens Schuld für das Verhängnis der deutschen Geschichte mit wissenschaftlichen Argumenten zu untermauern, bestand darin, ihm die Verantwortung für das Scheitern der politischen Revolutionen in Deutschland zuzuschieben. Während beispielsweise in Frankreich die Revolutionen von 1789, 1830, 1848 sowie 1871 den Weg in die Moderne bereitet hätten, seien die deutschen Revolutionen von 1848/49 und 1918/19 durch den Einfluss Preußens vereitelt worden: Der revolutionäre Aufstand 1849 sei mit Hilfe der preußischen Armee niedergeschlagen worden, und die Sozialdemokratische Partei sei zu Beginn des 20. Jahrhunderts so borussifiziert gewesen, dass sie, anstatt die Revolution voranzutreiben, auf die Wiederherstellung von Ruhe und Ordnung gedrängt habe. Man kann dies als die links-demokratische Preußenkritik bezeichnen.[16]

Angesichts der Melancholie der Linken über das notorische Scheitern der Revolution in Deutschland stellte sich die Frage nach der politischen «Anschlussfähigkeit» der preußischen Reformen, die seit 1807 von Stein, Hardenberg und Scharnhorst eingeleitet worden waren. Sie reichten von der Kommunalverfassung bis zur Heeresstruktur und stellten den Versuch dar, eine engere Bindung der Bürger an den Staat zu schaffen und so ein größeres Engagement für den politischen Verband zu wecken. Man wollte so Anschluss an die von Frankreich revolutionär vorgegebene Entwicklung gewinnen und zugleich die Katastrophe, in die das alte friderizianische Preußen geraten war, bewältigen – wie die politische Wiederauferstehung Preußens in den Jahren 1813 bis 1815 zeigte, mit Erfolg. Die preußischen Reformen avancierten zum Gegenmodell der Französischen Revolution, zur menschenfreundlicheren und politisch weniger zerstörerischen Alternative auf dem Weg in die Moderne. Sie wurden zu einem Element des Preußenmythos, das neben die Tugend der Pflichterfüllung trat. Fand die Betonung der Pflicht eher in konservativen Kreisen Zuspruch, so stellten die Reformen das von liberalen Kreisen favorisierte Element des Mythos dar. Es hat freilich mit der verblassenden Erinnerung an

Preußen seine Anschlussfähigkeit verloren. Wenn heute Politiker für die Unterstützung von Reformen werben, die weniger materielle Vorteile bringen als Opfer abverlangen, werden sie dies kaum unter Verweis auf die preußischen Reformen tun. Vermutlich würde die bloße Erwähnung Preußens mehr Ablehnung als Zustimmung hervorrufen. Politisch lässt sich an Preußen nicht mehr anknüpfen. Dafür ist der Mythos zu blass geworden, und das hängt mit dem Verschwinden Preußens als Staat zusammen.

Aber ist Preußen tatsächlich erst durch den Alliierten Kontrollratsbeschluss im Februar 1947 und nicht bereits zuvor untergegangen? Auch in der Präambel des Kontrollratsgesetzes heißt es, dass Preußen «in Wirklichkeit zu bestehen aufgehört hat». Das bezog sich auf die unmittelbaren Ergebnisse des Krieges: Die Gebiete, die der Monarchie ihren Namen verliehen hatten, waren polnisch, russisch oder litauisch geworden, die brandenburgischen Stammlande waren beschnitten worden, und die Territorien an Rhein und Ruhr, die den ökonomischen Aufstieg Preußens im 19. Jahrhundert getragen hatten, gehörten zur «Westzone» und standen im Begriff, zu neuen Bundesländern geformt zu werden. Aber die Frage nach dem Zeitpunkt der Auflösung Preußens ist radikaler und reicht zurück bis in die Zeit vor dem Zweiten Weltkrieg:[17] Für einige ist nämlich Preußen bereits im Sommer 1932 untergegangen, als die Reichsregierung unter Franz von Papen im «Preußenschlag» die preußische Regierung ihres Amtes enthob. Für andere markiert bereits die Abdankung Wilhelms II. das Ende Preußens, denn als er ins holländische Exil ging, hatte er nicht nur die deutsche Kaiserwürde, sondern auch die des Königs von Preußen abgelegt. Und eine dritte Gruppe schließlich datiert das Ende Preußens auf die Gründung des Deutschen Reichs von 1870/71: Damals sei der altpreußische Geist in einem Deutschland aufgegangen, das nichts mehr mit Preußen gemeinsam gehabt habe. Wilhelm I. soll am Vorabend der Kaiserproklamation in Versailles Bismarck gegenüber in Tränen bekannt haben: «Morgen ist der unglücklichste Tag meines Lebens. Da tragen wir das preußische Königtum zu Grabe.» Und Theodor Fontane schrieb: «Die Auferstehung Deutschlands wird schwere Opfer kosten.

Das schwerste unter allen bringt Preußen. Es stirbt. Jeder andere Staat kann und mag in Deutschland aufgehen; gerade Preußen muß darin untergehen.»[18]

Seine Kraft bezog der Preußenmythos allerdings weniger aus der Geschichte selbst als aus den Werken der Geschichtsschreibung, Literatur, Malerei, Bildhauerei und Architektur. Während Historiker wie Ludwig Häusser, Johann Gustav Droysen oder Heinrich von Treitschke die preußische Geschichte sinnhaft aufbereiteten, überzog Theodor Fontane in Romanen und Gedichten, vor allem aber in seinen *Wanderungen durch die Mark Brandenburg* das preußische Territorium mit Anekdoten und Erinnerungen, die der eher öden und wenig abwechslungsreichen Landschaft eine Bedeutsamkeit verliehen, wie sie sonst kaum eine Gegend in Deutschland besitzt. Was dem Gebiet östlich der Elbe im Vergleich zu den süd- und westdeutschen Territorien an geschichtlicher Tiefe fehlte, haben Fontanes kleine Erzählungen wettgemacht.[19] Sie bilden das Gegengewicht zu der lauten und aufdringlichen Darstellung bei den preußischen Historikern, von denen die deutsche Geschichte stringent auf die preußische Führungsrolle zugeschnitten wurde, damit sie von der «deutschen Sendung» Preußens sprechen konnten.[20]

Mit dieser «deutschen Sendung» war mehr gemeint als die deutsche Einigung durch Preußen; der preußische Dienst an Deutschland sollte bis in die Zeit des Westfälischen Friedens zurück verlängert werden. Das ist ein veritabler Mythos in dem Sinne, dass dabei Ereignisse und Absichten zurechtgebogen und umerzählt worden sind, bis eine Geschichtsteleologie zustande kam, die einen Bogen von 1648 zu 1871 schlug, den Friedensschluss von Münster und Osnabrück mit der Kaiserproklamation in Versailles verband und dabei die Wiederaufrichtung des Reichs zum Ziel preußischer Politik erklärte. Davon, dass dem tatsächlich so gewesen wäre, kann bei genauer Überprüfung keine Rede sein: Sowohl der Große Kurfürst als auch Friedrich der Große verfolgten preußische Interessen – sie denen Deutschlands unterzuordnen wäre ihnen nicht in den Sinn gekommen – und versuchten, vom Niedergang und den Schwächen des Deutschen Reiches zu profitieren. Das taten freilich viele, und man wird ihnen das nicht zum Vorwurf machen können. Was die borussische Historiographie jedoch daraus machte, war eine Erzählung, in der Bismarck ein Projekt vollendete, das Mitte des 17. Jahrhunderts begonnen hatte: Seit dem Westfälischen Frieden, als auswärtigen Mächten Interventionsbefugnisse im Reich zugestanden wurden, habe sich in diesem eine Fäulnis ausgebreitet, von der Österreich, so der Mythos, profitierte, während Preußen dagegen angekämpft habe; nicht zuletzt deswegen sei die Erneuerung des Reichs nur als kleindeutsche Lösung möglich gewesen.

Fontane hat eine solche Indienstnahme Preußens für Deutschland mit Skepsis betrachtet und ihr die preußischen Tugenden der Bescheidenheit und Zurückhaltung gegenübergegestellt, die er durch die neue Großmannssucht des Deutschen Reichs bedroht sah. Am deutlichsten zeigt sich das im Gedicht «Einzug», das die Militärparade nach dem Sieg von 1870/71 auf der Straße «Unter den Linden» schildert. Zunächst zählt Fontane die Einheiten auf, die vorüberziehen, und die Gefechte, in denen sie sich bewährt haben. Eine stolze Bilanz, die sich auch in Fontanes Kriegsbüchern findet.[21] Aber er erinnert zugleich an die im Krieg Gefallenen. Und als die Truppen vor dem Reiterstandbild des alten Fritz anhalten, erklärt dieser die Zeit der kriegerischen Reichseinigung für beendet:

«Zum dritten Mal
Ziehen sie ein durch das große Portal;
Die Linden hinauf ertönt ihr Schritt,
Preußen-Deutschland fühlt ihn mit.

Hunderttausende auf den Zehenspitzen!
Vorüber, wo Einarm und Stelzfuß sitzen,
Jedem Stelzfuß bis in sein Bein von Holz
Fährt der alte Schlachtenstolz.
Halt,
Vor des Großen Königs ernster Gestalt!

Bei dem Fritzen-Denkmal stehen sie wieder.
Sie blicken hinauf, der Alte blickt nieder;
Er neigt sich leise über den Bug:
‹Bon soir, Messieurs, *nun* ist es *genug.*›»[22]

Die letzte Zeile ist ein Spiel mit dem Mythos. Sie nimmt Bezug auf jene berühmte Szene am Abend nach der Schlacht von Leuthen, als Friedrich, die geschlagenen Österreicher verfolgend, in Begleitung nur weniger Offiziere das Schloss von Lissa betrat, das voll war mit österreichischem Militär. Beide Seiten sind überrascht, die Österreicher in der Überzahl, aber Friedrich findet als Erster die Fassung, indem er fragt: «Bon soir, Messieurs! Gewiß werden Sie mich hier nicht vermuten. Kann man hier auch noch unterkommen?» So fällt es den Österreichern gar nicht ein, den König gefangen zu setzen, sondern sie plaudern mit ihm, während der ihnen von seinem Schnupftabak anbietet.[23]

Ein Jahrhundert später hat Adolph Menzel diese Szene gemalt. Das Bild hängt heute in der Alten Nationalgalerie zu Berlin. Es zeigt im Unterschied zu den Kriegsillustrationen den König nicht frontal, sondern von der Seite. Er zieht den Dreispitz. Der Saum des Mantels ist locker nach hinten geschlagen und leuchtet im Halbdunkel rot auf. Hinter ihm steht der Husarengeneral Zieten: Zwei Preußen gegen mehrere Dutzend Österreicher, die jedoch wie erstarrt sind. Friedrich beherrscht die Szene. «Hier ist der König tatsächlich als Held gezeigt, der eine gefährliche Situation kaltblütig und überlegt im Augenblick meistert.»[24]

Adolph Menzel hat dem Preußenmythos bildlichen Ausdruck verliehen, so wie Johann Gottfried Schadow dies als Bildhauer und Karl Friedrich Schinkel es als Architekt getan haben. Menzels Vorliebe galt Friedrich dem Großen, dessen politisches und militärisches, geistiges und soziales Umfeld er über einen Zeitraum von zwanzig Jahren studiert hat. Was er in der Person des großen Königs zeigte, vor allem in den Bildern, die sich mit Friedrichs Wirken in Friedenszeiten beschäftigen, waren der kulturell-ästhetische Anspruch und das väterlich-fürsorgliche Herrschaftsprinzip, von dem Menzel glaubte, dass es in seiner

Zeit immer mehr verschwand. Wenn er nach 1870 zum Künder von Friedrichs Ruhm im Sinne einer Verherrlichung Preußens wurde, so war dies ganz und gar entgegen seinen Intentionen. Ähnlich wie Fontane hat Menzel immer die Ambivalenz des Preußischen vor Augen gehabt. Beide besaßen freilich ein gutes Gespür dafür, dass die Ära der altpreußischen Disziplin und Tugend zu Ende ging, und das haben sie auf je eigene Weise dargestellt: Fontane in seinem letzten Roman *Der Stechlin*, der als Abgesang auf das alte Preußen gelesen werden kann;[25] Menzel in dem Bild *Das Ballsouper*, das den Augenblick zeigt, in dem die zweite Garnitur der Gäste über das Buffet herfällt und die gänzlich unvornehme Rückseite des Wilhelminischen Reiches sichtbar wird.[26] Aber gerade in ihrem Bestreben, etwas von dem alten Preußen gegen die «neue Zeit» festzuhalten, haben Fontane und Menzel Preußen in ein mildes Herbstlicht getaucht und so zu dessen narrativer wie ikonischer Mythisierung beigetragen. Mehr als die politischen Akteure haben sie das Bild Preußens bis heute geprägt.

Der Mythos Preußen hat seinen Ort, und das ist die Straße «Unter den Linden» zwischen Brandenburger Tor, Schlossbrücke und – so es denn noch oder wieder stünde – Stadtschloss.[27] Dass Walter Ulbricht es 1950 sprengen ließ, um die Spuren des Preußischen im Zentrum der DDR-Hauptstadt auszulöschen, ist dem Preußenmythos eher zu- als abträglich gewesen – nicht zuletzt wegen des ins Staatsratsgebäude der DDR als Zitat eingebauten Schlossportals, von dem aus Karl Liebknecht im November 1918 die «sozialistische Republik» ausgerufen hat. Hier wird die ganze Widersprüchlichkeit des Mythos sichtbar: Einerseits ließ Ulbricht das Schloss zerstören, um die preußischen Spuren in Berlin zu tilgen, andererseits musste er das Eosander-Portal retten und ins neue Machtzentrum integrieren lassen, weil es für die DDR den Status einer politischen Reliquie hatte. Der Rückbezug auf Liebknecht und den Spartakusaufstand sollte der DDR historische Legitimität verleihen, aber die war ohne zumindest ein Stück Preußen nicht zu haben.

Die Linden sind von zahlreichen Stationen mythenträchtigen Preußentums gesäumt. Dass Preußen nicht in der Charakterisierung als Obrigkeits- und Militärstaat aufgeht, zeigt der Kontrast zwischen den acht von Schinkel ersonnenen Figuren der Schlossbrücke und den Masken sterbender Krieger von Andreas Schlüter im Hof des angrenzenden Zeughauses. Schinkels Figuren ästhetisieren den Heldentod, was Schlüters Masken gänzlich fernliegt. Sie zeigen bloß den Schmerz und die Verzweiflung des Sterbens auf dem Schlachtfeld. Der preußische Militarismus ist genau dort zu sich auf Distanz gegangen, wo man es am wenigsten erwartet hätte, an dem Ort, wo Kanonen, Gewehre und anderes Kriegsgerät, kurzum das «Zeug» zur Kriegführung, aufbewahrt wurden.

Das gegenüberliegende Ende der «Linden» bildet das Brandenburger Tor, wie kein anderes Gebäude Symbol preußischer und deutscher Geschichte.[28] Von dem Architekten Carl Gotthard Langhans den Propyläen auf der Athener Akropolis nachempfunden, wurde es 1791 eingeweiht. Seine symbolpolitische Aufladung begann mit Napoleons Einzug in Berlin am 27. Oktober 1806. An der Spitze seiner Truppen ritt er durch das Tor, um von der preußischen Hauptstadt Besitz zu ergreifen. Und so, wie er es seit seinen Italienfeldzügen gewohnt war, schaffte er bald Trophäen seines Sieges nach Paris: neben Friedrichs Degen auch die Quadriga, die das Tor als Siegeszeichen für die unter dem großen König errungenen Erfolge krönte – die Demütigung Preußens hätte schlimmer kaum sein können.

Nach der Besetzung von Paris durch preußische Truppen acht Jahre später ließ Friedrich Wilhelm III. umgehend das Viergespann (und auch Friedrichs Degen) aufspüren und im Triumphzug nach Berlin zurückbringen, wo Schinkel anschließend den mit einem Eichenlaubkranz und dem preußischen Adler bekrönten Stab der Victoria um ein Eisernes Kreuz ergänzte. Die Schmach von 1806 war getilgt. Das sollte Schule machen: Nach jedem der siegreichen Kriege von 1864, 1866 und 1870/71 zogen die Truppen zur Siegesparade durch das Brandenburger Tor ein. Sie taten das auch 1918, wiewohl Deutschland diesen Krieg verloren hatte, und ausgerechnet der Sozialdemokrat Friedrich Ebert gebrauchte damals die unglückliche Formel, sie seien «im Felde unbesiegt» geblieben.[29] Während die Weimarer Republik das Tor symbolpolitisch kaum zu nutzen verstand, schlug Goebbels sogleich propagandistisches Kapital aus ihm, indem er die Bildung des Kabinetts Hitler/von Papen mit einem nächtlichen Fackelzug der SA durch das Brandenburger Tor zum «Tag der Machtergreifung» erhob.

Im Mai 1945 war das Tor schwer beschädigt, die Quadriga zerschossen, und Sowjetsoldaten hatten darauf die rote Fahne gehisst. Die Restaurierung der Quadriga im Jahr 1958 – freilich ohne Schinkels Siegeszeichen, ohne preußischen Adler und ohne Eisernes Kreuz – blieb symbolpolitisch folgenlos, weil schon bald danach die Mauer gebaut wurde, die das Tor für beide Seiten unzugänglich machte. Von nun an diente es dem Westen als Symbol der Teilung, und es kam nicht von ungefähr, dass US-Präsident Reagan die Rede, in der er den sowjetischen Staatspräsidenten Gorbatschow aufforderte, die Mauer niederzureißen, vor dem Brandenburger Tor hielt. Als die Mauer dann am 9. November 1989 tatsächlich fiel, war das Brandenburger Tor der Abschnitt, auf den sich die Weltpresse konzentrierte und von dem die Bilder der auf der Mauer tanzenden Menschen um die Welt gingen. So ist das Brandenburger Tor, als Repräsentationszeichen Preußens errichtet, im Verlauf seiner Geschichte zum Indikator deutscher Befindlichkeiten geworden, an dem man sehr genau ablesen konnte, wie es um die Nation gerade stand.

Preußen, ohne Zweifel ein Zentrum des europäischen Militarismus, war aber auch ein Zentrum der Aufklärung und Bildung, das über Europa hinaus Schule gemacht hat. Wenngleich sich die Philosophen und Gelehrten auf der großen Reiterstatue Friedrichs an der Rückseite des Sockels befinden, direkt unter dem Hintern des königlichen Pferdes, wie man gesagt hat, so hat Friedrich durch seinen Agnostizismus und seine demonstrative konfessionelle Toleranz doch entscheidend dazu beigetragen, dass die Ideen der Aufklärung in Preußen Platz greifen konnten.

Die preußische Aufklärung ruhte auf drei Pfeilern, von denen jeder auf seine Weise in den politischen Mythos eingegangen ist: Zunächst sind da die intensiven Kontakte, die Friedrich II. zu den französischen

Aufklärern, namentlich Voltaire, pflegte, die philosophischen Tafelrunden in Schloss Sanssouci und die Königliche Akademie, in die Friedrich alle aufnehmen ließ, die seiner Auffassung nach in Philosophie und Wissenschaft Rang und Namen hatten. Ein König, der sich zu den Philosophen zählte, mit ihnen intensiven Umgang pflegte und selber Bücher schrieb, die von späteren Generationen noch ob ihres intellektuellen Gehalts studiert wurden[30] – das gab es nirgendwo sonst in Deutschland, und das hat es auch davor und danach nicht gegeben.

Die zweite Säule war die jüdische Aufklärung in Berlin, repräsentiert durch Moses Mendelssohn, der, da er hebräisch und deutsch publizierte, nicht nur in den jüdischen Gemeinden in Deutschland, sondern auch in Kreisen aufgeklärter christlicher Leser breite Resonanz fand. Dass gerade Berlin zum Zentrum der jüdischen Aufklärung in Deutschland wurde, lag nicht zuletzt daran, dass es die einzige deutsche Residenzstadt war, in der die Juden nicht im Ghetto leben mussten.[31] In Berlin entwickelte sich eine von jüdischen Frauen wie Henriette Herz und Rahel Levin (Varnhagen) getragene Salonkultur, die zu Beginn des 19. Jahrhunderts zu einem intellektuellen Kristallisationspunkt Preußens wurde.[32] Und schließlich war da als dritter Pfeiler die deutsche Aufklärung mit Lessing, der sich verschiedentlich in Preußen aufhielt, und vor allem mit Kant in Königsberg.

In seiner Schrift «Was ist Aufklärung?» hat Kant dem preußischen König ein intellektuelles Denkmal gesetzt, das eine weitere Ambivalenz Preußens ausleuchtet: Kant geht nicht mehr davon aus, dass es der Staat und seine Zensur seien, welche die Aufklärung verhinderten, sondern beginnt mit der berühmten Wendung von der «selbst verschuldeten Unmündigkeit». «Faulheit und Feigheit sind die Ursachen, warum ein so großer Teil der Menschen, nachdem sie die Natur längst von fremder Leitung frei gesprochen […], dennoch gerne zeitlebens unmündig bleiben; und warum es anderen so leicht wird, sich zu deren Vormündern aufzuwerfen. Es ist so bequem, unmündig zu sein.»[33] Tatsächlich sei für Aufklärung nicht mehr erforderlich als das Recht, «von seiner Vernunft in allen Stücken *öffentlichen Gebrauch* zu machen. Nun höre ich aber von allen Seiten rufen: *räsonniert nicht!*

Der Offizier sagt: räsonniert nicht, sondern exerziert! Der Finanzrat: räsonniert nicht, sondern bezahlt! Der Geistliche: räsonniert nicht, sondern glaubt! (Nur ein einziger Herr in der ganzen Welt sagt: *räsonniert*, so viel ihr wollt, und worüber ihr wollt; aber *gehorcht*!).»[34] Dieser «einzige Herr» ist unschwer als Friedrich II. zu erkennen, und für alle, die das überlesen haben sollten, erklärt Kant wenige Seiten später ausdrücklich, das jetzige Zeitalter sei «das Zeitalter der Aufklärung oder das Jahrhundert *Friederichs*».[35]

Kant verwandelte den König in ein Instrument der Aufklärung, indem er zu bedenken gab, dass «nur derjenige, der, selbst aufgeklärt, sich nicht vor Schatten fürchtet, zugleich aber ein wohldiszipliniertes zahlreiches Heer zum Bürgen der öffentlichen Ruhe zur Hand hat» – also der preußische König –, es sich leisten könne, in so hohem Maße wie Friedrich die Freiheit öffentlichen Räsonnements einzuräumen, während Republiken hierin viel restriktiver seien. Mit der Zeit aber werde sich «unter dieser harten Hülle» der «Hang und Beruf zum freien Denken ausbilden» und «endlich sogar auf die Grundsätze der Regierung» Einfluss gewinnen.[36] Eine umsichtigere Rechtfertigung Preußens lässt sich kaum denken. Erst eine oberflächliche Lektüre, die sich auf die ersten Seiten beschränkt, hat Kants Aufklärungsschrift von Preußen und seinem Mythos getrennt. Tatsächlich ist sie nicht nur der Grundtext der deutschen Aufklärung, sondern auch ein Element im liberalen Strang des Preußenmythos.

«Friedrich der Große in der Schlacht bei Zorndorf». Gemälde (1904) von Carl Röchling.

Das Mirakel des Hauses Brandenburg

Fritz der König

Das Leben Friedrichs II. von Preußen, dem man schon zu Lebzeiten den Ehrentitel «der Große» verliehen hat, enthält Stoff für mehrere politische Mythen. Da ist zunächst der Konflikt mit dem Vater, der auf Sparsamkeit bedacht war und keinerlei intellektuelle und künstlerische Ambitionen besaß.[1] Er wollte den Sohn zum Ebenbild seiner selbst formen und scheiterte daran. Friedrich wäre an diesem Konflikt fast zerbrochen; der Gedanke an Selbsttötung, der ihn nach schweren Niederlagen während des Siebenjährigen Krieges heimsuchte, war ihm seit damals vertraut. Auf der einen Seite der jähzornige, zu Brutalität neigende «Soldatenkönig», der seinen Sohn in der Öffentlichkeit mit Schlägen demütigte und anschließend erklärte, wenn er selbst von seinem Vater so behandelt worden wäre, hätte er sich erschossen.[2] Und auf der anderen Seite ein sensibler junger Mann, der sich mehr für Musik und Literatur als für das harte und langweilige Regierungsgeschäft interessierte. Der Konflikt fand seinen Höhepunkt in Friedrichs gescheitertem Fluchtversuch nach England und der Hinrichtung seines Freundes Hans Hermann von Katte. Vom Fenster seiner Gefängniszelle in der Festung Küstrin musste Friedrich Kattes letztem Gang und der Exekution mit dem Schwert zusehen. Noch bevor Kattes Kopf fiel, sank Friedrich bewusstlos zusammen.

Die preußenfreundlichen Darstellungen sehen darin den Wendepunkt in Friedrichs Leben: Von nun an habe er sich in seine Rolle hineingefunden und akzeptiert, was sein Vater von ihm verlangte. Für die anderen verstellte sich Friedrich von nun an nur noch mehr: Statt seinen Intellekt zu nutzen, um dem König die eigene Überlegenheit vor Augen zu führen, habe er sich bedeckt gehalten und in sicherem Abstand auf den Tod des Vaters gewartet. Das Problem ist, dass man aus Friedrich – Fritz, wie er schon von seinen Eltern genannt wurde – nicht klug wird. Bis ins hohe Alter hinein hat er sich selbst inszeniert, und wenn er sich einem Vertrauten gegenüber einmal offenherzig zeigte, so weiß man nicht, ob dies eine Unterbrechung der Selbstinszenierung oder ein Bestandteil davon gewesen ist. Trotz einer Heerschar von Biographen ist Friedrich ein Rätsel geblieben – eine vorzügliche Voraussetzung dafür, dass eine Person zum Mythos werden kann.

Als Fünfzehnjähriger hat Friedrich den blauen Rock der preußischen Armee, den sein Vater zur alltäglichen Bekleidung des Königs gemacht hatte, einen «Sterbekittel» genannt – Anlass für eine weitere schwere Auseinandersetzung zwischen Vater und Sohn. Als König hat Friedrich diesen Rock dann selbst getragen, und seit dem Siebenjährigen Krieg trug er nichts anderes mehr als die Uniform seiner Infanteristen. Sah er darin immer noch den «Sterbekittel», nun freilich in stoischer Akzeptanz des Opfers, das er sich und seinen Soldaten abverlangte? In seinen Kriegen hat er Hunderttausende in den Tod geschickt, gelegentlich hat er sie dabei sogar persönlich angeführt, und in der Schlacht von Kolin soll er sie, als das Kampfgeschehen auf des Messers Schneide stand, mit der Frage angeherrscht haben: «Kerle, wollt ihr ewig leben?»[3] Friedrich scheint sich mit der ihm zunächst so verhassten Uniform abgefunden zu haben, und zuletzt hat er sie nicht einmal mehr gewechselt.

In seinen letzten Lebensjahren bot Friedrich, ungepflegt und zahnlos, keinen erfreulichen Anblick. Die Gräfin Egloffstein hatte bei ihrem Besuch in Potsdam «einen mumienartigen alten Mann in abgeschabter Uniform» gesehen, «den großen Federhut schräg ins Gesicht gedrückt, das durch eine ungeheure Nase, kleinen eingekniffenen Mund und große Farrenaugen entstellt wurde».[4] Und der französische Diplomat Graf Ségur berichtet über eine Begegnung kurz vor Friedrichs Tod: «Sein blauer Rock, verbraucht wie sein Körper, seine hohen, bis übers Knie reichenden Stiefel, seine mit Tabak befleckte Weste bildeten ein seltsames […] Gemisch.»[5] Doch angesichts der äußeren Verwahrlosung tritt Friedrichs wahre Gestalt für Ségur umso deutlicher hervor: «Das Feuer seiner Blicke zeigte, daß seine Seele nicht gealtert war. Trotz seiner hinfälligen Erscheinung spürte man, daß er noch kämpfen konnte wie ein junger Soldat. Trotz seiner Kleinheit überragte er geistig alle anderen.»[6] Es ist schwer zu sagen, ob Ségur hier ein eigenes Erleben beschreibt oder ob er bereits dem Mythos des großen Königs begegnet ist. Schon zwölf Jahre vor Friedrichs Tod hatte Herder geschrieben: «Das Jahrhundert trägt sein Bild wie seine Uniform.»[7]

In Franz Kuglers *Geschichte Friedrichs des Großen*, die zusammen mit Adolph Menzels Illustrationen das mythische Bild des Königs wesentlich geformt hat,[8] wird der «alte Fritz» in seinen letzten Lebensjahren so dargestellt: «Wenn Friedrich in die Stadt geritten kam, war das stets ein festliches Ereignis für das Volk. Die Bürger traten aus den Türen und grüßten ihn ehrerbietig; er erwiderte jeden Gruß, indem er den Hut abzog. Viele folgten ihm zu den Seiten, den alten König recht lange und deutlich anzusehen. Stets lief eine Menge von Kindern und Buben vor und neben ihm; sie riefen dem Landesvater ihr Lebehoch zu, warfen ihre Mützen jubelnd empor, wischten ihm auch wohl den Staub von den Stiefeln und trieben sonst allerlei Possen. Friedrich ließ sie nie in ihrer Freude stören; nur wenn sie gar zu weit gingen und das Pferd neckten, daß es scheu ward, stieß er wohl einige rasche Drohungen aus und ritt dann wieder ruhig weiter. Auch wird erzählt, wie er einst, als die Buben es zu arg machten, seinen Krückstock erhoben und ihnen drohend geboten habe, in die Schule zu gehen, wie die Buben aber jubelnd ausgerufen hätten: ‹Ach, der will ein König sein und weiß nicht, daß Mittwoch nachmittags keine Schule ist.›»[9] Hier begegnen wir einem etwas verschrobenen, aber warmherzigen Landesvater, der, wiewohl von der Gicht gezeichnet, nach wie vor zu Pferde ausreitet und Kutschen oder Sänften verabscheut, immer noch Soldat und bis zum Schluss erster Diener seines Staates. «Ich sehe den Tod nahen», erklärte Friedrich wenige Monate vor seinem Ableben, «aber ich werde mich bis zum letzten Augenblick mit den Staatsgeschäften abgeben und bei der Arbeit sterben.»[10]

Zwischen Kindheit und Jugend des Kronprinzen und dem legendären «Alten Fritz» liegen Jahrzehnte äußerster Anspannung, glänzender Siege und verheerender Niederlagen, der Hoffnung, jetzt sei das Schlimmste überstanden, dann wieder monatelangen Balancierens am Abgrund, bei dem Friedrich weniger durch eigenes Tun als durch die Untätigkeit seiner Gegner gerettet wurde. Dabei war das «Rendezvous mit dem Ruhm», von dem Friedrich gesprochen hatte, als er im Dezember 1740 in Schlesien einmarschierte, für ihn zunächst glücklich verlaufen. Bis zur Schlacht von Kolin im Juni 1757, in der ein schon sicher geglaubter Sieg buchstäblich in letzter Minute durch eine sächsische Kavallerieattacke verloren ging,[11] zehrte Friedrichs Heer vom Nimbus der Unbesiegbarkeit.[12] Und auch danach wandte sich das Glück – *la fortune*, wie Friedrich sagte – ihm noch einmal zu: Mit den glänzenden Siegen, die er bei Roßbach und Leuthen errang, wurde sein angekratzter Nimbus wiederhergestellt.

In der Schlacht von Roßbach schlug Friedrich bei nur geringfügigen eigenen Verlusten ein um Reichstruppen verstärktes französisches Heer in die Flucht.[13] Damit hatte er die französische Armee auf eine Weise gedemütigt, wie man es seit Jahrhunderten nicht mehr erlebt hatte. Nicht nur in Preußen ist Friedrich dafür bewundert worden.[14] Und wenige Wochen darauf stellte er diesen Erfolg mit der Schlacht von Leuthen sogar noch in den Schatten.[15] Leuthen wurde zum Mythos für die Leistungsfähigkeit der preußischen Armee: Sie hatte einen zahlenmäßig weit überlegenen Gegner besiegt – den etwa 30 000 Preußen hatten mehr als doppelt so viele österreichische Soldaten gegenübergestanden. In der Nacht war auf dem Schlachtfeld der Choral «Nun danket alle Gott» angestimmt worden, seitdem eine preußische Hymne.[16]

Der nächtliche Gesang der Armee, die sich wieder in Bewegung setzte, um dem zur Verfolgung der Österreicher vorausgeeilten König zu folgen, war ein Element des Mythos von Leuthen, ein anderes ist die ungemein riskante Truppenbewegung, die Friedrich angeordnet hatte: Die «schiefe Schlachtordnung», bei der der Gegner nicht frontal, sondern in der Flanke angegriffen wird, um von dort her seine Linien aufzurollen, konnte nur erfolgreich sein, wenn sie präzise und kaltblütig durchgeführt wurde. Alles kam darauf an, dass die Kommandeure ihre Aufgaben exakt erfüllten.

Adolph Menzel hat den Augenblick gemalt, in dem der König ihnen seinen Plan erklärt. Auf dem mehr als vier mal drei Meter großen Gemälde sieht man die um Friedrich gescharten Generäle. Einige hören ihm gespannt zu, andere sind abgelenkt oder mit ihren Gedanken beschäftigt. Die Unordnung im Offizierskorps steht in einem eigentümlichen Kontrast zu der Ordnung, in der wenige Stunden später die Schlacht geschlagen werden sollte. Wilhelm I. hat das gestört, deshalb war er nicht bereit, die Kosten für die Fertigstellung des Gemäldes zu übernehmen. Es blieb unvollendet; dort, wo der König steht, zeigt es eine weiß-gelbe Fläche. Die entscheidende Figur wurde nicht ausgeführt, das Zentrum des Geschehens ist leer.[17] Auf diese Weise hat das Bild zur Intensivierung des Leuthenmythos beigetragen: Die Dämmerung des Wintermorgens, die Ahnung, dass die Zukunft des Staates auf dem Spiel steht, die Nervosität der Offiziere, die sie ablenkbar macht, und schließlich die fehlende Hauptfigur des Königs – das alles lässt die Spannung scharf hervortreten, und womöglich hätte ihr die Vollendung des Bildes eher Abbruch getan.

Das Gegenbild dazu ist Carl Röchlings Gemälde «Friedrich der Große in der Schlacht von Zorndorf vor der Front des Regiments von Bülow».[18] Es zeigt die kritische Phase des Gefechts: Der preußische Infanterieangriff auf die russischen Stellungen ist gescheitert, die Bataillone sind zurückgewichen, zum Teil geflohen, und die zu ihrer Unterstützung aufgefahrene Artillerie ist in russische Hände gefallen. In dieser Situation ist Friedrich zu seinen Soldaten geeilt. Die schmächtige Gestalt des Königs mit weit aufgerissenen Augen und starr nach vorn gerichtetem Blick dominiert die rechte Bildhälfte. Er hat die Regimentsfahne ergriffen und schreitet voran über tote und verwundete Soldaten und wahllos verstreutes Kriegsgerät. Ein

Grenadier geht neben ihm her und redet auf ihn ein. Ganz offensichtlich warnt er vor den Gefahren, denen sich der König aussetzt. Doch Friedrich scheint ihn nicht zu hören, seine ganze Aufmerksamkeit ist nach vorn gerichtet. Sinnbild seines bedingungslosen Siegeswillens ist das Schwert in seiner Rechten. Von dem Erfolg des neuerlichen Angriffs, so die Aussage des Bildes, hängt der Ausgang der Schlacht, das Gelingen des Feldzugs, das Schicksal Preußens ab. Und tatsächlich: Im Bildhintergrund sammeln sich die Truppen wieder, Leichtverwundete stehen auf und greifen wieder zur Waffe, Reiter spornen ihre Pferde, ein berittener Offizier gibt mit erhobenem Arm das Signal zum Angriff.[19] Friedrichs persönliches Eingreifen hat das Blatt gewendet.

Was Röchling gemalt hat, ist der Mythos soldatischen Heldentums. Hat Menzel den Feldherrn Friedrich dargestellt, den strategischen Kopf, der seinen Generalen am Morgen von Leuthen den Schlachtplan mitteilt, so zeigt Röchling den Heerführer, den Helden, dessen persönlicher Mut die Wende erzwingt. Auch das ist ein Element des Mythos, der in den beiden Weltkriegen die Vorstellungswelt des deutschen Militärs geprägt hat.

Zorndorf war Friedrichs letzter großer Sieg. Danach kamen die schweren Niederlagen: Hochkirch (Oktober 1758) und vor allem Kunersdorf (August 1759), wo der König nur knapp einem Kosakentrupp entkam. Noch am Abend der Schlacht schrieb er an seinen Minister Graf Finckenstein: «Mein Rock ist von Kugeln durchbohrt; zwei Pferde sind mir unter dem Leibe erschossen. Zu meinem Unglück lebe ich noch. […] Alles flieht, und ich bin nicht mehr Herr meiner Leute. […] Das ist ein grausamer Schlag, ich werde ihn nicht überleben. Die Folgen davon werden schlimmer sein als die Sache selbst. Ich habe keine Hilfsmittel mehr; ungelogen, ich halte alles für verloren. Den Untergang meines Vaterlandes werde ich nicht überleben.»[20]

Friedrich erholte sich von dieser Depression und vermochte wieder eine leidlich kampffähige Armee aufzustellen. Das Heft des Handelns aber war ihm entglitten, und er führte von nun an einen erbitterten «Abwehrkampf auf der inneren Linie», in dem es ihm unter großen

Mühen gelang, sich gegen die erdrückende Übermacht der Feinde zu behaupten.[21] Am Schluss wurde Friedrich durch den Tod der Zarin Elisabeth gerettet, in dessen Folge Russland aus der gegen Preußen gerichteten Koalition ausschied. Die Katastrophe war ausgeblieben. Das «Mirakel des Hauses Brandenburg» ging in den Mythos vom großen König ein.

Mindestens ebenso wie seine glanzvollen Siege hat Friedrichs Durchhaltefähigkeit nach politischen Rückschlägen und militärischen Katastrophen diesen Mythos mitgeformt. Ohne sie wäre er besiegt worden, bevor jenes «Wunder» ihn hätte retten können. Nachdem ihn das Schlachtenglück verlassen hatte, entwickelte Friedrich eine Zähigkeit und Verbissenheit, an welcher der Kriegswille der gegnerischen Koalition sich schließlich erschöpfte. In seinem eisernen Durchhaltewillen zeigte sich die andere Seite Friedrichs; neben den politischen Hazardeur trat der verbissene Kämpfer. 1763 konnte in Hubertusburg ein Friedensvertrag geschlossen werden, und Friedrich behielt, was er 1740/41 an sich gerissen hatte. Das war ein Erfolg, den ihm kaum mehr jemand zugetraut hatte, und eine weiteres Element, das zu seinem Mythos beitrug – in positiver wie in negativer Hinsicht.

In den verbleibenden dreiundzwanzig Jahren seiner Regierung widmete sich der König dem Wiederaufbau des Landes, ließ Sumpfgebiete trockenlegen und kümmerte sich um die Intensivierung des Wirtschaftslebens. Obwohl diese Jahrzehnte ebenfalls in den Friedrich-Mythos eingegangen sind, haben sie darin doch nie ein so großes Gewicht erlangt wie die um Schlesien geführten Kriege. Aber immerhin standen der Arbeit am Mythos drei Etappen im Leben Friedrichs zur Verfügung, an denen angesetzt werden konnte: die Jugendzeit, in welche die Auseinandersetzungen mit dem Vater und die unbeschwerten Jahre in Rheinsberg fallen; sodann die Zeit der Kriege, in denen sich Friedrich als strategischer Kopf und als Held erwiesen und zuletzt einer «Welt von Feinden» getrotzt hatte; schließlich der «alte Fritz», der Wiederaufbau Preußens, das Aktenstudium und die Justizreformen, aus denen das Allgemeine Landrecht hervorgegangen ist. Das war genügend Stoff, um Friedrich zur Zentralfigur des Preußenmythos werden zu lassen.

Nachdem Friedrich am 17. August 1786 gestorben war, sah es zunächst freilich gar nicht so aus, als ob sich um ihn ein Mythos entwickeln würde. Man war froh, als der strenge Alte, der zuletzt wie ein Gespenst aus anderen Zeiten gewirkt hatte, endlich tot war. Sechsundvierzig Jahre hatte Friedrich Preußen regiert, und es gab kaum jemanden in seiner Umgebung, dem er nicht irgendwann einmal mit dem Krückstock gedroht hatte. «Alles ist freudlos, aber nirgends herrscht Trauer», berichtete Mirabeau nach Paris, «jeder ist geschäftig, niemand bedrückt; kein Gesicht, das nicht Erleichterung und Hoffnung zeigte. Kein Bedauern, kein Seufzer, keine Lobrede [...]. Man war es überdrüssig bis zum Haß.»[22]

Es gab viele Gründe dafür, sich von Friedrich abzuwenden. Im pietistisch geprägten Umfeld seines Neffen etwa, des neuen Königs Friedrich Wilhelm II., verabscheute man sein Freidenkertum und setzte auf eine Erneuerung der Religion.[23] Man wollte den heidnisch-materialistischen Geist Friedrichs aus Preußen vertreiben. Die Abneigung gegen den großen König reichte bis in die Regierungszeit Friedrich Wilhelms IV., als man eine Gesamtausgabe seiner Schriften zu verhindern suchte und Alexander von Humboldt seinen ganzen Einfluss aufbieten musste, um das Projekt in Gang zu bringen.[24] Auch die Dichter und Schriftsteller zeigten wenig Neigung, sich mit Friedrich zu befassen. «Friedrich II. ist kein Stoff für mich», schrieb Schiller 1791 an Christian Gottfried Körner, «und zwar aus einem Grunde, den Du vielleicht nicht für wichtig genug hältst. Ich kann diesen Charakter nicht liebgewinnen; er begeistert mich nicht genug, die Riesenarbeit der Idealisierung an ihm vorzunehmen.»[25] Vermutlich hat ihn der Preußenkönig an seinen Landesherrn Karl Eugen erinnert, vor dem Schiller einst geflohen war.

Noch weniger als die Klassiker konnten die Romantiker mit Friedrich anfangen, dessen «Maschinenstaat» all ihren Vorstellungen vom Organischen zuwider war.[26] Und auch der junge Hegel, der in seiner späteren Geschichtsphilosophie zu einem ganz anderen Urteil kommen sollte, zeigte in seiner zwischen 1800 und 1802 entstandenen Schrift *Die Verfassung Deutschlands* nicht die geringste Sympathie für Friedrich und Preußen. Es sei ein «ledernes, geistloses Leben», das durch die «Pedanterie des Herrschens» hervorgebracht werde, und man müsse sehr bezweifeln, ob sich dieser Typus von Ordnung werde behaupten können. Gerade im Vergleich mit Frankreich nämlich werde deutlich, «welche Dürre» in Preußen herrsche; das falle «jedem auf, der das erste Dorf desselben betritt oder seinen völligen Mangel an wissenschaftlichem und künstlerischem Genie sieht oder seine Stärke nicht nach der ephemerischen Energie betrachtet, zu der ein einzelnes Genie [Friedrich] ihn für eine Zeit hinaufzuzwingen gewusst hat».[27] Für den jungen Hegel war Preußen ein Kunstprodukt; es hatte zu wenig Substanz und war auf einen überragenden Herrscher angewiesen. In der neuen Epoche, die mit der Revolution in Frankreich angebrochen war, habe ein solches Staatsmodell keine Zukunft.

Dann kam die vernichtende Niederlage Preußens gegen Napoleon und damit das Ende des friderizianischen Preußen. Zwar soll Napoleon, als er den Sarkophag Friedrichs in der Potsdamer Garnisonkirche aufsuchte, gesagt haben: «Wenn der noch am Leben wäre, dann stünden wir nicht hier»,[28] aber Friedrich war eben nicht mehr am Leben. Die nach dem Untergang des alten Preußen eingeleiteten Reformen waren nicht am friderizianischen Vorbild orientiert, sondern zielten in eine ganz andere Richtung. Man sei «eingeschlafen auf den Lorbeeren Friedrichs des Großen», hatte Königin Luise gesagt,[29] doch beim Erwachen aus dem Schlaf wollte man sich nicht mehr am Vorbild des großen Königs orientieren. Vielmehr blickte man auf Frankreich, das sich als so ungemein schlagkräftig erwiesen hatte, und die Reformen erfassten vor allem den Bereich, in dem der Stolz des alten Preußens lag: die Armee. Dabei wurde das abgeschafft, was deren herausstechende Merkmale unter Friedrich gewesen waren. Auch als mythisierbare Heldengestalt, auf die man bei der Konfrontation mit den Franzosen angewiesen war, eignete sich der alte wie der junge Fritz kaum. Diese Funktion übernahm Gebhard Leberecht von Blücher, der «Marschall Vorwärts» der preußischen Armee, ein Mann, der gegen

Napoleon mehr Niederlagen erlitten als Siege errungen hatte, der aber von einem unbändigen Siegeswillen besessen war.[30] Neben ihm trat Scharnhorst, der eigentliche Kopf der Militärreformen, in den Hintergrund. Blücher wurde zum Mythos, Scharnhorst blieb eine historische Erinnerung.

Die entscheidende Zäsur im Nachleben Friedrichs markiert das Jahr 1840, in dem die sterblichen Überreste Napoleons von St. Helena nach Frankreich überführt und in einem Marmorsarkophag im Invalidendom aufgestellt wurden. Der Mythos des großen Kaisers erfuhr damit einen beträchtlichen Schub, und man musste in Preußen dagegenhalten. Jetzt war auch der zeitliche Abstand zu Friedrichs Regierungsjahren groß genug, um ihn in der Doppelrolle als Heldenkönig und Landesvater zum Antipoden Napoleons[31] stilisieren zu können.

1839 war in Paris Paul-Matthieu Laurents *Histoire de l'Empereur Napoléon* erschienen, ein eher mittelmäßiges Werk, das jedoch durch die beigefügten Illustrationen von Horace Vernet große Popularität gewann. Der ikonographische Typus Napoleon, wie wir ihn heute noch vor Augen haben, ist wesentlich durch Vernet geprägt. Als Menzel gebeten wurde, Kuglers *Geschichte Friedrichs des Großen* zu illustrieren, orientierte er sich an diesem Vorbild, und es gelang ihm sogar, Vernets Wirkung noch zu übertreffen: Durch die Reduktion komplexer Zusammenhänge auf anekdotische Momente zieht er die Betrachter allein durch die Bildperspektive auf Friedrichs Seite.[32] Kugler und Menzel haben die Brücke zwischen dem vergangenen und dem gegenwärtigen Preußen geschlagen und aus Friedrich einen Volkshelden gemacht, was dieser nie hatte sein wollen. Hinter ihrer Darstellung verblasste bald die historische Gestalt. Sie wurde überstrahlt vom Mythos mit seinen ikonischen Verdichtungen.

Diese Entwicklung wurde verstärkt, als Fontane in seinen «Preußenliedern» die militärische Entourage des Königs ins rechte Licht rückte. Seine Balladen waren einprägsam, rekapitulierten das Wissen, das den preußischen Schülern über die Helden des Königs eingetrichtert wurde, und zeichneten dabei eindrückliche Charakterbilder von Friedrichs Heerführern: vom alten Dessauer, dem Exerziermeister der preußischen Armee, der in der Schlacht von Kesselsdorf gebetet haben soll: «Lieber Gott! Steh mir heute gnädig bei. Oder willst du nicht, so hilf wenigstens die Schurken, die Feinde, nicht, sondern sieh zu, wie es kommt!»[33]; von General Seydlitz mit seinen gelben Reithosen, der in der Schlacht bei Roßbach die bis dahin nur selten erfolgreiche preußische Kavallerie zu den beiden entscheidenden Attacken geführt hatte;[34] vor allem aber von Friedrichs wohl populärstem Heerführer, dem Husarengeneral Zieten – das sprachliche Denkmal, das Fontane ihm gesetzt hat, gehörte über Jahrzehnte zum festen Balladenwissen preußischer Schüler:

«Joachim Hans von Zieten,
Husarengeneral,
Dem Feind die Stirne bieten,
Er tat's wohl hundertmal;
Sie haben's all erfahren,
Wie er die Pelze wusch,
Mit seinen Leibhusaren
Der Zieten aus dem Busch.
[…]
Sie kamen nie alleine
Der Zieten und der Fritz
Der Donner war der eine,
Der andere war der Blitz.
Es wies sich keiner träge,
Drum schlug's auch immer ein,
Ob warm', ob kalte Schläge,
Sie pflegten gut zu sein.»[35]

Fontane griff die patriotische Grundstimmung auf und bediente sie, ohne jedoch menschliche Schwächen wie militärisches Scheitern zu übergehen:[36] Zieten etwa pflegte bei den Konversationen am Tisch des Königs einzuschlafen, Seydlitz verachtete Zivilisten und legte großen Wert darauf, dass sie ihm als Militär den gebührenden Respekt erwiesen. Feldmarschall Schwerin erscheint zwar als durchweg untadeliger

Charakter, doch sein Tod in der Schlacht von Prag erweist sich als sinnlos, weil die Truppen anschließend nach Kolin weiterziehen, wo sie eine bittere Niederlage erleiden. Sosehr Fontane Preußen idealisierte, mied er doch platte Heroisierung.

Unterdessen hatte man lange über ein Denkmal für den großen König beraten. Seit dem 15. Jahrhundert war es üblich geworden, Herrschern, die siegreich aus größeren Kriegen hervorgegangen waren, ein Reiterstandbild zu errichten. Auch in Berlin, vor dem Charlottenburger Schloss, befand sich eine solche Statue, der Große Kurfürst zu Pferd, ein Werk Andreas Schlüters. Das dürfte einer der Gründe dafür gewesen sein, dass man zunächst nach einer Alternative suchte. So dachte man über einen Ruhmestempel oder einen Obelisken nach.[37] Außerdem war nicht klar, wo das Denkmal stehen sollte, denn nach seiner Rückkehr aus dem Siebenjährigen Krieg hatte Friedrich das Berliner Stadtschloss gemieden und die Staatsgeschäfte von Schloss Sanssouci in Potsdam aus geführt. Schließlich entschied man sich doch dafür, ein Reiterstandbild aufzustellen, und zwar Unter den Linden. Hier, auf der Höhe des in seiner Regierungszeit geschaffenen Forum Fridericianum (heute Bebelplatz), in der Nähe von Opernhaus, Universität und königlicher Bibliothek, konnte man Friedrich in der charakteristischen Uniform mit dem Dreispitz als Heerführer zeigen, ohne die Friedensjahre seiner Regierung gänzlich in den Hintergrund treten zu lassen.

Das Denkmal nach einem Entwurf von Christian Daniel Rauch stellt den König und seinen «Staat» dar, weswegen auf dem Sockel nicht nur die Kardinaltugenden der Stärke, Gerechtigkeit, Weisheit und Mäßigung zu finden sind, sondern auch Generäle, Politiker, Dichter und Philosophen, wobei freilich das Militär die besten Positionen einnimmt. Ohne Uniform und militärisches Gepränge war Preußen eben nicht präsentabel. 1840 wurde der Grundstein gelegt, 1851 das Denkmal enthüllt. In der Zwischenzeit hatte Berlin eine Revolution erlebt, die das Herrscherhaus an den Rand des Abgrunds gebracht und bei deren Niederschlagung sich die Armee als seine einzige zuverlässige Stütze erwiesen hatte.[38] Entsprechend dankbar zeigte sich

Friedrich Wilhelm IV. in seiner Einweihungsrede gegenüber der Armee, von der er sich zunächst eher ferngehalten hatte. Sie habe gezeigt, dass sie «gottlob noch heute würdig» sei, «das Heer des großen Königs zu heißen». In den «letzten verhängnisvollen Jahren» habe sie «im hellsten Sonnenscheine unangetasteter Ehre und Treue» zu ihm gestanden.[39] Aber Friedrich Wilhelm hatte die Sympathien des Volkes, auf die er bei seinem Regierungsantritt durchaus hatte bauen können, längst verspielt, und so war am nächsten Tag auf einem am Denkmal angebrachten Zettel zu lesen:

«Alter Fritz, steig Du hernieder
Und regier' die Preußen wieder.
Laß in diesen schlechten Zeiten
Lieber Friedrich Wilhelm reiten.»[40]

Der Mythos Friedrichs diente nun als Maßstab, an dem spätere Herrscher sich messen lassen mussten.[41] Inzwischen dachte, wer sich an Friedrich erinnerte, vor allem an die Friedensjahre, an den König, der sich in pedantischer Akribie um die «Repeuplierung» seiner Provinzen kümmerte, das Oderbruch trockenlegen ließ und zu Pferde über Land ritt, um nach dem Rechten zu schauen. Gleichzeitig entwickelte sich Mitte des 19. Jahrhunderts eine wesentlich von Historikern geführte Debatte darüber, ob Friedrich den Beinamen «der Große» verdiene oder ein politischer Hasardeur gewesen sei, den allein das Glück vor dem Abgrund gerettet habe. Wäre Friedrich in diesen gestürzt, so die Kritiker, hätte er sich in Anbetracht seiner Rechtsbrüche und Angriffskriege nicht beklagen dürfen.

Am Anfang dieser Debatte, die nach dem Ersten wie Zweiten Weltkrieg jeweils wiederauflebte und in der um Friedrich als politischen Leitmythos der Deutschen gestritten wurde, steht das 1860 erschienene Buch *Der König Friedrich II. von Preußen und die deutsche Nation* von Onno Klopp, ein «leidenschaftlicher Protest gegen die idealisierende Auffassung der preußischen Historiker».[42] Klopp zufolge hatte Friedrich dem preußischen Staat einen politischen Giftstoff injiziert, und dieses Gift, der «Fridericianismus», habe sich darin festgesetzt: «Es ist nach außen das Streben der Eroberung, welches keine Grenze findet an einem moralischen Wollen, sondern lediglich an dem physischen Können. Es ist nach innen das Prinzip des militärischen Absolutismus als der steten Bereitschaft zum Eroberungskriege. Es ist endlich nach beiden Seiten hin dasjenige der Täuschung über den eigentlichen Zweck und der Verhüllung desselben durch das Vorgeben anderer Bestrebungen, die geeignet sind oder scheinen, die Popularität wenigstens derjenigen Menschen zu erwerben, welche die Dinge leichthin an der Oberfläche zu betrachten pflegen.»[43] Für Klopp war Preußen ein Paradoxon: Seine innere Stabilität beruhte darauf, dass es ständig Unruhe und Umstürze in den äußeren Beziehungen provozierte. Das sei sein fortbestehendes fridericianisches Erbe. Diese und ähnliche Urteile haben maßgeblich zur Furcht vor Preußen und schließlich zu seinem Verschwinden durch den Kontrollratsbeschluss beigetragen. Man wollte endlich Ruhe.

Andere schätzten an Preußen und seiner Politik gerade die permanente Unruhe. Fast gleichzeitig mit Klopp hat Ferdinand Lassalle, Gründer der deutschen Sozialdemokratie, Friedrichs Politik gegenüber dem Reich als die eines Revolutionärs dargestellt, der mit allen Mitteln gegen überholte und verkommene Strukturen vorging. Den Zauber, den der große König zu seiner Zeit vor allem auf jüngere Deutsche ausübte, erklärt Lassalle mit dem revolutionären Charakter, den Friedrichs Zugriff auf Schlesien hatte. Der Verweis auf das Recht, das Friedrich damit gebrochen habe, sei konservativ, wenn nicht reaktionär.

Auf der Suche nach Vorbildern revolutionären Handelns hat Lassalle die deutsche Geschichte durchstöbert und ist dabei auf Friedrich gestoßen, der Preußen aus der politischen Bedeutungslosigkeit herausgeführt und in eine europäische Großmacht verwandelt habe. Insofern sei der Krieg um Schlesien «kein Krieg im gewöhnlichen Sinne [gewesen], in dem es sich nur um die gleichgültige Frage handelte, ob ein Landstrich diesem oder jenem Fürsten gehören solle; das war eine *Insurrektion*, welche der Marquis von Brandenburg, wie er am Hofe der Madame von Pompadour genannt wurde, gegen die Kaiserfamilie, gegen alle Formen und Überlieferungen des Deutschen Reiches, ja gegen den einmütigen Willen des europäischen Kontinents unternahm, eine Insurrektion, die er durchkämpfte wie ein echter, auf sich selbst gestellter Revolutionär, das Gift in der Tasche.»[44]

Eine mittlere Position nahm Bismarck ein, der in seinen *Gedanken und Erinnerungen* verschiedentlich auf Friedrich und dessen Folgen für die preußische Politik zu sprechen kam. Was Lassalle als Friedrichs revolutionären Impetus bezeichnete, verrechnete Bismarck unter Eitelkeit, in der er jedoch keineswegs bloß eine negative Eigenschaft von Herrschern sah. Ganz im Geiste Machiavellis suchte er in der Politik nach dem positiven Effekt dessen, was man im bürgerlichen Leben als Untugend oder Laster bezeichnet: «Die Eitelkeit kann bei Monarchen ein Sporn zu Thaten und zur Arbeit für das Glück ihrer Unterthanen sein. Friedrich der Große war nicht frei davon; sein erster Thatendrang entsprang dem Verlangen nach historischem Ruhm.»[45]

Bismarck hatte genaue Vorstellungen davon, wie Friedrichs Erfolge über die Vermittlung des Mythos zum prägenden Element preußischer Politik werden mussten. In dem Kapitel «Kaiser Wilhelm II.» seiner politischen Memoiren hat er sie mit Blick auf den Mann, der ihn als Reichskanzler entlassen hat,[46] als Neigung zum persönlichen Regiment und als Zwang, wie der große Vorfahre nach Ruhm zu streben, zusammengefasst: «Friedrich der Große hat sein Blut nicht fortgepflanzt; seine Stellung in unserer Vorgeschichte muß aber auf jeden seiner Nachfolger wirken als eine Aufforderung, ihm ähnlich zu werden.»[47] Bismarck spricht dann über die zwei Begabungen Friedrichs, die des Feldherrn und die eines «hausbackenen Landesvaters». Wiewohl letztere sehr viel mehr im Interesse der Untertanen liege, müsse man feststellen, «daß diejenigen Könige als die volksthümlichsten und beliebtesten gelten, welche ihrem Lande die blutigsten Lorbeeren gewonnen, zuweilen auch wieder verscherzt haben». Und dann kommt Bismarck zu einem verallgemeinernden Urteil, das sich auf die Wirkung politischer Mythen bis zur Mitte des 20. Jahrhunderts anwenden lässt: «Friedliebende, civilistische Volksbeglückung wirkt auf die christlichen Nationen Europas in der Regel nicht so werbend, nicht so begeisternd wie die Bereitwilligkeit, Blut und Vermögen der Unterthanen auf dem Schlachtfelde siegreich zu verschwenden. Ludwig XIV. und Napoleon, deren Kriege die Nation ruinierten und mit wenig Erfolg abschlossen, sind der Stolz der Franzosen geblieben, und die bürgerlichen Verdienste anderer Monarchen und Regierungen treten gegen sie in den Hintergrund. Wenn ich mir die Geschichte der europäischen Völker vergegenwärtige, so finde ich kein Beispiel, dass eine ehrliche und hingebende Pflege des friedlichen Gedeihens der Völker für das Gefühl der letzteren eine stärkere Anziehungskraft gehabt hätte als kriegerischer Ruhm, gewonnene Schlachten und Eroberungen selbst widerstrebender Landstriche.»[48] Die Nötigung zu einer riskanten und immer mit der Möglichkeit des Krieges spielenden Politik war demnach kein spezifisches Problem der preußischen Politik, sondern ließ sich bei allen europäischen Nationen finden. Aber Bismarck fürchtete, dass die Gefahr, ihr zu erliegen, in Preußen größer sei als anderswo, da Friedrich die politische Erinnerung dominierte, und besonders fürchtete er den entsprechenden Einfluss Friedrichs auf Wilhelm II. Manch kritischer Beobachter war während der 1860er Jahre freilich zu einem ganz ähnlichen Urteil über Bismarck selbst gekommen, etwa Ernst Ludwig von Gerlach, der in sein Tagebuch schrieb, Bismarck «erkenne in der äußeren Politik kein Recht an, sondern nur Konvenienz; Friedrich II. 1740 sei sein Meister».[49]

Nach der Niederlage von 1918, erst recht nach der bedingungslosen Kapitulation des Großdeutschen Reichs am 8./9. Mai 1945 ist die Stimmung gegen Friedrich als politischen Mythos umgeschlagen. Für die Leichtfertigkeit, mit der Deutschland 1914 in den Krieg «hineingeschlittert» war, und die aggressive Skrupellosigkeit, mit der es den Krieg 1939 «vom Zaune gebrochen» hatte, wurde ein ums andere Mal Friedrich verantwortlich gemacht. Dass man ihn sich im Deutschland des 20. Jahrhunderts zum Vorbild genommen habe, sei fatal gewesen. «Der in der zweiten Hälfte des 19. Jahrhunderts anhebende Friedrichkult», so der Historiker Karl Otmar von Aretin im Jahre 1985, «verstellte die Sicht, an der man bei der Betrachtung von Friedrichs Leben nicht vorbeikommt: dass er ein miserabler Außenpolitiker war, der mit einer unerhörten Portion Glück und dank der Unfähigkeit seiner Gegner letztlich nie die Quittung für seine außenpolitischen Fehler erhielt.»[50] Zu diesen außenpolitischen Fehlern gehörten auch die Sottisen, die sich Friedrich nicht verkneifen konnte und die, nachdem er sie in der Potsdamer Männerrunde geäußert hatte, in Europa die Runde machten. Für die gegen ihn gerichtete Koalition sorgte unter anderem die Bemerkung, Europa werde von drei Prostituierten beherrscht, womit er Madame Pompadour in Paris, Kaiserin Maria Theresia in Wien und die russische Zarin Elisabeth II. meinte.[51] Das hätten die Genannten, als sie davon erfuhren, «dem bösen Mann» (Maria Theresia) mit militärischen Mitteln heimzahlen wollen – so eine Erklärung für Dauer und Härte der friderizianischen Kriege. Nun mag man darüber streiten, ob dieser Sottise von den Beleidigten tatsächlich so viel Bedeutung zugemessen wurde oder ob nicht doch Friedrichs überraschendes Bündnis mit England für die Koalition seiner Feinde entscheidend war,[52] aber noch Bismarck hat in seinen *Gedanken und Erinnerungen* mit Blick auf Friedrichs Spottlust erleichtert festgestellt, derlei spiele in der Politik inzwischen keine Rolle mehr. Das war angesichts der Neigung des jungen Kaisers zu flotten Sprüchen eine Art von Selbstberuhigung. Mehr als sein Spiel mit Sottisen rückte Friedrichs Entschluss zur Eroberung Schlesiens in den Mittelpunkt der Aufmerksamkeit, und in Verbindung damit verbreitete sich die Auffassung, Friedrich habe «eine feste Tradition gewissenloser Eroberungspolitik begründet [...], die [...] geradlinig in die Katastrophe zweier Weltkriege führte».[53]

Unter dem Eindruck des Kriegsausbruchs von 1914 hat Thomas Mann in dem Essay «Friedrich und die große Koalition» zu einer genialen Verteidigung des Königs ausgeholt. Dieser Text ist die wohl wichtigste Station der Arbeit am Friedrich-Mythos. Mann schließt mit der apodiktischen Feststellung: «Er war ein Opfer. Er meinte zwar, daß er sich geopfert habe: seine Jugend dem Vater, seine Mannesjahre dem Staate. Aber er war im Irrtum, wenn er glaubte, daß es ihm freigestanden hätte, es anders zu halten. Er *war* ein Opfer. Er mußte Unrecht tun und ein Leben gegen den Gedanken führen, er durfte nicht Philosoph, sondern mußte König sein, damit eines großen Volkes Erdensendung sich erfülle.»[54] Kurz zuvor fällt der Begriff des Dämonischen, der in der politischen Selbstreflexion der Deutschen später eine große Rolle spielen sollte und dessen verhängnisvolle Konsequenzen Thomas Mann in seinem Roman *Doktor Faustus* bearbeitet hat.[55] Aber bevor er in seiner Arbeit am Friedrich-Mythos Zuflucht zum «Drang des Schicksals» und zum «Geist der Geschichte» nahm,[56] zwei zutiefst mythisch imprägnierten Redewendungen, mit denen der Raum verantwortlicher Handlungen in ein unabwendbar Vorherbestimmtes verwandelt wird,[57] suchte er den Gang des Geschehens aus der Psyche Friedrichs und den äußeren Gegebenheiten zu erklären.

Alle Fragen, die Thomas Mann an Friedrich richtete, stellte er im Lichte des Kriegsausbruchs von 1914 und der gegen Deutschland gerichteten neuerlichen großen Koalition. Friedrich und sein Durchhalten sind zum Paradigma der Gegenwart. Demgemäß beginnen Manns Überlegungen mit der Suche nach Ursachen für das «große Mißtrauen», das «tief wurzelnde und, wenn wir billig sein wollen, ziemlich begründete Misstrauen der Welt gegen König Friedrich II. von Preußen».[58] Er wird im Fortgang seiner Darstellung damit spielen, dass dieses Misstrauen gegen Friedrich gänzlich unbegründet und dann doch auch wieder begründet gewesen sei: Unbegründet, weil Friedrich mit dem Schlesischen Brocken tatsächlich saturiert war; begründet, weil das Beispiel Schule machen konnte, vor allem aber, weil sich darin ein politischer Wille zeigte, der die bestehenden Konstellationen grundlegend verändern wollte. Ebenso hätte Mann auch von dem Misstrauen der Welt gegen Kaiser Wilhelm und Deutschland sprechen können.

Dieses Misstrauen, fährt Mann fort, war das eigentliche Motiv für die Bildung der großen Koalition gegen Friedrich: «Und so standen denn Völker in einer Kopfzahl von beiläufig hundert Millionen gegen ungefähr fünf Millionen; vierzehn Fürsten gegen einen; siebenhunderttausend Mann Truppen gegen zweihundertsechzigtausend. Friedrich sagte sehr wenig, wenn er sagte, dass es ‹auf Kopf und Kragen› gehe. Niemand in der Welt zweifelte, daß es in allerkürzester Zeit mit ihm zu Ende sein werde.»[59] Doch es kam anders: Friedrich «hatte nichts

Greifbares gewonnen, und seine Länder waren verheert, verwildert, verarmt, entvölkert. Aber Preußen stand, nicht ein Dorf hatte es verloren, Schlesien war bewahrt und Zweck und Ziel der großen Koalition vollkommen verfehlt. Das war eine schwere Demütigung des Erdteils durch den einen Mann. Der Spruch des Fatums hatte gegen alle Wahrscheinlichkeit für ihn entschieden, das Urteil anzufechten war untunlich auf lange Zeit, man mußte Preußen, mußte Deutschland den Weg freigeben, – welcher sich hinfort als ein Weg erwies, so steil und schicksalsvoll, an mächtig erzieherischen Wendungen so reich wie keiner, den ein Volk je gegangen.»[60] Wer in dieser Weise auf die Geschichte Preußens in der Zeit des großen Königs blickte, hatte 1914 allen Grund zur Zuversicht, auch wenn die Zahl der Feinde abermals übergroß war.

Dass der Krieg nicht leicht werden, sondern das Äußerste abfordern würde, hat Thomas Mann gewusst, im Gegensatz zu vielen anderen, die im Spätsommer 1914 von der Rückkehr der Truppen bis Weihnachten redeten. Schon der Vergleich mit dem Siebenjährigen Krieg und den ungeheuren Anstrengungen Friedrichs legte das nahe: «Immer im schäbigen Waffenrock, gestiefelt, gespornt und den Uniformhut auf dem Kopf, atmend jahraus, jahrein im Dienst seiner Truppen, in einer Atmosphäre von Leder, Schweiß, Blut und Pulverdampf, ging er, zwischen zwei Schlachten, zwischen einer trostlosen Niederlage und einem unglaubhaften Triumph, in seinem Zelt hin und her und blies auf der Flöte, kritzelte französische Verse oder zankte sich brieflich mit Voltaire. […] Mit der Zeit wurde er sich selber grotesk, er übersah nicht die fürchterliche Komik seines Daseins, er verglich sich mit Don Quijote, mit dem Ewigen Juden. ‹Der Stier muß Furchen ziehen›, sagte er, ‹die Nachtigall singen, der Delphin schwimmen, und ich – muß Krieg führen.› Er kam sich verdammt vor, Krieg zu führen bis zum jüngsten der Tage und wurde sich selber zum Spuk. Auch die gräßliche Müdigkeit der Gespenster war ihm vertraut, ihre jammervolle Sehnsucht nach Ruhe. ‹Selig die Toten! Sie sind geschützt vor Kümmernissen und allen Sorgen.› Er trug Gift bei sich für den äußersten Fall, aber obgleich der äußerste Fall mehr als einmal eingetreten schien, nahm er das Gift doch nicht, sondern es fiel ihm noch etwas ein, und der äußerste Fall ging vorüber. […] Die Zähne fielen ihm aus, der Kopf ergraute auf einer Seite, sein Rücken krümmte sich, sein Körper ward gichtisch und schnurrte ein. Außerdem litt er an Diarrhöen. Es war in der Tat die Qual der Verdammten. Aber sein Ruhm wuchs unterdessen.»[61]

Obwohl Deutschland den Großen Krieg von 1914 bis 1918 verlor und sich die Hoffnung auf einen abermaligen Sieg gegen die große Koalition als trügerisch erwiesen hatte, blieb der Friedrich-Mythos während der Weimarer Republik in konservativen und nationalen Kreisen unangefochten. Hier war Friedrich der Garant dafür, dass es wieder aufwärtsgehen könne, wenn man so kühn und entschlossen handle, wie das der große König getan habe.

Auch Hitler sah in Friedrich eine Art Schutzpatron und Siegesgarant.[62] Als 1943 Veit Harlans Film *Der große König*[63] in die Kinos kam, bot der verschwenderisch ausgestattete Film Goebbels die Möglichkeit, Hitler zu einem neuen Friedrich zu stilisieren, der, wie der Historiker Ian Kershaw schreibt, «als einsame Majestät einen Heldenkampf für sein Volk gegen mächtige Feinde führte, der Krisen und Katastrophen überwand und als ruhmreicher Sieger aus allem hervorging. Das war genau das Porträt, das im wachsenden Maße Hitlers Bild von sich selbst in den letzten Jahren des Kriegs entsprach.»[64]

Am 28. Januar 1942, als es unter schwersten Verlusten gelungen war, die Front vor Moskau wieder zu stabilisieren, erklärte der «Führer» in einem seiner Tischgespräche: «Wenn man sich vor Augen stellt, daß Friedrich der Große einer zwölffachen Übermacht gegenüberstand, kommt man sich wie ein Sch…kerl vor! Wir haben selbst dieses Mal die Übermacht! Ist es nicht geradezu eine Schande?»[65] Am 31. März desselben Jahres kam Hitler wieder auf Friedrich zu sprechen. Dieser habe «sich als härter erwiesen als Napoleon, als er auch bei den schwersten Entschlüssen und in den schwersten Stunden nie die Dauerhaftigkeit einer Sache außer Acht gelassen habe. Napoleon aber habe vor solchen Situationen kapituliert.»[66] Die Bedeutung des Vergleichs war klar: Die Wehrmacht hatte den russischen Winter überstanden; es war nicht zur Katastrophe eines fluchtartigen Rückzugs mit der Vernichtung eines Großteils der Armee gekommen wie bei Napoleon im Spätherbst 1812. Hitler war dem Vorbild Friedrichs gefolgt.[67]

Noch in einer Lagebesprechung am 31. August 1944, als die Heeresgruppe Mitte im Osten zusammenbrach und die Front schnell nach Westen vorrückte, hielt Hitler an diesem Vorbild fest: «Wir werden unter allen Umständen diesen Kampf so lange führen, bis, wie Friedrich der Große gesagt hat, einer unserer verfluchten Gegner es müde wird, noch weiter zu kämpfen und bis wir dann einen Frieden bekommen, der der deutschen Nation für die nächsten 50 oder 100 Jahre das Leben sichert und der vor allem unsere Ehre nicht ein zweites Mal so schändet, wie es im Jahre 1918 geschehen ist.»[68] Und am 6. Februar 1945 diktierte er Bormann: «Eine verzweifelte Situation gibt es nicht! Denkt daran, wie viele Beispiele für schicksalhafte Wendungen die deutsche Geschichte bietet. Im Siebenjährigen Krieg befand sich Friedrich in großer Not, und siehe da, völlig unerwartet starb die Zarin und wie durch ein Wunder wendete sich das Schicksal … Wenn zum Beispiel Churchill plötzlich abtreten würde, so könnten wir alles im Nu ändern. Wir können noch immer den Sieg auf der Zielgeraden erringen.»[69]

Nachdem die Ardennenoffensive gescheitert war und sich Hitler im Januar in die Reichskanzlei begeben hatte, war die Aussicht auf ein erneutes «Mirakel des Hauses Brandenburg» zur letzten Hoffnung geworden. Beim anschließenden Umzug in den Führerbunker wurde auch das große Porträt Friedrichs von Anton Graff mitgenommen, das von nun an in Hitlers Wohnraum über dem Schreibtisch hing. Hitler saß «mitunter in brütender Absence» davor, «als halte er stumme Zwiesprache mit dem König».[70] «Von diesem Bilde», sagte er, «hole ich mir immer neue Kraft, wenn die schlechten Nachrichten mich niederzudrücken drohen.»[71]

Neben dem Porträt Friedrichs beschäftigte ihn besonders Carlyles *Geschichte Friedrichs II. von Preußen*.[72] Am 12. März notierte Goebbels in seinem Tagebuch: «Ich bin abends mehrere Stunden beim Führer zum Besuch. […] Ich übermittle ihm ein mir noch zur Verfügung stehendes Exemplar von Carlyles ‹Friedrich der Große›, das ihm große

Freude bereitet. Er betont dabei, daß es die großen Vorbilder sind, an denen wir uns heute aufrichten müssen, und daß Friedrich der Große darunter die exzeptionellste Persönlichkeit darstellt.»[73] Offenbar war Hitler nicht mehr imstande, das Buch selber zu lesen, deswegen las Goebbels ihm längere Passagen daraus vor.

In seinem Tagebuch hielt Lutz Graf Schwerin v. Krosigk, ab Mai 1945 Minister in der Regierung Dönitz, fest: «Wie der große König selbst keinen Ausweg mehr sieht, keinen Rat mehr weiß, wie alle seine Generäle und Staatsmänner von seiner Niederlage überzeugt sind, die Feinde schon über das besiegte Preußen zur Tagesordnung übergehen, wie die Zukunft grau in grau vor ihm liegt und er in seinem letzten Brief […] sich eine Frist gesetzt hat: Wenn bis zum 15. Februar keine Wendung eingetreten sei, dann gäbe er auf, dann werde er Gift nehmen; – und Carlyle schreibt: ‹Tapferer König, warte noch eine kleine Weile, dann sind die Tage deines Leidens vorbei, schon steht hinter den Wolken die Sonne deines Glücks und wird sich dir bald zeigen.› Am 12. Februar starb die Zarin, das Wunder des Hauses Brandenburg war eingetreten. Der Führer, sagte Goebbels, hatte Tränen in den Augen.»[74] Die im Führerbunker gehegte Hoffnung auf eine Wende des Krieges folgte den Mustern eines schlechten Trivialromans.

Und dann hatte es für einen kurzen Augenblick doch den Anschein, das «Mirakel» sei eingetreten: Der amerikanische Präsident Roosevelt starb. Als Goebbels kurz nach Mitternacht davon erfuhr, rief er sofort Hitler an: «Mein Führer, ich gratuliere Ihnen. Roosevelt ist tot.» Die Vorsehung, fuhr er fort, habe den ärgsten Feind niedergestreckt. Das sei «ein Wunder wie der Tod der Zarin Elisabeth. Die Wende ist da, der Krieg nicht verloren.»[75] Was Goebbels und sein Führer jedoch übersahen, war die Differenz zwischen Autokratie und Demokratie. Während Zar Peter III. die russische Politik mit einem Federstrich veränderte, setzte Roosevelts Nachfolger Truman die amerikanische Politik gegen Nazi-Deutschland entschlossen fort. Die Hoffnung verflog schnell, die militärische Lage verschlechterte sich weiter.

Kurz vor seinem Selbstmord verabschiedete sich Hitler auch von Friedrich: Er überreichte das Graff'sche Porträt seinem persönlichen

Piloten Hans Baur, der es von Hauptquartier zu Hauptquartier transportiert hatte. Als Baur den Bunker verließ, schlug in der Nähe eine sowjetische Granate ein.[76] Das russische Artilleriegeschoss zerstörte nicht nur das Gemälde, sondern auch den politischen Mythos des großen Königs. Für die Selbstverständigung der Deutschen hat er danach keine Rolle mehr gespielt. Friedrich ist Geschichte.

Was von ihm zurückblieb, war der Zinksarg mit den sterblichen Überresten, der bis 1945 in der Gruft der Potsdamer Garnisonkirche stand – nebem dem seines Vaters. Die US-Armee brachte die Särge dann in die Marburger Elisabethenkirche (wohin man auch den Sarg Hindenburgs nach der Sprengung des für ihn errichteten Denkmals in Ostpreußen überführt hatte), von wo sie 1952 auf die Burg Hohenzollern bei Hechingen gelangten, den Stammsitz der Familie. Dort blieben sie fast ein halbes Jahrhundert lang. 1991 kam es dann zur «Rückkehr der Könige», der Überführung der Särge nach Schloss Sanssouci, wo Friedrich neben seinen Windhunden die letzte Ruhe fand – Friedrich Wilhelm II. hatte seinem Onkel diesen Wunsch als eines Hohenzollern unwürdig verweigert.

Da die nächtliche Umbettungszeremonie in Anwesenheit des damaligen Bundeskanzlers Kohl stattfand, erregte sie einiges Aufsehen. Man fragte besorgt, ob die Wiedervereinigung Deutschlands zur Wiederkehr Preußens und des friderizianischen Geistes werde. Tatsächlich entstand jedoch nur ein weiterer Anziehungspunkt im Schlosspark, und die Bestattung des Königs in der Nähe seines Lieblingsschlosses eröffnete die Möglichkeit zum Wiederaufbau der Garnisonkirche in Potsdam. Mit der Aussicht auf eine Rückkehr von Friedrichs Sarg in die Gruft der Kirche wäre dieses Projekt politisch tot gewesen, noch bevor es begonnen hatte.

«Königin Luise». Gemälde (1879) von Gustav Richter.

Madonna und Kriegsgöttin

Luise und das Eiserne Kreuz

Die weibliche Position im politischen Mythensystem der Deutschen ist überaus schwach besetzt. Die mythisierbaren Frauen der Literatur bleiben, wie etwa Kriemhild, eng an ihre männlichen Partner oder Gegner gebunden und haben infolgedessen kein mythenpolitisches Eigenleben gewonnen. Im politisch-historischen Feld tritt nur Maria Theresia in Erscheinung, aber die ist so eng mit Wien und Österreich verbunden, dass sie in der politischen Mythologie der Deutschen kaum bedeutsam wurde. Obendrein war ihre Anschlussfähigkeit durch die mythenpolitische Karriere des preußischen Friedrich blockiert. Weibliche Herrschergestalten des Mittelalters lagen zeitlich zu fern und waren mit Ausnahme der Elisabeth von Thüringen zu farblos, um zu politischen Mythen avancieren zu können. Eine Gestalt wie Jeanne d'Arc in Frankreich oder Elisabeth I. in England hat es in Deutschland nicht gegeben. So blieb nur die preußische Königin Luise, die im 19. Jahrhundert zur politischen Märtyrerin und zur Verkörperung des antinapoleonischen Widerstands, zum Inbegriff bürgerlicher Tugend und zum Sinnbild weiblicher Schönheit, schließlich zur preußisch-protestantischen Madonna stilisiert worden ist.

Schon zu Lebzeiten Luises haben zahlreiche Maler und Bildhauer, vor allem aber romantische Dichter an der Mythisierung der Königin mitgewirkt. Hinzu kam der mythenpolitische Glücksfall eines frühen Todes – Luise starb im Alter von 34 Jahren an einer schweren Lungen- und Herzkrankheit –, sodass sie in der kollektiven Erinnerung vor den Beschwernissen des Alters bewahrt blieb[1] und der frühe Tod als Folge des ihr von den Feinden aufgezwungenen Martyriums dargestellt werden konnte. Luise wurde zum Opfer, aber ihr Opfer wiederum wurde zum Anfang von Napoleons Untergang. Als Blücher und Gneisenau 1814 vom Montmartre auf das eroberte Paris blickten, soll Blücher leise und langsam gesagt haben: «Luise, du bist gerächt.»[2] Aus der *victima* war ein *sacrificium* geworden,[3] und deswegen war es nur konsequent, dass das Eiserne Kreuz, die wichtigste militärische Tapferkeitsauszeichnung des 19. und 20. Jahrhunderts,[4] aufs engste mit Luise verbunden worden ist.

Günter de Bruyn hat in seinem Buch über Luise darauf aufmerksam gemacht, dass der Platz der Königin in Preußen während des 18. Jahrhunderts unbesetzt geblieben war.[5] Unmittelbar mit seinem Regierungsantritt hatte Friedrich II. seine Frau vom Hof verbannt und sich ausschließlich mit Männern umgeben. Bereits in der Regierungszeit des Soldatenkönigs, Friedrichs Vater, hatte dessen Frau Dorothea am Hofe nichts zu vermelden gehabt, und die Knauserigkeit des Königs ließ die Entfaltung einer ‹weiblichen Note› ohnehin nicht zu.[6] Der Nachfolger Friedrichs des Großen wiederum, Friedrich Wilhelm II., pflegte eine exzessive Mätressenwirtschaft, sodass auch unter ihm der Platz der Königin unbesetzt blieb. Obendrein kam mit Luise, die siebzehnjährig mit dem Thronfolger verheiratet worden war, ein süddeutsches Element in das Berliner Hofleben, wie man es dort bislang nicht kannte. Luise war zwar eine Prinzessin von Mecklenburg-Strelitz, geboren war sie aber in Hannover, und aufgewachsen war sie nach dem frühen Tod ihrer Mutter in Darmstadt, im Schloss ihrer Großeltern. Als sie in Berlin eintraf, sprach sie mit deutlich hessischer Färbung, und außerdem verstieß sie fortgesetzt gegen das strenge Hofzeremoniell. Ihre notorischen Auseinandersetzungen mit der für die Einhaltung der Etikette zuständigen Oberhofmeisterin Voß wurden zu einem Element des Mythos.[7] Luises ungezwungene Art, in der sich ihre vielgerühmte Anmut und Schönheit miteinander verbanden, nahm die Berliner Bevölkerung für sie ein, zumal sie ein stärker an bürgerlichen als an höfischen Vorstellungen orientiertes Eheleben pflegte.[8] Schloss Paretz, eher ein großes Gutshaus, wurde zum bevorzugten Ort dieses Familienlebens.

Für die romantischen Dichter war Luise der Inbegriff eines neuen Frauentyps, der durch «bürgerliche Häuslichkeit und moralische Integrität» gekennzeichnet war.[9] In seinem Essay «Glaube und Liebe oder der König und die Königin» schrieb Novalis: «Je mehr das königliche Haus, durchdrungen von dem Werte echter Häuslichkeit, diese zu der seltnen Höhe des Thrones erhebt, um desto mehr erkennt die große Familie des Volkes sich in diesem Bilde wieder, tritt in den schönen Kreis ein, teilt inniger das allgemeine Wohl und vereint sich zu stärkerer Kraft, dasselbe zu schützen.»[10] Mit der Person Luises eröffnete sich für die Romantiker die Aussicht, die Monarchie aus dem Maschinenbetrieb des Spätabsolutismus in ein organisches Ganzes und Herrschaft in Vorbildlichkeit zu verwandeln. Demgemäß endet Novalis' Essay mit dem Vorschlag: «Wer den ewigen Frieden jetzt sehen und lieb gewinnen will, der reise nach Berlin und sehe die Königin. Dort kann sich jeder anschaulich überzeugen, daß der ewige Friede herzliche Rechtlichkeit über alles liebt und nur durch diese sich auf ewig fesseln läßt.»[11]

Um diesem hehren Ziel näherzukommen, schlug Novalis die Gründung von «Bildungsanstalten der jungen weiblichen Welt» vor, in denen Luise als Vorbild zu dienen hätte. Sinnfällig werden sollte das darin, dass in jedem der Bildungshäuser eine Replik von Schadows berühmter Figurengruppe aufgestellt werden sollte, die Luise und ihre Schwester Friederike in freundschaftlich-vertrauter Umarmung zeigt.[12] Das Doppelgestirn der Prinzessinnen verband sich mit der Idee der Dioskurenpaare, die im zeitgenössischen Deutschland hoch im Kurs stand: Goethe und Schiller, Wackenroder und Tieck, Brentano und von Arnim, die Brüder Schlegel, vor allem Wilhelm und Alexander von Humboldt. Hier also Luise und Friederike, beide in leichten, fließenden Gewändern, die ihre jugendliche Unbeschwertheit betonen, Friederike ein wenig verspielt, während Luise bereits etwas Hoheitsvolles zeigt. Dazu trägt nicht zuletzt das Tuch bei, das sie unterhalb des Kinns um den Hals gebunden hat, um eine zeitweilig dort aufgetretene Schwellung zu verbergen. Es hat in Berlin Mode gemacht und bereitete die Ikonisierung Luises zur Madonna vor, wie sie in Schadows Ölgemälde «Königin Luise auf dem Totenbett» ihren ersten Höhepunkt gefunden hat.[13] Gemeinsam haben Schadow und Novalis das Bild von der jugendlichen Prinzessin und jungen Königin geprägt.

Nach dem 14. Oktober 1806, als Napoleon die preußische Armee bei Jena und Auerstedt schlug und deren zersprengte Reste vernichtete, veränderte sich das Bild von Luise. Von jetzt an war sie auf der Flucht, und die endete, jedenfalls in der mythischen Erzählung, erst mit ihrem Tode. Im Vorfeld des Krieges, in dem das alte friderizianische Preußen unterging, hatte sie zu denen gehört, die den entscheidungsschwachen, stets zögerlichen König dazu drängten, den Kampf gegen Napoleon aufzunehmen. Man nannte die Kriegspartei am Hofe auch die «Partei der Königin». Gemeinsam mit ihrem Gatten begleitete Luise die preußischen Truppen ins Feld, und am Tag der Schlacht hielt sie sich in der Nähe auf. Kurz zuvor hatte Friedrich Wilhelm sie zum Ehrenoberst des Dragonerregiments Ansbach-Bayreuth gemacht, das sich seitdem Königin-Dragoner nannte.[14] Die französische Propaganda verwandelte Luise daraufhin in eine Amazone, die sich das Fechten zu Pferde habe beibringen lassen, dann aber vom Schlachtfeld geflohen sei. Ein Spottbild zeigt sie als gerüstete Frau zu Pferde, die in Bedeckung zweier Reiter davonstiebt – Unterschrift: «Überstürzte Abreise der Königin von Preußen».[15] Napoleon nannte sie eine «böse Intrigantin» und «kriegslüsterne Amazone», die auf Blut aus sei und wie Tassos Armida «im Irrsinn ihr eigenes Schloß angezündet habe».[16] Von nun an war Napoleon Luises Schicksal.

Der zweite Teil des Mythos erzählt, wie sie zum Flüchtling im eigenen Land wurde, immer wieder von Napoleon vertrieben, wie sie in einem ostpreußischen Bauernhaus ihrer Verzweiflung Herr zu werden versucht, indem sie den Vers aus Goethes *Wilhelm Meister* ins Fenster ritzte: «Wer nie sein Brot mit Tränen aß ...»,[17] und wie sie schließlich in Tilsit dem Kaiser gegenübertrat, um Preußen zu retten, Napoleon sie jedoch nur demütigte.

Die Begegnung zwischen Luise und Napoleon in Tilsit ist das Pendant zweier anderer Begegnungen, die den Napoleon-Mythos in Deutschland befördert und lebendig gehalten haben: der Hegels am

Tag nach der Schlacht von Jena und der Goethes auf dem Fürstentag von Erfurt.[18] Am 13. Oktober 1806 schreibt Hegel an Niethammer: «Den Kaiser – diese Weltseele – sah ich durch die Stadt zum Rekognoszieren hinausreiten; – es ist in der Tat eine wunderbare Empfindung, ein solches Individuum zu sehen, das hier auf einen Punkt konzentriert, auf einem Pferde sitzend, über die Welt übergreift und sie beherrscht.»[19] Das ließe sich noch als bloßes Interesse des Philosophen an der Verkörperlichung des Weltgeistes erklären, aber dann folgt die Passage: «Wie ich schon früher tat, wünschen nun alle der französischen Armee Glück, was ihr bei dem ganz ungeheuren Unterschiede ihrer Anführer und des gemeinsten Soldaten von ihren Feinden auch gar nicht fehlen kann.»[20]

Als Goethe zwei Jahre später in Erfurt Napoleon gegenübertrat, war dieser der unumstrittene Herr über West- und Mitteleuropa. Nicht als den Minister in Weimar, sondern als deutschen Dichter hatte er Goethe zu sich gebeten, und der war nach einigem Zögern der Einladung gefolgt.[21] Man sprach zunächst über den *Werther*, bevor Napoleon Goethe dafür zu gewinnen suchte, ein Caesar- oder Brutus-Drama zu schreiben. Goethe hat aus dem Gespräch die Äußerung Napoleons kolportiert, wonach Politik das Schicksal sei. Er behandelte diesen Satz als eine Offenbarung, und seit Erfurt sprach er nur noch voll tiefer Achtung von dem Kaiser.[22]

Das Aufeinandertreffen von Napoleon und Luise in Tilsit war ganz anderer Art. Es war keines zwischen Herrscher und Bewunderin, sondern ein Machtkampf zwischen Sieger und Besiegter, bei dem Letztere, nachdem der Kampf der Waffen zu Ende war, dem siegreichen Gegenüber abzutrotzen suchte, was die Armee verloren hatte. Diese hatte im Verein mit den Russen Napoleon bei Preußisch Eylau zwar einen unentschiedenen Schlachtenausgang abgerungen, war aber weitgehend von russischer Rückendeckung abhängig und zu eigenständigen Operationen nicht mehr in der Lage. Napoleon wusste, dass er es bei Luise mit einem wirklichen Feind zu tun hatte. Auf dem Weg zum Schlachtfeld von Jena hatte er geschrieben: «Die Königin von Preußen ist bei der Armee, als Amazone gekleidet, in der Uniform ihres Dragonerregiments und schreibt täglich zwanzig Briefe, um den Brand auf allen Seiten anzufachen.»[23] Nun, in Tilsit, war nichts mehr mit Eisenbraut, und Luise musste andere Waffen ins Spiel bringen. Sie sei «wirklich bezaubernd» und «voller Koketterie», schrieb Napoleon an seine Frau Josephine.[24] Und gegenüber seinem Großstallmeister Armand de Caulaincourt brüstete er sich: «Mein Plan stand fest, und weiß Gott, die schönsten Augen der Welt – und sie waren sehr schön, Caulaincourt! – können mich nicht einen Fingerbreit davon abbringen.»[25] Auf französischer Seite hat man also Luises Koketterie betont und hinzugefügt, Zar Alexander sei ihr erlegen, während Napoleon nicht auf sie hereingefallen sei. Außerdem lancierte man Gerüchte über eine Affäre zwischen Luise und Alexander, bei der diese alles darangesetzt habe, Alexander in einen weiteren Krieg zu verwickeln. Umso wirkungsvoller konnte Napoleon selbst solche Gerüchte relativieren: «Ich glaube wohl, daß Alexander mit der Königin nur eine zarte Freundschaft unterhielt, in allen Züchten und Ehren», um dann aber noch hinzuzufügen: «Der König war langweilig.»[26]

Das war eine politische und persönliche Demütigung, zumal bei der Unterredung nicht einmal der Verbleib Magdeburgs bei Preußen herausgekommen war. Im Exil auf St. Helena, als Luise längst tot und der Kaiser gescheitert war, hat sich Napoleon doch noch als Kavalier erwiesen und über das Tilsiter Gespräch geschrieben: «Trotz meiner Gewandtheit blieb sie stets Herrin der Unterhaltung, beherrschte sie immer und kam hartnäckig auf ihren Gegenstand zurück.»[27] Jetzt war nicht mehr vom «tiefsten und vollsten Décolleté, das je eine Deutsche herzeigte», die Rede und auch nicht mehr von koketten Avancen, welche die Königin ihm gemacht habe. Man hätte freilich Preußen nicht ärger treffen können als mit diesem Spiel von Andeutungen und Verdächtigungen. Noch in Treitschkes bald sieben Jahrzehnte später gehaltenem Vortrag «Königin Luise» ist der Ärger über die Tilsiter Begegnung zu spüren: «Noch eine letzte, schmähliche Demütigung stand der misshandelten Frau bevor. Czar Alexander gab seinen treuen Bundesgenossen preis und schloß den Tilsiter Frieden; aus Rücksicht auf den neu gewonnenen russischen Freund verstand sich Napoleon dazu, die Vernichtung Preußens, die längst beschlossene Sache war, aufzuschieben und dem König die Hälfte der Monarchie zurückzugeben. Da ersann die frevelhafte Thorheit feigherziger Rathgeber den Vorschlag: die unvergesslich beleidigte Königin solle selber den Sieger um mildere Bedingungen bitten. Auch dies Aeußerste nahm sie auf sich in der frauenhaften Hoffnung, es könne ihr vielleicht doch gelingen, das Herz des Eroberers zu rühren und ihrem Volke einige Erleichterung zu bringen. Die Hoffnung trog.»[28]

Das war die eine Möglichkeit, die Peinlichkeit der Tilsiter Begegnung wegzuarbeiten: Luise war politisch falsch beraten worden. Eine andere bestand darin, die hoheitsvolle Erscheinung der Königin mit der hemmungslosen Gier des korsischen Emporkömmlings zu kontrastieren. Die Oberhofmeisterin Voß, Luises einstige Etikettewächterin, machte damit den Anfang, als sie über Napoleon schrieb: «Ein dickes, aufgedunsenes, braunes Gesicht, dabei ist er korpulent, klein und ganz ohne Figur, seine großen Augen rollen unheimlich umher, der Ausdruck seiner Züge ist Härte, er sieht aus wie die Inkarnation des Erfolges.»[29] Dem stand Luise in wahrhaft königlicher Schönheit gegenüber, und Paul Bailleu, einer ihrer kaiserzeitlichen Biographen, hat das so beschrieben: «Die Schönheit der Königin, das versichern alle Augenzeugen, strahlte niemals heller als in den dunklen Tagen von Tilsit. Die glänzend großen Augen in Schwermut leicht verschleiert, die sonst schon zur Fülle neigende Gestalt, die jetzt durch zehrenden Kummer zu zartem Ebenmaß versteinert, vergeistigt schien, gehüllt in ein weißes, silberdurchwirktes Kreppkleid, dessen Falten anmutig an den schlanken Gliedern herabflossen, auf dem biegsamen Halse das stolz erhobene Haupt unter dem Perlendiadem – so stand Königin Luise da, in Schmerz und Trauer, in hingebendem Opfermut eine rührende Verkörperung von Frauenschönheit und Frauenhoheit.»[30] Durch den Gestus ihres Auftretens sollte Luise wettmachen, was die politische Lage ihr an Unterwerfung auferlegt hatte.

Die unterschiedliche Sicht der Tilsiter Begegnung blieb nicht auf Berichte beschränkt, sondern fand auch in Bildern ihren Niederschlag: Der Maler Nicolas-Louis-François Gosse hat in dem 1836 entstandenen

Gemälde «Napoleon empfängt die König von Preußen in Tilsit»[31] die französische Sicht der Ereignisse festgehalten: Napoleon erwartet Luise am Fuße einer Treppe, zu deren Seiten französische Gardisten das Gewehr mit aufgepflanztem Bajonett präsentieren. Der Kaiser ist in jeder Hinsicht Herr der Lage. Er hat die prachtvoll gekleidete, mit demütig gesenktem Haupt wartende Luise an der Hand ergriffen. Ihr Gemahl, der preußische König, ist im Begriff, den Arm seiner Frau loszulassen, den er noch festhält. Zwischen Napoleon und Luise steht ein unschlüssig wirkender Alexander. Man kann sich des Eindrucks nicht erwehren, Luise werde vom preußischen König an den Kaiser ausgeliefert oder zumindest als Unterpfand seiner neuen Bündnistreue übergeben. Sie ist gleichsam der Preis dafür, dass Preußen (wenn auch unter Verlust der Hälfte seines einstigen Territoriums) fortbestehen darf. Napoleon, der Luise für die Kriegstreiberin am preußischen Hof gehalten hat, will sich nun vergewissern, dass die Amazone abgerüstet hat.

Ganz anders nimmt sich die Szene in Woldemar Friedrichs Bild «Unterredung der Königin Luise mit Napoleon I. in Tilsit (6. Juli 1807)» aus,[32] das für den Band von Röchling und Knötel mit 50 Historienbildern aus dem Leben Luises angefertigt worden ist: Hier beherrscht Luise das Geschehen. Ihre nach unten deutende Hand scheint dem Kaiser den Stuhl zu ihrer Rechten anzuweisen. Napoleon steht eher in der Geste eines Bittstellers vor ihr. Die linke Hand mit Dreispitz und Reitgerte hält er auf dem Rücken, die Rechte ist bei angewinkeltem Arm leicht erhoben. Von der Ecke des Zimmers aus verfolgt ein Kammerdiener die Szene. Zumindest haben wir es hier mit einer Begegnung zwischen Gleichen zu tun. Davon, dass Luise um Gnade gefleht habe, kann keine Rede sein. Sie mag mit ihrem Ansinnen gescheitert sein, aber gedemütigt hat sie sich vor Napoleon nicht.

Eine dritte Möglichkeit bestand darin, die Unterredung von Tilsit zum politischen Wendepunkt zu stilisieren. Luises Tapferkeit mobilisierte den Widerstandsgeist des Volkes, das zuvor dem politisch-militärischen Geschehen eher teilnahmslos und desinteressiert gegenübergestanden hatte. Was der Königin im Leben nicht gelang, sei nach ihrem Tode eingetreten: «Wie der Engel mit dem Flammenschwert», so Theodor Mommsen, sei sie «Blüchers und Yorcks Scharen» vorangeflogen, um sie zu schützen und ihnen den Weg zum Sieg zu weisen.[33] Theodor Körner dichtete:

«Und wie einst, alle Kräfte zu beleben,
Ein Heil'genbild für den gerechten Krieg
Dem Heeresbanner schützend zugegeben,
Als Oriflamme in die Lüfte stieg:
So soll dein Bild auf unsern Fahnen schweben
Und soll uns leuchten durch die Nacht zum Sieg.
Luise sei der Schutzgeist deutscher Sache
Luise sei das Losungswort zur Rache!»[34]

Körner, der Herkunft nach Sachse, will Rache für die Demütigung Preußens und seiner Königin, und dazu soll ihr Bild den gegen Napoleon kämpfenden Soldaten gegenwärtig sein. Es soll neben den Regimentsfahnen den Truppen vorangetragen werden, um zu zeigen, wofür und für wen sie kämpften.

Dieser Gedanke des Heldentums als Frauendienst hat bei der Stiftung des Eisernen Kreuzes Pate gestanden, einer Auszeichnung, die an jeden Soldaten vergeben werden konnte, der sich im Kampfe durch besondere Tapferkeit hervortat. Um die Verbindung zu Luise deutlich zu machen, hat Friedrich Wilhelm III. die Stiftung des Eisernen Kreuzes auf den Geburtstag seiner Frau zurückdatiert. Während alle anderen in Breslau ausgefertigten Dokumente, auch der berühmte Aufruf «An mein Volk», auf den 17. März 1813 datiert sind, trägt die «Urkunde über die Stiftung des eisernen Kreuzes» als Datum den 10. März. Sie beginnt mit den Worten: «In der jetzigen großen Katastrophe, von welcher für das Vaterland alles abhängt, verdient der kräftige Sinn, der die Nation so hoch erhebt, durch ganz eigenthümliche Monumente verehrt und verewigt zu werden. Daß die Standhaftigkeit, mit welcher das Volk die unwiderstehlichen Uebel einer eisernen Zeit ertrug, nicht zur Kleinmüthigkeit herabsank, belegt der hohe Muth, welche jetzt jede Brust belebt [...]. Wir haben daher beschlossen, das Verdienst, welches in dem jetzt ausbrechenden Kriege [...] erworben wird, besonders auszuzeichnen und diese eigenthümliche Auszeichnung nach *diesem* Kriege nicht weiter zu verleihen.»[35]

Während bei allen anderen im Februar/März 1813 gefassten Entschlüssen Scharnhorst als Ratgeber und Fädenzieher im Hintergrund stand, ging der Entschluss zur Stiftung des Eisernen Kreuzes allein auf den König zurück.[36] Vermutlich erinnerte er sich an eine Auseinandersetzung, die er mehr als ein Jahr zuvor mit Gneisenau gehabt hatte. Als der vorgeschlagen hatte, die Geistlichen darauf zu verpflichten, von den Kanzeln gegen Napoleon zu predigen, hatte der König an den Rand geschrieben: «Als Poesie gut», worauf Gneisenau erwiderte: «Auf Poesie ist die Sicherheit der Throne gegründet.»[37]

Das Eiserne Kreuz sollte zusammen mit der Erinnerung an die Königin und ihr Martyrium dieses Bedürfnis nach politischer Poesie bedienen. Es war nur konsequent, dass das erste Exemplar des Eisernen Kreuzes posthum Luise selbst verliehen wurde: «Es steckte im Sockel ihrer Büste im Erinnerungstempel im Park von Hohenzieritz.»[38] Dort war die Königin am 19. Juli 1810 gestorben. Vor allem bei schwierigen Entscheidungen suchte Friedrich Wilhelm den Rat seiner Frau, und offenbar tat er das auch noch nach deren Tod. «Ich lebe in geistiger Gemeinschaft mit der Vollendeten», erklärte er seinem Hofprediger Rulemann Friedrich Eylert, «und es ist mir so, als müßte Alles, was schwer und gut ist, besser gelingen, was ich an Ihr Gedächtnis knüpfe.»[39]

Nach einer Skizze des Königs hatte Karl Friedrich Schinkel das Eiserne Kreuz entworfen, und Hofprediger Eylert erläuterte in der Potsdamer Garnisonkirche dessen Symbolik: Durch den Kreuzestod Jesu sei es «bei allen christlichen Völkern das bedeutungsreiche, vielsagende Zeichen geworden, woran sich die erhabensten Wahrheiten, die rührendsten Vorstellungen, die heiligsten Pflichten, die stärksten Beweggründe, die glücklichsten Gefühle der Liebe und der Dankbarkeit, des Vertrauens, des Trostes und der Hoffnung knüpfen. Ein heiliges Sinnbild, das man nur an heiligen Stätten, auf Kirchen, auf Altären, auf Siegesfahnen, und nun auch, nach dem tiefen und frommen Sinne eines christlichen Königs, auf der Brust christlicher Helden erblickt.»[40]

Friedrich Wilhelm soll Eylert nach dieser Predigt getadelt haben, weil sie keine ausdrückliche Beziehung zwischen der Tapferkeitsauszeichnung und Luise hergestellt habe. Stattdessen hatte Eylert die Verbindung zwischen Irdischem und Himmlischem betont und darauf verwiesen, dass man in Preußen die tote Königin längst für verklärt hielt, also zu Gott aufgestiegen, wo sie über ihr Preußen wache und einigen ihrer treusten Gefolgsleute im Traum erscheine, um ihnen Mut zuzusprechen.[41] Das Eiserne Kreuz stand für die Verwandlung der toten Königin in ein Symbol des Glaubens und der Hoffnung, dass wahrer Heldenmut für eine gute Sache seinen gerechten Lohn im Diesseits wie im Jenseits finde. Also predigte Eylert: «Der Blick auf's Kreuz sollte zu dem kühnen Heldenmuthe erhellen, entweder zu siegen, oder zu sterben», und in diesem Sinne sei in den Befreiungskriegen «sowohl in dem Geiste, mit dem, als auch in dem Zwecke, für den gekämpft wurde, ein heiliger Kampf» geführt worden, «dem Gott, der Lenker der Schlachten, in dem Uebergewichte geistiger und sittlicher Kräfte die herrlichsten Siege verliehen».[42]

Die bereits von Körner hergestellte Verbindung der Befreiungskriege zu den Kreuzzügen erfolgte nicht von ungefähr, war die Gestalt des Eisernen Kreuzes, die Schinkel ihm verliehen hatte, doch an das Kreuz des Deutschritterordens angelehnt, dem sich das preußische Königshaus durch die Herrschaft in Ost- und Westpreußen aufs engste verbunden fühlte. Aus Rücksicht auf den russischen Bündnispartner war es freilich ratsam, dies nicht zu stark zu betonen. Zwar hatten die Ordensritter nicht gegen die Russen, sondern gegen Polen und Litauer gekämpft, aber die Erinnerung an die von ihnen veranstalteten «Slawenjagden» war schwerlich geeignet, das preußisch-russische Bündnis zu beflügeln. Es war also angezeigt, eher die christlichen Aspekte des Kreuzes herauszustellen und auch seine Verbindung mit Königin Luise, nahm man doch an, dass Zar Alexander die wärmsten Empfindungen für sie hegte und nicht ohne Scham daran dachte, wie er sie 1807 in Tilsit im Stich gelassen hatte.

Neben der Form spielte das Material des Ordens eine Rolle: So ist in der Stiftungsurkunde von der eisernen Zeit die Rede, die man durchschreite, und das hieß in der Weltalterlehre der griechischen Mythologie, dass man sich in einer Epoche der Kriege befand, in der es um Sieg oder Untergang ging. Hinzu kam die Aufforderung des völlig verarmten Staates an seine Bürger, ihm durch die Hergabe persönlicher Wertgegenstände beizuspringen. Am 31. März 1813 lief in Berlin eine Spendenaktion an, bei der unter anderem goldene Trauringe gegen solche aus Eisen getauscht werden konnten. Diese trugen die Inschrift: «Gold gab ich für Eisen.» Es war also klar, woraus der neue Orden gemacht sein würde. «Eisern ist das Kreuz», so Eylert in seiner Potsdamer Predigt; und darin gemahne es «an die Pflicht der muthigen Selbstbeherrschung und an die Würde der festen Charakterstärke. Es warnt vor Bequemlichkeit und weichlicher Ruhe, vor Ausschweifung und erschlaffendem sinnlichem Genusse. Es ist Aufruf zur Abhärtung, zur Stählung aller Gefühle.»[43]

Entgegen dem Willen des Stifters, die Verleihung des Ordens auf die Befreiungskriege gegen Napoleon zu beschränken und es danach nicht mehr zu vergeben, hat das Eiserne Kreuz zunächst die preußischen und dann die deutschen Kriege begleitet, und demgemäß ist es 1870, 1914 und 1939 erneuert worden.[44] Die Symbolik des Eisens hat Ernst Moritz Arndt in seinem «Vaterlandslied» suggestiv verwendet:

> «Der Gott, der Eisen wachsen ließ,
> Der wollte keine Knechte,
> Drum gab er Säbel, Schwerdt und Spieß
> Dem Mann in seine Rechte […]»[45]

Luise wurde zur weiblichen Komplementärfigur des eisernen Mannes, der bedingungslos für seine Freiheit und seine Rechte kämpfte. Vor allem aber kämpfte er für den Schutz der Frauen, um das Schicksal, das Luise widerfahren war, in Zukunft zu verhindern. Ihr Martyrium war die Folge des Versagens der preußischen Männer. Die Königin musste leiden, weil sie nicht oder schlecht gekämpft hatten. Das sollte kein zweites Mal vorkommen. Jetzt wurde gekämpft, um die der Königin zugefügte Schmach zu tilgen; das an Luises Geburtstag gestiftete Eiserne

Kreuz stand als Symbol für diesen Kampf. Später wurde das Denkmal der Luise im Berliner Tiergarten zum Ort des militärischen Luisenkults. Am Todestag der Königin wurden von Militäreinheiten und Kriegerverbänden hier Kränze niedergelegt und Ansprachen gehalten.[46]

Um Luise auf das mythenpolitische Modell des Martyriums festlegen zu können, musste ihr Leiden die Tatsache in den Hintergrund drängen, dass sie 1806 zum Krieg gegen Napoleon aufgerufen hatte und bei der Schlacht von Jena anwesend war. So entwickelte sich ein Deutungskampf zwischen französischen und deutschen Autoren, der sich um die Identität der preußischen Königin drehte: Kriegslüsterne Amazone, die ein verdientes Schicksal ereilt hatte, oder schöne Frau und treusorgende Mutter, die von einem machtgierigen Despoten[47] in den hintersten Winkel ihres Landes getrieben wurde, wo sie in Eis und Schnee ausgeharrt und standgehalten hat. Luises früher Tod im Sommer 1810 verschaffte der deutschen Version das Übergewicht. Die Königin sei an gebrochenem Herzen gestorben, hieß es bald, und die Bilder von ihrem Sterbebett, an dem ein verzweifelter König sitzt, während die Söhne Friedrich Wilhelm und Wilhelm davor knien,[48] wurden für die Nachwelt beherrschend. Die darin sichtbare Verbindung von Trauer und Verpflichtung war auf Wiederholung angelegt, und tatsächlich sollte sie die preußische Kriegsgeschichte bis 1871 wie eine Liturgie begleiten. Kleists Sonett «An die Königin von Preußen», kurz vor ihrem Tode verfasst, verlieh dieser Stimmung mit der Formel «Du bist der Stern» ihren poetisch wirkmächtigsten Ausdruck.

«Erwäg ich, wie, in jenen Schreckenstagen,
Still deine Brust verschlossen, was sie litt,
Wie du das Unglück, mit der Grazie Tritt,
Auf jungen Schultern herrlich hast getragen,

Wie von des Kriegs zerrißnem Schlachtenwagen
Selbst oft die Schar der Männer zu dir schritt,
Wie, trotz der Wunde, die dein Herz durchschnitt,
Du stets der Hoffnung Fahn uns vorgetragen:

O Herrscherin, die Zeit dann möchte ich segnen!
Wir sahn dich Anmut endlos niederregnen,
Wie groß du warst, das ahndeten wir nicht!

Dein Haupt scheint wie von Strahlen mir umschimmert;
Du bist der Stern, der voller Pracht erst flimmert,
Wenn er durch finstre Wetterwolken bricht!»[49]

Luise wurde zu einer Heiligen, zur «Nummer 1» in Preußens politischem Totenkult und gleichzeitig zum Gründungsopfer der Nation.[50] Ihre Heiligung begann mit der Überführung der sterblichen Überreste von Schloss Hohenzieritz, einem Anwesen ihres Vaters im Mecklenburgischen, wo sie am 19. Juli 1810 verstorben war, nach Berlin. Schon die Totenmaske mit dem eng um den Kopf geschlungenen Tuch zeigt sie als Madonna.[51] Überall, wo die tote Königin vorbeigefahren wurde, bildeten sich Gruppen trauernder Menschen. Schinkel errichtete später in Gransee, wo der Sarg für eine Nacht abgestellt wurde, eine tempelähnliche Gedenkstätte.[52]

Die Fahrt des Sarges durchs Brandenburger Tor wurde zu Luises drittem Einzug (nach dem ersten 1793 bei ihrer Ankunft in Berlin und dem zweiten anlässlich der Rückkehr aus Ostpreußen im Jahre 1809).[53] Um dieses einmalige Ereignis ins kulturelle Gedächtnis zu überführen, es also auf Dauer zu stellen, und zugleich die innige Beziehung zu seiner Frau zum Ausdruck zu bringen, verstieß der sonst so entscheidungsschwache König gegen alle Konventionen: Er ließ Luise nicht in der Grablege der Hohenzollern im Dom beisetzen, sondern beauftragte Heinrich Gentz, im Park des Charlottenburger Schlosses nach einer Zeichnung Schinkels einen Tempel zu bauen, in dessen Gruft Luise wenige Monate später endgültig beigesetzt wurde. Christian Daniel Rauch schuf dafür einen Marmorsarkophag, der die Königin als Schlafende darstellt.[54] Mit übereinandergeschlagenen Beinen und unter der Brust angewinkelten Armen liegt sie auf einem Polster mit ansteigendem Rückenteil, den Kopf leicht zur Seite geneigt, die Lippen von einem Lächeln umspielt, eine Frau von fast jugendlicher Schönheit – eine einzige Aufforderung an die jungen Männer, für Preußen zu kämpfen und notfalls zu sterben. Theodor Körners Gedicht «Vor Rauchs Büste der Königin Luise» bringt diese Wirkung zum Ausdruck:

«Du schläfst so sanft! – Die stillen Züge hauchen
Noch deines Lebens schöne Träume wider;
Der Schlummer nun senkt seine Flügel nieder,
Und heil'ger Frieden schließt die klaren Augen.

So schlumm're fort, bis deines Volkes Brüder,
Wenn Flammenzeichen von den Bergen rauchen,
Mit Gott versöhnt die rost'gen Schwerter brauchen,
Das Leben opfernd für die höchsten Güter.

Tief führt der Herr durch Nacht und durch Verderben;
So sollen wir im Kampf das Heil erwerben,
Daß unsre Enkel freie Männer sterben.

Kommt dann der Tag der Freiheit und der Rache:
Dann ruft *dein* Volk, dann, *deutsche Frau*, erwache,
Ein guter Engel für die gute Sache!»[55]

Bei der so sakralisierten Luise konnte man sich Zuspruch und Beistand holen, wenn man in den Krieg zog. Als Friedrich Wilhelm 1814 nach der Rückkehr Napoleons von Elba vor einem neuen Feldzug gegen Frankreich stand, begab er sich mit den beiden Söhnen, die 1810 am Sterbebett ihrer Mutter gekniet hatten, zu Luises Grabmal. Der empfindsame Kronprinz berichtete darüber seiner Schwester Charlotte: «Papa kniete am Kopf-Ende, ich am Fuß-Ende lange und schweigend. Heiße, heiße Thränen fielen auf den Sarg. […] Außer der Thüre, auf den Stufen standen wir wol an 10 Minuten. Papa konnte sich gar nicht entschließen, die Thür zu schließen. […] Leise und langsam schloß er sie, und als die Öffnung nur noch eine kleine Ritze betrug, schauten wir noch immer nach dem trübe schimmernden Sarge.»[56] Diese Szene jenseits allen höfischen Zeremoniells bezeugt noch einmal die starke

Bindung des Königs an seine Frau, kann aber auch als ein Gelöbnis an ihrem Sarge verstanden werden, dem schrecklichen Napoleon entschlossen entgegenzutreten. Der Luisen-Mythos eröffnete beide Möglichkeiten, die persönliche und die politische. Erstere dominiert die literarischen, letztere die bildlichen Darstellungen. Nur in den Texten weint der König; auf den Bildern hält er stumme Zwiesprache mit seiner toten Frau, während die beiden Söhne mit entschlossener Miene danebenstehen.[57]

Wilhelm, dem zweiten Sohn Luises, ist diese Szene offenbar in unvergesslicher Erinnerung geblieben: Als sich im Sommer 1870 ein neuer Krieg mit Frankreich abzeichnete, diesmal gegen Napoleon III., den Neffen des Mannes, der seiner Mutter so zugesetzt hatte, suchte auch er das Grabmal der Mutter im Charlottenburger Schlosspark auf, um mit ihr Zwiesprache zu halten. Dieser Besuch erfolgte unmittelbar nach der Kriegserklärung Napoleons, und das war der 19. Juli 1870, auf den Tag genau sechs Jahrzehnte nach Luises Tod.[58] Wilhelm wurde von seinem jüngeren Bruder Carl und dem Kronprinzen Friedrich begleitet.

Anton von Werner hat die Szene gemalt. Das heute in Warschau befindliche Ölbild zeigt Wilhelm allein, ganz konzentriert, in stummer Zwiesprache mit der Marmorstatue seiner Mutter. Er erinnert sich der früheren Kriege, des politischen Abgrunds, an dem Preußen gestanden hat; er verspricht, dass sich so etwas nicht wiederholen wird. Bismarck, der Lenker der preußischen Politik, der diesen Krieg mit Raffinement und Zielstrebigkeit unvermeidlich gemacht hat, ist nicht zu sehen; Ablauf und Entscheidungen sind eine Angelegenheit der Hohenzollernfamilie. Das zeigt auch ein Doppelaquarell Wilhelm Camphausens aus der privaten Sammlung Wilhelms, das den Titel «Vergeltung» trägt:[59] auf der einen Seite die Begegnung in Tilsit, eine freundlich auf Napoleon zugehende Luise und einen verstockt dreinblickenden Kaiser, und auf der anderen Seite dessen Neffe Napoleon III., der als gebrochener Mann vor dem hoch aufgerichteten preußischen König Wilhelm steht. Dieses Bild trägt die Überschrift «Sedan». Wenige Monate danach sollte Wilhelm in Versailles zum deutschen Kaiser gekrönt werden. Die

Schmach, die Frankreich der preußischen Königin zugefügt hatte, war nun endgültig gerächt.

Mit Wilhelms Kaiserkrönung wurde dem Luisenmythos ein weiteres Kapitel hinzugefügt: Luise war, wenn auch posthum, Kaisermutter geworden. Damit konnte das Madonnenelement, das in der Totenmaske und dem Ölbild Schadows bereits sichtbar war, neu aufgenommen und fortentwickelt werden. Die Ikonographie konzentrierte sich jetzt nicht mehr auf die trauernde Madonna, sondern zeigte die Mutter des Heilands. Am deutlichsten tritt das in Fritz Schapers Statue «Königin Luise mit ihrem Sohn Wilhelm» hervor, die auch als «preußische Madonna» bezeichnet worden ist.[60]

Vor allem avancierte Luise nun zu einer einheitsstiftenden Identifikationsfigur des neuen Reichs: Da ihre Mutter aus der Herzogsfamilie von Hessen-Darmstadt stammte und Luise in Darmstadt ihre Jugend zugebracht hatte, stand sie für die Überwindung der nach dem Einigungskrieg von 1866 tiefen Gräben zwischen Süd- und Nordostdeutschland. Und da Luise in Frankfurt den beiden letzten Kaiserkrönungen des alten Reichs beigewohnt hatte und zugleich die Mutter des neuen Hohenzollernkaisers war, konnte man in ihr ein Bindeglied zwischen den Reichen sehen. Der Luisen-Mythos war somit geeignet, gegen Preußen gerichtete Ressentiments der Süddeutschen zu dämpfen, und diese Funktion hat er bis zur Abdankung von Luises Urenkel erfüllt.

Mit dem Ende der Hohenzollerndynastie verlor Luise ihre Relevanz für das Militär. Danach wurde die mythisierte Königin nur noch von Deutschnationalen für Propagandazwecke eingespannt[61] oder diente konservativen Frauengruppen als Symbol und Muster «echter Weiblichkeit». Mit deren Bedeutungsverlust im Gefolge der gesellschaftlichen Veränderungen hat auch der Luisen-Mythos seine Kraft verloren. Er ist historisch versiegt.

Adolf Hitler verneigt sich vor Paul von Hindenburg am 21. März 1933 vor der Garnisonkirche in Potsdam.

Preußen als Beute

Der «Tag von Potsdam» und das Attentat auf Hitler

Was von vielen, die dabei gewesen waren, als Wiedergeburt Preußens erlebt wurde, war in Wirklichkeit der Auftakt zu seinem endgültigen Untergang: die von Propagandaminister Joseph Goebbels minutiös geplante Inszenierung eines «über dem Sarg Friedrichs des Großen» erfolgenden Sakraltransfers von Hindenburg auf Hitler. Damit sollte das Bündnis zwischen nationalsozialistischer Bewegung, Reichswehr und konservativen Eliten besiegelt werden. Das in höchstem Maße mit politischer Symbolik aufgeladene Ereignis fand am 21. März 1933 in Potsdam statt und ist als der «Tag von Potsdam» in die deutsche Geschichte eingegangen.[1] In einigen Darstellungen der NS-Zeit wird es als der eigentliche Beginn des Dritten Reichs bezeichnet. «Kein anderes Ereignis zu Beginn des Dritten Reiches hat so wie dieses die Illusion gefördert, eine junge, dynamisch-gläubige Mannschaft sei aufgebrochen, Deutschland in das Paradies einer klassen- und parteienüberwindenden Volksgemeinschaft zu führen», heißt es bei Heinz Höhne,[2] und Ian Kershaw bezeichnet es als «ein Meisterstück suggestiver Propaganda».[3]

Die preußische Elite hat sich von diesem inszenatorischen Coup nie mehr erholt. Sein Schauplatz, die Potsdamer Garnisonkirche, wurde zum Symbol für ein Bündnis, das Deutschland in den Untergang geführt hat. Das bei einem amerikanischen Luftangriff vom April 1945 schwer beschädigte Gebäude wurde auf Geheiß Walter Ulbrichts im Sommer 1968 gesprengt. So verschwand nicht nur der «Kultort der preußischen Militärmonarchie»,[4] sondern vor allem der Ort eines Bündnisses, das in Ulbrichts Augen den bevorstehenden Sieg der deutschen Arbeiterklasse hatte verhindern sollen. Die Garnisonkirche wurde gesprengt, um den preußischen Mythos, in dessen Tradition sich Hitler gestellt hat, ein für alle Mal auszulöschen. Ihr geplanter Wiederaufbau, zu dem am 14. April 2005, dem 60. Jahrestag des Luftangriffs auf Potsdam, der Grundstein gelegt worden ist, wird vielleicht das Gebäude, aber nicht mehr seine sakrale Aura wiederherstellen. Die «Sekundärreliquie»,[5] der Sarg mit den sterblichen Überresten Friedrichs, wird nicht mehr in die Gruft der Garnisonkirche zurückkehren, nachdem er 1991 neben Schloss Sanssouci beigesetzt worden ist.[6] Friedrichs Grab befindet sich zwar in fußläufiger Nähe zur Garnisonkirche, aber der räumliche Abstand genügt, um ein von manchen befürchtetes Wiederaufleben militärischen Geistes zu blockieren.

Nicht zuletzt um die Verbindung mit Friedrich ist es Goebbels bei seiner Inszenierung gegangen. Hindenburg, der Reichspräsident und frühere kaiserliche Generalfeldmarschall, sollte dabei als Bindeglied fungieren und das mythische Charisma des großen Königs auf den zum Reichskanzler ernannten Weltkriegsgefreiten übertragen. Dieser als sakrales Ereignis inszenierte Charismatransfer sollte sinnfällig machen, was sich mit der wenige Tage später erfolgten Verabschiedung des Ermächtigungsgesetzes vollzog: die Liquidierung der Weimarer Republik und der Beginn des «Dritten Reichs». Dazu waren Hitler und die NSDAP jedoch aus eigener Kraft nicht in der Lage, dafür benötigten sie die Hüter der preußischen Tradition: das Militär, die evangelische Kirche, den Reichspräsidenten in seiner Eigenschaft als kaiserlicher Generalfeldmarschall und nicht zuletzt die Hohenzollernfamilie. Goebbels' Meisterstück bestand also nicht nur in der reibungslosen Inszenierung, sondern vor allem darin, dass alle, auf die es ankam, dabei mitspielten. Das gelang, indem man ihnen den Eindruck vermittelte, sie seien die Hauptpersonen des Geschehens, während der eigentliche Nutznießer ungewohnt zurückhaltend und bescheiden auftrat: Hitler, im Gehrock mit Mantel und Zylinder, senkte sogar beim Handschlag mit Hindenburg ehrerbietig den Kopf vor dem Feldmarschall mit der Pickelhaube.[7] Wer allein dieses Bild sah, konnte meinen, Franz von

Papen hätte recht behalten mit seiner Bemerkung: «Wir haben ihn uns engagiert.»[8]

Tatsächlich hatte Hitler in dem am 30. Januar 1933 gebildeten Kabinett eine eher schwache Position. Neben ihm besaßen nur zwei Mitglieder der NSDAP Ministerrang, und die einflussreiche Position des Reichskommissars für Preußen hatte Hitler seinem Vizekanzler von Papen überlassen müssen. Er baute auf die für den 5. März angesetzten Reichstagswahlen, bei denen er das Ergebnis der NSDAP vom November 1932 deutlich zu verbessern hoffte, und dabei sollte ihm die neue Position als Reichskanzler, die damit verbundene Aufbruchstimmung und nicht zuletzt der offene Straßenterror der SA helfen. Bis dahin aber fürchtete er einen Generalstreik der Gewerkschaften und der politischen Linken, der die Regierung in schwerste Bedrängnis bringen konnte. Nur zu gut war ihm der Generalstreik in Erinnerung, an dem 1920 der Kapp-Putsch gescheitert war.[9]

Nach den Wahlen, die der NSDAP ein gutes Ergebnis, aber nicht die absolute Mehrheit brachten, schwand die Furcht vor einem Generalstreik, zumal Polizei und SA inzwischen die Organisationen der KPD weitgehend zerschlagen hatten und die SPD erkennbar vor einem Aufruf zum Generalstreik zurückschreckte. Der einzige Machtfaktor, der Hitler nun noch gefährlich werden konnte, waren die Reichswehr und die alten preußischen Eliten. Mit ihnen musste Hitler ein Bündnis schließen, durch das er das Militär und die Verwaltungseliten an sich band, während er sich gleichzeitig aus der deutschnationalen Umklammerung im Kabinett löste. Dazu diente der «Tag von Potsdam». Allen Erschütterungen zum Trotz, unter anderem der Gleichschaltung der deutschnationalen und monarchistischen Organisationen, der Ausschaltung der Reichswehrführung in der Fritsch-Blomberg-Krise von 1938[10] und dem außenpolitischen Vabanque Hitlers, hat das in Potsdam besiegelte Bündnis bis zum 20. Juli 1944 gehalten.[11] Im Attentat auf Hitler haben Teile der Wehrmacht es widerrufen, und Hitler, der den Anschlag überlebte, hat vor allem an der preußischen Aristokratie dafür blutige Rache genommen.[12] Bis zu diesem Zeitpunkt jedoch standen Militär und preußische Bürokratie im Bann von Potsdam, und viele von ihnen blieben dies auch über den 20. Juli hinaus. Auch wenn das Hitler-Attentat seinen Zweck verfehlte, durch die Tötung des Diktators das Offizierskorps von dem auf ihn geleisteten Treueid zu entbinden – die mythenpolitische Bedeutung des im Führerhauptquartier nahe Rastenburg in Ostpreußen zur Detonation gebrachten Sprengstoffs liegt in der Revision des «Tags von Potsdam»; die symbolische Bedeutung des Handschlags zwischen Hitler und Hindenburg sollte rückgängig gemacht werden. Was für Ulbrichts Kommunisten die Sprengung der Garnisonkirche war, das war für die hinter dem versuchten Staatsstreich[13] vom 20. Juli stehenden Offiziere und hohen Beamten die von Oberst Graf Stauffenberg unter dem Kartentisch der «Wolfsschanze» platzierte Bombe. In den Worten des Mitverschwörers Henning von Tresckow: Es kam zuletzt «nicht mehr auf den praktischen Zweck an, sondern darauf, dass die deutsche Widerstandsbewegung vor der Welt und vor der Geschichte unter Einsatz des Lebens den entscheidenden Wurf gewagt hat».[14]

Entscheidend für die politische Symbolik des Bündnisses von NSDAP und konservativen Eliten waren Zeitpunkt und Ort des Charismatransfers. Für den 21. März sprachen zwei Faktoren: Auf den Tag genau 62 Jahre zuvor hatte Bismarck den ersten Reichstag eröffnet, sodass mit dem Datum eine Verbindung zwischen dem untergegangenen Zweiten und dem nun zu schaffenden Dritten Reich hergestellt wurde. So konnte der «Verrat der Novemberverbrecher», wie der Sturz der Monarchie und die revolutionäre Gründung der Republik im rechten Jargon hießen, getilgt werden. Außerdem handelte es sich um den kalendarischen Frühlingsanfang, also Neubeginn und Wiedererwachen. Von der Terminierung her war die Reichstagseröffnung also eine Gegeninszenierung zur Revolution in Kiel, München und Berlin, und insofern war es naheliegend, sie nicht im Berliner Reichstag stattfinden zu lassen, von dessen Fenster aus Philipp Scheidemann am 9. November die Republik ausgerufen hatte. Hier kam der Reichstagsbrand vom 27. Februar gerade recht. Die NSDAP hat von der Brandstiftung des holländischen Anarchisten Marius van der Lubbe in einer Weise profitiert, dass lange vermutet wurde, sie selbst hätte den Reichstag in

Brand gesetzt.[15] Da das Reichstagsgebäude unbenutzbar war, musste ein Ersatzort gefunden werden, und dabei stieß man relativ schnell auf Potsdam und die Garnisonkirche.[16] So konnte man den «Geist von Potsdam» gegen den «Geist von Weimar» ausspielen, wobei mit Letzterem nicht die Stadt in Thüringen gemeint war, in der sich Hitler ausgesprochen wohl fühlte,[17] sondern die Republik, die in rechts-konservativen Kreisen als schwächlich und auf Erfüllung der Bestimmungen des Versailler Vertrags angelegt galt. Der «Kampf gegen Weimar und Versailles»[18] trat durch die Anrufung Potsdams und des dort vorherrschenden Geistes[19] in eine neue Etappe. Als Erstes, so hatte Hitler der Reichswehrführung am 3. Februar versprochen, werde man die Wehrhoheit in Deutschland zurückgewinnen.[20] Die Eröffnung des Reichstags in Potsdam und das von Goebbels entworfene Zeremoniell waren «Brief und Siegel» auf dieses Versprechen.

Die Potsdamer Garnisonkirche, von Friedrich Wilhelm I. als Gotteshaus für seine Soldaten und als Grablege für ihn selbst errichtet,[21] kann kaum als normale Kirche angesehen werden. Das zeigte sich schon darin, dass auf der Turmspitze kein Kreuz, sondern der zur Sonne fliegende preußische Adler angebracht war. Statt Heiligenbildern und Szenen aus dem Leben Jesu waren in ihr Waffen und Trompeten abgebildet, dazu Fahnen und Standarten preußischer Regimenter. Die Garnisonkirche war mit der Bundeslade des Alten Testaments vergleichbar; sie symbolisierte Beistand und Hilfe Gottes für die preußischen Könige und ihre Soldaten. Hier wurde die Vergangenheit zum Versprechen für die Zukunft. Die Gruft mit den Särgen des Soldatenkönigs und des Alten Fritz verlieh dem Ganzen eine besondere Aura. Vor allem mit Friedrich war die Verkörperung preußischer Siegesgewissheit präsent. Obendrein war seit 1797 zur vollen Stunde ein Glockenspiel mit der Melodie von «Lobe den Herren» und zur halben Stunde mit «Üb' immer Treu und Redlichkeit» zu hören. Diese Melodien waren der in Töne übersetzte preußische Pflicht- und Tugendkatalog.

Mit Bildprogramm und Glockenspiel befriedigte die Garnisonkirche das Bedürfnis der Menschen nach innerweltlich-politischer Heilsgewissheit. Was Max Weber am Zusammenspiel von kapitalistischem

Geist und protestantischer Ethik beobachtet hat, zeigte hier seine politisch-nationalistische Seite: Der Ertrag der Gotterwähltheit wurde in der Garnisonkirche nicht in Geld, sondern in Macht ausgezahlt. Dementsprechend bitter ist die Niederlage von 1918 den preußischen Protestantismus angekommen, galt sie doch als unverdient und ungerecht, nachdem man so tapfer und mit so großen Opfern für die gute Sache gekämpft hatte. Seit 1918 lag über der Garnisonkirche ein Theodizeeproblem, also die alte Frage nach der Rechtfertigung Gottes angesichts dessen, wie es in der Welt so lief – und die Ironie des 21. März 1933 war, dass ausgerechnet die Nazis eine Antwort darauf anzubieten hatten. Entsprechend bereitwillig ist die evangelische Kirche den Verlockungen Hitlers gefolgt. Im Unterschied zur politisch-militärischen Elite haben sich Teile der evangelischen Geistlichkeit, organisiert in der «Bekennenden Kirche», jedoch bald wieder aus dieser Suggestion gelöst.

Die Feierlichkeiten des 21. März begannen morgens um 10.30 Uhr mit gleichzeitigen Gottesdiensten in der evangelischen Nicolai- und der katholischen St.-Peter-und-Paul-Kirche. Nach einem verregneten Morgen war gegen 9 Uhr die Sonne durchgekommen, und auf den Straßen versammelten sich immer mehr Schaulustige, die sich den Aufmarsch der politischen Prominenz nicht entgehen lassen wollten. Es kamen jedoch keineswegs alle Reichstagsabgeordneten: Die 81 Mandate, die von der KPD errungen worden waren, hatte die Regierung für ungültig erklärt; viele kommunistische Abgeordnete befanden sich in den Händen der SA, die sie in ihren Folterkellern quälte, andere waren auf der Flucht. Die SPD blieb dem Festakt aus Protest gegen den SA-Terror geschlossen fern. Die Abgeordneten der NSDAP wiederum hatten alle das Braunhemd angezogen und bildeten so in der Nikolaikirche wie in St.-Peter-und-Paul deutlich erkennbare Blöcke.

Die Mitglieder des Kabinetts verteilten sich ihrer Konfession entsprechend auf den evangelischen und den katholischen Gottesdienst. Während in St.-Peter-und-Paul der päpstliche Nuntius Kardinal Orsenigo und Vizekanzler von Papen die prominentesten Teilnehmer waren, nahm Reichspräsident Hindenburg am Gottesdienst in der Nicolaikirche teil.[22] Hitler und Goebbels, beide katholisch getauft, fehlten beim Gottesdienst in St.-Peter-und-Paul. In einer Pressemitteilung erklärten sie: Weil NSDAP-Mitglieder von der katholischen Geistlichkeit als «Abtrünnige der Kirche» bezeichnet worden seien, sehe sich «der Kanzler zu seinem Leidwesen nicht in der Lage, am katholischen Gottesdienst in Potsdam teilzunehmen»; stattdessen habe er «die Gräber seiner ermordeten SA-Kameraden auf dem Luisenstädtischen Friedhof in Berlin besucht».[23]

Derweilen predigte in der Nicolaikirche Generalsuperintendent Otto Dibelius über Römer 8,31: «Ist Gott für uns, wer mag wider uns sein.»[24] Er beklagte «Klassenhaß und Parteienzerklüftung», die in den zurückliegenden Jahren das Volk getrennt und zerteilt hätten. Nun aber sei eine neue Zeit angebrochen. Wenngleich Gott seine unbegreifliche Gnade allen Menschen erweise, gelte die Verheißung einer neuen Zukunft im Schutze des Herrn doch nur für das deutsche Volk. In Russland herrsche der Bolschewismus und in den USA der Materialismus, während der Herr den Deutschen nach einer Periode des Niedergangs eine neue Zukunftsperspektive gegeben habe: «Das ist heute unser Gebet: dass Gottes Gnadenhand über dem Bau des deutschen Reiches die Kuppel wölbe, die einem deutschen, einem geheiligten, einem freien Volk für immer den Blick nach oben zieht, Deutschland wieder und für immer: Ein Reich, ein Volk, ein Gott!»[25]

Der Gottesdienst in der Nicolaikirche wurde durch das «Niederländische Dankgebet» beschlossen, neben dem «Choral von Leuthen» («Nun danket alle Gott») das zweite sakrale Verbindungsglied zwischen Politik und Glauben, Staat und Kirche in Preußen: In ihm wurde einmal mehr zum Ausdruck gebracht, dass Treu und Redlichkeit, an die das Glockenspiel der Garnisonkirche erinnerte, in dieser Welt nicht ohne Lohn bleiben und die Streiter des Herrn am Schluss die Sieger sein würden:

«Wir treten zum Beten vor Gott, den Gerechten;
Er waltet und haltet ein strenges Gericht.
Er läßt von den Schlechten die Guten nicht knechten,

[…]
Im Streit zur Seite ist Gott uns gestanden.
Er wollte, es sollte das Recht siegreich sein.
Da wird, kaum begonnen die Schlacht schon gewonnen.
Du, Gott, warst ja mit uns, der Sieg, er war Dein.»[26]

Nach Ende der Gottesdienste begab man sich von den beiden Kirchen aus zur Garnisonkirche, wo der eigentliche Festakt stattfinden sollte. Inzwischen war auch Hitler dort eingetroffen. In Begleitung des Reichswehrministers, des Befehlshabers der Marine und weiterer Offiziere schritt Reichspräsident Hindenburg die Front einer Ehrenkompanie und nationaler Verbände ab. Dann betrat er die Garnisonkirche und ging langsam, abermals unter den Klängen des «Chorals von Leuthen», zu dem eigens für ihn schräg gegenüber dem Altar aufgestellten Sessel. Bevor er Platz nahm, grüßte er mit dem Marschallstab die Kaiserloge und verneigte sich.

Die Plätze Wilhelms II. und seiner Gemahlin waren frei geblieben; der frühere Kaiser hatte sein holländisches Exil nicht verlassen. In der zweiten Reihe jedoch saß der ehemalige Kronprinz in schwarzer Husarenuniform. Nicht nur er vertrat an diesem Tag das Haus Hohenzollern und dessen Anspruch auf die Wiedererrichtung seiner Herrschaft in Preußen; in der Kirche hatte im Block der nationalsozialistischen Abgeordneten sein Bruder Prinz August Wilhelm («Auwi»), der vierte Sohn des früheren Kaisers, Oberst a. D. des Ersten Garderegiments zu Fuß, in der braunen Uniform der SA und mit Hakenkreuzbinde am Arm Platz genommen. Der zweite und der fünfte Sohn Wilhelms, Prinz Eitel Friedrich, Generalmajor a. D., und Prinz Oskar, Oberst a. D., sollten nach dem Festakt in der Garnisonkirche als Flügelmänner der Stahlhelm-Ehrenkompanie an Hindenburg und Hitler vorbeiparadieren.[27] Die alte Dynastie war also zahlreich vertreten, und durch Hindenburgs Gruß an den imaginären Kaiser war sie mehr als bloß physisch präsent.

Von seinem herausgehobenen Platz unmittelbar vor dem Altar hielt Hindenburg eine kurze Rede, in der er die Abgeordneten aufforderte, sich hinter die Regierung zu stellen und sie nach Kräften zu unterstützen. Dann folgten die für den Sakralitätstransfer entscheidenden Sätze: «Der Ort, an dem wir uns heute hier versammelt haben, mahnt uns zum Rückblick auf das alte Preußen, das in Gottesfurcht, durch pflichttreue Arbeit, nie verzagenden Mut und hingebende Vaterlandsliebe groß geworden ist und auf dieser Grundlage die deutschen Stämme geeint hat. Möge der alte Geist dieser Ruhmesstätte auch das heutige Geschlecht beseelen, möge er uns frei machen von Eigensucht und Parteizank und uns in nationaler Selbstbestimmung und seelischer Erneuerung zusammenführen zum Segen eines in sich geeinten freien, stolzen Deutschland!»[28]

Anschließend trat Hitler an das im Altarraum aufgestellte Lesepult. Er verharrte mehrere Minuten in Schweigen, um die sakrale Spannung zu bewahren, die sich im Raum aufgebaut hatte. Was er vortrug, waren Plattitüden, schwülstig formuliert, aber auf sie kam es weder ihm noch dem Regisseur Goebbels an. Es ging um die Beziehung zu Hindenburg, und um sie deutlich zu machen, wandte sich Hitler am Schluss der – gemessen an seinen sonstigen Reden – überaus kurzen Erklärung direkt an den Reichspräsidenten: «Wir erheben uns vor Ihnen, Herr Generalfeldmarschall! Dreimal kämpften Sie auf dem Felde der Ehre für das Dasein und die Zukunft unseres Volkes. Als Leutnant in den Armeen des Königs für die deutsche Einheit, in den Heeren des alten deutschen Kaisers für des Reiches glanzvolle Zeit, im größten Kriege aller Zeiten aber als unser Generalfeldmarschall für den Bestand des Reiches und die Freiheit unseres Volkes.»[29]

Es wurde eine Motette von Brahms gespielt, anschließend herrschte Stille, dann geleiteten zwei Pfarrer den Reichspräsidenten zu der hinter dem Altar gelegenen Gruft, wo die Särge der Könige standen. Zwei Adjutanten Hindenburgs folgten mit Kränzen, die der Reichspräsident nacheinander an den Särgen Friedrich Wilhelms I. und Friedrichs II. niederlegte. Die Teilnehmer des Festakts waren unterdessen aufgestanden. Abermals erklang das «Niederländische Dankgebet». Während Hindenburg noch in der Gruft verweilte, begannen die vor der Kirche aufgefahrenen Kanonen mit dem Abfeuern von 21

Schuss Salut. Das war zugleich das Zeichen für die Überleitung zum militärischen Teil des Staatsakts, zu dem sich die Gäste auf eine neben der Kirche errichteten Tribüne begaben. Nachdem Hindenburg aus der Kirche gekommen war und die Ehrengäste mit dem Marschallstab gegrüßt hatte, setzte Marschmusik ein, und das Infanterieregiment 9, Teile des Reiterregiments 4, eine Abteilung des Artillerieregiments 3, dann Abteilungen der Schutzpolizei, Abordnungen der SA und der SS, schließlich die Ehrenkompanie des Stahlhelms mit den beiden Hohenzollernprinzen in der ersten Reihe zogen vorbei. Das war die Koalition, welche die neue Regierung trug. Goebbels war zufrieden; die Inszenierung hatte vorzüglich geklappt, der Hindenburgmythos war mit dem entstehenden Hitler-Mythos verschmolzen worden. Jetzt hatte man die nationale Rechte und die preußischen Konservativen ‹im Sack›.

In seinen *Tagebüchern* hat Goebbels seinen Eindruck des «Tags von Potsdam» festgehalten: «Am Schluß sind alle auf das tiefste erschüttert. Ich sitze nahe bei Hindenburg und sehe, wie ihm die Tränen in die Augen steigen. Alle erheben sich von ihren Plätzen und bringen dem greisen Feldmarschall, der dem jungen Kanzler seine Hand reicht, jubelnde Huldigungen dar. Ein geschichtlicher Augenblick. Der Schild der deutschen Ehre ist wieder reingewaschen. Die Standarten mit unseren Adlern steigen hoch. Hindenburg legt an den Gräbern der großen Preußenkönige Lorbeerkränze nieder. Draußen donnern die Kanonen. Nun klingen die Trompeten auf, der Reichspräsident steht auf erhöhter Estrade, den Feldmarschallstab in der Hand und grüßt Reichswehr, S.A., S.S. und Stahlhelm, die an ihm vorbeimarschieren. Er steht und grüßt. Über all dem liegt die ewige Sonne, und Gottes Hand steht unsichtbar segnend über der grauen Stadt preußischer Größe und Pflicht.»[30]

Der «Aufstand des Gewissens», von dem man mit Blick auf den 20. Juli 1944 gesprochen hat, kann angesichts der vorangegangenen Koalition zwischen alten Eliten und Nationalsozialismus auch als ein «Aufstand des schlechten Gewissens» bezeichnet werden.[31] Doch entscheidend ist, welche Konsequenzen für den Einzelnen daraus erwachsen sind, dass ihm «das Gewissen schlug». Viele, die sich auf die Koalition mit Hitler eingelassen hatten, gingen angesichts der Verbrechen des Regimes auf Distanz, aber nur wenige haben den Entschluss gefasst, das NS-Regime müsse gestürzt werden – koste es, was es wolle. Dieses «koste es, was es wolle» begann bei der Bejahung des Tyrannenmordes, dessen Berechtigung in den Kreisen der Verschwörer bis zuletzt umstritten war, und endete bei der Bereitschaft, mit der Beseitigung Hitlers und dem Sturz des NS-Regimes auch die Niederlage Deutschlands in Kauf zu nehmen. Die zeitweilig vorherrschende Idee, der Sturz des Regimes lasse sich mit Friedensverhandlungen verbinden, bei denen der Fortbestand des Deutschen Reiches als europäische Hegemonialmacht gesichert werden könne, war spätestens mit der in Casablanca formulierten Forderung Churchills und Roosevelts nach einer bedingungslosen Kapitulation Deutschlands – *unconditional surrender* – obsolet geworden.[32] Insofern begünstigte die sich seit 1942/43 schnell verschlechternde Kriegslage den Entschluss der Verschwörer, Hitler zu töten und die NS-Herrschaft zu stürzen.

Ganz offensichtlich haben sich die Jüngeren unter ihnen, die am Ersten Weltkrieg nicht mehr oder nur noch kurz teilgenommen hatten und zum Zeitpunkt des Attentats auf Hitler militärische Ränge zwischen Leutnant und Oberst bekleideten, leichter und mit größerer Entschiedenheit zu diesem Entschluss durchringen können als die Älteren, die Pläne schmiedeten und Denkschriften verfassten, aber nicht handelten.[33] Es spricht vieles dafür, dass dieser deutliche Unterschied damit zusammenhängt, wie die Angehörigen der unterschiedlichen Generationen die «Machtergreifung» erlebt hatten und wie sehr sie durch Inszenierungen wie den «Tag von Potsdam» ergriffen waren: Nahezu alle der Jüngeren unter den Verschwörern waren in den ersten Jahren von der Dynamik des NS-Regimes fasziniert, wenn sie sich nicht sogar offen zu ihm bekannten. Das gilt auch für Claus Graf Schenck von Stauffenberg und Henning von Tresckow, die bei der Planung des Staatsstreichs und der Durchführung des Attentats die treibenden Kräfte waren.[34] Sicherlich haben auch Vertreter der älteren Generation wie Ludwig Beck und Carl Friedrich Goerdeler die Ernennung Hitlers zum Reichskanzler zunächst begrüßt,[35] aber sie haben, ihren Biographen zufolge, den Aufstieg des Nationalsozialismus mit größerem Abstand und geringerem Enthusiasmus verfolgt als die Jüngeren. Wenn man so will, hatten sie zu Hitler ein von vornherein instrumentelles Verhältnis, während die Jüngeren zeitweilig an ihn geglaubt haben, was dann zu einer umso schärferen Abwendung von ihm führte – bis hin zur Überzeugung, Hitler müsse sterben. Der Grad der früheren Bewunderung war ausschlaggebend dafür, wie entschieden der Widerstandswille war.[36]

Das sind freilich Beobachtungen und Interpretationen, die nicht ohne weiteres zu verallgemeinern sind. Fast immer kommen zusätzliche Faktoren dazu, und persönlicher Mut und Entschlossenheit lassen sich weder aus Generationenzugehörigkeit noch aus sozialer Herkunft restlos ableiten. Außerdem lassen sich bei fast allen, die den Weg in den Widerstand gegangen sind,[37] Schwankungen in ihrem Verhältnis zum Regime feststellen, die mit dessen äußeren, nicht zuletzt militärischen Erfolgen und Misserfolgen zu tun haben. Nach dem Einlenken der Westmächte in der Sudetenkrise und der Unterzeichnung des Münchner Abkommens etwa war die Militäropposition regelrecht zerfallen, und nach der Kapitulation Frankreichs begannen auch vehemente Hitlergegner an ihrer Grundeinstellung zu zweifeln.[38]

Es wäre jedoch falsch, wie gelegentlich zu hören, den Entschluss der alten Eliten zum Widerstand gegen Hitler allein auf die sich nach Stalingrad und Tunis rapide verschlechternde Kriegslage zurückzuführen, als sei man, solange es gut lief, dem Führer bereitwillig gefolgt, um dann, als die Niederlage abzusehen war, auf Distanz zu gehen und zuletzt sogar Widerstand zu leisten.[39] Tatsächlich hat es seit der Ermordung der Generäle Schleicher und Bredow im Rahmen der Röhmkrise im Sommer 1934, dann bei der demütigenden Gleichschaltung der Wehrmacht in der Blomberg-Fritsch-Krise Anfang 1938, schließlich im Vorfeld des Sudetenfeldzugs wie des Überfalls auf Polen und noch einmal vor dem Frankreichfeldzug in den obersten militärischen Rängen eine Opposition gegen Hitler gegeben, und dabei wurden Maßnahmen wie ein «Streik der Generäle» oder die Absetzung des Führers erwogen.[40] Es kommt nicht von ungefähr, dass einige aus dieser Militäropposition wie Generaloberst Beck oder Generalfeldmarschall von Witzleben schließlich auch am Staatsstreich vom 20. Juli 1944 beteiligt waren. Sie standen gegen Hitler, lange bevor ihn das Kriegsglück verlassen hat. Doch immer dann, wenn es darauf ankam, zauderten sie, und das dürfte an ihrer preußisch-militärischen Grundhaltung gelegen haben:[41] Der preußische Gedanke des Dienstes und der Pflichterfüllung kollidierte mit der Vorstellung von Widerstand und Staatsstreich.

Gleichwohl bildete das in der Tradition der alten preußischen Garde stehende Infanterieregiment 9 mit Standort Potsdam – zusammen mit dem Reiterregiment 17 in Bamberg[42] – ein Zentrum der Opposition und des Widerstands, und viele von denen, die zu den Verschwörern des 20. Juli und ihrem Umfeld zählen, haben einer der beiden Einheiten irgendwann angehört.[43] Diese andere Seite des Preußenmythos oder des «Geistes von Potsdam» hat sich gegen bedingungslose Subordination verwahrt. Am deutlichsten kommt das in der kurzen Rede zum Ausdruck, die Henning von Tresckow anlässlich der Konfirmation seiner Söhne in der Potsdamer Garnisonkirche am 11. April 1943 gehalten hat. An deren Ende wandte er sich ausdrücklich seinen Söhnen zu und mahnte sie: «Vergeßt niemals, daß ihr auf preußischem Boden und in preußisch-deutschen Gedanken aufgewachsen und heute an der heiligsten Stätte des alten Preußentums eingesegnet seid. Es birgt eine große Verpflichtung in sich, die Verpflichtung zur Wahrheit, zur innerlichen und äußerlichen Disziplin, zur Pflichterfüllung bis zum letzten. Aber man soll niemals vom Preußentum sprechen, ohne darauf hinzuweisen, dass es sich damit *nicht* erschöpft. Es wird so oft missverstanden. Vom wahren Preußentum ist der Begriff der Freiheit niemals zu trennen. Wahres Preußentum heißt Synthese zwischen Bindung und Freiheit, zwischen selbstverständlicher Unterordnung und richtig verstandenem Herrentum, zwischen Stolz auf das Eigene und Verständnis für das Andere, zwischen Härte und Mitleid. Ohne diese Verbindung läuft es Gefahr, zu seelenlosem Kommiß und engherziger Rechthaberei herabzusinken. Nur in der Synthese liegt die deutsche und europäische Aufgabe des Preußentums, liegt der ‹preußische Traum›.»[44] Als Tresckow dies sagte, war er bereits tief in die Planung des Staatsstreichs involviert.

Neben den einander widersprechenden Erfordernissen jeder Verschwörung – den geplanten Staatsstreich geheim zu halten und ihm gleichzeitig eine möglichst breite Basis zu verschaffen – hatten die Verschwörer gegen Hitler zwei Probleme zu bedenken, die ihnen immer wieder Kopfzerbrechen bereiteten und zum Aufschub der Aktionen führten: Wer konnte die erforderlichen Truppen stellen? Und wer kam nahe genug an Hitler heran, um ihn zu töten? Das Zentrum der Verschwörung befand sich im Generalstab, doch der besaß keine Befehlsgewalt über die Truppen; man war auf die Mitwirkung kommandierender Generäle angewiesen. Die bekundeten zwar immer wieder ihre Verärgerung über Hitler, erklärten gelegentlich auch, «der Kerl» müsse weg, aber sobald es um konkrete Handlungen ging, zögerten sie und machten ihre Unterstützung davon abhängig, dass sie durch Hitlers Tod von dem persönlichen Treueid entbunden waren, den sie geleistet hatten. Insofern war klar, dass der Staatsstreich mit einem erfolgreichen Attentat auf Hitler beginnen musste. Klar war aber auch, dass es mit der Tötung Hitlers nicht getan war, weil dann Göring oder womöglich Himmler an seine Stelle getreten wäre. Man konnte sich also mit dem Attentat nicht begnügen, sondern musste anschließend die Macht zumindest in Berlin übernehmen, um das Heft des Handelns in die Hand zu bekommen. Tresckow und Stauffenberg wussten, dass Hitler innerhalb der Wehrmacht über eine beträchtliche Anhängerschaft verfügte und dass die SS einen Machtfaktor darstellte, den man neutralisieren und notfalls niederkämpfen musste.

Im Frühjahr 1943 hatte Tresckow einen Plan entwickelt, der vorsah, Teile des Ersatzheeres als bewaffnete Kräfte des Staatsstreichs einzusetzen, ohne dass man die Truppenführer in die Verschwörung einweihen oder für deren Ziele gewinnen musste. Die meisten wären nämlich nicht zu einer Mitwirkung bereit gewesen; außerdem sorgten die permanenten Versetzungen und Beförderungen dafür, dass man nicht wusste, wer am Tag des Attentats welche Position innehatte.

Der Ablauf des Staatsstreichs musste von den Loyalitäten der Verschwörer entkoppelt werden. Tresckow setzte deswegen auf Befehl und Gehorsam – das System sollte vermittelst seiner eigenen Prinzipien ausgehebelt werden.

Angesichts der Massen nach Deutschland verschleppter Fremdarbeiter und der Gefahr, dass ein von ihnen ausgehender Aufstand durch die Landung alliierter Fallschirmjägertruppen unterstützt werden konnte,[45] hatte von Tresckow im Auftrag von Generaloberst Fromm, dem Befehlshaber des Ersatzheeres, Alarmmaßnahmen zu Mobilisierung und Einsatz von Truppen ausgearbeitet, die unter dem Decknamen «Operation Walküre» zusammengefasst wurden. Sie sollten das befehlstechnische Gerüst des Staatsstreichs liefern: Mit der Proklamation des Ausnahmezustandes wäre die vollziehende Gewalt auf das Ersatzheer übergegangen, und dadurch hätten die in der Kommandozentrale des Ersatzheeres sitzenden Verschwörer die Verfügung über die Verbände im Raum Berlin und in den einzelnen Wehrkreisen bekommen,[46] mit ihrer Hilfe die Machtzentren der Hauptstadt besetzen und eventuellen Widerstand niederkämpfen können. Man bereitete also Pläne für einen Ausnahmefall vor, den man durch das Attentat selbst herbeiführen wollte. Sobald das gelungen wäre, hätte man den Geheimbefehl verlesen, der mit den Worten begann: «Der Führer Adolf Hitler ist tot! Eine gewissenlose Clique frontfremder Parteiführer hat es unter Ausnutzung dieser Lage versucht, der schwer ringenden Front in den Rücken zu fallen und die Macht zu eigennützigen Zwecken an sich zu reißen.» Daher habe die Reichsregierung «zur Aufrechterhaltung von Recht und Ordnung den militärischen Ausnahmezustand verhängt».[47] Stauffenberg und Tresckow war offenbar bewusst, welche Bedeutung der Mythos des Dolchstoßes nach 1918 gehabt hat;[48] deswegen versuchten sie, ähnliche Verdächtigungen wenigstens für den ersten Augenblick auf NSDAP und SS zu lenken. Sie nahmen an, dass der Hitler-Mythos noch wirkte, während die braunen Amtsträger der Partei und der schwarze Orden der SS bei der Masse der Bevölkerung wenig beliebt oder gefürchtet waren.

Als Stauffenberg am Morgen des 20. Juli 1944 nach Rastenburg flog, um im «Führerhauptquartier» über den Einsatz von Sperrdivisionen zu berichten, war alles vorbereitet: Sobald die Sprengladung explodiert und Hitler tot war, sollte in der Bendlerstraße «Walküre» ausgelöst werden. Dann würden die angeforderten Truppen marschieren, die SS ausschalten und das Regierungsviertel besetzen.

Die Ereignisse des 20. Juli sind vielfach dargestellt und die Gründe für das Scheitern des Staatsstreichs eingehend untersucht worden. Das muss hier nicht wiederholt werden. Für den Mythos Preußen freilich ist Hitlers Reaktion aufschlussreich. In seiner noch in der Nacht ausgestrahlten Rundfunkansprache bezeichnete er das Attentat als das Werk einer «ganz kleinen Clique ehrgeiziger, gewissenloser und zugleich verbrecherischer, dummer Offiziere».[49] Er vermied es, den preußischen Geist oder den preußischen Adel anzuprangern, denn damit hätte er sich auch von Friedrich dem Großen getrennt, und auf den war er für seine Durchhalteparolen angewiesen.[50] Falls er es nicht schon geahnt hatte, zeigten die Untersuchungen der nächsten Wochen und die nicht selten unter Folter erzwungenen Geständnisse der Angeklagten, dass nahezu jede der bekannteren preußischen Adelsfamilien mit mindestens einem Angehörigen in den Widerstand verwickelt war. Die Gruppen, mit denen Hitler das am «Tag von Potsdam» inszenierte Bündnis eingegangen war, hatten ihn, wie er meinte, im Stich gelassen und verraten. In den Wutausbrüchen der letzten Wochen im Führerbunker tobte er vor allem gegen die aus diesen Kreisen hervorgegangene Generalität: Der «permanente Verrat, der von einer verfluchten kleinen Clique» im Generalstab ausgehe, sei für die Niederlagen der letzten Jahre verantwortlich.[51] Für eine großangelegte «Säuberung» des Offizierskorps, wie sie Stalin vor dem Kriege vorgenommen hatte, war es nun jedoch zu spät. Hitler hatte sich in seinem eigenen Mythensystem verfangen. Er hatte geglaubt, Preußen für sich instrumentalisieren zu können, aber der preußische Adel hatte sich nun gegen ihn gewandt. Das aber konnte er so nicht eingestehen, ohne sich eine Blöße zu geben. In dieser Situation machte er sich zum Vorwurf, dass er sich mit den Preußen eingelassen hatte.

Schon am 21. Juli erklärte Hitler, wie er mit «diesen gemeinsten Kreaturen, die jemals den Soldatenrock in der Geschichte getragen haben, diesem Gesindel, das sich aus der einstigen Zeit herübergerettet hat», umzugehen gedenke: «Diesmal werde ich kurzen Prozeß machen. Diese Verbrecher [...] sollen nicht die ehrliche Kugel bekommen, sie sollen hängen wie gemeine Verräter! Ein Ehrengericht soll sie aus der Wehrmacht ausstoßen, dann kann ihnen als Zivilisten der Prozeß gemacht werden. [...] Und innerhalb von zwei Stunden nach der Verkündung des Urteils muß es vollstreckt werden! Die müssen sofort hängen ohne jedes Erbarmen! Und das wichtigste ist, dass sie keine Zeit zu langen Reden erhalten dürfen. Aber der Freisler wird das schon machen. Der ist unser Wyschinskij.»[52]

Doch Hitler hatte sich getäuscht: In den Moskauer Schauprozessen wurden Männer und Frauen verurteilt, die mit ihren Richtern dieselbe Ideologie und gleichartige mythische Horizonte teilten; aus ihrer Überzeugung heraus waren sie zu den absurdesten Geständnissen bereit, wenn sie damit der kommunistischen Sache zu dienen glaubten. Das war bei den Angeklagten vor dem Volksgerichtshof anders: Man konnte sie entwürdigen, indem man ihnen den Hosengürtel abnahm, man konnte sie anschreien, ihnen das Wort abschneiden und vieles mehr – aber sie bezichtigten sich nicht selbst der ihnen zur Last gelegten Verbrechen, sondern machten dem NS-Regime die Rechnung auf. Ulrich von Hassell etwa trat dem vorsitzenden Richter Roland Freisler «eher als Ankläger, denn als Angeklagter» gegenüber.[53] So blieb Hitler zuletzt nur übrig, sich die Filmaufnahmen aus der Hinrichtungsstätte Plötzensee anzuschauen, wo die Verurteilten entkleidet und an Drahtschlaufen aufgehängt wurden. Damit jedoch war dem Rachebedürfnis der NS-Führung nicht Genüge getan. In einer Ansprache vor Gauleitern der NSDAP in Posen erklärte Himmler am 3. August 1944, dass gegen die Familien der Verräter die «absolute Sippenhaftung» angewandt werde. Diese sei «sehr alt und bei unseren Vorfahren gebräuchlich gewesen. Sie brauchen bloß die germanischen Sagas nachzulesen. [...] Der Mann hat Verrat geübt, das Blut ist schlecht, da ist Verräterblut drin, das wird ausgerottet. [...] Die Familie Stauffenberg wird ausgelöscht werden bis ins letzte Glied.»[54] Buchstäblich bis zum Eintreffen sowjetischer oder westalliierter Truppen wüteten die Nazis gegen alle, die sie mit Attentat und Staatsstreich in Verbindung brachten.

Das Attentat auf Hitler und der fehlgeschlagene Staatsstreich vom 20. Juli 1944 haben in der Bundesrepublik seit Mitte der 1950er Jahre gründungsmythische Bedeutung erlangt. Das war keineswegs selbstverständlich, denn im ersten Nachkriegsjahrzehnt herrschte bei vielen noch die von Goebbels verbreitete Vorstellung von den Vaterlandsverrätern vor, die mit dem Attentat das Geschäft der Feinde betrieben hätten.[55] Die notorische Abneigung vieler Frontsoldaten gegen Stabsoffiziere kam hinzu, und schließlich zeitigte auch hier der antipreußische Affekt, von dem eingangs die Rede war, eine gewisse Wirkung.

Mit dem Beginn der Wiederbewaffnung der Bundesrepublik setzte die Suche nach militärischen Vorbildern für die Streitkräfte einer Demokratie ein. Sie wurde dadurch forciert, dass die DDR für ihre Nationale Volksarmee auf das Vorbild des «Bundes Deutscher Offiziere» zurückgriff, der sich nach der Kapitulation der 6. Armee in Stalingrad gebildet hatte und mit General von Seydlitz-Kurzbach über eine zugkräftige Symbolfigur an ihrer Spitze verfügte.[56] Die Bundeswehr brauchte ein Gegensymbol, und dafür bot sich Oberst Stauffenberg an. Er besaß den politisch unschätzbaren Vorzug, weder Protestant noch Preuße zu sein. Über seine Mutter war er zwar weitläufig mit Gneisenau verwandt, doch das steigerte nur seine Mythisierbarkeit, ebenso wie die Tatsache, dass er zum Jüngerkreis um Stefan George gehört und an dessen Bahre Totenwache gehalten hatte.[57] Zudem befreiten die in Nordafrika erlittenen schweren Kriegsverletzungen ihn von den Ressentiments gegen Generalstäbler. So konnte Stauffenberg zum Paten der neugegründeten Bundeswehr werden.

Mit den Reden Ernst Reuters anlässlich der Einweihung des Ehrenhofes im Bendlerblock (1953) und des Bundespräsidenten Theodor Heuss über den 20. Juli im Audimax der Freien Universität Berlin (1954) wurden die Verschwörer des 20. Juli zu festen Größen im bundesrepublikanischen Gründungsmythos. Dennoch blieb die gründungsmythische Inanspruchnahme der Hitler-Attentäter umstritten. Dass die DDR daran einiges auszusetzen hatte, dürfte kaum überraschen, nachdem Albert Norden schon 1947 erklärt hatte, die «rebellierenden Generale» seien «Fleisch vom Fleische des deutschen Imperialismus».[58]

Aber auch im Westen wurden immer wieder Zweifel laut, ob man Offizieren eine solche Bedeutung beimessen dürfe, die ganz zweifellos keine Demokraten waren, sondern politisch autoritären Ordnungsideen angehangen hatten. Allenfalls der «Kreisauer Kreis» um Helmuth James Graf von Moltke hatte Vorstellungen entwickelt, die mit einem liberalen Politikverständnis vereinbar waren, aber die Kreisauer waren an dem Staatsstreich nicht beteiligt. Außerdem hatte Moltke, der beim Attentat bereits verhaftet war, die Tötung Hitlers aus moralischen Gründen abgelehnt. Allerdings ist es ein Missverständnis politischer Mythen, nur das könne von gründungsmythischer Relevanz sein, was den gegenwärtig geltenden Vorstellungen entspricht. Wäre dem so, dann müssten die USA ihre Gründungsväter verabschieden, da einige von ihnen Sklavenhalter waren. Die gründungsmythisch behauptete Vorbildlichkeit Stauffenbergs bezieht sich auf seine Tat, seinen Mut und seine Entschlossenheit, nicht auf seine verfassungspolitischen Überzeugungen. So ragt mit den Verschwörern des 20. Juli ein kleines Stück preußischen Geistes in das Selbstverständnis der Bundesrepublik hinein, freilich dadurch getarnt, dass mit Stauffenberg ein Nichtpreuße zur Galionsfigur erhoben wurde.

Wichtiger als die kritische Auseinandersetzung mit den verfassungspolitischen Vorstellungen der Verschwörer war für das wiedervereinigte Deutschland, dass der Mythos der sauberen Wehrmacht überwunden wurde, die lediglich gegen den Feind gekämpft und sich nicht an den Verbrechen hinter der Front beteiligt habe.[59] Im Zuge der Debatte um die amerikanische Filmserie «Holocaust» waren um 1980 erste Zweifel an diesem Bild aufgekommen, und mit der vieldiskutierten «Wehrmachtsausstellung» des Hamburger Instituts für Sozialforschung wurde der Mythos der sauberen Wehrmacht Mitte der

1990er Jahre nachhaltig in Zweifel gezogen (auch wenn sie wegen der falschen Zuordnung einiger Bilder zeitweilig zurückgezogen werden musste).[60] Sie hat eine Reihe von Untersuchungen in Gang gesetzt, durch die deutlich geworden ist, in welchem Ausmaß die Wehrmacht an den Verbrechen beteiligt war, die an Juden und Russen, Polen und Ukrainern verübt worden sind, und welche Verantwortung die Generäle dabei trugen.[61] Ob damit mittelfristig auch der Mythos des militärischen Widerstands gegen Hitler in Frage gestellt wird, bleibt abzuwarten.

IV. Burgen und Städte

Es gibt Orte, um die sich eine Fülle von Mythen rankt, und Landstriche, die reich an Geschichten sind, in denen der Gegend eine politisch herausgehobene Bedeutung attestiert wird. Diese Orte und Landstriche werden durch Mythen sakralisiert, und im 19. Jahrhundert wurde es nicht nur in Deutschland üblich, diese Sakralität durch die Errichtung von Denkmalen sichtbar zu machen. Die narrative «Bedeutungsinvestition» des Mythos wurde im Denkmal ikonisch verdichtet. Freilich – *warum* es gerade diese Orte und nicht andere sind, an denen die sakralitätstiftende Bedeutungsinvestition stattgefunden hat, ist schwer zu sagen. Hingegen lässt sich sehr gut beobachten, *wie* bestimmte Burgen, Städte oder auch Flussläufe als «Mythensammler» funktionieren: Sie ziehen Wandermotive an, verbinden diese mit lokalen Sagen oder geschichtlichen Ereignissen und wecken so ein Interesse, das seinerseits weitere Mythen hervorbringt oder durch die Anlagerung neuer Erzählungen dafür sorgt, dass die alten nicht in Vergessenheit geraten. Auch konzentrieren sich hier Ereignisse, weil man sich in bestimmte Traditionen stellen oder Erinnerungen überdecken will.

Das Burschenschaftstreffen auf der Wartburg von 1817, das in Deutschland großes Aufsehen erregte, fand auf der Wartburg statt, weil sie ein Symbol der Reformation war und diese als eine frühe Form nationalen Widerstands gegen kulturelle und politische Fremdbestimmung angesehen wurde. Andererseits erregte es gerade darum so großes Aufsehen, weil es auf der Wartburg stattfand und damit Erinnerungen an die Reformation und ihre politischen Folgen wach werden ließ. Ein anderes Beispiel sind die alliierten Kriegsverbrecherprozesse gegen die Nazi-Führung, die man darum in Nürnberg abhielt, weil dies die «Stadt der Reichsparteitage» war, wo auch die schändlichen Rassegesetze, die sogenannten Nürnberger Gesetze, verkündet worden waren. Für die Reichsparteitage wiederum war Nürnberg – und nicht München, die «Stadt der Bewegung» – ausgewählt worden, weil es vom Glanz der spätmittelalterlichen Freien Reichsstadt umgeben war, der im 19. Jahrhundert zum Mythos aufbereitet worden war. Und dass sich schließlich die nach dem Zusammenbruch des Kaiserreichs gegründete Republik nach der Mittelstadt Weimar in Thüringen benannte, hat auch damit zu tun, dass man dadurch einen politischen Neuanfang markieren konnte, der eine große und, wie man meinte, mehrheitlich zustimmungsfähige Tradition Deutschlands aufgriff: die der deutschen Klassik und der sich auf sie gründenden Bildung als Alternative zu der im Krieg gescheiterten Militärtradition. Statt auf Moltke und Friedrich setzte man auf Goethe und Schiller. Aber nicht jeder Mythos vermag die von ihm erhoffte politische Wirkung zu entfalten. Auch spielt beim Scheitern oder Versagen politischer Mythen der Einsatz von Gegenmythen eine wichtige Rolle: Die Gegner der Republik haben deren Benennung nach dem Ort der deutschen Klassik nie akzeptiert, sondern sie verächtlich als «Novemberrepublik» bezeichnet. Darin sollte die Tristesse der Republik zum Ausdruck kommen.

Dass die Zahl der Orte, die als Mythensammler dienen, in Deutschland weit größer ist als in vergleichbaren Ländern Europas, liegt an seiner politischen Vielgliedrigkeit und an der späten Nationalstaatsbildung. Schon die Vielzahl der Städte, die für sich in Anspruch nehmen, einmal «Hauptstadt» des Reichs gewesen zu sein, ist bezeichnend: Aachen, Goslar, Magdeburg, Speyer, Mainz, Regensburg, Frankfurt am Main – die Reihe ließe sich fortsetzen.[1] Die Abfolge der Republiken wird hierzulande auch nicht, wie etwa in Frankreich, durch Ordinalzahlen geordnet, sondern durch Zuordnung zu einer eponymen Stadt: Weimarer Republik, Bonner Republik, Berliner Republik.

Infolge dieses Überangebots an mythensammelnden Orten musste eine Auswahl getroffen werden. Einige schieden aus, weil sie zwar mythisch besetzt oder gar eine bauliche Ausgestaltung von Mythen sind, aber nicht als Mythensammler gewirkt haben. Neuschwanstein, das Märchenschloss Ludwigs II. von Bayern, zählt dazu.[2] In anderen Fällen ist es zwar zu einer Verdichtung mythischer Erzählungen gekommen, doch blieb diese auf eine bestimmte Epoche beschränkt und setzte sich nicht epochenübergreifend fort. Aachen ist ein solches Beispiel: Zwar hat man durch den alljährlich verliehenen Karlspreis den Mythos Karls des Großen und seines Westeuropa umfassenden Reiches wiederaufgenommen und politisch zu nutzen versucht,[3] aber es fehlen die Jahrhunderte dazwischen, und obendrein ist mit der Süd- und Osterweiterung des politisch verfassten Europa dessen mythenpolitischer Bezug auf das Karolingerreich fragil geworden.[4]

Anders ist dies im Falle Heidelbergs, wo sich durchaus eine Abfolge mythischer Erzählungen und ikonischer Verdichtungen ausmachen lässt, die den Kriterien ortsbezogener Mythensammlung genügen: zunächst die Gründung der Universität im Jahre 1386, sodann die «Entführung» der Bibliotheca Palatina in den Wirren des Dreißigjährigen Krieges, die als «Beutekunst» im Vatikan landete, weiterhin die Zerstörung des Schlosses durch den französischen General Mélac und schließlich der Kreis der Heidelberger Romantiker um Brentano, von Armin und Görres, der George-Kreis und die Begründung der deutschen Soziologie durch Max Weber.[5] Aber das so entstandene Mythenensemble wurde für den politischen Betrieb nicht folgenreich. Heidelberg wurde zur mythischen Ausstaffierung des Studentenlebens und zum Inbegriff professoraler Gelehrsamkeit, auch wenn man nach dem Tode Max Webers hier kaum noch dem «Weltgeist» begegnen konnte.[6] Als Ort sentimentaler Erinnerungen an das studentische Leben, Übergangsphase zwischen Jugend und Beruf, ließ es sich als verkitschte Romantik touristisch ausschlachten; zum politischen Mythos taugte es jedoch ebenso wenig wie andere mittelgroße Universitätsstädte, Marburg oder Tübingen etwa.

Von den zahlreichen Orten und Regionen, die als Mythensammler dienten, wird nachfolgend zunächst die Wartburg behandelt. Vom

Hochmittelalter bis in den Vormärz haben sich um sie eine Fülle von Mythen gerankt, die auf die politische Selbstwahrnehmung der Deutschen eingewirkt haben. Danach geht es um Weimar, das von Goethe und Schiller bis zu Brand und Restauration der Anna-Amalia-Bibliothek die deutsche Geschichte als Mythos begleitet hat. Die Städte Nürnberg und Dresden haben unmittelbar zwar wenig, hinsichtlich der mythenpolitischen Nutzung aber viel miteinander gemein; deshalb werden sie zusammen dargestellt. Und an den Rhein, dem das abschließende Kapitel gewidmet ist, haben sich mehr Mythen angelagert, als das bei einer einzelnen Stadt möglich ist. Durch Klöster und Dome, Burgen und romantische Städtchen, das *Nibelungenlied* und Wagners *Ring*, schließlich den epochalen Kampf mit Frankreich um die Zugehörigkeit des Rheinlands zu Deutschland wurde er mit einer Fülle von Mythen verbunden, die wiederum in unzähligen Gedichten, Liedern, Erzählungen, Bauten und Denkmälern ihren Niederschlag fanden. Noch der Vorstoß US-amerikanischer Truppen bei Remagen und dessen Hollywood-Verfilmung zeigen die fortbestehende mythische Bedeutung des Flusses: Die fehlgeschlagene Sprengung der Brücke von Remagen, die von den amerikanischen Panzerspitzen überquert wird, symbolisiert den nun unabwendbaren Zusammenbruch Hitler-Deutschlands.

«Ein gute Wehr und Waffen ...»

Die Wartburg

Die Mythen machen den Unterschied: Ohne die sich um das Burggemäuer rankenden Erzählungen[1] – vom Sängerwettstreit, der zu einem Kampf auf Leben und Tod wird, von der Landgräfin Elisabeth, die ihre Berufung in der Sorge um die Armen findet, von Martin Luther als Junker Jörg, der mit dem Tintenfass nach dem Teufel wirft, und vom Burschenschaftsfest mitsamt Bücherverbrennung – wäre die Wartburg bloß eine Burg wie viele andere. Richard Wagner hätte seine Oper *Tannhäuser* nicht dort spielen lassen, und Moritz von Schwind hätte die Räume des Palas nicht mit Szenen aus der Burggeschichte ausgeschmückt. Vermutlich befände sich die Anlage in einem baulich schlechten Zustand, denn die aufwendigen Restaurierungsarbeiten in der zweiten Hälfte des 19. Jahrhunderts wären ebenso unterblieben wie spätere Investitionen in ihren Erhalt. Durch sie wurde das Bild geprägt, das Luthers Lied «Ein' feste Burg ist unser Gott» bis heute heraufruft: auf einem bewaldeten Hügel der steinerne Palas mit dem kupfergedeckten Dach, der trotzige Turm mit dem großen goldenen Kreuz in der Mitte und schließlich die langen, von Fachwerk durchzogenen Wehrgänge an den Burgflanken.[2]

Die Wartburg ist ein Mythensammler par excellence, und ihre ungebrochene touristische Attraktivität erwächst wesentlich aus der Tatsache, dass sie all den mit ihr verbundenen mythischen Erzählungen Anschaulichkeit verleiht. Einiges, wie Luthers Aufenthalt vom 4. Mai 1521 bis zum 1. März 1522, ist historisch verbürgt; auch die heilige Elisabeth hat zeitweilig auf der Wartburg gelebt; anderes ist hinzuerfunden

Zug der Turner auf die Wartburg am 4. Jahrestag der Völkerschlacht bei Leipzig am 18. Oktober 1817.

worden, beziehungsweise räumlich ungebundene Erzählungen, sogenannte Wandermotive, wurden dorthin verlegt; manches hat sich auf der Wartburg nur deshalb ereignet, weil sie bereits mit historischen und literarischen Mythen aufgeladen war. Das Burschenschaftsfest beispielsweise hätte dort wohl kaum stattgefunden, wenn die Studenten die Burg nicht mit Luthers Bibelübersetzung assoziiert hätten, durch die der Reformator zum Vorkämpfer der deutschen Nation mythisiert worden war. Und ohne die sich um sie rankenden Mythen hätte es die Wartburg im Dezember 1999 schwerlich auf die UNESCO-Liste des Weltkulturerbes geschafft.

Aber es sind nicht nur die großen historisch-politischen Ereignisse, sondern auch persönliche Erinnerungen und Hoffnungen, in denen die Burg die Arbeit am Mythos inspiriert hat. Im Anschluss an seine Harzreise im Jahre 1824 besuchte Heinrich Heine die Wartburg. In seiner *Börne-Denkschrift* schildert er die Eindrücke von damals: «Es sind sechs Jahre, daß ich, zu Fuß das Vaterland durchwandernd, auf der Wartburg ankam und die Zelle besuchte, wo Doktor Luther gehaust. Ein braver Mann, auf den ich keinen Tadel kommen lasse; er vollbrachte ein Riesenwerk, und wir wollen ihm immer dankbar die Hände küssen für das, was er tat. Wir wollen nicht mit ihm schmollen, daß er unsere Freunde allzu unhöflich anließ, als sie in der Exegese des göttlichen Wortes etwas weiter gehen wollten als er selber, als sie auch die irdische Gleichheit der Menschen in Vorschlag brachten.»[3]

Heine greift den protestantischen Wartburg-Mythos auf, doch indem er an den Bauernkrieg erinnert, der 1525 bei Frankenhausen sein – jedenfalls für Thüringen – blutiges Ende fand, wendet er ihn von der Geistes- in die politische Geschichte. Der Gedanke an die Hinrichtung Thomas Müntzers[4] nach der verlorenen Schlacht ruft ihn in die Gegenwart zurück: «Auf der Wartburg besuchte ich auch die Rüstkammer, wo die alten Harnische hängen, die alten Pickelhauben, Tartschen, Hellebarden, Flammberge, die eiserne Garderobe des Mittelalters. Ich wandelte nachsinnend im Saale herum mit einem Universitätsfreunde, einem jungen Herrn von Adel, dessen Vater damals einer der mächtigsten Viertelfürsten in unserer Heimat war und das ganze zitternde

Ländchen beherrschte. Auch seine Vorfahren sind mächtige Barone gewesen, und der kluge Mann schwelgte in heraldischen Erinnerungen bei Anblick der Rüstungen und der Waffen, die, wie ein angehefteter Zettel meldete, irgend einem Ritter seiner Sippschaft angehört hatten. Als er das lange Schwert des Ahnherrn von dem Haken herablangte und aus Neugier versuchte, ob er es wohl handhaben könnte, gestand er, daß es ihm doch wohl etwas zu schwer sei, und er ließ entmutigt den Arm sinken. Als ich dieses sah, als ich sah, wie der Arm des Enkels zu schwach für das Schwert seiner Väter, da dachte ich heimlich in meinem Sinn: Deutschland könnte frei sein.»[5]

Die Unbeholfenheit seines adligen Kommilitonen im Umgang mit dem zufällig entdeckten Schwert seiner Vorfahren bringt Heine auf den Gedanken eines freien Deutschlands. Doch der Zufall wird von der Bedeutsamkeit des Ortes aufgesogen: Hier, wo sieben Jahre zuvor das Burschenschaftstreffen stattgefunden hatte,[6] wo Luther sein Sendschreiben gegen Aufruhr und Empörung verfasst hatte,[7] erschöpfte sich ein junger Adliger bei der Handhabung der Waffe seiner Vorfahren – wenn das kein Zeichen war!

Die Anfänge der Wartburg liegen im frühen 12. Jahrhundert und sind eng mit der Machtkonsolidierung der Ludowinger in Thüringen verbunden. Mit dem Bau des großen Palas zwischen 1157 und 1170 – im Stil mehr an staufischen Kaiserpfalzen als den Erfordernissen einer Wehranlage orientiert – stieg die Burg von einer Grenzfeste zur landgräflichen Pfalz auf, wurde Verwaltungszentrum und Mittelpunkt herrscherlichen Mäzenatentums. Unter Landgraf Hermann wurde der Thüringer Hof zu einem Zentrum der höfischen Epik in Deutschland. Verbürgt ist, dass der Landgraf dem Dichter Heinrich von Veldeke die Fertigstellung seines Eneasromans ermöglichte, Herbort von Fritzlar mit dem *Liet von Troye* beauftragte und Wolfram von Eschenbach die Vorlage zum *Willehalm* vermittelte. Walther von der Vogelweide gehörte zeitweilig zum Hofstaat des Landgrafen und vielleicht auch Heinrich von Mohrungen.[8] Jedenfalls ist aus den literarischen Gattungen des Fürstenlobs und des Rätselspiels noch vor Ende des 13. Jahrhunderts ein Textkonvolut entstanden, in dem ein «Sängerkrieg» auf der Wartburg beschrieben wird.[9] Auch wenn die Forschung inzwischen davon ausgeht, dass es sich bei diesem Wettstreit der Dichter und Sänger um eine Legende handelt,[10] zeugt doch die Tatsache, dass er von dem oder den Verfasser(n) auf der Wartburg angesiedelt wurde, vom hohen Ansehen der Burg.

Nach den von Ludwig Bechstein im 19. Jahrhundert zusammengestellten Thüringer Sagen,[11] die den Sängerwettstreit auf der Wartburg im kulturellen Gedächtnis der Deutschen verankerten, tragen die (von Bechstein auf die Jahre 1206/07 datierten) Ereignisse sich wie folgt zu: Sechs Sänger treffen sich an Hermanns Hof, um ihre Kunst zu erproben – Heinrich, der tugendhafte Schreiber, Walther von der Vogelweide, Reinmar von Zweter, Wolfram von Eschenbach, Biterolf und Heinrich von Ofterdingen. Dem Unterlegenen soll durch den Henker von Eisenach der Kopf abgeschlagen werden.

Nachdem der Landgraf mit großem Gefolge im Saal erschienen ist, singen fünf der Dichter das Lob Hermanns und seines Hofes, während Heinrich von Ofterdingen seinen Herrn, den Herzog von Österreich, rühmt. Er vergleicht ihn mit der Sonne und gesteht allen übrigen Fürsten lediglich den Glanz der Sterne zu. Die anderen Sänger preisen daraufhin den Thüringer Landgrafen als den Tag, der schon begonnen habe, wenn die Sonne erst aufgehe, und erklären sich zu Siegern. Heinrich, der hingerichtet werden soll, erfleht den Schutz der Landgräfin Sophia: Er will zu Meister Klingsor nach Ungarn ziehen und ihn um Hilfe bitten; Klingsor kenne alle Tugenden des österreichischen Herrschers und solle darüber urteilen, ob er, Heinrich, die Wahrheit gesagt habe. Man gewährt ihm Urlaub für ein Jahr.

Klingsor ist nicht nur ein großer Sänger, er versteht auch einiges von Astrologie und Zauberei. Wie im Fluge vergeht die Zeit, ohne dass er Anstalten macht, nach Thüringen aufzubrechen. Heinrich fürchtet, auf immer landflüchtig sein und der Sangeskunst entsagen zu müssen, und bedrängt ihn. Am nächsten Morgen wacht er in Eisenach am Fuße der Wartburg auf, wohin ihn Klingsors dienstbare Geister mitsamt ihrem Herrn gebracht haben. Die Kunde von Heinrichs Rückkehr gelangt auf die Burg, und die Sänger nehmen den Wettstreit wieder auf. Klingsor nun beweist, dass die Sonne vor dem Tag komme und kein Tag sein würde, wenn es die Sonne nicht gäbe. Damit ist der Streit zugunsten Heinrichs entschieden.

Der Mythos vom Sängerwettstreit auf der Wartburg, den Bechstein aus Chroniken und literarischen Zeugnissen zur Lokalsage verdichtet hat, ist im 19. Jahrhundert auch von Richard Wagner und Moritz von Schwind aufgegriffen worden,[12] und zwar vermittelt über die Literatur der Romantik. So lässt Novalis in seinem Romanfragment *Heinrich von Ofterdingen* den jungen Dichter, bevor er auf der Suche nach der Blauen Blume in die Welt hinausdrängt, in Eisenach aufwachsen, wo der Hofkaplan des Landgrafen sein Lehrer ist. Bei seinem Großvater in Augsburg lernt er den Dichter Klingsohr [sic!] kennen, der ihm neue Welten romantischer Sehnsucht erschließt. Novalis zeichnet ein mythisch-utopisches Gegenbild zur eigenen Zeit, und in seinem hochgradig idealisierten Mittelalter nimmt die Wartburg einen zentralen Platz ein.

Auch in Friedrich Schlegels Schilderung seines Wartburg-Besuchs im Frühjahr 1802 erscheint die Burg als symbolischer Bezugspunkt für Krisendiagnose und Gegenwartskritik im Lichte einer idealisierten Vergangenheit; es gebe in Deutschland keinen schöneren Ort: «Wenn man solche Gegenstände sieht, so kann man nicht umhin, sich zu erinnern, was die Deutschen ehedem waren, da der Mann noch ein Vaterland hatte. Seitdem nun die Menschen herabgezogen sind zueinander und sich alles um die Landstraßen versammelt hat, gierig nach fremden Sitten wie nach fremden Gelde, stehen die Höhen und Burgen verlassen und die Kunst scheint verloren, dieses herrliche Land auf die edelste und angemessenste Weise zu bewohnen und zu beherrschen.»[13] Für Schlegel verkörpert die Wartburg das Überhoben- und Erhabensein gegenüber der Geschäftigkeit der modernen Welt, symbolisiert durch die Landstraße, und diese gelassene Ruhe wird ihm zum Inbegriff des Deutschen. Romantische Mittelaltersehnsucht und nationales Ressentiment verschmelzen im Zeichen der Wartburg.

Keiner hat die Wartburg stärker mit einem idealisierten Mittelalterbild verbunden als Richard Wagner in seiner romantischen Oper *Tannhäuser und der Sängerkrieg auf der Wartburg.* Weit über Deutschland hinaus ist die Wartburg dadurch zum Ort des Sängerkriegs geworden, wie er im *Tannhäuser* geschildert wird. Dabei hat Wagner mehrere, ursprünglich voneinander unabhängige Erzählungen und Sagen miteinander verwoben und so den neben Luthers Bibelübersetzung wohl wichtigsten Beitrag zur mythischen Aufladung der Burg geleistet.[14] Er kombinierte den Themenkreis des Sängerkriegs[15] mit einem Sujet, das sowohl in der Romantik, bei Tieck, Arnim und Brentano, als auch in Heines ironischer Distanzierung von den romantischen Entwürfen eine bedeutende Rolle gespielt hat: der Legende von Tannhäuser, der, zwischen himmlischer und irdischer Liebe hin und her gerissen, an der Möglichkeit der Gnade verzweifelt und dadurch der Verdammnis verfällt.[16]

Wagner hat den Einfluss der Romantik und des jungen Deutschland auf den *Tannhäuser* geleugnet und behauptet, er habe sich auf ein «Volksbuch vom Tannhäuser» gestützt, das die Forschung allerdings nicht kennt und das es wahrscheinlich nie gegeben hat. Wagner beherrschte sein Metier: Als erfahrener Mythenbildner wollte er den Eindruck erwecken, in der mythischen Erzählung von Tannhäuser und dem Sängerkrieg komme das Volk selbst zu Wort. Über das angebliche Volksbuch schreibt er: «Hier war es eben das *Volks*gedicht, das immer den *Kern* der Erscheinung erfaßt, und in einfachen, plastischen Zügen ihn wiederum zur Erscheinung bringt; während dort, in der Geschichte – das heißt nicht wie sie an sich war, sondern wie sie *uns* einzig kenntlich vorliegt – diese Erscheinung in unendlich bunter, äußerlicher Zerstreutheit sich kundgibt, und nicht eher zu jener plastischen Gestalt gelangt, als bis das Volksauge sie ihrem wahren *Wesen* nach ersieht, und als künstlerischen Mythos gestaltet.»[17]

Was Wagner im Mythos sucht, ist jeder historischen Konkretion überhoben und von Ort und Zeit unabhängig, eine prinzipielle und nicht an bestimmte Zeiten und Konstellationen gebundene Wahrheit. In der Figur des Tannhäuser glaubte er einen solchen mythischen

Kern gefunden zu haben, der nur noch entfaltet werden musste. Aber diese narrative Entfaltung war ohne die Verknüpfung des Archetypisch-Überhistorischen mit einem bestimmten Ort und einer bestimmten Zeit nicht möglich, und hier kam Wagner die Verbindung mit der Wartburg und dem Sängerkrieg zupass. Die Wartburg als Ort des Sängerkriegs ermöglichte die historische Konkretion, ohne dass der Mythos in der Jeweiligkeit des Konkreten verschwand.

Im *Tannhäuser* ist die Wartburg der mythisch-reale «Gegen-Ort» zum Venusberg,[18] in dem Tannhäuser zu Beginn der Oper in den Armen von Frau Venus erwacht. Er lebt dort in ewiger Lust und reuelosem Genuss – und sehnt sich doch zurück in die Welt der Menschen, wo Schmerz und Freiheit herrschen, Vergänglichkeit und Tod ebenso wie das sich wiederholende Erwachen der Natur im Grün des Frühlings, den Tannhäuser besonders schmerzlich vermisst. Durch Anrufung der Gottesmutter Maria gelingt es ihm, sich dem Venuszauber zu entziehen.[19]

Er findet sich in einem Tal unterhalb der Wartburg wieder. Das Frühlingslied eines Hirten und der Choral vorbeiziehender Pilger erschüttern ihn; aus dem Gebet, in das er daraufhin versinkt, reißt die von einem morgendlichen Ausritt zurückkehrende Jagdgesellschaft des Landgrafen ihn heraus. Der lange vermisste Sänger wird herzlich begrüßt; als Wolfram die Landgrafen-Nichte Elisabeth erwähnt, erwacht Tannhäusers alte Liebe zu ihr wieder, und er folgt in die Burg, um sich an einem Sängerwettstreit zu beteiligen. Die Aufgabe lautet, das Wesen der Liebe zu ergründen; dem Sieger soll Elisabeth den Preis reichen.

Wolfram, Walther und Biterolf beschreiben die Liebe im Horizont eines moralisierenden Minnebegriffs; in wachsender Erregung tritt Tannhäuser ihnen entgegen und besingt das Glück sinnlicher Liebe, bis er sich schließlich zu der Aufforderung hinreißen lässt, seine Widersacher sollten in den Venusberg einziehen, um dort erst einmal wirkliche Liebe zu erfahren. Es kommt zum Tumult, Tannhäuser muss um sein Leben fürchten; um ihn zu retten, wirft sich Elisabeth zwischen die Streitenden. Auf ihre Bitten hin gewährt man ihm die Gnade einer Bußfahrt nach Rom.

Lange wartet Elisabeth, im Gebet versunken, auf Tannhäusers Rückkehr. Als der Pilgerzug ohne ihn eintrifft, entsagt sie dem Leben; im Himmel will sie für den Mann Fürbitte tun, dem ihre ganze Zuneigung gilt. In der Nacht darauf kommt auch Tannhäuser aus Rom zurück, wo ihn selbst der Papst nicht lossprechen konnte. Er ist von seiner Verdammnis überzeugt und will wieder in den Venusberg. In einem Anfall von Wahnsinn schildert er dessen Freuden, bis Wolfram von Elisabeth zu sprechen beginnt. Darauf stirbt Tannhäuser; als Zeichen seiner Erlösung sprießt aus einem Priesterstab frisches Grün.[20]

Wagners *Tannhäuser* ist buchstäblich Arbeit am Mythos des Sängerkriegs. An die Stelle von Fürstenlob und Rätselspiel tritt die Auseinandersetzung über wahre Liebe, und statt um den Sieg im Wettstreit der Dichter geht es um Erlösung. Man kann Tannhäusers Konflikt als einen zwischen antiken und mittelalterlichen Gottheiten begreifen:[21] Im Prinzip sind die Götter der Antike besiegt; sie leben in ewiger Lust und Wonne, doch zurückgezogen in einer tiefen Höhle, für sich allein, ohne Kontakt zur Außenwelt, während der christliche Gott und seine Heiligen den öffentlichen Raum der Menschen dominieren. In der Wartburg ist der Sieg des Christentums über die antiken Götter Gestalt geworden. Tannhäuser schwankt zwischen beiden, und indem er beim Wettstreit der Sänger die Liebe der Frau Venus preist, ja ihr sogar den Vorzug gegenüber der von den anderen besungenen Minne gibt, hat er gleichsam die Pforten der Hölle geöffnet.

Es ist vorgeschlagen worden, den *Tannhäuser* als ein politisches Ideendrama zu begreifen, als «Allegorie der Gegenwart» oder «politische Parabel mit aktuellen Bezügen».[22] Danach wäre die Oper eine Mythenbearbeitung im Geiste des deutschen Vormärz, durchtränkt von der Philosophie Feuerbachs[23] und den Ideen, die Wagner aus seiner Pariser Lektüre frühsozialistischer und anarchistischer Schriften bezogen hat. Der Konflikt zwischen individuellem Freiheitsverlangen und dem harten Institutionengefüge ist ein wahrhaft vormärzliches Thema.

Für Sinnlichkeit und Spontaneität ist in der konservativen Gesellschaft des Landgrafenhofs jedoch kein Platz. Tannhäuser, der im Venusberg die Unbeschwertheit eines arkadischen Naturzustandes genossen hat, erfährt diese Ordnung als langweilig und repressiv. Freilich ist ihm auf Dauer auch die bloß vitalistische Existenz des Venusbergs nicht genug. Was er sucht, ist die Synthese von beidem, und weil diese in der starren Welt der Wartburg unmöglich ist, gehen er und Elisabeth zugrunde. Die Erlösung, von der am Schluss die Rede ist, wäre die Befreiung von einem sich zwangsläufig wiederholenden Scheitern – mehr nicht. Wenn Wagner von Tannhäuser sagt, er sei «ein Deutscher von Kopf bis zur Zehe»,[24] dann entwirft er ein Bild der Deutschen, das nicht durch jene kraftstrotzende Germanophilie gekennzeichnet ist, auf die Wagner in der Rezeption lange festgelegt wurde, sondern eines, in dem Zerrissenheit und Verzweiflung dominieren. Die Wartburg ist dann kein Symbol trotzigen Selbstbewusstseins und nationalen Stolzes, sondern steht für Beharrung und Traditionalismus, an denen alle leiden, die nach Freiheit streben. Die Wartburg ist hier das, was überwunden werden muss.

In ganz anderer Weise hat sich Moritz von Schwind mit der Geschichte vom Sängerkrieg auseinandergesetzt. 1853 gab Großherzog Carl Alexander dem Historienmaler den Auftrag, die Räume des Palas mit Szenen aus der Burggeschichte auszumalen. Schwind, auf großformatige Darstellungen historischer und literarischer Sujets spezialisiert, entschied sich für die Gründungssage, Szenen aus dem Leben der heiligen Elisabeth und den Sängerkrieg.[25] Er malte eine farbenprächtige Welt, schöne Menschen, prunkvolle Kleider und historisierte dabei das Mittelalterbild der Romantiker. «Sie haben deutscher Geschichte und Kunst», schrieb der großherzogliche Auftraggeber an den Künstler nach Fertigstellung der Fresken, «ein dem Vaterland wie Ihnen selbst würdiges Denkmal gesetzt», und versicherte ihm, er habe «die deutscheste Aufgabe im Ganzen wie im Einzelnen als deutschester Künstler gewissenhaft und treu erfüllt».[26] Dabei hat Schwind den Figuren des Sängerkrieges Züge von Personen der zeitgenössischen Weimarer Gesellschaft verliehen: Wolfram von Eschenbach ist als der Komponist Franz Liszt zu identifizieren, der damals in Weimar als Hofkapellmeister tätig war und dort im Februar 1849 Wagners *Tannhäuser* aufgeführt hat, Walther von der Vogelweide als der Sagensammler Ludwig Bechstein, für die Landgräfin Sophia stand Großherzogin Amalie und für den Landgrafen Hermann Großherzog Carl Alexander Pate.[27] Während Wagner den mythischen Charakter der Erzählung steigerte und intensivierte, hat Schwind den Mythos historisiert: Er hat das Geschehen in einen historischen Kontext gestellt und es durch die Physiognomie der Protagonisten «vergegenwärtigt». Wagner hat die Wartburg mitsamt den um sie gewobenen mythischen Narrationen genutzt, um einem vagabundierenden Mythos einen Ort zu verleihen, während Schwind den Wartburg-Mythos aufgenommen und ikonisch verdichtet hat, um den Besuchern der Burg deren Würde und Bedeutung zu verdeutlichen.

Mit Wagner und Schwind ist weit vorgegriffen worden, folgt auf die mittelalterliche Erzählung vom Sängerkrieg doch zunächst die Legende der heiligen Elisabeth von Thüringen als zweite mythische «Bedeutungsinvestition» (Friedrich Tenbruck) in die Wartburg. Wagner wie Schwind haben dem Tribut gezollt: Wagner, indem er dem Landgrafen die Nichte Elisabeth zur Seite gestellt hat (die historische Elisabeth war die Schwiegertochter des Landgrafen Hermann), Schwind, indem er die Entscheidung des Sängerkriegs durch das Erscheinen Klingsors, der auf dem Fresko von links in das Geschehen einbricht, der Legende gemäß auf den Tag der Geburt Elisabeths datiert und so Sängerkrieg und Elisabeth in einen mythischen Verweisungszusammenhang gebracht hat. Die Arbeit am Mythos besteht hier in der Tilgung von Kontingenz: Nichts ist zufällig, alles hat seine Bedeutung. Wo Geschichte in Form von Mythen erzählt wird, gibt es keine Zufälle. In Mythen wird Kontingenz wegerzählt.[28]

Elisabeth war vier Jahre alt, als sie auf die Wartburg kam, dazu bestimmt, Landgraf Hermanns ältesten Sohn zu heiraten. Durch die Verbindung mit dem Hause Andechs-Meran wollte der Landgraf seine Position in den Kämpfen zwischen Staufern und Welfen festigen.[29]

Doch ihr Verlobter starb, als sie neun Jahre alt war, und so wurde sie schließlich mit Ludwig, dem zweiten Sohn des Landgrafen, verlobt. Im Jahre 1221 fand die Hochzeit statt. Die Ehe dauerte sechs Jahre: Landgraf Ludwig IV. starb 1227 in Otranto während der Einschiffung zum Kreuzzug, mit dem er seine Ansprüche auf eine einflussreiche Position im Reich untermauern wollte. Elisabeth dagegen scheint für machtpolitische Fragen wenig Interesse aufgebracht zu haben. Beeinflusst durch die Ideen des Franz von Assisi, sorgte sie sich um die Armen und Kranken, ließ in Eisenach ein Hospital errichten und verteilte fast täglich Almosen. Kurzum: Sie verweigerte sich der Rolle, die einzunehmen man von einer Landgräfin erwartete, und schon bald bildete sich am Hofe eine Gruppe, die gegen solche Grillen vorging. Der Landgraf scheint zwischen seiner Frau und deren Gegnern hin und her gerissen gewesen zu sein: Mal unterstützte er Elisabeths Freigebigkeit, mal stellte er sich gegen sie.

Eines Morgens kam es, so die Legende, zum Eklat: Als Elisabeth wieder einmal mit einem Korb voll Lebensmittel die Burg verlassen wollte, verstellte der Landgraf ihr den Weg; sie solle zeigen, was sie aus der Burg herausschleppe. Es seien bloß Blumen, antwortete sie, worauf der Landgraf verlangte, den Deckel vom Korb zu nehmen, damit er hineinschauen könne. Und siehe da: Der Korb war voll roter Rosen. Dieses «Rosenwunder» ist das Kernstück der Elisabeth-Legende.

Nach dem frühen Tod ihres Mannes musste Elisabeth die Wartburg verlassen und übersiedelte unter dem Einfluss ihres Beichtvaters Konrad nach Marburg, wo sie ein Spital gründete und 1231 – gerade vierundzwanzigjährig – starb. Elisabeth aber blieb untrennbar mit der Wartburg verknüpft, die durch sie aus einem Ort höfischen Glanzes und politischer Machtansprüche zu einem menschlicher Anteilnahme und Barmherzigkeit wurde.

Die entscheidende «Bedeutungsinvestition» in die Wartburg, die sie endgültig zu einem mythischen Ort werden ließ, stand freilich noch bevor: Die inszenierte Entführung Luthers auf der Rückreise von Worms nach Wittenberg und der knapp elfmonatige Aufenthalt des Reformators auf der Wartburg, wo er das Neue Testament übersetzte, sowie die Kämpfe, die Luther auf der Burg mit dem Teufel und seinen Dämonen ausgefochten haben will. Deren äußerliche Spuren, der berühmte Tintenfleck an der Wand, Folge eines Wurfs mit dem Tintenfass nach dem Teufel, haben die Wartburg schon im 18. Jahrhundert zu einem Pilgerort glaubensfester Protestanten und kulturinteressierter Deutschlandreisender gemacht.[30] 1735 heißt es dazu in *Zedlers Universallexikon*: «An der Wand dieses Stübgens ist ein grosser Dinten-Fleck zu spüren, welchen der Teufel hinterlassen haben soll. Sonst sind auch mehr als tausend Nahmen an den Wänden dieses Stübgens, von innen und aussen, von vornehmen und geringen Standes-Personen, sodasselbe aus Curiosität besehen, angeschrieben und eingekratzt zu lesen.»[31] Bis heute sorgt Luthers Aufenthalt für einen steten Strom von Neugierigen und Interessierten, die nach äußerlichen Zeugnissen für die Anwesenheit des Reformators suchen. Deswegen musste der Tintenfleck, von dem im Übrigen erst Mitte des 17. Jahrhunderts die Rede war, schon im 18. Jahrhundert regelmäßig vom Kastellan erneuert werden – nachts, weil bei Tag die Besucher die Tinte wieder abschabten, um eine protestantische Reliquie mitnehmen zu können.

Luther hat sich auf der Wartburg nicht wohl gefühlt; es war für ihn ein politischem Kalkül geschuldeter Zwangsaufenthalt. «Mein Bedenken war», schreibt er wenige Tage nach der Scheinentführung an Philipp Melanchthon, «es könnte so aussehen, als ob ich aus der Schlachtreihe flüchtete, aber dennoch blieb mir kein Ausweg, auf dem ich denen, die es wollten und dazu rieten, hätte widerstehen können. Ich wünsche nichts mehr, als dem Wüten der Feinde entgegenzutreten und ihnen meinen Hals darzubieten.»[32] Aus der Schlachtreihe flüchten – das hieß für Luther nicht, an seinen Überzeugungen irre zu werden oder etwas von dem zurückzunehmen, was er geschrieben hatte. Dass dies für ihn nicht in Frage kam, hatte er zuvor in Worms «vor Kaiser und Reich» bewiesen.[33] Flucht hieß hier, die Sorge um das eigene Leben höher zu stellen als die Bereitschaft, für seine Überzeugung in den Tod zu gehen. Immer wieder klingt in seinen Briefen und Schriften vor und nach dem Wormser Reichstag seine Bereitschaft zum Martyrium an. Er hätte lieber «von den Tyrannen, sonderlich von des wütenden

Herzogs Georg zu Sachsen Händen, den Tod erlitten», als sich in Sicherheit bringen zu lassen, schreibt er an Lucas Cranach.[34]

Auch in dem Brief an den Kurfürsten, in dem er sich dafür rechtfertigt, die Wartburg verlassen zu haben, um nach Wittenberg zurückzukehren, geht es um den Zwiespalt zwischen politischer Rationalität und der Bereitschaft zum Selbstopfer: Der Kurfürst solle sich nicht um seine, Luthers, persönliche Sicherheit sorgen, denn die liege in Gottes Händen. Aus Furcht vor den Nachstellungen Herzog Georgs weiter auf der Wartburg zu bleiben und den Fortgang der Reformation in Wittenberg sich selbst (oder dem ängstlichen Melanchthon und dem unberechenbaren Karlstadt) zu überlassen sei ihm nicht länger möglich: Im Anschluss an die berühmte Passage, wonach er auch nach Worms gegangen wäre, «wenn ich gewußt hätte, daß so viele Teufel auf mich gelauert hätten, wie Ziegel auf den Dächern sind»,[35] schreibt er über den Fürsten, der ihm am meisten zugesetzt und den er am schärfsten bekämpft hat: «Nun ist Herzog Georg noch weit ungleich einem einzigen Teufel. Und sintemal der Vater der abgrundtiefen Barmherzigkeit (2. Kor. 1,3) uns durchs Evangelium hat gemacht zu kühnen Herren über alle Teufel und Tod und uns gegeben den Reichtum der Zuversicht, daß wir wagen dürfen, zu ihm zu sagen: ‹Herzliebster Vater› (Röm. 8,15 Gal. 4,6), kann E.K.F.G. selbst ermessen, daß es solchem Vater die höchste Schmach ist, wenn wir nicht so fest ihm vertrauen sollten, daß wir auch Herren über Herzog Georgs Zorn sind: Das weiß ich ja von mir selbst wohl: Wenn die Sache zu Leipzig ebenso stünde wie zu Wittenberg, so wollte ich doch hinreiten, wenn's gleich [...] neun Tage eitel Herzog Georgen regnete und ein jeglicher wäre neunfach wütender, denn dieser ist.»[36] – Das ist der Tonfall, aus dem Mythen erwachsen.

Anfang Mai 1521 jedoch hatte sich Luther dem Ansinnen der fürstlichen Räte seines Landesherrn gefügt und sich entführen lassen. Burghauptmann Hans von Berlepsch legte ihm nahe, sich äußerlich in einen Ritter zu verwandeln, und also ließ er sich Haupt- und Barthaar wachsen und trug ein Lederwams.[37] Die Verwandlung des Mönchleins Martin in den Junker Jörg, zu der gehörte, dass der neue Burgbewohner Pökelfleisch und Wildbret aß, hatte freilich ihren Preis: «Der Herr hat mich am Hintern geschlagen (Ps. 76,66) mit großen Schmerzen.»[38] Auf der Wartburg meldete sich Luthers altes Magenleiden wieder. Das ungewohnt schwere Essen sowie der aufgezwungene Bewegungsmangel führten zu einer bedrohlichen Verstopfung des Verdauungstrakts.

Nicht nur der Darm machte Luther zu schaffen. In einem Brief an Melanchthon klagt er darüber, von sinnlichen Sehnsüchten und Begierden heimgesucht zu werden, und bezichtigt sich der Faulheit, des Müßiggangs und der Schlafsucht. Die Ruhe und Abgeschiedenheit auf der Burg waren für ihn eine psychische Belastung. Eben noch hatte er in Worms im Mittelpunkt des Geschehens gestanden, und nun nahmen die Dinge ihren Lauf, ohne dass er auf sie Einfluss nehmen konnte,[39] zumal seine Kommunikationsmöglichkeiten mit der Außenwelt beschränkt waren: Sein gesamter Briefverkehr lief über den kursächsischen Rat Spalatin, der die Weitergabe von Briefen verschiedentlich verzögerte oder gar blockierte.[40] Immer wieder musste Luther kämpfen und drohen. Seine schärfste Drohung war, er werde die Wartburg verlassen, um wieder unmittelbaren Einfluss auf den Fortgang der Reformation zu nehmen.

Für Luther ist jene Zeit vor allem durch permanente Kämpfe mit dem Teufel und seinen Heerscharen gekennzeichnet. Er sei, schreibt er an Spalatin, «nun erst recht und eigentlich ein Mönch, das heißt ein einsamer Mann […]. Trotzdem bin ich nicht allein. Es sind nämlich viele böse und listige Dämonen bei mir, die mir, wie man sagt, die Zeit vertreiben, aber zu meinem Verdruß.»[41] Später erzählte er im vertrauten Kreis: «Da ich zu Wartburg bei Eisenach, da schoss [es] einmal zu mir aus dem Hellen [dem Ofen] mit Nüssen, welches auch des Teufels Werk war; darum packt' ich mich zu Bett. Das hab ich selbst erfahren. Haec vera sunt. Auch ein Hund lag einmal in meinem Bett, den nahm ich und warf ihn zum Fenster hinaus, und wie er nicht schrie und ich des Morgens fragt, ob auch Hunde im Schloß wären, sagt der Hauptmann: Nein! So war es der Teufel, sagte ich.»[42] Der Teufel wisse sehr genau, wer sein Hauptwidersacher sei, und wolle Luthers erzwungenen Rückzug auf die Wartburg ausnutzen, um das Evangelium zu bekämpfen.[43] Von sich selbst sagt Luther, er sei geboren, «dass ich mit den Rotten und Teufeln muss kriegen und zu Felde liegen, weswegen meine Bücher viel stürmisch und kriegerisch sind».[44]

Der entscheidende Schlag gegen den Teufel und seine Macht war in Luthers Sicht die Übersetzung der Bibel ins Deutsche. Als Luther die Wartburg Ende März 1522 verließ, hatte er die Rohübersetzung des Neuen Testaments im Gepäck, die er in etwa zehn Wochen angefertigt hatte – eine ungeheure Leistung, die neben Luthers Kämpfen mit dem Teufel den Mythos Wartburg geprägt hat. Daraus hat sich dann eine ganz andere Deutung des Tintenflecks in der Lutherstube entwickelt: Der Reformator habe den Teufel mit Tinte, sprich: durch die Übersetzung des Neuen Testaments, vertrieben.

«Die *Bibel* war bisher das beste deutsche Buch» – noch in der ironischen Distanzierung beschreibt Nietzsches Diktum die tiefgreifende Wirkung, die Luthers Übersetzung für die deutsche Sprache und Literatur hatte: «Das Meisterstück der deutschen Prosa ist das Meisterstück ihres größten Predigers.»[45] Luther klagte, die Last, die er sich aufgeladen habe, übersteige seine Kräfte.[46] In seinem *Sendbrief vom Dolmetschen* hat er sich später gegen den von verschiedenen Seiten erhobenen Vorwurf zur Wehr gesetzt, er habe sich nicht wortwörtlich an den Buchstaben der Heiligen Schrift gehalten: Die Bibel sei sinngemäß statt wörtlich zu übersetzen, so «wie eine Mutter zu ihren Kindern spricht», auf dass ein jeder das Wort Christi wie ein Kind aufnehmen und verstehen könne. Damit die Übersetzung sich lese, als spreche Gott «Deutsch zu seinen Deutschen», müsse man sich an der Mutter im Hause, den Kindern auf den Gassen und dem Volke auf dem Markt orientieren, kurzum, man müsse dem Volk «aufs Maul sehen, wie sie reden, und danach dolmetschen».[47] Der durchschlagende Erfolg seiner Übersetzung hat Luther recht gegeben. Das Neue Testament auf Deutsch bleibt ein für alle Mal mit der Wartburg verbunden, und insofern ist sie der Ort, an dem Deutsch zu einer literaturfähigen Hochsprache geworden ist.

In der zweiten Hälfte des 16. und während des gesamten 17. und 18. Jahrhunderts wird es ruhig um die Wartburg. Mit dem Einsatz von Kanonen hatten Burgen ihren militärischen Sinn verloren. Der Plan, die Wartburg zu einer Festung auszubauen, wurde bald verworfen. Auch wenn sie nie ganz aufgegeben und immer von Burghauptleuten, Amtmännern und Kastellanen bewohnt wurde, begann der «Zahn der Zeit» an ihr zu nagen, Gebäude stürzten ein oder mussten abgerissen werden.

Als Goethe im September 1777 die Burg besuchte, um als Weimarer Minister an den dort gelagerten Akten zu arbeiten, bot sich ihm ein beeindruckendes Naturerlebnis, doch verspürte er keinerlei historisch-mythischen Zauber.[48] An Charlotte von Stein schrieb er: «Hieroben! Wenn ich ihnen nur diesen Blick, der mich nur kostet aufzustehen vom Stuhl, hinübersenden könnte. In dem grausen, linden Dämmer des Monds die tiefen Gründe, Wiesgen, Büsche, Wälder und Waldblößen, die Felsabhänge davor, und hinten die Wände, und wie der Schatten des Schlossberges und Schlosses unten alles finster hält und drüben an den sachten Wänden sich noch anfasst. Wie die nackten Felsspitzen im Monde sich röten und die lieblichen Auen und Täler ferner hinunter, und das weite Thüringen hinterwärts im Dämmer sich dem Himmel mischt.»[49]

Was Goethe hier erfasst, ist ein weiterer Aspekt des an der Wartburg haftenden Mythos: die auch heute noch mögliche Naturerfahrung, die den Betrachter zurückversetzt in eine Zeit, als die Eingriffe des Menschen noch unmerklich waren und im abendlichen Dämmerlicht die Phantasie ihr Spiel beginnen konnte. Durch die Nähe zum Hörselberg und den dort angesiedelten Mächten, von der Wilden Jagd bis zur Frau Holle, war dieses naturmythische Element schon immer mit der Wartburg verknüpft. Die bewaldete Hügellandschaft des Thüringer Waldes, über der sich der Felsrücken mit der Burg erhebt, hat zur Sammlung und Verdichtung der unterschiedlichen Mythen beigetragen, auch wenn die Naturerfahrung in deren historisch-literarische Ausprägung nur am Rande Eingang gefunden hat. Immerhin, Goethe hat dies erspürt; dafür hat er über das, was sich im 19. Jahrhundert dann zum Mythos Wartburg verdichtete, kein Wort verloren.

1817 musste sich Goethe noch einmal mit der Wartburg befassen, und zwar wegen des Treffens der studentischen Burschenschaften am 18./19. Oktober.[50] Die Jenaer Studentenschaft hatte es initiiert, um gleich zwei Jahrestage zu begehen: Vier Jahre zuvor hatte Napoleon in der Leipziger Völkerschlacht die entscheidende Niederlage erlitten, in deren Folge seine Herrschaft über Deutschland zusammengebrochen war,[51] und zum 300. Mal jährte sich der Wittenberger Thesenanschlag Luthers. Die Studenten, die fast alle von protestantischen Universitäten kamen und zum Teil selbst in den Befreiungskriegen gekämpft hatten (zumeist im Lützow'schen Freikorps)[52], begriffen beides – angesichts der noch ausstehenden Einigung Deutschlands, die auf dem Wiener Kongress blockiert worden war – als politisch-moralische Verpflichtung. «Der Himmel segne unser gemeinsames Streben, Ein Volk zu werden, das voll der Tugenden der Väter und Brüder durch Liebe und Eintracht die Schwächen und Fehler beider beseitigt»,[53] hieß es im Einladungsschreiben.

Aus mehreren Gründen hatte man für das Treffen die Wartburg ausgewählt: die Nähe zu Jena, von dessen Universität die Initiative ausging; die liberale Politik Großherzogs Carl August, der als erster deutscher Fürst seinem Land eine Verfassung gegeben hatte; schließlich die Symbolik der Burg als Ort des Widerstands gegen kulturelle Fremdherrschaft und des Strebens nach der Einheit Deutschlands – so jedenfalls verstanden die Studenten Luthers Bibelübersetzung, und auf den Geist der Reformation nahmen sie während des Festes wiederholt Bezug.[54] Der Theologiestudent Heinrich Riemann, genannt Arminius, etwa pries Luther als Erneuerer reinen Gottesglaubens und Verkünder vaterländischer Freiheit. Anschließend sprach der Jenaer Philosophieprofessor Fries und wiederholte in knapper Form die politischen Vorstellungen, die er in einer an die Teilnehmer verteilten kleinen Schrift entwickelt hatte.[55] Danach sang man die «preußische Hymne», den Choral «Nun danket alle Gott».[56] Die Feier, zu der man sich im Rittersaal der Burg versammelte, war eine Mischung aus protestantischem Gottesdienst und politischer Kundgebung;[57] sie endete mit einem Schlusssegen. Während des folgenden Festessens wurden Lieder gesungen und Trinksprüche ausgebracht, in denen man Luther, Schill, Scharnhorst und Körner hochleben ließ.[58]

Das alles hätte kaum zu dem späteren Sturm der Entrüstung geführt, wenn nicht gegen Abend ein Fackelzug zum nahegelegenen Wartenberg aufgebrochen wäre, wo der Landsturm bereits, wie seit 1814 üblich,[59] in Erinnerung an die Leipziger Völkerschlacht ein Siegesfeuer entzündet hatte. In dessen Widerschein hielten der Philosophiestudent Ludwig Rödiger und der aus der Turnerbewegung kommende Hans Ferdinand Maßmann kurze Ansprachen, woraufhin neben einem preußischen Ulanenschnürleib, einem hessischen Zopf und einem österreichischen Korporalstock auch eine Reihe von Büchern verbrannt wurden, deren Verfasser – unter anderem Jean Pierre Ancillon, Karl Ludwig von Haller und Theodor Anton Heinrich Schmalz – als Vertreter der Reaktion galten. Dazu der preußische Gendarmeriekodex des Polizeidirektors von Kamptz sowie Schriften des gegenrevolutionären Literaten August von Kotzebue und des Aufklärers Saul Ascher, der gegen die Deutschtümelei des Turnvaters Jahn zu Felde gezogen war.[60] Als Symbol der Fremdherrschaft wurde schließlich noch Napoleons *Code civil* in die Flammen geworfen. In einem «Feuerspruch» wurde jeweils der Grund der Verbrennung zusammengefasst. Vor Beginn des Autodafés hatte Maßmann explizit an Luthers Verbrennung der päpstlichen Bannandrohungsbulle erinnert, wodurch die Siegesfeuer anlässlich der Leipziger Völkerschlacht mit der Reformation in Deutschland verquickt wurde.

Bei der Bücherverbrennung handelte es sich um eine Reinszenierung des «Happenings», das Luther gemeinsam mit einigen Studenten und Professoren am 10. Dezember 1520 veranstaltet hatte:[61] Damals hatten sich an der Heiligkreuzkapelle vor dem Wittenberger Elstertor, wo sich der Schindanger befand, zahlreiche Studenten und eine Reihe von Professoren versammelt. Johann Agricola, der die Aktion organisiert hatte, zündete den Scheiterhaufen an. Neben mehreren Ausgaben des kanonischen Rechts wurden Schriften der Lutherfeinde Johannes Eck und Hieronymus Emser verbrannt, bis dann Luther selbst an das Feuer trat und einen Druck der Bannandrohungsbulle *Exsurge*

Domine mit den Worten in die Flammen warf: «Weil du die Wahrheit Gottes verderbt hast, verderbe dich heute der Herr. Hinein damit ins Feuer.» Anschließend kehrte Luther mit den Professoren in die Stadt zurück, während die Studenten auf dem Schindanger eine Leichenfeier für das kanonische Recht veranstalteten. In der Vorlesung des darauffolgenden Tages ging Luther noch einmal auf die Geschehnisse ein: Eigentlich hätte anstatt einiger Bücher und Schriften der päpstliche Stuhl verbrannt werden müssen. Damit unterstrich er den revolutionären Anspruch der Aktion, die im Kleinen vollzog, was im Großen, in der christlichen Kirche als Ganzer, stattfinden sollte.

Luther hatte zuvor bereits den kurfürstlichen Rat Georg Spalatin wissen lassen, dass er die päpstliche Bannandrohungsbulle öffentlich verbrennen lassen werde, wenn von seinen Gegnern reformatorische Schriften verbrannt würden. Letzteres war ein öffentlicher Akt, dessen sich Inquisition wie weltliche Gewalten bedienten, um bestimmte Auffassungen als häretisch zu brandmarken. Luthers Verbrennung der Bulle und – was viel schwerer wog – des kanonischen Rechts war eine spektakuläre Gegenaktion «von unten». Kurfürst Friedrich der Weise, der frühzeitig von dem Vorhaben in Kenntnis gesetzt worden war, schritt nicht dagegen ein.

Einer solchen Idee fühlten sich auch die Studenten auf dem Wartenberg verpflichtet. Freilich handelte es sich bei ihrer Aktion um eine rein studentische Veranstaltung: Die Jenaer Professoren Kieser, Oken und Luden, die mit den burschenschaftlichen Zielen sympathisierten, waren aus Furcht vor Disziplinarmaßnahmen ferngeblieben, und Fries hatte sich, des kalten Windes wegen, bald wieder verabschiedet. Die Burschenschaftler waren unter sich. Sie verstanden sich als die Zukunft Deutschlands, und die Bücherverbrennung sollte zu einer geistig-moralischen Erneuerung beitragen.[62] Es war, in der lutherischen Tradition stehend, ein revolutionäres Fanal, das sich gegen die Politik fast aller deutscher Teilstaaten richtete, weswegen der preußische Polizeidirektor Kamptz die Burschenschaftler beschuldigte, sie wollten «den Doctorhut mit der Jacobinermütze vertauschen».[63]

Die Bücherverbrennung vom 10. Mai 1933 auf dem Platz gegenüber der Berliner Friedrich-Wilhelm-Universität war als eine Reinszenierung des Autodafés auf der Wartburg angelegt, allerdings mit dem entscheidenden Unterschied, dass sie von amtlichen und halbamtlichen Stellen unterstützt wurde – Reichsminister Goebbels eingeschlossen, der die zentrale Ansprache hielt.[64] Obendrein war sie der öffentliche Auftakt zu einer Büchervernichtung, die sich danach weitgehend im Verborgenen vollzog und bei der die Bücher nicht verbrannt, sondern eingestampft wurden.[65] Mit den öffentlichen Bücherverbrennungen[66] unterstrich das nationalsozialistische Regime seinen Anspruch auf die Kontrolle des geistigen Lebens; vor allem die Bestände in den Volksbibliotheken wurden in den folgenden Monaten von missliebiger Literatur «gesäubert».[67] Insofern stehen die nationalsozialistischen Bücherverbrennungen eher in der Tradition der inquisitorischen Vernichtung häretischer Schriften als in der rebellischen Widerstands wie bei Luther und den Burschenschaftlern. Freilich hat das aus einer «Bewegung» hervorgegangene Regime gezielt die rebellisch-revolutionäre Komponente inszeniert.

Das Ganze begann mit der Antrittsvorlesung Alfred Baeumlers, der kurz zuvor als Ordinarius für Philosophie und politische Pädagogik nach Berlin berufen worden war.[68] Eine studentische Fahnenabordnung in SA-Uniform hatte rechts und links vom Pult Position bezogen. Bäumler schloss mit den Worten: «Sie ziehen jetzt hinaus, um Bücher zu verbrennen, in denen ein uns fremder Geist sich des deutschen Wortes bedient hat, um uns zu bekämpfen. Auf dem Scheiterhaufen, den sie errichten, werden nicht Ketzer verbrannt. […] Was wir heute von uns abtun, sind Giftstoffe, die sich in der Zeit einer falschen Duldung angesammelt haben. Es ist unsere Aufgabe, den deutschen Geist in uns so mächtig werden zu lassen, daß sich solche Stoffe nicht mehr ansammeln können.»[69] Anschließend begab man sich in den Innenhof der Universität, von wo ein Fackelzug zum Studentenhaus in der Oranienburger Straße zog. Dort waren bereits etwa 25 000 Bücher auf Lastwagen mit Hakenkreuzfahnen und politischen Parolen verladen worden. Von einer SA-Blaskapelle angeführt, bewegte sich der Zug am Reichstag vorbei, durch das Brandenburger Tor über die

Linden zum Opernplatz, wo ein Holzstoß errichtet worden war. Tausende Schaulustige säumten den Weg.

Die Professoren, die den Zug begleiteten, hatten ihre Talare angelegt; dieser Teil der Inszenierung scheint vor allem durch die Wittenberger Aktion inspiriert gewesen zu sein. Die kurz vor Mitternacht beginnende Bücherverbrennung folgte dann dem Modell der Burschenschaftler: Mehrere Studenten traten nacheinander ans Mikrophon, riefen einen Feuerspruch und warfen Bücher in die Flammen, darunter Werke von Marx, Freud, Tucholsky und Remarque. Währenddessen erschien Goebbels, und nach den Feuersprüchen hielt er eine kurze Ansprache: «Der Geist lernt sich im Leben und in den Hörsälen, und der kommende deutsche Mensch wird nicht nur ein Mensch des Buches, sondern auch ein Mensch des Charakters sein. [...] Und deshalb tut ihr gut daran, um diese mitternächtliche Stunde den Ungeist der Vergangenheit den Flammen anzuvertrauen. [...] Hier sinkt die geistige Grundlage der November-Republik zu Boden, aber aus diesen Trümmern wird sich siegreich erheben der Phönix eines neuen Geistes, – eines Geistes, den wir tragen, den wir fördern und dem wir das entscheidende Gewicht geben und die entscheidenden Züge aufprägen.»[70] Damit war die Bücherverbrennung in die Programmatik des NS-Regimes eingegliedert.

Die Bücherverbrennung nahe der Wartburg steht also in einer langen Reihe hoheitlichen wie rebellischen Vorgehens gegen Ideen und Einstellungen. Sie hat zu einer intensiven Debatte über das Verbrennen von Büchern geführt, bei der keineswegs nur die Mächte der Restauration, wie Preußen und Österreich, auf Großherzog Carl August und seinen Minister Goethe einwirkten, in Zukunft solchem Treiben Einhalt zu gebieten – auch liberale Autoren gingen zur rebellischen Praxis der Bücherverbrennung auf Distanz. Heines berühmtes Diktum aus seinem *Almansor*: «Dort, wo man Bücher verbrennt, verbrennt man auch am Ende Menschen»[71] zielte allerdings – trotz Heines kritischen Bemerkungen über das Autodafé auf der Wartburg[72] – weniger darauf als auf die inquisitorische wie staatliche Praxis von Bücherverbrennungen.

Nach dem Sängerkrieg, der Legende der heiligen Elisabeth, Luthers Burgaufenthalt und dem Burschenschaftstreffen von 1817 war die teilweise auf eine Neuschöpfung hinauslaufende Restaurierung der Burg unter Großherzog Carl Alexander von Sachsen-Weimar-Eisenach[73] die fünfte große «Bedeutungsinvestition» in die Wartburg, vielleicht die mythenpolitisch entscheidende, weil sie die Anschaulichkeit des Orts der Mythen sicherte. Nicht zuletzt durch die Renovierung wurde die Wartburg zu einem Ort, der die historischen Ereignisse, die mythischen Erzählungen und die in ihnen enthaltenen Erfahrungen anschaulich, erlebbar, gleichsam «wiederholbar» machte. Eine zur Ruine gewordene Burg wäre dazu nicht in der Lage gewesen. Mit dem baulichen Verfall hätte sie die Kraft verloren, unterschiedliche Mythen zusammenzuführen. Dabei war die Aufgabe, der sich der Großherzog gegenübersah, im Prinzip unlösbar, weil zu viele und zu unterschiedliche Erwartungen auf die Wartburg gerichtet waren. Wie ließ sich die in Deutschland prominenteste Heilige mit dem Mann verbinden, der die Kirchenspaltung herbeigeführt hatte? Und wie passte die Vorstellung von der Wartburg als nationalem Monument mit den dynastischen Interessen des Weimarer Großherzogs zusammen?

Carl Alexander hatte das Glück, sich auf eine Reihe von Beratern und Mitarbeitern stützen zu können, die mit großem Engagement, aber auch mit Umsicht und Können an das Projekt herangingen. Neben Bernhard von Arnswald, der von 1841 bis 1877 als Burgkommandant auf der Baustelle wohnte und die Restaurierung maßgeblich vorantrieb, sind der Gießener Architekturprofessor Hugo von Ritgen, der die Pläne entwarf und ihre Ausführung überwachte, und der bereits erwähnte Sagenkompilator Ludwig Bechstein zu nennen, dazu der Historienmaler Moritz von Schwind sowie der Schriftsteller Victor Scheffel, dessen Wartburgroman zwar Fragment blieb, der durch seine Gedichte aber viel zur Popularität der Burg beigetragen hat.[74]

Der Erfolg des Projekts, bei dem es um die Sicherung des vorhandenen Bestandes und die daran orientierte Neuerrichtung einiger Gebäude ging, stand zunächst auf Messers Schneide, und das war eine Folge der romantischen Bau- und Restaurierungseuphorie in Deutschland seit den 1830er Jahren – vom Bau der Befreiungshalle in Kelheim und der Walhalla nahe Regensburg durch den bayerischen König Ludwig I., über die Vollendung des Kölner Doms bis zur Burgenromantik am Mittelrhein.[75] Die meisten Pläne liefen auf den Abbruch der noch vorhandenen Gebäude hinaus; ihren Platz sollte eine romantisch-gotische Burg einnehmen, die den Bauten zwischen Bingen und Koblenz oder Schloss Neuschwanstein ähnlicher gewesen wäre als das, was wir heute als Wartburg kennen.[76] Dass schließlich doch eine unverwechselbare Burg entstanden ist, verdankt sich vor allem Hugo von Ritgen, der die vorhandene Bausubstanz zu erhalten suchte und die Neubauten am vorgefundenen Gesamteindruck orientierte. Die Wiederherstellung des Palas und der Neubau des Bergfrieds in der Burgmitte haben der Wartburg ein unverwechselbares Aussehen verliehen, das sie gleichermaßen als Ort herrschaftlicher Repräsentation wie des Rückzugs aus dem politischen Machtkampf vorstellbar macht und Assoziationen an den Sängerkrieg wie an die Einsamkeit Luthers ermöglicht. Und der in der Nordburg an mehreren Stellen zutage tretende rohe Fels weckt die Erinnerung an die Landgräfin Elisabeth und ihre Selbstkasteiungen. Das dem Burschenschaftstreffen gewidmete Denkmal liegt allerdings auf einer der Burg benachbarten Erhebung, der Göpelskuppe.[77] Großherzog Carl Alexander hatte die ihm missliebige Erinnerung nicht in den mythischen Raum der Burg integriert wissen wollen. Seine «Arbeit am Mythos» konzentrierte sich darauf, die katholischen und evangelischen Mythen zu verbinden, wobei der Sängerkrieg und der Beitrag, den die mit der Wartburg verbundenen Fürsten zur Entwicklung der deutschen Kultur geleistet hatten, im Zentrum standen.[78]

Mit der Restaurierung und Neumöblierung[79] der Wartburg in der zweiten Hälfte des 19. Jahrhunderts war die «Arbeit am Mythos» jedoch nicht zu Ende. Jetzt setzte die politische Nutzung des Mythos in großem Stil ein. Sicherlich reichen deren Anfänge bis zum Burschenschaftsfest zurück, auf dem neben Luther auch Hermann der Cherusker beschworen wurde,[80] um die Wartburg in die Kontinuität des Kampfes gegen Rom und alles Welsche zu stellen,[81] aber die eigentliche mythisch-nationalistische Aufladung der Burg begann erst im Wilhelminismus und steht in enger Verbindung zu dem, was der Berliner Hofprediger Adolf Stöcker das «Heilige evangelische Reich deutscher Nation» genannt hat.[82] Während des Ersten Weltkrieges etwa wurde nach (vermeintlich) großen deutschen Siegen bei Nacht das Kreuz auf dem Turm der Wartburg angestrahlt. Darauf bezieht sich auch Walter Flex' Gedicht «Das Wartburgkreuz», in dem ein Verwundeter im Eisenacher Lazarett seinen erblindeten Kameraden bedauert, dem der Anblick des leuchtenden Siegeszeichens verwehrt ist. Doch die bildliche Kraft des Mythos ist so stark, dass auch der Blinde sie verspürt:

«Schau auf, Kam'rad! Mein Aug sieht
Das steingeword'ne Lutherlied.

Die feste Burg steht hoch erbaut.
Vom Turm der Wächter niederschaut.

Der Wächter Martin Luther heißt.
In seiner Hand das Lichtkreuz gleißt.

Es ist das Kreuz, das er erhebt,
von toter Helden Glanz umschwebt.

Held Luther leuchtet ihnen vor
Auf ihrem Weg zu Gott empor ...»

Der Blinde schwieg und jeder schwieg.
Das Kreuz rief über Deutschland: Sieg![83]

Beispiele für eine solche Nutzung des Mythos zur Steigerung der Opferbereitschaft ließen sich viele anführen. Deren Grenzen waren freilich erreicht, wo der mythisch geprägte Erwartungshorizont der Menschen überschritten wurde. Das zeigte sich 1938, als das Goldene Kreuz auf dem Bergfried, das dort 1859 aufgerichtet worden war, durch ein riesiges Hakenkreuz ersetzt wurde: Es musste angesichts heftiger

Proteste der Bevölkerung nach vier Tagen wieder demontiert werden, und das christliche Zeichen kehrte zurück.[84]

Die DDR hat den Wartburgmythos ebenfalls zu nutzen versucht: In den 1950er Jahren, als sich die SED noch politisch in der Offensive wähnte und im Zeichen bündnispolitischer Neutralität die gesamtdeutsche Einheit propagierte, diente die Wartburg als Symbol des gesamten Deutschland.[85] Ende der 1950er Jahre erfolgte die Wende zur Eigenstaatlichkeit der DDR, und damit veränderte sich auch die mythenpolitische Ausdeutung der Wartburg: Als 1967 deren 900-jähriges Bestehen, der 450. Reformationstag und der 150. Jahrestag des Burschenschaftsfestes begangen wurden, fasste man dies zum Jahr der «Nationalen Jubiläen der DDR» zusammen und unterstrich so den Anspruch des sozialistischen Staates, der legitime Erbe der besten deutschen Traditionen zu sein. Das wiederholte sich 1983, als der Partei- und Staatsratsvorsitzende Erich Honecker anlässlich des 500. Geburtstags von Martin Luther die Wartburg besuchte und darüber die Eisenacher Feierlichkeit zum Gründungsparteitag der SPD, in deren Tradition sich auch die SED sah, in den Hintergrund gerieten. Ganz offensichtlich erwartete Honecker vom protestantisch-nationalen Mythos der Wartburg einen größeren Beitrag dazu, dass die Menschen sich mit der DDR identifizierten, als vom sozialistischen Erbe, auf das man sich im alltäglichen politischen Betrieb berief.

Inzwischen hat der Wartburgmythos seine politische Brisanz verloren, doch der Strom der Burgbesucher ist nach wie vor ungebrochen und hat sich bei einer halben Million Menschen im Jahr eingependelt. An die Stelle des politischen Erinnerungs- und Gedenkraums, der aus Gründen nationaler Andacht besucht wurde, ist ein Ort kultureller Events getreten. Durch sie wird eine Geschichte in Szene gesetzt, die in europäische Zusammenhänge eingebettet ist, wodurch ein übersteigerter Nationalismus blockiert wird. Eine solche Entschärfung politisch-mythischer Sprengsätze geht immer mit der Gefahr einer Banalisierung einher. Dieses Risiko ist auch bei der Wartburg gegeben, doch ist auf lange Zeit die Verbindung des Ortes mit den tatsächlichen Folgen mythischer Verheißungen zu eng, als dass jene historisierende

Distanz eintreten könnte, die in die Banalität touristischen Unterhaltungsbetriebs mündet. Auf der Wartburg will sich der Abstand zwischen Betrachter und Ereignis nicht recht einstellen; dem Erinnerten kommt hier eine eigentümliche Gegenwärtigkeit zu. Woran das liegt? Vor allem an der engen Verbindung von mythischer Imagination und baulicher Erfahrbarkeit, der, wenn man so will, «Begehbarkeit» von Geschichte. Das Bindeglied zwischen Vergangenheit und Gegenwart aber ist die mythische Narration, die dem Ort eine Sakralität verleiht, die sich der Banalität des touristischen Betriebs entgegenstemmt.

Goethe-Schiller-Denkmal von Ernst Rietschel auf dem Theaterplatz in Weimar, aufgenommen 1936.

Der Mythos des deutschen Bildungsbürgertums

Weimar und die «Deutsche Klassik»

Am Anfang war, um die Wendung des Historikers Thomas Nipperdey[1] zu variieren – Anna Amalia. Ohne die aus Braunschweig-Wolfenbüttel stammende Regentin, die mit sechzehn Jahren den Herzog von Sachsen-Weimar-Eisenach geheiratet hatte und zwei Kinder zur Welt brachte, bevor sie mit neunzehn Jahren Witwe wurde,[2] wäre die Hauptstadt des thüringischen Duodezfürstentums nicht zum geistigen Zentrum Deutschlands avanciert. Die Ausstrahlung, die das Städtchen an der Ilm am Ende des 18. Jahrhunderts besaß, als alle, die in der deutschen Kultur einen Namen hatten oder sich einen machen wollten, nach Weimar oder Jena kamen und für einige Zeit blieben, ist mit den realen Verhältnissen – Weimar hatte damals etwa sechstausend Einwohner – nicht zu erklären. Auch wird man kaum sagen können, Herzog Carl August, der Sohn Anna Amalias, habe die an seinen Hof strömenden Dichter und Philosophen mit großzügigen Apanagen dorthin gelockt und daselbst gehalten. Dazu war das Herzogtum zu arm. Die Gründe für die magische Anziehungskraft Weimars waren nicht materieller, sondern ideeller Art.

Weimar ist, vor allem in der Dekade von 1794 bis 1805, als dort im Zusammenwirken von Goethe und Schiller die deutsche Klassik «erfunden» wurde,[3] zum Mythos des deutschen Bildungsbürgertums geworden, wobei man freilich ebenso sagen kann, der «Mythos Weimar»[4] habe das Bildungsbürgertum erst in einer spezifisch deutschen Gestalt hervorgebracht. Mit Hilfe der in Weimar ausformulierten kulturellen Programmatik, die das wirtschaftliche und politische Leben als nachgeordnete Formen menschlicher Betätigung begriff und stattdessen eine nur kulturell zu verwirklichende Gesamtheit der Betätigungen[5] als Ziel menschlicher Existenz verkündete, hat sich ein Teil des aufstrebenden Bürgertums gegen die anderen sozialen Schichten wie gegen andere Nationen – die französische «Zivilisation» wie den englischen «Händlergeist» – abgegrenzt.[6]

Die stolze Selbstetikettierung der Deutschen als Volk der «Dichter und Denker» hat sich vor allem auf den Mythos Weimar gestützt. Er hat das Seine dazu beigetragen, dass das deutsche Bürgertum politisch ungeschult oder «unerzogen» blieb, wie Max Weber das nannte, beziehungsweise dass es, wenn es politische Erwartungen artikulierte, diese unmittelbar aus seinem kulturellen Überlegenheitsanspruch und ohne Blick auf die verfügbaren wirtschaftlichen Ressourcen und die politischen Bündnisse ableitete. Noch in Thomas Manns Wendung von der «machtgeschützten Innerlichkeit»[7] kommt dieses Schwanken zwischen politischem Verzicht und dem Anspruch, der Politik aus überpolitischer Einsicht heraus Ziele setzen zu können, zum Ausdruck.

Bis in die Weimarer Republik hinein und über deren Zerstörung hinaus steht der Mythos Weimar für das ambivalente Verhältnis der Deutschen zu Politik und Kultur: Vor allem Goethe diente ein ums andere Mal als Bezugspunkt, wenn in Deutschland nach dem militärischen Scheitern großangelegter Projekte ein Neuanfang gemacht werden musste. Dabei wurden regelmäßig Geist und Bildung als unbeschädigter Widerpart imperialer Politik und militärischen Auftretens aufgerufen: von Friedrich Ebert nach dem Ersten, von Karl Jaspers nach dem Zweiten Weltkrieg. Geist und Bildung, also «Weimar», wurden als an der gescheiterten Politik unbeteiligt und von ihren Fehlern wie Verbrechen unbelastet dargestellt. So blieb unsichtbar, welche Bedeutung das aus «Weimar» geschöpfte Selbstvertrauen für die deutsche Politik gehabt hat.

Man kann es als eine ironische Fußnote der Geschichte betrachten, dass sich bereits der erste Aufstieg Weimars, der nämlich zur Residenzstadt eines deutschen Duodezfürstentums, einer politisch-militärischen Niederlage verdankt, in diesem Fall einer Niederlage der protestantischen Fürsten: In der Schlacht von Mühlberg (1547) schlug Kaiser Karl V. die im Schmalkaldischen Bund organisierten protestantischen Fürsten, unter ihnen auch Johann Friedrich den Großmütigen, der nach langer kaiserlicher Haft die Kurwürde sowie einen Großteil seiner Ländereien verlor und den Herrschaftssitz von Wittenberg nach Weimar verlegen musste.[8] Mit dem Einfluss, den die Ernestiner während der Reformation gehabt hatten, war es vorbei, und das neue Herrschaftszentrum dämmerte die nächsten zwei Jahrhunderte vor sich hin. Johann Sebastian Bach gab ein kurzes Zwischenspiel, verließ die Stadt jedoch im Streit mit Herzog Wilhelm Ernst bald wieder.[9]

Das Herzogtum Sachsen-Weimar war eine der vielen kleinen Herrschaften im Deutschen Reich, in denen die Willkür des absoluten Herrschers weder durch einen bürokratischen Apparat noch einen auf seine Vorrechte pochenden Adel gebremst wurde. Das Territorium war zu klein, um eine Bürokratie oder einen starken Adel hervorzubringen sowie Staats- und Hofwirtschaft sauber voneinander zu trennen; finanziell ging es demgemäß zumeist drunter und drüber, und ein schlechter und tyrannischer Herrscher war für das Land ebenso verheerend, wie ein guter und aufgeklärter Regent eine segensreiche Wirkung bis in den letzten Winkel hinein entfalten konnte.

Unter diesen Umständen wurde Anna Amalia zum Glücksfall für das Herzogtum Weimar. In Braunschweig-Wolfenbüttel von der Kultur der nordwestdeutschen Aufklärung beeinflusst, konnte sie von dort während ihrer sechzehnjährigen Regentschaft Rat und Hilfe beziehen. Als Nichte Friedrichs II. hatte sie zudem ein politisch-aufklärerisches Ideal, das ihr Selbstbewusstsein und Orientierung verschaffte. Doch im Unterschied zum Berliner Onkel hatte sie keine militärischen Optionen, sie musste ihren Ehrgeiz auf Investitionen in die Kultur konzentrieren – eine Vorbedingung dafür war die Sanierung der Staatsfinanzen, die sie energisch und umsichtig betrieb.

1763 holte sie Carl August Musäus als Hofmeister der Pagenschule nach Weimar. Musäus hatte sich schon vor den Brüdern Grimm als Sammler und Herausgeber deutscher Volksmärchen betätigt. Bedeutender für die kulturelle Entwicklung Weimars war die Berufung des Schriftstellers und Philosophen Christoph Martin Wieland als Erzieher ihrer Söhne; Wieland blieb nach Beendigung dieser Tätigkeit in Weimar und wurde zum Mittelpunkt des Musenhofes, der sich um die Herzogin gebildet hatte. Außerdem gab er in Weimar den *Teutschen Merkur* heraus, der zu dem von der deutschen Intelligenz meistgelesenen Blatt avancierte. Aber auch gegenüber der Weimarer Bevölkerung fühlte sich Anna Amalia dem Projekt der Aufklärung verpflichtet: Sie begriff das Theater nicht bloß als höfisches Amüsement, sondern auch als Mittel der Volkserziehung und lud die Bürger unentgeltlich zu Aufführungen ein. Zudem sorgte sie dafür, dass die Bestände der Herzoglichen Bibliothek öffentlich zugänglich waren.[10]

Am 3. September 1775, seinem achtzehnten Geburtstag, übernahm Anna Amalias Sohn Carl August die Regierung. Im Jahr zuvor hatte er Goethe in Frankfurt besucht und den als Verfasser des *Götz* und des *Werther* in ganz Deutschland und darüber hinaus gefeierten Schriftsteller nach Weimar eingeladen. Dass Goethe, dem es in seiner Heimatstadt unbehaglich geworden war,[11] die Einladung annahm, war nicht verwunderlich; dass er blieb, hatte weitreichende Folgen.[12]

Zunächst schien es, als sei Goethe durch den Umzug der Literatur «verloren gegangen». Er traf am 7. November 1775 in Weimar ein. Die erste Zeit verbrachte er vor allem mit Kraftmeiereien im Gestus des Sturm und Drang, indem er zusammen mit Carl August Bürger neckte und Bauern schreckte, im Freien übernachtete, Dorfgasthöfe besuchte und sich nächtlichen Zechgelagen hingab, sodass man sich um Ruf und Gesundheit des Herzogs sorgte. Aber Goethe schaffte es in diesen Monaten, zu seinem fürstlichen Freund ein Vertrauensverhältnis aufzubauen, das allen Herausforderungen und Widrigkeiten der kommenden Jahrzehnte trotzen sollte.

Nachdem die spätpuerile Phase vorüber war, wurde Goethe als Minister freilich so sehr in die Verwaltung des Herzogtums eingespannt, dass seine literarischen Projekte abermals zurückstehen mussten. Bis 1786, als er nach Italien flüchtete und die Weimarer Welt für viele Monate hinter sich ließ, hatte er sich weniger als Schriftsteller denn als

Kulturpolitiker betätigt.[13] Unter anderem holte er Herder als Superintendent nach Weimar. In der offiziellen Begründung war von der Erneuerung des geistlichen Lebens im Herzogtum die Rede; insgeheim hoffte Goethe jedoch, in Herder einen Gesprächspartner zu finden, mit dem er seine Projekte besprechen und Überlegungen austauschen konnte. Daraus ist nicht viel geworden: Goethe war mit Verwaltungsdingen beschäftigt, und Herder erwies sich als eher unzugänglich.[14]

Vorerst pflegte Goethe den Kontakt zu Charlotte von Stein. Mit der um einige Jahre älteren Adligen, deren Ehe sich praktisch aufgelöst hatte, verband ihn eine enge geistige Beziehung, bei der er ihr seine Beobachtungen und Gedanken mitteilte, während sie ihm die Sprache der Sturm-und-Drang-Zeit abgewöhnte und jene Manieren beibrachte, ohne die er seine spätere Rolle als Dichterfürst nie hätte übernehmen können.[15] Goethe hat sich im Umgang mit Charlotte von Stein verändert; er hat sie gebraucht, um sich zu einem Klassiker fortzuentwickeln.

Nach seiner Rückkehr aus Italien hat er die Freundschaft mit Charlotte beendet.[16] Hatte die Hofgesellschaft zuvor über das Verhältnis zu der älteren Oberstallmeisterin getuschelt, so bekam sie nun durch die Beziehung mit Christiane Vulpius erst richtig Futter: Christiane war eine Thüringerin, völlig ungebildet, aber von großer Herzlichkeit und natürlichem Reiz; sie respektierte Goethes Verhaltensweisen und ordnete sich ihnen unter. Bis 1806, als sich Goethe doch noch entschloss, Christiane zu ehelichen und damit dem gemeinsamen Sohn seinen Namen zu geben, war sie für ihn «Bettschatz», wie Goethes Mutter sie nannte, und Haushaltshilfe. Selbst Schiller hat sich an diesem eigentümlichen Verhältnis gestört.[17]

Aber das ist bloßes Beiwerk zum Mythos Weimar; es hat zu seiner narrativen Ausgestaltung beigetragen, entstehen können hätte er daraus nicht. Für den Mythos war Goethes Rückzug aus der Politik erforderlich, dazu Schillers Eintreffen in Weimar – und der zeitweilige Aufstieg der Universität Jena zu einem Zentrum freischweifender Genialität.

Die Jenaer Universität wurde von mehreren thüringischen Kleinfürstentümern als Schmiede ihrer Pfarrer und Verwaltungsbeamten betrieben. Daraus erwuchsen für Professoren und Studenten Spielräume, wie es sie an den anderen Landesuniversitäten in Deutschland nicht gab. 1789 bereits hielt Schiller dort Vorlesungen, die viel zum Ruf der Universität als einem Zentrum modernen Denkens beigetragen haben. Vor allem aber das Jahr 1794/95, das «Wunderjahr»,[18] hat den Ruhm Jenas als Ort der Philosophie und Literatur, des Dichtens und Denkens begründet. Für einige Zeit lebten Friedrich und August Wilhelm Schlegel hier, Letzterer mit Shakespeare-Übersetzungen beschäftigt, dazu deren Frauen Caroline und Dorothea, weiterhin Tieck und Novalis, wodurch Jena auch zu einer Geburtsstätte der Romantik wurde; zeitweilig siedelte Schiller nach Jena über, wo er neben den universitären Vorlesungen an seinen *Briefen über die ästhetische Erziehung des Menschengeschlechts* arbeitete; Wilhelm und Alexander von Humboldt waren hier, Ersterer mit der Übersetzung von Aischylos' *Orestie* befasst, dazu Fichte und Schelling, schließlich noch der junge Hölderlin, und auch Goethe weilte in dieser Zeit häufig in Jena, um seinen naturkundlichen Interessen nachzugehen. Es handelte sich um eine hochbrisante Mischung, die hier zusammengekommen war und die auf Dauer keinen Bestand haben konnte: Dazu waren die Lebensführung der in Jena versammelten Intellektuellen zu chaotisch, die Liebschaften zu wechselhaft[19] und die materiellen Anstellungsbedingungen an der Universität nicht attraktiv genug. Wer bessere Angebote erhielt, verließ Jena, wie der Kantianer Reinhold, der einem Ruf nach Kiel folgte. Nach einigen Jahren hat sich die Gesellschaft der Genies wieder zerstreut; nur wenige sind länger geblieben – aber die kurze Zeitspanne genügte, die Erinnerung an eine, so Goethe, «Epoche der forcierten Talente» zu hinterlassen, die viel zum Mythos Weimar beigetragen hat. Hätte sie länger angedauert, wäre ein Doppelmythos Weimar-Jena entstanden, aber so hat die vor allem durch Goethe verkörperte Kontinuität in Weimar die Jenaer Konstellationen aufgesogen und vereinnahmt. Das zeigt, welche Bedeutung Goethes Verbleib in Weimar und seine über eine Dekade währende Zusammenarbeit mit Schiller für den Mythos gehabt hat.

Um diese Zusammenarbeit möglich zu machen, musste sich Goethe zunächst aus seinen administrativen Verpflichtungen im Herzogtum zurückziehen. Er tat dies, nachdem der Feldzug der gegenrevolutionären Koalition, der die politischen Entwicklungen in Frankreich rückgängig machen sollte, im Schlamm der Champagne stecken geblieben war. Herzog Carl August war an der Kampagne im Range eines preußischen Generals beteiligt und bestand darauf, dass ihn sein engster Vertrauter begleitete.[20] So wurde aus einem missglückten Feldzug ein Stück Literatur, die *Campagne in Frankreich*, und die Erinnerung daran wurde durch Goethes angebliche Bemerkung zu den am Biwakfeuer kauernden Soldaten geprägt: «Von hier und heute geht eine neue Epoche der Weltgeschichte aus, und ihr könnt sagen, ihr seid dabei gewesen.»

Die Erfahrung dieses Feldzugs, der Widerwille gegen die Revolution, aber zugleich auch die Beobachtung, dass es den gegenrevolutionären Akteuren an Kraft und Perspektiven mangelte, dürfte für Goethes Rückzug aus der Politik den Ausschlag gegeben haben. Ohnehin hat es sich dabei mehr um tagtägliche Administration als ein die Verhältnisse umwälzendes Spiel mit der Macht gehandelt. Goethe war vor dieser Last nach Italien geflohen, hatte sie nach seiner Rückkehr noch einmal geschultert, aber jetzt hatte er genug davon. Mit Goethes Ausstieg aus der Politik konnte Weimar zum Mythos des deutschen Bildungsbürgertums werden, und eine Folge dessen war, dass dieses Bildungsbürgertum auf Abstand gegenüber dem tagespolitischen Betrieb setzte.

Bleibt als dritte Komponente für die Ausformung des Weimar-Mythos noch die Ankunft Schillers in Weimar, und das keineswegs bloß, weil Goethe damit den Gesprächspartner erhielt, den er brauchte und nach dem er so lange vergeblich Ausschau gehalten hatte, sondern auch, weil durch Schiller die Abwendung vom politischen Betrieb aus einem Rückzug von der Politik in ein alternatives politisches Programm verwandelt wurde: das einer bildungsbürgerlichen Antipolitik. Dass diese nicht bloß programmatisch entwickelt wurde, sondern im Verlaufe des 19. Jahrhunderts auch gesellschaftliche Resonanz fand, hatte mit den Weimarer Konstellationen zu tun: Hatten die Überschaubarkeit des Herzogtums und die geringe Einwohnerzahl der Residenzstadt einerseits die moderne Staatsbildung gehemmt, so ermöglichten sie andererseits die Verbindung adliger und bürgerlicher Kulturkreise: In den Adelsprädikaten für Goethe und Schiller hat das seinen Niederschlag gefunden und den Weimarer Ideen sowohl in Adels- als auch in Bürgerkreisen Anerkennung verschafft. Die Verbindung der beiden gesellschaftlich-kulturellen Kreise wäre in größeren Residenzstädten kaum möglich gewesen; hier war man sehr viel stärker auf Distanz bedacht, und die Aristokratie grenzte sich durch ihre demonstrative Orientierung an Frankreich vom Bürgertum ab. Nur in den jüdischen Salons Berlins, dem der Rahel Varnhagen oder der Henriette Herz etwa,[21] entstand Vergleichbares, und so überrascht es nicht, dass die Weimarer Klassik dort ihre entschiedensten und tatkräftigsten Anhänger fand.

Seit den 1790er Jahren konnte sich diese kulturell ausgelegte Verbindung von Adel und Bürgertum als politische Alternative zur bürgerlichen Revolution in Frankreich begreifen; sie stellte ein alternatives Programm emanzipatorischer Selbstverwirklichung dar, und je gewalttätiger die Ereignisse in Frankreich wurden, desto attraktiver wurde es. Schillers *Briefe über die ästhetische Erziehung des Menschengeschlechts* lassen sich als Manifest dieser zum «westlichen Vorbild» alternativen Entwicklung von Staat und Gesellschaft lesen.[22] Der antipolitische Zug im Denken des deutschen Bürgertums hat seine Wurzeln in der Weimarer Klassik.

Zur wachsenden Distanz gegenüber der Politik kam die Erfahrung einer politikgeschichtlichen Verspätung gegenüber den europäischen Nachbarn, aus der man das Beste zu machen suchte, indem man sie in eine besondere Form von Jugendlichkeit in einer gealterten Umgebung umdeutete. Die Distanz gegenüber der Politik war mehr als eine Tröstung angesichts politischer Einflusslosigkeit, mit der man entweder beim Misere-Theorem[23] oder bei der Sonderwegsthese landet; es ging vielmehr um einen eigenen Entwurf selbstbewusster nationaler Identität, in dem die Divergenz von Politik und Kultur zum deutschen

Wesensmerkmal erhoben wurde. Was hier entworfen wurde, war nichts weniger als der Versuch, der Entwicklung des Menschengeschlechts den wahren Weg zu weisen, ihm ein Ziel zu zeigen, das größer und ehrenhafter war als die vergängliche Anhäufung politischer Macht und kriegerischer Ehre und das auch nicht in der reibungslosen Besorgung des Alltags aufging. Im Kern ging es um ein geschichtsphilosophisch verbürgtes Versprechen deutscher Größe, mit dem man sich von dem dominierenden Frankreich deutlich absetzte und in dem man die Antike, deren Vorbildlichkeit in der französischen *Querelle* relativiert worden war, in den Entwurf deutscher Größe einbezog.

Bezugspunkt des im Weimar-Mythos gebündelten Entwurfs deutscher Identität war die Mitte des 18. Jahrhunderts in Frankreich angestoßene Debatte über den «Nationalgeist», in der Montesquieu und Voltaire entscheidende Positionen bezogen hatten.[24] Voltaire hatte eine Vorstellung von Klassik entfaltet, in der die Zyklen der politischen, wirtschaftlichen und kulturellen Entwicklung kongruent verliefen, der Gipfel der Machtentfaltung also zugleich ein Höhepunkt kulturellen Lebens war, wie er am Athen des Perikles, dem augusteischen Rom oder Frankreich unter Ludwig XIV. zeigen zu können meinte. Montesquieu hatte den Nationalgeist an eine Vorstellung der Verfassung gebunden, in der Klima, geographische Lage und geschichtliche Entwicklung eines Landes miteinander verknüpft waren und sich aus dieser Verknüpfung die jeweilige nationale Identität ergab. In beiden Konzepten kam der politischen Geschichte und ihrer konstitutionellen Ausprägung somit eine hervorgehobene Bedeutung zu.

Die deutsche Klassik entwickelte dazu eine konträre Auffassung, und das war keine Differenz bei sonst vielen Gemeinsamkeiten, sondern betraf einen Unterschied im Ganzen: Für die Entwicklung von Kultur und Bildung, so die Grundüberzeugung der deutschen Klassik, sind die Zyklen der Politik bedeutungslos; sie können allenfalls einen negativen Einfluss haben, da politischer Energieverbrauch die Kultur mehr schwächt als befördert. Auch durch die Analyse der Verfassung lasse sich nichts Wesentliches über den Grad der Kulturfähigkeit eines Volkes erfahren, und Letzteres war der Maßstab, an dem die deutschen

Klassiker den Beitrag einer Nation zum Fortschritt des Menschengeschlechts messen wollten.

Von entscheidender Bedeutung war dabei die Revision des vorherrschenden Antikebildes durch Johann Joachim Winckelmann, der die Vorstellung von einer einheitlichen klassischen Antike zerstörte, die griechische gegen die römische Antike ausspielte und Erstere zum verbindlichen Vorbild erhob. Damit bot sich die Möglichkeit, die politische Misere des in zahllose Klein- und Kleinststaaten gespaltenen Deutschland in einen Vorteil zu verwandeln und sie als Quellgrund kultureller Überlegenheit zu begreifen, welche auf längere Sicht wertvoller sei als alle militärischen Triumphe und politische Machtentfaltung. Mit der von Winckelmann geprägten Formel «Edle Einfalt, stille Größe» konnten sich die deutschen von den französischen und englischen Aufklärern absetzen und einen kulturellen Hegemonieanspruch entwickeln, dem die anderen gerade darum nicht gewachsen seien, weil sie ihre Kräfte in Politik und Handel verschwendeten.[25]

Als später dann das revolutionäre und schließlich das napoleonische Frankreich die römische Antike ausdrücklich zum politischen Vorbild erhoben, wurde dies zur spiegelbildlichen Festschreibung des kulturellen Führungsanspruchs der Deutschen. Schiller, Hölderlin und andere haben diesen Anspruch ausformuliert, wobei sie die deutsche Führungsrolle freilich nicht in Konkurrenz zu anderen Nationen, sondern als Dienst an der Menschheit begriffen haben. Noch in Fichtes *Reden an die deutsche Nation* hat diese Vorstellung ihren Niederschlag gefunden.[26]

Durch die Orientierung am griechischen Vorbild konnte man vor allem das französische Vorbild verabschieden, das bei den deutschen Herrscherhäusern und deren höfischen Aristokratien begeisterte Anhänger gefunden hatte. Die Herausstellung der griechischen Antike und die Ansippung der Deutschen daran verhalf der Kultur nicht nur zu eigenem Gewicht gegenüber der politischen Macht, sondern erwies sich auch als probates Kampfinstrument gegen den Führungsanspruch der höfischen Gesellschaft, die als bloß ‹zivilisiert›, aber ‹kulturell› unbedeutsam marginalisiert wurde.

Es sind also innere wie äußere Fronten, an denen der Mythos Weimar in Stellung gebracht wurde und politische Wirkung entfaltete. ‹Weimar› wurde zum Gütesiegel für den deutschen Anspruch, nicht die politisch-imperiale Orientierung Roms, sondern die kulturelle Hegemonie Griechenlands zum Vorbild zu haben, und gleichzeitig diente es dazu, dem Bürgertum einen Platz in der deutschen Gesellschaft frei zu halten, mit dem der latente Anspruch auf Nobilitierung verbunden war.

Der «Mythos Weimar» mit seinem spezifischen Fortschrittsparadigma ist aber keineswegs nur der Ausdruck deutschen Sonderwegs- und Überlegenheitsbewusstseins, sondern bis heute eine Herausforderung des ‹westlichen› Selbstbewusstseins, in dem nicht die aufsummierte politisch-militärische Macht, sondern die Verbindung von Demokratie, Menschenrechten und Marktwirtschaft die Messlatte der Fortschrittlichkeit ist. Vor allem über die Vermittlung Herders ist, zunächst in der slawischen Kultur und später in der islamischen Welt, darüber ein opponierendes Selbstbewusstsein aufgebaut worden, das sich in mancher Hinsicht mit dem Selbstwertgefühl der deutschen Intellektuellen vergleichen lässt, die sich gegen den politischen wie kulturellen Hegemonieanspruch Frankreichs auflehnten, einige von ihnen bereits vor der Französischen Revolution, andere erst unter dem Eindruck des gewaltsamen Exports der revolutionären Ergebnisse. Man kann den Weimar-Mythos darum als die spezifisch deutsche Ausformung eines Widerstandsbewusstseins begreifen, das gegen die materiell fassbare Überlegenheit des westlichen Nachbarn den Anspruch auf geistige Tiefe und gegen die augenblicklichen Konstellationen zivilisatorischer Überlegenheit die Jahrhunderte umfassenden Bilanzen kultureller Entwicklung stellt.

Gleichzeitig enthält der «Mythos Weimar» eine Kritik der Französischen Revolution, die nicht so sehr deren aktuelle Folgen als vielmehr die langfristigen Wirkungen ins Auge fasst. Die Revolutionskritik Edmund Burkes zielte darauf ab, dass die Revolution mehr zerstöre als an wertvollem Neuen hervorbringe, ihre Kosten-Nutzen-Bilanz also negativ sei.[27] Die Revolutionskritik der deutschen Klassik war viel radikaler: Sie verwarf nicht nur die politische Revolution, sondern die Politik generell als einen wenig aussichtsreichen Weg menschlicher Selbstverwirklichung oder – in der «Weimarer» Begrifflichkeit – Beförderung der Humanität.

Zunächst war der Mythos Weimar jedoch eine Reaktion auf die *politische* Herausforderung durch die Revolution in Frankreich: Sollte man sich an diesem Vorbild orientieren (wie Georg Forster und die Mainzer Jakobiner)[28] und «das Schmettern des gallischen Hahns» (Marx) als Weckruf zur Revolution in Deutschland begreifen?[29] Oder verfügte man über einen eigenen Weg, auf dem sich die Gewalttätigkeiten und Gräuel der Revolution vermeiden ließen? In der mitunter penetranten Insistenz auf «Weimar» als etwas spezifisch Deutsches zeigt sich eine weitere Antwort auf die säkulare Herausforderung durch die Revolution in Frankreich: Hier wird nicht auf die bevorstehende Wiedererrichtung des Reiches verwiesen, wie im Barbarossa-Mythos,[30] noch wird zum Volkskrieg aufgerufen, wie im Mythos von Hermann/Arminius,[31] sondern im Mythos der Weimarer Klassik wird der Revolution der Spiegel ihres zwangsläufigen Scheiterns vorgehalten, und zwar eines Scheiterns am eigenen Anspruch und Ideal.

Machtpolitisch konnte man freilich Mitte der 1790er Jahre keineswegs davon sprechen, die Franzosen seien gescheitert, und als Goethe 1808 in Erfurt Napoleon gegenübertrat, begegnete er nicht nur dem Bändiger, sondern auch dem siegreichen Erben der Revolution. Doch es war nicht die machtpolitische, sondern die geschichtsphilosophische Ebene, auf der das Scheitern der Revolution diagnostiziert wurde,[32] im Bereich der Kultur und Bildung, die für wichtiger und bedeutsamer denn alle Politik erklärt wurden: Nachdem die Gewaltordnung des Staates gesprengt war, habe sich nämlich sehr schnell gezeigt, dass die Menschen für die so gewonnene Freiheit (noch) nicht reif seien. Der politische Durchbruch, den die Revolutionäre für sich beanspruchten, führe statt zu den proklamierten Zielen in immer neue Exzesse der Gewalt und Grausamkeit.

An die Stelle der politischen Revolution setzte der Mythos Weimar die kulturelle Erziehung: Durch Bildung und Kultur sollten die Menschen zur wahren Freiheit befähigt werden. «Weimar» wurde auch darum zur Gründungs- und Orientierungserzählung des deutschen Bildungsbürgertums, weil der Mythos die Ziele der französischen Revolution keineswegs bestritt, sondern sie umformte und in veränderter Gestalt neu proklamierte. Demgemäß legte der Mythos eine spezifische Lektüre vor allem der geschichtsphilosophischen Schriften Schillers nahe, die den politischen Anspruch der Revolution entweder gänzlich zum Verschwinden brachten oder ihn der kulturellen Selbsterziehung des Menschengeschlechts unterordneten. Die aber erfolgte auf anderen Wegen als denen der politischen Revolution.

«Der Mensch ist aus seiner langen Indolenz und Selbsttäuschung aufgewacht», heißt es in Schillers fünftem Brief *Über die ästhetische Erziehung des Menschen*, «und mit nachdrücklicher Stimmenmehrheit fordert er die Wiederherstellung in seine unverlierbaren Rechte. Aber er fordert sie nicht bloß; jenseits und diesseits steht er auf, sich gewaltsam zu nehmen, was ihm nach seiner Meinung gewaltsam verweigert wird. Das Gebäude des Naturstaates wankt, seine mürben Fundamente weichen, und eine physische Möglichkeit scheint gegeben, das Gesetz auf den Thron zu stellen, den Menschen endlich als Selbstzweck zu ehren und wahre Freiheit zur Grundlage der politischen Verbindung zu machen.»[33] Im Gegensatz zu Goethe hatte Schiller zunächst große Erwartungen in die Französische Revolution gesetzt,[34] sich dann jedoch von der Vorstellung verabschiedet, die politische Revolution könne zum Motor des Fortschritts werden. «Vergebliche Hoffnung!», fährt er fort: «Die moralische Möglichkeit fehlt, und der freigebige Augenblick findet ein unempfängliches Geschlecht.»[35] Sein Urteil über die Französische Revolution lautet demgemäß: «So sieht man den Geist der Zeit zwischen Verkehrtheit und Rohigkeit, zwischen Unnatur und bloßer Natur, zwischen Superstition und moralischem Unglauben schwanken, und es ist bloß das Gleichgewicht des Schlimmen, was ihm zuweilen noch Grenzen setzt.»[36] Stattdessen bringt Schiller Kultur und Bildung ins Spiel, durch die der Mensch sich von den Zwängen und Fesseln des dynamischen wie des ethischen Staates befreit, um im ästhetischen Staat ganz er selbst zu sein. Nur hier, im «Reiche des ästhetischen Scheins, wird das Ideal der Gleichheit erfüllt, welches der Schwärmer so gern auch dem Wesen nach realisiert sehen möchte».[37]

Aber die *politische Realisierung* eines Zustands, in dem weder Vorrang noch Alleinherrschaft geduldet werden, sei unmöglich; das Ideal der Menschheit und die höchste Verwirklichung des Menschen seien auf das Reich des Ästhetischen beschränkt. Die Beschäftigung mit der Frage nach der Realisierungsmöglichkeit dieses Entwurfs wird zur Absage an die politisierten Massen und zur Feier der in Weimar (und Jena) versammelten kleinen Gruppe von Dichtern und Denkern: «Existiert aber auch ein solcher Staat des schönen Scheins, und wo ist er zu finden? Dem Bedürfnis nach existiert er in jeder feingestimmten Seele; der That nach möchte man ihn wohl nur, wie die reine Kirche und die reine Republik, in einigen wenigen auserlesenen Zirkeln finden, wo nicht die geistlose Nachahmung fremder Sitten, sondern eigne schöne Natur das Betragen lenkt, wo der Mensch durch die verwickeltsten Verhältnisse mit kühner Einfalt und ruhiger Unschuld geht und weder nötig hat, fremde Freiheit zu kränken, um die seinige zu behaupten, noch seine Würde wegzuwerfen, um Anmut zu zeigen.»[38]

Es ist also ganz konsequent, wenn Schiller in den Vorstudien zu dem nicht vollendeten Gedicht «Deutsche Größe» schreibt: «Darf der Deutsche in diesem Augenblicke, da er ruhmlos aus einem tränenvollen Kriege geht, […] darf er sich seines Namens rühmen und freun? […] Ja, er darfs. Deutsches Reich und deutsche Nation sind zweierlei Dinge. Die Majestät des Deutschen ruhte nie auf dem Haupt seiner Fürsten. Abgesondert von dem politischen hat der Deutsche sich einen eigenen Wert gegründet, und wenn auch das Imperium unterginge, so bliebe die deutsche Würde unangefochten. Sie ist eine sittliche Größe, sie wohnt in der Kultur.»[39]

Tatsächlich ist das Reich bald darauf von Napoleon liquidiert worden. Schillers Trennung der Nation als kultureller Identität vom Reich als politischer Ordnung konnte sich nunmehr bewähren, und in der mit dem Untergang des Reichs entstandenen Lücke hat sich der Mythos Weimar angesiedelt. Er ist freilich mit der Wiedererrichtung des Reichs im Jahre 1871 nicht erloschen, sondern diente nun dazu, dem Reich einen kulturellen Glanz zu verleihen, den es machtpolitisch nicht hervorbringen konnte. Die Funktion des Weimar-Mythos in der politischen Mythologie der Deutschen erweist sich also wesentlich als die eines Platzhalters und Nothelfers. Weimar als inneres, geistiges Reich wurde vor allem dann angerufen, wenn die äußere politische Ordnung wieder einmal zuschanden gegangen war.

Der Mythos Weimar erschöpft sich freilich nicht in der Kritik des Machtstaats, aus der dann die Alternative des Kulturstaats erwächst. Schillers Favorisierung des Ästhetischen zielt nämlich nicht nur auf die Aporien der Politik, sondern auch auf die Folgen fortschreitender Arbeitsteiligkeit, die sich in der Zerrissenheit und Partikularisierung der bürgerlichen Gesellschaft ausdrücken. Hier wird der Mythos zur Utopie. Im Unterschied zu Rousseau sucht Schiller die Antwort auf die «Zersplitterung» des Menschen, der in einer arbeitsteiligen Gesellschaft auf einzelne Funktionen reduziert wird, nicht in der Abkehr vom Fortschritt, um in früheren Stadien der gesellschaftlichen Entwicklung wieder auf den ganzen Menschen zu stoßen. An die Stelle der Rousseau'schen Umkehr tritt bei Schiller das Spiel, «in dem alles Wirkliche seinen Ernst [verliert], weil es klein wird, und indem es mit der Empfindung zusammentrifft, legt das Notwendige den seinen ab, weil es leicht wird.»[40] Die beherrschenden Mächte der bürgerlichen Gesellschaft, Wirklichkeit und Notwendigkeit, werden im Spiel relativiert, und aus dieser Überlegung heraus formuliert Schiller die Sätze, die bis heute nachhallen: «Denn, um es endlich auf einmal herauszusagen, der Mensch spielt nur, wo er in der vollen Bedeutung des Wortes Mensch ist, und er ist nur da ganz Mensch, wo er spielt.»[41]

Hier muss nicht entschieden werden, ob Schillers Vorstellungen vom Spiel und dem Reich des schönen Scheins als Vorbereitung auf eine erfolgreiche Veränderung der gesellschaftlichen Ordnung zu verstehen sind oder ob sich dahinter einmal mehr die weitreichende Abkehr von der Politik verbirgt. Jedenfalls ist Schiller in beide Richtungen verstanden worden: Die einen hielten an dem grundlegenden politischen Impuls fest und begriffen die Wendung ins Ästhetische als Vorübung, um mit besser ausgebildeten Fähigkeiten wieder in die Politik zurückzukehren. Die anderen dagegen – und für sie vor allem wird der bildungsbürgerliche Mythos relevant – sahen in Spiel und schönem Schein die Abwendung von einer an die Kämpfe um Macht und Einfluss gefesselten Politik. In der Lesart derer, denen die Ästhetik die Vorbereitung und Wegweisung der Politik ist, wird es weiterhin um alle Menschen gehen, wenn das emanzipatorische Projekt aufgerufen wird, während diejenigen, für die das ästhetische Spiel eine Alternative zum politischen Machtkampf bildet, die umfassende Verwirklichung des Menschen nur einem besonderen Stand, den Gebildeten, zutrauen. Das in bildungsbürgerlichen Kreisen verbreitete Gefühl der Überlegenheit speiste sich nicht aus politischer Macht oder materiellem Vermögen, sondern aus einer Bildung, durch die erst der Mensch zum Menschen werde. Alles andere blieb der Mittelmäßigkeit verhaftet. Der Bezug auf «Weimar» wurde dadurch zum sozialen Distinktionsmerkmal.

Aber was in der Klassikrezeption zeitweilig wie einander ausschließende Optionen wirkte – die Proklamation eines alternativen Wegs zum politischen Ziel und die prinzipielle Abkehr von der Politik –, konnte unter bestimmten Bedingungen eine Verbindung eingehen, wie sie explosiver kaum vorstellbar ist. Der das vorausgeahnt hat, ist ein weiteres Mal Heinrich Heine. Als er in den 1830er Jahren das französisch-deutsche Verhältnis in der Gegenüberstellung von Politik und Kultur beschreibt, hat sich für ihn dessen Bedeutung im Vergleich zu Herder und der Klassik radikal verändert, insofern bei den Franzosen an die Stelle der kriegerischen Expansion die politisch-kulturelle Erneuerung getreten sei, während bei den Deutschen ein tatenloser Quietismus die friedliche Entwicklung der Kultur ersetzt habe. Aus diesem Quietismus erwächst eine biedermeierliche Rückständigkeit. Aber Heine belässt es nicht bei der Gegenüberstellung des revolutionären Franzosen mit dem schlafmützigen deutschen Michel, sondern spitzt die Kontrastierung dahingehend zu, dass das politische Frankreich, wenn man es mit den Folgen der deutschen Philosophie vergleicht, als harmlos erscheint: «Man sagt, die Nachtgeister erschrecken, wenn sie das Schwert eines

Scharfrichters erblicken – wie müssen sie erst erschrecken, wenn man ihnen Kants ‹Kritik der reinen Vernunft› entgegenhält! Dieses Buch ist das Schwert, womit der Deismus hingerichtet worden in Deutschland.» Um die Folgen dessen auszuleuchten, vergleicht Heine Robespierre und Kant: «Zunächst finden wir in beiden dieselbe unerbittliche, schneidende, poesielose Ehrlichkeit. Dann finden wir in beiden dasselbe Talent des Misstrauens, nur daß es der eine gegen Gedanken ausübt und Kritik nennt, während der andere es gegen Menschen anwendet und republikanische Tugend betitelt. Im höchsten Grade jedoch zeigt sich in beiden der Typus des Spießbürgertums – die Natur hat sie bestimmt, Kaffee und Zucker zu wiegen, aber das Schicksal wollte, daß sie andere Dinge abwögen und legte dem Einen einen König und dem Anderen einen Gott in die Waagschale …»[42]

Der Vergleich zwischen den französischen Revolutionären und den deutschen Philosophen – außer Kant nennt Heine noch Fichte und Schelling, aber er hätte zumindest auch Schiller in dieser Reihe aufnehmen können – bringt schließlich die Verhältnisse, nachdem sie sich zeitweilig zugunsten des politischen Aktivismus der Franzosen verkehrt hatten, wieder in die von Winckelmann und Herder vorgegebene Ordnung, wonach der Kultur, hier der Philosophie, die größere Wirkung auf das Weltgeschehen zukommt: «Laßt Euch […] nicht bange sein, ihr deutschen Republikaner; die deutsche Revolution wird darum nicht milder und sanfter ausfallen, weil ihr die Kantsche Kritik, der Fichtesche Transzendental-Idealismus und die Naturphilosophie vorausging. Durch diese Doktrinen haben sich revolutionäre Kräfte entwickelt, die nur des Tages harren, wo sie hervorbrechen und die Welt mit Entsetzen und Bewunderung erfüllen können. […] Der Gedanke geht der Tat voraus, wie der Blitz dem Donner. Der deutsche Donner ist freilich auch ein Deutscher und ist nicht sehr gelenkig, und kommt etwas langsam herangerollt; aber kommen wird er, und wenn ihr es einst krachen hört, wie es noch niemals in der Weltgeschichte gekracht hat, so wißt: der deutsche Donner hat endlich sein Ziel erreicht.»[43] Man kann darin eine Vorahnung der durch Marx und Engels inspirierten Revolutionen sehen, ebenso aber auch ein ironisches

Spiel mit einem Projekt nationaler Identitätsstiftung, das kulturelles Selbstbewusstsein tankte, um anschließend mit politisch-militärischer Macht über Europa zu kommen. Anton von Werners Bild «Im Etappenquartier von Paris»[44] kann als ikonische Verdichtung von Letzterem betrachtet werden: Deutsche Soldaten haben es sich während des Feldzugs von 1870/71 in einer großen französischen Wohnung bequem gemacht. Der Schmutz an ihren Schuhen zeigt, dass sie direkt aus dem Einsatz kommen. Einer von ihnen hat sich an den Flügel gesetzt und spielt, einer singt, während die anderen lauschen. Die Kultur hat auf dem Schlachtfeld gesiegt und hält Einkehr in den Gemächern der Zivilisation.

Sehr viel stärker als Schiller hat Goethe den Gedanken der Humanität als Maßstab des Handelns ausgearbeitet, was ihm später den Verdacht eintrug, weder national noch politisch zu denken – im Gegensatz zu Schiller, der schon bald nach seinem Tod zum deutschen Nationaldichter avancierte. In den Stürmen der napoleonischen und anschließend der Befreiungskriege waren seine Stücke, die von hochfliegenden politischen Projekten und deren mühsamem Gelingen oder dramatischem Scheitern handeln, dem Zeitgeist sehr viel näher als Goethes Abgeklärtheit in allen Lebenslagen. Aber auch Goethe hat seinen Beitrag zur nationalen Identitätsstiftung der Deutschen geleistet, indem er in der Nachfolge Justus Mösers deren politisch-kulturelle Vielgestaltigkeit herausgestellt hat. Im Anschluss an Conrad Wiedemann[45] kann man in Götz von Berlichingen, dem anpassungsfähigen Traditionalisten, die Verkörperung der deutschen Liberalität sehen, in Werther einen infolge provinzieller Isolation zu gefährlichen Autosuggestionen neigenden jungen Genialen, in Wilhelm Meister den sich in der Begegnung mit dem Theater emanzipierenden Bildungsbürger und in Faust schließlich den gesellschaftslosen, von Allmachtsphantasien geplagten, sich notorisch überfordernden Gelehrten.[46] Mindestens diese vier Typen des ‹typisch Deutschen› hat Goethe geprägt, die als Stereotype der Fremdidentifizierung bereitstehen und zur Selbstidentifikation einladen.

Es hat freilich einige Zeit gedauert, bis in der bildungsbürgerlichen Selbstidentifikation der Deutschen Goethe und Schiller als Dioskurenpaar wahrgenommen und nicht mehr gegeneinander ausgespielt wurden.[47] Der Mythos Weimar ist ausgeformt, als Goethe und Schiller zu Olympiern erklärt und ihr Verhältnis zueinander als produktive Freundschaft kanonisiert worden ist. Die entscheidenden Schritte dabei sind die Herausgabe des Briefwechsels als Dokument eines intensiven gemeinsamen Ringens um die Beantwortung der großen Menschheitsfragen[48] und Ernst Rietschels am 4. September 1857 eingeweihtes Denkmal vor dem Hoftheater, das Goethe und Schiller in gemeinsamem Streben nach der Dichterkrone zeigt.[49] Damit wurden in Deutschland auch Dichter und Philosophen denkmalfähig. Das war alles andere als selbstverständlich in einer Zeit, in der solche Ehrungen eigentlich nur Herrschern und Feldherrn zuteil wurden. Dass sich die Vorstellung des *Nationaldenkmals* schließlich mit dem Weimarer Dioskurenpaar verband, zeigt die Bedeutung, die Kunst und Kultur für das deutsche Selbstbewusstsein erlangt hatten; es zeigt aber auch den nationalen Stolz, der in Deutschland inzwischen aus den Werken der Weimarer Klassik erwachsen war. In Weimar manifestierte sich die deutsche *Kulturnation*, gelegentlich in hochmütiger, dann aber auch wieder in komplementärer Unterscheidung von der französischen *Staatsnation*.[50] Die ikonische Verdichtung[51] der deutschen Nation im Denkmal für Goethe und Schiller markiert eine deutliche Distanz zu dem den Deutschen sonst nachgesagten Hang zum Martialischen. So wurde Rietschel attestiert, «eines der unprätentiösesten, originellsten und sympathischsten Denkmäler» geschaffen zu haben.[52]

Im Mythos Weimar kommt somit zweierlei zusammen: die kulturelle Unabhängigkeitserklärung gegenüber dem französischen Vorbild, die in Kreisen des gebildeten Bürgertums mit Selbstbewusstsein und Stolz quittiert wurde und seit dem späten 19. Jahrhundert zum integrierenden Identifikationsmerkmal der Deutschen wurde, bis weit in sozialdemokratische Kreise hinein; dazu die Herausstellung von Kunst und Kultur als Alternative zur Politik, die Vorstellung, das Kulturelle sei unendlich wertvoller als das Politische, und als Ergebnis dessen eine tiefsitzende Verachtung der Politik, der man gerne – ausgerechnet mit Bismarck – nachsagte, sie habe keinen günstigen Einfluss auf den Charakter des Menschen. An diese Doppelerzählung hat das deutsche Bürgertum geglaubt, und «Weimar» war gleichsam das Gütesiegel für diesen Glauben. Sein größter Vorzug bestand darin, dass er resistent war gegen politische Enttäuschungen und militärische Niederlagen, ja, mehr noch aus ihnen neue Kraft und Stärke beziehen konnte. Die deutsche Geschichte des 20. Jahrhunderts und der Mythos Weimar sind aufs engste ineinander verschlungen.

Die herausgehobene Stellung Weimars im Übergang vom 18. zum 19. Jahrhundert hatte freilich ihren Preis, und der bestand in einer fatalen Neigung zur Selbstmusealisierung, die sich bereits in den 1820er Jahren, also noch zu Goethes Lebzeiten, beobachten lässt.[53] Die Vergangenheit bekam gegenüber der Gegenwart das Übergewicht; der Mythos stand im Begriff, den Fluss der Zeit einzufrieren und die Gegenwart an die goldene Epoche zu fesseln, als in Weimar gleichsam die Götter unter den Menschen wandelten. An diesem Erstarren in bewundernder Erinnerung konnte auch die «silberne Epoche» nichts ändern, in der Weimar zu einem Zentrum der musikalischen Neuerer wurde, von Franz Liszt, der für einige Zeit hier seinen Wohnsitz nahm, bis zu Richard Wagner und Richard Strauss, die der Stadt gelegentlich ihre Aufwartung machten.[54] Dabei zog die mythische Aura Besucher an, die sonst kaum gekommen wären, und veranlasste sie mitunter zum Bleiben. Das gilt auch für Nietzsche, der die letzten drei Lebensjahre – längst geistig umnachtet – in Weimar zubrachte,[55] ebenso für den längeren Aufenthalt Harry Graf Kesslers, der die künstlerische Avantgarde in die Stadt zu holen versuchte und dabei mit der Ansiedlung des Bauhauses zeitweilig Erfolg hatte.[56] Aber all das war nicht von Dauer oder wurde von nationalkonservativen Kreisen ins bedeutungspolitische Gegenteil verkehrt. Das beginnt mit der Umfälschung des Nietzsche'schen Werks durch seine Schwester Elisabeth Förster und deren willfährige philosophischen Helfer und endet mit dem Umzug des Bauhauses nach Dessau. In Weimar dagegen dominierten seit den 1920er Jahren nationalkonservative und später nationalsozialistische Gruppierungen.[57]

Am Ende des 19. Jahrhunderts zeichnete sich im nationalkonservativen Kult um Schiller und Goethe eine folgenreiche Spaltung ab: Gegen die zunächst überwiegende Mehrheit, für die Weimar ein Beleg für die Überlegenheit Deutschlands gegenüber den anderen Völkern Europas war und der es darum ging, dieses Erbe zu pflegen, wendete sich eine Gruppe jüngerer, häufig völkisch beeinflusster Schriftsteller und Publizisten, denen das bloße Bewahren nicht genügte. Sie riefen zu einer Renaissance des Geistes von Weimar auf. Darunter verstanden sie eine Erneuerung der deutschen Kultur, die sie scharf gegen die zeitgenössische künstlerische Avantgarde absetzten.[58] Sie interessierten sich ausdrücklich nicht für die Teilhabe an der internationalen Entwicklung von Kunst und Kultur, sondern profilierten eine Vorstellung von deutscher Kultur, die der politischen Mobilisierung und völkischen Erneuerung dienen sollte.[59] Vor allem Goethe wurde in Dienst genommen, um gegen Internationalismus, Avantgardismus und Kosmopolitismus ins Feld zu ziehen, wobei man das mythisch aufgeladene Weimar nutzte, um Aufmerksamkeit zu finden und von der notorischen Zerstrittenheit der politischen Rechten abzulenken. Weimar wurde zum Werbeträger für die nationalrevolutionär-völkische Botschaft.

Die Idee einer kulturell bewirkten Wiedergeburt[60] war um die Jahrhundertwende weit verbreitet und keineswegs auf das politisch rechte Spektrum beschränkt. Sie ließ sich an die zentralen Elemente des Mythos Weimar anschließen, wobei Spannungen entstanden, die sich bei politischen Mythen immer wieder beobachten lassen: zwischen einem gleichsam ortlos gewordenen Mythos, der wesentlich für die mit der deutschen Klassik verbundene Idee humaner Selbstverwirklichung durch Bildung stand, und einem Ort Weimar, von dem aus beziehungsweise unter Berufung auf den immer wieder gegen diese Verselbständigung protestiert wurde. Dass die Stadt Weimar zum Symbol der politischen Rechten wurde, hat weniger mit dem Mythos selbst als mit dem Umstand zu tun, dass die kulturelle Linke urban orientiert war und sich in den Großstädten, vor allem in Berlin, sammelte,[61] während die Rechte die ländliche Provinz als Ort der Wiedergeburt präferierte; so lag es nahe, Weimar zum Brennpunkt dieser Bewegung zu machen.

Zum Schiller- und Goethekult kam seit der Jahrhundertwende die Nietzscheverehrung hinzu, die sich auf die letzten Lebensjahre des «Dichterphilosophen» in der Weimarer Villa Silberblick und das dort angesiedelte Nietzsche-Archiv gründete.[62] Es war jedoch keineswegs die Philosophie Nietzsches,[63] sondern das, was Elisabeth Förster-Nietzsche und ihre Gehilfen Peter Gast und Alfred Baeumler daraus gemacht hatten: eine Sammlung von Äußerungen des Willens zur Macht. Diese ließen sich vorzüglich mit dem Projekt der kulturellen Wiedergeburt verbinden, hatte doch der Niedergang, wie er mit dem durch die Gruppe um Elisabeth Förster aufbereiteten Nietzsche identifiziert werden konnte, selbst kulturelle Ursachen: das Überhandnehmen von Mitleid und Ressentiment, das den Starken ein schlechtes Gewissen und sie dadurch schwach gemacht hatte.

Unter dem Einfluss dieser Gruppierungen wurde Weimar zum Inbegriff der Antimoderne, die sich neben der Ablehnung der Avantgarde durch einen Mix aus Antiurbanität, Antikapitalismus und Antisemitismus auszeichnete, wobei diese Ingredienzien nicht bei allen Gruppierungen gleichermaßen vertreten waren. Insgesamt lassen sich drei Strömungen unterscheiden: die Altkonservativen, die Jungkonservativen und die völkischen Gruppierungen. Das Credo der Altkonservativen hatte am Ende des 19. Jahrhunderts bereits Rudolf Huch auf die Formel «Mehr Goethe» gebracht.[64] Der wichtigste Vertreter der eher Altkonservativen unter den nationalen Erneuerern war Friedrich Lienhard, ein Elsässer, der nach Weimar übersiedelt war und die sechsbändige Anthologie *Wege nach Weimar* zusammengestellt hatte. Sie wurde in den entsprechenden Kreisen auch als «Kulturbibel» der Deutschen bezeichnet. Weimar war für Lienhard die Verbindung all dessen, was deutsche Kultur und Religion ausmachte, und deswegen fasste er sie in der Symboltrias «Akropolis, Golgatha, Wartburg» zusammen – vom Griechenbezug der deutschen Klassik über den christlichen Opfer- und Erlösungsgedanken bis zu der nahegelegenen Wartburg als dem Ort der Eindeutschung des Christentums.[65] Lienhard war die Verkörperung jenes Goethekults, gegen den sich bei den Jungkonservativen Widerstand regte. Bereits 1890 hatte Julius Langbehn, der «Rembrandtdeutsche», gewarnt: «Goethedienst kann Gottesdienst sein, aber er kann auch Götzendienst sein.»[66]

Sehr viel radikaler war Ernst Wachler, Mitarbeiter der einflussreichsten völkischen und völkisch-religiösen Zeitschriften und einer der wichtigsten ‹Theologen› des Neuheidentums, der im Zeichen einer eigenwilligen Verbindung von Schiller und Goethe, Wagner und Nietzsche die sittliche Erneuerung der Deutschen mit den Mitteln des Theaters betrieb – auf Thingspielstätten im bewaldeten Gebirge, wo sich Natur und Kunst, völkische Religiosität und sittliche Kraft miteinander verbinden sollten. Wachler strebte eine kulturelle Achse Weimar–Bayreuth an, bei der es ihm neben Wagners Festspielkonzeption vor allem um die völkisch-nationalistischen Kreise ging, die in Bayreuth das Sagen hatten.[67] Als Dritter ist schließlich Adolf Bartels zu nennen, ein vielgelesener Literaturhistoriker, der sich neben seinem ausgeprägten Antisemitismus vor allem durch den Kampf um das Deutschtum Goethes hervortat. Seine Rolle bei der «Pflege» des Mythos Weimar bestand vor allem darin, Goethe gegen «die Humanitätsschwärmer» unter seinen Anhängern zu verteidigen. Die *Iphigenie* und der *Tasso* sagten ihm weniger zu, nichts dagegen sei deutscher als der *Werther* und der *Faust*, weswegen sich jeder Deutsche diese beiden Werke aneignen müsse. Die deutscheste Dichtung Goethes aber sei der *Götz von Berlichingen*, wo man deutschen Geist, deutsche Kraft und deutsches Gemüt finde. Während Bartels mit der Eindeutschung des *Wilhelm Meister* einige Probleme hatte, schrieb er über den *Faust*: «Ohne Zweifel die bedeutendste [Dichtung] des ganzen deutschen Schrifttums und wohl auch das größte Werk der ganzen Weltliteratur.»[68]

Solche Vorstellungen finden sich auch in der Rede, die Reichsjugendführer Baldur von Schirach 1937 anlässlich der «Weimarer Festspiele der deutschen Jugend» auf Goethe hielt: Immer noch seien die Stimmen derer zu hören, die «philisterhaft bekriteln», dass sich die deutsche Jugend neu um Goethe schare: «Während sich die Entschlossenen um die politische Gemeinschaft mühten, die die Voraussetzung unseres Lebens als Nation ist, erhoben sie [die konservativen Goetheaner] den knöchernen Zeigefinger und warnten uns, daß über solchem Streben unersetzbare, kulturelle Werte verlorengingen. […] Nun werden sie sich wieder melden, diese Heroen des Geistes und Ritter der traurigen Gestalt, und über die Kulturlosigkeit der Jugend eifern, die in ihren Uniformen jene Stätten betritt, die nach der Meinung mancher nur durch die geheiligten Sohlen der Philologen betreten werden dürfen.»[69] Nach 1933 hatte man in Weimar auch Goethe, lange vorbereitet durch die völkischen Kreise, das Braunhemd übergestreift. Die Stadt an der Ilm war eine der ersten Städte in Deutschland, in der die Nazis die Macht übernahmen und die sich zuvor bereits der Hitler-Bewegung gegenüber aufgeschlossen gezeigt hatte.[70] Derweilen trat Schiller in den Hintergrund: Aus welchen Gründen auch immer, von ihm war sehr viel weniger die Rede als von Goethe. Das Dioskurenpaar wurde zwar weiterhin als solches gefeiert, aber der Mythos drehte sich von nun an fast ausschließlich um Goethe.

Im Februar 1919 bekam der Weimar-Mythos zunächst jedoch eine politisch-demokratische Ausdeutung, bei der das Erbe der Klassiker für die Neugründung Deutschlands – dieses Mal nicht als Fürstenbund, wie im Januar 1871 in Versailles, sondern als Republik – in Anspruch genommen wurde. Dass die erste deutsche Republik nach Weimar benannt wurde, hatte freilich weniger mit der Überzeugungskraft des Mythos als mit der günstigen Lage der Stadt und ihrem geräumigen Hoftheater zu tun, in dem man die neugewählte Nationalversammlung bequem unterbringen konnte. Während man in Berlin und anderen Großstädten mit revolutionären Aktionen rechnen musste, ließ sich die thüringische Stadt gegen heranziehende Revolutionäre leicht absperren und so Ruhe und Sicherheit gewährleisten. Und schließlich ersparte Weimar den Abgeordneten aus Süd- und Westdeutschland den Weg in das ungeliebte Berlin, das damals noch mit Hohenzollern'scher Großmannssucht und preußischem Militarismus identifiziert wurde. Das hätte sich natürlich auch von anderen Städten sagen lassen, Frankfurt etwa, wo sich die neue Republik in die Tradition der Paulskirchenversammlung hätte stellen können, aber die Stadt am Main war von

Industriezentren umgeben, von denen aus Züge revolutionärer Arbeiter hätten zur Paulskirche ziehen können. Außerdem war in Frankfurt jener Frieden geschlossen worden, der den Deutsch-Französischen Krieg von 1870/71 beendet hatte, weswegen es symbolisch kein günstiger Ort war, um einen Versöhnungsfrieden mit Frankreich anzusteuern. Außenminister Graf Brockdorf-Rantzau war davon überzeugt, dass sich von Weimar aus ein sehr viel günstigerer Frieden aushandeln lasse. Damit hatte er jedoch die Wirkung des Mythos auf die westlichen Alliierten weit überschätzt, denn die verfolgten ihre jeweiligen Interessen und Ziele, und dabei spielte es für sie keine Rolle, dass die deutschen Verlierer sich nun auf die Klassiker ihrer Literatur beriefen. An den Ergebnissen des Friedens von Versailles hat der Mythos Weimar nichts geändert. Das wurde zur ersten Hypothek, mit der die junge Republik belastet wurde.

Die zweite, nicht minder schwere Hypothek bestand darin, dass die Republik zwischen einer rückwärtsgewandten Rechten, die dem untergegangenen Kaiserreich und den landesherrlichen Fürstenhäusern nachtrauerte, und einer revolutionären Linken, die das bolschewistische Beispiel einer revolutionären Machteroberung vor Augen hatte, keine dauerhaft verlässlichen Trägergruppen fand und zu einer Republik ohne Republikaner beziehungsweise einer Demokratie ohne Demokraten wurde. Auch wenn die Entscheidung, die Nationalversammlung in Weimar zusammentreten zu lassen, aus Gründen der Sicherheitslage und nicht unter dem Einfluss des Mythos gefallen war, suchte Friedrich Ebert diesen doch in seiner Rede zur Eröffnung der Verfassunggebenden Deutschen Nationalversammlung zu nutzen, um Unterstützung für die neue Republik zu finden.[71] Ebert war darum bemüht, Kontinuität, Bruch und Neuanfang miteinander zu kombinieren, und dabei kam ihm die Berufung auf die Klassik und insbesondere Goethe sehr zupass. Vielleicht hoffte er damit auch, das liberale Bürgertum in die Weimarer Koalition, wie man das Bündnis aus Sozialdemokraten, katholischem Zentrum und Deutscher Demokratischer Partei nannte, einbinden zu können.

«Das deutsche Volk ist frei, bleibt frei und regiert in aller Zukunft sich selbst», erklärte er gleich zu Beginn. «Diese Freiheit ist der einzige Trost, der dem deutschen Volke geblieben ist, der einzige Halt, an dem es aus dem Blutsumpf des Krieges und der Niederlage sich wieder herausarbeiten kann.»[72] Er betonte, dass nicht die Revolution für die Niederlage verantwortlich sei, sondern der durch sie gestürzte Militarismus, berief sich auf die Vierzehn-Punkte-Erklärung des amerikanischen Präsidenten Wilson und mahnte unter Verweis darauf einen fairen Friedensschluss der Siegermächte mit Deutschland an: Der Militarismus sei gestürzt, der Kaiser habe abgedankt – es gehe nicht an, das deutsche Volk in Not und Elend zu stürzen. Vor allem warnte er davor, Sieg und Niederlage zu einer Frage der Ehre zu machen: «Man stelle uns nicht vor die verhängnisvolle Wahl zwischen Verhungern und Schmach. Auch eine sozialistische Volksregierung und gerade diese muß daran festhalten: Lieber ärgste Entbehrung als Entehrung.»[73] Sodann forderte er auf der Grundlage des Selbstbestimmungsrechts der Völker die von der österreichischen Nationalversammlung proklamierte Vereinigung Deutschlands und Österreichs zu einer großdeutschen Republik: Was die Gewalt im Jahre 1866 zerrissen habe, müsse nun friedlich wiedervereint werden: «Dann soll kein Grenzpfahl mehr zwischen uns stehen. Dann wollen wir sein ein einig Volk von Brüdern.»[74]

In diesem leicht variierten Zitat[75] aus Schillers *Wilhelm Tell* findet sich die erste Apostrophierung der Weimarer Klassik. Ebert hat sich, indem er zunächst über die tagesaktuellen Probleme sprach, an den Mythos Weimar herangetastet, um ihn am Schluss als politisches Symbol und legitimatorische Basis der neuen Republik in Anspruch zu nehmen: «Sorgenvoll blickt uns die Zukunft an. Wir vertrauen aber trotz alledem auf die unverwüstliche Schaffenskraft der deutschen Nation. Die alten Grundlagen der deutschen Machtstellung sind für immer zerbrochen. Die preußische Hegemonie, das Hohenzollernsche Heer, die Politik der schimmernden Wehr sind bei uns für alle Zukunft unmöglich geworden. Wie der 9. November 1918 angeknüpft hat an den 18. März 1848 [die Revolution in Berlin], so müssen wir hier in Weimar die Wandlung vollziehen vom Imperialismus zum

Idealismus, von der Weltmacht zur geistigen Größe. Es charakterisiert durchaus die nur auf äußeren Glanz gestellte Wilhelminische Aera das Lassallesche Wort, daß die klassischen deutschen Denker und Dichter nur im Kranichzug über sie hinweggeflogen seien. Jetzt muß der Geist von Weimar, der Geist der großen Philosophen und Dichter, wieder unser Leben erfüllen. Wir müssen die großen Gesellschaftsprobleme in dem Geiste behandeln, in dem Goethe sie im zweiten Teil des Faust und in Wilhelm Meisters Wanderjahren erfaßt hat: nicht ins Unendliche schweifen und sich nicht im Theoretischen verlieren. Nicht zaudern und schwanken, sondern mit klarem Blick und fester Hand ins praktische Leben hineingreifen!»[76]

Ebert setzte sich von dem auf eine bloße Selbstfeier hinauslaufenden Klassikerkult des Kaiserreichs ab und verlangte stattdessen, dass die Lehren der Klassiker zu praktischen Problemlösungen genutzt würden. Gleichzeitig berief er sich auf die integrierende Kraft und die Ansehen verschaffende Geltung der nationalen Kultur; sie sollte an die Stelle fürstlicher Legitimität und militärischen Glanzes treten, auf denen das Kaiserreich geruht hatte.[77] Ebert hatte erkannt, dass die neue Republik einer integrativen Leitidee und einer Reputation verheißenden Ausstrahlung bedurfte, um bei der Mehrheit der eigenen Bevölkerung Anerkennung und Respekt zu erlangen, und dazu setzte er auf Weimar und die deutschen Klassiker. Insofern der Kern des Weimar-Mythos in einer Abwendung von der Politik, zumindest vom Kampf um Macht bestand, stellte Eberts affirmativer Bezug auf ihn eine sekundäre Politisierung dar. Es sollte sich aber sehr bald zeigen, dass weder von Weimar noch von Goethe und Schiller die erhoffte Integrationskraft ausging. Sie wurden zwar von den unterschiedlichen Parteien angeeignet, aber in so unterschiedlicher, ja widersprüchlicher Auslegung, dass daraus keine gemeinsame Basis zu gewinnen war.

Aber womöglich bestand das Problem ja auch darin, dass es an einem von der Mehrheit der Gebildeten bewunderten Interpreten der Weimarer Klassik fehlte, dessen Auftritt der Republik jenes Fundament hätte verschaffen können, an dem es ihr offensichtlich mangelte. Thomas Mann, der von seinem Selbstverständnis her für sich einen besonderen Zugang zu Goethe beanspruchte, scheint dieser Auffassung gewesen zu sein, denn einige Male hat er Weimar und Goethe genutzt, um politische Botschaften zu vermitteln, von denen er sich eine Stabilisierung der Republik und Festigung der Demokratie versprach. In seiner Rede zur Wiedereröffnung des Frankfurter Goethehauses anlässlich von Goethes 100. Todestag beschwor er die Bedeutung kulturellen Erinnerns für die Bewältigung von Gegenwart und Zukunft: «Es ist schön, sich mutig in die Zukunft zu werfen; aber ein Volk, das seine Zukunft nicht nur erleiden, sondern bewusst gestalten will, ein gedankenvolles Volk wie das deutsche, braucht dazu das Gedächtnis seiner höchsten Vergangenheit.»[78] Thomas Mann will den Mythos Goethe nutzen, um den Deutschen Selbstvertrauen zu geben. Aber damit soll es sein Bewenden nicht haben. Die «wahrhaft ökumenische» Aufmerksamkeit, die Goethes 100. Todestag gefunden habe, zeige, dass «dies Jahr 1932 […] wahrlich ein Ehrenjahr des deutschen Menschen und der deutschen Kultur» sei. «Die Erhebung des Selbstbewußtseins, die damit verbunden ist, kann ein leidendes Volk wie das deutsche wohl brauchen.»[79] Der jetzt zu beobachtende Goethe-Enthusiasmus gelte allen Deutschen, denen die Kulturnation etwas bedeute, und zeige, «dass einmal doch in einem großen begünstigenden Augenblicke das Deutschtum die ganze Welt zur Liebe, Bejahung, Bewunderung, zum vollen Verständnis hingerissen hat».[80] Thomas Mann wollte das auch politisch verstanden wissen: Über Goethe und durch Goethe war Deutschland nach dem furchtbaren Krieg wieder zu Respekt und Anerkennung gelangt. Mit Goethe gegen das Ressentiment – so Manns Programm. Goethe, beziehungsweise die Feierlichkeiten anlässlich seines 100. Todestages, sollten eine Therapie für das Gefühl kollektiver Gekränktheit sein, das zerstörerische, vor allem selbstzerstörerische Wirkung hatte. Die Therapie ist nicht gelungen. Einmal mehr hat der Mythos nicht die Wirkung gezeitigt, die ihm zugetraut worden war.

1949, in einem Vortrag zum Thema «Goethe und die Demokratie», ist Thomas Mann noch einmal auf diese Fragen zurückgekommen. Es steht für ihn außer Frage – und dementsprechend breit stellt er es dar –, dass Goethes Geistesaristokratismus eine tiefe Distanz gegenüber den Massen atmete. Dagegen stellt er dann aber Goethes Amerikabild, das in der Bemerkung gipfele, Amerika habe es besser, weil es weder von «verfallenen Schlössern» überzogen sei noch von «unnützem Erinnern» gequält werde. In Verbindung mit dem Landgewinnungsprojekt am Schluss des *Faust* sieht Mann darin die demokratische «Anschlussfähigkeit» Goethes, die in eine europäische Ordnung münde, in der Deutschlands Zukunft liege:[81] Auch in Europa könne man sich aus den Fesseln der Vergangenheit befreien. Aufs Ganze gesehen war das jedoch eine weitgehend defensive Botschaft, die eher Goethe für das kulturelle Arsenal der Demokratie geeignet machte als der Demokratie durch die Zuführung literarischer Kräfte Sukkurs verschaffen konnte: Trotz seines unbestreitbaren Geistesaristokratismus, so Manns Botschaft, musste es einen Platz für Goethe auch in einer deutschen Demokratie geben. Das war 1949 aber wahrlich nicht das Hauptproblem.

Einiges mehr von Goethe hat dagegen Karl Jaspers erwartet, der in seiner Dankesrede anlässlich der Frankfurter Goethepreisverleihung im Jahre 1947 von «einer inneren Revolution unserer Seele» sprach, die das deutsche Volk nach Nazi-Diktatur und Weltkrieg durchleben müsse, wenn es nicht «als eine amorphe Bevölkerungsmasse [...] weiter abgleiten [wolle], als Material von anderen verbraucht werden und schließlich verschwinden, ehrlos, verachtet in der Erinnerung der Welt».[82] Bei dieser «inneren Revolution» solle Goethe Orientierung und Wegweiser sein. «Mit Goethe zu leben, vielleicht macht uns das erst eigentlich zum Deutschen und im Deutschen zum Menschen.»[83] Und: «Wir fühlen durch Goethe alle guten Keime in uns gefördert. Wir atmen die Atmosphäre der Liebe zum Seienden, zu Mensch und Welt. Wir werden hellhöriger im Horchen auf die Sprache der Gottheit in allen Dingen.»[84] Sieht man einmal ab von dem heute nur noch schwer erträglichen Sprachduktus, so führt Jaspers den Verlauf der deutschen Geschichte in der ersten Hälfte des 20. Jahrhunderts auf die Verfallenheit an die Technik und ihre Möglichkeiten zurück, der gegenüber er Goethes «heidnische Weltbejahung», Folge einer zutiefst «harmonischen Grundauffassung», die den Gedanken des radikal Bösen entschieden ablehnt,[85] als Gegenmittel und Balance ins Feld führt. Es gibt zwar keine Rückkehr aus dem «technischen Zeitalter», in dem «der Planet ein Ganzes und alles Leben des Menschen in Abhängigkeit von der durch ihn selbst ohne Plan hervorgebrachten Welt» ist;[86] umso wichtiger sei es in Anbetracht dessen, den Respekt vor dem Sein der Welt und des Menschen zu bewahren beziehungsweise wiederzugewinnen. Dabei könne keiner hilfreicher sein als Goethe, und das werde nicht nur Deutschland, sondern Europa und der Welt zugutekommen. Durch Goethe könne es den Deutschen gelingen, die Achtung der anderen Völker zurückzugewinnen. – Bei allen unterschiedlichen Akzenten stimmen Karl Japsers und Thomas Mann doch in der grundsätzlichen Auffassung überein, dass die Rückbesinnung auf Goethe und damit auch eine abermalige, zumindest partielle Inanspruchnahme des Mythos Weimar für Deutschland die einzige Möglichkeit sei, als anerkanntes Mitglied in die Gemeinschaft der Völker zurückzukehren. Tatsächlich hat die Bundesrepublik ihre auswärtige Kulturpolitik in *Goethe-Instituten* zusammengefasst. Man vertraute darauf, dass Goethe mit dem anderen, dem nicht aggressiven und gänzlich unmilitärischen Deutschland assoziiert wurde.

Jaspers' Forderung nach einer «inneren Revolution» schließt freilich eine scharfe Abwendung vom herkömmlichen Umgang mit Goethe ein, der diesen auf einen Sockel gestellt habe, um ihn verehren zu können, sich aber nicht mit ihm auseinandersetzen zu müssen: «Die Zeit des Goethe-Kultes ist vorbei. Um echte Nachfolge zu ermöglichen, dürfen wir den Blick in den dürftigen Grund des Menschseins nicht verlieren. […] Goethe ist nicht Vorbild zur Nachahmung. […] Goethe ist wie eine Vertretung des Menschseins, ohne doch der Weg für uns zu werden, dem wir folgen können. Er ist exemplarisch ohne Vorbild zu sein.»[87] Man spürt Jaspers' argumentativen Bemühungen förmlich an, wie er den nationalkonservativ kontaminierten Goethe zu entseuchen versucht, um ihn politisch wieder brauchbar zu machen.

Auch Johannes R. Becher, der nachmalige Kulturminister der DDR, hat in einer Rede anlässlich Goethes 200. Geburtstag das Erfordernis einer anderen, gänzlich neuen Goethelektüre herausgestellt: «Es gilt [...], dieses herkömmliche und unfruchtbar gewordene Gespräch [über Goethe] zu unterbrechen und es nach einer grundsätzlich veränderten Richtung hin neu zu beginnen. Es geht heute darum, Goethe mit anderen, mit neuen Augen zu sehen.» Und Becher verspricht, «daß man zu den wertvollsten Entdeckungen unseres Jahrhunderts einmal die Wiederentdeckung des Reiches zählen wird, das Goethe heißt».[88] Becher weiß freilich sehr viel genauer als Jaspers, wie diese Neuentdeckung Goethes aussehen und worauf sie hinauslaufen soll: «So müssen wir Goethe befreien von allen denen, die Goethe nach wie vor für ihre veralteten Anschauungen in Beschlag nehmen und ihn so auslegen, als wäre er nichts weiter als der Repräsentant irgendeiner guten alten Zeit, die vielleicht aus ihrer Versunkenheit sich erheben und irgendwie einmal wiederkehren würde. Diese antiquierte Goethe-Monumentalität, die neben den Denkmälern der Säbelraßler steht, gilt es zu erschüttern, gilt es zu stürzen.»[89] Goethe soll zum Begleiter einer politischen, sozialen und kulturellen Neugestaltung Deutschlands werden, die von der Arbeiterklasse getragen und am sowjetischen Vorbild orientiert sein werde: «Zwei Jahrhunderte hat die Geschichte dem Bürgertum Zeit gelassen, sich zu bewähren. Die Frist der Bewährung ist abgelaufen.» Deswegen laute die Parole nun, «daß wir Goethe, den Befreier, befreien müssen aus den Händen derer, die sein Erbe so schändlich verschwendet und so schamlos missbraucht haben».[90]

Becher konturiert Goethe als Repräsentanten der «fortschrittlichen Elemente» des Bürgertums, die er für den Aufbau einer neuen Gesellschaft in Deutschland gewinnen will. Goethe wird zu einem tragenden Pfeiler der Erbe-Theorie, wonach die deutsche Geschichte keine andauernde Misere gewesen sei, sondern es in ihr eine Fülle fortschrittlicher Elemente gegeben habe, an die das neue Deutschland anknüpfen könne. «Goethes Ideale waren konkrete, Goethes Menschenbild war kein abstraktes, Goethes Humanismus war real.»[91] Es ist dieser Drang zur Realisierung des kulturell Vorgedachten, des Praktischwerdens, der in Bechers Sicht die fortschrittlichen von den rückwärtsgewandten, wenn nicht reaktionären Teilen des Bürgertums unterscheidet. Auch Becher arbeitet sich an einem im Übrigen abermals um Schiller verkürzten Weimar-Mythos ab, indem er dessen kulturelle Versprechen neu aktiviert – diesmal aber nicht als antipolitischen Gegenentwurf, sondern um ein bildungsbürgerliches Betätigungsfeld abzustecken, auf dem man sich umso ruhiger und gelassener aufhalten kann, je stärker man der politischen Führung der Arbeiterklasse und ihrer Partei vertraut. Über die Goethebezüge des reaktionären Bürgertums meint Becher: «Goethe wurde zur guten Stube des deutschen Bürgertums, die man nicht bewohnte und in der man sich nicht heimisch fühlte, sondern die nur geöffnet wurde, [...] um zu zeigen, daß man [...] ein Volk der Dichter und Denker sei.»[92] Goethe und der an ihm gewonnene Humanismusbegriff wurden zur Brücke, über die Teile des Bürgertums in den sozialistischen Staat hineingehen sollten, in dem ihre Hoffnungen und Erwartungen erfüllt werden würden. Wenn in der offiziellen Sprache der DDR später vom humanistischen Erbe die Rede war, so bezog sich das auf die von Becher entwickelten Vorstellungen über Goethe, die Weimarer Klassik und alles, was sich damit verbinden ließ.[93]

Nach 1990 war Weimar kultur- und gedenkpolitisch ausgeweidet: Die DDR, die es als kulturelles Erbe für sich reklamiert hatte, gab es nicht mehr, und die neue, größere Bundesrepublik konnte mit der Stadt wenig anfangen, nachdem die alte Bundesrepublik sich eigene gedenkpolitische Kultorte geschaffen hatte. Zwar wurde in die wichtigsten Gebäude Weimars investiert, um den denkmalpflegerischen Anforderungen zu genügen, aber die Stadt blieb ein Gedenkort unter anderen; die herausgehobene Bedeutung, die sie einst gehabt hatte, war dahingeschmolzen – bis am 3. September 2004 bei einem Brand die Bestände der Anna Amalia Bibliothek zu einem erheblichen Teil vernichtet wurden. Das Unglück wurde zum Glücksfall, denn nun setzte eine nationale Anstrengung zur baulichen Wiederherstellung der Bibliothek ein, zur Rettung der restaurierbaren Buchbestände und zur Ersetzung der verlorenen Bücher durch Ankauf entsprechender Exemplare in aller Welt. Mit einem Male war Weimar wieder in aller

Munde. Der drohende Verlust der historischen Bibliothek hatte vor Augen geführt, welche Bedeutung Weimar für das kulturelle Selbstbewusstsein der Deutschen hatte. Noch einmal stand Anna Amalia für einen Anfang. Für die Aufmerksamkeitsökonomie einer Eventkultur ist es geradezu typisch, dass ein Brand die bedrohten Realien mitsamt ihrem Memorialwert ins Gedächtnis zurückbringt.[94]

Blick vom Rathausturm auf die Ruinen der Dresdner Innenstadt nach dem 13./14. Februar 1945.

Zertrümmerter Stolz

Nürnberg und Dresden als mythische Orte

Auf den ersten Blick haben Nürnberg und Dresden[1] wenig miteinander gemein: Die Freie Reichsstadt in Franken war bereits eine Wirtschafts- und Kulturmetropole mit europaweiter Strahlkraft, als es sich bei Dresden noch um eine kleine Ansiedlung am sumpfigen Elbeufer handelte, und als Dresden sich im Verlauf des 18. Jahrhunderts zur glanzvollen Residenzstadt der Sachsenkönige entwickelte, hatte Nürnberg den Anschluss längst verpasst;[2] es hatte seine Macht wie seine Märkte verloren, und seine Handwerker und Kaufleute besaßen schon lange nicht mehr jenen legendären Ruf, den sie im 15. und 16. Jahrhundert erworben hatten. Während Herder die sächsische Residenzstadt ihrer reichen Gemälde- und Pretiosensammlungen wegen als «Elbflorenz» bezeichnete, nannte Mozart Nürnberg «eine hässliche Stadt».[3] Dresden galt am Ende des 18. Jahrhunderts als großzügig und prachtvoll, Nürnberg als «beengt, kleinlich und niedergedrückt».[4]

Dresdens Aufstieg fand im Sog der Territorialstaatsbildung in Deutschland statt, die ihrerseits mit dem Niedergang des Heiligen Römischen Reichs Deutscher Nation zusammenhing; Nürnbergs Niedergang hingegen war eine Folge der Territorialstaatsbildung, war die Geschichte der Stadt doch aufs engste mit der des Reichs verbunden. Dresden wiederum hatte mit dem Deutschen Reich nichts zu tun; es profitierte von Polen, dessen Krone die sächsischen Kurfürsten zweimal erworben hatten, um Polen und Sachsen in Personalunion zu regieren. Vor allem aber war Nürnberg über die längste Zeit eine zutiefst bürgerlich geprägte, von einem städtischen Patriziat regierte Stadt, während Dresden bis zur Abdankung des letzten Königs Friedrich August III. im November 1918 auf den Hof hin ausgerichtet blieb.

Die Verbindungen und Ähnlichkeiten zwischen beiden Städten waren über die längste Zeit marginal. Beide hatten erhebliche Probleme mit den Hohenzollern: die Nürnberger mit dem als Burggrafen eingesetzten schwäbischen Adelsgeschlecht und die Dresdner mit den Nachfahren der Nürnberger Burggrafen, die inzwischen die preußische Krone trugen, vor allem mit Friedrich II., der die Stadt 1760 belagern und beschießen ließ.[5] Dass in der Architektur beider Städte der Sandstein dominiert, hat wohl eine geringere Bedeutung bei der Auflistung von Ähnlichkeiten als der starke Einfluss Italiens, dem Nürnberg und Dresden zu unterschiedlichen Zeiten ausgesetzt waren: Die wirtschaftliche Dynamik der Nürnberger Kaufmannschaft im späten Mittelalter hätte sich kaum ohne die engen Kontakte zu Venedig herausbilden können, von wo man auch die Methode der doppelten Buchführung übernahm,[6] und die Dresdner Gemäldegalerie würde es ohne die aufwändigen Ankäufe in Italien nicht geben. Obendrein haben italienische Baumeister die Stadtsilhouette mitgeformt,[7] und die den Mythos Dresden prägenden Veduten der Stadt wurden von dem venezianischen Maler Bernardo Bellotto (1722–1780), genannt Canaletto, gemalt.[8] Und schließlich ist noch zu erwähnen, dass beide Städte mit Lebkuchen und Christstollen das Bild der deutschen Weihnacht stark bestimmt haben. Aber all dies würde kaum genügen, um sie als mythische Orte der Deutschen zusammenzuführen und gemeinsam zu behandeln.

Es sind zwölf Jahre Nazizeit und Krieg, die Nürnberg und Dresden miteinander verbinden: die Nürnberger Reichsparteitage, die Nürnberger Rassegesetze, schließlich die Nürnberger Kriegsverbrecherprozesse und die Vernichtung des alten Dresden in der furchtbaren Bombennacht des 13./14. Februar 1945.

Obwohl viele deutsche Städte zwischen 1943 und 1945 durch britische und amerikanische Luftangriffe zerstört wurden,[9] unter ihnen auch Nürnberg, dessen Altstadt zu achtzig Prozent in Trümmern lag,[10] wurde doch Dresden zum «Symbol für eine radikale Auslöschung durch einen konzentrierten Bomberschlag»[11] und für das furchtbare Leid der Bevölkerung. Die Gründe dafür sind vielfältig: Unter anderem ist auf die militärische Sinnlosigkeit des Angriffs verwiesen worden, auf dessen Schlagartigkeit und Radikalität und auf die architektonische Qualität der Bauwerke, die der «Operation Donnerschlag» zum Opfer fielen.

Entscheidend für die erinnerungspolitische Sonderstellung Dresdens dürfte jedoch gewesen sein, dass die Führung der DDR die bis zu deren Zusammenbruch sichtbar gebliebenen «Wunden» nutzte, um «die anglo-amerikanische» Art der Kriegführung anzuprangern und den Westen zur Abrüstung aufzufordern.[12] In der Bundesrepublik hingegen kam dem Bombenkrieg der Briten und Amerikaner bei der Pflege des kollektiven Gedächtnisses keine große Bedeutung zu,[13] um nicht zu sagen: Er wurde dethematisiert. Eine intensivere Auseinandersetzung damit hätte die bündnispolitische Einbindung der Bundesrepublik gefährdet und pazifistischen Grundtendenzen in der Bevölkerung Vorschub geleistet. Also überbaute man eilends die Zerstörungen, die der Krieg hinterlassen hatte, und verwies ansonsten darauf, dass Hitler diesen Krieg begonnen hatte.[14]

Die Nürnberger Kriegsverbrecherprozesse wiederum fanden in der DDR so gut wie keine Erwähnung. Sie hätten den politischen Gründungsmythos, der einzige antifaschistische Staat auf deutschem Boden zu sein,[15] gestört. So stehen Dresden und Nürnberg für den unterschiedlichen Umgang mit Nationalsozialismus und Krieg im geteilten Deutschland und schließlich auch für die unterschiedlichen Vorstellungen beim Wiederaufbau.

Der Mythos Nürnberg ist im Prinzip die Erfindung zweier Berliner Studenten, Ludwig Tieck und Wilhelm Wackenroder, die im Jahre 1793 bei ihren von Erlangen aus unternommenen Wanderungen durch Franken zu Begründern der Romantik wurden.[16] In Wackenroders *Herzergießungen eines kunstliebenden Klosterbruders* heißt es in dem Kapitel «Ehrengedächtnis unseres Ahnherrn Albrecht Dürer»: «Nürnberg! Du vormals weltberühmte Stadt! Wie gerne durchwanderte ich deine krummen Gassen; mit welch kindlicher Liebe betrachtete ich deine altvaterländischen Häuser und Kirchen, denen die feste Spur von unserer alten vaterländischen Kunst eingedrückt ist! […] Wie ziehen sie mich zurück in jenes graue Jahrhundert, da du, Nürnberg, die lebendigwimmelnde Schule der vaterländischen Kunst warst, und ein recht fruchtbarer, überfließender Kunstgeist in deinen Mauern lebte und webte: – da Meister Hans Sachs und Adam Kraft, der Bildhauer, und vor allem, Albrecht Dürer mit seinem Freunde, Willibaldus Pirckheimer, […] noch lebten.»[17]

Die *Herzergießungen* waren nicht nur die Geburtsurkunde der deutschen Romantik, sondern auch des Nürnberg-Mythos; Nürnberg wurde zum Inbegriff der mittelalterlichen Stadt mit ihren romantischen Butzenscheiben, zum Symbol für handwerklichen Fleiß und stille Frömmigkeit. Als Richard Wagner seine Oper *Die Meistersinger von Nürnberg* schuf, war der Mythos Nürnberg bereits voll ausgebildet. Wagner hat ihn aufgegriffen und auf die Opernbühne gebracht. Damit hat er der den Mythos dominierenden Gestalt Dürers den Schuhmacherpoeten Hans Sachs als Verkörperung des Meistersangs zur Seite gestellt und so dem braven, biederen Verseschmied neben dem alles überragenden Genie Geltung und Respekt verschafft.[18] Wagner hat einen zuvor auf Deutschland beschränkten Mythos international bekannt gemacht und das Deutschlandbild des Auslands stark geprägt. Die *Meistersinger*, von Wagner ganz gezielt auf einen Publikumserfolg hin geschrieben, wurden zu seinem populärsten Werk, dessen anhaltender Popularität auch der politische Gebrauch durch die Nationalsozialisten, wie etwa ihre regelmäßige Aufführung als Festoper der Reichsparteitage, nichts anhaben konnte.

Zwischen Wackenroders *Herzergießungen* und Wagners *Meistersingern* liegen die Feiern zu Dürers 300. Todestag, durch die Dürer zum «Kristallisationspunkt in der Inszenierung Nürnbergs als einer Chiffre deutscher Geschichte und deutscher Art» geworden war.[19] Noch vor Sonnenaufgang hatten sich am 6. April 1828 Künstler und Schriftsteller am Grabe Dürers versammelt, um in einer sakral überformten Gedenkveranstaltung des, wie man meinte, neben Raffael größten Künstlers seit der Antike zu gedenken. Während sich zu dieser Feier diejenigen einfanden, die sich mit Dürer durch ihre Tätigkeit oder den Anspruch auf geniale Inspiration verbunden fühlten, kamen am darauffolgenden Tag an die zehntausend Menschen auf den Nürnberger Milchmarkt, um der Grundsteinlegung für ein Dürerdenkmal beizuwohnen. Die das 19. Jahrhundert prägende Tendenz, sich der Vergangenheit durch die Errichtung von Denkmälern zu versichern, hatte auch den Nürnberg-Mythos erfasst.[20] Albrecht Dürer und Hans Sachs wurden zu komplementären Verkörperungen des Nürnberg-Mythos, die ihm über das bauliche Ensemble von Stadt und Burg hinaus zu Erzählbarkeit und Anschaulichkeit verhalfen. Dabei ist die Doppelung in das Genie Albrecht Dürer und die Verkörperung der Volkspoesie durch Hans Sachs für die Attraktion des Nürnberg-Mythos kaum zu überschätzen. So wurde der Mythos nach beiden Seiten hin anschlussfähig: zum Geniekult, der in Deutschland seit Anfang des 19. Jahrhunderts starke Verbreitung fand, und zur Vorstellung von der Redlichkeit und Schaffenskraft des Volkes, die zur selben Zeit aufkam und für den Nationalgedanken große Bedeutung erlangte.

Ein weiteres Element des Mythos war, dass Nürnberg zum Inbegriff der spätmittelalterlichen Stadt avancierte, und dazu leistete die Stadtansicht, wie sie durch Hartmann Schedels *Weltchronik* von 1493 bekannt geworden ist, einen wichtigen Beitrag:[21] Seit Beginn des 19. Jahrhunderts wurde sie immer wieder reproduziert, nicht selten zusammen mit Verweisen auf Enea Silvio Piccolominis *Descriptio Germaniae* und Konrad Celtis' *Norimberga*, einem in humanistischer Manier verfassten Städtelob.[22] Angesichts dieser literarisch wie bildlich geprägten Vorstellung des spätmittelalterlichen Nürnberg war klar, dass die im 14. Jahrhundert gebaute Stadtmauer nach der 1866 erfolgten Aufhebung des Festungsstatus der Stadt nicht geschleift und in einen Anlagen- oder Straßenring verwandelt werden konnte, wie dies sonst häufig der Fall war. Die Mauer blieb erhalten und wurde restauriert.[23]

Seit Mitte des 14. Jahrhunderts, seit der Goldenen Bulle Kaiser Karls IV., galt Nürnberg als eine der drei Hauptstädte des Reichs: In Frankfurt fand die Wahl des Kaisers statt, in Aachen wurde er gekrönt, und in Nürnberg war der erste Reichstag nach der Thronbesteigung eines neuen Kaisers abzuhalten. Bis Mitte des 16. Jahrhunderts wurde dieser Festlegung Genüge getan – mit gelegentlichen Ausnahmen, wenn etwa eine Seuche drohte und es insofern nicht angezeigt war, eine zusätzliche Menschenmenge in die Stadt zu bringen. So hatte der berühmte Reichstag, auf dem Luther sich «vor Kaiser und Reich» weigerte, seinen Schriften und Überzeugungen abzuschwören, eigentlich in Nürnberg stattfinden sollen. Aufgrund einer drohenden Pestepidemie war er jedoch nach Worms verlegt worden.

Am wichtigsten für Nürnbergs Stellung im Reich war der Umstand, dass seit 1423 die Reichskleinodien in der Stadt aufbewahrt und von hier aus zu den jeweiligen Krönungsfeierlichkeiten gebracht wurden. Nürnberg profitierte damit von den Hussitenkriegen, die den bisherigen Aufbewahrungsort, die böhmische Burg Karlstein, unsicher erscheinen ließen. Als ewige Stiftung übergab Kaiser Sigismund am 29. September 1423 «das reiche Heiligtum» in den Schutz von Rat und Stadt Nürnberg.[24] Nahezu vier Jahrhunderte haben die Nürnberger die Reichskleinodien – neben Krone,[25] Schwert und Apfel handelte es sich dabei um besondere Reliquien, darunter die heilige Lanze, mit der Christus am Kreuz die Seite geöffnet worden sein soll – mit größter Sorgfalt gehütet, bis dann Ereignisse ähnlich denen, die Nürnberg zum Hüter des Reichsschatzes bestellt hatten, dazu führten, dass er nach Wien verbracht wurde: 1796 waren französische Revolutionstruppen Nürnberg gefährlich nahe gekommen. Das Ende des Heiligen Römischen Reichs Deutscher Nation sorgte dann dafür, dass die Reichskleinodien in Wien blieben.[26]

Mit über 40 000 Einwohnern war Nürnberg zu Beginn des 16. Jahrhunderts nach Köln und neben Augsburg eine der größten Städte des Deutschen Reichs. Gemeinsam mit Augsburg war es im 15. Jahrhundert zum wichtigsten Handelsplatz zwischen dem nordeuropäischen und dem italienisch-mediterranen Wirtschaftsraum aufgestiegen;

Ende des 15. Jahrhunderts wurde dann Augsburg zum Finanzzentrum im oberdeutschen Raum, während Nürnberg seine Position als eine der international führenden Handwerksstädte ausbaute:[27] Feinmechanische Erzeugnisse wie die Nürnberger Taschenuhren, 1510 durch den Schlosser Peter Henlein wohl nicht erfunden, aber doch entscheidend weiterentwickelt, oder Gewehre, die durch das in Nürnberg vervollkommnete Radschloss einen leichteren Gebrauch erlaubten, wurden überall in Europa nachgefragt. Überhaupt galt Nürnberg als die Rüstungswerkstatt des Reichs.[28]

Zum Ruhm Nürnbergs und zur Schönheit der Stadt trugen auch die hier beheimateten Bildhauer Adam Kraft, Veit Stoß und Peter Vischer d. Ä. bei: Das Sakramentshaus in der Kirche St. Lorenz, ein zwanzig Meter hoher gotischer Aufbau mit Menschen- und Tierfiguren, stammt von Kraft, der sich in der Konsole als einer der Träger des Werks verewigt hat; Veit Stoß hat die Kirchen St. Lorenz und St. Sebaldus mit Holz- und Steinskulpturen ausgestattet, und Peter Vischer d. Ä. schuf den Reliquienschrein für St. Sebaldus. Es ist für die Nürnberger Kunst charakteristisch, dass sie aus einer breiten handwerklichen Tradition erwachsen und – mit Ausnahme Dürers – nicht von herausragenden Einzelnen geschaffen worden ist. In dieser Handwerkstradition steht auch der Druck herausragender Bücher, etwa bei Anton Koberger, in dessen Werkstatt zeitweilig über hundert Gesellen an vierundzwanzig Druckpressen arbeiteten. In Nürnberg erschienen besonders reich und sorgfältig illustrierte Werke, darunter Schedels *Weltchronik*, die eintausendachthundert Holzschnitte von Michael Wolgemut enthielt.[29] Für Nürnberg als europäisches Zentrum handwerklicher Fertigkeiten spricht auch der Umstand, dass Martin Behaim, ein Nürnberger, der sich in Portugal niedergelassen hatte, wo er sich mit dem neuen Wissen über die Gestalt der Erde vertraut machen konnte, bei einem Besuch seiner Heimatstadt den ersten Globus bauen ließ. Nur hier fand er die technischen Fähigkeiten, die dazu nötig waren.

Es war das Nürnberg des späten Mittelalters, das den Mythos gespeist hat, und dabei stand die bürgerlich-handwerkliche Tradition im

Zentrum. Das zeigt sich auch in Max von Schenkendorfs Gedicht «Die deutschen Städte» (1815), in dem es über Nürnberg heißt:

> «Wenn einer Deutschland kennen
> Und Deutschland lieben soll,
> Wird man ihm Nürnberg nennen,
> Der edlen Künste voll.
> Die, nimmer noch veraltet,
> Die treue, fleißge Stadt,
> Wo Dürers Kunst gewaltet
> Und Sachs gesungen hat.»[30]

Die Stellvertreterfunktion Nürnbergs, das schon in den humanistischen Länderbeschreibungen und Städtelobliedern für ganz Deutschland stand,[31] taucht im 19. Jahrhundert also wieder auf. Dafür ausschlaggebend dürfte gewesen sein, dass die einstige Freie Reichsstadt neutral war gegenüber den Machtansprüchen der Habsburger und Hohenzollern und keiner Seite definitiv zugerechnet werden konnte. Die Befürworter einer großdeutschen Lösung konnten sich, aufgrund der beständigen Reichstreue der Stadt, ebenso mit Nürnberg anfreunden wie die Anhänger einer preußisch dominierten kleindeutschen Lösung: Zwar gehörte die Stadt seit 1806 zu Bayern und wurde von München aus regiert,[32] aber als früheren Nürnberger Burggrafen[33] fiel es auch den Hohenzollern nicht schwer, Nürnberg als mythisches Zentrum Deutschlands zu akzeptieren. Diese Trickster-Funktion Nürnbergs zwischen Nord- und Süddeutschland, kleindeutscher und großdeutscher Lösung ermöglichte die 1853 erfolgte Gründung des Germanischen Nationalmuseums als einer «dem gesamten Volk gewidmeten Stiftung».[34] Leitidee des Museums war, wie es im Protokoll der Bundesversammlung heißt, die deutsche Geschichte in «ihrer weitesten Bedeutung» darzustellen, also «nicht nur das äußerlich hervortretende politische, sondern auch das sociale, häusliche und geistige Leben des Volkes» zu zeigen und so Nationalbewusstsein und Vaterlandsliebe zu festigen.[35]

Es war naheliegend, dass man in Nürnberg diese Traditionen nach der Reichseinigung weiterhin pflegte. Dabei kam dem auf das spätmittelalterliche Nürnberg ausgerichteten Mythos eine neue Aufgabe zu, denn außerhalb der Altstadt hatte sich im 19. Jahrhundert eine moderne Industriekultur (insbesondere Elektrotechnik und Maschinenbau) entwickelt, die Nürnberg zu einer der ersten Industriestädte Deutschlands machte.[36] Je mehr sich Nürnberg von seinem spätmittelalterlichen Erscheinungsbild entfernte, das sich infolge der wirtschaftlichen Stagnation bis Anfang des 19. Jahrhunderts gehalten hatte, desto wichtiger wurde der Mythos Alt-Nürnberg mitsamt seinen ikonischen Verdichtungen und rituellen Inszenierungen, um die rasanten Veränderungen in den bestehenden Vorstellungsrahmen einpassen zu können. Selbstverständlich ist die Neugotik während des 19. Jahrhunderts überall in Deutschland zu finden, und gerade bei Industriebauten hat sie als historisierende Verpackung moderner Produktionseinrichtungen gedient – aber in Nürnberg ist diese Stilauffassung besonders dominant geworden.

Anders als in Nürnberg war die Mythenbildung in Dresden von vornherein auf den Hof zugeschnitten: Der Dresden-Mythos entfaltete sich im Spannungsfeld zwischen städtischem Bürgertum und wettinischem Herrscherhaus, und nachdem August der Starke 1697 zum katholischen Glauben übergetreten war, um die polnische Krone annehmen zu können, wurde das gesellschaftliche Spannungsverhältnis noch durch den Gegensatz von Protestantismus und Katholizismus überformt. Aber diese Spannung wurde – sieht man von den revolutionären Barrikadenkämpfen des Jahres 1849 ab, als der sächsische Hof ausgerechnet preußisches Militär zu Hilfe rief, um seine reaktionär-antikonstitutionelle Politik durchzusetzen[37] – nie ein unversöhnlicher Antagonismus, sondern mündete fast immer in eine produktive Konkurrenz, die letztlich der Stadtentwicklung zugutekam. Das zeigt sich an dem etwa gleichzeitig erfolgten Bau der bürgerlich-protestantischen Frauen- und der katholischen Hofkirche, die das Stadtbild Dresdens unverwechselbar gemacht haben.[38] Ist die Ansicht Nürnbergs, wie sie Wolgemuts Holzschnitt in der Schedel'schen *Weltchronik* zeigt, durch zur Burg hin ansteigende Linien gekennzeichnet, die in Verbindung mit der einen Halbkreis beschreibenden Stadtmauer einen Kegel bilden, in dem zahllose spitzgieblige Häuser zu sehen sind,[39] so wird die Stadtsilhouette Dresdens, der Canaletto in seinen Veduten die klassische Form gegeben hat, durch die Elbe bestimmt. An ihrem Ufer erhebt sich eine von Türmen überhöhte Palastlandschaft, in der sich nicht so sehr emsiger Fleiß, wie in Nürnberg, als vielmehr stolzes Selbstbewusstsein ausdrückt.[40] Nicht der Erwerb des Vermögens, sondern dessen Genuss steht im Mittelpunkt des Dresden-Mythos, zu dem neben der Stadtansicht die einzigartige Gemäldesammlung, die Attraktivität der Stadt für Schriftsteller, Maler und Musiker sowie die auf bürgerschaftliche Zustimmung bedachten kulturellen Investitionen des Herrscherhauses zählen.

Zum Aufstieg der sächsischen Residenzstadt haben vor allem zwei Herrscher beigetragen: Kurfürst Moritz von Sachsen sowie August der Starke, Kurfürst von Sachsen und polnischer König. Moritz, der es verstand, jede sich bietende Gelegenheit skrupellos zu nutzen, und dessen überaus wendige Politik deshalb als machiavellistisch bezeichnet worden ist, traf 1547 die folgenreiche Entscheidung, seine Residenz von Meißen nach Dresden zu verlegen. Auch wenn er seines frühen Todes wegen – er starb 1553 an einer Kriegsverwundung – keinen Einfluss mehr auf den Ausbau der neuen Residenz nehmen konnte, hat er durch sein entschlossenes Zupacken das albertinische Sachsen zu einer der ersten Mächte in Deutschland gemacht. Keiner seiner Nachfahren hat sich mit ihm als Heerführer messen können, und keiner von ihnen war auf dem Schlachtfeld so erfolgreich wie er. Die meisten Wettiner scheinen sich darüber im Klaren gewesen zu sein, dass Krieg nicht ihre Sache war, und setzten lieber auf Investitionen in Kultur. Das gilt auch für August den Starken, der seinen Beinamen nicht kriegerischen Taten verdankt, sondern seiner Fähigkeit, Hufeisen zu verbiegen, und den mehr als einhundert außerehelichen Kindern, die er zeugte.

Mit Augusts Wahl zum polnischen König und Großfürsten von Litauen trat Sachsen in eine Konkurrenz zu Preußen, die das gesamte

18. Jahrhunderts hindurch die Politik beider Staaten bestimmt hat. Der Prestigegewinn, den der sächsische Kurfürst mit dem Erwerb der polnischen Krone im Jahre 1697 erzielte, versetzte die in Brandenburg regierenden Hohenzollern in Unruhe, mussten sie doch fürchten, gegenüber dem südlichen Nachbarn, dessen Gebiet zeitweilig fast bis an Berlin heranreichte, dauerhaft an Macht und Einfluss zu verlieren. Deswegen ließ sich Friedrich I. vier Jahre später in Königsberg zum König in Preußen krönen.[41] Der Wettlauf zwischen Preußen und Sachsen um die Vorherrschaft im Osten war damit eröffnet; zunächst jedoch blieb unklar, in welchen Bahnen er ausgetragen werden sollte. Der preußische König Friedrich Wilhelm I. entschloss sich dann für den Aufbau einer stattlichen Armee, August der Starke hingegen festigte Sachsens Ruf als Kulturstaat. Auf dem Schlachtfeld haben die Sachsen unter diesen Bedingungen regelmäßig den Kürzeren gezogen, aber Dresden entfaltete einen kulturellen Glanz, dem Berlin und Potsdam lange nichts Vergleichbares entgegenzusetzen hatten. Allenfalls im Bereich der kostengünstigen Aufklärungsphilosophie konnte man die Sachsen in die Schranken weisen; bei allen etwas teureren Formen der Kultur, von der Malerei bis zur Musik, befand man sich notorisch im Hintertreffen.

Während der preußische König Friedrich II. sein Land durch immer neue Kriege verarmte,[42] investierte der Sohn Augusts des Starken, Kurfürst Friedrich August II. (als polnischer König August III.), gewaltige Summen in die Erweiterung seiner Gemäldesammlung. Vor allem der Ankauf der hundert besten Bilder aus der Galeria Estense in Modena war ein Kunsterwerb von europäischen Ausmaßen. Unter ihnen befanden sich Werke von Tizian, Rubens, Velázquez, Tintoretto, Correggio und Raffael, dessen Sixtinische Madonna schließlich zum Glanzstück der Dresdner Gemäldegalerie werden sollte.[43] So erlangte Dresden den Titel eines «deutschen Florenz», den Herder ihm zu Beginn des 19. Jahrhunderts verlieh: «Blühe, deutsches Florenz, mit deinen Schätzen der Kunstwelt! / Stille gesichert sei Dresden Olympia uns. / Phidias Winckelmann erwacht an deinen Gefilden, / Und an deinem Altar sprossete Raffael-Mengs.»[44] Wer sich im Unterschied zu Goethe keine «italienische Reise» leisten konnte, fand in Dresden reichhaltigen Ersatz.

In Dresden hat also keine vergleichbare Stiftung des Mythos stattgefunden wie in Nürnberg durch Wackenroder und Tieck. Dazu war die Stadt während des gesamten 18. Jahrhunderts in der deutschen Kultur viel zu präsent. Aber auch in Dresden ließen sich die Dinge neu und anders bewerten, und daran waren wiederum Wackenroder und Tieck entscheidend beteiligt: Im Sommer 1796 traten sie eine Pilgerfahrt nach Dresden an, wobei ihr Hauptinteresse der Gemäldegalerie und dort insbesondere Raffael galt.[45] Wackenroder hatte die Bilder bereits 1792 gesehen; jetzt konnte er sich mit dem Freund über das Gesehene austauschen und es sich im Gespräch aneignen. In den *Phantasien über die Kunst für Freunde der Kunst*, die Tieck 1799 – ein Jahr nach Wackenroders frühem Tod – herausgab, sind diese Gespräche zum Teil festgehalten. Ihr Tenor: Große Kunst ist göttlich und heilig, und ihr unerreichter Höhepunkt ist Raffaels Sixtinische Madonna in Dresden.

Noch vor Jena[46] wurde Dresden zu einem ‹Hotbed› der jungen Genies. Fast alle, die im Umfeld der Romantik eine Rolle spielten, haben zumindest einige Zeit in Dresden verbracht. Der Kopf dieser Gruppe, Friedrich Schlegel, schrieb darüber später: «In dem schönen Dresden erwachte zuerst mein jugendliches Gefühl, da sah ich die ersten Kunstwerke, da war ich mehrere Jahre ununterbrochen vertieft in das Studium des Altertums, und da lebte ich oft und noch zuletzt die glücklichsten Tage unter Menschen, bei denen ich mich einheimischer fühlte, als bei allen andern.»[47] Zu den Schriftstellern, Malern und Komponisten, die während des 19. Jahrhunderts folgten, gehören Heinrich von Kleist, E. T. A. Hoffmann und der späte Ludwig Tieck, Caspar David Friedrich und Ludwig Richter, der die wilde Landschaft des Elbsandsteingebirges und die «Poesie des Volkes» in Bilder gefasst hat, schließlich Carl Maria von Weber, Richard Wagner und Robert Schumann. Sie haben den Mythos Dresden um zahlreiche Facetten erweitert, aber in seinem Zentrum stand weiterhin das Stadtbild mitsamt den reichen Kunstsammlungen. Der Bombenangriff vom 13./14.

Februar 1945 traf darum nicht eine Seitenlinie des Mythos, sondern dessen Kern.

Bis Mitte Februar 1945 war die Nazizeit in Dresden verlaufen[48] wie überall in Deutschland: Politische Gegner wurden verfolgt, die Verwaltung und der Kulturbetrieb wurden von allen, die in kritischer Distanz zum NS-Regime standen, gesäubert, und die Deportation der Juden wurde systematisch betrieben. Sieht man davon ab, dass der sächsische Gauleiter Mutschmann als unberechenbar galt, sich gelegentlich Weisungen aus Berlin widersetzte und seine Macht vor allem zur persönlichen Bereicherung nutzte, unterschied sich Dresden nicht von anderen deutschen Städten.

Das war in Nürnberg anders. Die «Stadt der Reichstage» wurde zur «Stadt der Reichsparteitage». Diese «Ehre» wurde ihr nicht etwa deswegen zuteil, weil sie früher und stärker «braun» geworden wäre als andere deutsche Städte (noch bei den Wahlen vom März 1933 verfehlte die NSDAP in Nürnberg die absolute Mehrheit, die sie andernorts mühelos erreichte), und auch ihre verkehrsgünstige Lage war dafür nicht entscheidend, sondern ausschlaggebend war der Mythos, «die deutscheste aller deutschen Städte» zu sein – eine Formel, die NS-Bürgermeister Liebel oft und gern gebrauchte, die aber wohl älteren Ursprungs ist.[49] Nürnberg bot eine Kulisse, wie die Organisatoren der völkischen Massenfeste sie sich nicht besser wünschen konnten: Vom Parteitagsgelände am Rande der Stadt fiel der Blick auf die Nürnberger Burg, und dabei verschmolzen in der Gefühlswelt der Teilnehmer die mythisch verklärte Vergangenheit und die glanzvolle Zukunft des Reiches zu einem einheitlichen Ganzen. So unscharf und widersprüchlich die nationalsozialistischen Anleihen bei vorangegangenen Reichsbildungen waren – Mitte März 1939 verbot Hitler die Verwendung des Begriffs «Drittes Reich» offiziell[50] –, die Bezugnahme auf die mittelalterliche Reichsbildung war für die nationalsozialistische Herrschaft schon deshalb wichtig, weil sie auch bei denen zu Folgebereitschaft führte, die mit dem Rassegedanken wenig anfangen konnten oder ihn ablehnten, denen aber die Wiederherstellung «deutscher Macht und

Herrlichkeit» ein politisches Anliegen war. Für sie bot Nürnberg die erforderliche Kulisse, um ihren eher vagen Ideen Gestalt zu verleihen.

Von zehn Parteitagen der NSDAP haben acht in Nürnberg stattgefunden; in Erinnerung geblieben sind die von 1933 bis 1938, die jeweils mit programmatischen Namen versehen waren, vom «Reichsparteitag des Sieges» im Jahre 1933 bis zum «Reichsparteitag Großdeutschland» im Jahre 1938; der für 1939 vorgesehene «Reichsparteitag des Friedens» wurde kurz vor Kriegsbeginn abgesagt. Es waren dies keine Veranstaltungen, die der Willensbildung der Parteispitze dienten, sondern reine Kultfeiern, bei denen in quasisakraler Atmosphäre die zigtausendfach angereisten Parteimitglieder in einen heiligen Schauder versetzt wurden.[51] Dementsprechend gewaltig waren die Ausmaße des Parteitagsgeländes. Die Pläne Albert Speers sahen vor, dass auf einer Fläche von 16,5 Quadratkilometern mehr als eine Million Menschen Platz finden konnte. Die Arbeiten sollten 1943 abgeschlossen werden, wurden mit Kriegsbeginn jedoch unterbrochen. Das Nürnberger Parteitagsgelände war die größte Baustelle des Dritten Reichs, und die baulichen Hinterlassenschaften geben – da das Projekt einer Umgestaltung Berlins zur «Germania» genannten Hauptstadt des Großgermanischen Reichs über das Planungsstadium und erste Vorarbeiten nicht hinauskamen – als einzige einen Eindruck davon, wie nationalsozialistische Architektur in großem Stil aussah. Die Grundidee war, das Monumentale erfahrbar zu machen.

1937 waren die «Luitpoldarena» und das «Zeppelinfeld» fertiggestellt.[52] Die «Luitpoldarena» diente dem Aufmarsch der Parteiformationen und vor allem den Gefallenen- und Totenehrungen, in denen die Selbstinszenierung des Nationalsozialismus ihren Höhepunkt erreichte.[53] Das «Zeppelinfeld» – ein steinernes Rechteck mit Seitentribünen und einer 350 Meter langen Haupttribüne, in deren Mitte sich die «Führerempore» erhob, zu der Speer durch den Pergamonaltar angeregt worden sein will – war den politischen Leitern und dem Reichsarbeitsdienst vorbehalten. Hier wurde auch der berühmte «Lichtdom» inszeniert, bei dem 150 in Abständen von zwölf Metern aufgestellte Flakscheinwerfer mit ihren Strahlen eine sechs bis acht Kilometer hohe, blauschimmernde Lichtkuppel erzeugten, welche die in den kosmischen Raum hineinragende Macht des Reichs als Schutz der Volksgemeinschaft symbolisieren sollte. Die anschließende, dem römischen Kolosseum nachempfundene Kongresshalle, die 50 000 Menschen aufnehmen sollte, blieb ebenso unvollendet wie das «Märzfeld»: Rings um die rund 1000 mal 600 Meter große Fläche, die Wehrmachtsvorführungen vorbehalten gewesen wäre, hätten 26 gewaltige Tortürme aus Travertin errichtet werden sollen, und über einer riesigen Führertribüne hätte sich eine monumentale Figurengruppe des Bildhauers Thorak erhoben: eine von zwei Jünglingen zu Pferde geleitete und geschützte Germania. All dies aber wäre noch durch das «Große Stadion» übertroffen worden, das bei einer Tribünenhöhe von 80 Metern mehr als 300 000 Zuschauern Platz bieten sollte. Es war für die «Germanischen Weltfestspiele» vorgesehen, bei denen nur «rassereine» Sportler hätten antreten dürfen. Granit und verschiedenfarbiger Marmor sollten den gewaltigen Bauten imperiale Macht verleihen. Das alles sollte durch eine zwei Kilometer lange und 60 Meter breite «Große Straße» verbunden sein, eine Paradestraße der Wehrmacht; ihr verschiedenfarbiger Granit war für den Tritt der Marschstiefel aufgeraut.[54]

Vermutlich hat Leni Riefenstahls Parteitagsfilm *Triumph des Willens* von 1934 die Vorstellung von den Nürnberger Parteitagen stärker geprägt als die baulichen Anlagen in Nürnberg.[55] Riefenstahls «Inszenierung der Inszenierung»,[56] bei der etwaige Pannen im Ablauf und Pausen in der Dynamik herausgeschnitten und die Idee der kultischen Handlungen noch schärfer und deutlicher akzentuiert werden konnte, diente als «szenische Darstellung der nationalsozialistischen mythischen Heilsgeschichte» (Yvonne Karow).[57] Diese Heilsgeschichte war nicht um ein einziges Ereignis, ein einmaliges Opfer zentriert,[58] sondern verlangte immer neue Opfer,[59] und der *Triumph des Willens* sollte den Zuschauer ins kultische Geschehen einbinden und seine Opferbereitschaft wecken.[60] Dabei fungiert Alt-Nürnberg als der mythische Ursprungsort des Heilsgeschehens: Die spitzgiebligen Häuser, die engen Straßen, die städtischen Befestigungsanlagen, die Burg – all die mythischen Symbole des ursprünglichen Deutschtums, die Butzenscheiben, Gardinen und Geranien und das morgendliche Glockengeläut, mit dem der Film beginnt, stehen für eine Gemütlichkeit, die Geborgenheit sucht und nicht hinausdrängen will in die Kämpfe der Welt. Im Film wird die Verwandlung dieser nach innen gekehrten Romantik vorgeführt: Die auf den Führer wartenden Menschen werden mit dessen Ankunft aufgerichtet, ausgerichtet und in Form gebracht, um schließlich in immer neuen Gelöbnissen ihre Treue, ihren Gehorsam und ihre Opferbereitschaft zu bekunden. Diesen Massen steht Hitler als «Lichtgestalt» gegenüber. Sonne und Scheinwerferlicht heben ihn regietechnisch heraus; er ist der Heiland und Retter, gütig auf der einen, hart und fordernd auf der anderen Seite.[61] Seine heilsgeschichtliche Bedeutung wird nicht zuletzt dadurch unterstrichen, dass die Hälfte des Films das Warten auf den Führer zeigt, bei dessen Ankunft sich die Spannung löst und in einen Freudentaumel übergeht. Parallel dazu tritt die anfängliche Volksfeststimmung zurück, und die burlesken Zeltlagerszenen weichen todessehnsüchtigen Ritualen.[62]

Riefenstahl hat den Mythos von Alt-Nürnberg genutzt, um die Verwandlung der Einzelnen wie der Gruppen durch das Wirken des Führers darzustellen. Hitler macht, so die Botschaft des Films, aus den gutmütigen Deutschen harte, siegeswillige Männer und hingebungsvolle, gebärfreudige Frauen, mit denen ein anderes, ein starkes Deutschland geschaffen werden kann.[63] Das Alte, Nürnberg, wird weggearbeitet, damit Platz wird für das Neue. Es verschwindet jedoch nicht gänzlich, sondern bleibt als Schutzraum für alle, die mit der Dynamik des Neuen nicht mithalten können.[64] In Alt-Nürnberg bleiben die Alten, die Kinder und die Frauen zurück, während sich die Männer und die Jugend auf den Marsch in die neue Zeit begeben. Der Bombenkrieg, der schließlich auch Nürnberg traf, wurde zum Dementi dieses Schutzraumversprechens. Davor liegt freilich der Erlass der «Nürnberger Gesetze», mit denen die deutschen Juden entrechtet wurden.

Dass die 1871 zum Abschluss gekommene Judenemanzipation ausgerechnet in Nürnberg rückgängig gemacht wurde, hatte vor allem mit dem fränkischen Gauleiter Julius Streicher zu tun, dessen Zeitung «Der Stürmer» die Speerspitze des nationalsozialistischen Antisemitismus bildete. Der Gesetzgebungsakt war keineswegs von langer Hand geplant: In einer Nürnberger Bierstube notierten Verwaltungsjuristen auf alten Speisekarten den Gesetzestext, der bis zur Abstimmung immer wieder verändert wurde.[65] Entsprechend unpräzise und interpretationsbedürftig waren die Artikel: Wer deutscher Staatsbürger war, blieb ebenso uneindeutig wie die Festlegung, wer als Jude zu gelten hatte.[66] Ohne den von Wilhelm Stuckart und Hans Globke verfassten Kommentar wären die «Nürnberger Gesetze», das «Reichsbürgergesetz» und das «Gesetz zum Schutze deutschen Blutes und deutscher Ehre», kaum anwendbar gewesen. Ihre Wirkung bestand freilich weniger in juristisch präzisen und eindeutigen Regelungen; sie waren vielmehr ein weiterer Schritt bei der Ausgrenzung der als Juden Gekennzeichneten aus der deutschen Gesellschaft.[67] Vor allem das zweite Nürnberger Gesetz, das unter dem Begriff der «Rassenschande» Beziehungen «zwischen Juden und Staatsangehörigen deutschen oder artverwandten Blutes» verbot, war ganz in Streichers Sinn, dessen antisemitische Tiraden eine ausgeprägte pornographische Komponente hatten, mit der er sexuelle Phantasien und Ängste weckte[68] und so den bei kleinen Kaufleuten und Handwerkern verbreiteten ökonomischen Antisemitismus zum generellen Bedrohungsgefühl steigerte. Während das erste der Nürnberger Gesetze die Juden aus dem Wirtschaftsleben ausschloss, zerstörte das zweite die sozialen Beziehungen und isolierte die Juden.[69] Das war eine entscheidende Voraussetzung für ihre spätere Deportation und Vernichtung.

Einer von denen, die bis Anfang Februar 1945 vor der Deportation verschont geblieben war, war der Dresdner Romanist Victor Klemperer. Womöglich hat ihm der Bombenangriff vom 13./14. Februar, der 30 000 bis 40 000 Todesopfer forderte,[70] das Leben gerettet, denn in dem Chaos danach war eine geordnete Erfassung der überlebenden Juden nicht mehr möglich.

Am Vormittag des 13. Februar notierte Klemperer in seinem minutiös geführten Tagebuch, das die umfassendste Quelle für den Alltag eines «rassisch Verfolgten» während der Nazi-Zeit darstellt,[71] dass er soeben erfahren habe, denjenigen Juden, die nicht mit dem zuletzt zusammengestellten Transport die Stadt verlassen müssten, verbleibe «‹nichts als eine Galgenfrist von etwa acht Tagen. Dann holt man uns früh um sechs aus den Betten.›»[72] Mehr als eine Woche später beschrieb Klemperer den Fortgang der Ereignisse: «Wir setzten uns am Dienstag abend gegen halb zehn zum Kaffee, sehr abgekämpft und bedrückt, denn tagüber war ich ja als Hiobsbote herumgelaufen, und abends hatte mir Waldmann aufs bestimmteste versichert [...], daß die am Freitag zu Deportierenden in den Tod geschickt [...] würden, und daß wir Zurückbleibenden acht Tage später ebenso beseitigt werden würden – da kam Vollalarm.»[73]

Der Angriff auf Dresden ist bis heute eine der militärisch, politisch und völkerrechtlich umstrittensten Kriegshandlungen der Westalliierten. Für die britisch-amerikanischen Strategen kam Dresden als Ziel vor allem deswegen in Betracht, weil die Stadt bis dahin weitgehend intakt war, ein konzentrierter Angriff also eine große Wirkung haben würde. Außerdem gab es in Dresden mehrere Garnisonen und kriegswichtige Industrie sowie einen großen Bahnhof, über den ein Großteil des Ost-West- und Nord-Süd-Verkehrs abgewickelt wurde. Es gab jedoch auch andere Ziele, die man hätte angreifen können: Treibstofflager und Raffinerien sowie frontnahe Eisenbahnverbindungen. Im Vorfeld des Treffens von Jalta hatten die Westalliierten jedoch ein Problem: Die Front im Westen stand nach Abwehr der deutschen Ardennenoffensive still, und Churchill wollte Stalin zeigen, dass der Westen den Kampf gegen Hitler nach wie vor mit äußerster Entschlossenheit führte. Um das deutlich zu machen, kam nur ein strategisches Bomberkommando in Frage, das sich nicht in der Bekämpfung vieler kleiner Ziele verzetteln, sondern zu einem großen Schlag ausholen würde, der bei den Sowjets Eindruck machte. So fiel die Entscheidung auf Dresden.[74]

Ursprünglich sollten amerikanische Flugzeuge zunächst bei Tag die Gleisanlagen und Bahnhöfe bombardieren, bevor am Abend der Flächenangriff britischer Einheiten auf das Stadtzentrum erfolgen würde.

Wegen seiner ausgedehnten Villengebiete und Einfamilienhäuser bot Dresden kein gutes Ziel für Luftangriffe; um zu vermeiden, dass ein Großteil der Bomben in Gärten und Parks fallen und ohne Wirkung bleiben würde, musste man sich auf das Zentrum konzentrieren. Dabei sollten Spreng- und Brandbomben so gemischt werden, dass ein alles vernichtender Feuersturm entstand, wie man ihn erstmals in Hamburg erzeugt hatte.[75] Aber am Vormittag des 13. Februar musste der Start der amerikanischen Maschinen des schlechten Wetters wegen auf den nächsten Tag verschoben werden. So kam der britische Angriff ohne Vorwarnung und völlig überraschend.

«Man hörte», so Klemperers Eintrag in sein Tagebuch, «sehr bald das immer tiefere und lautere Summen nahender Geschwader, das Licht ging aus, ein Krachen in der Nähe … Pause des Atemholens, man kniete geduckt zwischen den Stühlen, aus einigen Gruppen Wimmern und Weinen – neues Herankommen, neue Beengung der Todesgefahr, neuer Einschlag. Ich weiß nicht, wie oft sich das wiederholte. Plötzlich sprang das dem Eingang gegenüber gelegene Kellerfenster der Rückwand auf, und draußen war es taghell. Jemand rief: ‹Brandbombe, wir müssen löschen!› Zwei Leute schafften auch die Spritze heran und arbeiteten hörbar. Es kamen neue Einschläge, aber vom Hofe her ereignete sich nichts. Und dann wurde es ruhiger, und dann kam Entwarnung. Zeitgefühl war mir verloren gegangen. Draußen war es taghell. Am Pirnaischen Platz, in der Marschallstraße und irgendwo an oder über der Elbe brannte es lichterloh. Der Boden war mit Scherben bedeckt. Ein furchtbarer Sturmwind blies. Natürlicher oder Flammensturm? Wohl beides.»[76]

Dresden brannte mehrere Tage lang. Die Bergung und Bestattung der Toten gestaltete sich schwierig. Schließlich entschloss man sich, die verkohlten und verstümmelten Leichen auf dem Altmarkt aufzuschichten und zu verbrennen.

Victor Klemperer war nicht der Einzige, der die Nacht vom 13. auf den 14. Februar beschrieben hat. Kurt Vonnegut befand sich damals als Kriegsgefangener in der Stadt; er hat die Zerstörung Dresdens, die er «das größte Massaker in der Geschichte Europas» nennt, in seinem Roman *Schlachthof 5* verarbeitet; der niederländische Autor Harry Mulisch hat das in *Das steinerne Brautbett* getan; und Walter Kempowski hat in *Der rote Hahn* zeitgenössische Berichte und Aufzeichnungen aus Dresden zusammengestellt.[77] So wurde Dresden neben Hiroshima im kulturellen Gedächtnis zum Erinnerungsort für die Vernichtung ganzer Städte und ihrer Bewohner innerhalb weniger Stunden. «Elbflorenz», den Stolz der deutschen Barockarchitektur, gab es nicht mehr. Geblieben war eine Ruinenlandschaft, in deren Überresten man bis 1957, als die «Enttrümmerung» der Stadt beendet wurde, noch Hunderte verkohlter Leichen fand.[78]

Unterdessen war Nürnberg von den Amerikanern erobert worden. Fünf Tage dauerte es, bis die drei Infanteriedivisionen den *Nazi-shrine* nach teilweise erbitterten Straßenkämpfen eingenommen hatten. Am 20. April, «Führers Geburtstag», wurde im Stadtzentrum die Siegesparade abgehalten. Im Prinzip sah es in Nürnberg nicht anders aus als in Dresden. Mehrere schwere Bombenangriffe hatten von der Altstadt nicht viel übrig gelassen.[79] Aber bevor man an die Beseitigung der Trümmer oder gar den Wiederaufbau der Stadt denken konnte, sollten die Verbrechen des Regimes aufgearbeitet und die Verantwortlichen bestraft werden. Stalin hatte den Vorschlag gemacht, einige zigtausend Funktionäre und Offiziere zu erschießen, aber auf kollektive Hinrichtungen konnten und wollten sich die Westmächte nicht einlassen. Namentlich Richter Robert H. Jackson hatte unermüdlich für ein Gerichtsverfahren geworben, bei dem die Angeklagten ihrer individuellen Schuld entsprechend verurteilt werden sollten und das zugleich die Möglichkeit bot, die deutsche Öffentlichkeit mit den NS-Verbrechen zu konfrontieren. Außerdem ging es darum, eine neue Rechtsordnung in der internationalen Politik durchzusetzen.[80]

«Wieder in Nürnberg» überschrieb William Shirer – von 1934 bis 1941 amerikanischer Korrespondent in Deutschland – seinen Bericht über den bevorstehenden Kriegsverbrecherprozess: «Die Stadt ist verschwunden! Das liebliche mittelalterliche Nürnberg ist fast völlig zerstört. Es ist nur noch ein riesiger Trümmerhaufen, kaum zu beschreiben und wohl kaum wieder aufzubauen. In der prosaischen Formulierung der US-Army ist Nürnberg ‹zu 91 Prozent tot›. Die Altstadt jedoch – Heimat von Dürer, Sachs und den Meistersingern – mit ihren ehrwürdigen Kirchen St. Lorenz und St. Sebald, mit dem historischen Rathaus und meinem Lieblingslokal ‹Bratwurstglöckle› (aus dem Jahre 1400) ist zu 99 Prozent ‹tot›.»[81] Auch John Dos Passos hat seinen Bericht mit einer Schilderung der Trümmerlandschaft vom Herbst 1945 eröffnet: «Es ist ein schöner, kalter Tag. Scharfes Sonnenlicht läßt jedes Detail der Trümmerberge der alten Stadt der Spielzeugmacher und Meistersinger klar hervortreten. Es hebt die hochgeschwungenen schlanken Bögen zerstörter Kirchen hervor, es zeichnet die Kanten zerbrochener Renaissance-Gesimse nach.»[82]

Die Gegenüberstellung des Nürnberg-Mythos mit der Trümmerkulisse verleiht den Berichten von den Kriegsverbrecherprozessen nicht nur Lokalkolorit, sondern soll auch die Tragweite der bevorstehenden Gerichtsverhandlungen unterstreichen. Hier, wo sich Ungeheuerliches ereignet hatte, sollte ein neues Blatt der Geschichte aufgeschlagen werden. Um das deutlich zu machen, bedurfte es der Rückgriffe auf den Nürnberg-Mythos. Dieser sei, so Shirer, nicht erst durch den Bombenangriff vom 2. Januar 1945 vernichtet worden: Die «anrührende Schönheit, der große Charme, die eigentliche Seele der alten Stadt waren bereits verflogen, als die Nazis kamen. Das hatte ich immer gespürt. Geistig war Nürnberg damals bereits gestorben.»[83] Auch Shirer arbeitete sich also daran ab, dass es das alte Nürnberg, das er gekannt und gemocht hatte, nicht mehr gab. Die Debatte, wer an seinem Untergang schuld sei beziehungsweise wann dieser begonnen habe,[84] wurde schon bald von der Frage überlagert, wie der Wiederaufbau zu gestalten sei. Sollte man sich am alten Grundriss orientieren oder eine neue Stadt nach neuen Prinzipien bauen? Diese Debatte ist in Nürnberg wie in Dresden mit großer Intensität geführt worden.

In Nürnberg entschied man sich drei Jahre nach Kriegsende dafür, die alte Stadtstruktur beizubehalten. Innerhalb der alten Stadtmauer wurden weder Hochhäuser noch Flachdächer zugelassen. Man versuchte, die vorhandene Bausubstanz möglichst zu retten und

Neubauten harmonisch einzufügen.[85] Vor allem wurden die zentralen Kirchen, das Dürerhaus und weitere «Gebäude mit hohem historischen Erinnerungswert» wiederhergestellt. Aber das spätmittelalterliche Flair des alten Nürnberg konnte man nicht zurückgewinnen. Das hatte freilich noch andere als städtebaulich-architektonische Gründe: Die Sozialstruktur der kleinen Läden und Handwerksbetriebe, die Teile der Altstadt geprägt hatten, ließ sich nicht konservieren. Die Kriegszerstörungen hatten die sich ohnehin vollziehende sozioökonomische Entwicklung beschleunigt. Die ikonische Verdichtung des Mythos war nur durch Musealisierung zu bewahren, und dafür war die komplette Altstadt Nürnbergs zu groß. Also wurden die Memorialbereiche begrenzt – räumlich auf die unmittelbare Nähe der Burg, das Gebiet am Dürerhaus sowie die Tore der Stadtmauer und zeitlich auf die Wochen vor Weihnachten, wenn in Nürnberg Christkindlmarkt ist.

In Dresden hingegen wurde unter dem maßgeblichen Einfluss Walter Ulbrichts das Konzept der «sozialistischen Stadt» umgesetzt. Statt die alten Grundrisse und Linienführungen beizubehalten, wollte man eine auf die Anforderungen der Gegenwart zugeschnittene Stadt aufbauen. Teile der Bevölkerung lehnten dies entschieden ab, während dem Regime zugleich für eine umfassende Neugestaltung des innerstädtischen Raums die Mittel fehlten.[86] Auch ließ man ausgewählte Gebäude, wie etwa den Zwinger, dann doch restaurieren. Als die nach 1945 von der Roten Armee beschlagnahmten Gemälde und Pretiosen im Jahre 1956 an Dresden zurückgegeben wurden,[87] brauchte man geeignete Räume, und damit kam ein weiterer Faktor ins Spiel, der das Interesse am alten Dresden wachhielt. So blieb die Situation unausgemacht: Teilweise war mit dem Bau einer neuen Stadt begonnen worden, andererseits standen noch zahlreiche Ruinen, die man sich nicht zu sprengen traute, und gerade diese Ambivalenz nährte die Erinnerung an die einst schönste Stadt Deutschlands,[88] deren möglicher Wiederaufbau von bornierten Funktionären verhindert werde oder an der notorischen Mangelsituation der DDR scheitere. Andererseits dienten die Ruinen der DDR-Führung dazu, den Bombenkrieg der westlichen Alliierten anzuklagen. So brachte man an den Ruinen Aufschriften an wie «Hier zerstörten amerikanische Bomber eine Kulturstätte». In der *Sächsischen Zeitung* vom 13. Februar 1950 war zu lesen: «Für die Herren von der Wallstreet und der City ist der Krieg immer nur ein Geschäft, und die Terrorbombardierungen, die militärisch sinnlose Zerstörung Dresdens sollte ihnen auch bis zum letzten Augenblick ihre großen Profite sichern.» Davon, wer den Krieg begonnen hatte, war mit einem Mal nicht mehr die Rede. Jetzt ging es darum, die «amerikanischen Kriegstreiber» oder «amerikanischen Kriegshetzer» anzuprangern, deren Methoden – im Übrigen auch von Victor Klemperer – mit denen der «nazistischen Luftwaffe» gleichgesetzt wurden. In der *Sächsischen Zeitung* hieß es weiter: «Das zerstörte Dresden, früher eine der schönsten Städte Europas, und die bestialische Ermordung eines großen Teils seiner Einwohner, das sind die Visitenkarten der profithungrigen, blutrünstigen anglo-amerikanischen Imperialisten.»[89] Das war derselbe Tonfall, den auch Goebbels nach dem Angriff auf Dresden angeschlagen hatte.

Mit Beginn der Entspannungspolitik verlor die propagandistische Nutzung der Trümmer Dresdens jedoch an Bedeutung, und so ging man in der Ära Honecker dazu über, einige für das städtebauliche Ensemble Dresdens wichtige Gebäude, wie die Semperoper, die Hofkirche und das Schloss, wiederaufzubauen. Kirchliche Gruppen machten der SED in den 1980er Jahren das Monopol auf die Interpretation der Ereignisse des 13. Februar streitig und nutzten dieses Datum, um pazifistische Parolen zu verbreiten, die sich nicht speziell gegen die Bedrohung durch die «imperialistischen Streitkräfte», sondern ebenso gegen die Waffenarsenale des sozialistischen Lagers richteten.[90] Das waren Vorzeichen der Wende, die im Oktober 1989 die politischen Verhältnisse grundlegend durcheinanderbrachte.[91]

Als Helmut Kohl am 19. Dezember 1989 zu einem Treffen mit Hans Modrow, dem Chef der Übergangsregierung in der DDR, nach Dresden kam, sei ihm, wie er sich später erinnerte, bei der Landung auf dem Flughafen Dresden-Klotzsche klar geworden, dass die DDR auch politisch am Ende war und die deutsche Einheit kommen werde:

«Der gesamte Flughafen, vor allem das Gebäude, war bevölkert von Tausenden von Menschen, ein Meer von schwarzrotgoldenen Fahnen wehte in der kalten Dezemberluft [...]. Als die Maschine ausgerollt war, ich auf der untersten Stufe der Rolltreppe stand und Modrow mich vielleicht zehn Meter davon entfernt mit versteinerter Miene auf dem Flugfeld erwartete, drehte ich mich zu Rudi Seiters [dem Chef des Kanzleramtes] um und sagte: ‹Die Sache ist gelaufen.›»[92] Dieser stürmisch-begeisterte Empfang steigerte sich noch auf dem Weg durch die Stadt und vor dem Hotel. Plötzlich wurde Kohl klar, dass er eine Rede würde halten müssen. «Aber wo? Der damalige Oberbürgermeister Wolfgang Berghofer kam dann auf die Idee, ich könnte doch vor der Ruine der Frauenkirche sprechen.»[93]

Während Kohl und Modrow Verabredungen über westdeutsche Hilfe bei der wirtschaftlichen Stabilisierung der DDR trafen, wurden die technischen Vorbereitungen für die Ansprache getroffen. Aber Kohl war unvorbereitet, er hatte kein fertiges, von den Mitarbeitern vorbereitetes und immer wieder überarbeitetes Manuskript. Er musste spontan agieren, und das war riskant: «Mir war [...] klar, daß es eine der schwierigsten, wenn nicht die schwierigste Rede überhaupt in meinem Leben werden würde. [...] Jeder falsche Zungenschlag, der dann in Paris, in London, in Moskau womöglich als nationalistisch hätte ausgelegt werden können, hätte der Sache enorm geschadet.»[94]

Kohl bemühte sich, die Stimmung der Hunderttausend nicht hochkochen zu lassen, und dabei diente ihm der Dresden-Mythos als Gefühlsmoderator. Er verwies darauf, dass in wenigen Tagen das letzte Jahrzehnt des 20. Jahrhunderts beginnen werde, und ließ dieses Jahrhundert kurz Revue passieren: «Es ist ein Jahrhundert, das in Europa und auch bei uns in Deutschland viel Not, viel Elend, viele Tote, viel Leid gesehen hat. Ein Jahrhundert, das auch eine besondere Verantwortung der Deutschen für manch Schlimmes immer wieder gesehen hat. Hier, vor der Ruine der Frauenkirche in Dresden, habe ich gerade ein Blumengebinde niedergelegt, auch in der Erinnerung an das Leid und die Toten dieser wunderschönen, alten deutschen Stadt.»[95] Die Veranstaltung endete ruhig; es kam weder zu nationalistischen Gesängen noch zu gewalttätigen Ausschreitungen. Das war für die Akzeptanz der deutschen Vereinigung bei den Siegermächten wichtig.

Seit Anfang des 21. Jahrhunderts ist die Frauenkirche keine Ruine mehr. 1990 bereits erging der von dem Trompeter Ludwig Güttler initiierte «Ruf aus Dresden», mit dem zum Wiederaufbau der Kirche aufgerufen wurde. Am 15. Februar 1945 war sie vormittags gegen zehn Uhr eingestürzt.[96] Während des Feuersturms hatten sich Temperaturen von bis zu 2000 Grad entwickelt und so den Sandstein «aufgeweicht». Eineinhalb Tage hatte das gewaltige, 1743 nach siebzehnjähriger Bauzeit fertiggestellte Gebäude standgehalten, dann war der Bau in sich zusammengebrochen. Und nun sollte die größte protestantische Barockkirche ohne staatliche Unterstützung und ohne eine reiche kirchliche Gemeinde im Hintergrund allein aus Spenden wiederaufgebaut werden. Dazu mussten 24 000 Kubikmeter Schutt abgetragen, die Steine katalogisiert und für eine mögliche Wiederverwendung zwischengelagert werden – ein Vorhaben, das nur mit Hilfe moderner Computertechnik durchgeführt werden konnte. Binnen kurzem entwickelte sich das Projekt zu einem Vorhaben von nationaler Bedeutung, an dem tendenziell ganz Deutschland teilhatte und das weit jenseits der deutschen Grenzen Beachtung und Unterstützung fand.

Der Wiederaufbau der Frauenkirche wurde zu einer Art Abschluss der Wiedervereinigung, bei dem die letzte klaffende «Wunde» des Krieges fünfzig bis sechzig Jahre nach dessen Ende geschlossen wurde – er wurde selbst zum Mythos, der von der Rückgewinnung des vernichteten Dresden als der «schönsten Stadt Deutschlands» berichtet. Das im Krieg Zertrümmerte wurde restauriert und wieder zusammengefügt, und es zeigte sich bald, dass damit auch ein Stück Stolz der Deutschen auf ihr Land zurückkehrte.

Burg Stolzenfels am Rhein, Stahlstich um 1860.

Weinseligkeit und Kriegsgeschrei

Rheinmythen und Mythen am Rhein

Kein deutscher Fluss ist in vergleichbarer Weise poetisiert und politisiert worden wie der Rhein. Weder die Donau oder die Elbe noch der Neckar oder der Main, schon gar nicht die Havel oder die Oder haben annähernd so viel literarische, aber auch patriotische Aufmerksamkeit gefunden.[1] Das hat viele Gründe. Einige davon hat der Bonner Germanist Karl Simrock in seinem Buch *Das malerische und romantische Rheinland*, selbst ein Dokument der Rheinmythisierung, zusammengestellt: «Ist es der Duft der Rebenblüte oder der edle Geist des Weines, der uns überströmt? Oder weht uns der frische Hauch des Rheintals an, die gesunde Alpenluft, die der Strom von den Gletschern seiner Heimat bei sich führt? Ist es der königliche Fluß selbst, der seine klaren, grünen Wogen von der Schweiz bis Holland wälzt? Sind es seine gepriesenen, vielbesungenen Ufer, sind es die sanft geschwungenen Rebenhügel oder die starren Felsen, von denen Schlösser und Burgen niederblicken? Ist es der Genius des Mittelalters, an den jene Ruinen mahnen, oder der Geist der neueren Zeit, der nirgends vernehmlicher als am Rheine zu uns spricht? Sind es die geschichtlichen Erinnerungen oder die alten, vertrauten Sagen? Ist es die schöne Gegenwart oder die lachende Zukunft, was uns vor die Seele tritt, wenn der Name Rhein uns ergreift? Dies alles erschöpft den Zauber des Wortes nicht …»[2]

Das wurde 1838 geschrieben und könnte so oder ähnlich auch heute in einem Reiseführer zum Mittelrhein stehen. Zwei Jahre später, als infolge offen geäußerter französischen Ansprüche auf das linksrheinische Gebiet eine schwere politische Krise heraufzog und gar ein Krieg drohte, klang der Rheinbezug ganz anders: «Sie sollen ihn nicht haben, / Den freien deutschen Rhein, / Ob sie wie gier'ge Raben / Sich heiser danach schrein», beginnt Nikolaus Beckers «Rheinlied», das zum literarischen Ausdruck einer beispiellosen patriotischen Rheinbegeisterung wurde.[3]

Wie groß die Resonanz auf dieses Lied gewesen ist, zeigen Heines Verse in «Deutschland. Ein Wintermärchen». Der «Vater Rhein», von Heine als ein alter Mann vorgestellt, ist wegen Beckers Gedicht missgelaunt, das ihn an eine peinliche Situation gebracht habe:

«Bei Biberich hab ich Steine verschluckt,
Wahrhaftig, sie schmeckten nicht lecker!
Doch schwerer liegen im Magen mir
Die Verse von Niklas Becker.

Der hat mich besungen, als ob ich noch
Die reinste Jungfrau wäre,
Die sich von niemand rauben lässt
Das Kränzlein ihrer Ehre.
[…]
Das dumme Lied und der dumme Kerl!
Er hat mich schmählich blamieret,
Gewissermaßen hat er mich auch
Politisch kompromittieret.»[4]

In der Heimlichkeit der Nacht gesteht der Rhein, dass ihm eine Rückkehr der Franzosen nach den Jahren der preußischen Herrschaft nicht unlieb wäre. Doch er fürchtet die Spottlieder, die dann mit Blick auf Beckers Lied gesungen werden. Vor allem Alfred de Mussets Gedicht «Nous l'avons eu, votre Rhin allemand» von 1841 ärgert ihn. Musset hatte darin auf Becker geantwortet: «Wir haben ihn gehabt, euren deutschen Rhein! / In unserem Glas sah'n wir ihn funkeln, / Mit eures Schlagers Prahlerein / Wollt ihr die stolze Spur verdunkeln, / Die unsrer Rosse Huf grub euch ins Herz hinein?»[5] Mindestens ebenso wie die französischen Spottverse fürchtet Vater Rhein aber, dass die siegreich über ihn vordringenden Franzosen von Schiffen und Brücken herab nach Siegerart ihr Wasser in ihn abschlagen – so wie dies ein Jahrhundert später im März 1945 demonstrativ der amerikanische General Patton bei seinem Vorstoß über den Rhein getan hat. Bei Heine heißt es:

«Daß ich keine reine Jungfer bin,
Die Franzosen wissen es besser,
Sie haben mit meinem Wasser so oft
Vermischt ihr Siegergewässer.»

Worum es aus deutsch-patriotischer Sicht ging, erklärte um einiges deutlicher Max Schneckenburgers 1840 verfasstes Gedicht «Die Wacht am Rhein», das im Kaiserreich, von Karl Wilhelm mit einer zündenden Melodie unterlegt, zur inoffiziellen Hymne avancierte:

«Es braust ein Ruf wie Donnerhall
Wie Schwertgeklirr und Wogenprall:
Zum Rhein, zum Rhein, zum deutschen Rhein!
Wer will des Stromes Hüter sein?
Lieb Vaterland, magst ruhig sein.
Fest steht und treu die Wacht am Rhein!
[…]
Der Schwur erschallt, die Woge rinnt,
Die Fahnen flattern hoch im Wind
Am Rhein, am Rhein, am deutschen Rhein,
Wir alle wollen Hüter sein!
Lieb Vaterland, magst ruhig sein:
Fest steht und treu die Wacht am Rhein.»[6]

Außer nach der antifranzösisch definierten äußeren Freiheit ließ sich unter dem Eindruck des Rheinmythos aber auch nach der inneren Freiheit Deutschlands fragen, etwa nach der Einlösung von Verfassungsversprechen oder den Freiheitsrechten der Bürger. Georg Herwegh hat das in seinem Gedicht «Protest» getan:

«Singt alle Welt: Der freie Rhein!
So sing doch ich: Ihr Herren, nein!
Der Rhein, der Rhein könnt freier sein».[7]

Es ist das Distanzgefühl der Rheinländer gegenüber Preußen und seiner Betonung des Militärischen, das hier zum Ausdruck kommt. Freilich hatte es die Preußen zunächst gar nicht zum Rhein gedrängt (wenn man von den seit längerem preußischen Gebieten am Niederrhein absieht): Auf dem Wiener Kongress, wo die politischen Verhältnisse im nachnapoleonischen Europa neu geordnet wurden, hatte sich Preußen als Lohn für den mit so großen Anstrengungen errungenen Sieg vor allem für sächsisches Territorium interessiert – und schließlich als Entschädigung für den politischen Fortbestand Sachsens die Rheinlande erhalten. Dass Preußen damit die «Wacht am Rhein» übernahm, war also eher eine Folge der Metternich'schen Sicherheitsarchitektur als das Ergebnis eines preußischen Strebens zum Rhein. Der nach dem Ersten Weltkrieg zeitweilig aufgekommene rheinische Separatismus war demgemäß auch weniger antideutsch als antipreußisch geprägt, und noch in der Adenauer zugeschriebenen Attitüde, auf dem Weg nach Berlin bei Überquerung der Elbe die Vorhänge des Zugabteils zuzuziehen, zeigt sich die Abneigung des gebürtigen Rheinländers gegen Preußen.

Nach der Wiedervereinigung sind diese Ressentiments noch einmal in der Hauptstadtdebatte hochgekommen. Insofern transportiert der Rheinmythos nicht nur die Frontstellung gegen Frankreich, sondern auch den Anspruch, das politisch-kulturelle Zentrum Deutschlands darzustellen, das – nachdem es sich im Verlauf des 19. Jahrhunderts nach Osten verschoben hatte – mit der Auflösung Preußens und der Gründung der Bundesrepublik wieder an den Rhein zurückgekehrt war. Der Bundestagsbeschluss von 1991 lief auf einen Kompromiss hinaus: Ein Teil der Bundesministerien sollte am Rhein verbleiben und neben Parlament und Präsident nur knapp die Hälfte der Dienststellen nach Berlin verlagert werden – mit Verzögerungen und Widerständen. Selbstverständlich standen bei dieser Entscheidung wirtschaftliche

Interessen im Vordergrund, aber die mythischen Narrationen dürften ebenfalls eine Rolle gespielt haben. Gegen den romantisch-mythenreichen Rhein hatten die Berlin-Befürworter einen schweren Stand.

Dabei ist der Rheinmythos zunächst von Rheinfremden geschaffen worden: von Engländern vor allem, die seit dem 18. Jahrhundert bei ihren Bildungsreisen auf dem Kontinent eine Vorliebe für das mittlere Rheintal entwickelten,[8] und sodann von den preußischen Hohenzollern, die nicht nur die Burgen am Mittelrhein restaurieren ließen, sondern auch das gewaltige Bauprojekt des Kölner Doms wieder aufnahmen und vollendeten. Mit dem Vordringen Preußens bis zum Rhein und darüber hinaus erfolgte eine Reihe denkmalpolitischer Bedeutungsinvestitionen,[9] die den romantischen Charakter der Flusslandschaft unterstreichen sollten. Sie sollten ein gemütvoller Ausgleich zu den auf Effizienz bedachten Funktionsprinzipien des preußischen Staates sein. In gewisser Hinsicht hat Preußen selbst das Rheinland zum Gegenbild und Widerpart seiner Kerngebiete östlich der Elbe stilisiert, und König Friedrich Wilhelm IV., der Romantiker auf dem Königsthron, hat sich dabei besonders hervorgetan. Am Rhein fanden die Könige und Prinzen aus dem Hause Hohenzollern etwas, das es in ihren brandenburgischen Stammlanden nicht gab. Noch die alljährlichen Aufenthalte Kaiser Wilhelms II. in Wiesbaden und die Ausflüge in den Rheingau zeugen von ihrer Vorliebe für den Rhein.

Im Mittelpunkt des romantischen Rheininteresses stand freilich nur ein begrenzter Abschnitt, vor allem der zwischen Bingen und Koblenz, wo der Fluss das rheinische Schiefergebirge durchstößt und die Hügel von Taunus und Westerwald, Hunsrück und Eifel bis unmittelbar an den Fluss herandrängen. Sie sind in engem Abstand von Burgen gekrönt, und die kleinen, sich am schmalen Uferstreifen hinziehenden Städtchen werden von den Türmen gotischer Kirchen überragt. In einem umfassenderen Sinn ist der Rheinabschnitt zwischen Speyer und Köln als ein für die nationale Identität der Deutschen bedeutsamer Mythensammler anzusehen. Er hat die Funktion der in Deutschland lange fehlenden Hauptstadt übernommen, die es zu verteidigen galt.[10]

Im Rheinmythos fiel die Imagination einer von außen kommenden

Bedrohung mit der Symbolisierung der Einheit zusammen – ein weiterer Grund, warum der Fluss für den Prozess der nationalen Identitätsbildung so bedeutsam war. Moritz von Schwinds 1847/48 entstandenes Ölgemälde «Der Rhein mit seinen Nebenflüssen» bringt diese Symbolik der Einheit in der Vielfalt zur Darstellung:[11] Es zeigt den die Fidel spielenden, gelassen in einer flachen Wasserlandschaft sitzenden «Vater Rhein», bärtig und mit Weinlaub gekrönt, von zahlreichen weiblichen Figuren umgeben. Sie symbolisieren die Nebenflüsse des Rheins von seinem Ursprung in den Alpen bis zur Mündung in die Nordsee. Der Städtereichtum des Rheins wird durch die stolzen Kirchen ins Bild geholt, die von den Nebenflüssen und den am Ufer sitzenden Personifikationen der großen Städte gehalten werden, und das Gold und Geschmeide, das dem Vater Rhein zuströmt, steht für den durch Handel und Wandel zusammenkommenden Reichtum. Schwind hat ein Bild friedlicher Idylle gemalt, das Krieg und Zerstörung nicht kennt. Das war im Vorfeld der Revolution von 1848 eine visionäre Vorwegnahme dessen, was aus Deutschland werden könne, wenn Friede, Einigkeit und Freiheit herrschten. Dass der aus Wien gebürtige Schwind den Rhein gewählt hat, um diese Zukunft allegorisch darzustellen, macht die Bedeutung augenfällig, die der Fluss für eine bürgerschaftliche Einigung Deutschlands hatte. Erst als dieses Projekt in der Frankfurter Paulskirchenversammlung scheiterte und seine demokratischen Nachwirkungen vom preußischen Militär niedergeschlagen wurden, verlagerte sich das Einigungsprojekt vom Rhein weg nach Preußen: Vater Rhein wurde durch den preußischen Adler abgelöst, und an die Stelle des Bürgertums trat das Militär. Jetzt ging es vor allem darum, den Rhein gegen die Bedrohung von außen zu schützen.

Die Mythisierung des Rheins war – auch – eine Antwort auf die seit Ende des 17. Jahrhunderts im politischen Raum stehende Frage, wo die Grenze zwischen Deutschland und Frankreich verlaufe. Die Franzosen setzten auf die Geographie und reklamierten für sich die «natürlichen Grenzen»: die Pyrenäen, die Alpen, den Atlantik und eben den Rhein. Dagegen berief man sich in Deutschland seit Anfang des 19. Jahrhunderts auf die gemeinsame Sprache und zog die Grenze deutlich westlich des Rheins.[12] Dieser Dissens hat über einen Zeitraum von drei Jahrhunderten immer wieder zu Kriegen geführt. Das begann in der Ära Ludwigs XIV. mit dem Vordringen französischer Armeen in die Pfalz und dauerte bis 1945 beziehungsweise bis zur deutsch-französischen Aussöhnung im Rahmen der europäischen Integration, durch die man den konkurrierenden Ansprüchen die Spitze nahm. Gleichzeitig verständigte man sich darauf, dass am Oberrheingraben der Rhein Frankreichs Grenze bildete, während von der Saar an die Grenzlinie zurückspringt, sodass mit der Pfalz, der Mosel und dem Rheinland große linksrheinische Gebiete, die Frankreich zeitweilig für sich beansprucht und annektiert hatte, bei Deutschland verblieben.

Die seit den Zeiten des «Sonnenkönigs» schwelende Auseinandersetzung hatte sich mit der Französischen Revolution verschärft, als Danton 1793 in der Nationalversammlung den Rhein zur natürlichen Grenze Frankreichs erklärte und sich in Mainz ein Bürgerkomitee bildete, das um Aufnahme in die französische Republik ersuchte. In den Friedensverträgen von Basel, Campoformio und Lunéville wurden die französischen Ansprüche auf das linke Rheinufer bestätigt, das 1801 dann in Gestalt von vier Departements der französischen Republik eingegliedert wurde. Habsburg war auf dem Schlachtfeld unterlegen, und Preußen versuchte, von den «französisch-österreichischen» Auseinandersetzungen zu profitieren, indem es sie zur Arrondierung seines eigenen Territoriums nutzte. Mit der vernichtenden Niederlage von Jena und Auerstedt scheiterte diese Politik, und Napoleon, der mit der Gründung der Rheinbundstaaten seinen Einfluss längst über den Rhein hinweg ausgeweitet hatte, wurde Herr über West- und Mitteleuropa.

In dieser Situation verblieb den deutschen Nationalisten nur die linguistisch-kulturelle Waffe: Sie propagierten die kulturelle Einheit Deutschlands, welche die auf dem Schlachtfeld gezogenen neuen Grenzen willkürlich und unrechtmäßig erscheinen ließ. Den Startschuss dazu gab der Philosoph Johann Gottlieb Fichte mit seinen *Reden an die deutsche Nation.*[13] Während die «Preußen» unter den Nationalisten sich Arminius zum Vorbild nahmen und den «Kampf gegen Rom» beschworen, um alle Kräfte gegen die französische Herrschaft zu mobilisieren,[14] arbeiteten Rheinländer wie Görres und Brentano sowie der auf Rügen geborene Ernst-Moritz Arndt an einer Mythisierung des Rheins, mit der sie den Deutschen zu Bewusstsein bringen wollten, dass – so der Titel einer Schrift Arndts – «der Rhein Teutschlands Strom, aber nicht Teutschlands Gränze» sei.[15] Und nachdem die Franzosen zurückgedrängt waren, sollten der Rheinmythos, die Errichtung von Denkmälern und die Restaurierung mittelalterlicher Bauten dazu führen, dass der Fluss und seine Landschaft allen Deutschen eine Herzensangelegenheit werde, damit sie deren Annexion durch eine fremde Macht nicht noch einmal hinnahmen. Dass dieses mythenpolitische Projekt erfolgreich war, zeigte die Resonanz, die Beckers «Rheinlied» und Schneckenburgers «Wacht am Rhein» fanden.[16]

Der Rhein war aber nicht nur ein Ort romantischen Poetisierens, sondern seit dem hohen Mittelalter auch die wirtschaftlich wichtigste Verkehrsader Deutschlands, über die große Teile des Landes mit anderen europäischen Wirtschaftszentren in Verbindung standen – seit Öffnung des Gotthardpasses mit Oberitalien, wo die Wiederentstehung der europäischen Städtelandschaft begonnen hatte, und seit dem 15. Jahrhundert in zunehmendem Maße mit den Niederlanden und England.[17] Ein Blick auf die Wirtschaftsgeschichte zeigt, in welchem Maße am Rhein politische Entscheidungen durch ökonomische Entwicklungen bestimmt wurden. So ist die Sympathie, mit der man der französischen Republik zunächst gegenüberstand, wesentlich dadurch zu erklären, dass deren Verwaltung und Reichsordnung modernem Wirtschaften entgegenkam; insbesondere dass sie die zur deutschen Kleinstaaterei gehörenden Zollschranken beseitigten, die sich gerade am Rhein häuften, hat den Franzosen viele Unterstützer eingebracht. Als aber die von Napoleon verhängte Kontinentalsperre den Handel mit England zum Erliegen brachte und viele Märkte verloren gingen, schwanden die frankophilen Neigungen; man dachte wieder über politische Alternativen nach. Und als die Arbeiteraufstände, zu denen es 1813 in einer Reihe rechtsrheinischer Städte kam, blutig niedergeschlagen wurden, kippte die franzosenfreundliche Stimmung endgültig.[18]

Mit Beginn des Hochmittelalters war am Rhein eine blühende Städtelandschaft entstanden, in der sich auch wohlhabende jüdische Gemeinden entwickelten. Diese Gemeinden waren jedoch immer wieder von Vertreibung und Verfolgung bedroht. In dem Romanfragment *Der Rabbi von Bacharach* hat Heinrich Heine den jüdischen Gemeinden am Rhein und ihrer ständigen Bedrohung bei einer gleichzeitig tiefen Verbundenheit mit Land und Leuten ein Denkmal gesetzt. Auf der Flucht des Rabbis mit seiner schönen Tochter Sara strebt der leichte Kahn rheinaufwärts durch die Frühlingsnacht: «Wahrlich, der alte, gutherzige Vater Rhein kanns nicht leiden, wenn seine Kinder weinen; tränenstillend wiegt er sie auf seinen treuen Armen, und erzählt ihnen seine schönsten Märchen und verspricht ihnen seine goldigsten Schätze, vielleicht gar den uralt versunkenen Nibelungenhort. Auch die Tränen der schönen Sara flossen immer milder und milder, ihre gewaltigsten Schmerzen wurden fortgespült von den flüsternden Wellen, die Nacht verlor ihr finstres Grauen, und die heimatlichen Berge grüßten wie zum zärtlichsten Lebewohl. Vor allem aber grüßte traulich ihr Lieblingsberg, der Kedrich, und in seiner seltsamen Mondbeleuchtung schien es, als stände wieder oben ein Fräulein mit ausgestreckten Armen, als kröchen die flinken Zwerglein wimmelnd aus ihren Felsspalten, und als käme ein Reiter den Berg hinaufgesprengt in vollem Galopp; […].»[19] Hier ist die Atmosphäre von Heines Loreley-Gedicht vorweggenommen, nur dass in der mythisch hochaufgeladenen Landschaft das Tröstende und Bergende des Stromes hervortritt, während die Loreley eine gefährliche Schönheit verkörpert. Wo der Rhein ein Schützer und Tröster ist, da wird er ein ums andere Mal als «Vater Rhein» apostrophiert, bis hin zu dem in den 1960er Jahren aufgekommenen Karnevalslied, das die Lebensfreude und Weinseligkeit einer das «Wirtschaftswunder» in vollen Zügen genießenden Bevölkerung zum Ausdruck bringt.[20]

Eine Reise durch die nationalpolitisch bedeutsamen Mythen am Rhein beginnt in Speyer, das in der Zeit der salischen Kaiser als Hauptstadt des Reiches angesehen werden kann.[21] Mitte des 6. Jahrhunderts zur Bischofsstadt erhoben, setzte ein langsamer Aufstieg der städtischen Siedlung ein, der sich nach der Wahl Konrads II. zum deutschen König im Jahre 1024 rasant beschleunigte. Durch immer neue Schenkungen machten die salischen Kaiser die Stadt zum Zentrum ihrer Macht, was sich auch in der Ausgestaltung der Domschule zur ‹Diplomatenschule des Reichs› zeigt. Wichtiger noch als die häufige Anwesenheit der Kaiser war deren Grablege im Speyrer Dom, der so zum spirituellen Mittelpunkt des Reichs wurde. In dem 1061 nach nur dreißig Jahren Bauzeit geweihten Dom, mit einer Länge von mehr als 130 Metern damals einer der größten in Europa, sind acht Kaiser und drei ihrer Gemahlinnen bestattet, von Konrad II. über die salischen Heinriche bis zu den unbedeutenderen Königen Adolf von Nassau und Albrecht von Habsburg, deren sterbliche Überreste Heinrich VII. als Versöhnungsgeste nach den vorangegangenen innerdeutschen Kriegen nach Speyer überführen ließ.[22] Speyer besaß zeitweilig alle Voraussetzungen, ein deutsches Saint-Denis zu werden und so neben die Grablege der französischen Könige zu treten. Dazu ist es jedoch nicht gekommen; mit der Übernahme der Kaiserwürde durch die Habsburger wurde Wien zum kaiserlichen Begräbnisort, Speyer und der «Kaiserdom» verloren ihre Bedeutung.

In der Architektur des Domes, namentlich der Kaiserloge, lässt sich noch heute das zentrale Element der salischen Herrschaftsauffassung erkennen, der zufolge nicht der Papst über dem Kaiser, sondern der Kaiser über dem Papst stand;[23] allenfalls konnte man von einer Gleichstellung beider Spitzen der abendländischen Christenheit sprechen. Dieses stolze Selbstbewusstsein der Salier hat zum Investiturstreit geführt, in dem sie schließlich unterlagen. Das Ergebnis war die Trennung von weltlicher und geistlicher Macht, der entscheidende Schritt, mit dem sich der lateinische Entwicklungspfad der politischen Ordnung von der Orthodoxie im byzantinischen und russischen Raum wie von der islamischen Welt absetzte.[24] Das Kaisertum wurde desakralisiert, und dass unter Friedrich Barbarossa die kaiserliche Kanzlei die Bezeichnung «*Heiliges* Römisches Reich» einführte,[25] war bloß der Versuch, mit sprachlichen Mitteln zurückzugewinnen, was in der salischen Zeit politisch verloren gegangen war. Im Speyrer Kaiserdom ist die mythische Sakralität Gestalt geworden, auf die sich das erneuerte Kaisertum nördlich der Alpen gestützt hat.[26]

Als 1930 die französische Rheinlandbesetzung endete und die Truppen aus Speyer abzogen, fand im Dom ein Gottesdienst zu dessen 900-jährigem Jubiläum statt. Anschließend sei, wie Erwein Freiherr von Aretin berichtete,[27] die Versammlung in die Krypta gestiegen, um sich der sakralen Dimensionen der deutschen Geschichte zu versichern. «Und um den von schwarzen Fahnen umwallten, im Dröhnen der Kaiserglocke bebenden Dom standen ergriffen Tausende und Tausende und erlebten das *Reich* wie eine *ewig* gültige *Vision.*» Der Mythos leitete hinüber zur Utopie: der Wiedererstehung eines machtvollen Deutschland. Und 1934 schrieb der katholische Theologe Robert Grosche: «Gewiß waren uns die Dome von Worms und Speyer und Mainz (in der Vergangenheit) etwas; es war uns etwas der Bamberger Reiter und die Naumburger Chorfiguren [...]. Es war das alles uns etwas als katholischen Christen; aber nicht mehr als katholischen Deutschen! Heute wissen wir es wieder ...»[28] Speyer wurde zum Symbol einer weder germanisch noch evangelisch ausgerichteten Verbindung mit dem alten Kaiserreich, das sich von Rom herleitete und deswegen als lateinisches Imperium bezeichnet werden kann.[29]

Steht Speyer mythenpolitisch für die romanisch-deutsche Reichsidee, so ist das rheinabwärts liegende Worms der Ort, um den die Phantasien einer germanisch-deutschen Reichserneuerung gekreist sind. Hier ruhte, dem *Nibelungenlied* nach, der Nibelungenhort. Kriemhild hatte den Schatz nach Siegfrieds Tod dazu genutzt, politische Freunde und eine bewaffnete Anhängerschaft um sich zu scharen; um dem ein Ende zu bereiten, war Hagen in ihre Gemächer eingedrungen, hatte den Schatz geraubt und ihn im Rhein versenkt.[30] Das zeigt das von Johannes Hirt entworfene Denkmal, das die Wormser 1905 unmittelbar am Rheinufer aufgestellt haben.[31]

Der Bericht des *Nibelungenlieds* hat nicht nur Schatzsucher angezogen, sondern auch die politische Phantasie von Künstlern und Schriftstellern angeregt, für die der Hort bald mehr war als bloß ein gewaltiges Vermögen an Gold und Geschmeide.[32] In seinem «Lied vom Rhein» hat Max von Schenkendorf bereits 1814 die Bergung des Nibelungenhorts mit der Wiederherstellung des deutschen Kaisertums verbunden, jenes Kaisertums, das ein Jahrzehnt zuvor der französischen Expansion zum Opfer gefallen war. Zwischenzeitlich hatte der Rhein den Schatz behütet, obwohl er selbst – «ein alter König hochgeboren» – in Fesseln lag: Doch nun, da die Franzosen wieder vertrieben waren, stand der Bergung des Horts nichts mehr im Wege:

«Erfüllt ist jenes Wort,
Der König ist nun frei,
Der Nibelungen Hort
Ersteht und glänzet neu!
Es sind die alten deutschen Ehren,
Die wieder ihren Schein bewähren:
Der Väter Zucht und Mut und Ruhm,
Das heil'ge deutsche Kaisertum.»[33]

Unter dem Einfluss der Romantiker hat sich der Rhein aus dem Ort der Versenkung des Horts in dessen Hüter verwandelt; er verbirgt ihn vor äußeren Feinden und will ihn nach der siegreichen Rückkehr deutscher Truppen gerne zurückerstatten, damit das Reich wieder in altem Glanz erstrahle. Doch die Wiedererrichtung des Kaiserreichs ließ auf sich warten, und dementsprechend vermehrte sich die Schar der politischen Hortsucher. 1856 schrieb der Maler Peter Cornelius aus Rom: «Unter dem Nibelungenhort denke ich mir das Sinnbild aller deutschen Macht, Glück und Herrlichkeit, welches alles im Rhein versenkt liegt und mit ihm dem Vaterland erhalten [bleibt] oder verloren geht.»[34]

Während der Hort für die meisten die Reichskleinodien symbolisierten, sahen die Autoren des Jungen Deutschland in ihm etwas ganz anderes: Georg Herwegh identifizierte den tief im Rhein versenkten Schatz mit dem Recht der freien Rede («Du Nibelungenhort, / Du Brot und Stein der Weisen, Du freies Wort»[35]) und Heinrich Heine mit den Verfassungsversprechen der Fürsten: unerreichbar, allenfalls ein ferner Schein.[36]

Richard Wagner hat die Geschichte vom Gold und seinem Raub grundlegend umerzählt: Am Anfang steht bei ihm nicht mehr die Auseinandersetzung zwischen Siegfried und den Burgunden, sondern der Raub des Rheingolds durch den sexuell frustrierten und deswegen machtgierigen Zwerg Alberich, der die mit der Bewachung des Goldes betrauten Rheintöchter überlistet, das Gold den Tiefen des Stromes entreißt und daraus einen Ring schmieden lässt, der seinem Besitzer grenzenlose Macht verleiht.[37] Die ursprüngliche Situation einer heilen und unversehrten Welt, in der sich weder Götter noch Riesen oder Zwerge die Natur angeeignet und ihren Zwecken dienstbar gemacht haben, wird zum Gegenentwurf der bestehenden Verhältnisse, in dem sich Mythos und Utopie miteinander verbinden. Das Lied der Rheintöchter beschreibt, was vor dem Raub war und wieder werden soll:

«Rheingold! Rheingold!
Reines Gold!
O leuchte noch
In der Tiefe dein lautrer Tand!
Traulich und treu
Ist's nur in der Tiefe:
Falsch und feig
Ist, was dort oben sich freut!»[38]

Gleichgültig, ob man Wagners *Ring* nun kapitalismuskritisch oder als eine frühe Warnung vor hemmungsloser Umweltzerstörung liest – die Rettung der Welt hängt davon ab, dass das Gold dem Rhein zurückgegeben wird. Erst dann ist der Fluch des Rings aufgehoben und der Bann gebrochen. Brünnhild setzt den Scheiterhaufen mit Siegfrieds Leiche in Brand und schleudert anschließend das Feuer in Walhalls prangende Burg. Dabei verspricht sie den Rheintöchtern die Rückgabe des Goldes. Aber zuvor muss sie selbst in den Flammen Walhalls zugrunde gehen.[39]

Der nach dem Ende des Ersten Weltkriegs wieder aufgeflammte Streit, ob der Rhein Deutschlands Strom oder Grenze sei,[40] hat vor dem nationalpolitisch ausgedeuteten Hortmotiv nicht haltgemacht. Wieder standen die Franzosen am Rhein, und abermals musste der Hort im Rhein versenkt beziehungsweise es musste dafür gesorgt werden, dass ihn die Franzosen nicht in Besitz nehmen konnten. In seinem *Rheingedenkbuch* hat der George-Schüler Ernst Bertram den Verführungskünsten des «westlichen Genius» eine in die Hortmetaphorik gekleidete Absage erteilt:

> «Buhlst du noch immer neu um unsre Knaben
> Mit Schmeichelgirren und gemalter Huld,
> Mit deinen Künsten, giftig schönen Gaben?
> […]
> Du wirst das Liebste uns nicht mehr beleidigen,
> Denn es will Gott, der auch in uns ergrimmt,
> Daß jeglicher in eigner Seele wohne.
> Geh! Diese Seelen sind dir nicht bestimmt,
> Und nimmermehr hebst du im Rhein die Krone.»[41]

Der Hort war am sichersten, wenn er im Rhein versenkt blieb und keiner sich seines Besitzes rühmen konnte. Dementsprechend wurde das Rheingold in der Bundesrepublik zum Namen für Schnellzüge der Bahn oder zum Titel für Kriminalfilme, aber als politisches Versprechen, als Verheißung gar hat es keine Rolle mehr gespielt.

Von Worms geht es auf dem Rhein an der alten Reichsfestung Mainz vorbei, die in den Revolutionskriegen überaus bedeutsam war: Wer Mainz beherrschte, kontrollierte den Rhein. Danach am Rheingau entlang bis Rüdesheim und Bingen, wo der Fluss nach Norden abbiegt und das rheinische Schiefergebirge durchstößt. Oberhalb von Rüdesheim ist hier 1883 das Niederwalddenkmal eingeweiht worden, das als Nationaldenkmal für den Sieg über die Franzosen von 1870/71 angesehen werden kann.[42] Auf einem massiven Sockelbau thront die *Germania* als Personifikation Deutschlands, in der Linken ein lorbeerumranktes Schwert und in der hocherhobenen Rechten die Kaiserkrone, die sie als Siegespreis zu vergeben hat. Das Projekt hat bei Bismarck nur sehr beschränkte Sympathie gefunden, wurde mit Germania, der deutschen Antwort auf die französische Marianne,[43] doch ein Symbol ins Spiel gebracht, das zum preußischen Führungsanspruch in Konkurrenz treten konnte. Außerdem hatte eine Germaniadarstellung von Philipp Veit der Frankfurter Paulskirchenversammlung von 1848 als Nationalrepräsentation gedient. An der *Germania* haftete der Ruch des Revolutionären, auch wenn sie im Südgiebel der Regensburger Walhalla bereits vor der 1848er Revolution für eine von den deutschen Herrscherhäusern betriebene und kontrollierte Einigung in Anspruch genommen worden war. Aber sie war ein die Personifikationen der deutschen Staaten – die *Borussia* wie die *Bavaria*, die *Suebia* wie die *Saxonia* – übergreifendes Symbol der ganzen Nation, das sich inzwischen fest mit der «Wacht am Rhein» verbunden hatte,[44] und so ließ sich das Projekt kaum blockieren. Während Deutschland nach der Reichsgründung mit zahllosen Bismarcktürmen und Kaiser-Wilhelm-Denkmälern überzogen wurde, ist die *Germania* des Niederwalddenkmals ein Unikat geblieben. Es kommt nicht von ungefähr, dass es nicht in einer der deutschen Hauptstädte realisiert wurde. Für die *Germania* war – außer auf Briefmarken und Geldnoten – nur am Rhein Platz.

Wenn ihr überhaupt ein so prominenter Ort zugestanden wurde, musste es dafür einen Ausgleich geben, und der bestand darin, dass einige Dutzend Kilometer rheinabwärts an der Mündung der Mosel ein gewaltiges Reiterstandbild Kaiser Wilhelms I. aufgestellt wurde.[45] Der in Generalsuniform mit umgelegtem Hermelinmantel gekleidete Kaiser zu Pferde wird von einem weiblichen Genius begleitet, der mit beiden Händen die Kaiserkrone vor sich herträgt. Das Deutsche Eck in Koblenz hält dem Niederwalddenkmal das borussische Gleichgewicht und wurde das teuerste der zahllosen Reiterdenkmäler Kaiser Wilhelms. Während auf dem Niederwalddenkmal eine Tafel mit Schneckenburgers «Wacht am Rhein» angebracht ist, sind am Deutschen Eck neben der Widmungsinschrift am Denkmalsockel die Verse aus Schenkendorfs «Rheinlied» zu lesen: «Nimmer wird das Reich zerstöret, wenn ihr einig seid und treu.» Damit war der Mittelabschnitt des Rheins denkmalpolitisch befestigt.

Das Reiterdenkmal des Kaisers wurde am Ende des Zweiten Weltkriegs durch amerikanisches Artilleriefeuer schwer beschädigt; seine Überreste blieben fast ein halbes Jahrhundert eingelagert, bis nach 1992 wieder eine Nachbildung aufgestellt wurde.[46] Zuvor hatte die Landzunge am Zusammenfluss von Rhein und Mosel als «Mahnmal der deutschen Einheit» gedient. Damit hatte man den einst gen Westen gerichteten denkmalpolitischen Blick nach Osten umgekehrt, wo nunmehr, so die bundesrepublikanische Sicht, die deutsche Einheit blockiert wurde. Der in den 1980er Jahren aufgekommenen Idee einer Wiederaufstellung des kaiserlichen Reiterstandbilds erteilte im Januar 1988 der damalige rheinland-pfälzische Ministerpräsident Bernhard Vogel mit der Bemerkung eine Absage, derlei komme erst in Frage, wenn das Brandenburger Tor wieder offen sei. Als im April 1990 die Vereinigung beider deutscher Staaten in greifbare Nähe gerückt war, ergänzte Vogel: Wenn die Lösung der deutschen Frage gelinge, «brauchen wir auch in Koblenz nicht mehr mit einem Torso am Deutschen Eck zu leben».[47] Dementsprechend wurden bei der Neugestaltung des Deutschen Ecks beide Einigungen Deutschlands zusammengeführt: die unter preußischer Oberhoheit von 1871, verkörpert im Reiterstandbild Wilhems I., und die unter rheinischer Kontrolle von 1990, symbolisiert durch die Wappen aller 16 Bundesländer, die am Deutschen Eck angebracht wurden – eine Verbindung, die sich sonst nirgendwo in Deutschland findet.

Zwischen Niederwalddenkmal und Deutschem Eck liegen zwei herausgehobene Stationen der Rheinmythologie: die Pfalz bei Kaub und der Loreleyfelsen. Hier, wo die Burgen den Rhein in dichter Folge säumen, ist die Flusslandschaft zur inspiratorischen Quelle romantischen Erlebens geworden.[48] Friedrich Schlegel hatte die Verbindung von Landschaft und Zivilisation in Gestalt von Burgen als spezifisch *deutsch* herausgestellt: «In der ganzen Tendenz und inneren Idee dieser Bergschlösser» sah er «eine Veranlassung, jene kühne, baukünstlerische Fantasie zu erregen und zu nähren, welche die gotische Baukunst in allen ihren Epochen ausgezeichnet hat».[49] Keine andere Nation hat in die Restaurierung mittelalterlicher Burgen so viel Geld und Energie investiert wie die deutsche, und der Rheinabschnitt zwischen Bingen und Bonn hat dabei den Anfang gemacht.[50] Eine dieser Burgen, die auf einem Felsriff im Rhein stehende Pfalz beim Städtchen Kaub, wurde zum Inbegriff des nationalen Befreiungsmythos, denn hier überquerte in den frühen Morgenstunden des 1. Januar 1814 die 1. Schlesische Armee den Rhein. Das war in doppelter Hinsicht hochbedeutsam. Zum einen war dies ein Vorstoß auf französisches Territorium, nachdem die Kriege zwanzig Jahre lang auf deutschem Gebiet ausgetragen worden waren, zum anderen kamen die linksrheinischen Gebiete damit nach mehr als einem Jahrzehnt französischer Verwaltung wieder unter deutsche Herrschaft. Blüchers Rheinübergang bei Kaub wurde zum Symbol dafür, dass sich das Blatt der Weltgeschichte gewendet hatte.

Wilhelm Camphausen hat dieses Ereignis auf einem zeitweilig sehr populären Gemälde festgehalten.[51] Auf der linken Bildhälfte windet sich der Heerwurm der Linientruppen zum Rhein hinunter, den die Soldaten auf einer Pontonbrücke mit der mächtigen Pfalz als Zwischenstation überschreiten.[52] Im Rheintal liegt Winternebel, und die mächtigen Türme und Vorbauten der Pfalz sind mit Schnee bedeckt. In der Bildmitte grüßt Blücher zu Pferde seine Soldaten und weist ihnen mit ausgestrecktem Säbel den Weg: über den Rhein Richtung Paris. Er ist von Stabsoffizieren umgeben, die den Übergang koordinieren. Am rechten wie linken Bildrand winken Zivilisten den Soldaten zu, eine Mutter hebt ihr Kind hoch, damit es das Geschehen besser sehen kann, im rechten Vordergrund rastet preußische Landwehr, ältere Männer, die sich nach dem Siegeszug von ihren Kameraden verabschieden. Ihre Aufgabe endet am Rhein; die Landwehr ist das defensive Element des neugeschaffenen Heeres; was jetzt folgt, sind offensive Operationen.

Wenige Kilometer flussabwärts, bei Stromkilometer 554, bildet der Rhein ein enges Tal mit Strudeln und Stromschnellen, die zu früheren Zeiten eine erhebliche Gefahr für Schiffer und Flößer darstellten.

Hier ragt ein Schieferfelsen ins Flusstal, der im 19. Jahrhundert zum Loreleyfelsen geworden ist.[53] Entgegen Heines berühmter Wendung vom «Märchen aus uralten Zeiten» ist die Geschichte von der schönen Loreley ein Produkt der Romantik, genauer eine Erfindung Brentanos. Schon in seinem 1811 entstandenen Rheinmärchen «Müller Radlauf» ist von der Zauberin Lureley und ihren sieben Töchtern die Rede, die den Nibelungenschatz bewachen («Sie ist die Hüterin vom Hort / Sie lauscht und horchet immerfort, / Und höret sie ein lautes Wort / Singt, tut ein Schiffer einen Schrei, / So ruft die Töchter sie herbei, / Und siebenfach hallt das Geschrei, / Zum Zeichen, dass sie wachsam sei.»[54]), und in der Ballade «Lureley» berichtete Brentano von der schönen Zauberin Lore Lay und ihren Liebesqualen:[55] Wer auch immer von ihr angeschaut wird, ist ihr verfallen; nur der, den sie liebte, hat sie verlassen und ist in ferne Lande gezogen. Seitdem richtet sie alle Männer zugrunde, die ihr zu Gesicht kommen. Auch der Bischof, der sie vorgeladen hat, ist von ihr hingerissen; um die Welt vor ihr zu schützen, beauftragt er drei Ritter, sie in ein Kloster zu bringen, wo sie Nonne werden soll. Lore Lay bittet die Ritter, noch einmal auf den hohen Felsen zu dürfen, wo sie einen letzten Blick auf das Schloss ihres Geliebten werfen will. Oben angekommen, stürzt sie sich in den Rhein. Männerverzehrende Schönheit und tiefes Unglück werden so von Anfang an in der Gestalt der Loreley miteinander verbunden. Innerhalb von zwei bis drei Jahrzehnten hat sie eine dynamische Verwandlung durchgemacht, von der Hüterin des Nibelungenhorts zur unnahbaren Bürgerstochter, die ihren Liebeskummer in einem Wechselspiel von Bezauberung und Zurückweisung auslebt, und schließlich zur gefühlskalten Elementarfrau, zur *femme fatale* des Rheinmythos, als die sie bei Heine vorgestellt wird.[56]

«Die schönste Jungfrau sitzet
Dort oben wunderbar;
Ihr goldnes Geschmeide blitzet,
Sie kämmt ihr goldenes Haar.

Sie kämmt es mit goldenem Kamme
Und singt ein Lied dabei;
Das hat eine wundersame
Gewaltige Melodei.

Den Schiffer im kleinen Schiffe
Ergreift es mit wildem Weh;
Er schaut nicht die Felsenriffe,
Er schaut nur hinauf in die Höh.

Ich glaube, die Wellen verschlingen
Am Ende Schiffer und Kahn;
Und das hat mit ihrem Singen
Die Lore-Ley getan.»[57]

Die Erzählungen und Gedichte um die Loreley haben einen Anziehungspunkt für den Tourismus geschaffen, der am Rhein schon früh im 19. Jahrhundert einsetzte[58] und zur Verbreitung der deutschen Mythen in alle Welt beitrug. In den Debatten um die Westintegration der Bundesrepublik erlangte die Loreley freilich noch einmal politische Relevanz. So heißt es in dem von Ernst Busch getexteten und von Hanns Eisler vertonten «Antikriegslied» aus dem Jahre 1950:

«Go home, Ami! Ami, go home! Spalte für den Frieden dein
Atom.
Sag: Good bye dem Vater Rhein.
Rühr nicht an sein Töchterlein –
Loreley – so lang' du singst, wird Deutschland sein.

Ami, lern' die Melodei von der Jungfrau Lorelei,
Die da oben sitzt und kämmt ihr goldenes Haar.
Wer den Kamm ihr bricht entzwei, bricht sich selbst das G'nick
dabei.
Uralt ist das Märchen, traurig, aber wahr.

Go home, Ami! Ami, go home! Laß in Ruh' den deutschen
Strom!
Denn für deinen ‹Way of Life› kriegst du uns ja doch nicht reif.
Gruß von Lorchen: ‹Bon plaisir›,
Der Kamm bleibt hier!»[59]

Das sollte sich jedoch als Irrtum erweisen: Nicht nur entfaltete die konsumorientierte Lebensweise der Amerikaner in Deutschland eine Attraktivität, die bis in die DDR hinüberstrahlte, sondern die Gestalt der Loreley wurde bald auch von der US-Kulturindustrie angeeignet: In der Hollywood-Komödie «Blondinen bevorzugt» von 1953 spielt Marilyn Monroe das Showgirl Lorelei Lee.

Noch vor Bonn verlässt der Rhein die Umgebung des Schiefergebirges und tritt in das Kölner Becken ein, wo er sehr viel mehr Platz hat, sodass er langsam dahinströmt. Statt von Burgen und Kirchen sind die Ufer von Fabrikhallen und Produktionseinrichtungen gesäumt. Hier wird der Rhein mit seinem Seitenfluss der Ruhr zur Verkehrsader der deutschen Schwerindustrie. Doch das mythische Programm ist nicht abgeschlossen, bevor der Kölner Dom passiert ist.

Man hat von diesem größten der gotischen Dome in Deutschland gesagt, er sei «der Gipfel dessen, was die Rheinromantik patriotisch-bürgerlicher Gesinnung zu bieten hatte».[60] Um 1560 war die Arbeit an dem in der Mitte des 13. Jahrhunderts begonnenen Projekt eingestellt worden, nachdem seit Ende des 15. Jahrhunderts baulich keine großen Fortschritte mehr zu verzeichnen waren. Damals setzte ein wirtschaftlicher Niedergang Kölns ein, und man sah keine Möglichkeit, den gewaltigen Bau zu finanzieren. Auch hatte sich der Bevölkerungszuwachs in Köln nicht so entwickelt, wie im 13./14. Jahrhundert angenommen. Man beendete die Arbeiten mit einem weitgehend fertiggestellten Chor, einem provisorisch geschlossenen Langhaus, das um die Hälfte niedriger war als der Chor, und dem gerade 59 Meter hohen Stumpf des Südturms, wobei am Nordturm die Arbeiten noch nicht einmal aufgenommen worden waren.[61]

Der Dom zu Köln war ein Torso, der von hochfahrenden Plänen und einem dauerhaften politisch-wirtschaftlichen Einbruch der Rheinmetropole kündete – ein Schicksal, das er mit vielen mittelalterlichen Kirchenbauprojekten teilte, die Fragment blieben oder notdürftig fertiggestellt wurden. Was ihn jedoch von anderen unterscheidet, ist seine nationalmythische Aufladung, die mit Goethes Beschreibung des Straßburger Münsters und der Vorstellung von der Gotik als spezifisch deutscher Kunst begann und durch die Thronbesteigung des politischen Romantikers Friedrich Wilhelm IV. in Berlin einen entscheidenden Schub erfuhr.

Das städtische Repräsentationsbedürfnis des Kölner Großbürgertums und der Selbstbehauptungswille des rheinischen Katholizismus im protestantischen Preußen fand in dem neuen König den Katalysator, der vonnöten war, um Absichten in Taten zu verwandeln. Schon 1842 wurden die Bauarbeiten wiederaufgenommen, und über die jährlichen Zuwendungen aus der preußischen Staatskasse hinaus mobilisierte der Dombauverein Spendengelder. Die Rheinlandkrise von 1840 hatte dafür gesorgt, dass viele Bürger ihren Beitrag zur «Wacht am Rhein» leisten wollten, indem sie – ganz gleich, welcher Konfession sie angehörten – das Projekt finanziell unterstützten; es sollte das politische Symbol für die Vollendung des Reiches werden. Friedrich Wilhelm, von Jugend an ein Anhänger der romantischen Idee einer Domvollendung, erkannte darin «ein Zeugnis der Einheit der christlichen Konfessionen im Mittelalter, das wichtigste Dokument der Gotik und ein Mahnmal der Vollendung der deutschen Nation in der Vielfalt ihrer Stämme».[62]

Nicht alle sahen das so oder wollten es so sehen. Goethe bemerkte, als er ein halbes Jahrhundert vor der Wiederaufnahme der Bauarbeiten die Pläne betrachtete, hier gehe es um «den Turm zu Babel an den Ufern des Rheins».[63] Und auch Heine hat in «Deutschland. Ein Wintermärchen» den unfertigen Dom als Ausdruck für Deutschlands protestantische Sendung begriffen, mit der dem Dunkelmännertum des Kölner Klerus ein Ende bereitet worden sei:

«Er sollte des Geistes Bastille sein,
Und die listigen Römlinge dachten:
In diesem Riesenkerker wird
Die deutsche Vernunft verschmachten.

Da kam der Luther, und er hat
Sein großes ‹Halt!› gesprochen –
Seit jenem Tage blieb der Bau
Des Domes unterbrochen.»[64]

Doch all diese Einsprüche halfen nichts gegen die drei Kräfte, die aus ganz unterschiedlichen Motiven das Projekt vorantrieben: die rheinischen Katholiken als Manifestation ihres Glaubens, die nationalliberale Bewegung als Darstellung deutscher Kunst und nationaler Größe und schließlich die Dynastie der Hohenzollern als Zeugnis der von ihr geleiteten deutschen Tüchtigkeit und nationalen Macht.[65] So konnte der Dom nach einer Bauzeit von knapp vier Jahrzehnten im Jahre 1880 in Anwesenheit Kaiser Wilhelms I. eingeweiht werden.

Mythenpolitisch hat der Rhein recht unterschiedliche Aufgaben gehabt: vom Hüter des Horts, in dem sich des Reiches Glanz und Herrlichkeit verbirgt, über eine narrativ-ikonische Verteidigungslinie gegen Frankreich bis zum symbolpolitischen Pendant Berlins. Er war darin komplementär zum Kyffhäuser und dem darin schlafenden Barbarossa, balancierte in romantischer Verspielt- wie gotischer Erhabenheit den «preußischen Stil» Berlins und ist inzwischen von einem Inbegriff ökonomischer Potenz («an Rhein und Ruhr») zu einem ökologischer Vernunft geworden. Der Rhein sei wieder sauber, erklärte der damalige Bundesumweltminister Georg Töpfer und besiegelte das mit einem Kopfsprung in seine Fluten.

V. Politische Mythen nach dem Zweiten Weltkrieg

Mit der bedingungslosen Kapitulation vom 7. und 9. Mai 1945, einem historisch beispiellosen Vorgang,[1] hatte nicht nur das Deutsche Reich als politisch souveräner Akteur zu bestehen aufgehört, sondern auch die Mythen, die seiner Legitimation nach außen wie der Integration nach innen dienten, hatten ihre Kraft verloren oder waren durch den Gang der Ereignisse widerlegt worden: Das «Mirakel des Hauses Brandenburg», auf das Hitler und Goebbels bis zuletzt gehofft und mit dem sie den Durchhaltewillen der Verteidiger Berlins angefeuert hatten, war nicht eingetreten. Die Anti-Hitler-Koalition war nach dem Tod des amerikanischen Präsidenten Roosevelt nicht zerbrochen. Die Zerstörungen, denen Deutschland während der letzten beiden Kriegsjahre ausgesetzt gewesen war, ließen sich allenfalls mit den Verheerungen des Dreißigjährigen Krieges vergleichen, und «die Macht und Herrlichkeit» des von Bismarck gegründeten Reiches, das die Niederlage des Ersten Weltkrieges überstanden hatte, war endgültig dahin.[2]

Auf eine Wiederkehr Kaiser Rotbarts, wie im 19. Jahrhundert, konnte man nicht mehr setzen,[3] zumal der Mythos Barbarossa durch dessen Verwendung als Deckname für den Überfall auf die Sowjetunion unrettbar desavouiert war. Auch mit Siegfried und den Nibelungen, der großen Opfererzählung im deutschen Mythensystem, war kein Staat mehr zu machen. Nachdem es in Deutschland kaum eine Familie gab, die nicht mindestens einen Sohn, Bruder oder Vater im Krieg verloren hatte, war man des Opferns überdrüssig. Das Nachkriegsdeutschland glich einem «Totenhaus».[4] Das hatte auch der zum Nachfolger Hitlers ernannte Großadmiral Dönitz erkannt, dessen spontane Reaktion auf die Mitteilung aus dem Berliner Bunker, dass er die Reichsregierung führen solle, lautete: «Schluß machen, Heldenkampf ist genug gekämpft, Volkssubstanz erhalten, keine unnötigen Blutopfer mehr.»[5]

Als die beiden deutschen Staaten Mitte der 1950er Jahre dann darangingen, wieder Streitkräfte aufzustellen, regte sich Widerspruch, in der Bundesrepublik sehr viel heftiger als in der DDR, wo nach dem 17. Juni 1953 kein öffentlicher Protest geduldet wurde. In der Bundesrepublik wuchs sich die Kampagne gegen die Wiederbewaffnung zum ersten großen politischen Aufbegehren in der jungen Republik aus,[6] das durchaus mit den Studentenunruhen der Jahre 1967 bis 1969 und den Demonstrationen gegen die Nato-Nachrüstung zu Beginn der 1980er Jahre vergleichbar ist. Dass zumindest im Westen eine «postheroische Gesellschaft»[7] entstanden war, kam keineswegs bloß in der wachsenden Zahl von Wehrdienstverweigerern zum Ausdruck, sondern machte sich auch in der Mentalität der Streitkräfte bemerkbar, und selbst die DDR-Führung, die sich im Unterschied zur Bundesrepublik eines an preußische Traditionen anknüpfenden Militärzeremoniells bediente, musste in begrenztem Maße den postheroischen, mitunter antiheroischen Grundtendenzen ihrer Bevölkerung Rechnung tragen.[8] Seit den 1980er Jahren konnten sie nicht mehr mit der offiziellen Rhetorik vom «sozialistischen Friedenslager» aufgefangen werden und artikulierten sich in kirchlichen Gruppen, die gegen die militärischen Zumutungen des Staates offen Position bezogen. Spätestens jetzt wurde der Opfermythos der Nibelungen durch die mythisch-utopische Forderung «Schwerter zu Pflugscharen» abgelöst.[9]

Der Mythos des bedingungslosen Widerstands gegen Eindringlinge und Eroberer, wie er sich in Deutschland mit der Arminius/Hermann-Figur verband, war nach 1945 ebenfalls nicht mehr anschlussfähig. Man war des Kämpfens überdrüssig und mit dem bloßen Überleben beschäftigt. Als die dringlichsten Versorgungsprobleme schließlich gelöst waren und – im Westen zumindest – die ersten Anzeichen eines wirtschaftlichen Aufschwungs sichtbar wurden, wurde die Sorge des bloßen Überlebens durch die Orientierung an einem materiell besseren Leben abgelöst, und dafür waren weder Arminius noch die Nibelungen angemessene Symbole. Es waren also nur kleinere und vor allem politikdistante Mythen, die den Deutschen nach 1945 aus ihren traditionellen Mythen zwecks Selbstvergewisserung und Neuorientierung zur Verfügung standen: die Mythen der Weimarer Klassik, unter Rückgriff auf die man die deutsche Physiognomie neu strukturieren konnte,[10] die Faust-Figur, in Auseinandersetzung mit der sich eine Erklärung für das Verhängnis der letzten Jahre entwickeln ließ,[11] und schließlich die um die Landschaft am Mittelrhein gerankten Mythen, mit denen man insbesondere die Amerikaner beeindrucken konnte.[12]

Die Gründungsmythen der drei aus den Trümmern des Großdeutschen Reichs entstehenden Staaten – der Bundesrepublik, der DDR und Österreichs – sollten einen Neuanfang sowie den Bruch mit der NS-Vergangenheit markieren, und zugleich hatten sie die Funktion, die Unterschiede zu den jeweils beiden anderen Staaten herauszustellen. Am leichtesten fiel das der Republik Österreich, die sich unter Verweis auf den «Anschluss» im Frühjahr 1938 als «Hitlers erstes Opfer» präsentieren und sich so vom Nationalsozialismus und seinen Verbrechen distanzieren konnte.[13] Der Opfermythos hat entscheidend zur Entstehung einer eigenen politischen Identität in Österreich beigetragen.

Die Bundesrepublik und die DDR taten sich mit der Vergangenheit sehr viel schwerer, und deswegen mussten sie sich auch sehr viel schärfer gegen diese abgrenzen. Dabei hat die Bundesrepublik mit Währungsreform und Wirtschaftswunder auf eine im Wesentlichen ökonomische Gründungserzählung gesetzt, während die DDR mit Antifaschismus und antifaschistischem Widerstand eine politische Trennlinie zum NS-Regime zog und zugleich die führende Rolle von KPD beziehungsweise SED in der DDR legitimieren konnte. Der Gründungsmythos der DDR stellte die Bundesrepublik, die sich als Rechtsnachfolgerin des Deutschen Reiches verstand, in eine ungebrochene Tradition mit dem NS-Regime, und die DDR unterstrich dies immer wieder durch mehr oder weniger spektakuläre Kampagnen gegen bundesrepublikanische Politiker. Im Gegenzug wies die Bundesrepublik – abgesehen davon, dass sie auf der fehlenden demokratischen Legitimation des SED-Regimes beharrte, indem sie den Aufstand vom 17. Juni und dessen blutige Niederschlagung durch sowjetische Panzer zu ihrem politischen Feiertag erklärte[14] –, auf die ökonomische Achillesferse der DDR hin, auf die Mangelwirtschaft und das notorische Fehlen begehrter Konsumgüter. In der Legitimitätskonkurrenz der beiden deutschen Staaten hatte die DDR seit dem 17. Juni 1953 permanent das Nachsehen, vom Alleinvertretungsanspruch der Bundesrepublik und der damit verbundenen Hallstein-Doktrin bis zum Import von 10 000 VW-Golf-Fahrzeugen und einer wachsenden Abhängigkeit von bundesrepublikanischen Krediten.[15] Während die DDR bis zu ihrem Zusammenbruch um die politische Anerkennung durch die BRD kämpfte – für Erich Honecker war der Arbeitsbesuch in der Bundesrepublik und der protokollarisch aufgewertete Empfang durch Helmut Kohl in Bonn der Höhepunkt seines politischen Lebens[16] –, tat sich die Bundesrepublik mit ihrer eigenen Selbstanerkennung schwer und betonte lange ihren Provisoriumscharakter – nicht nur in der Präambel des Grundgesetzes, sondern auch in der Architektur der Bonner Regierungsgebäude. Die dünne Staatssymbolik der Bonner Republik war das Pendant zu deren mythenpolitischer Unterausstattung. Als sich das im Verlauf der 1980er Jahren allmählich änderte,[17] brach die DDR zusammen, und die politischen Karten wurden neu gemischt.

Zur mythenpolitischen Selbstdarstellung der beiden deutschen Staaten gehört auch die Stilisierung ihrer führenden Politiker. Während die DDR mit zwei politischen Führungsfiguren, Ulbricht und Honecker, auskam, hat die Bundesrepublik vier Kanzler gehabt, die einen eigenen Stil entwickelten, klar identifizierbare Zeitabschnitte, also eine «Ära», prägten und darüber «mythenfähig» wurden: Adenauer, Brandt, Schmidt und Kohl.[18] Den Gepflogenheiten kommunistischer Regime entsprechend, entwickelte sich um Ulbricht und Honecker ein Personenkult,[19] dessen Wirkung durch das dürftige Charisma der beiden freilich Grenzen gezogen waren. Die Bundeskanzler hingegen – der asketische Patriarch Adenauer, der tragisch gescheiterte Visionär Brandt, der selbstbewusste Weltökonom Schmidt und der joviale Machtpolitiker Kohl[20] – sind eigentlich erst nach Ende ihrer Amtszeit mit einer mythischen Aura umgeben worden. Auch das stellt einen wichtigen Unterschied zur DDR dar, wo der Personenkult mit der Entmachtung des Bereffenden jäh endete. Die Erinnerung an den Gestürzten musste im Interesse seines Nachfolgers begrenzt und mit Kritik durchsetzt werden. Das war bei den Bundeskanzlern anders: Gerade weil sie auf der politischen Bühne keine Rolle mehr spielten, konnten sie ins kollektive Gedächtnis der Republik ohne weiteren Parteienstreit aufgenommen werden.

Bei der Anreicherung des Gedächtnisses wie der Ablösung des politischen Spitzenpersonals haben die jeweiligen Gründungsmythen eine gewisse Rolle gespielt: Vermutlich hat sich das Politbüro der SED nicht zuletzt deshalb so schwer getan, Honecker – dessen Unfähigkeit, die Krise des Staates zu meistern, seit längerem sichtbar war – durch einen Nachfolger zu ersetzen, weil jeder in Frage kommende Nachfolger die gründungsmythische Erzählung vom antifaschistischen Widerstand nicht mehr hätte verkörpern können.[21] Der antifaschistische Gründungsmythos behinderte in den 1980er Jahren den Wechsel des politischen Spitzenpersonals der DDR und hat so deren Niedergang beschleunigt. Die Wirkung des Wirtschaftswundermythos in der Bundesrepublik war genau umgekehrt: Als sich während der Kanzlerschaft Ludwig Erhards die Wirtschaftslage verschlechterte, Erhard nicht mehr in der Lage war, den selbstgeschaffenen Mythos auszufüllen, war dies für die starken Männer der CDU eine willkommene Gelegenheit, den als führungsschwach geltenden Kanzler zu stürzen.[22] Willy Brandt ist es in der Affäre um den DDR-Agenten Guillaume nicht anders ergangen; Helmut Kohl dagegen konnte seinen auf dem Bremer CDU-Parteitag 1989 geplanten Sturz abwenden und danach zum «Kanzler der Einheit» werden. Brandt ist an dem Aufbruchsmythos gescheitert, den er zeitweilig verkörpert hatte, aber operativ nicht umsetzen konnte, und im Falle Kohls ist es Ende der 1980er Jahre seiner eigenen Partei zunehmend schwergefallen, ihn als Verkörperung der geistig-moralischen Erneuerung zu sehen, die er sich bei seinem Regierungsantritt auf die Fahnen geschrieben hatte. In der Bundesrepublik war (und ist) das Spiel mit politischen Mythen immer einem «Ritt auf dem Tiger» vergleichbar: Man kann damit großen Eindruck machen, aber wenn man herunterfällt, wird man gefressen. Bei niemandem zeigte sich das so deutlich wie bei Erhard und Brandt. Es gab (und gibt) also gute Gründe, wenn sich Politiker während ihrer Amtszeit gegenüber den Suggestionen einer mythischen Stilisierung reserviert verhielten und diese auf die Zeit nach ihrem Ausscheiden aus den politischen Ämtern verschoben. Während der Amtszeit verschafft die mythische Stilisierung der Person zweifellos politische Unterstützung, aber sie ist auch eine Achillesferse, die nicht geschützt werden kann: Am Mythos eines Politikers können sich nämlich Journalisten und Intellektuelle zu schaffen machen und ihn in eine Waffe gegen seinen Träger verwandeln. Nur wo Meinungs- und Pressefreiheit unterdrückt werden, können sich die führenden Politiker ihrer Aura sicher sein – jedenfalls so lange, wie sie an der Macht sind. Die Mythisierung eines Politikers nach seinem Abtritt von der politischen Bühne eröffnet ihm in Demokratien freilich die Chance, über Sakralitätstransfer jenseits demokratischer Wahlen und Bestellungsverfahren Einfluss auf die Nachfolger ihrer Nachfolger auszuüben.[23] Die narrative und ikonische Überhöhung eines Politikers zum epochalen Staatsmann wird zur Gratifikation, mit der sein von den möglichen Nachfolgern lange ersehnter Abgang von der politischen Bühne versüßt wird, und dieses durch Mythisierung aufgehäufte Kapital wird zur Ressource bei politischer Einflussnahme durch Meinungsäußerungen und der Vorbereitung des nächsten Machtwechsels. Darauf müssen die Machthaber in autoritären und totalitären Regimen verzichten. Sie haben das mythische Kapital während ihrer Amtszeit aufgezehrt, und ihre Nachfolger müssen sie, wenn sie nicht von vornherein auf eine *damnatio memoriae* setzen, zumindest «entmythisieren», um selbst zum Mythos werden zu können. Das war in der DDR im Verhältnis Honeckers zu Ulbricht so, und wenn die DDR Honeckers Sturz länger überlebt hätte, wäre es ihm in «seinem Staat» ähnlich ergangen. Wenn nachfolgend die politischen Mythen der Bundesrepublik und der DDR parallel dargestellt und als System von Gegenmythen begriffen werden, dann sollte darüber nicht vergessen werden, dass sich die Mechanismen, denen die Entstehung und Entwicklung politischer Mythen unterliegen, in demokratischen und posttotalitär-autoritären Regimen grundsätzlich voneinander unterscheiden.

Buchenwalddenkmal (1958) von Fritz Cremer.

Antifaschistischer Widerstand, frühbürgerliche Revolution und Befreiungskriege

Die Gründungsmythen der DDR

Im Herbst 1949, so Erich Honecker 1988 rückblickend, habe man vor der Entscheidung gestanden, «entweder die antifaschistisch-demokratischen Verhältnisse zu festigen und planmäßig die revolutionäre Umwälzung auf dem Weg zum Sozialismus fortzuführen oder die antiimperialistischen, demokratischen Errungenschaften preiszugeben und eine Restauration monopolkapitalistischer Verhältnisse zuzulassen». Und er fährt fort: «Logischerweise entschieden wir uns für das erstere und gründeten unseren Arbeiter-und-Bauern-Staat.»[1] Unzählige Male ist dieses Selbstverständnis der DDR variiert worden: Sie habe sich in die Tradition des Antifaschismus gestellt, während in der Bundesrepublik Deutschland weiterhin eine «monopolkapitalistische» Gesellschaftsordnung herrsche, die – so die Behauptung – schon einmal in den Faschismus geführt habe.

«Der Faschismus», so hatte Walter Ulbricht noch 1968 dekretiert, «ist das Werk der aggressivsten, expansionistischsten Kräfte des Monopolkapitals, die mit den Mitteln der Militarisierung, der staatlich formierten Herrschaft und der Manipulierung der Menschen ein unmenschliches System schaffen.»[2] Das war eine Variation der Faschismusdefinition Georgi Dimitroffs aus den 1930er Jahren, wonach der Faschismus «die offene terroristische Diktatur der reaktionärsten, am meisten chauvinistischen und am meisten imperialistischen Elemente des Finanzkapitals» darstellte.[3] Diese Definition war für die Politik der Komintern verbindlich geworden und hatte ein Bündnis mit bürgerlich-liberalen Kräften im Kampf gegen den Nationalsozialismus unmöglich gemacht. Als Ulbricht ein Vierteljahrhundert nach dessen Zerschlagung die Formel wieder aufgriff, diente das dazu, von einem Fortbestehen des Faschismus sprechen und die Bundesrepublik als faschistischen Staat bezeichnen zu können, gegen den man sich mit einem «antifaschistischen Schutzwall» verteidigen müsse.

Bis zum Zusammenbruch im November 1989 hat der DDR dieses Selbstverständnis als Rechtfertigung ihrer Eigenstaatlichkeit genützt. «Die DDR, der neue deutsche Staat, in dem das werktätige Volk unter Führung der Arbeiterklasse die Macht ausübt», erklärte ein Autorenkollektiv in einem offiziösen Text- und Bildband zum 40. Jahrestag der DDR, «richtete von Anfang an seine Politik darauf, eine dauerhafte Friedensordnung in Europa schaffen zu helfen, getreu dem Schwur, den die in Konzentrationslager und Zuchthäuser Gesperrten, in die Illegalität und das Exil Getriebenen geleistet hatten: ein friedvolles Land zu errichten, von dessen Boden nie wieder Krieg ausgehen darf, in dem auch die geistigen Wurzeln des Faschismus ausgerottet sind und demokratische Verhältnisse herrschen. Deutsche Antifaschisten waren die Unermüdlichen der ersten Stunde! Sie waren schon daran gegangen, Wege und Ziele abzustecken, die Keime des Neuen zu setzen, als der Krieg noch in den letzten Zügen lag.»[4] Mit der Gründung der DDR seien dann «die Ergebnisse der antifaschistisch-demokratischen Umwälzung ein für allemal verankert» worden, und man habe «ein neues Kapitel im Buch der deutschen Geschichte aufgeschlagen».[5]

Der Begriff «Umwälzung» lässt aufhorchen – nicht nur, weil er die Frage nach den Akteuren offen lässt, sondern auch, weil der marxistischen Terminologie entsprechend an dieser Stelle von «Revolution» hätte die Rede sein müssen. Nun war das Naziregime aber durch den Vormarsch der Alliierten gestürzt worden; einen Aufstand der deutschen Arbeiterklasse hatte es nicht gegeben. Über die Zukunft des Landes hatten die Siegermächte in Potsdam entschieden, und später, als sie sich auf gemeinsame Beschlüsse nicht mehr verständigen konnten, verfolgte jede in ihrer Zone eine eigene Politik. Was aus Deutschland nach dessen bedingungsloser Kapitulation werden würde, war unklar.

Auf allen Ebenen hatten die Siegermächte die Macht übernommen. Wozu sie diese nutzen wollten, lag weitgehend im Dunkeln. Wer in dieser Situation von Umwälzung sprach, signalisierte seine Vorstellungen von der politischen Zukunft.

Wenn politische Mythen, wie eingangs skizziert, die Funktion haben, Kontingenz zu reduzieren, dann gilt dies ganz besonders für den Mythos des antifaschistischen Widerstands: Die politische Führung der DDR wusste, wie abhängig ihr Staat von der Sowjetunion war und dass der Kreml nicht zögern würde, seiner Auflösung zuzustimmen, falls dies für die UdSSR von Vorteil wäre – die Stalin-Note vom 10. März 1952, in der die Wiedervereinigung eines neutralen Deutschland in Aussicht gestellt wurde, zeigte das nur zu deutlich. Man brauchte eine Rechtfertigung für die Existenz der DDR, die über die Vereinbarungen von Jalta und den Siegeszug der Roten Armee hinausging, und die fand man in der gründungsmythischen Erzählung, wonach die DDR ihre Entstehung vor allem dem Widerstand deutscher Antifaschisten verdanke. Dabei wurde das Bild eines kontinuierlichen Kampfes gegen den Faschismus entworfen, in dessen Tradition die DDR sich stellte.

Wer ein solches Vermächtnis zu erfüllen hatte, das mit so unendlichem Leid und Elend verbunden war, durfte nicht von den Launen der Herren im Kreml abhängig sein. Dementsprechend avancierte die Erzählung vom antifaschistischen Widerstand zum DDR-Gründungsmythos.[6] Er wurde zu einer säkularen Staatsreligion, die in der Verehrung kommunistischer Widerstandskämpfer als Märtyrer ihren Ausdruck fand.[7] Zugleich markierte er eine scharfe Grenze sowohl gegenüber der deutschen Vergangenheit als auch gegenüber der deutschen Staatsbildung im Westen. Die Bundesrepublik bestritt die Legitimität der DDR, und die DDR antwortete darauf mit dem antifaschistischen Gründungsmythos, der wiederum die Legitimität des westdeutschen Staates in Frage stellte.

Auf die vierzig Jahre ihres Bestehens bezogen, hat sich die DDR erheblich mehr um ihre geschichtliche Verankerung bemüht als die hierin eher sorglose und nachlässige Bundesrepublik, die aufgrund ihrer wirtschaftlichen Stärke und demokratischen Gefestigtheit glaubte, ohne größere Bemühungen um historische Legitimität auskommen zu können. Die Formel vom Provisoriumscharakter tat ein Übriges. Die DDR hingegen musste einen Spagat versuchen: Sie behauptete einerseits, einen völligen Neuanfang gewagt zu haben, und verstand sich gleichzeitig als Erbin einer «Fülle humanistischer und progressiver Traditionen»[8], an die es anzuknüpfen gelte. Dazu gehörten die frühbürgerliche Revolution, also die Verbindung zwischen Reformation und Bauernkrieg zu einem politischen Ganzen,[9] sowie die antinapoleonischen Befreiungskriege,[10] in denen sich die preußisch-russische Waffenbrüderschaft erstmals bewährt habe. Aber das waren lediglich Ergänzungsmythen, die dazu dienen sollten, die DDR tiefer in der deutschen Geschichte zu verankern. Verglichen damit war der Mythos des antifaschistischen Widerstands sehr viel zentraler; er wurde zum Gründungsmythos der DDR.

Zunächst ging es in ihm darum, die Arbeiterschaft von dem Verdacht freizusprechen, sie sei in nicht geringen Teilen zur NSDAP übergelaufen beziehungsweise für nazistische Parolen empfänglich gewesen. Die NSDAP hatte sich explizit an die deutschen Arbeiter gewandt und gegen den internationalistischen einen nationalen Sozialismus als politische Leitidee gesetzt, die auf die Formel von der «Volksgemeinschaft» gebracht wurde und in proletarischen wie kleinbürgerlichen Kreisen erheblichen Anklang fand. Das war auch einer der Gründe dafür, warum in der politischen Sprache der DDR die Bezeichnung «Nationalsozialismus» nicht verwendet und durch «Faschismus» (gelegentlich zu «Hitler-Faschismus» erweitert) ersetzt wurde. Er sei, hieß es im *Lehrbuch Geschichte* für die 9. Klasse, «im Interesse der reaktionärsten Kreise des Finanzkapitals an die Macht gebracht» worden, «um die Arbeiterklasse und alle anderen Schichten des deutschen Volkes zu unterdrücken»;[11] durch Demagogie und falsche Versprechungen habe er unter Bauern, Handwerkern, Geschäftsleuten, Beamten und Angestellten Einfluss und Anhänger gewonnen, nicht aber innerhalb des Proletariats: «Ein umfassender Einbruch in die Arbeiterklasse gelang der Hitlerpartei nicht.»[12] Das war, wie die historische Wahlforschung gezeigt hat, keineswegs zutreffend,[13] vor allem zwischen KPD und SA hat es zu Beginn der 1930er Jahre einen regen Austausch der Anhänger gegeben. Während die in der SPD organisierte Facharbeiterschaft überwiegend auf Distanz zur NSDAP blieb, übten Nazis und Kommunisten gleichermaßen eine hohe Anziehungskraft auf das von Marx so bezeichnete Lumpenproletariat aus, also jene Schichten, die sich in der Arbeitslosigkeit eingehaust hatten, in den Großstädten der Unterwelt angehörten und bereitstanden, für Geld oder eine Mahlzeit gegen einen politischen Gegner loszuschlagen. Aus diesen Schichten rekrutierten Nationalsozialisten wie Kommunisten das Personal für die Straßenschlachten, die sie sich zu Beginn der 1930er Jahre lieferten. In Berlin war damals von den Beefsteak-Stürmen der SA die Rede – außen braun und innen rot. Doch die Behauptung, die Arbeiterschaft habe sich vom Nationalsozialismus nicht täuschen lassen, war für das politische Selbstverständnis der DDR unverzichtbar. Dabei wurde diese Resistenz nicht mit individuellen Haltungen, Werten und Einstellungen erklärt, sondern aus der sozioökonomischen Lage der Arbeiter und dem Wissen über deren objektive Klasseninteressen hergeleitet, das der Aufklärungsarbeit der Kommunisten zu verdanken sei. Die taktischen Bündnisse von Kommunisten und Nazis, etwa beim Berliner Verkehrsarbeiterstreik von 1932 oder im Hitler-Stalin-Pakt vom August 1939, wurden stillschweigend übergangen, und der SPD-Führung warf man vor, sie habe nicht genügend Widerstand geleistet und sei der KPD in den Rücken gefallen. Dementsprechend waren die offiziellen Texte über den antifaschistischen Widerstand von Formeln wie «vor allem die KPD» oder «die KPD an der Spitze der deutschen Antifaschisten» durchzogen.[14]

Mit Blick auf die Sozialdemokratie unterschied der antifaschistische Gründungsmythos zwischen einer «verräterischen Führung» und der Masse der Mitglieder. Vom langjährigen SPD-Vorsitzenden Otto Wels und dem Gewerkschaftsführer Theodor Leipart etwa hieß es, sie hätten sich geweigert, «gemeinsam mit der KPD den antifaschistischen Abwehrkampf» aufzunehmen. «Diese Führer waren voller Illusionen über den Faschismus und glaubten [nach dem 30. Januar 1933], daß die SPD und die Gewerkschaften weiter existieren könnten, während der Faschismus bald abwirtschaften würde. Viele Mitglieder der SPD und der Gewerkschaften sahen sie jedoch weiter als ihre Führer. Sie erkannten, daß nur der gemeinsame Kampf dem Hitlerfaschismus eine Niederlage bereiten konnte.»[15] Folglich war die Vereinigung von KPD und SPD zur «Sozialistischen Einheitspartei Deutschlands» (SED)[16] ein wichtiger Schritt im Kampf gegen den Faschismus. Wer dies in Frage stellte oder gar für die Neugründung der SPD eintrat, war ein Staatsfeind, der objektiv auf das Wiedererstarken des Faschismus hinarbeitete.[17] Er musste darum mit aller Entschiedenheit bekämpft werden.[18]

Die Disziplinierungsfunktion des Mythos betraf jedoch keineswegs nur ehemalige Sozialdemokraten, sondern diente auch der Denunziation der «bürgerlichen Opposition» als «faschistisch». So wurden Ende der 1940er Jahre mehrere CDU-nahe Studenten der Berliner Universität unter dem Vorwurf «geheimer faschistischer Tätigkeit» verhaftet, obwohl die Betroffenen vor 1945 aktiv am Widerstand gegen Hitler beteiligt gewesen waren.[19] Der antifaschistische Gründungsmythos diente von Anfang dazu, die Deutungshoheit der KPD beziehungsweise SED über die jüngste deutsche Geschichte zu erlangen und ihn als Herrschaftsinstrument zu nutzen.[20]

Im Unterschied zu den meisten anderen politischen Mythen standen die der DDR unter der strikten Kontrolle der politischen Führung. Das hatte vor allem mit der prekären politischen Existenz der DDR zu tun. Das 1871 gegründete Hohenzollernreich beispielsweise besaß auch unabhängig von den mythischen Erzählungen, den Denkmälern, mit denen das Reichsgebiet überzogen war, und den Aufmärschen und Ansprachen, in denen sein Glanz gefeiert wurde, politische Legitimität. Es wäre ohne sie um einiges prosaischer gewesen, aber das hätte an seiner Existenz nichts geändert. Im Falle der DDR dagegen versicherte allein der Gründungsmythos, dass es sich bei dem neuen Staat um mehr als ein Gebilde von Moskaus Gnaden handelte, daher konnte man ihn nicht der unkontrollierten Imaginationskraft der Künstler überlassen. Gleichzeitig brauchte man diese aber, um dem

Gründungsmythos jenseits der plakativen Formeln offizieller Dekrete und Parteitagsbeschlüsse Anschaulichkeit und emotionale Überzeugungskraft zu verleihen. Die DDR hat ihre Schriftsteller, Bildhauer und Maler sehr viel ernster und wichtiger genommen als die Bundesrepublik, aber sie musste das auch, denn sie war von ihnen abhängig.[21] Man überschüttete sie mit Gratifikationen und Vergünstigungen, die man ihnen bei den ersten Anzeichen von Renitenz dann wieder entziehen konnte, und sobald der sakrale Gehalt des Gründungsmythos angetastet wurde, drohten gar Inhaftierung oder Ausbürgerung. Günter de Bruyn hat den auf Intellektuellen und Künstlern lastenden Anpassungsdruck rückblickend beschrieben: «Über Krieg und Nachkrieg zu schreiben, war in den fünfziger und sechziger Jahren, wenn man gedruckt werden wollte, nur mit Verschweigen und Lügen möglich; denn alles, was uns in diesen Jahren Angst gemacht hatte, war tabuisiert. Kein Sowjetsoldat durfte geplündert und vergewaltigt haben, kein nach dem Krieg Internierter durfte in Buchenwald, Ketschendorf oder in Sibirien verendet sein. Von den deutschen Offizieren, die von den Amerikanern in die sowjetisch besetzte Zone entlassen und von den Russen sofort wieder gefangen und abtransportiert wurden, durfte genauso wenig verlauten wie von den Opfern der Bodenreform oder der Bauernvertreibung. […] Man behielt besser für sich, was man wusste, und da es noch besser war, davon gar nichts zu wissen, galt die Nichtbeachtung des Schweigegebots bald als ungehörig. Zwang wurde zur Konvention.»[22]

Da die DDR-Mythen weder kritisiert noch karikiert werden durften, war ihnen nie dieselbe Vitalität und Bindekraft eigen wie den politischen Mythen der Deutschen im 19. und frühen 20. Jahrhundert. Es fehlte ihnen das Leben, das erst aus Infragestellung und Verteidigung, Affirmation und Destruktion erwächst. Die DDR-Mythen hatten etwas Statuarisches, das eine lebendige Aneignung durch die Bevölkerung verhinderte.

Sollen politische Mythen breitenwirksam vermittelt werden, müssen sie in die schulischen Lehrpläne Eingang finden. In der DDR besaßen deshalb Deutsch- und Geschichtsunterricht sowie Staatsbürgerkunde besondere Bedeutung. Vor allem der Deutschunterricht war darauf ausgelegt, eine emotionale Bindung zum Antifaschismus zu schaffen und Sympathien für diejenigen zu wecken, die dem NS-Regime Widerstand geleistet hatten. Ein Beispiel hierfür ist Friedrich Wolfs Erzählung *Kiki*, die seit den 1960er Jahren in nahezu alle Lesebücher für die 6. Klasse aufgenommen wurde.[23] Es geht darin um das Schicksal eines kleinen Hundes, der Häftlingen eines nazistischen Straflagers zugelaufen ist. Während diese von ihren schmalen Rationen etwas abzweigen, um dem Tier zu fressen zu geben, wird es von den Aufsehern des Lagers geschlagen, gequält und schließlich zu Tode gehetzt. Dem kreatürlichen Mitleid der Häftlinge steht die sadistische Lust des Wachpersonals gegenüber. So wurde Sympathie für die Antifaschisten geweckt, die sich später in politischer Parteinahme niederschlagen sollte. In höheren Klassen hatten dann die Romane *Das siebte Kreuz* von Anna Seghers und *Nackt unter Wölfen* von Bruno Apitz eine ähnliche Funktion.

Anna Seghers' *Das siebte Kreuz*[24] handelt von der Flucht des Kommunisten Georg Heisler aus dem KZ Westhofen. Heisler, dem es mit sechs weiteren Häftlingen gelungen ist auszubrechen, kann sich als Einziger seinen Verfolgern entziehen. Die anderen werden gefangen und an Kreuze geschlagen, die der Lagerkommandant hat errichten lassen, um die übrigen Häftlinge von der Flucht abzuschrecken. Doch mit jedem Tag, an dem das siebte Kreuz leer bleibt, wird es zum Symbol der Hoffnung für die Gequälten. Diese Hoffnung hat nichts mit der christlichen Botschaft des Kreuzes zu tun, an dem der Heiland sich für die Menschen opferte. Das christliche Erlösungsversprechen wird dementiert. Der Lagerkommandant scheitert am Mut und an der Entschlossenheit Heislers. Weil Heisler es schafft, nicht zum Opfer zu werden, wird er zum Sieger.

Diese heroische Komponente des antifaschistischen Kampfes tritt noch stärker in Bruno Apitz' Roman *Nackt unter Wölfen* von 1959 hervor, in dem die Selbstbefreiung der kommunistischen Häftlinge in Buchenwald geschildert wird.[25] Für das Selbstverständnis der DDR war dieses Ereignis von enormer Bedeutung, konnte man es doch als eigenständigen Beitrag deutscher Kommunisten zur Befreiung von der Nazi-Diktatur verstehen: Als sich die amerikanische Panzerspitze Weimar näherte und ein Großteil der SS-Wachen ihre Posten bereits fluchtartig verlassen hatten, besetzten einige Häftlinge unter Führung des kommunistischen Lagerkomitees das Haupttor. Die Waffen, über die sie verfügten, waren entweder von den Wachmannschaften zurückgelassen worden, oder aber die Häftlinge selber hatten sie in Vorbereitung des geplanten Aufstandes versteckt.[26] Vieles spricht für die erstgenannte Variante, wonach die Häftlinge eine sich für sie eher zufällig ergebende Gelegenheit zur Übernahme des Lagers genutzt hatten, doch im DDR-Gründungsmythos wurde die zweite Variante, die des langfristig vorbereiteten Aufstands, gewählt und ausgestaltet. Sie passte besser zum kommunistischen Selbstverständnis langfristig denkender und entschlossen handelnder Kämpfer. Wenn ein Kommunist zum Opfer der Nazi-Diktatur wurde, dann nicht als *victima*, sondern als *sacrificium*: Er erlag nicht passiv einer feindlichen Übermacht, sondern opferte sich aktiv, um andere zu retten oder die gemeinsame Sache voranzubringen. Auch in der Gefangenschaft bestimmte er sein Schicksal selbst. Diesen Unterschied sichtbar zu machen und die kommunistischen Opfer bei den Kämpfern anzusiedeln, denen die von den Nazis gedemütigten, geknechteten, gequälten und ermordeten Opfer gegenüberstanden, war eine der wichtigsten Aufgaben der literarischen Texte zum Antifaschismus. Diesem Imperativ haben Anna Seghers eher subtil und Bruno Apitz explizit genügt.[27]

Neben der literarischen Vermittlung des antifaschistischen Gründungsmythos gab es mit den Berichten und Vorträgen überlebender Widerstandskämpfer eine weitere Vermittlungsform, die infolge des persönlichen Auftritts authentischer wirkte als Literatur. Vor allem die deutschen Kommunisten, die in Spanien im Rahmen der Internationalen Brigaden gegen den Franco-Faschismus gekämpft hatten und dem Feind mit der Waffe entgegengetreten waren, erlangten große Bedeutung.[28] Allerdings hatten viele von ihnen nicht überlebt, und manche haben es vorgezogen, nach dem Ende des Zweiten Weltkriegs nicht in die SBZ/DDR überzusiedeln, sodass die Möglichkeiten einer

Vermittlung des Gründungsmythos durch Beteiligte und Augenzeugen begrenzt blieben. Ersatzweise ließen sich einzelne Gefallene wie Hans Beimler herausstellen, der als Politischer Kommissar der 11. Internationalen Brigade 1936 bei den Kämpfen um Madrid den Tod gefunden hatte. Beimler avancierte zur Ikone der Interbrigadisten. Spätestens seit dem Mauerbau war dieses Element des Gründungsmythos jedoch mit einem Problem behaftet, das die DDR bis zum Spätherbst 1989 nicht zu lösen vermochte: Ein Land, das seinen Bürgern keine Reisefreiheit gewährte, konnte den antifaschistischen Kampf von Freiwilligen in Südeuropa zwar als vorbildlich präsentieren, musste aber verhindern, dass daraus der Wunsch nach einem Besuch der einstigen Kampfstätten erwuchs.[29] Die Gedenkstätte für die antifaschistischen Kämpfer des Spanischen Bürgerkriegs, die im Berliner Friedrichshain angelegt wurde, wo auch die Opfer der revolutionären Kämpfe vom 18. März 1848 in Berlin bestattet waren, stellte eine Verbindung zu den in Deutschland getöteten Revolutionären her und machte die Interbrigadisten so wieder bodenständig.[30] Sie dienten als Rückbindung der für das Regime nicht ungefährlichen Sehnsüchte, wie sie aufkommen konnten, wenn das «Lied der Internationalen Brigaden aus dem Spanischen Bürgerkrieg» gesungen wurde:

> «Spaniens Himmel breitet seine Sterne
> Über unsern Schützengräben aus,
> Und der Morgen grüßt uns aus der Ferne,
> Bald geht es zu neuem Kampf hinaus.»[31]

Dem kommunikativen Gedächtnis als identitätsstiftender Ressource der politischen Ordnung waren Grenzen gesetzt, denn mit der Zeit wurde die Zahl derer immer kleiner, die gegen den Faschismus gekämpft hatten, in Spanien oder in Deutschland, und davon berichten konnten. Das kommunikative musste also ins kulturelle Gedächtnis überführt werden, das heißt, an die Stelle persönlicher Berichte traten literarische Zeugnisse und Denkmäler.[32] Jan Assman hat den vom kommunikativen Gedächtnis umfassten Zeitraum auf etwa vierzig Jahre beziffert, und so war die DDR gegen Ende ihres Bestehens darauf angewiesen, ihren Gründungsmythos mehr und mehr über die Medien des kulturellen Gedächtnisses zu verbreiten. Man fürchtete, dass dies zu einem Legitimitätsverlust führen werde. Diese Befürchtungen dürften mit dazu beigetragen haben, dass es nicht zu dem längst überfälligen Generationenwechsel im Politbüro kam, wo diejenigen die Macht festhielten, die noch auf eine aktive antifaschistische Karriere verweisen konnten.

Für die politische Ordnung der DDR hatte das Wegsterben der Zeitzeugen aber auch Vorteile. Das kommunikative Gedächtnis lässt sich nämlich, im Unterschied zum kulturellen Gedächtnis, wo die Mechanismen der Zensur greifen, das Veröffentlichungsverbot oder die Publikationsgenehmigung, nie vollständig unter politische Kontrolle bringen. Es verwundert darum nicht, dass die DDR-Führung schon bald dem kulturellen Gedächtnis eine größere Bedeutung beimaß als dem kommunikativen. Außer durch schriftliche Zeugnisse und literarische Texte ist das kulturelle Gedächtnis vor allem durch Denkmäler und Filme angereichert worden.[33]

Im denkmalpolitischen Beitrag für die Opfer des Faschismus und den antifaschistischen Widerstand kam der Mahn- und Gedenkstätte Buchenwald – sicherlich auch mit Blick auf die Erzählung von der Selbstbefreiung des Lagers – eine zentrale Bedeutung zu, und dementsprechend wurde sie im Verlauf der 1950er Jahre ausgestaltet.[34] Buchenwald, in unmittelbarer Nähe zu Weimar,[35] war außerdem der Ort, an dem die ehemaligen KZ-Häftlinge, eine Woche nach der Befreiung des Lagers, nach Nationen gegliedert den Schwur abgelegt hatten, der zum Zentrum des antifaschistischen Gründungsmythos werden sollte: «Die endgültige Zerschmetterung des Nazismus ist unsere Losung. Der Aufbau einer neuen Welt des Friedens und der Freiheit ist unser Ideal.»[36] Obendrein gab es hier eine starke Verbindung zum KPD-Vorsitzenden Ernst Thälmann, der gründungsmythischen Identifikationsfigur Nr. 1 in der DDR, der zwar im Zuchthaus Bautzen eingesessen hatte, aber in Buchenwald erschossen und verbrannt worden war.

So nahe es lag, Buchenwald als Zentrum des antifaschistischen

Gründungsmythos auszugestalten – es barg jedoch ein Problem, und das bestand in dem bis 1950 dauernden Betrieb eines sowjetischen Speziallagers auf dem Gelände des ehemaligen Konzentrationslagers. Nach dem Krieg waren hier ehemalige Nazis inhaftiert worden, aber auch Personen, die sich mit der Sowjetisierungspolitik unzufrieden gezeigt oder gegen sie opponiert hatten; ein Viertel der dort Inhaftierten ist während der Haft gestorben.[37] Eine Erhaltung der Gebäude als Gedenkort war unter diesen Umständen nicht möglich, wären damit doch immer auch Erinnerungen an die sowjetische Repressionspolitik verbunden gewesen. Man riss die KZ-Bauten also ab[38] und schuf die Voraussetzungen für die Gestaltung eines Raumes, in dem die DDR ihre Vorstellung von Faschismus, Antifaschismus und der aus ihrer Sicht angemessenen Erinnerung daran realisieren konnte.

Die 1958 eingeweihte Anlage hatte mit dem ursprünglichen Zustand des KZ kaum noch etwas zu tun: Von den Gebäuden aus der Nazizeit blieben nur die Eingangshalle und das Krematorium stehen. In der Nähe hierzu entstand ein Rundweg, auf dem die Leidensgeschichte der Häftlinge, die Geschichte des Lagers sowie schließlich die Zerschlagung des Faschismus und der Sieg des Sozialismus nachvollziehbar werden sollten.[39]

Der Besucher betritt das Lager über die «Blutstraße». Über einen den Berg hinabführenden Weg gelangt man zu drei Massengräbern. Er ist von Stelen gesäumt, in denen Szenen aus dem Lagerleben dargestellt sind; den Reliefs sind Texte zugeordnet, in denen der politische Gründungsmythos der DDR im Sinne der Trias von Leiden, Kämpfen, Siegen ausgedeutet wird. In einem dieser von Johannes R. Becher stammenden Texte heißt es:

> «Seht, welch ein Mensch, der dennoch nicht zerbrach!
> Oh Leidenskraft – welch eine Schöpferkraft!»

Über das Ecce-Homo-Motiv setzten sich die Partei und ihre Protagonisten an die Stelle Christi, dabei den Gedanken zuspitzend, dass der bewusste Opfergang zum Akt des Widerstands und zur Voraussetzung des Sieges werden kann, wenn es beim bloßen Leiden nicht bleibt, sondern er durch das Kämpfen ergänzt wird. Wie man sich das vorzustellen hat, wird an einer Ernst Thälmann gewidmeten Stele deutlich, auf der eine illegale Thälmannfeier, wie sie nach dessen Ermordung stattfand, und der bewaffnete Widerstand dargestellt werden. Thälmann selbst[40] erscheint den zur Trauerfeier versammelten Genossen mit erhobener Faust, macht ihnen Mut und weist ihnen den Weg zum Sieg. Die Wiederkehr Christi inmitten seiner Jünger wird hier in ein Kampfmotiv der Kommunistischen Partei verwandelt: Während die meisten KZ-Insassen das Martyrium bloß erleiden, organisieren sich die Kommunisten zum Sturz der Unterdrücker. Die Trennlinie zwischen *victima* und *sacrificium* wurde immer deutlicher gezogen – auf der einen Seite die heroischen Kämpfer, die Widerstand geleistet und einen Beitrag zur Selbstbefreiung des Lagers geleistet hatten, und auf der anderen Seite die ohnmächtigen Opfer.[41]

Hat man das erste, von einer dicken Rundmauer umgebene Massengrab erreicht, biegt der Weg nach links ab und wird zur «Straße der Nationen», die an einem weiteren Massengrab vorbei direkt durch das dritte führt. Auch auf diesem Wegstück, das den Mittelteil der Prozession bildet, befinden sich Stelen, die den Herkunftsnationen der Buchenwaldhäftlinge gewidmet sind. So werden Unterdrückung und Widerstand in einen «internationalistischen» Rahmen gestellt. Am dritten Massengrab biegt dann der Weg erneut nach links ab, und der Besucher steigt den Hang wieder hinauf, den großen Glockenturm am oberen Wegende vor Augen. In seiner klotzigen Monumentalität erinnert er an das Kyffhäuserdenkmal,[42] das sich nicht weit von hier befindet und für die Erneuerung des Deutschen Reichs und den Sieg über seine Feinde steht. Analog dazu kündet der Glockenturm auf dem Ettersberg, an dessen Sockel als gründungsmythischer Verweis eine Tafel mit dem Schwur der Buchenwald-Häftlinge angebracht ist, vom Sieg über den Faschismus und der Schaffung eines neuen Deutschland. Er ist das hochaufgerichtete Zeichen für die DDR als «Sieger der Geschichte».

In der von Fritz Cremer geschaffenen Plastik auf dem Versammlungsplatz vor dem Glockenturm wird die Botschaft der Gedenkstätte abermals verdichtet. Um ihre Gestaltung ist lange zwischen dem Künstler und Kommissionen der Partei und des Staates gerungen worden.[43] In einer ersten Fassung hatte Cremer sich an Rodins Plastik «Bürger von Calais» orientiert, also auf jede hierarchische Gliederung verzichtet und die Egalität der Häftlinge herausgestellt. Eine der sieben Personen erhob den Arm zum Schwur und verkörperte so die gründungsmythische Bedeutung der Buchenwaldhäftlinge für die DDR. Aber das genügte der Parteiführung nicht, kamen darin doch weder der kommunistische Führungsanspruch noch der bewaffnete Widerstand und die Selbstbefreiung zum Ausdruck. Also schuf Cremer einen zweiten Entwurf, der an Delacroix' berühmtes Bild «Die Freiheit führt das Volk» angelehnt war: Nunmehr war die Gruppe hierarchisch gegliedert, außerdem bewaffnet, und über ihr wehte das Banner der Partei. Obendrein hatte Cremer dem Schwörenden die Gesichtszüge Thälmanns verliehen. Das wiederum überstieg das Maß einer plausiblen Heroisierung der KZ-Opfer, denn selbst mit Blick auf die vorgebliche Selbstbefreiung ließ sich die Inhaftierung von Parteimitgliedern nicht mit einer Revolution und den sie begleitenden Barrikadenkämpfen gleichsetzen, wie Delacroix sie dargestellt hatte.

Die dritte und endgültige Fassung behielt die Hierarchisierung der Häftlinge bei, zeigte sie aber nicht in stürmischem Angriff auf den Feind, sondern konzentrierte sich auf unterschiedliche Formen des Widerstands und entsprechende Häftlingstypen: Von rechts nach links sind der Zyniker, der Zweifler, der Diskutierende, der Rufer, der Kämpfer, der Fahnenträger und der Schwörende zu sehen. So wird der Betrachter in das Lagergeschehen hineingezogen, und seine Sympathie wird auf jene gelenkt, die aus der resignativen Hinnahme der Gewalt heraustreten und Widerstand leisten. Cremers Plastik bildet den Endpunkt des Gangs durch die Gedenkstätte, der die Form eines «säkularisierten politischen Läuterungspfads» hat.[44] Die mit dem Rundgang intendierte Verinnerlichung des DDR-Gründungsmythos scheint aber allen Anstrengungen zum Trotz nicht wirklich gelungen zu sein: Immer wieder wurde in den Berichten beklagt, dass bei den Besuchern Volksfeststimmung geherrscht habe.

Das ikonisch-rituelle Programm der Gedenkstätte Buchenwald richtete sich freilich nicht nur an die eigene Bevölkerung, sondern sollte der DDR auch bei allen, die während des Zweiten Weltkriegs unter der Herrschaft des NS gelitten hatten, eine eigene Legitimität verschaffen.

Auch bei der denkmalpolitischen Ausgestaltung des Landes hat die DDR die im System der Gegenmythen angelegte Konkurrenz mit der Bundesrepublik nie aus dem Blick verloren. So heißt es im Vorwort zu einem Buch über antifaschistische Mahnmale in der DDR: «Nach dem Zweiten Weltkrieg entstanden in vielen europäischen Ländern, in denen Krieg und faschistische Barbarei unermessliche Opfer gefordert hatten, vor allem an den Stätten des Widerstands plastische und architektonische Mahnmale. Sie sind den Menschen gewidmet, deren Widerstand das faschistische Regime durch brutalsten Terror, Folter und Mord zu brechen versucht hatte. In der DDR sind diese Mahnmale als Manifestationen der vollkommenen Abrechnung mit der Vergangenheit wirksam. Zwar entstanden in Westdeutschland ebenfalls viele Ehrenmale, doch konnten sie meist ihren eigentlichen Aufgaben nicht gerecht werden, da die endgültige Vernichtung des Faschismus dort immer noch aussteht.»[45] Damit ist die gründungsmythische Konkurrenz der beiden deutschen Staaten und die zentrale Bedeutung der Dimitroff-Formel vom Faschismus als Folge des Kapitalismus für das politische Selbstverständnis der DDR noch einmal prägnant zusammengefasst. Die Heftigkeit, mit der im Verlauf der 1990er Jahre über die Umgestaltung, Entfernung oder Erhaltung dieser Mahnmale und Denkmäler gestritten worden ist – ebenso im Übrigen über die Umbenennung von Straßen –, hatte vor allem mit deren enger Bindung an den DDR-Gründungsmythos zu tun.[46]

Der Soziologe Rainer Lepsius hat den je unterschiedlichen Umgang der drei Nachfolgestaaten des Großdeutschen Reichs als Externalisierung, Internalisierung und Universalisierung bezeichnet.[47] In Österreich wurde der Nationalsozialismus externalisiert, indem man ihn als ein von außen kommendes Ereignis darstellte und sich als Hitlers erstes Opfer begriff. Dagegen hat die Bundesrepublik Deutschland, auch infolge des von ihr erhobenen Anspruchs auf die Rechtsnachfolge des

Deutschen Reichs, die Nazi-Zeit internalisiert, also als Bestandteil der eigenen Geschichte akzeptiert und in verschiedenem Maße seit Mitte der 1960er Jahre auch bearbeitet. Die DDR wiederum, so Lepsius, habe die Zeit des Nationalsozialismus universalisiert, indem sie diesen als Etappe im sich verschärfenden Kampf zwischen Kapitalismus und Sozialismus begriff. Wenn der Faschismus die aggressive Reaktion des Kapitalismus auf das Herannahen des Sozialismus war,[48] dann musste man die Wurzeln und Ursprünge des Nationalsozialismus nicht in der deutschen Geschichte suchen, sondern konnte ihn als Folge des sich weltweit verschärfenden Klassenkampfes betrachten. Dass dieser in Deutschland eine besonders brutale Form angenommen hatte, wurde damit erklärt, dass er hier in ein fortgeschrittenes Stadium eingetreten war. Nicht die deutschen Mentalitäten waren demnach für den Aufstieg Hitlers und die Verbrechen der Nationalsozialisten verantwortlich – das war eher die Sicht der Amerikaner und ihrer Politik der *reeducation* –, sondern eine kleine Gruppe von Monopolkapitalisten, die den Nazis mit Geld und Intrigen zur Macht verholfen hatte,[49] und die ostelbischen Großgrundbesitzer, die den zunächst zögerlichen Reichspräsidenten Hindenburg gedrängt hatten, Hitler zum Reichskanzler zu ernennen.[50]

Die marxistische Faschismustheorie und der auf ihr fußende Gründungsmythos des antifaschistischen Widerstands hatte also mehrere Effekte: Sozialisten und Kommunisten konnten sich als die «Sieger der Geschichte» begreifen, die den langen Kampf zwischen Kapitalismus und Sozialismus mit Gründung der DDR gewonnen hatten, und gleichzeitig wurden die meisten dort lebenden Deutschen von jeder Mitschuld an den Nazi-Verbrechen befreit. Die Universalisierung des Nationalsozialismus funktionierte wie eine große Entschuldungsmaschine, die dafür sorgte, dass sich viele DDR-Bürger lange als die besseren Deutschen fühlen konnten.[51]

Das heißt nicht, dass es in der DDR keine Entnazifizierung gegeben hätte. Im Gegenteil – sie war im Ergebnis konsequenter und folgenreicher als im Westen, wenngleich sie dort, dem amerikanischen Konzept der *reeducation* entsprechend, vom Prinzip her tiefgreifender angelegt war. Letztlich führte das amerikanisch initiierte Entnazifizierungsprojekt aber dazu, dass die weniger Belasteten, deren Fälle von den Spruchkammern zuerst verhandelt wurden, zum Teil erhebliche Strafen erhielten (die später freilich reduziert oder erlassen wurden), während die schwer Belasteten, deren Fälle später verhandelt werden sollten, zumeist straffrei ausgingen oder amnestiert wurden. Ende der 1940er Jahre hatte sich das politische Klima nämlich geändert: Nachdem sich die Fronten des Kalten Krieges formiert hatten, stellte man im Westen darauf ab, alle Kräfte gegen den Kommunismus zu bündeln, und die Aburteilung alter Nazis verlor an Bedeutung. Was die angemessene Bestrafung der Schuldigen und ihre Entfernung aus staatlichen Positionen betrifft, muss man die Entnazifizierung in den Westzonen als gescheitert ansehen; hier bot die Bundesrepublik bis in die 1970er Jahre hinein eine offene Flanke, an der sie von der DDR immer wieder attackiert wurde – in einigen Fällen zu Unrecht, vielfach jedoch mit gutem Grund. Mittelfristig führte der im Westen beschrittene Weg allerdings zu einer Annahme der Schuld und schließlich zu einer Auseinandersetzung mit den Verbrechen des Nationalsozialismus, wie sie in der DDR nie stattgefunden hat.

Die Entnazifizierung in der DDR erfolgte auf drei Ebenen: Auf der ersten wurden nationalsozialistische Amtsträger und NSDAP-Mitglieder, die vor 1937 in die Partei eingetreten waren, aus ihren Positionen und Funktionen entfernt. Auf diese von der sowjetischen Besatzungsmacht angeordnete Maßnahme hat sich die DDR später immer wieder berufen, zumeist in polemischer Abgrenzung gegen die Bundesrepublik, wo es einen vergleichbaren Bruch mit der Vergangenheit nicht gegeben hat.[52] Insgesamt dürften in der SBZ/DDR knapp drei Prozent der Gesamtbevölkerung von Entnazifizierungsverfahren direkt betroffen[53] gewesen sein, also etwa jedes achte Mitglied der NSDAP und ihrer Gliederungen.[54] Verglichen mit den Westzonen wurde damit ein deutlich höherer Anteil von Funktionsträgern des NS-Regimes bestraft, und die Strafen waren erheblich höher als im Westen.[55]

Im Rahmen der «antifaschistisch-demokratischen Umwälzung» gab es aber – zweite Ebene – auch eine Reihe von Maßnahmen, die sich gar nicht gegen ehemalige Nationalsozialisten, sondern gegen die Fabrik- und Großgrundbesitzer richteten, die dem Regime im Weg standen und die man mit Hilfe von Dimitroffs Faschismusdefinition der sozioökonomischen Basis des Nazi-Regimes zurechnete.[56] Dass sich darunter auch Personen befanden, die im Zusammenhang mit dem gescheiterten Staatsstreich vom 20. Juli 1944 aktiven Widerstand geleistet hatten, störte die SED-Führung nicht weiter. Wichtig war vielmehr, dass der Rest der Bevölkerung durch den antifaschistischen Gründungsmythos – und das ist die dritte Ebene – politisch und moralisch entlastet wurde. Der Großteil der DDR-Bürger wurde auf diese Weise kurzerhand in die Reihen des «Siegers der Geschichte» mit aufgenommen. Diese Formel hatte dieselbe politisch-moralische Funktion wie das Beschweigen und die Schuldfreiheitsgesetze im Westen.[57]

Stephan Hermlin hat die sozialpsychologischen Effekte der Siegerformel sehr anschaulich beschrieben: «Die Mehrheit der Bevölkerung war sich darüber im Klaren, daß sie den Faschismus auf irgendeine Weise unterstützt hatte, und fühlte sich schuldig. Und dann ist den Propagandisten bei uns eingefallen, diese seltsame Formel vom ‹Sieger der Geschichte› zu verwenden. […] Diese Formel breitete sich sofort aus, wie ein Kreis im Wasser, in das man einen Stein geworfen hat. Jeder Bürger der DDR konnte sich nun als Sieger der Geschichte fühlen. Dadurch, daß man dem Volk diese Schmeichelei sagte und es entlastete, war es dann leichter zu regieren. Es ist schwer, auf die Dauer Leute zu regieren, die sich irgendwie schuldig fühlen. Mit dieser Formel erlangte die DDR gleichzeitig auch eine gewisse politische Autorität.»[58]

Antifaschistischer Gründungsmythos und die Formel vom «Sieger der Geschichte» blockierten nicht nur eine Internalisierung der Verantwortung, sondern liefen auch auf eine weitgehende Ausblendung des Völkermordes an den europäischen Juden hinaus.[59] Die Vernichtungspolitik der Nazis hatte in der Faschismustheorie der Komintern keinen Platz, und dementsprechend kam sie auch im Gründungsmythos der DDR nicht vor. Mehr noch: Sie konnte und durfte nicht thematisiert werden,[60] weil sie das gesamte Entlastungsgefüge der DDR in Frage gestellt hätte. So konnte Ulbricht jüdische Restitutionsanträge und

Wiedergutmachungsforderungen mit der Formulierung zurückweisen, dass dann deutsche Proletarier abermals durch das internationale Kapital ausgebeutet würden. Nachdem die Bundesrepublik Zahlungen zur «Wiedergutmachung» an den Staat Israel geleistet hatte, genoss die DDR außerdem die Anerkennung arabischer Staaten.[61]

Die Vermittlung des Mythos hat zunächst funktioniert und Wirkung gezeitigt.[62] «Ich konnte mir die Zeit des zwölfjährigen Reiches», erinnert sich Annette Simon, die Tochter von Christa und Gerhard Wolf, «nur als eine Zeit unsäglicher Greuel vorstellen. Das sehr früh angebotene sozial-ökonomische Erklärungsmodell vom Faschismus als höchstentwickelter Form des Monopolkapitalismus und die Projektion, dass diese Verbrecher nun alle im Westen lebten, boten dem Kind Entlastung. [...] Die Geschichte von den gemordeten Antifaschisten waren die Heldensagen der DDR (die Ermordung von Millionen Juden war dabei meist nur ein Nebenthema), und die Überlebenden erfüllten deren Vermächtnis – schon deshalb mussten sie im Recht sein.»[63] Ganz ähnlich Annette Leo: «Die Helden meiner Kinderträume waren die Widerstandskämpfer. Allen voran natürlich mein Vater, der Partisan, der mit einer Pistole bewaffnet durch den Wald schlich oder aus höchster Gefahr errettet wurde. [...] Nicht nur zu Hause, auch in der Schule, wenn beim Morgenappell die Fahne hochgezogen und ein Spruch rezitiert wurde, bei Demonstrationen schwebten die Bilder der toten Helden über unseren Köpfen. Filme und Bücher handelten vom Kampf und Leidensweg Ernst Thälmanns, John Schehrs, Hans Beimlers.»[64] Oder Jana Hensel, nicht ohne ironische Distanz: «Im Geschichtsunterricht unserer Kindheit waren wir Antifaschisten. Unsere Großeltern, unsere Eltern, die Nachbarn – alle waren Antifaschisten.»[65]

In den Erinnerungen wird die Wirkung des Gründungsmythos gut sichtbar: Abgrenzung gegenüber dem Westen, Identifikation mit der DDR, Einsatz- und Opferbereitschaft für das im antifaschistischen Staat verkörperte Gute und Wahre – all das sollte der DDR die Generationen der in sie Hineinsozialisierten und Hineingeborenen zuführen und darüber eine unerschütterliche Bindung zwischen politischer

Führung und der Masse der Bevölkerung herstellen. Dabei setzte man außer auf literarische und bildliche Vermittlung auch auf rituelle Inszenierungen. Es ist ein Charakteristikum totalitärer Regime, militärische Rituale auf Jugend und Kindheit auszudehnen, um die Heranwachsenden von Anfang an mit den an sie herangetragenen Erwartungen vertraut zu machen und auf ihre Erfüllung zu verpflichten, etwa bei der Zeremonie anlässlich der Verleihung des Ehrennamens Ernst Thälmann an die Jungen Pioniere: «Wir Jungen Pioniere, Söhne und Töchter des deutschen Volkes, geloben bei unserer Pionierehre unserem Präsidenten Wilhelm Pieck, dass wir uns stets des Namens Ernst Thälmanns würdig erweisen werden, der für das Glück unseres Vaterlandes gekämpft und dafür sein Leben geopfert hat.»[66]

Überhaupt bestimmte eine Vielzahl ritueller Inszenierungen den politischen Festkalender der DDR. Zu deren politischer Mythologie gehörte, dass viele Tage des Jahres zu Gedenktagen für die Heroen und Kämpfer im Dienste des Antifaschismus und Sozialismus wurden, sodass der Jahreslauf mit einer sakralen Textur überzogen wurde. Solche Tage sollten jeden Einzelnen aus der Routine des Alltags herausholen und an das große Ziel der Errichtung einer sozialistischen Gesellschaft erinnern. Eine besondere Relevanz kam dabei den im Kampf getöteten Antifaschisten zu, unter deren Anrufung feierliche Gelöbnisse abgelegt wurden.

Aber der DDR-Bürger sollte nicht bloß in einer geheiligten Zeit, sondern auch in einem sakralisierten Raum leben. So wurden die Straßen nach antifaschistischen Kämpfern und Heroen des Sozialismus benannt,[67] und diese «Bedeutungsinvestition» (Tenbruck) wurde zusätzlich durch Gedenktafeln, Reden, Gesänge und Kranzniederlegungen unterstrichen. Aber die Sakralisierung des Alltags hatte ihren Preis. Ernest Gellner hat von einer «übermäßigen Sakralisierung des Immanenten» gesprochen, die zu einem verhängnisvollen Mangel an Profanem geführt und zur Auszehrung und zum Zusammenbruch der sozialistischen Staaten mit beigetragen habe.[68] Wenn nahezu alles heilig ist, kann so gut wie nichts mehr verändert werden. Die Folge sind Erstarrung und Immobilismus. In diesem Sinne war die strukturelle Reformunfähigkeit der DDR nicht nur politischer, sondern auch kultureller Art. Es ist ohnehin bemerkenswert, dass der mit revolutionärem Anspruch auftretende deutsche Staat sehr viel stärkere affirmative Bezüge zur deutschen Geschichte herstellte und diese sakral ausstaffierte als die ihrem Selbstverständnis nach eher konservative Bundesrepublik.

Vieles spricht dafür, dass die Partei- und Staatsführung der DDR schon früh davon ausging, dass der antifaschistische Gründungsmythos allein als Rechtfertigung für den Aufbau eines zweiten deutschen Staates nicht ausreichen würde. Die Kohäsionskräfte der Nation waren stärker. Daher suchte man nach zusätzlichen Bezügen in der deutschen Geschichte, die sich als «Vorgeschichte» der DDR in Anspruch nehmen ließen, beziehungsweise als deren Einlösung und Erfüllung sich die DDR darstellen konnte. Als Erstes bot sich dafür der Bauernkrieg von 1525 an, der zusammen mit der Reformation zur «frühbürgerlichen Revolution» erklärt wurde.[69] Im offiziösen Selbstdarstellungsband der DDR heißt es: «Dazu [zu den für die Vorgeschichte der DDR reklamierten Ereignissen] zählt die frühbürgerliche Revolution – Reformation und Bauernkrieg von 1517 bis 1526. Martin Luthers Ideen erschütterten das Feudalsystem. Zum Höhepunkt wurde der Bauernkrieg von 1525, in dem das Volk erstmals versuchte, die Gesellschaft revolutionär umzugestalten.»[70]

Wichtigster Bezugspunkt bei der Anknüpfung an den Bauernkrieg, den schon Friedrich Engels an den Anfang der revolutionären Tradition in Deutschland gestellt hatte,[71] war Thomas Müntzer. Er eignete sich schon deshalb besonders gut als Protagonist, weil er in Thüringen wirkte, also auf einem nun zur DDR gehörigen Territorium, während sich ansonsten die Ereignisse des Bauernkrieges in Süddeutschland zugetragen haben. Außerdem hatte der sowjetische Historiker Moisej Smirin während des Zweiten Weltkriegs ein Buch über Müntzer verfasst, in dem er dessen *Volksreformation* gegen die *Fürstenreformation* Luthers absetzte und zum ideologischen Zentrum des Bauernkrieges erklärte.[72]

Um der Auffassung, Müntzer und die Bauernkriege seien eine spezifisch deutsche Revolution, zum Durchbruch zu verhelfen, musste man zunächst freilich die unmittelbar nach der Zerschlagung des Nationalsozialismus vorherrschende Misere-Theorie zurückdrängen, der zufolge in Deutschland revolutionäre Bestrebungen stets mangels Unterstützung zusammengebrochen waren. Im Kern war die kommunistische Misere-Theorie die auf die Geschichte projizierte Enttäuschung darüber, dass die Oktoberrevolution in Berlin keine Fortsetzung gefunden hat. So, wie man das Scheitern des Spartakusaufstands vom Januar 1919 mit dem Verrat der Sozialdemokraten erklärte, begriff man auch das Scheitern früherer Revolutionen als eine Abfolge von Verrat und Intrige, für die man vor allem das Bürgertum verantwortlich machte. Verrat an der Revolution, Uneinigkeit und mangelnde Entschlossenheit waren demnach die Ursachen der fortdauernden deutschen Misere, die von vielen Intellektuellen und Schriftstellern wie Alexander Abusch, Bertolt Brecht und Hanns Eisler beklagt wurde.

Das zentrale Dokument der Misere-Theorie war Alexander Abuschs Buch *Der Irrweg einer Nation* von 1946. Dieser Irrweg hatte laut Abusch begonnen, als Luther der Reformation die politische Spitze nahm und gegen die aufständischen Bauern Partei ergriff. Luther habe «Verrat an den natürlichsten Lebensforderungen des Volkes» begangen, und das sei zugleich ein «Verrat an der Nation» gewesen, denn damit habe er verhindert, dass der «Streit zwischen dem kaiserlichen Regiment und dem fremden päpstlichen Einfluß [...] im Sinne einer von unten her erneuerten, vereinheitlichten Nation gelöst» werden konnte.[73] Die «Niederlage der deutschen Freiheit im großen Bauernkrieg» habe «drei Jahrhunderte der deutschen Geschichte in die Finsternis der Reaktion» gehüllt, und Luther «wurde zur größten geistigen Figur der deutschen Gegenrevolution».[74]

Dieser pessimistischen Auffassung stand die Erbe-Theorie gegenüber, wonach es in der deutschen Geschichte auch für einen sozialistischen Staat eine Reihe positiver Anknüpfungspunkte gebe, auf die man sich beziehen könne. Sie setzte sich im Verlauf der späten 1940er

Jahre durch, als immer deutlicher wurde, dass die SED-Herrschaft in der SBZ auf die Gründung eines eigenen Staates hinauslaufen würde. Mit der Misere-Auffassung ließ sich kein Staat machen. In Konkurrenz zur Bundesrepublik musste man sich der Ereignisse und Personen versichern, «die eine fortschrittliche Rolle in der Geschichte des deutschen Volkes gespielt haben», wie das ZK der SED im Oktober 1951 formulierte.[75] Die DDR sollte sich nicht bloß als Hüterin dieses Erbes verstehen, sondern erhob den Anspruch, das eingelöst zu haben, was die revolutionären Bewegungen der deutschen Geschichte forderten.[76] Eine zentrale Stelle nahmen von nun an Thomas Müntzer und der große Bauernkrieg ein. Im Anschluss an Smirin konnte man in der deutschen Vergangenheit eine revolutionäre Linie identifizieren, die in die *Volksreformation* Müntzers mündete und sich darüber mit dem Bauernkrieg verbinden ließ, sowie eine reformerisch-revisionistische Linie, die über Luthers *Fürstenreformation* in die politische Zersplitterung Deutschlands und die Entstehung des deutschen Obrigkeitsstaates führte. So ließen sich die Auseinandersetzungen zwischen der KPD und der SPD auf das frühe 16. Jahrhundert zurückprojizieren,[77] um dort einerseits einen beerbbaren Vorläufer der eigenen Anstrengungen zu finden und andererseits eine Erklärung dafür, weshalb die Deutschen vom 18. bis zum 20. Jahrhundert nicht zur Avantgarde der Revolutionen geworden waren.[78]

Doch auch die positive Inanspruchnahme Thomas Müntzers lief darauf hinaus, dass man bloß einen weiteren politischen Märtyrer, an denen es ohnehin nicht fehlte, im gründungsmythischen Portfolio hatte; schließlich hatte der Bauernkrieg mit dem Sieg der Fürstenheere geendet. Man wollte aber Bezüge zu einer erfolgreichen Entwicklung der deutschen Geschichte herstellen. Es war also abzusehen, dass es bei der Gegenüberstellung von Volks- und Fürstenreformation nicht bleiben konnte. Spätestens mit der Konsolidierung der DDR kam es zu einem positiven Bezug auf Martin Luther,[79] der im Laufe der Zeit immer mehr an Gewicht gegenüber Müntzer gewann. Der Höhepunkt in der gründungsmythischen Vereinnahmung des Wittenberger Reformators durch die DDR war dann das Lutherjahr 1983, in dem die

Feierlichkeiten anlässlich des 500. Geburtstages Luthers die aus Anlass des 100. Todestages von Marx deutlich in den Schatten stellten.[80]

Der Wandel im Lutherbild der DDR lässt sich an zwei 1965 in der DDR erschienenen Arbeiten ablesen. Bei Rudolf Herrnstadt heißt es noch: «Als sich alle Welt von den mordenden Ausbeutern abwandte, den Massen zu, blieb Luther mit untrüglichem bürgerlichem Klasseninstinkt auf der Seite der Bajonette. Mit solchen Talenten war er für die werdende Bourgeoisie der goldene Schnitt.»[81] Max Steinmetz jedoch erklärte bereits: «Luthers progressive Leistung, die ihn zeitweilig zum Helden des deutschen Volkes erhob, liegt nicht in seinen Lehren […], sondern im praktischen Kampf gegen das parasitäre Wesen der römischen Kirche, mit dem er die Klassenschlachten der frühbürgerlichen Revolution einleitete.»[82] Darum also ging es jetzt: Die frühbürgerliche Revolution[83] musste zu einer relativ erfolgreichen Phase revolutionärer Umwälzungen in Deutschland umgedeutet werden, damit sich die DDR in deren Tradition stellen konnte. Aber um sie als erfolgreich begreifen zu können, war man auf Luther angewiesen und konnte sich nicht allein auf Müntzer konzentrieren.[84]

Wollte die DDR den von ihr geltend gemachten «geistigen Anspruch» auf die Bauernkriege als ein «revolutionäres Erbe» für alle sichtbar durchsetzen,[85] so musste sie einen Ort schaffen, der als ikonische Verdichtung des Bauernkrieges auch der rituellen Inszenierung des Mythos dienen konnte. Dafür bot sich das einstige Schlachtfeld oberhalb von Frankenhausen in Thüringen an, wo sich Mitte Mai 1525 die aufständischen Bauern in Waffen versammelt hatten. Thomas Müntzer war zu ihnen gestoßen und hatte sie in Predigten zum Widerstand gegen die anrückenden Truppen des hessischen Landgrafen Philipp und des Herzogs Georg von Sachsen aufgerufen. Doch gegen die kriegserfahrenen Soldaten der Fürsten hatten die schlecht bewaffneten und noch schlechter geführten Bauern keine Chance. Was man später als «Schlacht von Frankenhausen» bezeichnet hat, war eher ein Gemetzel. Am Ende des Tages waren nahezu 6000 Bauern getötet und weitere 600 gefangen genommen worden, während die Gegenseite lediglich sechs Mann verloren hatte. Thomas Müntzer war dem Massaker zunächst entkommen und hatte sich in Frankenhausen versteckt. Im Bett liegend und eine Krankheit vortäuschend, wurde er anhand der Briefe und Manuskripte erkannt, die er bei sich führte. Man setzte ihn gefangen und verhörte ihn unter der Folter. Am 27. Mai wurde er in Mühlhausen geköpft.[86] Unterdessen gingen die Strafaktionen der Fürsten gegen die Bauern mit Hinrichtungen, Strafzahlungen und der Wiederherstellung der alten Verhältnisse weiter. Der Aufstand, der zwischenzeitlich die Feudaladligen zu weitreichenden Zugeständnissen gezwungen hatte, endete mit einer vollständigen Niederlage.[87]

Einmal mehr konnte es also kein Siegesdenkmal sein, mit dem sich die DDR ihres revolutionären Erbes vergewisserte.[88] Schließlich verständigte man sich auf eine Verweisungsstruktur, in der die DDR als Erfüllung des revolutionären Vermächtnisses dargestellt und ihr Anspruch unterstrichen werden konnte, zuletzt doch der «Sieger der Geschichte» zu sein.[89] Um das revolutionäre Erbe des Bauernkrieges für die DDR zu reklamieren, beschloss das Politbüro der SED im März 1974, auf dem Schlachtberg bei Frankenhausen ein Panorama zu errichten, «das dem deutschen Bauernkrieg und dem revolutionären Wirken Thomas Müntzers gewidmet ist».[90] Auf der Grundlage dieses Beschlusses wurde eines der bedeutendsten, in jedem Fall aber das größte deutsche Kunstwerk des 20. Jahrhunderts geschaffen. Mit einer bemalten Fläche von 1722 Quadratmetern, einer Höhe von 14 Metern und einem Umfang von 123 Metern übertrifft es die Ausmaße der Fresken Michelangelos in der Sixtinischen Kapelle um das Zweieinhalbfache.

Werner Tübkes gewaltiges Werk[91] hat seinen Anlass und seinen Auftrag sehr bald transzendiert. Es bleibt mit der DDR, vor deren Zusammenbruch es fertiggestellt und «eingeweiht» wurde, untrennbar verbunden. Der Soziologe Karl-Siegbert Rehberg hat dies sogar zu der These zugespitzt, «daß man vielleicht von Kurt Hager und Erich Honecker dereinst nur noch wissen wird, daß sie die Auftraggeber, die Finanziers von Tübkes großem Panoramabild waren».[92]

Tübke hat buchstäblich «Arbeit am Mythos» geleistet, indem er den Erzählungen über Reformation und Bauernkrieg, der scharfen Romkritik des frühen 16. Jahrhunderts sowie dem ausgeprägten Endzeitbewusstsein, den apokalyptischen Ängsten und chiliastischen Erwartungen ihre Offenheit und Unausgemachtheit zurückgegeben hat. Wo in den politischen Vorgaben auf eine Vereindeutigung der Aussagen gedrängt wurde, hat er sich mit Hilfe des von ihm gewählten Verfahrens, sich Inspirationen bei Künstlern des 15. und 16. Jahrhunderts, bei Cranach und Dürer, Brueghel und Bosch, Altdorfer, Beham und vor allem dem sogenannten Petrarca-Meister zu holen, von den Deutungen des Bauernkriegs und der Reformation aus dem 19. und 20. Jahrhundert befreit und eine Sichtweise entwickelt, die sich mit dem parteioffiziellen Projekt kaum noch berührte. Wenn etwa in dem «Sommerwiese» benannten Bildteil Luthers Reformation und Müntzers Prophetie von der bevorstehenden Errichtung des Gottesreiches dargestellt werden,[93] so klingt darin zwar noch die Gegenüberstellung von Fürsten- und Volksreformation an, aber die in der DDR gepflegte politische Ausrichtung dieser Kontrastierung wird sogleich wieder zurückgenommen, indem Müntzer nicht als ein früher Vorläufer Lenins oder Thälmanns, sondern als Endzeitprophet erscheint. Tübkes Darstellung läuft immer wieder auf eine Brechung und Öffnung des Konstrukts der frühbürgerlichen Revolution hinaus, mit dem sich die DDR historische Verwurzelung und politische Legitimität verschaffen wollte.[94]

Selbstverständlich hat Tübke die sozialen und politischen Auseinandersetzungen des frühen 16. Jahrhunderts ins Bild gesetzt. Er hat die Drangsal der Bauern, den Niedergang des Handwerks und das Elend der unterbürgerlichen Schichten gemalt, aber dabei hat er, den Vorstellungen der Zeitgenossen folgend, durchgängig Sozial- mit Moralkritik verbunden. Die sozioökonomische Krise äußert sich in einem keineswegs auf die oberen Schichten und die herrschende Klasse beschränkten Sittenverfall. Demgemäß begegnet man auch nicht dem Optimismus gesellschaftlich aufsteigender Klassen, die mit einem ausgeprägt politischen Gestaltungswillen auftreten, sondern bloß apokalyptischen oder chiliastischen Erwartungen, wonach nicht die Geschichtsmächtigkeit der Menschen und ihrer politischen Protagonisten, sondern das Eingreifen Gottes die Dinge zum Besseren verändert. Doch Tübkes

Himmel ist leer.[95] Es gibt keine göttlichen Mächte, welche die Hoffnungen der Menschen erfüllen könnten. Insofern geht auch von der Predigt Müntzers, der im Mittelpunkt des Schlachtengemäldes steht, keine revolutionäre Kraft aus. Er hat die Fahne bereits sinken lassen und gibt seine Sache verloren. Wer ihm folgt, lässt sich auf einen aussichtslosen Kampf ein. Von der Zukunftsgewissheit der Parole «Unsere Enkel fechten's besser aus» ist nichts zu spüren. Nichts liegt Tübkes Darstellung ferner als die Idee vom «Sieger der Geschichte».[96]

Es ist höchst unwahrscheinlich, dass den zahllosen Gutachtern und Überwachern des Projekts diese Abwendung vom gründungsmythischen Selbstverständnis der DDR entgangen ist. Spätestens die euphorischen Urteile des westdeutschen Kunstkritikers Eduard Beaucamp – Feuilletonredakteur der «Frankfurter Allgemeinen Zeitung», also politisch mehr als verdächtig –, die lange vor Fertigstellung des Projekts erschienen,[97] hätten sie stutzig machen müssen. Dass man Tübke weiterhin freie Hand ließ, ist ein Beleg für den posttotalitären Charakter der DDR in der Ära Honecker. Unter Ulbricht wäre derlei nicht möglich gewesen.

Vielleicht hängt die überraschende Liberalität der Staats- und Parteiführung gegenüber Tübkes ikonographischem Programm aber auch damit zusammen, dass die Bezugnahme auf Bauernkrieg und frühbürgerlicher Revolution nie die erhoffte Wirkung entfaltet hatte. Man hatte die historische Beurteilung von Reformation und Bauernkrieg revidiert, neue geschichtspolitische Traditionslinien hergestellt, aber ein politischer Mythos mit nachhaltigem Einfluss auf die politische Einstellung der Menschen war daraus nicht entstanden. Insofern konnte es hier auch nicht – wie beim antifaschistischen Gründungsmythos – zu einer schmerzlichen Sakralitätsverletzung kommen, und wichtiger als die ideologische Linientreue von Tübkes Gemäldes war, dass die DDR ein Kunstwerk erhielt, bei dem sie schon durch dessen Ausmaße «Weltniveau» demonstrieren konnte. Dass es dies vor allem durch seine ästhetische Kraft tun würde, mögen einige Beteiligte geahnt haben.

Der entscheidende Grund dafür, dass die gründungsmythische Ausarbeitung von Bauernkrieg und frühbürgerlicher Revolution keine Erfolgsgeschichte wurde, dürfte die unüberbrückbare historische Distanz der DDR zu den Vorgängen des frühen 16. Jahrhunderts gewesen sein. Der Übergang vom Spätmittelalter zur frühen Neuzeit war den DDR-Bürgern zu fern und zu fremd, als dass sich aus ihr eine politische Inpflichtnahme hätte entwickeln lassen. Im Falle Barbarossas, der Nibelungen und des Arminius waren die historischen Abstände zwar noch größer, aber hier hatten sich sehr viel plausiblere «Wiedergänger» oder zumindest soziopolitische Anknüpfungspunkte in der Gegenwart finden lassen. Vor allem gab es hier Texte, durch die der Mythos an Leben gewann, und die fehlten bei der frühbürgerlichen Revolution, beziehungsweise die Intellektuellen und Literaten der DDR waren – aus welchen Gründen auch immer – nicht in der Lage, solche Texte zu produzieren. Die Bauernkriegskonstellationen gehörten im buchstäblichen Sinn der Vergangenheit an.

Der neben den Bauernkriegen zweite Ergänzungsmythos der DDR waren die Befreiungskriege von 1813/14, aber auf die konnte man sich schlecht berufen, ohne sein Verhältnis zu Preußen als Ganzem geklärt zu haben. Raina Zimmering hat die These vertreten, dass nicht der Bezug auf die frühbürgerliche Revolution, sondern der auf den Aufstieg Preußens in der Zeit des Soldatenkönigs und des legendären «Alten Fritz» zum Kompensationsmythos für die nachlassende Bindekraft der Antifa-Erzählung geworden sei.[98]

Das Problem beim Preußenbezug der DDR bestand freilich darin, dass man die DDR nicht explizit an die militärische Stärke Preußens und seinen Aufstieg durch ein unverhältnismäßig großes Heer anschließen *konnte*, nachdem man sich über zwei Jahrzehnte mit der Kritik am preußischen Militarismus nicht hatte genugtun können; eine so abrupte Wendung hätte die DDR-Bürger irritiert. Und an den Kern des Preußenmythos – dass Preußen immer ärmer als West- und Süddeutschland gewesen war, aber dies durch gesteigerte Leistungen seiner Bevölkerung und den Verzicht auf Wohlergehen kompensiert hatte – *wollte* man nicht anknüpfen, weil dies die Grundüberzeugung von der Überlegenheit des Sozialismus gegenüber dem Kapitalismus in Frage gestellt hätte. So blieb Preußen weitgehend eine historische Staffage, mit der dem Zentrum Berlins zwischen Schlossplatz und Gendarmenmarkt wieder etwas baulicher Glanz verliehen wurde, aber eine nachhaltige politische Wirkung für die politische Identität der DDR ging davon nicht aus.[99]

Mit der affirmativen Bezugnahme der DDR auf das Preußen des 18. Jahrhunderts[100] entstand außerdem ein Problem, das bei einer intensiveren Inanspruchnahme Friedrichs II. eher zu erinnerungspolitischen Spaltungen als zur Integration geführt hätte: der Umstand, dass der Alte Fritz bei den Menschen in Sachsen alles andere als positive Erinnerungen auslöste, hatte er seine Kriege doch zu einem beträchtlichen Teil auf sächsischem Gebiet geführt, das stolze Land gedemütigt und große Verheerungen angerichtet. Unter anderem hatte Friedrich die Landeshauptstadt Dresden 1760 belagern und beschießen lassen. Der affirmative Preußenbezug der DDR trug jedenfalls nicht dazu bei, die Animositäten zwischen Sachsen und Brandenburgern abzubauen. So, wie man das rigorose Sprengen und Abreißen von Gebäuden mit Hohenzollernbezug – das Berliner (1950) und Potsdamer (1959/60) Stadtschloss etwa oder die Potsdamer Garnisonkirche (1968) – durch den stark sächselnden Ulbricht als die «Rache Sachsens an Preußen» bezeichnet hat, konnte man in der mythenpolitischen Kehrtwendung während der Honecker-Ära eine Herabstufung der Sachsen sehen. Das ist in weiten Kreisen wenig goutiert worden, zumal die Wiedererrichtung von Gebäuden aus der Hochzeit Preußens in Berlin[101] einen erheblichen Teil der verfügbaren Ressourcen verschlang, die bei anderen Projekten fehlten. Der vierteilige Fernsehfilm «Sachsens Glanz und Preußens Gloria» sollte als «Trickster» im Sinne von Lévi-Strauss dienen, also gegensätzliche Elemente mythisch-narrativ kombinieren und dadurch ein neues Ganzes schaffen, das seine Kraft gerade aus der Verbindung des Gegensätzlichen bezog. Tatsächlich ließen sich durch den Film allenfalls negative Effekte der Preußenrenaissance dämpfen, aber keine politische Identifikation mit dem Staat schaffen, die über das Vorhandene hinausgegangen wäre.

Eine Ausnahmestellung im Preußenmythos hatten die Befreiungskriege von 1813/14, wenngleich auch hier die Sachsen bis zur Völkerschlacht bei Leipzig auf der falschen, der napoleonischen Seite gestanden hatten. Aber das ließ sich ihrem König Friedrich August I. anlasten, während man den antinapoleonischen Befreiungswillen der sächsischen Bevölkerung betonte. Jedenfalls hatten die Befreiungskriege von 1813/14 für das Selbstverständnis der DDR eine so grundlegende Bedeutung, dass man beim Leipziger Völkerschlachtdenkmal, zweifellos ein Zeichen wilhelminischen Selbstbewusstseins,[102] nicht an eine Sprengung dachte, sondern in seine Erhaltung investierte. Es wurde zu einem Ort, an dem man die «deutsch-russische Waffenbrüderschaft» zelebrierte. Das Völkerschlachtdenkmal war ein fester Bestandteil im kulturellen Erbe der DDR, und die Befreiungskriege gehörten zum gründungsmythischen Wurzelwerk, aus dem der sozialistische Staat seine Kraft zu beziehen suchte.[103]

Der positive Rückbezug der DDR auf die Befreiungskriege war schon durch die Erklärung des Nationalkomitees «Freies Deutschland» vorbereitet worden, das 1943 nach der Niederlage von Stalingrad an die Soldaten und Offiziere der Wehrmacht appellierte, die Fronten zu wechseln, um auf sowjetischer Seite den Kampf gegen Hitler und den Faschismus aufzunehmen. «Wir haben in unserer Geschichte ein großes Vorbild. Vor hundertdreißig Jahren wandten sich, als noch deutsche Truppen als Feinde auf russischem Boden standen, die besten Deutschen, von Stein, Arndt, Clausewitz, Yorck und andere, von Russland aus über die Köpfe verräterischer Machthaber hinweg an das Gewissen des deutschen Volkes und riefen es auf zum Freiheitskampf. Gleich ihnen werden wir alle unsere Kraft und auch unser Leben einsetzen, alles zu unternehmen, was den Freiheitskampf unseres Volkes entfaltet und den Sturz Hitlers beschleunigt.»[104] In dieser Erklärung wird zum einen auf den Entschluss einiger preußischer Offiziere Bezug genommen, angesichts des bevorstehenden napoleonischen Angriffs auf Russland und dessen Unterstützung durch preußische Truppen aus der preußischen Armee auszutreten und in russische Dienste überzuwechseln,[105] vor allem aber auf die eigenmächtige Entscheidung des Generals Yorck,[106] der mit der Unterzeichnung der Konvention von Tauroggen die Voraussetzung dafür schuf, dass die Russen sich nicht damit begnügten, Napoleons Truppen hinter die Landesgrenze zurückzudrängen, sondern den Kampf bis zu dessen Sturz weiterführten. Das Nationalkomitee «Freies Deutschland» und der Bund Deutscher Offiziere hofften, dass viele Wehrmachtsoffiziere diesem Beispiel folgen würden. Auch wenn das nicht die erhofften Folgen gezeitigt hat,[107] ließ sich daraus doch eine Tradition konstruieren, an welche die Streitkräfte der DDR[108] anknüpfen konnten. Angesichts der Schwierigkeiten, die gerade ein sozialistischer Staat in Deutschland mit einer positiven Bewertung des Militärs haben musste, war diese Verbindung von großer Bedeutung und wurde folglich immer wieder beschworen. Mit der staatlichen Konsolidierung der DDR galt freilich nicht mehr die politische Selbständigkeit der Soldaten, sondern nur noch die Waffenbrüderschaft mit den Russen als Vorbild.[109]

Mit Scharnhorst, Gneisenau und Clausewitz beanspruchte die DDR die führenden Köpfe der preußischen Militärreformen für sich. Dabei trat sie einmal mehr in direkte Konkurrenz mit der Bundesrepublik, die auf der Suche nach einem politisch zustimmungsfähigen Bezug zu deutschen Streitkräften ebenfalls bei den preußischen Reformern Zuflucht gesucht hatte.[110] Wo die Mythen sich auf dieselben Ereignisse oder Personen bezogen, musste der Gegenseite die Legitimität dieses Bezugs bestritten werden,[111] und das war umso leichter möglich, als sich die politische Situation des beginnenden 19. Jahrhunderts auf die Gegenwart projizieren ließ: An die Stelle Napoleons traten dabei die USA, und in den Rheinbundstaaten war unschwer, sieht man einmal mehr von Sachsen ab, die Bundesrepublik zu erkennen, die «landesverräterische Adenauerbande»,[112] wie man sie in den ersten Jahren der DDR gerne bezeichnete.

Am wichtigsten war allerdings das im Mythos gegebene Siegesversprechen: Mit Hilfe der russischen Waffenbrüder werde dereinst ein selbständiges, von auswärtigen Mächten unabhängiges Deutschland erstehen. Hier hinkte die historische Analogie zwar, denn auf dem Wiener Kongress wurden über weite Strecken die vorrevolutionären

Verhältnisse restauriert, wobei einige von Napoleon zu Königen erhobene Landesfürsten ihre Würde behalten durften. Aber das war, verglichen mit den Problemen, die der Gründungsmythos der frühbürgerlichen Revolution aufwarf, leichter zu verkraften. Die Befreiungskriege ließen sich mit dem antifaschistischen Gründungsmythos verbinden und spielten in der DDR während der gesamten Zeit ihres Bestehens eine wichtige Rolle.

Zentraler Ort, an dem der gründungsmythische Bezug auf die Befreiungskriege rituell in Szene gesetzt wurde, war seit Mitte der 1950er Jahre die Neue Wache unter den Linden in Berlin mit den 1964 auf der gegenüberliegenden Straßenseite zwischen Operncafé und Staatsoper wieder aufgestellten Statuen der Generäle Scharnhorst, Blücher, Gneisenau und Yorck.[113] Hier fand einmal in der Woche der große Wachaufzug der NVA statt, hier präsentierte sich der Staat in einem militärischen Gepränge, das freilich mehr an die Wehrmacht als an die Armeen der Befreiungskriege erinnerte. Ohnehin hat sich die NVA in ihren Uniformen wie ihrem Zeremoniell stark an ebendieser Wehrmacht orientiert,[114] was die Partei- und Staatsführung der DDR offenbar auch deshalb für ganz unverfänglich hielt, weil sie sich auf den Mythos der Befreiungskriege berufen konnte. So heißt es in einer 1956 vom DDR-Verteidigungsministerium herausgegebenen Broschüre: «In unserer Volksarmee lebt der Geist der Landsturmmänner und Freikorpskämpfer von 1813, der Geist Scharnhorsts, Gneisenaus, Yorcks und Blüchers, der Geist der Berliner Barrikadenkämpfer des Jahres 1848 und der Soldaten der badischen Revolutionsarmee. [...] Die Angehörigen unserer Volksarmee erfüllen das Vermächtnis der Helden von 1918 bis 1923, der Roten Frontkämpfer, der Antifaschisten, die im Kampf gegen die faschistische Tyrannei gelitten haben und gefallen sind. Es ist natürlich, daß eine Armee, die von einem solchen Geist beseelt wird, auch solche Uniformen trägt, die den nationalen Traditionen unseres Volkes entsprechen.» Insofern sei es nur konsequent, dass «die Bonner Wehrmacht, die ihrem Inhalt nach eine amerikanische Söldnertruppe ist», Uniformen bekommen habe, die an die der US-Streitkräfte erinnere: «Angst vor den Traditionen müssen nur die haben, die heute schon wieder dabei sind, die Verbrechen der Militaristen und Faschisten fortzusetzen und täglich befürchten, daß sie dabei von der Öffentlichkeit ertappt werden.»[115]

Als sich im Herbst 1989 die Krisensymptome der DDR mehrten und sich ein Zusammenbruch der gesellschaftlichen Ordnung abzeichnete, war von den beiden Ergänzungsmythen, der frühbürgerlichen Revolution und den Befreiungskriegen, keine Hilfe zu erwarten. Dagegen zeitigte der antifaschistische Gründungsmythos noch einmal kurzfristige Wirkung, und zwar in dem Aufruf «Für unser Land», mit dem eine Reihe von Schriftstellern und Intellektuellen in letzter Minute noch den Untergang der DDR abwenden wollten. Unter Rekurs auf den antifaschistischen Gründungsmythos riefen sie zu tiefgreifenden inneren Reformen bei Beibehaltung der Eigenstaatlichkeit der DDR auf: «Noch haben wir die Chance, in gleichberechtigter Nachbarschaft zu den Staaten Europas eine sozialistische Alternative zur Bundesrepublik zu entwickeln. Noch können wir uns besinnen auf die antifaschistischen und humanistischen Ideale, von denen wir auch ausgegangen sind.»[116] Der Aufruf wurde in den ersten zwei Wochen nach seiner Veröffentlichung von etwa 200 000 Menschen unterschrieben,[117] entfaltete aber keine nachhaltige politische Wirkung mehr. Die überwiegende Mehrheit der Menschen in der DDR setzte auf eine Lösung der schweren wirtschaftlichen Probleme des Landes durch die Vereinigung mit der Bundesrepublik.

Der antifaschistische Gründungsmythos der DDR hatte die Konkurrenz mit dem bundesrepublikanischen Gründungsmythos von Währungsreform und Wirtschaftswunder verloren. Daran änderte auch nichts, dass sich in den 1990er Jahren immer wieder Künstler und Wissenschaftler, Pfarrer und Bürgerrechtler auf ihn beriefen, wenn es darum ging, dass man im falschen System dennoch ein richtiges Leben führen konnte.[118] Aber das ist eher für den individuellen Anspruch eines gelingenden Lebens relevant, als dass es die Bedeutung eines politischen Mythos hätte.

Am 5. August 1955 läuft in Wolfsburg ein weiterer Käfer vom Band.

Währungsreform und Wirtschaftswunder

Politische Mythen der Bundesrepublik

Was der eigentliche Gründungsmythos der alten Bundesrepublik war, lässt sich so leicht nicht sagen. Die politische Klasse im Westen Deutschlands wie die mit ihr verbundenen Intellektuellen haben nämlich darauf verzichtet, die Republik mit einer *politischen* Gründungserzählung auszustatten. Dieser Verzicht war vermutlich die Voraussetzung für die Liberalität, durch die sich die westliche Staatsgründung sehr bald von der im Osten unterschied. Für den Anspruch, alle Deutschen zu vertreten, genügte die Konstruktion der Rechtsnachfolge des Deutschen Reichs, und ansonsten verstand die Republik sich als ein politisches Provisorium, das nur bis zu dem Zeitpunkt bestehen werde, an dem *alle* Deutschen in freier Selbstbestimmung über die politische Ordnung Deutschlands entscheiden könnten. Infolgedessen tat sich die Bundesrepublik mit ihrer politischen Selbstanerkennung schwer, und wenn sich seit den späten 1960er Jahren doch so etwas Ähnliches entwickelte, dann eher unbeabsichtigt. Das war gleichsam der Preis, den man für die Nichtanerkennung der DDR zu entrichten hatte: dass man laut Grundgesetzpräambel in einem Provisorium lebte, selbst wenn die Bürger dies nach einiger Zeit anders empfanden.[1]

Mit dem zentralen Plakat im Bundestagswahlkampf 1972, das ein Porträt von Willy Brandt mit der Überschrift «Deutsche, wir können stolz sein auf unser Land» zeigt, ist eine beschränkte Selbstanerkennung der Republik in politisches Kapital umgemünzt worden. Zumal innerhalb der heranwachsenden Generation, die ein ungeteiltes

Deutschland nicht mehr kennengelernt hatte, verstärkte sich die Entwicklung weiter: Der Eindruck, dass es den Deutschen noch nie besser gegangen sei und dass das politische Gefüge – im Gegensatz zur Weimarer Republik – eine erstaunliche Stabilität aufwies, trug zur alltagsweltlichen Wertschätzung bei, welche die Westdeutschen ihrem Staat entgegenbrachten.[2]

Dennoch ist es über die vier Jahrzehnte nicht zu einer förmlichen Selbstanerkennung der Bundesrepublik gekommen; sie behielt den Charakter eines staatsrechtlichen Provisoriums bei. Das änderte sich erst mit der Selbstauflösung der DDR, als die neuen Bundesländer dem «Geltungsbereich des Grundgesetzes» beitraten.[3] Über die Anerkennung der Bundesrepublik haben zuletzt somit nicht die alten Bundesbürger, sondern die durch diese Anerkennung dazu Gewordenen entschieden.

Im Unterschied zur DDR war bei der Bundesrepublik auch nicht von vornherein klar, welcher Erzählung gründungsmythische Qualität zukam. Verschiedentlich ist die Auffassung vertreten worden, die Westbindung und die lebensweltliche Orientierung am Westen, insbesondere an den USA, vor allem aber die europäische Integration seien als Gründungsmythos der Bundesrepublik zu betrachten. Dabei werden jedoch Staatsräson und gesellschaftliche Modernisierungsprozesse mit politischen Mythen verwechselt. Die Westbindung, zumal die Nato-Mitgliedschaft, war die Staatsräson der Bundesrepublik, hingen doch die politische Gleichberechtigung im Kreis der westlichen Staaten und die äußere Sicherheit des Landes von ihr ab. Der Verzicht auf ein geopolitisch fundiertes Selbstverständnis als Macht «in der Mitte Europas», die eine eigenständige Politik zwischen Ost und West hätte betreiben müssen, folgte zwangsläufig aus der machtpolitischen Konstellation nach dem Zweiten Weltkrieg.[4] Zur politischen Westbindung gehörte die wirtschaftliche Integration in den Westen; der neue Wohlstand verdankte sich nicht zuletzt der Tatsache, dass man zum amerikanisch dominierten Wirtschaftsraum gehörte.[5]

Und Europa? – Sicherlich standen die Westdeutschen dem europäischen Integrationsprozess lange Zeit sehr aufgeschlossen gegenüber, aber sobald er politisch zur Abstimmung hätte gestellt werden können, schreckten die politischen Eliten davor zurück, der Bevölkerung die Entscheidung darüber zu geben. Der europäische Integrationsprozess ist in der Bundesrepublik als Elitenprojekt betrieben worden. Wie das Scheitern des europäischen Verfassungsvertrags an den Referenden in Frankreich und den Niederlanden zeigt, war dies politisch durchaus klug. Die Stärke politischer Mythen erweist sich gerade dann, wenn sie Unterstützung für ein Projekt mobilisieren, das mit erheblichen Kosten und Nachteilen verbunden ist. Europa stellte für die Bundesbürger lange Zeit einen wichtigen Orientierungsmythos dar. Aber es gelang ihm nicht, einen für die gesamte zugehörige Bevölkerung relevanten Gründungsmythos zu entwickeln; infolgedessen verlor es allmählich auch für die Deutschen seine zeitweilig starke Orientierungsfunktion.[6]

Weder die Westbindung noch die europäische Integration hatten das Zeug, zu politischen Gründungsmythen der Bundesrepublik zu werden, zumal ihnen die Staatsgründung vorausging. Beides hat der Republik Sicherheit, Stabilität und Prosperität verschafft. Es bildete das Zentrum der westdeutschen Staatsräson. Für narrative Variation, ikonische Verdichtung und rituelle Inszenierung waren Westbindung und europäische Integration allerdings ungeeignet; sie blieben in der politischen Vernunft angesiedelt und vermochten kaum politische Emotionen zu mobilisieren. Genau das aber zeichnet politische Mythen aus: dass sie begeisterte Zustimmung hervorbringen, wie sie bei einem nüchternen Abwägen der Vor- und Nachteile nie zustande käme.[7] In diesem Sinne hat die Bundesrepublik keinen *politischen* Gründungsmythos hervorgebracht. Das verhinderte schon ihr Anspruch auf die Rechtsnachfolge des Deutschen Reichs und der selbstauferlegte Provisoriumscharakter. Aber ohne Gründungsmythos können politische Großverbände auf Dauer nicht auskommen. So entstand ein vor allem *wirtschaftlicher* Gründungsmythos, in dem das materielle Wohlergehen herausgestellt wurde, das man sich nach Krieg und Nachkriegszeit nur als «Wunder» erklären konnte. Man führte es freilich auf eine politische Entscheidung zurück, die der Staatsgründung um fast ein Jahr vorangegangen war: die Währungsreform, die am 20./21. Juni 1948 erfolgte, während das Grundgesetz erst am 8. Mai 1949 in Kraft trat. Der gründungsmythische Kern der alten Bundesrepublik war nicht die politische Verfassung, sondern die wirtschaftliche Ordnung.

Das ist im Prinzip bis heute der Fall, zumindest wenn man bedenkt, dass das Wirtschaftswunder mit der Entwicklung des Sozialstaats einherging.[8] Der nämlich stellt sicher, dass tendenziell alle am Wohlstand partizipieren können. Veränderungen des Sozialstaats rufen in der Bevölkerung durchweg größere Besorgnis hervor als Debatten über die verfassungspolitische Ordnung. In der Geschichte der Bundesrepublik gibt es nur eine Ausnahme von dieser Regel – und das ist die Debatte über die Notstandsgesetzgebung in den Jahren 1967/68.[9] Aus ihr sind die Außerparlamentarische Opposition und die Studentenbewegung hervorgegangen, kurzum alles, was sich unter dem Stichwort «1968» zusammenfassen lässt.[10] Man kann 1968 geradezu als zweite Staatsgründung der Bundesrepublik bezeichnen, hat hier doch zum ersten und einzigen Mal eine intensive Auseinandersetzung über die Verfassung stattgefunden, in deren Gefolge es zu einer positiven Anerkennung des Grundgesetzes gekommen ist – immerhin ist es 1949 nicht durch eine Volksabstimmung, sondern durch den Parlamentarischen Rat in Kraft gesetzt worden. Auch wenn es den Befürwortern wie Kritikern der Notstandsgesetze nicht um eine solche nachholende Identifikation ging, hat die damalige Debatte doch genau dies bewirkt. Sie hat zu einer Beschäftigung mit Verfassungsfragen geführt, wie es sie danach nicht mehr gegeben hat – auch nicht im Vereinigungsprozess, als sehr viel weiter reichende Fragen zu klären waren als die Regelung eines Zustands, von dem man hoffte, dass er nicht eintreten würde.

Im Allgemeinen wird das Jahr 1968 zwar mit der Entstehung der neuen Linken verbunden, die auch die symbolische Jahreszahl erfolgreich für sich reklamiert hat, aber seine historische Tiefenwirkung liegt in der Identifikation der Westdeutschen mit ihrer Verfassung. Das erklärt auch, warum sich zwanzig, dreißig Jahre später viele als «68er» fühlen konnten, die mit den damaligen Straßenprotesten nichts zu tun gehabt hatten. Es gibt somit gute Gründe, neben Währungsreform und Wirtschaftswunder auch das Epochenjahr 1968 als bundesrepublikanischen Mythos zu bezeichnen. Im weiteren Sinn ist damit auch der Regierungswechsel des Jahres 1969, die Ablösung der Großen durch die sozialliberale Koalition verbunden, bei dem die Republik institutionelle Stabilität und demokratisches Selbstverständnis zeigte. Die Bundesrepublik stellte damit unter Beweis, dass sie ein demokratischer Rechtsstaat war, wie viele sich ihn seit der Paulskirchenversammlung von 1848 vergeblich gewünscht hatten.

Dass die Währungsreform im Nachhinein derart positiv erinnert würde, war zunächst nicht absehbar. Hatte es bis dahin einen Kaufkraftüberhang gegeben, dem keine Waren gegenüberstanden, so waren nun die Auslagen der Geschäfte voll, aber das Geld knapp.[11] Der Übergang von der Mangel- zur Überflussökonomie war nicht leicht zu verkraften,[12] und die Vermögensumverteilung wurde überwiegend als ungerecht empfunden, lief der Währungsschnitt doch auf die Enteignung der Geldwertbesitzer hinaus, während die Eigentümer von Sachwerten und Produktionsvermögen begünstigt wurden: Bank- und Sparguthaben wurden im Verhältnis 1:6,5, Aktien dagegen in der Relation 1:1 umgestellt. Man hat die Währungsreform als «die größte Enteignungsaktion für Bargeldbesitzer in der deutschen Geschichte» bezeichnet.[13] Das mit ihr verbundene Gefühl der Ungerechtigkeit konnte teilweise durch den 1952 erfolgten Lastenausgleich wettgemacht werden. Drei Millionen Deutsche, die im Besitz namhafter Vermögenswerte, Grundstücke, Häuser und Produktionseinrichtungen waren, mussten 37 Milliarden D-Mark Ausgleich zahlen, damit diejenigen, die infolge von Krieg und Vertreibung ihre Vermögen verloren hatten, in beschränktem Umfang entschädigt werden konnten. Gerd Bucerius, Herausgeber der «Zeit» hat dies «die größte Vermögensabgabe der Weltgeschichte» genannt.[14]

Eine ernste Gefahr für die Wirtschaft stellte die Rezession von 1950/51 dar. Zwischen September 1949 und Februar 1950 stieg die Arbeitslosenquote von 8,8 Prozent auf 13,5 Prozent an.[15] Die Spannungen zwischen Kanzler Adenauer und Wirtschaftsminister Erhard verschärften sich, da Adenauer eher auf kurzfristige Erfolge bedacht war und höhere Arbeitslosenzahlen fürchtete, wohingegen es Erhard langfristig um einen ordnungspolitischen Rahmen ging, der das freie Spiel der Marktkräfte ermöglichen sollte.[16]

Aber der tiefe Einschnitt in die Wirtschaft, dieser «quasirevolutionäre Gründungsakt» der Bundesrepublik,[17] zeigte schließlich Wirkung: Den deutschen Unternehmern gelang es, Exportmärkte zurückzuerobern, die während des Zweiten Weltkriegs verloren gegangen waren. Die nach dem Ausbruch des Koreakriegs wachsende Nachfrage nach deutschen Fertigwaren führte dazu, dass die Bundesrepublik ein Jahrzehnt der Vollbeschäftigung erlebte, das seitdem der Maßstab wirtschaftlicher Prosperität ist. Zwischen 1950 und 1958 entstanden pro Jahr eine halbe Million neue Arbeitsplätze, mit der Folge, dass ab 1956 sogenannte Gastarbeiter ins Land geholt werden mussten.[18]

Das Wachstum des westdeutschen Bruttosozialprodukts in diesem Zeitraum übertraf mit durchschnittlich 8,2 Prozent alle Erwartungen.[19] Die Lasten der Währungsreform gerieten in Vergessenheit. Nun markierte sie im kollektiven Gedächtnis den Beginn eines wirtschaftlichen Wachstums, das die Westdeutschen gerne auf ihren Fleiß und ihre Leistungsbereitschaft zurückführten. Das war eine gute Voraussetzung für eine gründungsmythische Erzählung, die zu einer Identifikation mit dem neuen Staat beitrug, wie sie die Weimarer Republik nie erreicht hatte und die wahrscheinlich auch die Voraussetzung dafür war, dass die Republik auf ihre *politische* Selbstanerkennung verzichten konnte. An deren Stelle trat die Erzählung, damals habe jeder mit den von den Banken als Startgeld ausgezahlten vierzig Mark ein neues Leben begonnen.[20] Sie ging ins kollektive Gedächtnis über und wurde zum festen Bestandteil des bundesrepublikanischen Gründungsmythos.

Mit der Währungsreform waren die Weichen für die Teilung Deutschlands endgültig gestellt worden.[21] Es war eine wirtschaftspolitische Maßnahme mit weltpolitischen Folgen. Die Westzonen wurden durch sie in das amerikanisch dominierte Wirtschaftssystem integriert, was die Sowjetunion für ihre Zone nicht zulassen konnte. Sie verhängte deswegen die Berlin-Blockade, die gemeinsam durchgestanden zu haben zu einem wichtigen Bindeglied zwischen Westdeutschen und Westalliierten, insbesondere den Amerikanern, wurde. Ihre Verwandlung aus Siegern in Verbündete hatte einen Schub erfahren. Die Pointe des bundesrepublikanischen Gründungsmythos von Währungsreform und Wirtschaftswunder bestand nun darin, all diese politischen Verwicklungen wegzuerzählen und alles auf den Fleiß und die Tüchtigkeit der Deutschen zulaufen zu lassen.

Es war klar, dass die Reichsmark durch eine neue Währung ersetzt werden musste, um den im Krieg entstandenen Geldüberhang abzubauen. Man hatte die drohende Inflation durch zwangswirtschaftliche Preis- und Lohnkontrollen blockiert, aber das führte nur dazu, dass sich die Wirtschaft auf den Schwarzmarkt verlagerte. In der Frage, ob es sich um eine Staats- oder eine Marktwährung handeln sollte, herrschte jedoch Uneinigkeit zwischen den Siegermächten, die sich bereits über den Marshallplan zerstritten hatten.

Nachdem Amerikaner und Briten 1946/47 begriffen hatten, dass eine wirtschaftliche Erholung Europas und eine Verringerung der Besatzungskosten ohne eine funktionierende deutsche Wirtschaft nicht möglich waren, entwarfen sie entsprechende Pläne. US-Präsident Truman war überzeugt, dass die USA den Kampf um Deutschland verlieren würden, wenn es nicht bald zu einer nachhaltigen wirtschaftlichen Verbesserung kam. Am 12. März 1947 erklärte er: «Der Samen der totalitären Regime wird von Not und Elend genährt. Sie breiten sich aus und wachsen auf dem üblen Boden von Armut und Hader. Sie erreichen ihre volle Größe, wenn die Hoffnung des Volkes auf ein besseres Leben erloschen ist. Wir müssen diese Hoffnung am Leben erhalten.»[22] So entstand das *European Recovery Program*, das nach dem verantwortlichen US-Außenminister George C. Marshall auch Marshallplan genannt wurde.

Obwohl die Sowjetunion dieses Hilfsprogramm zunächst keineswegs ablehnte, trug es schließlich maßgeblich zur Teilung Europas bei. Die Sowjets wollten nämlich nur bilaterale Abkommen akzeptieren, während die Amerikaner einen auf Liberalität und Multilateralität begründeten europäischen Wirtschaftsraum anstrebten.[23] Darüber kam es zum Bruch: Die Sowjetunion sorgte dafür, dass kein zu ihrem Einflussbereich gehörender Staat Marshallplanhilfe annahm. Sowohl der britische Außenminister Ernest Bevin als auch der Leningrader Parteichef Andrei Schdanow erklärten den Ausgang der Marshallplanverhandlungen zum Beginn der Teilung Europas: Der Brite sprach von einem West- und einem Ostblock, der Russe vom «imperialistischen und antidemokratischen Lager» einerseits, dem es um die Weltherrschaft des «amerikanischen Imperialismus» gehe, und vom «antiimperialistischen und demokratischen Lager» andererseits, das unter der Führung der Sowjetunion zum Ziel habe, «die Demokratien zu festigen und die Überreste des Faschismus auszurotten».[24]

Marshallplan und Währungsreform gehören zusammen; die amerikanischen Finanzspritzen wären ohne ergänzende währungspolitische Maßnahmen wirkungslos gewesen. Dementsprechend hatten die Amerikaner damit begonnen, Pläne für die Einführung der neuen Währung auszuarbeiten. Zeitgleich beschäftigte sich der gerade zum Honorarprofessor ernannte Ludwig Erhard, Leiter der bizonalen Wirtschaftsverwaltung in Frankfurt, mit diesem Problem. In der Forschung ist bis heute umstritten, welchen Einfluss er auf die Währungsreform selbst gehabt hat.[25] Jedenfalls stammten die Pläne dazu weitgehend aus amerikanischer Feder, so wie auch die Banknoten im Rahmen der «Operation Bird Dog» in den USA gedruckt und die Münzen dort geprägt wurden. Aber Erhard war es, der die Reform der Währung mit Wirtschaftsreformen verband – unter anderem einer weitgehenden Aufhebung der Preisbindung –, die auf das Ende des wirtschaftlichen Dirigismus und die Herstellung eines freien Marktes abzielten.[26] Damit ging er weiter, als die Amerikaner sich das vorgestellt hatten. Erhards Verdienst bestand darin, dass er mit der ihm eigenen Sturheit an seinen Vorstellungen festhielt und mit Ansprachen für sein Programm warb, durch die er das Vertrauen der Amerikaner wie der deutschen Wirtschaft gewann.

Die Schlangen, die sich bei der Ausgabe der neuen Währung ein letztes Mal gebildet hatten, gehörten bald der Vergangenheit an. In einem Bericht der US-Militärregierung aus dem Juli 1948 heißt es: «Die Furcht, daß die begrenzten Vorräte in Minuten oder Stunden verkauft sein würden, hat sich gelegt. Die Zahl der Bahn-Fahrgäste in der Nähe der großen Städte ist zurückgegangen, nicht nur, weil die früher so üppigen Bargeld-Bestände geschmolzen sind, sondern auch, weil die Stadtbewohner es nicht mehr für nötig halten, auf dem Land Früchte und Gemüse zu kaufen. Statt dessen bringen die Bauern ihre Produkte zur Stadt.»[27] Mit dem Kollaps der Schwarzmärkte sanken auch die Preise. Eine Stange amerikanischer Zigaretten, die ehemalige Schwarzmarktwährung, kostete am 21. Juni noch 45,– DM, drei Tage später 6,– DM, und am Tag darauf schließlich 2,50 DM.[28] In der Mai-Nummer der Zeitschrift *Ulenspiegel* erschien ein Gedicht, in dem die neuen «Alltagsträume» der Deutschen beschrieben wurden:

«Wenn die Mütter froh die Kinder schwenken,
Wenn die Onkels Neffen Uhren schenken,
Wenn man Wohnung wechselt ohne Schein;
Wenn, wer's Auto kauft, auch selber steuert,
Wenn man Hausrat, der nicht passt, erneuert,
Wenn man Fleisch hat und lädt Freunde ein.
Aber Enkelchen, wann wird das sein?»[29]

Zwei Monate später schon waren das keine Aussichten für die Enkel mehr. Der Traum konnte Wirklichkeit werden.

Die Frage, ob die Währungsreform selbst oder Erhards Maßnahmen zur Etablierung der Marktwirtschaft entscheidend für den Erfolg waren, wird sich nicht klären lassen. Erhard jedenfalls begriff die Durchsetzung eines freien Marktes als Bestandteil der demokratischen Erneuerung, weil sie den Menschen ihre Würde zurückgebe: In Zukunft seien sie nicht mehr gezwungen, von Bürokraten ihr Konsum- und Wirtschaftsverhalten festlegen zu lassen, sondern könnten selbständig darüber entscheiden.[30]

Was auch immer den Ausschlag gegeben hat, die neue Währung selbst oder Erhards begleitende Reformen – die D-Mark wurde angenommen und sehr bald zum Symbol einer neuen Identität. «Der 20. Juni 1948», so der Wirtschaftshistoriker Manfred Pohl, «war einer der wichtigsten Tage in der Nachkriegsgeschichte Deutschlands. Von vielen Bürgern wurde dieser Tag als die entscheidende Zäsur angesehen. Sie teilten ihre Zeitrechnung in die Zeit vor der Währungsreform und nach der Währungsreform ein. Selbst das Datum der Gründung der Bundesrepublik Deutschland ist nicht so präsent in der Erinnerung der Deutschen wie der Tag der Geldreform.»[31]

So, wie im Gründungsmythos der DDR die Entstehung des neuen Staates als Leistung der deutschen Antifaschisten und nicht als Ergebnis zufälliger politischer Entwicklungen dargestellt wurde, so kam es für die Bundesrepublik darauf an, in ihre wirtschaftspolitische Gründung ein starkes Element deutscher Mitwirkung einzuarbeiten. Dazu gehörte das Konklave von Rothwesten, wo eine Gruppe deutscher Währungsexperten unter amerikanischer Aufsicht damit beschäftigt war, die Ausführungsbestimmungen für die Währungsreform zu erarbeiten,[32] aber für den Gründungsmythos weitaus wichtiger war die Person Ludwig Erhards. Er wurde zum personifizierten Wirtschaftswundermythos, und seine Vorliebe für Zigarren zum Markenzeichen des Wirtschaftswunders. Neben dem strengen Patriarchen Adenauer verkörperte er die hedonistische Komponente der Republik.

Der Wohlstand erreichte über beachtliche Lohnsteigerungen schließlich auch die Masse der Arbeitnehmer. Von den Gewerkschaften wurden die 5-Tage-Woche und eine deutliche Anhebung des Urlaubsanspruchs erkämpft. Aus der Opfergesellschaft des Krieges und der Entbehrungsgesellschaft der Nachkriegszeit wurde eine Konsumgesellschaft; parallel dazu verdrängten Konsum- und Wohlstandsmytheme die früheren Opfermythen. Der alljährliche Sommerurlaub war eines davon, das private Kraftfahrzeug ein anderes. Beides trug dazu bei, dass sich der politische Horizont der Deutschen von kollektiv zu erbringenden Opfern auf individuellen Lebensgenuss verschob.[33]

Mit einer gewissen Verzögerung ist dieses veränderte Selbstbild der Deutschen auch von den europäischen Nachbarn wahrgenommen und akzeptiert worden: Die Deutschen kamen wieder, aber sie kamen nicht mehr als Eroberer in Uniform und mit Stahlhelm, sondern als Urlauber in Badehosen und mit Geld.[34] Für den Gründungsmythos der Bundesrepublik hatte das zur Folge, dass seine Kernaussage von außen zurückgespiegelt und durch andere bestätigt wurde. Der mythisch entworfene «Erwartungshorizont» wurde so verstärkt.

Neben der D-Mark, der Person Erhards und dem alljährlichen Sommerurlaub wurde schließlich der eigene Pkw zur wichtigsten Ikone des neuen deutschen Selbstbewusstseins, und diese Ikone hieß Volkswagen. Der Kulturwissenschaftler Erhard Schütz hat den Käfer als «rollendes Wirtschaftswunder» bezeichnet, als deutschen Beitrag zur Globalkultur neben der Coca-Cola-Flasche und Mickey Mouse aus den USA. Insofern sei der Käfer «der überragende deutsche Mythos des 20. Jahrhunderts».[35] Der Publizist Jürgen Brater hat gar die Generationentypologie der jüngeren deutschen Geschichte um die «Generation Käfer» bereichert.[36]

Schütz hat den Erfolg des Käfers auf dessen ästhetische Form zurückgeführt, die er im Anschluss an Konrad Lorenz als «Kindchenschema» identifiziert hat: große Augen, übergroßer Kopf, kurze Extremitäten. Es signalisiert Wehrlosigkeit und Hilfsbedürftigkeit, die Aggressions- und Beißhemmung auslösen. Die Deutschen, die ein Jahrzehnt zuvor Europa noch in Angst und Schrecken versetzt hatten, gaben sich im Käfer den Anschein der Harmlosigkeit. Dabei ist die Rückverwandlung des (militärischen) Kübelwagens in den (zivilen) Volkswagen selbst Ausdruck des Übergangs von der Beutegemeinschaft in die Konsumgesellschaft.[37] Im Prinzip war der Volkswagen nämlich sehr viel älter als das westdeutsche Wirtschaftswunder und reichte bis in die 1930er Jahre zurück, als er offiziell KdF-Wagen hieß und Bestandteil des NS-Programms «Kraft durch Freude» war.

50 000 Kübelwagen und 14 000 Schwimmwagen sind während des Krieges produziert worden,[38] und vor allem der Kübelwagen wurde neben dem Sturzkampfbomber (Stuka) und den Panzern zum Symbol der deutschen Wehrmacht. In der rundlichen Gestalt des Käfers ist der

kantige Kübelwagen entschärft und pazifiziert worden. Damit wurde als Entmilitarisierung erzählt, was tatsächlich eine mehrfache Mutation des von Ferdinand Porsche entworfenen Fahrzeugs war: Den Anfang bildete ein Personenwagen, der dem späteren Käfer überaus ähnlich war und der zum NS-Symbol für Massenmobilität werden sollte. Mit dem absehbaren Kriegsbeginn und dem forcierten Rüstungsprogramm der Wehrmacht ging er jedoch nicht in Serienproduktion, sondern wurde zur Grundlage für die Konstruktion des Kübelwagens. Der Volkswagen der Nachkriegszeit verkörperte also sehr viel mehr Kontinuität, als die Westdeutschen wahrhaben wollten.

Der Käfer war aber nicht nur Symbol des westdeutschen Wirtschaftswunders, sondern auch eine ihrer Ursachen – die Automobilindustrie trug seit Mitte der 1950er Jahre entscheidend zu den permanenten Handelsbilanzüberschüssen und einer positiven Zahlungsbilanz bei.[39] Im Jahre 1959 wurden bereits 58 Prozent der Wolfsburger Produktion exportiert. Deutschland war wieder auf den Weltmarkt zurückgekehrt. Doch es gab neben dem KdF-Wagen als dem Vorgänger des Käfers noch eine weitere Verbindung zur Nazi-Zeit, die keineswegs negativ besetzt war: Die Autobahnen, die der «Führer» hatte bauen lassen, machten eine breite private Automobilisierung erst attraktiv und fanden nun ihre eigentliche Bestimmung.[40] So war es möglich, die Vergangenheit partiell in die Gegenwart zu integrieren und sie nicht bloß als Not und verlorene Jugend abspalten zu müssen. Der Käfer und mit ihm die Verkehrsinfrastruktur der Autobahn war der «Trickster», der das miteinander Unvereinbare verband, die Opferzeit in die Konsumära integrierte und so einen Beitrag zur inneren Harmonisierung der Lebensentwürfe und Erinnerungen der Menschen leistete. Die psychologische Funktion, die in der DDR die Formel vom «Sieger der Geschichte» besaß, übernahm in der Bundesrepublik das Automobil, indem es der Vorstellung Raum gab, das Frühere sei nicht völlig vergeblich und umsonst gewesen. Zwei Unterschiede sollten freilich nicht übersehen werden: Während die Sieger-Formel auf die Überwindung der Nazi-Diktatur zielte, wiesen Automobilisierung und Verkehrsinfrastruktur einen positiven Bezug zu ihr auf. Und im Gegensatz zum Volkswagen blieb die Sieger-Formel aufs Ideelle beschränkt.

Auf der Ebene der materiellen Ausstattung der Gesellschaft hat der Käfer die Systemkonkurrenz gewonnen: Zwar mag bei manchem Westdeutschen der Wunsch vorhanden gewesen sein, einmal das Selbstbewusstsein eines «Siegers der Geschichte» zu besitzen, aber letzten Endes war der Besitz eines Automobils doch attraktiver. Der Käfer symbolisierte den Triumph der Bundesrepublik über die DDR und verstärkte die unerfüllten Sehnsüchte im Osten noch. So sah sich die DDR gezwungen, ihre Bevölkerung ebenfalls mit Privatfahrzeugen zu versorgen, was ihr nie ausreichend gelang. Insgesamt jedoch leistete der Käfer einen zutiefst ambivalenten Beitrag zur politischen Neuorientierung der Bundesrepublik: Er brachte den Bruch mit der Vergangenheit zum Ausdruck und schlug doch zugleich Brücken in die Nazizeit. Die von der politischen Bildung geleistete Aufklärung über den Nationalsozialismus wurde immer wieder durch die stehende Wendung konterkariert, der Führer habe aber doch die Autobahnen gebaut.[41]

Neben dem Gründungsmythos des Wirtschaftswunders steht der Ergänzungsmythos des «Wunders von Bern», der vollkommen überraschende Sieg der deutschen Nationalmannschaft über die hoch favorisierten Ungarn im Endspiel der Fußballweltmeisterschaft am 4. Juli 1954.[42] Die Fußballnationalmannschaft wurde 1974 und 1990 abermals Weltmeister, aber keiner dieser Siege hatte eine vergleichbare Bedeutung für das nationale Selbstbewusstsein wie der im Berner Wankdorfstadion. «Einen solchen Jubel», schrieb eine Schweizer Zeitung, «hat die lebende Generation in Deutschland noch nie erlebt.»[43] Was das Wirtschaftswunder auf der materiellen Ebene bedeutete, war das «Wunder von Bern» auf der ideellen Ebene: dass die Deutschen sehr wohl noch siegen konnten. Neun Jahre nach Kriegsende hatte eine Mannschaft aus Amateuren, von denen einige als Soldaten gedient hatten, die ungarischen Staatsprofis besiegt. Fritz Walter, der deutsche Spielführer, brachte das auf den Punkt: «Das Unglaubliche ist wahr, das Unerwartete Wirklichkeit.»[44]

Abermals handelte es sich um ein «Wunder», und darin kam mehr zum Ausdruck als bloß die Tatsache, dass man mit dem Sieg nicht gerechnet hatte: Die Rückkehr der Deutschen in das internationale Sportgeschehen, von dem sie zeitweilig ausgeschlossen worden waren, stellte in ihren Augen etwas Wunderbares dar, und dafür konnte man von den anderen eine gewisse Bewunderung erwarten. Zusammen mit dem «Wieder» als Präfix vieler Entwicklungen der 50er Jahre[45] avancierte das «Wunder» zur zentralen Kategorie des westdeutschen Selbstverständnisses – vom «Wirtschaftswunder» bis zum «Wunder von Bern». Auch das war ambivalent: Es verlieh der neugegründeten Republik eine politische Stabilität, die keiner erwartet hatte. Zugleich jedoch schien es eine intensive Auseinandersetzung mit dem Nationalsozialismus und den deutschen Verbrechen unnötig zu machen; sie setzte erst in den 60er Jahren mit dem Frankfurter Auschwitz-Prozess ein.

Fassen wir die Beobachtungen zu Währungsreform und Wirtschaftswunder zusammen, so bestand die Funktion der mythischen Gründungserzählung vor allem darin, äußere Einflüsse und Zufälle wegzuerzählen und die eigenen Leistungen in den Mittelpunkt zu stellen. Das zeigt sich auch im Begriff «Wunder»: Das «Wirtschaftswunder» wie das «Wunder von Bern» waren nicht Ereignisse, in denen das Eingreifen höherer Mächte anerkannt wurde – also keine «Wendung durch Gottes Fügung», von der Wilhelm I. nach der Schlacht von Sedan in einem Telegramm an seine Frau gesprochen hatte[46] –, sondern es waren Wunder, die man selbst zustande gebracht hatte.

Das Wirtschaftswunder verwies auf den Fleiß der Deutschen, und die Währungsreform wurde als Werk Erhards erzählt. Ins kollektive Gedächtnis fanden die externen Faktoren wie die Eingliederung in den amerikanischen Wirtschaftsbereich und der Korea-Boom keinen Eingang, stattdessen wurde die eigene Leistung in den Mittelpunkt gestellt. Dazu diente auch der Mythos der Trümmerfrauen, der in der ersten Hälfte der Kanzlerschaft Kohls zum Thema wurde: Die Frauen, die nach dem Krieg die zerstörten Städte «enttrümmert» hatten, avancierten zu Vorbereiterinnen des Wirtschaftswunders, das auf diese Weise gewissermaßen in die Zeit vor 1948 verlängert wurde. Deswegen müsse ihnen, so die Logik, auch ein Anteil am Erwirtschafteten eingeräumt werden, obwohl sie in jenen Jahren keine Beiträge in die Rentenversicherung gezahlt hatten. Das zuvor als eigene Leistung Kommunizierte tauchte hier als Versorgungsanspruch wieder auf. Der Gründungsmythos der Bundesrepublik Deutschland wurde schließlich zum Anspruch auf eine Verbesserung der Altersversorgung. Es war das Paradigma eines politischen Mythos, der nicht auf die Eliten beschränkt blieb, sondern umfassend die Massen ergriff.

Anders als in der DDR, wo der antifaschistische Gründungsmythos aus dem kommunikativen ins kulturelle Gedächtnis überführt wurde, um ihn politisch unter Kontrolle zu haben,[47] hat der bundesrepublikanische Mythos von Währungsreform und Wirtschaftswunder sich sowohl im kulturellen als auch im kommunikativen Gedächtnis festgesetzt. Er war also nicht bloß auf jene Formen des Erinnerns angewiesen, die über Rundfunk und Fernsehen, Lehrpläne und Schulbücher, Historiographie und Belletristik vermittelt werden, sondern fand sich auch immer wieder in individuellen Erzählungen und verknüpfte so die individuellen Erinnerungen mit der politischen Geschichte. Die individuelle Erinnerung wurde zur Beglaubigung des kollektiven Gedächtnisses, und die offizielle Erinnerungskultur fand ihren Rückhalt in der Erinnerungsarbeit kleiner Gruppen. Dementsprechend gelassen konnte die Bundesrepublik mit ihrem Gründungsmythos umgehen. Er musste weder in feierlichen Akten sakralisiert noch durch regelmäßig wiederkehrende Rituale im kollektiven Gedächtnis verankert werden, und Militärparaden oder Defilees brauchte man dazu ebenso wenig wie Denkmäler. Jeder trug die Währung als materielles Substrat des Gründungsmythos bei sich und konnte tagtäglich überprüfen, ob die mit ihr gegebenen Versprechungen noch galten. Das war die Basis für die nüchterne Profanität der westdeutschen Gesellschaft.

Die Bundesrepublik konnte sich die Armut an politischen Symbolen auch darum leisten, weil das Medium ihrer Wirtschaft, die D-Mark, zum Zeichen ihrer Stärke wurde. Sie zeigte, dass die Deutschen nach der vernichtenden Niederlage des Krieges «wieder da waren»; wegen ihrer «harten» Währung wurden sie im Ausland ebenso geschätzt wie beneidet. Noch beim Zusammenbruch der DDR spielte die D-Mark eine entscheidende Rolle, als die DDR-Bürger mit der Parole «Kommt die D-Mark, bleiben wir; kommt sie nicht, geh'n wir zu ihr!» die Währungsunion mit der Bundesrepublik regelrecht erzwangen.[48] Nachdem die Einführung der D-Mark zur deutschen Teilung geführt hatte, war es durchaus stimmig, dass sie entscheidend zur Überwindung der Teilung beitrug.

Während die DDR-Führung der Bevölkerung den antifaschistischen Gründungsmythos gleichsam verordnet hatte, konnte die Überzeugungskraft des bundesrepublikanischen Gründungsmythos bei den Wahlen überprüft werden: Die Höhe der Wahlbeteiligung und die Stimmenballung in der politischen Mitte waren Indikatoren seiner Akzeptanz. Der Wirtschaftswundermythos gab Erwartungen vor, die bestimmten politischen Programmen und den sie vertretenden Akteuren größere Chancen sicherten und andere benachteiligten; wenn sie den im Mythos formulierten Erwartungen nicht genügten, konnten sie die Wählergunst ganz schnell verlieren. Insgesamt begünstigen Gründungsmythen eher eine konservative als eine verändernde Politik. Sie tun das allein schon durch ihren Bezug auf den Zeitraum, in dem alles anfing.[49] Gerade im Wirtschaftswundermythos der Bundesrepublik wurde diese Rückorientierung immer wieder deutlich: Wenn man sich an Fleiß und Pflichtauffassung der Menschen in den 1950er Jahren halte, dann werde es mit Deutschland auch wieder bergauf gehen.

Wegen des konservativen Einflusses, den der bundesdeutsche Gründungsmythos auf die durch ihn strukturierten Erfahrungsräume und Erwartungshorizonte hat, musste er in mühsamer und kleinteiliger «Arbeit am Mythos» so verändert und uminterpretiert werden, dass er neue Perspektiven zuließ oder gar von sich aus eröffnete: Die politischen Parteien sind in Demokratien ständig damit beschäftigt, ihre programmatischen Aussagen gegenüber der Gründungserzählung anschlussfähig zu halten oder dem Mythos unter Mitwirkung von Intellektuellen, Publizisten und Schriftstellern eine Wendung zu geben, die mit neuen politischen Programmatiken vereinbar ist und sie nach Möglichkeit befördert. Das gilt jedenfalls für die großen Volksparteien, die bei Wahlen einen Stimmenanteil von über 30 Prozent anstreben.

Der Gründungsmythos der Bundesrepublik ist allerdings gegenüber den politischen Parteien nie wirklich neutral gewesen, sondern hat schon bald den Regierungsanspruch von CDU und CSU unterstützt. Die CDU hatte es obendrein verstanden, das «Wirtschaftswunder» untrennbar mit der Person des von ihr gestellten Wirtschaftsministers Erhard zu verbinden.[50] Es kommt daher nicht von ungefähr, dass die SPD erst die Chance zur Regierungsbeteiligung erhielt, als die Republik Mitte der 60er Jahre in eine konjunkturelle Krise geriet, die der inzwischen zum Bundeskanzler avancierte Ludwig Erhard nicht verhindern konnte. Er wurde daraufhin von seiner eigenen Partei gestürzt,[51] die dann fast zwei Jahrzehnte benötigte, um die Deutungshoheit über die gründungsmythischen Versprechen zurückzugewinnen.[52]

Mit dem Sturz Erhards, der freilich nur beschleunigte, was sich mit der Wirtschaftskrise Mitte der 60er Jahre abzuzeichnen begann, schwand die meinungspolitische Hegemonie der CDU. Neben der Erzählung vom Wirtschaftswunder entstand Platz für keynesianische Vorstellungen von der rationalen Planbarkeit wirtschaftlicher Entwicklungen, die obendrein zu größerer Gerechtigkeit bei der Verteilung von Gütern und Lebenschancen führen sollte. Wie Erhard das Symbol des Wirtschaftswunders gewesen war, so avancierten nunmehr Karl Schiller und später Helmut Schmidt in der Rolle des «Weltökonomen» zum Symbol für den – verglichen mit anderen Ländern – höheren Lebensstandard und die größere soziale Gerechtigkeit in Deutschland. Gegen den Mythos des Wirtschaftswunders setzte die Sozialdemokratie das «Modell Deutschland», dem sie die Qualität einer zweiten Gründungserzählung zu verschaffen suchte. Das ist jedoch nur teilweise gelungen.

So war auch der im «Modell Deutschland» zusammengefasste sozialdemokratische Beitrag zum politischen Mythensystem der Bundesrepublik vor allem wirtschaftlich und nicht politisch-historisch ausgerichtet. Er setzte an den Wohlstandserwartungen der Menschen an und versprach, ihre Befriedigung in (noch) größerem Maße zu verstetigen und vor allem auf eine gerechtere Verteilung zu achten. Es gibt jedoch komplementär zum «Modell Deutschland», das in der Ära Schmidt im Vordergrund stand, noch einen anderen Beitrag der SPD zum deutschen Mythensystem, nämlich Willy Brandt, die Aufbruchstimmung vom Herbst 1972 nach dem gescheiterten Misstrauensvotum, Brandts Besuch der DDR und die Szenen in Erfurt, der Warschauer Kniefall und schließlich die Aufforderung, mehr Demokratie zu wagen. Gerade weil diese Mytheme politisch sind und mit Ökonomie wenig zu tun haben, wurde Brandt der Vorwurf gemacht, seine Politik überfordere die Wirtschaft. Doch die kurze Euphorie der frühen 1970er Jahre blieb eine Augenblicksstimmung, die weder narrativ festgehalten noch ikonisch gerahmt werden konnte. Es ist die – vermutlich auch nur von einer Generation – getragene Erinnerung an eine Zeit, in der vieles möglich erschien und eine Atmosphäre des Aufbruchs herrschte, in der Utopien an die politische Praxis heranrückten.

Die Veränderungsstimmung des Jahres 1968 wurde vor allem durch die Person Willy Brandts in die politische Ordnung aufgenommen. Wie kein anderer Politiker in Deutschland verkörperte er als ehemaliger Emigrant einen Bruch mit der nationalsozialistischen Vergangenheit und zugleich die Bereitschaft, sich der daraus erwachsenen Verantwortung zu stellen. Der Warschauer Kniefall wurde zum Symbol dafür. Und zugleich repräsentierte Brandt die Hoffnung auf einen zweiten Neuanfang der Republik, dieses Mal freilich auf dem Niveau des inzwischen erreichten Wohlstands. Aber diese Stimmung wurde durch den Ölpreisschock im Herbst 1973 jäh beendet, und bald darauf endete auch die Kanzlerschaft Willy Brandts. Nicht die Erinnerung an die kurze Aufbruchstimmung des Jahres 1968 und die Ära Brandt avancierte zur Leiterzählung des «sozialdemokratischen Jahrzehnts».

Es war die Vorstellung von Rationalität, Planbarkeit und Berechenbarkeit, kontinuierlichen Zuwächsen und kleinen Schritten, die in der Formel vom «Modell Deutschland» zusammengefasst wurde – gewissermaßen die ausgenüchterte Version der emotional sehr viel stärkeren Formeln Willy Brandts. Die Erzählung vom «Modell Deutschland» mitsamt ihrem Anspruch einer Reduktion von Komplexität und der Bändigung von Kontingenz hat über mehr als ein Jahrzehnt den Regierungsanspruch der SPD abgestützt und deren Anhängern und Wählern Zutrauen in die politische Gestaltungs- und Handlungsfähigkeit der Sozialdemokratie vermittelt.

Auch in Zeiten, in denen er von den Konzeptionen der Wirtschaftssteuerung und der Vorstellung einer gerechten Umverteilung überlagert wurde, hatte der Mythos von Währungsreform und Wirtschaftswunder seine integrative wie orientierende Kraft nie ganz verloren, und mit dem Ende des «sozialdemokratischen Jahrzehnts» trat er wieder stärker hervor. Die Formel von der «geistig-moralischen Erneuerung», die das politische Programm Helmut Kohls in den ersten Jahren seiner Kanzlerschaft umschreiben sollte, war eine mehr oder minder deutliche Bezugnahme auf den alten Gründungsmythos der Bundesrepublik: Man müsse den Tugenden, die das Wirtschaftswunder hervorgebracht hatten, wieder Geltung verschaffen, nachdem sie, wie Kohl und seine Entourage nicht müde wurden zu erklären, durch die SPD und die kulturelle Linke in der Bundesrepublik denunziert und in den Schmutz gezogen worden seien.[53]

Zunächst griffen diese Vorstellungen allerdings nicht, weil Kohl und sein Kabinett durch zu viele Affären belastet waren, sodass der Anspruch einer geistig-moralischen Erneuerung vor allem zu Karikaturen Anlass bot.[54] Das änderte sich, als der politisch-ökonomische Zusammenbruch der DDR immer deutlicher abzusehen war. Jetzt wurde der Gründungsmythos der Bundesrepublik zur entscheidenden Orientierungsressource Helmut Kohls. Während die Sozialdemokraten noch rechneten, begann Kohl zu handeln. Das hat seine Kanzlerschaft, die im Sommer 1989 im Begriff war zu zerbröseln, um fast ein Jahrzehnt verlängert.

Wie kein anderer deutscher Politiker hat Helmut Kohl an den bundesrepublikanischen Gründungsmythos von Währungsreform und

Wirtschaftswunder geglaubt. Zwischen dem 9. November 1989, dem «Tag des Mauerfalls», und dem 3. Oktober 1990, dem Tag des Beitritts der neuen Länder zur Bundesrepublik Deutschland, war Kohls Überzeugung entscheidend, alle im Prozess der Vereinigung auftretenden Probleme seien lösbar. Die Sowjetunion; die von der Aussicht auf ein vereinigtes Deutschland nicht gerade begeisterten westlichen Verbündeten Frankreich und Großbritannien; die Regierung de Maizière in der DDR; die westlichen Bundesländer; die politischen Parteien der alten Bundesrepublik – alle meldeten unterschiedliche Interessen an, die es zu berücksichtigen galt. Unter normalen Umständen hätte es Jahre dauern können, sie unter einen Hut zu bekommen. Kohl und seine Berater waren jedoch davon überzeugt, dass ihnen für die deutsche Einigung nur ein schmales Zeitfenster zur Verfügung stehe.[55] Der Verfall der Autorität Gorbatschows in der Sowjetunion ebenso wie der sich rasant beschleunigende wirtschaftliche Zerfall der DDR haben ihnen recht gegeben.

Sieht man von Kohls Interesse ab, sich als «Enkel Konrad Adenauers»[56] darzustellen und damit eine Kontinuität in der Politik der CDU gegenüber dem Osten zu suggerieren, wie es sie in Wirklichkeit nicht gegeben hat,[57] so wird man kaum bestreiten können, dass der bundesrepublikanische Gründungsmythos für Kohl zu einer Handlungsressource ohnegleichen wurde, bot er doch das politische Programm, nach dem der Vereinigungsprozess geplant und organisiert werden konnte: keine Verfassungsdebatte, bei der das Grundgesetz womöglich einer weitgehenden Revision unterzogen worden wäre, keine langwierige politische Willensbildung unter Einbezug aller Parteien und Gruppen, keine Abstimmungen mit ungewissem Ausgang, sondern knapp und einfach: erst Währungsunion, dann «blühende Landschaften». Diese schlagende Redewendung Kohls war nichts anderes als eine Reaktivierung des bundesrepublikanischen Gründungsmythos, der sich nun als die entscheidende politische Ressource des Kanzlers erwies und ihm Zutrauen in den Erfolg seines Tuns verschaffte, das in dieser unübersichtlichen und beispiellosen Situation unverzichtbar war. Die SPD mit Oskar Lafontaine an der Spitze verfügte über keine vergleichbare Zutrauensressource; dementsprechend lavierte und taktierte sie, sprach vor allem von den Problemen und Kosten der Vereinigung und nahm – mit Ausnahme Willy Brandts – die Chance nicht wahr, die sich auch in parteipolitischer Hinsicht für sie ergeben hatte, denn schließlich waren vor 1933 große Gebiete Mitteldeutschlands sozialdemokratisch orientiert. Das Vertrauen auf den bundesrepublikanischen Gründungsmythos hat die CDU zur gestaltenden Macht des Vereinigungsprozesses werden und in den neuen Bundesländern politisch festen Fuß fassen lassen.

Kohl hat die sich bietende Gelegenheit zur schnellen Vereinigung beim Schopfe ergriffen, aber viele damit verbundene Probleme übersehen oder unterschätzt. Schon bald war klar, dass die Kosten der Vereinigung viel höher waren als angenommen, und die «blühenden Landschaften» ließen auf sich warten. Kohl hat für seine Formel viel Kritik und Spott geerntet. Aber auch hier zeigte sich, was für alle politischen Mythen gilt: Sie ermöglichen nicht nur ein Handeln, das sonst durch Bedenklichkeiten und Erwägungen blockiert wäre, sondern verengen zugleich das Blickfeld. Es ist besser, dass man vieles nicht sieht oder in Rechnung stellt, wenn man entschlossen agieren will.

Einmal mehr wird hier die Bindung politischer Mythen an die Generationen deutlich, mit denen sie emporsteigen und niedergehen. Weil er einem politischen Mythos vertraute, in dessen Gültigkeit die Angehörigen seiner Generation geradezu hineinsozialisiert worden sind,[58] hat Kohl geglaubt, die Kraft des Gründungsmythos lasse sich reaktivieren, um den Vereinigungsprozess zügig abschließen zu können. Das hat ihm die nötige Zuversicht gegeben, auf dem richtigen Weg zu sein, aber auch dazu geführt, dass er die Probleme und Schwierigkeiten unterschätzte. Dennoch gilt: Von allen Mythen, die in der deutschen Geschichte des 19. und 20. Jahrhunderts eine Rolle gespielt haben, hat der von Währungsreform und Wirtschaftswunder die positivsten Folgen gehabt und seinerseits zu Wohlstand und Wohlergehen beigetragen. Der größte Preis dafür sind nicht die falsch eingeschätzten Kosten der deutschen Vereinigung, sondern ausgeprägte Behäbigkeit und schwerfällige Selbstzufriedenheit, die sich im Gefolge dieses

Gründungsmythos ausgebreitet haben. Aber nach den Jahrzehnten des politischen und intellektuellen Extremismus von der Kaiserzeit bis zum Ende der Nazi-Herrschaft[59] war das nicht das Schlechteste für die Deutschen.

«Wir sind Papst» und «Du bist Deutschland»

Die Ablösung des Mythos durch Schlagzeilen und Werbekampagnen

Aus der Perspektive der politischen Mythengeschichte Deutschlands, wie sie hier beschrieben worden ist, hätte man damit rechnen dürfen, dass der 9. November 1989 zu einem neuen Gründungsmythos der Deutschen, zumindest aber einem Additionsmythos geworden wäre, der den alten bundesrepublikanischen Gründungsmythos ergänzt: Im Anschluss an eine Pressekonferenz des SED-Politbüromitglieds Günter Schabowski kam es in den Abendstunden zu einem Ansturm der Ostberliner auf die Grenzübergänge nach Westberlin, und innerhalb weniger Stunden brach ein Grenzregime zusammen, das die Welt mehrmals in Atem gehalten und an den Rand eines Krieges gebracht hatte. Die Führung in Ostberlin hatte die Kontrolle über einen sich rasant beschleunigenden Prozess verloren, und es war nicht auszuschließen, dass es beim Zusammentreffen von Grenztruppen, Passierwilligen und Schaulustigen zum Konflikt kommen würde, der in einem Blutbad hätte enden können.[1] Einen Augenblick lang stand die Geschichte auf des Messers Schneide – dann die glückliche Wendung und der Anfang vom Ende der deutschen und schließlich der europäischen Teilung. Am 9. November 1989 wurde in Berlin einmal mehr Weltgeschichte gemacht, dieses Mal jedoch nicht von den Herrschenden, die über das Volk verfügten, sondern von der Bevölkerung selbst, und das in einer kurz zuvor noch unvorstellbaren Form der Selbstermächtigung.

Der Stoff, aus dem politische Mythen geformt werden, war somit im Übermaße vorhanden und ebenso die Bilder, die dieser dramatischen Wende Anschaulichkeit verliehen: die zahlreichen Abbildungen der trostlos menschenleeren Umgebung des Brandenburger Tores, der tiefgestaffelten Sperranlagen, gepanzerten Fahrzeuge, Wachmannschaften – und im Kontrast dazu der Mauertanz junger Berliner, die sich um das Grenzregime nicht länger scherten. Was jahrzehntelang Angst und Schrecken verbreitet hatte, wurde zum Schauplatz ausgelassener Feiern. In Berlin kam es zu einem anarchisch-emanzipatorischen Fest, wie es die Deutschen bis dahin nicht gekannt hatten. Die Dinge liefen wie von selbst und hatten sich offenbar der Kontrolle durch die Politik entzogen. Die Bilder der Menschen, die sich auf der Mauer, buchstäblich der Trennlinie zwischen Ost und West, die Mitte ihrer Stadt zurückerobert hatten, waren ein politisches Symbol, mit dem sich eigentlich linksliberale wie konservative Kreise identifizieren konnten: Hier wurden die deutsche Teilung überwunden und die nationale Einheit wiederhergestellt, und erstmals in der deutschen Geschichte nahm eine Revolution einen glücklichen und bis zum Ende erfolgreichen Verlauf.

Die damit eröffnete Chance einer gründungsmythischen Neufundierung der Republik ist aus vielerlei Ursachen nicht wahrgenommen worden. Dagegen sprach zunächst das Datum des 9. November, das unerwünschte und politisch gefährliche Erinnerungen an Ereignisse des 20. Jahrhunderts wachrief: Am 9. November 1918 war im Wald von Compiègne der Waffenstillstand unterschrieben worden, mit dem der Erste Weltkrieg zu Ende ging, während in Deutschland, in Kiel, Berlin, München und anderen großen Städten, bewaffnete Revolutionäre die Straßen kontrollierten und zeitweilig die Macht ausübten; am 9. November 1923 hatte Adolf Hitler, Anführer einer rechtsradikalen Splitterpartei, zusammen mit dem früheren Generalstabschef Ludendorff, in München einen Putsch inszeniert, der wenige Stunden später vor der Feldherrnhalle von der bayerischen Landespolizei blutig niedergeschlagen wurde; und am 9. November 1938 hatte Goebbels das Attentat auf einen deutschen Diplomaten in Paris dazu genutzt, überall in Deutschland durch SA-Trupps Synagogen und jüdische Geschäfte zertrümmern und in Brand setzen zu lassen. Es gab also Gründe dafür, den 9. November nicht zum Staatsfeiertag zu machen. Darüber hat es eine kurze Diskussion gegeben,[2] aber bevor sie recht in Gang kam, war bereits die Entscheidung für den 3. Oktober gefallen: An diesem Tag sollten die neuen Länder offiziell der Bundesrepublik beitreten, womit dann die DDR zu bestehen aufhörte, und schon bald war klar, dass diese Entscheidung nicht nur eine für den 3. Oktober als Staatsfeiertag, sondern auch eine gegen die Aufbereitung des 9. November 1989 zum politischen Gründungsmythos der neuen und größeren Bundesrepublik war. Damit war eine Chance vertan, die mehrwöchigen Proteste der Bevölkerung gegen das DDR-Regime symbolpolitisch herauszustellen. Von den Leipziger Montagsdemonstrationen über die große Kundgebung auf dem Berliner Alexanderplatz am 4. November 1989 bis zum Wandel der Parole «Wir sind das Volk» in «Wir sind ein Volk» hatte eine Volksbewegung politische Veränderungen in Gang gesetzt, die in der deutschen Geschichte ohne Beispiel waren.[3]

Das Problem einer gründungsmythischen Aufbereitung des 9. November 1989 war aber nicht nur das Datum, sondern auch der politisch-geographische Raum, der damit herausgehoben worden wäre: Das Gründungsgeschehen der neuen und größeren Bundesrepublik hätte sich dann ausnahmslos auf dem Territorium der DDR abgespielt, und der Deutsche Bundestag in Bonn hätte lediglich insofern mitgewirkt, als sich die Abgeordneten, als die ersten Nachrichten aus Berlin eintrafen, von ihren Stühlen erhoben und die dritte Strophe des Deutschlandslieds sangen. Die westdeutsche Bevölkerung war am 9. November bloß Zuschauer eines Geschehens, zu dem sie nichts beitragen konnte. Die bundesdeutsche Politik kam erst anschließend ins Spiel, wobei sie in innerdeutschen wie internationalen Verhandlungen Einfluss auf einen politischen Prozess gewann und diesen schließlich zu kontrollieren und zu steuern vermochte, sodass er am 3. Oktober 1990 mit der Zeremonie vor dem Reichstag erfolgreich abgeschlossen werden konnte. Dabei muss man keineswegs Helmut Kohls zweifellos vorhandenes Interesse bemühen, als «Kanzler der deutschen Einheit» in die Geschichte einzugehen, was durch die Akzentuierung des 3. Oktober sehr viel besser bedient wurde als mit dem Tag des Mauerfalls; mit dem 9. November hätte auch ein Teil der deutschen Bevölkerung die Deutungshoheit über den Gründungsmythos erhalten, dessen Mentalität man im Westen nicht wirklich kannte und bei dem man sich nicht sicher war, ob er nicht womöglich zu beträchtlichen Teilen extremen Positionen zuneigte. Damit wäre eine Dezentrierung in die deutsche Politik hineingekommen, die überwunden zu haben gerade zu den im Westen geschätzten Leistungen der Bundesrepublik gehörte. So entschloss man sich, den ohnehin westlastigen Vereinigungsprozess nach Artikel 23 Grundgesetz nicht durch eine gründungsmythische Herausstellung des 9. November zu kompensieren, sondern setzte auch hier auf die allgemeine Marschrichtung «nach Westen».

Zunächst schien diese starke Westorientierung für die ostdeutsche Bevölkerung auch kein Problem darzustellen. Das änderte sich, als größere wirtschaftliche Schwierigkeiten auftraten, in den neuen Bundesländern die Betriebe zusammenbrachen und die Arbeitslosigkeit in die Höhe schnellte. Jetzt fühlte sich ein Großteil der Ostdeutschen nicht nur um die Lebensleistung, sondern auch um die politische Anerkennung für die entscheidende Rolle bei der Wende von 1989 gebracht. Auf einmal sollte Helmut Kohl alles gemacht haben und die «Ossis» lediglich Statisten der Geschichte gewesen sein. Der Verzicht auf die symbolpolitische Aufbereitung des 9. November 1989 hat es den Ostdeutschen jedenfalls nicht leichter gemacht, in dem neuen Staat «anzukommen», dem sie beigetreten waren. Die Politik hatte das Mittel einer symbolpolitischen Kompensation nicht genutzt, und der «Roman der Wende», der von Literaturkritikern und Intellektuellen eingefordert wurde, ließ ebenfalls auf sich warten. So trat der triste Alltag wirtschaftlichen Niedergangs und sozialen Zerfalls in den neuen Bundesländern in den Vordergrund, und die zeitweilig euphorische Aufbruchstimmung schlug in eine depressive Grundhaltung um, die sehr bald auf die alten Bundesländer übergriff. Die Gegenwart schien die aus historischer Perspektive erhobene Klage über Deutschland als «schwieriges Vaterland» zu bestätigen.[4]

Nachdem die deutsche Einheit vollzogen war, stellte sich mit erneuter Dringlichkeit die Frage nach dem Umgang mit der deutschen Geschichte, insbesondere mit der Erinnerung an die Verbrechen des Nationalsozialismus vor und während des Zweiten Weltkriegs. Nachdem der Bundestag beschlossen hatte, Berlin, von wo der Krieg ausgegangen und wo die Verbrechen geplant worden waren, zur Hauptstadt des wiedervereinigten Deutschland zu erklären, waren geschichts- und symbolpolitische Entscheidungen erforderlich, über die ein Jahrzehnt zuvor im «Historikerstreit» heftig debattiert worden war. Was damals eine Kontroverse unter Intellektuellen um die Art des Umgangs mit der deutschen Geschichte gewesen war, zog nun – nach einer auf geringerem Niveau und mit weniger politischem Zündstoff geführten Debatte – denkmalpolitische Konsequenzen nach sich: Die Errichtung des Mahnmals für die ermordeten Juden Europas in Sichtweite des Reichstags und in unmittelbarer Nähe der einstigen Reichskanzlei Hitlers wurde zu einem zentralen Bestandteil im architektonischen wie denkmalpolitischen Projekt der Wiederherstellung einer deutschen Hauptstadt, die sich mit den anderen Hauptstädten Europas messen konnte.[5] Die seit Mitte der 1990er Jahre feststehende Bereitschaft, im Zentrum der deutschen Hauptstadt ein solches Mahnmal zu errichten, hat beim Um- und Ausbau Berlins symbolpolitische Spielräume verschafft, die sonst nicht vorhanden gewesen wären oder deren Inanspruchnahme im benachbarten Ausland mit Misstrauen verfolgt worden wäre.

Mythenpolitisch betrachtet, ging es darum, die Funktion, die der Mythos des antifaschistischen Widerstands für die DDR hatte,[6] an die das wiedervereinigte Deutschland jedoch nicht anknüpfen konnte und wollte, neu und überzeugend zu besetzen. Eine Übernahme der mythenpolitischen Absicherung, wie sie die DDR für ihre eigenen Zwecke entwickelt hatte, wäre weder überzeugend noch glaubwürdig gewesen. All diese Aufgaben übernahm das Holocaust-Mahnmal am Brandenburger Tor, und dementsprechend groß und unübersehbar musste es angelegt werden. Einmal mehr hat der damalige Bundeskanzler Kohl hier ein symbolpolitisches Gespür bewiesen, wie man es ihm nach der katastrophal misslungenen Inszenierung auf dem Bitburger Soldatenfriedhof 1985 kaum zugetraut hatte. Gegen Kritiker wie Skeptiker hat Kohl das Mahnmal, das mit Lea Rosh und Hartmut Jäckel als Initiatoren bürgergesellschaftliche Ursprünge hatte, auch in seinen ausgreifenden Dimensionen durchgesetzt. Danach waren alle Fragen, die mit der Wiederherstellung und Neugestaltung der Hauptstadt zu tun hatten, Gegenstand einer innerdeutschen Debatte, auf die ein wachsames Ausland keinen Einfluss nahm – mit Ausnahme einer projektierten Gedenkstätte für die Vertreibung der deutschen Bevölkerung aus dem Osten. So war es möglich, preußische Symbole wie die Neue Wache Schinkels zu einem gedenkpolitischen Zentralort zu machen, wilhelminische Gebäude wie den Reichstag für politische Repräsentationszwecke wiederzugewinnen und schließlich sogar Görings Haus der Luftwaffe erneut für die Unterbringung eines Ministeriums zu nutzen.

Aber all diese durchaus klugen und weitsichtigen Bemühungen um symbolpolitischen Spielraum konnten das gründungsmythische Defizit nicht kompensieren, das nach der Einführung des Euro und dem Wegfall der D-Mark noch einmal deutlich größer wurde. Mit der D-Mark hatte der alte westdeutsche Gründungsmythos von Währungsreform und Wirtschaftswunder seine Ikone verloren, und der Bedeutungsverlust der Bundesbank, über Jahrzehnte Inbegriff bundesrepublikanischer Währungsstabilität, zerstörte einen weiteren Ergänzungsmythos der westdeutschen Staatsbildung.

War am Ende der 1980er Jahre mit dem Arbeiter-und-Bauern-Staat das politische Mythensystem der DDR untergegangen, so wurde gegen Ende der 1990er Jahre das aus der alten Bundesrepublik in das vereinigte Deutschland übernommene politische Mythensystem von einem allmählichen Erosionsprozess erfasst, der durch die architektonische Ausgestaltung der neuen Hauptstadt, das Reichstagsgebäude und das Kanzleramt,[7] nicht ausgeglichen werden konnte. Die verbreitete Klage über die schlechte Stimmungslage der Deutschen, über ihre Verzagtheit und Ängstlichkeit, Technikskepsis und das stark entwickelte Sicherheitsbedürfnis, kurzum: die sprichwörtlich gewordene

German Angst, dürfte auch mit dem Defizit an politischen Mythen zu tun haben. Ohne Großerzählungen von schwierigen Situationen, in denen die Altvorderen in vorbildlicher Weise gehandelt und die Herausforderungen bewältigt hatten, fehlte es an Beispielen, auf die man verweisen und aus denen man Vertrauen und Zuversicht schöpfen konnte. Vermutlich ist das einer der wichtigsten Beiträge, den politische Mythen zur Stabilität von Staaten und Nationen leisten: dass sie Selbstvertrauen und Selbstsicherheit schaffen, die nicht auf spektakuläre Aktionen oder große Reden angewiesen sind, sondern den festen und zuverlässigen Untergrund für den Umgang mit alltäglichen wie außergewöhnlichen Herausforderungen bilden.

Dass die gründungsmythisch spärliche Ausstattung der Bundesrepublik zum politischen Problem werden könnte, ist einigen Beobachtern relativ früh klar geworden, und so hat Dolf Sternberger bereits in den 1970er Jahren das Projekt eines «Verfassungspatriotismus» ins Spiel gebracht,[8] der auch als Ersatzmythos oder Mythenkompensation begriffen werden kann.[9] Mehr als eine notdürftige Behelfskonstruktion ist daraus aber nicht geworden, wobei sich unter den politischen Intellektuellen zudem ein Dissens darüber entwickelte, wie dieser Verfassungspatriotismus auszugestalten und emotional aufzubereiten sei. Spätestens mit Jürgen Habermas' diskurstheoretischer Interpretation des Konzepts[10] war klar, dass damit weder narrative Variationen noch ikonische Verdichtungen, geschweige denn rituelle Inszenierungen einhergehen würden. Im Prinzip wäre Sternbergers ursprüngliches Konzept dafür offen gewesen. Indem man ihn jedoch in eine deliberative Demokratietheorie einbettete, wurde er zu einer Angelegenheit intellektueller Eliten, die damit über eine kritische Kontrollinstanz der politischen Entwicklung in Deutschland verfügten, aber dem Land keine gründungsmythische Fundierung bereitstellen konnten – und auch nicht wollten.

Die diskurstheoretische Ausdeutung des Verfassungspatriotismus hatte zur Folge, dass ein großer Teil der politischen Intellektuellen sich auf die komfortable Rolle von Wächtern über den politischen Prozess beschränkten. Statt mühselige Versuche zu unternehmen, der Bundesrepublik eine gründungsmythische Fundierung zu geben, bezogen sie den Hochsitz der Kritik, wo sie weder in die politische Pflicht genommen noch für folgenreiche Entscheidungen verantwortlich gemacht werden konnten. Eigentlich können sich die politischen Intellektuellen eine solche Position nur leisten, wenn sie davon ausgehen dürfen, dass die politische Ordnung stabil und im Bewusstsein der Bevölkerung fest verankert ist. In der Bundesrepublik der 1980er Jahre gab es gute Gründe, das anzunehmen; in den späten 1990er Jahren war das jedoch nicht mehr der Fall, und da die politischen Intellektuellen die Arbeit an gründungs- und orientierungsmythischen Erzählungen nicht übernahmen, fiel diese Aufgabe den Journalisten der Boulevardpresse und den Kreativitätsspezialisten der Public-Relations-Agenturen zu. Was daraus folgte, soll an zwei Beispielen dargestellt werden.

Am 20. April 2005, dem Tag nach der Wahl Joseph Kardinal Ratzingers zum Papst, machte die *Bild*-Zeitung mit der die gesamte erste Seite des Blatts beherrschenden Überschrift «Wir sind Papst» auf. Aus der überraschenden Wahl des Kurienkardinals Ratzinger wurde so ein Triumph, wie er sonst nur in sportlichen Wettkämpfen errungen und gefeiert wird. Der Erfinder der Überschrift, der Chef des *Bild*-Politikressorts Georg Streiter, hat später erzählt, dass er sich durch Schlagzeilen wie «Wir sind Weltmeister» habe inspirieren lassen.[11]

Während die Nachrichtensendungen des Fernsehens am Abend zuvor neben Bildern vom Petersplatz eine eher zurückhaltend reagierende Bevölkerung in Deutschland gezeigt hatten, bei der weder helle Freude noch stürmische Begeisterung vorherrschte, verwandelte die *Bild*-Überschrift die Papstwahl in einen nationalen Triumph. Ein Ereignis, das im Prinzip nur die deutschen Katholiken beziehungsweise diejenigen unter ihnen betraf, die sich mit ihrer Kirche identifizierten, wurde ins nationale Wir-Bewusstsein eingeprägt, als ob damit eine grundlegende Weichenstellung deutscher Geschichte verbunden wäre. Dass man das auch ganz anders sehen konnte, zeigte an demselben Tag die Titelseite der *taz*, die ganz schwarz war und nur in der Mitte die Worte «Oh, mein Gott!» sowie, klein oben links, die Erläuterung

«Joseph Ratzinger neuer Papst» enthielt. Zwar war Ratzinger vor und während des Konklaves als möglicher Kandidat genannt worden, doch hatte man allgemein seine Wahl wegen seines fortgeschrittenen Alters und seiner Nationalität für unwahrscheinlich gehalten – immerhin war seit fünf Jahrhunderten kein Deutscher mehr zum Papst gewählt worden.[12] Zudem gehörte Ratzinger einer Alterskohorte an, die in Hitlers Deutschland aufgewachsen und zwangsläufig in die Organisationen des NS-Staates eingebunden gewesen war. Die Wahl Joseph Ratzingers war also eine handfeste Überraschung und für manchen gleichbedeutend mit der endgültigen Rehabilitierung Deutschlands. Von alldem schwang etwas in dem triumphalen «Wir sind Papst» mit.

Hinzu kam die Erinnerung an den Amtsvorgänger Johannes Paul II., den ersten Polen auf dem Papststuhl. Karol Wojtyla hat in großem Stil Politik gemacht, und seine Wahl trug durchaus zum Zusammenbruch des Ostblocks bei – wenn auch nicht in dem Maße, wie gelegentlich behauptet. Das Amt des Papstes betraf also nicht nur die weltweit eine Milliarde Katholiken, sondern es konnte weltpolitische Bedeutung haben, und an diesem Bedeutungsgewinn konnte – so die Suggestion der *Bild*-Überschrift – jeder in Deutschland partizipieren; infolge der starken Inklusivität der Formel ging sie tief ins kollektive Bewusstsein ein: Ob deutsche Protestanten, Atheisten, Muslime oder Juden – für sie alle galt: «Wir sind Papst!»

Die Eindrücklichkeit der Formel zeigte sich auch daran, wie sehr sie zu Adaptionen und Variationen einlud. So setzte die SPD Baden-Württembergs ihre Bundestagswahlkampagne unter die Parole «Wir sind Kanzler! Wir bleiben Kanzler!». Und das Magazin *Stern* titelte nach der Bundestagswahl im Herbst 2005, bei der keiner der beiden Volksparteien die Chance zu einer von ihr dominierten Regierungsbildung zugefallen war und Gerhard Schröder wie Angela Merkel auf ihrem Regierungsanspruch beharrten: «Wir sind Kanzler! Zwei Verlierer wollen das Land regieren.»[13] Die stilistische Figur, das «Wir» mit einem Amt zu verbinden, beherrschte die Formulierungskünste mindestens eines Jahres und wurde schließlich von der «Gesellschaft für deutsche Sprache» bei der Wahl zum Wort des Jahres auf den 2. Platz gesetzt.[14] Die Formel erlangte Kultstatus, weil sie sowohl zu starker innerer Identifikation als auch zu ironischer Distanznahme aufforderte – beides Merkmale, die politischen Mythen ebenfalls eigen sind.

Dennoch schuf die *Bild*-Überschrift keinen politischen Mythos, sondern eher ein Surrogat dessen, wobei der Umstand bedeutsam ist, dass hier Spezialisten für publikumswirksame und damit zum Kauf anregende Schlagzeilen die Aufgabe übernommen haben, die früher denen oblag, die am politischen Mythos arbeiteten: Dichtern und Schriftstellern, Intellektuellen und Künstlern. Mit der Veränderung der Medienlandschaft, vor allem der Beschleunigung der Kommunikationsabläufe (zwischen Papstwahl und Zeitungsandruck lagen nur wenige Stunden) und der Bedeutungssteigerung des Bildes gegenüber dem Text, aber sicherlich auch dem Rückzug der Intellektuellen aus der Arbeit am Mythos, ist diese zu einer Aufgabe für in Kreativitätszentralen – Tageszeitungen, Wochenmagazinen oder PR-Agenturen – angestellte Spezialisten geworden. Das aber heißt: Wer heute keinen in Literatur oder Geschichte verankerten politischen Mythos hat, wird auch keinen mehr bekommen. Stattdessen bekommt man Formeln und Parolen, dazu Bilder und Bildsequenzen, die Teilfunktionen politischer Mythen übernehmen, sich dabei allerdings weder des bürgerlichen Bildungsfundus bedienen noch jene Variationen der Erzählung in Gang setzen, wie sie für die politischen Mythen des 19. und 20. Jahrhunderts typisch waren.

Das zeigt auch die Kampagne «Du bist Deutschland», die am 26. September 2005, einen Tag nach der Bundestagswahl, gestartet wurde. Anders als in der *Bild*-Überschrift wurde hier eine Geschichte erzählt, die den Gründergeist der Bundesrepublik zu reaktivieren suchte. Der Politikwissenschaftler Rudolf Speth, der diese und ähnliche Kampagnen beobachtet hat, stellt das Eigengewicht heraus, das die Geschichte der Bundesrepublik gegenüber dem «Dritten Reich», der Weimarer Republik und der Kaiserzeit inzwischen gewonnen hat.[15] Der Referenzrahmen der Adressaten war schon deshalb weitgehend auf einen Zeitraum von allenfalls fünf Jahrzehnten beschränkt, weil ein möglichst breites Publikum für die Ziele einer solchen Kampagne gewonnen werden sollte: Um nach zwei Wochen planmäßig 38 Millionen Deutsche – das entspricht 58 Prozent der Bevölkerung über 14 Jahre – erreichen zu können, musste man mit einem Wissen operieren, das als selbstverständlich vorausgesetzt werden konnte. Damit war klar, dass nichts ins Spiel gebracht werden konnte, was den politischen Mythen des 19. Jahrhunderts vergleichbar gewesen wäre. Stattdessen konzentrierte sich die von der Hamburger Werbeagentur Jung von Matt konzipierte Kampagne auf Prominente aus Wirtschaft und Politik, Sport und Unterhaltung, die das Manifest der Kampagne satzweise vortrugen oder sich in Einzelspots direkt an den Zuschauer wandten.[16]

Es ging darin um eine Neuerzählung des bundesrepublikanischen Gründungsmythos, durch die das Wohlstandsversprechen an die individuelle Leistungsbereitschaft gekoppelt und Solidarität mit einer Stärkung des Standorts im globalen Wettbewerb verbunden wurde. Die Medienunternehmen, die sich unter Führung des Bertelsmann-Konzerns zu der Kampagne zusammengeschlossen und sie mit 30 Millionen Euro ausgestattet hatten, wollten die vom zweiten Kabinett Schröder initiierten, aber infolge von Widerständen in der SPD ins Stocken geratenen Reformen des Sozialsystems unterstützen und ein öffentliches Bewusstsein dafür schaffen, dass diese Reformen erforderlich seien; der Bundesregierung war das zuvor allenfalls in Ansätzen gelungen.

Im Ton eines gemäßigten Patriotismus sollte die Bevölkerung auf mehr Eigeninitiative eingestimmt werden. An die Stelle des Versprechens «Wohlstand für alle» trat die Formel «Chancen für alle». Konkret lief das auf eine Verschlankung der sozialstaatlichen Sicherungssysteme hinaus, durch die Deutschlands Position im globalen Wettbewerb verbessert werden sollte. Um dafür eine motivationale Basis zu schaffen, wurden in der Kampagne Eigenverantwortung und Verantwortung für das Land miteinander verkoppelt: Der Einzelne, der persönlich angesprochen wurde, und die gesamtstaatliche Leistungsfähigkeit wurden eins: «Du bist Deutschland.» Dabei machten sich die Kampagnenplaner den republikanischen Grundgedanken zu eigen, dass man nicht auf Leistungen der Gemeinschaft warten, sondern sich fragen solle, was man selber zum Wohl des Ganzen beitragen könne. Das von Philipp Jessen verfasste Kampagnenmanifest griff in sehr vereinfachter Form wissenschaftliche Erkenntnisse auf, die mit Alltagswissen vermischt wurden; es besaß, so Speth, «die Qualität eines Psalms und die Struktur eines theologischen Traktats»:[17]

«Du bist das Wunder von Deutschland.

Ein Schmetterling kann einen Taifun auslösen. Der Windstoß, der durch seinen Flügelschlag verdrängt wird, entwurzelt vielleicht ein paar Kilometer weiter Bäume. Genau so, wie sich ein Lufthauch zu einem Sturm entwickelt, kann Deine Tat wirken. Unrealistisch, sagst Du? Und warum feuerst Du dann Deine Mannschaft im Stadion an, wenn Deine Stimme so unwichtig ist? Wieso schwenkst Du Fahnen, während Schumacher seine Runden dreht? Du kennst die Antwort: weil aus Deiner Flagge viele werden und aus Deiner Stimme ein ganzer Chor. Du bist von allem ein Teil. Und alles ist ein Teil von Dir.

Du bist Deutschland.

Dein Wille ist wie Feuer unterm Hintern. Er lässt Deine Lieblingsstürmer schneller laufen und Schumi schneller fahren. Egal, wo Du arbeitest, egal, welche Position Du hast. Du hältst den Laden zusammen. Du bist der Laden.

Du bist Deutschland.

Unsere Zeit schmeckt nicht nach Zuckerwatte. Das will auch niemand behaupten. Mag sein, Du stehst mit dem Rücken zur Wand oder dem Gesicht vor einer Mauer. Doch einmal haben wir schon gemeinsam eine Mauer niedergerissen …»[18]

Das teilweise penetrante Pathos des Textes wird durch die Art seines Vortrags, dessen Aufteilung auf mehrere Sprecher sowie die bildliche Ausgestaltung relativiert. Über Intonation und Mimik der Sprechenden kam die erforderliche Coolness in die Kampagne, ohne die sie bei Jüngeren keine Aufmerksamkeit gefunden hätte. Außerdem wurden in die Reihe der Prominenten aus Sport und Fernsehen mehrere «Anonyme» wie die «Klofrau» und die «Fahrradkurierin» gemischt, mit denen die appellative Wendung des «Du bist …» noch verstärkt wurde. Schließlich wurde der Deutschland-Bezug verschiedentlich variiert und konkretisiert, indem anstelle Deutschlands Goethe oder Ludwig Erhard, Michael Schumacher, Alice Schwarzer oder Beate Uhse traten – allesamt Personen, die Erfolg und Leistungsbereitschaft verkörperten. Und schließlich ging es noch darum, eine Kampagne, die ganz gezielt auf einen «unbeschwerten Patriotismus»[19] setzte, gegen ihre Inanspruchnahme von rechts abzusichern, wozu man etwa den dunkelhäutigen Fußballnationalspieler Gerald Asamoah in den Kreis der Prominenten aufnahm und dezidiert positiv auf den Widerstand gegen Hitler Bezug nahm. Ganz offensichtlich hatte man an alles gedacht, und so konnten die Kampagnenplaner nach vier Monaten ein durchweg positives Fazit ziehen: Man habe einen gefühlten Aufschwung in Gang gesetzt, der sich bis 2008 dann in kontinuierlich sinkenden Arbeitslosenzahlen zeigte und stimmungsmäßig zu dem «Sommermärchen» der Fußball-WM 2006 in Deutschland beitrug.

Eine professionell geplante und durchgeführte Werbekampagne kann kein politischer Mythos im hier behandelten Sinne sein. Aber sie ist in mancher Hinsicht ein Funktionsäquivalent, indem ihr einige der Aufgaben zufallen, die ansonsten Gründungs- und Orientierungsmythen übernehmen. Sie soll das Wir-Bewusstsein stärken und die Bereitschaft fördern, sich für die Aufgaben der Gemeinschaft in die Pflicht nehmen zu lassen. Das geht nicht ohne einen starken Zugriff auf die Emotionalität der Menschen. Wurde sie in den klassischen politischen Mythen durch heroische Opfererzählungen, kollektive Verheißungen, gemeinsame Verpflichtungen und narrative Beglaubigungen stimuliert, so tritt in den Werbekampagnen die Erzählung in den Hintergrund: Wenig Text wird in viele Bilder umgesetzt, wobei der Text von vornherein im Hinblick auf diese Bilder konzipiert wird.

Die narrative Varianz, auf die solche Kampagnen nicht gänzlich verzichten können, kommt jedoch nicht durch ein anarchisches Spiel von Umerzählung und Ironisierung, Affirmation und Distanznahme zustande, sondern ist von vornherein in die Kampagne eingebaut. Durch deren Umsetzung in Fernsehspots, Anzeigen in Printmedien und Plakate im öffentlichen Raum haben die Kampagnenplaner alles unter Kontrolle. Im Vergleich zu der allmählichen Ausfaltung politischer Mythen über Zeiträume von mehr als einem Jahrhundert geht alles in rasender Eile über die Bühne. Nach gerade vier Monaten wurde die Kampagne «Du bist Deutschland» abgeschlossen.[20] Die Folge einer derartigen Beschleunigung ist, dass in solchen Kampagnen – anders als in politischen Mythen – die funktionale Zielgerichtetheit dominiert, eindeutige Zwecke von vornherein feststehen und alles Spielerische verschwindet. Der Wirtschaftsstandort Deutschland muss vermarktet werden, und dabei stört die schlechte Stimmungslage der Bevölkerung. Also muss man sie aufhellen.

Solche Kampagnen sind von ihrer Anlage her sehr viel elitärer als politische Mythen: In ihnen hat eine kleine Gruppe von Kreativspezialisten die Dinge in der Hand; alle anderen bleiben in der Position passiver Zuschauer. Sie sollen zwar, wie der damalige Bundespräsident Roman Herzog dies in seiner «Ruck-Rede» vom Frühjahr 1997 (ein Vorläufer der Kampagne «Du bist Deutschland») propagiert hat, den Anstoß erhalten, selbst aktiv zu werden – zugleich jedoch werden sie auf die Rolle des passiven Zuschauers und Konsumenten festgelegt.[21] Dieser performative Selbstwiderspruch lässt bezweifeln, dass dynamische Stimmungskampagnen tatsächlich die Funktion ausfüllen können, die Mythen in der politischen Kultur eines Landes innehaben. Sie sind zu elitär und zu kurzlebig. Sie versprechen zwar große und schnelle Effekte (und bewirken sie oft auch), verpuffen jedoch schnell. Nimmt man dies zusammen, sind sie kein wirkliches Funktionsäquivalent politischer Mythen. Strukturelle Reformfähigkeit bleibt andererseits an Großerzählungen gebunden, die politische Perspektiven bieten und eine Gesellschaft zu mobilisieren vermögen. Je stärker der Grad an politischer Partizipation, desto größer das Erfordernis solcher Großerzählungen. Die politische Zukunft eines Gemeinwesens hängt in hohem Maße davon ab, wer über diese Großerzählungen verfügt. Das demonstrative Desinteresse, das man in Deutschland zuletzt gegenüber dieser Frage bekundet hat, wird man sich in Zukunft schwerlich leisten können.

Anhang

Anmerkungen

Einleitung

1 Zum Revolutionsmythos, der lange Zeit nur für die politische Linke von Bedeutung war, kommt in Frankreich die bis auf den Frankenkönig Chlodwig zurückreichende Erzählung von der Katholizität des Königshauses hinzu, ergänzt um das heilige Öl in der Kathedrale von Reims und die Grablege der Könige in St. Denis (vgl. Citron, «Der Nationalmythos in Frankreich», S. 43 ff.). Für konservative und rechte Kreise wurde der Revolutionsmythos im Gaullismus anschlussfähig. Zur Revolution als Orientierungszeichen politischer Generationen vgl. Kittsteiner, «Kants Theorie des Geschichtszeichens», S. 81 ff. / **2** Der amerikanische Frontiermythos ist in immer neuen Variationen – u. a. in den Erzählungen über die Eroberung des Weltraums – als soziopolitische Revitalisierungsressource wirksam geworden; vgl. Böhringer, *Auf dem Rücken Amerikas*, und Rünzler, *Im Westen ist Amerika.* / **3** Dazu Wilkiewicz, «Die großen nationalen Mythen Polens», S. 59 f., und Krzeminski, «Der Mythos der Nation», S. 143 ff. / **4** Aus der Fülle einschlägiger Veröffentlichungen seien nur einige wichtige und repräsentative Arbeiten genannt: Frei, *Vergangenheitspolitik*, eine Studie zum Umgang mit dem NS in der ersten Hälfte der 1950er Jahre; Reichel, *Erfundene Erinnerung*, eine Arbeit, in der von den frühen Kriegsmemoiren bis zu dem Film «Schindlers Liste» die Generierung von Narrativen über Krieg und Judenmord analysiert wird; ders., *Politik mit der Erinnerung*; Selling, *Aus dem Schatten der Vergangenheit*, eine aus schwedischer Sicht geschriebene Untersuchung, die das «Normalisierungsprojekt» des vereinigten Deutschland an der Gestaltung dreier Gedenkorte untersucht: dem früheren KZ Buchenwald, Schinkels Neuer Wache in Berlin und dem Berliner Holocaust-Mahnmal, sowie A. Assmann, *Der lange Schatten der Vergangenheit*, wo Fallanalysen und theoretische Reflexionen am engsten miteinander verbunden werden. Eine mit quantitativen Messmethoden durchgeführte Untersuchung zum Zusammenhang von Erinnerung und Identität bietet Stephan, *Erinnerungen an den Zweiten Weltkrieg.* / **5** So der Titel des Buchs von Wilhelm Nestle über die griechische Geistesgeschichte von Homer bis Sokrates. / **6** Darauf hat Hennis in seinem Buch *Max Webers Fragestellung*, S. 167 ff. und 195 ff., hingewiesen. / **7** Peter Reichels kleine Geschichte deutscher Nationalsymbole nach 1945 (*Schwarz-Rot-Gold*) zeigt, dass die meisten Symbole entweder eine zu enge Verbindung mit dem «Osten» hatten oder aus anderen Gründen nicht genutzt werden konnten. Sie zeigt aber auch die seit Wende und Wiedervereinigung eingetretenen Veränderungen. / **8** Wer sich als rationaler Sachwalter von Interessen versteht, übersieht zumeist, dass auch die Interessensemantik von

Narrationen und Symboliken durchsetzt ist. / **9** Die Linkspartei ist hier nicht mit der PDS zu verwechseln. Letztere ging aus den Trümmern der gescheiterten SED hervor und war auf die neuen Bundesländer beschränkt; Erstere hingegen stellt ein gesamtdeutsches Projekt dar und ist – in mythenpolitischer Reminiszenz formuliert – eine Wiederauflage der USPD, die sich während des Ersten Weltkriegs im Widerspruch zur Burgfriedenspolitik der SPD gebildet hatte. / **10** Vgl. Wiedemann, «Zwischen Nationalgeist und Kosmopolitismus», S. 77 f. / **11** Zit. nach Schwerte, *Faust und das Faustische*, S. 102. / **12** Sie kam vor allem dann zum Tragen, wenn dort Feiern und Aufmärsche stattfanden. Dass zur gleichen Zeit in Italien Ähnliches stattfand, zeigt Mayer, *Mythos und Monument*, S. 83 ff. und 281 ff. / **13** Vgl. dazu die jeweiligen Kapitel bei Bemmann, *Deutsche Nationaldenkmäler*. / **14** Es ist bemerkenswert, dass gegenüber den slawischen Nachbarn von deutscher Seite keine vergleichbaren Anstrengungen unternommen wurden; eher bemühten sich die slawischen Völker im Prozess der Nationwerdung um die Entwicklung von Gegenmythen, die sich gegen die politisch-kulturelle Hegemonie der Deutschen richteten. Das legt nahe, politische Mythen als ein Instrument identitätspolitischen Widerstands zu begreifen, das bevorzugt von Unterlegenen genutzt wird. / **15** Dazu Münkler/Grünberger/Mayer, *Nationenbildung*, S. 177 ff. / **16** Vgl. Ullrich, «Bamberger Reiter», S. 327 f. / **17** Zu einer vergleichenden Untersuchung verfassungskultureller Symboliken anhand historischer Beispiele vgl. Peter Brandt u. a. (Hgg.) *Symbolische Macht*; Untersuchungen zur Parlamentssymbolik finden sich bei Patzelt (Hg.), *Parlamente und ihre Symbolik*. / **18** Vor allem im Berliner Regierungsviertel wurde darauf geachtet, dass die Namen der bolschewistischen Säulenheiligen wieder verschwanden, die dort zwecks Selbstbestätigung der DDR angebracht worden waren. Dazu Azaryahu, *Von Wilhelmplatz zu Thälmannplatz*, passim. / **19** Eine subtilere Form der Desymbolisierung bzw. Desakralisierung ist die Störung ritueller Inszenierungen; statt Sprengstoff nutzt sie Gesten und Worte. Während im Osten Ulbricht mit Sprengstoff reinen Tisch zu machen versuchte, nutzte die 68er-Bewegung im Westen das Mittel der Störung ritueller Inszenierungen, um die symbolische Selbstdarstellung und gründungsmythische Basis der von ihr abgelehnten politischen Ordnung zu bekämpfen. Auf den ersten Blick war sie dabei außerordentlich erfolgreich. Auf den zweiten Blick hatte dieser Erfolg jedoch nur einen geringen Wert, weil etwas destruiert wurde, was in der politischen Ordnung der Bundesrepublik (und West-Berlins) nur geringen Wert besaß. Das Defizit an politischen Symbolen wurde zur Unverletzlichkeit. Die Attacken der 68er brachten Attrappen zu Fall, und was die neue Linke als Erfolg feierte, war tatsächlich bloß eine Entsorgung irrelevant gewordener Symbolik. / **20** Dazu Flacke, *Mythen der Nationen*; Bizeul, *Politische Mythen und Rituale*; Speth, *Nation und Revolution*. / **21** Vgl. Bollenbeck, *Tradition, Avantgarde, Reaktion*, S. 84 ff. / **22** Die Begriffe «Erfahrungsraum» und «Erwartungshorizont», mit denen im Weiteren immer wieder gearbeitet wird, wurden geprägt durch Reinhard Koselleck, *Vergangene Zukunft*, S. 349 ff. / **23** Der Begriff «Arbeit am Mythos» geht auf Hans Blumenberg zurück; er wird hier umfassender verwandt als bei Blumenberg. / **24** In diesem Zusammenhang ist nochmals auf die Parallelität der deutschen und der italienischen Entwicklung hinzuweisen, freilich mit dem bedeutsamen Unterschied, dass in Italien die Denkmäler wesentlich im städtischen Raum aufgestellt wurden (vgl. Mayer, *Mythos und Monument*, S. 83 ff.), während in Deutschland dafür Berge und Flusslandschaften bevorzugt wurden. / **25** Dazu Ringer, *Die Gelehrten*, S. 169 ff. / **26** Vgl. Bollenbeck, *Tradition, Avantgarde, Reaktion*, S. 207 ff. / **27** Anders ist dies bei politischen Demonstrationen, die ebenfalls als rituelle Inszenierungen politischer Mythen begriffen werden können, zumal dann, wenn auf Spruchbändern zu Parolen verkürzte Orientierungsmythen mitgeführt oder auf Plakaten ikonische Verdichtungen gezeigt werden. Beides, Parolen wie ikonische Zeichen, versteht nur, wer die mythische Grunderzählung kennt. / **28** Die Gegenposition geht davon aus, dass Bilder und Riten den Ausgangspunkt bilden, an den sekundäre Erzählungen anschließen, die nachträglich verständlich machen, was sich vor unseren Augen abspielt. Die Debatte über den genetischen Vorrang von Mythos oder Ritus ist vor Jahrzehnten in der Ethnologie geführt worden und lebt dort immer wieder auf. Für die Analyse politischer Mythen kommt ihr jedoch nicht die Bedeutung zu, die sie bei der Untersuchung illiterater Kulturen hat. / **29** Andreas Dörner etwa vertritt die These, das politisch Imaginäre breiter Schichten sei heute auf die visuellen Alltagsmythen von Film und Fernsehen übergegangen (Dörner, «Politische Integration», S. 93, sowie als materiale Einlösung dieser Annahme ders., *Politische Kultur*, passim). Auch Wilhelm Hofmann («Die Politik der Bilder und der Worte», S. 157ff.) geht von einem relativen Bedeutungsgewinn des Bildlichen aus, bleibt aber zurückhaltend gegenüber der von Roland Barthes für möglich gehaltenen Emanzipation des Bildes gegenüber der Sprache. Für die hier untersuchten politischen Mythen jedoch spielt das eine allenfalls untergeordnete Rolle. Erst mit Blick auf das wiedervereinigte Deutschland und seine mythenpolitische Ausstattung gewinnt es Relevanz, etwa darin, dass die Bilder der auf der Berliner Mauer tanzenden Menschen jede Erzählung vom Ende der DDR dominieren. / **30** Vgl. Lévi-Strauss, «Die Struktur der Mythen», S. 226ff. Paula Diehl (*Macht-Mythos-Utopie*, S. 28ff.) hat vorgeschlagen, den Begriff des Bastelns durch den des Recycelns zu ersetzen: Es sind nicht identische Mytheme, die neu geordnet werden, sondern diese machen während des Umstellens selber einen Gestaltwandel durch. / **31** Hans Blumenberg hat einen hochgradig beständigen Kern des Mythos identifiziert, der dafür sorgt, dass die Variationsfähigkeit begrenzt ist (Blumenberg, *Arbeit am Mythos*, S. 40). / **32** In seinen *Mythologica* hat Lévi-Strauss aus unzähligen nord- und südamerikanischen Mythen deren Struktur herausgearbeitet. Sie bildet einen Metamythos, der vorgibt, wie die Mytheme zusammengestellt werden. Für die Analyse *politischer* Mythen ist dieses strukturalistische Modell jedoch nur begrenzt brauchbar, führt es doch zu der sich notorisch wiederholenden Beobachtung, dass alle Mythen einen binären Code aufweisen, durch den «Wir» und «Sie» voneinander unterschieden werden. Aber nicht die Beobachtung dieser binären Codierung ist interessant, sondern interessant sind die Erzählungen, durch die diese Codierung erzeugt werden. Rudolf Speth hat in seiner Analyse politischer Mythen des 19. Jahrhunderts darum von einem narrativen Symbolsystem gesprochen, in dem sprachlich-expressive und rituell-darstellende Ausdrucksformen miteinander verbunden sind. Speth, *Nation und Revolution*, S. 12ff. / **33** Barthes, *Mythen des Alltags*, S. 115ff. / **34** Als politisch-ideologiekritischen Anschluss an Barthes vgl. Glotz u.a., *Mythos und Politik*, S. 55ff. und 131ff. / **35** Sie markiert den Bereich, in dem um die semantische Besetzung von Begriffen gekämpft wird. Dazu Diehl, *Mythos – Macht – Utopie*, S. 29. / **36** MEGA I, 11, S. 96f. / **37** Ebd., S. 97f. – Nachdem Marx diese mythische Selbsttäuschung den politischen Revolutionen des 16. bis 19. Jahrhunderts zugestanden, ja sie geradezu für unverzichtbar erklärt hatte, «um den bürgerlich beschränkten Inhalt ihrer Kämpfe sich selbst zu verbergen und ihre Leidenschaften auf der Höhe der großen geschichtlichen Tragödie zu erhalten» (ebd., S. 98.), hat er Vergleichbares für die sozialistische Revolution abgelehnt: «Die soziale

Revolution des neunzehnten Jahrhunderts kann ihre Poesie nicht aus der Vergangenheit schöpfen, sondern nur aus der Zukunft. [...] Die früheren Revolutionen bedurften der weltgeschichtlichen Rückerinnerungen, um sich über ihren eigenen Inhalt zu betäuben. Die Revolution des neunzehnten Jahrhunderts muß die Todten ihre Todten begraben lassen, um bei ihrem eigenen Inhalt anzukommen.» (Ebd., S. 101.) / **38** Hier geht es vor allem um den 2. Band von Cassirers *Philosophie der symbolischen Formen*, der dem «mythischen Denken» gewidmet ist. / **39** Cassirer, *Der Mythus des Staates*, S. 367. / **40** Ebd., S. 374. / **41** Ebd., S. 380. / **42** Blumenberg, «Wirklichkeitsbegriff und Wirkungspotential des Mythos»; ders., *Arbeit am Mythos*, passim. / **43** Dabei ist zwischen einem kommunikativen und einem kulturellen Gedächtnis zu unterscheiden: Ersteres bildet sich in der alltäglichen Kommunikation heraus, ist eher unstrukturiert und ohne größere Hierarchie; Letzteres dagegen ist durch Texte, Riten und Denkmäler sowie institutionelle Kommunikation geformt. – Die Theorie des kollektiven oder sozialen Gedächtnisses geht zurück auf Maurice Halbwachs und dessen Studien *Das kollektive Gedächtnis* sowie *Das Gedächtnis und seine sozialen Bedingungen*. Halbwachs' Arbeiten wurden zur Grundlage für die Neubegründung einer Theorie des kollektiven Gedächtnisses bei Jan Assmann, *Das kulturelle Gedächtnis*; daran anschließend Aleida Assmann/Dietrich Harth (Hgg.), *Mnemosyne*, A. Assmann, *Geschichte im Gedächtnis*, Welzer (Hg.), *Das soziale Gedächtnis*, sowie ders., *Das kommunikative Gedächtnis*. – Dem Mythos kommt dabei die Aufgabe zu, Vergangenheit in fundierte Geschichte umzuwandeln. Mythen prätendieren eine Wahrheit, die normative Ansprüche stellt und formative Kraft besitzt. (J. Assmann, *Das kulturelle Gedächtnis*, S. 79 f.) / **44** Mannheim, «Das Problem der Generationen», S. 157 ff.; zur Fortführung dieses Konzepts vgl. Jureit/Wildt (Hgg.), *Generationen*, passim. / **45** Dazu speziell Becker, *Bilder von Krieg und Nation*, passim. / **46** Vgl. Schelsky, *Die skeptische Generation*; zu den Jahrgängen 1938–1948 als 68er-Generation vgl. Bude, *Das Altern einer Generation*; Illies, *Generation Golf*, sowie Bude, *Generation Berlin*. / **47** Dazu jetzt Gerwarth, *Der Bismarck-Mythos*; zuvor bereits Parr, *«Zwei Seelen wohnen, ach! in meiner Brust»*, sowie Machtan (Hg.), *Bismarck und der deutsche Nationalmythos*; weiterhin Wülfing u. a., *Historische Mythologie der Deutschen*, S. 112 ff. und 154 ff., sowie Speth, *Nation und Revolution*, S. 310 ff.; für die ikonische Verdichtung Bismarcks bis zu Nippes vgl. Breitenborn, *Bismarck*.

I. LITERARISCHE MYTHENKOMPLEXE UND NATIONALMYTHOS

1 Diese Transformation konnte selbstverständlich in Form weiterverarbeitender Rezeption stattfinden; dazu Wunderlich, *Der Schatz des Drachentödters*, Kastner/Mazal, *Das Nibelungenlied*, und Heinzle/Waldschmidt (Hgg.), *Die Nibelungen*; allgemein von Saalfeld, *Die ideologische Funktion des Nibelungenlieds*; man konnte die Akzente aber auch verschieben und neue Konturen schaffen, indem man verschiedene Schichten voneinander abhob, um schließlich zum «eigentlichen Kern» zu gelangen; in diesem Sinne etwa Heusler, *Nibelungensage und Nibelungenlied*. / **2** Das ist im Nibelungenlied selbst keineswegs der Fall, und genau darin unterscheidet sich große Literatur von politischen Mythen: Sie ist für unterschiedliche Ausdeutungen offen, wohingegen der Mythos diese Auslegung eindeutig macht; zum Lied selbst und seinen Deutungen vgl. Haymes, *Das Nibelungenlied*, Heinzle, *Das Nibelungenlied*, sowie Müller, *Spielregeln für den Untergang*. / **3** Dazu Müller, «Germanistik – eine Form bürgerlicher Opposition»,

S. 46 ff. / **4** Die Suggestionen, die von «1789» ausgingen, zeigen sich noch darin, dass zu Beginn des Ersten Weltkriegs sich einige deutsche Schriftsteller bemüßigt fühlten, den «Ideen von 1789» die «Ideen von 1914» entgegenzustellen; vgl. von See, *Die Ideen von 1789 und die Ideen von 1914*, passim. / **5** Vgl. Münkler, «‹Ein herrlicher Sonnenaufgang›», S. 16 ff. / **6** Zwar musste man die germanischen Heldensagen mit den Skandinaviern «teilen», aber das war kein ernstliches Problem, da sie keine Konkurrenten um die politisch-intellektuelle Hegemonie in Europa waren; zur Debatte um die Originalität des Bamberger Reiters vgl. Ullrich, «Bamberger Reiter», S. 328 f.

Die Wiederkehr des Kaisers:
Barbarossa und die Erneuerung des Reichs

1 So auch Schmidt, «Barbarossa im Vormärz», S. 175 ff., mit Hinweis auf wenige Ausnahmen – etwa dann, wenn Barbarossa als Chiffre für das Volk diente, S. 191 f. / **2** Einen Überblick über die Geschichte des Barbarossamythos bieten Graus, *Lebendige Vergangenheit*, S. 338 ff.; Borst, «Barbarossas Erwachen», S. 20; ders., «Die Staufer in der Geschichtsschreibung», S. 263 ff.; Schreiner, «Die Staufer in Sage, Legende und Prophetie», S. 249 ff.; ders., «Friedrich Barbarossa», S. 521 ff.; Krohn, «Das Fortleben der Staufer», S. 46 ff.; ders., «Barbarossa oder der Alte vom Berge», S. 101 ff.; Weinfurter, «Mythos Friedrich Barbarossa», S. 237 ff.; Neuhaus, «Das Reich als Mythos», S. 293 ff., sowie jetzt vor allem Kaul, *Friedrich Barbarossa im Kyffhäuser*, eine Arbeit, die für sich beanspruchen darf, den Stand der Forschung zum Barbarossamythos im 19. Jahrhundert ebenso zuverlässig wie gründlich aufgearbeitet zu haben. / **3** Das beginnt damit, dass die Formel des *vivit et non vivit* für den verborgenen und auf seine Wiederkehr wartenden Kaiser als Variation der politiktheoretischen Vorstellung von den zwei Körpern des Königs verstanden werden kann (dazu Kantorowicz, *Die zwei Körper des Königs*, S. 317 ff.), und reicht bis zur chiliastischen Erwartung des bevorstehenden Weltendes, das mit der Wiederkehr des Kaisers seinen Anfang nehmen werde (Thompson, *Das Ende der Zeiten*, S. 78 ff. und 103 ff., sowie Peukert, *Die große Wende*, passim). Man kann Ersteres als eine aufklärerische Entzifferung der mythischen Narrationen begreifen, womit man freilich einmal mehr der Antithese von Mythos und Logos folgt; die «Entmythisierung» in Form der Zwei-Körper-Vorstellung hat jedoch allenfalls in einer kleinen Gruppe von Juristen und Theologen Verbreitung gefunden. / **4** Zum Bild Friedrichs II. bei den Zeitgenossen vgl. nach wie vor Kantorowicz, *Kaiser Friedrich der Zweite*, Bd. 1, S. 471 ff. und 550 ff. – ein Buch, das im Übrigen selbst mythischen Charakter hat. Des Weiteren Müller, «Friedrich II.», S. 197 ff. / **5** Dazu ausführlich Kampers, *Die deutsche Kaiseridee in Prophetie und Sage*, S. 65 ff., sowie Schultheiss, *Die deutsche Volkssage vom Fortleben und der Wiederkehr Kaiser Friedrichs II.*, S. 23 ff.; zuletzt Möhring, *Der Weltkaiser der Endzeit*, insbes. S. 217 ff. / **6** «Die Chronik Johanns von Winterthur», S. 280–282; dazu Schultheiss, *Die deutsche Volkssage*, S. 61 ff. / **7** Langosch (Hg.), *Geistliche Spiele*, S. 179–239; dazu Möhring, *Der Weltkaiser der Endzeit*, S. 176 ff. / **8** Diese Sicht findet sich im Übrigen auch in der Chronik des Otto von Freising, die den Kaiser als Garanten von Frieden und Recht herausstellt. Dazu Schreiner, «Friedrich Barbarossa», S. 522 ff. / **9** In der Zeit der Weimarer Republik sind beide Auffassungen aufgegriffen und politisch fruchtbar gemacht worden: An die revolutionär-chiliastische Auffassung hat Ernst Bloch in einer Reihe von Arbeiten angeknüpft, während Carl Schmitt die Figur des Katechon als politische Legitimationsfigur herausgestellt hat; Bloch, «Zur Originalgeschichte des Dritten Reichs», S. 126 ff., sowie ders., *Thomas Münzer*, insbes. S. 56 ff. Schmitt schwankt, wem er die Rolle des Katechon zuweisen soll: Einmal ist es das Reich, dann wieder die Kirche; Schmitt, *Der Nomos der Erde*, S. 28 f. und 55; ders., *Glossarium*, S. 253; vgl. dazu Eichhorn, *Es wird regiert!*, S. 82 ff., und Blindow, *Carl Schmitts Reichsordnung*, S. 144 ff. / **10** Vgl. Schreiner, «Die Staufer in Sage, Legende und Prophetie», S. 253–255. Möhring, *Der Weltkaiser der Endzeit*, S. 229 ff. / **11** Vgl. ebd., S. 257 ff.; Schultheiss, *Die deutsche Volkssage*, S. 72–99; Timm, *Barbarossasage in Kaiserslautern und am Kyffhäuser*, sowie ders., *Der Kyffhäuser im deutschen Geschichtsbild.* / **12** Vgl. Borst, «Barbarossas Erwachen», S. 20. / **13** Zu Leben und Wirken Barbarossas vgl. Opll, *Friedrich Barbarossa*, S. 19–170. / **14** Es ist jedoch bekannt, was mit dem Leichnam des Kaisers geschehen ist: Man hatte ihn aus dem Gebirgsfluss geborgen und führte den Körper zunächst weiter mit, womöglich in der Absicht, ihn in der Grabeskirche zu Jerusalem beizusetzen. In Tarsos setzte man die Eingeweide des Kaisers bei, und in Antiochia wurde er dann nach mittelalterlichem Brauch gekocht: Das Fleisch wurde in einem Marmorsarkophag im Chor der Kathedrale von Antiochia beigesetzt, die Knochen sollten nach Deutschland überführt werden; zwischen Tripoli und Tyrus verliert sich ihre Spur jedoch; vgl. Opll, *Friedrich Barbarossa*, S. 170. Also reisten 1874 die Historiker Johannes Sepp und Hans Prutz auf Kosten des Reichs in den Orient, um Barbarossas Grab aufzuspüren und seine Gebeine nach Deutschland zurückzubringen. Aber sie fanden nichts, weder in Tyros noch andernorts. Nun sind sicherlich an vielen Orten, wo politische Grablegen errichtet wurden, keineswegs die wirklichen sterblichen Überreste des Verehrten vorhanden, sondern es geht allein um die Vorstellung, sie lägen hier. Einige Jahrzehnte früher hätten Sepp und Prutz wahrscheinlich Knochen aus Kleinasien mitgebracht, und diese wären in Köln als die sterblichen Überreste Barbarossas bestattet worden. Aber die Verwissenschaftlichung der Historiographie und ihrer Hilfsdisziplinen war in den 1870ern bereits so weit fortgeschritten, dass eine solche «Lösung» für die fehlende Grablege nicht mehr möglich war. / **15** Vgl. Schreiner, «Die Staufer in Sage, Legende und Prophetie», S. 256 f.; ders., «Friedrich Barbarossa», S. 527 ff.; Paul, *Studien zur Geschichte des deutschen Nationalbewußtseins*, S. 74 ff., sowie Münkler/Grünberger/Mayer, *Nationenbildung*, S. 235 ff. / **16** Siehe unten, S. 203 f. / **17** Hierzu und zum Folgenden vgl. Borst, «Barbarossas Erwachen», S. 29 ff.; Schreiner, «Friedrich Barbarossa», S. 536 ff.; Schmidt, «Barbarossa im Vormärz», S. 171 ff., Speth, *Nation und Revolution*, S. 229 ff., sowie Kaul, *Friedrich Barbarossa im Kyffhäuser*, S. 66 ff. / **18** Hegel, *Werke*, Bd. 1, S. 197. / **19** Ebd. / **20** Dazu oben, S. 73. / **21** Hegel, *Werke*, Bd. 1, S. 197 f. / **22** Dazu auch Flacke, «Die Begründung der Nation aus der Krise», S. 101 ff., Berg, *Heldenbilder und Gegensätze*, S. 38 ff., Hartwich, *Deutsche Mythologie*, passim, sowie Speth, *Nation und Revolution*, S. 225. / **23** Diese Differenzierungen finden sich am schärfsten herausgestellt bei Schmidt, «Barbarossa im Vormärz», S. 173 ff. / **24** Brüder Grimm (Hgg.), *Deutsche Sagen*, S. 29 f.; dazu Kaul, *Friedrich Barbarossa im Kyffhäuser*, S. 82–85. / **25** Zit. nach Pinkerneil (Hg.), *Das große deutsche Balladenbuch*, S. 231 f. / **26** Anders dagegen in einem Gedicht Max von Schenkendorfs, in dem es heißt: «Magst nun dich zur Ruhe legen, / Altes stolzes Kaiserhaupt, / Deine Kraft, dein Waffensegen, / Wird uns nimmermehr geraubt!» / Max von Schenckendorf, *Gedichte*, S. 56 f. / **27** Hoffmann von Fallersleben, *Unpolitische Lieder*, S. 5. / **28** Eines der wenigen Beispiele dafür, dass in Barbarossa die Habsburger versinnbildlicht werden, ist Adalbert Stifters *Witiko*. Verbindungen zwischen Barbarossas Kampf um Oberitalien, insbesondere Mailand, und dem österreichischen Widerstand gegen einen die Poebene einschließenden italienischen Nationalstaat waren durchaus naheliegend; zu Stifter vgl. Bulang, *Barbarossa im Reich der Poesie*, S. 260 ff. / **29** Grabbe, *Werke und Briefe*, Bd. 2, S. 47 f.; dazu Bulang, *Barbarossa im Reich der Poesie*, S. 135 ff., sowie Borst, «Barbarossas Erwachen», S. 31 ff. / **30** Eine Alternative zur Verbindung von Zollern und Staufern über Raben und Adler war die über den deutschen Ritterorden: Durch Friedrich von Schwaben auf dem Kreuzzug gegründet, wird die Germanisierung Preußens zu dessen eigentlichem Betätigungsfeld; vgl. Schmidt, «Barbarossa im Vormärz», S. 185 f. – Eine zur Realpolitik distantere Verbindung war die zwischen Barbarossa und Luther, wobei der Kampf gegen das römische Papsttum die beiden miteinander verband. Doch diese Verbindung konnte keine rechte Kraft entfalten – einmal, weil sich Luther nicht nur im päpstlichen Bann, sondern auch in der kaiserlichen Acht befunden hatte, sodann, weil Barbarossa durch die protestantische Vereinnahmung seine vereinigende Kraft verlor, die man im Hinblick auf Süddeutschland und die katholischen Bevölkerungsteile Deutschlands nicht entbehren konnte. So war es naheliegend, Hermann/Arminius und Luther im Kampf gegen Rom miteinander zu verbinden und Barbarossa davon weitgehend freizustellen. Siehe dazu S. 167 f. / **31** Vgl. Gregor-Dellin, *Richard Wagner*, S. 245 ff. – Das war freilich nur eine kurze Zwischenidee, die Wagner rasch wieder verwarf, um dann im *Ring* von der mittelalterlichen Geschichte abzusehen und sich ganz der altgermanischen Mythologie zuzuwenden. Aber für eine kurze Zeit hatte er den Plan, «die von so vielen ersehnte Wiedererweckung Friedrich des Rotbarts» als Oper auf die Bühne zu bringen. (Wagner, *Sämtliche Schriften und Dichtungen*, Bd. 2, S. 115.) / **32** Ebd., S. 155. / **33** Bd. 12, S. 229. / **34** So Borst, «Barbarossas Erwachen», S. 34 f. / **35** Ausführlich dazu Bermbach, *Der Wahn des Gesamtkunstwerks*, S. 103 ff. / **36** Etwas trocken heißt es dazu in einer Biographie: «Mit dem Wintermährchen [sic!] reagiert er auf den faktischen Machtzuwachs und die Hegemoniebestrebungen Preußens, das sich unter Friedrich Wilhelm IV. als Zentrum der politischen Restauration etablierte. Hellsichtig erkannte er die Gefahren eines sich modern gebährenden, bis an die Zähne bewaffneten Nationalstaats, der die politischen Strukturen des Mittelalters zu restaurieren suchte.» Hauschild/Werner, *«Der Zweck des Lebens»*, S. 549. / **37** Heine, *Sämtliche Schriften*, Bd. 7, S. 608; Heines intensive Auseinandersetzung mit dem Barbarossamythos hat sicherlich auch damit zu tun, dass er selbst mit ihm einige Male sehr viel weniger kritisch umgegangen ist; vgl. Schmidt, «Barbarossa im Vormärz», S. 198 ff. / **38** Heine, *Sämtliche Schriften*, Bd. 7, S. 609 f. / **39** Ebd., S. 610. / **40** Ebd., S. 612. / **41** Ebd., S. 616. / **42** Ebd., S. 617. Noch schärfer ist die Absage an Barbarossa in Georg Herweghs Gedicht «Barbarossas letztes Erwachen», das mit den Versen endet: «Stirb du auch, alter Kaiser! Es hilft sich selbst, dein Land.» Zit. nach Schmidt, «Barbarossa im Vormärz», S. 196. An anderer Stelle hatte Herwegh die «Berge» vertauscht, um die Aufklärung an die Stelle der Mittelalter-Seligkeit zu setzen: «Zu lange war dem Kyffhäuser / Des Rotbarts Todesnacht, / Da ist für seinen Kaiser / Der gute Berg erwacht. // Zuschanden heißt er werden / Der Raben schwarzes Werk / Der beste Berg auf Erden, / Das ist der Gutenberg.» Zit. ebd., S. 197. / **43** Das zeigt sich in Ernst Moritz Arndts Gedicht «Die Kaiserfahrt» vom Mai 1849: «Kaiserschein, du höchster Schein, / Bleibst du denn in Staub begraben? / Schrei'n umsonst Prophetenraben / Um den Barbarossastein? / Nein! und nein und aber nein! / Nein! Kyffhäusers Fels wird springen, / Durch die Lande wird es klingen: / Frankfurt holt den Kaiser ein.» (Arndt, *Gedichte*, S. 109.) / **44** Dazu Weinfurter, «Mythos

Friedrich Barbarossa», S. 245 ff.; zur mythenpolitischen Bearbeitung des Zerwürfnisses zwischen Friedrich Barbarossa und Heinrich dem Löwen vgl. Berg, *Heldenbilder und Gegensätze*, S. 140 ff.; zu Heinrich dem Löwen auch Brosius, «Heinrich der Löwe», S. 119 ff. / **45** Vgl. Schmidt, «Barbarossa im Vormärz», S. 189. / **46** Dazu Schneider (Hg.), *Universalstaat oder Nationalstaat*; Gollwitzer, «Zur Auffassung der mittelalterlichen Kaiserpolitik im 19. Jahrhundert», S. 483 ff., sowie Berg, *Heldenbilder und Gegensätze*, S. 90 ff. / **47** Giesebrecht, *Geschichte der deutschen Kaiserzeit*; zu Person und Werk vgl. Fueter, *Geschichte der neueren Historiographie*, S. 489 f. / **48** Sybel, «Über die neueren Darstellungen», S. 15 ff.; zu Sybels Person und Werk vgl. Fueter, *Geschichte der neueren Historiographie*, S. 535 ff.; speziell zur Auseinandersetzung mit Ficker, S. 539 f. – Man kann Sybel als einen Vorläufer der deutschen Sonderwegsthese ansehen, zumindest als jemanden, der die verspätete Nationwerdung auf die imperialen Ambitionen einiger Kaiser zurückgeführt hat. Die These der nationalen Verspätung findet sich bei Plessner, *Die verspätete Nation.* / **49** Sybel, «Über die neueren Darstellungen», S. 12. / **50** Ebd., S. 13. / **51** Ebd., S. 15. – Die antiimperiale Stoßrichtung Sybels zeigt sich auch in seinem Vergleich der deutschen Geschichte mit der anderer Nationen in Perioden ihrer Inanspruchnahme für weltpolitische Ziele: «Wenn das Kaisertum triumphiert hätte, so würde die deutsche Nation unter den Staufern keine andere noch bessere Rolle gespielt haben als die spanische unter Karl V. oder die französische unter dem ersten Napoleon; sie hätte unter endlosen Eroberungsversuchen ihr Blut in den Osten und in den Westen getragen, um ihre Regenten auf immer ungangbarere Höhen emporzuheben und damit dem heimischen Leben immer weiter zu entfremden.» (Ebd., S. 17.) So auch Gustav Freytag: «Nicht die Feindschaft des dritten Innozenz und seiner Nachfolger war letzter Grund des staufischen Verderbens, sondern die alte Idee der römischen Weltmonarchie» (zit. nach Borst, «Die Staufer in der Geschichtsschreibung», S. 271). / **52** Sybel, «Über die neueren Darstellungen», S. 17 f. / **53** Ficker, «Das Deutsche Kaiserreich», S. 19–158. / **54** Diese Alternative wurde fünf Jahre später mit dem preußischen Sieg bei Königgrätz ad acta gelegt und eigentlich erst im Jahre 1938 mit dem Anschluss Österreichs an das nationalsozialistische Deutschland wieder aktualisiert. «Es ist ein stolzes Zeichen deutscher verlegerischer Tradition», beschloss der Herausgeber von Fickers Schrift im Herbst 1943 sein Vorwort, «daß die Neuausgabe dieser Schrift bei dem alten Verlage Julius Fickers in dem von ihm ersehnten Großdeutschen Reiche erscheint». (Schneider, *Universalstaat oder Nationalstaat*, S. XX.) / **55** Ficker, «Das Deutsche Kaiserreich», S. 88. / **56** Ebd., S. 158; zu Bismarcks politischer Strategie gegenüber Italien und seinem politischen Kalkül gegenüber Österreich vgl. Rusconi, *Deutschland-Italien, Italien-Deutschland*, S. 25 ff. / **57** Zu dieser Periode Kaul, *Friedrich Barbarossa im Kyffhäuser*, S. 280 ff. / **58** Zit. nach Weigend u. a. (Hgg.), *Keine Ruhe im Kyffhäuser*, S. 62 f. / **59** Freytag, «Neues und altes Kaiserzeremoniell»; zit. nach ders., *Der Kronprinz und die deutsche Kaiserkrone*, S. 118. / **60** Dazu Stürmer, *Das ruhelose Reich*, S. 187 ff. / **61** Dazu Fuhrmann, *Deutsche Geschichte im Hohen Mittelalter*, S. 170 ff.; den Anspruch imperialer Oberhoheit dagegen relativierend Opll, *Friedrich Barbarossa*, S. 272 ff. / **62** Zit. nach Fuhrmann, *Deutsche Geschichte im Hohen Mittelalter*, S. 174; die Frage geht auf die Kirchenversammlung von Pavia zurück, wo sich Barbarossa auf Victor IV. als Papst festgelegt hatte; dazu auch Fuhrmann, «‹Wer hat die Deutschen zu Richtern über die Völker bestellt›?», S. 625 ff. / **63** Zit. nach Gollwitzer, «Zur Auffassung der mittelalterlichen Kaiserpolitik im 19. Jahrhundert», S. 485. / **64** Ebd., S. 485 f. / **65** Ebd., S. 486 f. – In diesem Sinne hatte auch Emanuel Geibel, der zuvor nicht unerheblich zur Barbarossa-Sehnsucht beigetragen hatte, gedichtet: «Die Majestät / Des alten Reiches, die zur Weltherrschaft / Roms Salböl weihte, ist dahin auf ewig, / Und das Begrabne wecken wir nicht auf. / Der Kaiser, dem wir heut entgegenjubeln, / Der Zollernheld, der Deutschlands Krone trägt, / Hat anderes Ziel, als seiner Herrschaft Stuhl / Auf unterworfenen Völkern aufzurichten. / All seine Kraft gehört dem Vaterland.» (Geibel, «Prolog zur Friedensfeier, 22. März 1871»). / **66** Gollwitzer, «Zur Auffassung der mittelalterlichen Kaiserpolitik im 19. Jahrhundert», S. 490; dass sich Bismarck nicht zu einer positiven Sicht Heinrichs des Löwen entschließen konnte (vgl. Berg, *Heldenbilder und Gegensätze*, S. 141 ff.), hat vor allem mit den politischen Problemen zu tun, die ihm das Welfenhaus bereitete. / **67** Zit. Gollwitzer, «Zur Auffassung der mittelalterlichen Kaiserpolitik», S. 491. / **68** Dazu ausführlich Berg, *Heldenbilder und Gegensätze*, S. 114–129, sowie Kaul, *Friedrich Barbarossa im Kyffhäuser*, S. 470 ff. / **69** Dahn, *Gesammelte Werke*, Bd. 7, S. 581 ff. / **70** In seinem Kriegstagebuch notierte der Kronprinz: «Ich verlange aber gerade jene uralte Königskrone, weil sie recht eigentlich das Attribut der deutschen Kaiserwürde ist und stets auf Porträts und Statuen dargestellt wurde.» Zit. nach Gollwitzer, «Zur Auffassung der mittelalterlichen Kaiserpolitik», S. 501, Anm. 36. Schließlich ließ er zur Eröffnung des ersten Deutschen Reichstags den Kaiserstuhl aus Goslar nach Berlin bringen; zu diesem Stuhl aus Stein vgl. Hoelscher, *Die Kaiserpfalz Goslar*, S. 167 f. Wie stark Wilhelm II. dieser Sicht seines Vaters folgte, zeigt ein Brief an seine Großmutter Queen Victoria: «Und ich habe es erkannt, in einem ist Papas Anschauung von der Fortsetzung des alten Reiches durch das neue richtig; das hat er mir gesagt und dasselbe tue ich! Für immer und ewig gibt es nur einen wirklichen Kaiser in der Welt, und das ist der deutsche Kaiser ohne Ansehn seiner Person und Eigenschaften. Einzig durch das Recht einer tausendjährigen Tradition, und sein Kanzler hat zu gehorchen.» Zit. nach Bulang, *Barbarossa im Reich der Poesie*, S. 276; dazu auch Röhl, *Wilhelm II.*, Bd. 2, S. 73 ff. und 91 ff. / **71** Zit. nach Borst, «Barbarossas Erwachen», S. 53. / **72** Dazu Fehrenbach, Wandlungen des deutschen Kaisergedankens, S. 162 und 221 ff. / **73** Dazu Weigend u. a., *Keine Ruhe im Kyffhäuser*, S. 137 f. / **74** Zur Entstehung, Baugeschichte und Restaurierung der Pfalz in Goslar vgl. Hoelscher, *Die Kaiserpfalz Goslar*; zu ihrer Ausmalung durch Wislicenus vgl. Arndt, *Die Goslarer Kaiserpfalz als Nationaldenkmal*, S. 26; zu dem Bild «Barbarossas Erwachen» ebd., S. 53 ff., sowie Scholz, *Volk, Nation, Geschichte*, S. 37, und Hager, *Geschichte in Bildern*, S. 29. / **75** Dazu Arndt, *Die Goslarer Kaiserpfalz*, S. 61 ff. / **76** Sonst ist jedem Kaiser immer nur je ein Bild gewidmet; zu den Barbarossabildern der Kaiserpfalz vgl. Arndt, *Die Goslarer Kaiserpfalz*, S. 53 ff., sowie Kaul, *Friedrich Barbarossa im Kyffhäuser*, S. 589 ff. / **77** Dazu ausführlich Mai, «‹Für Kaiser und Reich›. Das Kaiser Wilhelm-Denkmal auf dem Kyffhäuser», S. 149 ff., sowie Kaul, *Friedrich Barbarossa im Kyffhäuser*, S. 643 ff. / **78** Dieser Aspekt ist ausführlich herausgearbeitet bei Bulang, *Barbarossa im Reich der Poesie*, S. 272 ff. / **79** Der Begriff des Tricksters geht zurück auf Lévi-Strauss, *Strukturale Anthropologie*, S. 247. / **80** Zit. nach Friz, *Wo Barbarossa schläft*, S. 154. / **81** Der Begriff stammt von Superintendent Tillich; vgl. Weigand, *Keine Ruhe im Kyffhäuser*, S. 160. / **82** Und ein wenig Kreuzzugsgeist herrschte tatsächlich, denn Wilhelm meldete mit seiner Jerusalemreise den Anspruch des Deutschen Reiches auf die Schutzherrschaft über die Evangelischen Christen im Heiligen Land an. Das wurde in der Weiherede des Oberhofpredigers Ernst von Dryander in der Erlöserkirche deutlich: «Aus allen Gauen unseres deutschen Vaterlandes, ja weit darüber hinaus – Vertreter der evangelischen Welt, in unserer Mitte das erlauchteste Paar der evangelischen Christenheit –, sind wir hier zusammengekommen, ein Kreuzesheer im Sinne unseres sanftmütigen Königs ohne Waffen, um zu versprechen, daß mit dem heutigen Tage die evangelische Kirche mit neuer Energie eintritt in den Wettstreit der Konfessionen um das Heilige Land.» Vor Wilhelm II., so ein Hofchronist, sei nur ein Kaiser, der Staufer Friedrich II., nach Jerusalem gelangt. Dazu Herre, *Kaiser Wilhelm II.*, S. 185 f.; ausführlich zur Orientreise Wilhelms Röhl, *Wilhelm II.*, Bd. 2, S. 1050–1060. / **83** Dazu unten, S. 282. / **84** Hitler, *Mein Kampf*, Bd. 2, S. 742; zur Revitalisierung Heinrichs des Löwen im Nationalsozialismus insgesamt Berg, *Heldenbilder und Gegensätze*, S. 193 ff. / **85** Walter Darré, Vorwort zu Bauer, *Geburt des Ostens*, S. 5. / **86** Rosenberg, *Der Mythus des 20. Jahrhunderts*, S. 479. / **87** Diese Sichtweise blieb freilich nicht unwidersprochen, und auch im Umgang mit Barbarossa und Heinrich dem Löwen zeigt sich, dass der Nationalsozialismus nur in wenigen Punkten eine in sich geschlossene Ideologie ausgebildet hat. Hitler selbst identifizierte sich nämlich seit Kriegsbeginn eher mit Friedrich Barbarossa als mit Heinrich dem Löwen. Dabei mag die Furcht vor inneren Gegensätzen die Suche nach einer Leitfigur für die Expansion nach Osten überwogen haben; jedenfalls meinte Hitler 1942, «die Schwaben» hätten für das Reich, Heinrich der Löwe jedoch dagegen gearbeitet (Picker, *Hitlers Tischgespräche*, S. 69 ff., Nr. 56); ausführlich dazu Berg, *Heldenbilder und Gegensätze*, S. 223 f., die auch darauf hinweist, dass Hitler vom Berghof aus auf den Untersberg blickte, den man lange ebenfalls mit Barbarossa in Verbindung gebracht hat. / **88** Etwa Mayer, *Der Krieg als Kreuzzug*, S. 336 f. / **89** Zit. nach Berg, *Heldenbilder und Gegensätze*, S. 225. / **90** Eine andere Erklärung hebt darauf ab, Hitler habe sich für den Decknamen Barbarossa wegen der Assoziation Rossa/Rot = Bolschewismus entschieden (Hillgruber, *Hitlers Strategie*, S. 368, Fn. 86). Diese Erklärung ist in Anbetracht der ausgeprägten historisch-mythischen Interessen Hitlers noch weniger überzeugend: Es ist kaum anzunehmen, dass Hitler, nachdem er sich mehrfach mit dem Konflikt zwischen Heinrich dem Löwen und Friedrich Barbarossa beschäftigt hatte, den Beinamen des Kaisers ohne Bezug auf die von ihm betriebene Politik allein wegen des darin vorkommenden Bezugs auf die Farbe Rot verwendet hat. / **91** Vgl. ebd., S. 473 ff. / **92** Vgl. Müller, *Der letzte deutsche Krieg*, S. 63 ff., sowie Salewski, *Deutschland und der Zweite Weltkrieg*, S. 157 ff. / **93** Dazu Weigend u. a., *Keine Ruhe im Kyffhäuser*, S. 203 ff.

Verrat, Heldenmut und Opfergang
Die Nibelungen als Fluch und Schicksal

1 Vgl. dazu meinen Essay «Ödipus' Eltern», in: Münkler, *Odysseus und Kassandra*, S. 51–62. / **2** Diese «intellektuelle» Auflösung der mythischen Determination von Zukunft ist von der «politischen» Auflösung der Griechen zu unterscheiden, bei der, wie Christian Meier in seiner Deutung der *Orestie* des Aischylos gezeigt hat, die Schaffung einer politischen Institution, des Areopag, zur Durchbrechung des Determinierten führt; vgl. Meier, *Die Entstehung des Politischen bei den Griechen*, S. 144–246, insbes. S. 218 ff. / **3** Dazu Ebach, *Kassandra und Jona*, S. 31 ff.; für Ebach ist die Beschäftigung mit den beiden Typen des Prophetischen zugleich eine Auseinandersetzung mit Ernst Bloch und Günther Anders, Ersterer der Prophet der späten 1960er, Letzterer der der 1980er Jahre; vgl. ebd., S. 17 ff. / **4** Einen vergleichenden Blick auf West- und Mitteleuropa bietet Graus, *Lebendige Vergangenheit*, passim; dass das Wiederaufleben mythischer Geschichts- und Politikvorstellungen nicht nur auf die Düsterkeit eines unabwendbaren Verhängnisses hinauslief, sondern sich auch mit revolutionären Befreiungsversprechen verbinden konnte, zeigt detailliert Speth, *Nation und Revolution*, insbes. S. 320 ff. / **5** Vgl. Hölscher, *Weltgericht oder Revolution*, S. 27 ff. und 199 ff., von Bredow / Noetzel, *Lehren des Abgrunds*, S. 24 ff., 119 ff.; dies., *Luftbrücken*, S. 29 ff., 103 ff. / **6** Dagegen die These von Graus, *Lebendige Vergangenheit*, S. 275–289, wonach sich Siegfried zunehmend in einen Märchenhelden verwandelt habe, mit dem politisch wenig anzufangen gewesen sei; erst mit Wagners *Ring* habe sich das geändert, wobei Wagner die Siegfriedgestalt jedoch nicht historisiert, sondern konsequent mythisiert habe. / **7** Zit. nach Schulte-Wülwer, *Das Nibelungenlied*, S. 30; Hervorhebungen im Original. / **8** Zit. nach Ehrismann, *Das Nibelungenlied*, S. 73; zu von der Hagen ders., *Nibelungenlied. Epoche–Werk–Wirkung*, S. 258 ff. / **9** Zit. nach Ehrismann, *Das Nibelungenlied*, S. 19. / **10** Zit. nach Wunderlich, *Der Schatz des Drachentödters*, S. 10. / **11** Hegel, *Werke*, Bd. 15, S. 405 f. / **12** So Otto Koch in der *Zeitschrift für deutschen Unterricht*; zit. nach Ehrismann, *Das Nibelungenlied*, S. 99. / **13** Davon zeugten auch die Bemerkungen zweier Gymnasiallehrer Ende 1931, einer davon in Berlin, der andere in Frankfurt am Main tätig. Es wird geklagt, die Schüler würden sich mehr für moderne als für mittelalterliche Literatur interessieren, und dabei taucht auch die Vermutung auf, dies habe mit dem hohen Anteil jüdischer Schüler zu tun. Dazu schreibt der Frankfurter Otto Schumann am 20. 11. 1931: «Sehr richtig ist es auch, was Sie über den Einfluß jüdischer Schüler sagen – oder vieler jüdischer Schüler; es sind keineswegs alle. Aber die Begründung, die Sie für deren Ablehnung der älteren Literatur geben – daß eben die Vorfahren dieser Schüler an dieser Literatur keinen Anteil gehabt hätten und daher auch die Nachfahren kein Verständnis dafür aufbringen könnten, möchte ich doch anzweifeln. Daß einst *meine* Vorfahren das Publikum des Nibelungendichters gebildet haben, das muß *ich* mir mit dem Verstande klar machen, für mein unmittelbares Gefühl spielt es gar keine Rolle. Und so werden auch umgekehrt jüdische Schüler das Nibelungenlied auch deshalb nicht ablehnen, weil ihre Vorfahren nicht zu diesem Publikum gehört haben – was übrigens kaum stimmen dürfte: die Juden standen damals keineswegs so außerhalb des geistigen Lebens der Nation; unter den Sängern der ‹Manesseschen Handschrift› befindet sich auch ein Jude, Süßkind von Trimberg.» Im Weiteren verweist Schumann dann auf die sozialen Rahmenbedingungen, die das Interesse an moderner Literatur stärker beförderten als das an alten Texten. Martin Havenstein aus Berlin antwortet darauf am 31. 12. 1931: «Meine jüdischen Schüler haben Lessing nie abgelehnt, dagegen sind sie bei uns gänzlich ablehnend gegen die mittelalterliche Dichtung: ein jüdischer Obersekundaner hat kürzlich in einem Aufsatz Siegfried dreist verspottet. Und gegen den Hebbelschen Siegfried. Das Nibelungenlied wagen die Herren den Klassen mit mehr als 50 % Juden (solche haben wir reichlich) gar nicht mehr darzubieten. Und das hängt am Ende doch damit zusammen, daß diese alten Dinge mehr zu unserem Blute reden als zu israelischem Geiste.» Schumann antwortet darauf am 3. 1. 1932: «Es ist schon so, daß ein sehr großer Prozentsatz auch unserer nichtjüdischen Schüler froh wäre, wenn man sie nicht mit Mittelhochdeutsch plagte. […] Welches Schulfach wird denn von mehr als einem kleinen Bruchteil der Schüler mit Freude betrieben? […] Und wenn einer einmal den Hebbelschen Siegfried dreist verspottet, so nehme ich das auch nicht tragisch. Auf die Gefahr hin, mir ihre ganze Gunst zu verscherzen – ich könnte mir denken, daß ich einen solchen Aufsatz nicht ohne Verständnis gelesen und entsprechend beurteilt hätte. Ich habe mir eben meinen Hebbel aus dem

Schrank geholt und sehe, daß ich mir gerade zu den Reden, die Siegfried führt, verschiedentlich Ausrufezeichen und kritische Bemerkungen an den Rand geschrieben habe. (…) Natürlich sind dies (und anderes) Einzelheiten, Nebendinge, die neben dem grandiosen Gesamtbau verschwinden – aber ich könnte mir ganz gut denken, daß ein stark kritisch eingestellter Junge es nicht fertig kriegt, sich von solchen Einzelheiten loszulösen, sondern sie zu einem wenig vorteilhaften Bild des Helden zusammensetzt. Nun ist gewiß eine solche kritische Stellung bei den Juden im Durchschnitt häufiger als bei uns. Aber es gibt doch (Gott sei Dank) auch unter germanischen Jünglingen genug mit stark kritischer Ader.» Hammerstein (Hg.), *Deutsche Bildung?*, S. 32–37. / **14** Die Rheinkrise von 1840, als die französische Regierung mit einer militärischen Expansion ins Rheinland drohte, hat offenbar einen deutlichen Rezeptionsschub zugunsten der auf den Rhein bezogenen Partien des Nibelungenliedes ausgelöst; dazu auch unten, S. 389 f. / **15** Heine, *Werke*, Bd. 7, S. 454. / **16** Alle Zitate nach Wunderlich, *Der Schatz des Drachentödters*, S. 42. / **17** Dazu Graus, *Lebendige Vergangenheit*, S. 276. Der unübersehbare historische Kern des Lieds, die aus dem *Alten Atlilied* übernommene Zerschlagung des mittelrheinischen Burgunderreichs unter König Gundahari durch den römischen Statthalter Aëtius mit Hilfe hunnischer Verbände (vgl. Münkler, *Das Blickfeld des Helden*, S. 35 ff.), war weder als Gründungs- noch als Erlösungsmythos geeignet. Der Nibelungenmythos musste vielmehr enthistorisiert werden, um das Pathos von Opfergang und Heldentod transportieren zu können. / **18** Die Idee einer Rückkehr zum Ausgangspunkt der Geschichte und der damit verbundenen Erneuerung spielt eine zentrale Rolle in der Mythentheorie Mircea Eliades; vgl. Eliade, *Kosmos und Geschichte*, S. 46 ff., ders., *Mythos und Wirklichkeit*, S. 77 ff. / **19** Vgl. Ullrich, *Die nervöse Großmacht*, insbes. S. 193 ff., sowie Radkau, *Das Zeitalter der Nervosität*, S. 355 ff. / **20** Zit. nach von Saalfeld, *Die ideologische Funktion des Nibelungenliedes*, S. 266. / **21** Zit. nach Wunderlich, *Der Schatz des Drachentödters*, S. 41. / **22** Zit. ebd., S. 39. / **23** von Liszt, «Von der Nibelungentreue»; in: *Deutsche Reden in schwerer Zeit*, Bd. 1, S. 339 f. / **24** Ebd. / **25** *Fürst Bülows Reden*, Bd. 3, S. 187. / **26** Dazu Winzen, *Bülows Weltmachtkonzept*, passim. / **27** Zit. nach Winzen, «Der Krieg in Bülows Konzept», S. 192, Anm. 101. / **28** Zum britisch-russischen Interessengegensatz, insbesondere in Asien, vgl. Gollwitzer, *Geschichte des weltpolitischen Denkens*, Bd. 2, S. 133 ff. / **29** Zur deutschen Mittel- und Südosteuropapolitik und ihrer Konkurrenz zum Projekt einer «Weltpolitik» ebd., S. 238–246. Friedrich von Holstein, der Spiritus rector der Außenpolitik Bülows, hat in seinen Aufzeichnungen zwei grundlegende Vorteile einer auf den Balkan abzielenden Konfliktstrategie gegenüber der Entente benannt: «Einmal kämpft Österreich in eigener Sache mit mehr Energie und ist für uns ein ganz anders zuverlässiger Kamerad, als es wahrscheinlich sein würde, wenn wir lediglich in einem deutschen Konflikt an Österreichs Bundestreue appellierten. Sodann aber gehen auch die Interessen der Einkreisungsmächte in der Orientfrage direkt auseinander.» (Frauendienst [Hg.], *Die geheimen Papiere Friedrich von Holsteins*, Bd. 1, S. 163 f. und 194 f.) / **30** von Liszt, «Von der Nibelungentreue», S. 327. / **31** Ebd., S. 345 f. / **32** Ebd., S. 350. / **33** Ebd., S. 333. / **34** Zit. nach Baumgart, *Die Julikrise und der Ausbruch des Ersten Weltkrieges*, S. 193, Dok. 128. / **35** Die in mythischen Konstruktionen immer wieder anzutreffende Binarität, wie sie insbesondere von der strukturalistischen Mythenanalyse im Anschluss an Claude Lévy-Strauss herausgearbeitet worden ist, lässt sich hier sehr schön beobachten. Zu einem Versuch, auf der Grundlage der epischen Narration zu einer politischen Deutung des Liedes und seiner Protagonisten zu kommen, vgl. Seitter,

Das politische Wissen im Nibelungenlied, S. 37ff., 67ff. / **36** Zit. nach Wunderlich, *Der Schatz des Drachentödters*, S. 86. / **37** Zit. ebd., S. 41. / **38** Zit. ebd., S. 73. / **39** Zit. ebd., S. 76. / **40** Zur deutschen Planung vgl. Ehlert u. a. (Hgg.), *Der Schlieffenplan*; zu den Ereignissen der ersten Augustwochen vgl. Tuchman, *August 1914*. / **41** Dazu Förster, «Vom europäischen Krieg zum Weltkrieg», S. 242ff. / **42** Zit. nach Tuchman, *August 1914*, S. 171f. / **43** Jünger, «Die totale Mobilmachung», S. 122ff.; zum intellektuellen Kontext von Jüngers Aufsatz vgl. Kiesel, *Ernst Jünger*, S. 373ff., sowie Schwilk, *Ernst Jünger*, S. 350f.; zur Debatte über die Deutsche Politik in Belgien vgl. Petri, «Zur Flamenpolitik», S. 513ff. / **44** *Das Nibelungenlied*, 15. Aventiure, Str. 897–903. / **45** Roethe, *Von deutscher Art*, S. 34. / **46** Ebd., S. 36f. / **47** Vgl. Marcks/Eisenhart Rothe, *Hindenburg*, S. 29f.; von Hoegen, *Der Held von Tannenberg*, S. 229ff. / **48** Zu diesen Reden vgl. Flasch, *Die geistige Mobilmachung*, S. 62ff. / **49** Bei Dum-Dum-Geschossen handelt es sich um eine Munition, die durch Veränderungen an der Gewehrkugel eine instabile Flugbahn hat und dadurch vergrößerte Wunden verursacht. Die Haager Landkriegsordnung hat den Einsatz dieser Munition in Europa verboten. Großbritannien, Portugal und die USA haben die diesbezügliche Erklärung nicht unterschrieben; vgl. Düllfer, *Regeln gegen Krieg?*, S. 76f. und 151 sowie den Eintrag in Hirschfeld u. a. (Hgg.), *Enzyklopädie Erster Weltkrieg*, S. 450. Mehrfach ist während des Ersten Weltkriegs von deutscher Seite der Vorwurf erhoben worden, der Gegner habe Dum-Dum-Geschosse eingesetzt. / **50** Roethe, «Wir Deutschen und der Krieg»; in: *Deutsche Reden in schwerer Zeit*, Bd. 1, S. 40f. Im Übrigen fährt Roethe fort: «Der Reichskanzler hat wahrscheinlich sogar Unrecht gehabt; denn inzwischen ist längst klar geworden, daß die belgische Neutralität das Gegenteil einer redlichen Neutralität war und daß wir allen Anlaß hatten, diesen heimlichen Feind zu fassen, ehe er uns in die Flanke fiel. Trotzdem, es war eine Wohltat, jener deutsche Drang zur Wahrheit, wie er in den Worten des Herrn von Bethmann zutage trat» (ebd., S. 41). Roethes nachgeschobene Bemerkung über den heimtückischen Charakter der belgischen Neutralität, in der die strategischen Direktiven des Schlieffenplanes unter der Hand zu moralischen Fragen werden, dürfte nicht zuletzt durch den harten Widerstand der belgischen Armee gegen die deutschen Eindringlinge veranlasst worden sein. Im Zusammenhang der Kämpfe in Belgien kam es nämlich zur Erschießung von Zivilisten, denen vorgeworfen wurde, aus dem Hinterhalt auf deutsches Militär geschossen zu haben. Die gegnerische Propaganda sprach von deutschen Kriegsgräueln gegen die belgische Zivilbevölkerung, insbesondere gegen Kinder und Frauen. In den erbitterten Debatten nach Kriegsende über Kriegsschuld und Kriegsgräuel spielte dies alles wieder eine zentrale Rolle; vgl. Horne/Kramer, *Deutsche Kriegsgreuel*, sowie Morell, *Kriegspropaganda*, S. 62ff. / **51** Die Konfrontation mit Frankreich und Russland hatte man erwartet; sie konnte mit den kulturellen und politischen Gegensätzen verrechnet werden, die zum Selbstverständnis des deutschen Bürgertums gehörten. Der Krieg mit England dagegen war für viele überraschend, und desto stärker war der Hass auf England. Er zeigte sich vor allem bei Theologen, die mit einer Koalition der protestantischen gegen die katholischen Mächte gerechnet hatten; vgl. Brakelmann, *Krieg und Gewissen*, S. 20ff., sowie Hammer, *Deutsche Kriegstheologie*, S. 34ff. Als der britische Historiker Niall Ferguson vor einigen Jahren die Frage aufwarf, ob es den britischen Interessen nicht eher entsprochen hätte, in diesem Krieg neutral zu bleiben, was vermutlich zu einem deutschen Sieg geführt, aber die britischen Ressourcen geschont hätte, zumal man mit den Deutschen leicht zu einer Übereinkunft gekommen wäre, argumentierte er ausschließlich ökonomisch und politisch (vgl. Ferguson, *Der falsche Krieg*). Die Idee des «Kulturkrieges» war ein Intellektuellenprodukt, mit dem die Größe der erbrachten wie noch zu erbringenden Anstrengungen gerechtfertigt werden sollte. / **52** Sombart, *Händler und Helden*, S. 63; zur Stellung der kleinen Schrift im Werk Sombarts und der darin implizierten Revision seiner Kapitalismustheorie vgl. Lenger, *Werner Sombart*, S. 219 ff. / **53** Sombart, *Händler und Helden*, S. 67. – Für Sombart ist der Staat folglich nicht, wie von der in England entstandenen politischen Vertragstheorie angenommen, das Ergebnis eines zwischen den Einzelnen geschlossenen Vertrags, sondern «die zur Einheit zusammengefasste Volksgemeinschaft, die bewusste Organisation eines Überindividuellen, dem die einzelnen Individuen als Teile zugehören» (ebd., S. 76). / **54** Ebd., S. 91 / **55** Ebd., S. 64; zu der in dieser Argumentation enthaltenen antikommerziell-republikanischen Ideentradition vgl. Münkler, *Über den Krieg*, S. 53 ff., 91 ff. / **56** Zu den «Ideen von 1914» vgl. von See, *Die Ideen von 1789 und die Ideen von 1914*, insbes. S. 110 ff., sowie zum «Geist von 1914», der schon bald selbst zum politischen Mythos wurde, Verhey, *Der «Geist von 1914»*, S. 194 ff. und 307 ff. Es wäre zu untersuchen, ob die von den Historikern entwickelte Theorie des «deutschen Sonderwegs» nicht eine späte Nachwirkung dieser intellektuellen Überhöhung des Krieges ist, sozusagen die Spätwirkung eines politischen Mythos. / **57** Auch die Vorstellung von den Deutschen als Hunnen ist dem Nibelungenkomplex zuzurechnen: In einer Rede anlässlich der Einschiffung deutscher Marineinfanterie nach China, die an der Niederschlagung des Boxeraufstandes mitwirken sollte, hatte Kaiser Wilhelm II. erklärt: «Kommt Ihr vor den Feind, so wird derselbe geschlagen! Pardon wird nicht gegeben! Gefangene werden nicht gemacht! Wer Euch in die Hände fällt, sei Euch verfallen! Wie vor 1000 Jahren die Hunnen unter ihrem König Etzel sich einen Namen gemacht, der sie noch jetzt in Überlieferung und Märchen gewaltig erscheinen lässt, so möge der Name Deutscher in China auf 1000 Jahre durch Euch in einer Weise bethätigt werden, dass niemals wieder ein Chinese es wagt, einen Deutschen auch nur scheel anzusehen.» Zit. nach Hansen, «Die *Hunnenrede* Kaiser Wilhelms II.», S. 223; zum deutschen Chinabild vgl. Gollwitzer, *Die gelbe Gefahr*, passim. / **58** Während in der neueren deutschen Geschichtsschreibung die Auffassung vorherrscht, der Krieg sei grundsätzlich nicht zu gewinnen oder spätestens mit dem Scheitern des Schlieffenplanes verloren gewesen, neigen französische und englische Historiker der Auffassung zu, der Kriegsausgang habe 1917/18 noch einmal auf Messers Schneide gestanden; vgl. Ferro, *Der Große Krieg*, S. 327 ff., und Strachan, *Der Erste Weltkrieg*, S. 283 ff. / **59** Deswegen ist der negative Komplementärbegriff zum Siegfrieden der Diktatfrieden; der Begriff fand in Deutschland für den Versailler Vertrag allgemeine Verwendung. / **60** Darüber, wie dies am besten zu bewerkstelligen sei, gingen die Meinungen auseinander, und es war einmal mehr umstritten, ob man sich bei einer Expansion der deutschen Einflusssphären eher nach Osten oder stärker nach Süden orientieren sollte. (Vgl. auch oben, S. 54 ff.) – Zur Debatte über die Kriegsziele, die von deutscher Seite 1917 mit der Aussicht auf den Sieg im Osten deutlich verschärft wurde, vgl. den Eintrag «Kriegsziele» in Hirschfeld u. a. (Hgg.), *Enzyklopädie Erster Weltkrieg*, S. 666–668; zum Beitrag der deutschen Professoren zu dieser Debatte vgl. Ringer, *Die Gelehrten*, S. 109 ff. / **61** Hierzu und zum Folgenden vgl. die Einträge «Nivelle», «Nivelle-Offensive» und «Siegfried-Stellung» in: Hirschfeld u. a. (Hgg.), *Enzyklopädie Erster Weltkrieg*, S. 743–745 und 838 f. / **62** Vgl. den Beitrag von Michael Geyer in Hirschfeld u. a. (Hgg.), *Die Deutschen an der Somme*, S. 163 ff. Pikanterweise hatte man der Rückzugsbewegung den Decknamen «Unternehmen Alberich» gegeben. / **63** Vgl. Schüddekopf, *Der Erste Weltkrieg*, S. 228 f., Ferro, *Der Große Krieg*, S. 315–320; Strachan, *Der Erste Weltkrieg*, S. 301 ff. / **64** Zit. nach Thimme, *Flucht in den Mythos*, S. 82; Hervorhebung im Original. / **65** Wilhelm Deist («Der militärische Zusammenbruch des Kaiserreichs») hat die These vertreten, dass den Ereignissen im November 1918 eine allmähliche Erschöpfung des Heeres vorangegangen sei, die sich schon Ende 1917 und verstärkt nach dem Scheitern der März-Offensive 1918 bemerkbar gemacht habe. Diese Erschöpfung habe sich in einer allgemeinen Auflösung der Disziplin, von Plünderungen bis zu ‹Drückebergern›, gezeigt. Deist fasst dies im Begriff eines «Militärstreiks» zusammen, der immer mehr Einheiten erfasst habe. Die Entwicklung in der ‹Heimat› hat danach keine ausschlaggebende Rolle gespielt. Eine etwas andere Akzentsetzung findet sich in der DDR-Historiographie, die einerseits bestreitet, dass der Zusammenbruch der Front das Ergebnis eines «Dolchstoßes» der Heimat gewesen sei, andererseits aber doch auch die antimilitaristische und pazifistische Agitation der äußersten Linken als überaus erfolgreich darstellt; vgl. Petzold, «*Die Dolchstoßlegende*»; sie kommt zwischen leninistischem Internationalismus und nationaler Orientierung zu keinem eindeutigen Ergebnis. Zum Dolchstoß zuletzt in vergleichender Perspektive Schivelbusch, *Die Kultur der Niederlage*, S. 242 ff. / **66** Zit. nach Michaelis/Schraepler (Hgg.), *Ursachen und Folgen*, Bd. 1, S. 323. / **67** Zit. nach Deist, *Militär und Innenpolitik*, S. 796, Anm. 35. Seeckts Formulierung bezieht sich im Übrigen auf die Politik von Reichskanzler Bethmann Hollweg und keineswegs auf sozialistische Propaganda. / **68** Hindenburg, *Briefe, Reden, Berichte*, S. 188. / **69** Zit. nach Wunderlich, *Der Schatz des Drachentödters*, S. 72. / **70** Zit. nach Krumeich, «Die Dolchstoß-Legende», S. 595. / **71** Vgl. Seiler, «‹Dolchstoß› und ‹Dolchstoßlegende›», S. 13; dazu auch Erdmann, «Die ‹Dolchstoßlegende› in deutschen Schulbüchern», S. 419 ff. Trotz der weiten Verbreitung des Begriffs kann es keinen Zweifel daran geben, dass er vor allem in konservativen und nationalistischen Kreisen beheimatet war; vgl. Thimme, *Flucht in den Mythos*, S. 76 ff.; dazu auch Schivelbusch, *Die Kultur der Niederlage*, S. 245 ff. / **72** Donoso Cortés, *Drei Reden*, S. 48 f. / **73** Chamberlain, *Die Grundlagen des 19. Jahrhunderts*, S. XXI. / **74** Mit sehr viel größerem Recht hätten dies zarentreue Russen mit Blick auf die Rolle Ludendorffs beim Transfer Lenins aus der Schweiz nach Finnland sagen können. / **75** Chamberlain, *Die Grundlagen des 19. Jahrhunderts*, S. XXIII. / **76** Ebd., S. XX. / **77** Moeller van den Bruck, *Das Recht der jungen Völker*, S. 15. / **78** Ders., *Das Dritte Reich*, S. 1. / **79** Hier verlief im Übrigen die politische Grenze zwischen Nationalkonservativen und Nationalsozialisten. / **80** Siehe unten, S. 284 ff. / **81** Tanzmann, *Versuch einer neuen Deutung*, S. 30. / **82** Ebd., S. 5. / **83** Ebd., S. 36 f. / **84** Roethe, «Donau, Rhein und Nibelungenlied», in: ders., *Deutsche Reden*, S. XX. / **85** Busch, *Nibelungenlied*, S. 15. / **86** Krumeich, «Die Dolchstoßlegende», S. 598. / **87** Zit. nach Wunderlich, *Der Schatz des Drachentödters*, S. 80. / **88** Vgl. Müller, *Der letzte deutsche Krieg*, S. 128 ff. / **89** Ebd., S. 156 ff.; Salewski, *Deutschland und der Zweite Weltkrieg*, S. 253 ff. / **90** Vgl. Uhle-Wettler, *Höhe- und Wendepunkte*, S. 362 ff. / **91** «*Das Oberkommando der Wehrmacht gibt bekannt ...*», Bd. 2, S. 435 f. / **92** Vgl. Schulte Wülwer, *Das Nibelungenlied*, S. 175 ff. / **93** Zu Naumann vgl. Ehrismann, *Das Nibelungenlied*, S. 273 ff. / **94** Naumann, *Das Nibelungenlied*, S. 29. / **95** Ebd., S. 23. / **96** Ebd., S. 24. / **97** Ebd., S. 26. / **98** Zu Görings Stalingradrede vgl. auch Krüger, «Etzels Halle und Stalingrad», S. 151 ff.; dort auch der vollständige Abdruck der Rede S. 170–187; die zitierte Passage findet sich S. 180. / **99** Zu den strategischen Dispositionen beider Seiten und dem Verlauf der Schlacht um Stalingrad vgl. Keegan, *Der Zweite Weltkrieg*, S. 330 ff.; zur Härte der Kämpfe ebd., S. 335 f.; zu Görings falschem Versprechen einer Versorgung der Eingeschlossenen aus der Luft vgl. Salewski, *Deutschland und der Zweite Weltkrieg*, S. 259 f.; zur strategischen Bedeutung der Kapitulationsverweigerung ebd., S. 260 f.; insgesamt Müller, *Der letzte deutsche Krieg*, S. 174–180. / **100** Tatsächlich scheint Stalingrad zumindest zeitweilig einen stabilisierenden Effekt für das NS-Regime in Deutschland gehabt zu haben; dazu Salewski, *Deutschland und der Zweite Weltkrieg*, S. 252 und 261. / **101** Dazu Fetscher, *Joseph Goebbels im Berliner Sportpalast*, S. 63 ff.; zu dem durch die Rede gestärkten Durchhaltewillen ebd., S. 125 ff. / **102** Zur Poetik des Schwertes im 19. Jahrhundert und zur Profanität industrieller Waffenproduktion vgl. Köpnick, *Nothungs Modernität*, S. 91 ff. und 191 ff.; das machtpolitische Dilemma Wotans, der durch Verträge gebunden ist, und die «anarchistische» Lösung in der Gestalt Siegfrieds wird analysiert bei Bermbach, «*Blühendes Leid*», S. 172 f., 185 ff., 204 ff. und insbes. S. 217 ff.; zur facettenreichen Wagnerrezeption zwischen 1933 und 1945, in welcher der *Ring* freilich keineswegs die bedeutende Rolle spielte, die man erwartet hätte, vgl. Friedländer/Rüsen (Hgg.), *Wagner im Dritten Reich*. / **103** Vgl. Friedländer, «Wagner und Hitler», in: Friedländer/Rüsen (Hgg.), *Wagner im Dritten Reich*, S. 165 ff., sowie Hamann, *Winifred Wagner oder Hitlers Bayreuth*, passim, und Spotts, *Bayreuth*, S. 181 ff.; zur Bedeutung der Wagner'schen Opern für Hitlers Inszenierung des Kriegsendes Salewski, *Deutschland und der Zweite Weltkrieg*, S. 330 ff., sowie Fest, *Hitler*, S. 997 ff. / **104** Dazu Müller, *Der letzte deutsche Krieg*, S. 132 ff. / **105** Zit. nach Cartier, *Der Zweite Weltkrieg*, Bd. 2, S. 685. / **106** Eine Folge dessen war eine schrittweise, seit 1944 dann rasante Ausweitung der Waffen-SS-Einheiten gegenüber der Wehrmacht: An die Stelle von Strategie trat heroisches Kämpfertum, gemäß dem «nibelungischen» Wahlspruch der SS «Unsere Ehre heißt Treue». / **107** Zit. nach Fest, *Hitler*, S. 999. / **108** Dazu Fest, *Hitler*, S. 988 ff. (die einschlägige Kapitelüberschrift lautet «Götterdämmerung»), sowie Kershaw, *Hitler*, S. 973 ff. / **109** Zit. nach Steinert, *Hitler*, S. 607. / **110** Zum Zerfall der Armee vgl. Müller, *Der letzte deutsche Krieg*, S. 296 ff.; zur Durchsetzung von Kapitulationsbereitschaft gegen nibelungische Durchhalteparolen Münkler, *Machtzerfall*, S. 166 ff. / **111** Das schließt nicht aus, dass nach politischen Spuren im *Nibelungenlied* wie in Wagners *Ring* gesucht wurde, etwa von Heiner Müller oder Anselm Kiefer (zu Müller vgl. Schmidt-Sasse, «Die Kunst aufzuhören»; zu Kiefer und anderen Malern vgl. Storch (Hg.), *Die Nibelungen*, S. 277 ff.); die Suche nach politischen Spuren beherrscht auch den Umgang mit Wagners *Ring*; zu einem Vergleich von Bundesrepublik und DDR vgl. Brandenburg, «Wahn und Welt» sowie Kröplin, «Aufhaltsame Ankunft und ahnungsvoller Abschied».

Der Pakt mit dem Teufel
Doktor Johann Georg Faust

1 Beispielhaft hierfür Korff, *Faustischer Glaube*, passim, insbes. S. 11 ff. und 123 ff. – eine durch den Zeitgeist erstaunlich wenig affizierte Interpretation des Goethe'schen Faust als Antwort auf die Herausforderung des modernen Menschen, wie gegen Jasper, *Faust und die Deutschen*, S. 26 und 139, festzuhalten ist. / **2** Blumenberg, *Arbeit am Mythos*, S. 192 ff. und 291 ff. / **3** Treitschke, *Deutsche Geschichte im Neunzehnten Jahrhundert*, Bd. 1, S. 318. / **4** Zit. nach Schwerte, *Faust und das Faustische*, S. 161. / **5** Zit. nach ebd., S. 163. / **6** Mattenklott, «Faust», S. 605. / **7** Ebd., S. 609 f. / **8** Jasper, *Faust und die*

Deutschen, S. 131 ff. / **9** Zu Fausts Leben, soweit es sich aus unterschiedlichen Quellen und Zeugnissen rekonstruieren lässt, vgl. die Arbeit von Mahal, *Faust* sowie die quellenkritische Analyse von Baron, *Doctor Faustus.* / **10** Mahal, *Faust*, S. 40 ff. / **11** Baron, *Doctor Faustus*, S. 23 ff. und 74 ff.; Völker, *Faust*, S. 15 ff. / **12** *Historia von D. Johann Fausten.* Kritische Ausgabe des Druckes von 1587, hg. von Stephan Füssel und Hans Joachim Kreutzer, Stuttgart 1988; zur *Historia* und den nachfolgenden Faustbüchern des 16. bis frühen 18. Jahrhunderts vgl. Marina Münkler, *Fausts Höllenfahrt.* / **13** Einen Blick auf die Wanderung des Faust-Motivs und die dabei erfolgenden Anlagerungen bietet Engelhardt, *Der plutonische Faust*, passim; sehr viel stärker auf die deutsche Tradition bezogen ist die ältere Arbeit von Müller, in der die Stoffgeschichte zwischen Faustbuch und Goethes Werk unter dem Titel *Geschichte der deutschen Seele* behandelt wird. Eine Zusammenstellung einschlägiger Texte findet sich bei Völker, *Faust. Ein deutscher Mann.* / **14** Vgl. Marina Münkler, *Fausts Höllenfahrt*, passim. / **15** Die Gründe für Fausts Erlösung, ohne dass er sich zuvor vom Teufel losgesagt, auf seine Zauberkräfte verzichtet und Reue gezeigt hat, sind in der langen und kaum noch zu überblickenden Geschichte der Goethe-Philologie mit unterschiedlichen Ergebnissen hin und her bewegt worden. Darauf kann hier nicht eingegangen werden. / **16** Goethe, *Faust*, S. 64 (1335/36). / **17** Zu nennen sind das Kapitel «Nochmals das Faustmotiv der Phänomenologie des Geistes» in Blochs *Tübinger Einleitung in die Philosophie* (Bd. 1, S. 84 ff.), sowie das Hegelbuch *Subjekt-Objekt*, wo immer wieder Parallelen zwischen Goethes Werk und Hegels Philosophie gezogen werden, insbes. S. 75 f. und 172 f.; zu Blochs Faust-Interpretation vgl. weiterhin sein Opus magnum, *Das Prinzip Hoffnung*, insbes. Bd. 2, S. 963 ff. und Bd. 3, S. 1190–1201. / **18** Vgl. Schwerte, *Faust und das Faustische*, S. 101 ff. / **19** Zit. nach ebd., S. 108. / **20** Zit. nach ebd., S. 57; der Bezug auf den Abschnitt «Die Lust und die Notwendigkeit» in Hegels *Phänomenologie des Geistes* ist hier unüberhörbar. – Mit seiner Deutung ging Hinrichs noch einen Schritt weiter als Karl Rosenkranz, ein anderer Hegelianer, der Faust – im Unterschied zu Hiob – als das einzelne Selbstbewusstsein bezeichnete, das sich als «das absolut freie» fasse. Im modernen Leben, «dessen allgemeines Bewußtsein Faust ist», müsse der alte Glauben einer neuen Verbindung von Wissenschaft und Selbstbewusstsein weichen. (Vgl. ebd., S. 64 f.) Hinrichs hat dieses Faustische als die avancierteste Form des Selbstbewusstseins im Anschluss an Hegels Theorie des Volksgeistes dezidiert mit den Deutschen verbunden. / **21** Vgl. ebd., S. 61 ff. / **22** In seiner ersten Fassung lautet das Gedicht (Hölderlin, *Sämtliche Werke und Briefe*, Bd. 1, S. 193): «Spottet ja nicht des Kinds, wenn es mit Peitsch' und Sporn / Auf dem Rosse von Holz muthig und groß sich dünkt, / Denn, ihr Deutschen, auch ihr seyd / Thatarm und gedankenvoll. // Oder kömt, wie der Stral aus dem Gewölke kömt, / Aus Gedanken die That? Leben die Bücher bald? / O ihr Lieben, so nimmt mich, / Daß ich büße die Lästerung» / **23** Siehe unten, S. 340 ff. / **24** Vgl. Schwerte, *Faust und das Faustische*, S. 112 ff. / **25** Ebd., S. 119. / **26** Treitschke, *Deutsche Geschichte im Neunzehnten Jahrhundert*, Bd. 1, S. 318. / **27** Zit. nach ebd., S. 151 f. / **28** Zum Begriff der imperialen Mission und seiner Bedeutung für das Projekt der Großreichsbildung vgl. Münkler, *Imperien*, S. 132 ff. / **29** Zit. nach Schwerte, *Faust und das Faustische*, S. 158 f. / **30** Ebd., S. 168–173. / **31** Bei Oskar Negt (*Die Faust-Karriere*, S. 84–101) findet sich eine sensible Gegenüberstellung der Philemon-und-Baucis-Szene in Ovids *Metamorphosen*, die Goethe von Jugend an gekannt hat, und der Darstellung des Schicksals der beiden Alten im *Faust*: Während bei Ovid Philemon und Baucis, die immer rechtschaffen und bescheiden waren, dem Untergang entgehen, den die Götter wegen frevelhaften Verhaltens über ihre Umgebung verhängt haben, und sich schließlich in Gestalt von Bäumen in die Natur zurückverwandeln, findet ein ebenso rechtschaffenes Verhalten im *Faust* keine Belohnung: Weil sie dem Projekt Fausts nicht weichen wollen, müssen sie in ihrem Heim sterben und verbrennen. / **32** Zit. nach Schwerte, *Faust und das Faustische*, S. 78. / **33** Nietzsche, *Unzeitgemäße Betrachtungen*, S. 235. / **34** Ebd., S. 236. «Man muß den Deutschen ihren Mephistopheles ausreden: und ihren Faust dazu. Es sind zwei moralische Vorurteile gegen den Wert der Erkenntnis», so Nietzsche in *Die fröhliche Wissenschaft*, III, Aph. 178. / **35** Nietzsche, *Menschliches, Allzumenschliches*, II, Aph. 124. / **36** Nietzsche, *Die Unschuld des Werdens. Der Nachlaß*, Bd. 2, Aph. 1143. / **37** «Was ich an dem Deutschen gern wahrnehme, das ist seine Mephistopheles-Natur: aber die Wahrheit zu sagen, man muß sich einen höheren Begriff von Mephistopheles machen, als Goethe, der nötig hatte, um seinen ‹inwendigen Faust› zu vergrößern, seinen Mephistopheles zu *verkleinern*. Der wahre deutsche Mephistopheles ist viel gefährlicher, kühner, böser, verschlagener und folglich offenherziger: man denke sich das Inwendige von Friedrich den Großen, oder von jenem viel größeren Friedrich, jenem Hohenstaufen Friedrich II. Der echte deutsche Mephistopheles steigt über die Alpen, glaubt, daß ihm dort alles zu gehört. Deshalb wird ihm wohl, wie es Winckelmann wohl wurde, wie Mozart. Er betrachtet *Faust* und *Hamlet* als Karikaturen, die zum Lachen erfunden sind, insgleichen Luther. Goethe hatte gute deutsche Augenblicke, wo er über das alles inwendig lachte. Aber dann fiel er selber wieder in die feuchten Stimmungen zurück.» (Ebd., Aph. 1142.) / **38** Vgl. Schwerte, *Faust und das Faustische*, S. 176 f. / **39** Dass die deutschen Soldaten mit dem *Faust* im Tornister ins Feld gezogen seien, war eine verbreitete Redewendung, und an Ost- wie Westfront sei die Lektüre von Goethes Werk geistige und seelische Nahrung gewesen. (Vgl. Jasper, *Faust und die Deutschen*, S. 101 f.) / **40** Sombart, *Händler und Helden*, S. 84. / **41** Brecht, «Gespräch über Klassiker»; *Gesammelte Werke*, Bd. 15, S. 176. / **42** Zit. nach Schwerte, *Faust und das Faustische*, S. 233. / **43** Diese Sicht Fausts hat Ziegler nicht daran gehindert, gegenüber dem Nationalsozialismus ausgesprochen abgeneigt zu sein. / **44** Spengler, *Der Untergang des Abendlandes*, S. 403 f. / **45** Ebd., S. 465. / **46** Dazu Felken, *Spengler*, S. 52 ff., 157 ff. / **47** Spengler, *Der Untergang des Abendlandes*, S. 149. / **48** Das Problem einer jeden Spengler-Interpretation ist, dass sich in Spenglers Werk stets Äußerungen und Hinweise finden lassen, die in eine andere Richtung weisen. Für eine systematisierende Aufnahme und Weiterführung Spenglers vgl. Krebs, *Die imperiale Endzeit*. / **49** Spengler, *Der Untergang des Abendlandes*, S. 466. / **50** Ebd., S. 465. / **51** Dazu auch Moeller van den Bruck, *Der Preußische Stil*, ein Buch, das der Verfasser, der wie Spengler dem Umfeld der sog. konservativen Revolution zugerechnet werden kann, als «ein Bekenntnis zu Hegel und Clausewitz» (Vorsatzblatt) bezeichnet hat. / **52** «Die späteste Nation des Abendlandes ist die preußische, eine Schöpfung der Hohenzollern, wie die Römer die letzte Schöpfung des antiken Polisgefühls und die Araber die letzte aus einem religiösen *consensus* gewesen sind.» Spengler, *Untergang des Abendlandes*, S. 777. / **53** Dazu ausführlich Felken, *Spengler*, S. 219 ff.; vgl. auch Lenk, «Spengler im Dritten Reich», S. 102 ff. / **54** Spengler, *Jahre der Entscheidung*, S. 182 f. / **55** Man könnte Spenglers Faustbild auch als den *faschistischen Faust* ansehen, während Alfred Rosenberg, Hitlers «Beauftragter für die Überwachung der gesamten geistigen und weltanschaulichen Schulung und Erziehung der NSDAP», einen *nationalsozialistischen Faust* entworfen hat, bei dem Rassefragen im Vordergrund stehen. (Rosenberg, *Der My-*

thus des 20. Jahrhunderts, S. 245 ff.) Doch eine große Wirkung hat das nationalsozialistische Faustbild nicht entfaltet. Die Bemühungen von Willi Jasper (*Faust und die Deutschen*, S. 163 ff.) um entsprechende Nachweise fallen dürftig aus; auch Klaus Völker (*Faust*) hat keine diesbezüglichen Textausschnitte in seine Anthologie aufgenommen. Insgesamt ist es im nationalsozialistischen Deutschland kaum zu einer eigenständigen Ausdeutung Fausts gekommen; man führte zumeist das nationalkonservative Faustbild weiter, während der Nationalsozialismus sich eher mit dem Mythos des arischen Menschen verband. (Vgl. vor allem von See, «Der Arier-Mythos», passim, sowie ders., *Barbar, Germane, Arier*, S. 283 ff.; zum Mythos des arischen Menschen bis zum Vorabend des NS vgl. Poliakov, *Der arische Mythos*, S. 153 ff.; zu dessen Fortleben nach dem Ende des Dittes Reichs vgl. das recht populär angelegte Buch von Gugenberger/Schweidlenka, *Die Fäden der Normen*, S. 245 ff. und 303 ff.; dort auch ein Kapitel zum mythischen Eklektizismus des Nationalsozialismus, S. 116–177.) / **56** Vgl. Schwerte, *Faust und das Faustische*, S. 170; Hans Blumenberg (*Arbeit am Mythos*, S. 505) hat darauf hingewiesen, dass bei Goethe dem Paar Prometheus und Faust als Dritter stets Napoleon beigesellt sei. / **57** Zit. nach Völker, *Faust*, S. 166; ebenso Schwerte, *Faust und das Faustische*, S. 176. / **58** Moeller van den Bruck, *Goethe*, S. 10 und 13; vgl. auch S. 173: «Gerade Goethe gab sein Großartigstes da, wo er überhaupt nicht in den entlehnten Formen anderer Völker, sondern gotisch in der Form und in dem Stil des eigenen Volkes schuf.» / **59** Zum katholisch-lateinischen Abendlandskonzept in der Zwischenkriegszeit vgl. Faber, *Abendland*, S. 122–125. / **60** Haecker, *Vergil*, S. 77 f. / **61** Felken, *Spengler*, S. 212. / **62** Mann, «Deutschland und die Deutschen», in: ders., *Reden und Aufsätze*, Bd. 2, S. 318. / **63** Dazu Koopmann, «‹Mit Goethes Faust hat mein Roman nichts gemein›», S. 212 ff., sowie Müller, «Thomas Manns ‹Doktor Faustus›», S. 199 ff., und Mehring, *Thomas Mann*, S. 100 ff. / **64** Mann, *Doktor Faustus*, S. 375; hierzu und zum Folgenden auch Ottmann, «Oswald Spengler und Thomas Mann», S. 162 f. / **65** Mann, *Doktor Faustus*, S. 381; im Hintergrund steht hier Nietzsche, der in seiner *Geburt der Tragödie* Feuerraub und Sünde, «arischen» Prometheusmythos und «semitischen» Sündenfallsmythos einander gegenübergestellt hat. / **66** So findet sich die Passage in Marianne Webers Biographie ihres Mannes (S. 685); es handelt sich jedoch wohl um eine Kompilation aus einem Manuskript Webers und einer Mitschrift seiner Erklärung vor Münchner Studenten zum Mord an Kurt Eisner; vgl. Mommsen, *Max Weber und die deutsche Politik*, S. 346 und 536. / **67** Max Weber, «Politik als Beruf»; in: ders., *Politische Schriften*, S. 552. / **68** Ebd. / **69** Ebd., S. 550 (Hervorhebungen im Text). / **70** Ebd., S. 554. / **71** Goethe, *Faust*, S. 64; 1336/37. / **72** Dazu Radkau, *Max Weber*, S. 772 ff. / **73** Norbert Bolz hat in seinem Buch *Auszug aus der entzauberten Welt* die politisch-philosophische Debatte der Weimarer Republik als Reaktion auf Webers Diagnose der Entzauberung und seiner Prognose des Entscheidungszwangs interpretiert. / **74** Weber, «Politik als Beruf», S. 557. / **75** Meinecke, *Die Idee der Staatsräson*, S. 15. / **76** Meinecke, *Aphorismen und Skizzen zur Geschichte*, S. 147. / **77** Vgl. unten, S. 336 ff. / **78** Mann, «Deutschland und die Deutschen», S. 327. / **79** Mann, «Warum ich nicht nach Deutschland zurückgehe»; in: ders., *Reden und Aufsätze*, Bd. 2, S. 652. Was Thomas Mann damit meinte, hat er an anderer Stelle («Das Ende»; in: ders., *Reden und Aufsätze*, Bd. 2, S. 638) genauer ausgeführt: In dem nun zu Ende gegangenen Krieg hätten es die Gegner Deutschlands «vom ersten Tage an mit der ganzen deutschen Erfindungsgabe» zu tun gehabt. / **80** Mann, «Deutschland und die Deutschen», S. 327. / **81** Dazu Jasper, *Faust und die Deutschen*,

S. 227–235. / **82** Zit. nach ebd., S. 169 f. / **83** Als solchen hat Golo Mann in seiner Rezension von Speers Erinnerungen ausdrücklich das Verhältnis zwischen Speer und Hitler bezeichnet. Ebd., S. 171. / **84** Zum Begriff Wolin, *Seinspolitik*, S. 97 ff. / **85** Zit. nach Linder, *Der Bahnhof von Finnentrop*, S. 30. – Linder hat seine Biographie Schmitts als Untersuchung der Frage angelegt, wie es zu der Liaison zwischen Schmitt und den von ihm zunächst abgelehnten Nazis kommen konnte. Dabei spielt das Verhör in Nürnberg eine zentrale Rolle. / **86** Sombart, *Jugend in Berlin*, S. 250. / **87** Linder, *Der Bahnhof von Finnentrop*, S. 169. / **88** Schmitt, *Glossarium*, S. 149. / **89** Zit. nach Linder, *Der Bahnhof von Finnentrop*, S. 361. / **90** Vgl. Jasper, *Faust und die Deutschen*, S. 17–31. / **91** Safranski, *Ein Meister aus Deutschland*, S. 283; zu Heideggers Nähen zum Nationalsozialismus seit dem Winter 1931/32 vgl. ebd., S. 266 ff. Ein zentrales Element in Heideggers Rehabilitierungsstrategie nach 1945 war es, seine Frau Elfriede als diejenige darzustellen, die ihn nationalsozialistisch beeinflusst habe, während er selbst eher unpolitisch gewesen sei; dazu Ott, *Martin Heidegger*, S. 131 ff. / **92** Dazu Noack, *Carl Schmitt*, S. 147 ff.; Linder, *Der Bahnhof von Finnentrop*, S. 301 ff. / **93** Zit. nach Ott, *Heidegger*, S. 136. / **94** Heidegger, *Die Selbstbehauptung der deutschen Universität*, S. 18; vgl. Wolin, *Seinspolitik*, S. 117 ff. / **95** Ott, *Heidegger*, S. 234 ff. / **96** Safranski, *Ein Meister aus Deutschland*, S. 253 ff., 268 f. / **97** Ott, *Heidegger*, S. 249 ff. / **98** Sternberger, *Drei Wurzeln der Politik*, Teil III–V. / **99** Im Kern hat Sternberger ein Buch gegen Carl Schmitt und dessen Bestimmung des Politischen als Freund-Feind-Unterscheidung geschrieben. Gleichermaßen nimmt er aber auch ein linksromantisches Schwärmertum ins Visier, dem er eine politisch-eschatologische Prägung vorwirft. / **100** Heideggers eschatologische Erwartungen sind vor allem von Safranski (*Ein Meister aus Deutschland*, S. 309 ff.) herausgearbeitet worden; die Suche nach dem Katechon bei Carl Schmitt ist als durchgängiges Denkmotiv sichtbar gemacht bei Linder, *Der Bahnhof von Finnentrop*, S. 42 f., 205, 401 und 446 f. / **101** Mann, *Doktor Faustus*, S. 639 f. / **102** Dazu allgemein Vietor-Engländer, *Faust in der DDR*, passim, sowie Würffel, «Fausts Wandel in der Literatur der DDR», S. 507 ff. / **103** Dazu Jasper, *Faust und die Deutschen*, S. 228. / **104** Lukács, *Faust und Faustus*, S. 239 ff. / **105** Zit. nach Jasper, *Faust und die Deutschen*, S. 154. / **106** Ebd., S. 207. / **107** Lukács, *Faust und Faustus*, S. 163. / **108** In diesem Zusammenhang ist es der Erwähnung wert, dass Oskar Negt (*Die Faust-Karriere*, S. 121 f.) das Faust'sche Bauprojekt im 5. Akt mit der Errichtung eines Konzentrationslagers assoziiert hat, wobei er auf die Nähe von Weimar und Buchenwald anspielte. / **109** Zit. nach Jasper, *Faust und die Deutschen*, S. 206. / **110** Siehe unten, S. 442 f. / **111** Eisler, *Johann Faustus*; dazu Fischer-Eisler, «Faust in der DDR», S. 561 ff., sowie Abusch, «Faust. Held oder Renegat», S. 179 ff. / **112** Fischer, «Doktor Faustus und der deutsche Bauernkrieg», S. 59 ff. / **113** Knopf, «Erblasser Dr. Johann Faust», S. 262. / **114** Zit. nach ebd. / **115** Zit. nach Schwerte, *Faust und das Faustische*, S. 96 f. / **116** Knopf, «Erblasser Dr. Johann Faust», S. 271 ff. / **117** Dazu König/Kuhlmann/Schwabe, *Vertuschte Vergangenheit*, sowie König, *Die Zukunft der Vergangenheit*, S. 87 ff. Eine in einigen Punkten deutlich überzogene Kritik an Schwertes Faustforschungen findet sich bei Jasper, *Faust und die Deutschen*, S. 17–31. / **118** Schwerte, *Faust und das Faustische*, S. 8–12 sowie S. 240 f. / **119** In diesem Sinne auch von Wrede, «Der ‹deutsche› Faust – für immer gestorben?», S. 112 ff. / **120** Vgl. oben, S. 37 ff. und 69 ff. Die Verbindung zwischen Faust- und Siegfried-Mythos ist vielfältiger Art: Sie beginnt dort, wo Faust zum Wiedergänger Siegfrieds erklärt wird, etwa von Ferdinand Brockerhoff: «Faust ist im wesentlichen nichts als eine höhere Potenz des Siegfried; was dieser für die Sphäre der sinnlichen Unmittelbarkeit, ist jener für die des denkenden Geistes» (zit. nach Schwerte, *Faust und das Faustische*, S. 103), und endet bei dem in beiden Fällen gleichermaßen zu beobachtenden Modus der «Enttragisierung» von Literatur, um sie für den mythischen Gebrauch handlich zu machen. / **121** Eine explizite Verbindung zwischen den Anders'schen Thesen und dem Faust-Mythos hat Negt, *Die Faust-Karriere*, S. 46, hergestellt; in diesem Sinne auch, freilich ohne expliziten Bezug auf Anders, Jaeger, *Global Player Faust*, S. 13 ff. / **122** Domdey, «Faust und die Nachrüstung», S. 40 ff. / **123** Anders, *Die Antiquiertheit des Menschen*, Bd. 1, S. 267 ff. und 276 ff. / **124** Negt, *Die Faust-Karriere*, S. 256 ff.; in diesem Sinne auch Jaeger, *Global Player Faust*. / **125** Negt, *Die Faust-Karriere*, S. 282.

II. EIN KAMPF GEGEN ROM

1 Zit. nach von See, *Barbar, Germane, Arier*, S. 281. / **2** Schmitt, *Katholizismus und politische Form*, S. 5. / **3** Mann, *Betrachtungen eines Unpolitischen*, S. 47. Thomas Mann geht es um die Zurückweisung des gegen Deutschland gerichteten Vorwurfs der Barbarei. / **4** Dazu Gollwitzer, «Zum politischen Germanismus», S. 282 ff. Gollwitzer zeigt freilich auch, dass schon vor der Reichseinigung unter dem Begriff Germanismus auch Bündniskonzeptionen rubriziert wurden, die weit über die Einigung Deutschlands hinausgingen und politische Allianzen mit Skandinavien, den Niederlanden und der Schweiz, einige sogar mit Großbritannien zum Ziele hatten. / **5** Moeller van den Bruck, *Verirrte Deutsche*, S. 2. / **6** Vgl. oben, S. 54 ff.

Die Sittlichkeit der Hinterwäldler
Tacitus und der frühe Germanenmythos

1 Tacitus, *Germania* 1–27; vgl. Lund, *Zum Germanenbild der Römer*, insbes. S. 55 ff., sowie Jankuhn/Timpe (Hgg.), *Beiträge zum Verständnis der Germania*, und Flach, «Der taciteische Zugang», S. 143 ff. / **2** Dazu ausführlich Münkler/Grünberger/Mayer, *Nationenbildung*, S. 163 ff.; Krapf, *Germanenmythen und Reichsideologie*, S. 43 ff.; Borchardt, *German Antiquity*, S. 98 ff., sowie Strauss, *Sixteenth Century Germany*, S. 29 ff. / **3** Parallel dazu konnte die Genese der Deutschen auch auf die fränkische Reichsteilung im Vertrag von Verdun im Jahr 843 zurückgeführt werden, wobei die ostfränkischen Reichsteile dann zu Deutschland wurden. / **4** Münkler/Grünberger/Mayer: *Nationenbildung*, S. 210 ff. / **5** Fuhrmann, «Die Germania des Tacitus», S. 121; vgl. auch Muhlack, «Die Germania im deutschen Nationalbewusstsein», S. 128 ff., sowie Münkler/Grünberger/Mayer, *Nationenbildung*, S. 210 ff. / **6** Dazu Werner, «Die ‹Germania›», S 569 f. / **7** Vgl. dazu die Beiträge von Flach, Bringmann, Urban und Timpe in Jankuhn/Timpe (Hgg.), *Beiträge zum Verständnis der Germania*, S. 27 ff., 59 ff., 80 ff. und 106 ff.; ebenso von Essen, *Hermannsschlachten*, S. 19–56. / **8** Luther, *Tischreden*, Bd. 4, S. 8 (Nr. 3917). / **9** Ebd., S. 101 (Nr. 4049); zum Urteil über die Spanier, das sich angesichts ihrer repressiven Politik in den Niederlanden und Berichten über ihr Wüten in der Neuen Welt noch verschlechterte, vgl. Pinette, «Die Spanier und Spanien im Urteil des deutschen Volkes zur Zeit der Reformation», S. 182 ff., sowie Pollmann, «Eine natürliche Feindschaft», S. 73 ff. / **10** Tacitus, *Germania*, c. 4, S. 9. / **11** Dazu Wolfram, «Herkunftsmythen», passim; zum Fortleben der Vorstellung von der germanischen Unvermischtheit in der nationalsozialistischen Ideologie vgl. Przyrembel, «*Rassenschande*», passim. / **12** Vgl. von See, «Der Arier-Mythos», S. 74. / **13** Zit. nach Titzmann, «Die Konzeption der ‹Germanen›», S. 127 / **14** Zit. nach von See, *Barbar, Germane, Arier*, S. 305–307. / **15** Rosenberg, zit. ebd., S. 309. / **16** Dazu Werner, «Die ‹Germania›», S. 582–584. / **17** Tacitus, *Germania*, c. 22, S. 35. / **18** Zit. nach Stolleis, *Arcana imperii und Ratio status*, S. 11. / **19** Zit. nach Münkler, *Im Namen des Staates*, S. 165. / **20** Dazu ebd., S. 261 ff. / **21** Roethe, *Von deutscher Art*, S. 34. / **22** Tacitus, *Germania*, c. 5, S. 9. / **23** Montesquieu, *Vom Geist der Gesetze*, XVII, 5, XVIII, 22, Bd. 1, S. 376 ff. und 395 ff. / **24** Zentgraf, *Wald und Volk*, S. 8. / **25** Ebd., S. 11 f. / **26** Dörner, «Politische Integration», S. 92 f.; diese Überlegung ist breit ausgeführt in ders., *Politische Kultur*, insbes. S. 24 ff. / **27** Tacitus, *Germania*, c. 8, S. 15. / **28** Dazu Wagner, *Nationalsozialistische Frauenansichten*, S. 139 ff. / **29** Über sein Frauenbild hat Tacitus auch das Bild des deutschen Mannes beeinflusst; vgl. Herrmann, «Arminius und die Erfindung der Männlichkeit», S. 161 ff. / **30** Tacitus, *Germania*, c. 13, S. 21. / **31** Zur Gegenüberstellung von ziviler Struktur der römischen Gesellschaft und kriegerischer Struktur der germanischen Gemeinschaft vgl. von Essen, *Hermannsschlachten*, S. 30 f., die Tacitus' Bericht keineswegs als Germanenlob liest, sondern darin eine Kontrastierung römischer *ratio* und germanischer *ira* ausmacht. / **32** Beispiele bei Koch-Hillebrecht, *Die Deutschen sind schrecklich*, S. 139 f. und 379 ff. / **33** Dazu Münkler/Grünberger/Mayer, *Nationenbildung*, S. 171 ff. / **34** Dazu Vogel, «Die Pickelhaube», S. 300 ff. / **35** Dazu Unverfehrt, «Arminius als nationale Leitfigur», S. 336. / **36** Zit. nach Münkler/Grünberger/Mayer, *Nationenbildung*, S. 215 f. / **37** Dazu mit weiteren Beispielen Koch-Hillebrecht, *Die Deutschen sind schrecklich*, S. 361 ff. / **38** Ein längeres Zitat aus diesem Text findet sich bei Jeismann, *Das Vaterland der Feinde*, S. 353 f., dort auch weitere Beispiele für die französische Kriegsbehauptung, die Deutschen seien Barbaren (S. 339 ff.). / **39** Tacitus, *Germania*, c. 14, S. 23. / **40** Körner, «Lützows wilde Jagd»; in: Schulze (Hg.), *1813–1815*, S. 88. / **41** Geibel, *Werke*, S. 226 f. / **42** Eine Ausnahme stellt Kleists *Hermannschlacht* dar, bei der es freilich auch nicht um das Operieren militärischer Großverbände, sondern um die Entwicklung einer partisanischen Kampfweise geht. Diesen Aspekt hat im Anschluss an Carl Schmitts *Theorie des Partisanen* vor allem Wolf Kittler (*Die Geburt des Partisanen*) herausgestellt. / **43** Zit. nach Münkler, *Machtzerfall*, S. 192. / **44** Vgl. Fest, *Der Untergang*, S. 62 f. / **45** «*Das Oberkommando der Wehrmacht gibt bekannt …*», Bd. 3, S. 563. / **46** Ebd., S. 569. / **47** Kleist, *Werke und Briefe*, Bd. 4, S. 245 f. / **48** In diesem Sinne Wiedemann, «Zwischen Nationalgeist und Kosmopolitismus», S. 91 ff. / **49** Plessner, *Die verspätete Nation*, S. 60.

«Als die Römer frech geworden …»
Arminius und die Schlacht im Teutoburger Wald

1 Dieter Timpe (*Arminius-Studien*, S. 50 ff.) hat mit der These, es habe sich womöglich gar nicht um einen politisch inspirierten Aufstand gegen die römische Herrschaft östlich des Rheins, sondern um eine Rebellion germanischer Auxiliarverbände gegen die römischen Rheinlegionen gehandelt, zeitweilig eine heftige Kontroverse angestoßen, die in jüngster Zeit durch die Debatte über den Ort des Schlachtgeschehens abgelöst worden ist. Inzwischen besteht weitgehend Einigung, dass es sich dabei um die Gegend von Kalkriese in der Nähe von Osnabrück handelt; vgl. Wells, *Die Schlacht im Teutoburger Wald*, S. 33 ff.; Wolters, *Die Schlacht im Teutoburger Wald*, S. 157 ff. / **2** Egelhaaf, «Die Schlacht im Teutoburger Wald», S. 423. / **3** Plessner, *Die verspätete Nation*, S. 71f. / **4** Dazu Michelsen, «‹Wehe, mein Vaterland, dir!›», S. 115ff.; Zons, «Von der ‹Not der Welt› zur absoluten Feindschaft», S. 175ff., sowie Klüger, «Freiheit, die ich meine.», S. 133ff. / **5** Diese Sicht findet sich schon in Huttens *Arminius Dialogus*, einem den Totengesprächen Lukians nachempfundenen Streitgespräch um die Position des größten Feldherrn. Da diese Ehre bereits vergeben ist, muss für den in Vergessenheit geratenen Arminius eine Alternative gefunden werden, und die besteht in seiner Ernennung zum größten Vaterlandsbefreier. Im Hinblick darauf konnten im Übrigen auch Deutsch-Amerikaner dem Hermann in Minnesota ein Denkmal von beachtlichen Ausmaßen errichten (vgl. Bemmann, *Deutsche Nationaldenkmäler*, S. 123). / **6** Während Dörner (*Politischer Mythos und symbolische Politik*, S. 63ff., 143ff. und 226ff.) drei Etappen der Arminius-Rezeption im 19. und 20. Jahrhundert unterscheidet – die der politisch-militärischen Mobilisierung in der Zeit der antinapoleonischen Befreiungskriege, die der Vergemeinschaftung nach 1871 und schließlich die Nutzung als Waffe im symbolischen Bürgerkrieg während der Weimarer Republik –, vertritt Unverfehrt («Arminius als nationale Leitfigur», S. 331ff.) die These, mit der Gründung des Kaiserreichs habe Arminius zunehmend an Sinnstiftungskompetenz verloren und sei durch Barbarossa abgelöst worden. / **7** Hutten, *Opera/Schriften*, Bd. 1, S. 383–399, hier S. 389f.; Zitat nach der modernisierten Version in Hutten, *Deutsche Schriften*, S. 190f. Hutten nimmt nahezu wörtlich die Charakterisierung des Arminius durch Tacitus auf, der in den *Annalen* (II, 88, S. 213) über Arminius geschrieben hatte: «Unstreitig der Befreier Germaniens, der das römische Volk nicht in den ersten Anfängen der Macht [...], sondern in der höchsten Blüte des Reiches herausgefordert hat.» / **8** Dazu ausführlich Roloff, «Der Arminius des Ulrich von Hutten», S. 213f. / **9** Ebd., S. 298ff., sowie Ridé, «Arminius in der Sicht der deutschen Reformatoren», S. 239ff. Luther selbst hat die Parallelisierung mit Arminius in einer seiner *Tischreden* aufgenommen: Er habe den «hertzog Herman» «von hertzen lib», zumal er ein «Harzländer» gewesen sei wie er. / **10** Luther, *Tischreden*, Bd. 5, S. 595 (Nr. 6308). / **11** Ebd., S. 595 (Nr. 6310). / **12** Dieser Aspekt steht im Mittelpunkt der Arbeit von Johnston, *Der deutsche Nationalmythos*, S. 49ff. / **13** Arndt, *Gedichte*, S. 13. / **14** Auf diese Konflikte zwischen Napoleonfreundschaft und Napoleonfeindschaft hat vor allem Carl Schmitt («Clausewitz als politischer Denker», S. 488f.) hingewiesen. Die Napoleon-Verehrung hatte in Deutschland einen eigenen Mythos hervorgebracht, der freilich eine starke Neigung aufwies, von Verehrung in Hass umzuschlagen; vgl. Beßlich, *Der deutsche Napoleon-Mythos*, S. 41–168. / **15** Diesen Aspekt hat Wolf Kittler (*Die Geburt des Partisanen*) herausgestellt. Dagegen hat Otto Johnston (*Der deutsche Nationalmythos*) eher die politische Mobilisationsdimension betont und Kleists Dichtung als Auftragswerk der Reformer bezeichnet. Das ist freilich deutlich überzogen, wenngleich es engere Verbindungen zwischen dem Freiherrn vom Stein und Kleist gab; vgl. Samuel, «Kleists ‹Hermannsschlacht› und der Freiher vom Stein», sowie Botzenhart, «Kleist und die preußischen Reformer»; kritisch gegenüber Samuel und Kittler argumentiert Werber, *Die Geopolitik der Literatur*, der aber ebenfalls die Mobilisierungsfunktion des Textes herausstreicht. Da der Text jedoch nicht veröffentlicht, geschweige denn das Drama aufgeführt wurde, geht es nur um Intentionen, nicht um Wirkungen. / **16** Kleist, «Hermannsschlacht»; *Werke*, Bd. 2, S. 348. / **17** Schiller, *Werke*, Bd. 4, S. 182. / **18** Dazu K. Mommsen, *Kleists Kampf mit Goethe*, S. 128ff. / **19** Heine, *Sämtliche Schriften*, Bd. 7, S. 600f. / **20** Ebd., S. 602; zu Heines spezifischer Kritik an den deutschen Verhältnissen und der Instrumentalisierung des Arminius/Hermann in der deutschen Publizistik vgl. Woesler, «‹Enkel Hermanns und Thusneldens›», S. 399 ff. / **21** Scheffel, *Werke*, Bd. 1, S. 34 f. / **22** Dazu Bemmann, *Deutsche Nationaldenkmäler*, S. 107 ff. / **23** Heine, *Werke*, Bd. 7, S. 602; offenbar hat Heine tatsächlich 1838 von Paris aus einen Beitrag zur Finanzierung des Projekts geleistet. / **24** Scheffel, *Werke*, Bd. 1, S. 36. / **25** Siehe dazu unten, S. 390 ff. / **26** Zum Kontrast von Krieg und Frieden bei Kleist und seinen Zeitgenossen vgl. Herzinger, «Aufstand gegen die Pax Romana», S. 24 ff. / **27** Unverfehrt, «Arminius als nationale Leitfigur», S. 332 ff. / **28** Zit. nach Bemmann, *Deutsche Nationaldenkmäler*, S. 118; die Rolle Wilhelms konnte auch Bismarck übernehmen, etwa in Paul Werneckes Festlied zu Bismarcks 80. Geburtstag, in dem dieser als der «vom alten treuen deutschen Gott wiedergesandte Hermann» bezeichnet wird; zit. nach Unverfehrt, «Arminius als nationale Leitfigur», S. 332. / **29** Ebd., S. 324 f. und 328 f. – Auch Hans Müllers Eingangsgedicht zu seinem Drama *Armins Tod* arbeitet mit der Verbindung von Cherusker und Hohenzollernkaiser: «Er war der Erste, welcher als Prophet / Für Deutschlands Einigkeit den Arm erhob. / Er hoffte von des Thrones Majestät / Der Zukunft Segen, seines Volkes Lob. / [...] / Sein Volk verstand noch nicht den hellen Tag. / Doch was er einst gewollt voll hohem Sinn, / Das ward in unsern Tagen ganz erreicht.» (Zit. ebd., S. 328) – Die bildliche Verknüpfung von Hermann und Wilhelm ließ sich freilich auch umdrehen, indem Wilhelm als Hermann dargestellt wurde, wie dies die englische Zeitung *Punch* tat, als sie im März 1871 den Kaiser nicht mit der Pickelhaube, sondern einem Flügelhelm als Kopfschmuck an der Spitze seiner Gefolgschaft über ein Schlachtfeld reiten ließ. (Ebd., S. 330.) / **30** Dazu unten, S. 204 ff. / **31** Unverfehrt, «Arminius als nationale Leitfigur», S. 323. / **32** Stellvertretend für viele Höfler, *Siegfried, Arminius und die Symbolik*, passim. / **33** Vgl. oben, S. 72 ff. / **34** So findet sich bei Bemmann (*Deutsche Nationaldenkmäler*, S. 105) die nicht weiter problematisierte Feststellung, «dass Arminius bei seinen Landsleuten Siegfried hieß und in Siegfriedliedern besungen wurde». / **35** Einige dieser Verbindungen finden sich auch bei Höfler, *Siegfried, Arminius und die Symbolik*, S. 96 ff / **36** Zit. nach Schulte Wülwer, *Das Nibelungenlied*, S. 74. / **37** Zur Geschichte des Denkmalbaus Bemmann, *Deutsche Nationaldenkmäler*, S. 104–130; Dörner, *Politischer Mythos und symbolische Politik*, S. 160 ff., sowie Doyé, «Arminius», S. 596 ff. / **38** In alternativen Entwürfen, unter anderem von Schlüter, war Hermann ikonographisch dem Drachenbezwinger Georg angenähert worden, doch das hatte ihn zu sehr mit seinem Gegner verbunden und ihm obendrein noch eine christliche Färbung verliehen. / **39** Kleist, *Werke und Briefe*, Bd. 3, S. 317. / **40** Zit. nach Bemmann, *Deutsche Nationaldenkmäler*, S. 122. / **41** Zum Kolberg-Film vgl. Kreimeier, *Die UFA-Story*, S. 410 ff., sowie vor allem Paret, «‹Kolberg› (1945) as Historical Film and Historical Document», S. 433 ff. / **42** Wolters, *Die Schlacht im Teutoburger Wald*, S. 199. / **43** Vgl. unten, S. 449 ff. / **44** Diese Formel findet sich im Übrigen auch bei Theodor Mommsen, «Germanische Politik», S. 341. / **45** Zit. nach Doyé, «Arminius», S. 600. / **46** Wolters, *Die Schlacht im Teutoburger Wald*, S. 200 f.

«Hier stehe ich, ich kann nicht anders!»
Luthers Kampf gegen Rom

1 Vg. Oberman, *Luther*, S. 201 ff.; Gronau, *Martin Luther*, S. 102 f.; Brecht, *Martin Luther*, Bd. 1, S. 196 f. / **2** Dass in Luthers spätmittelalterlichen Vorstellungen «die Welt voll Teufel» war, hat Oberman in seinem Lutherbuch mit dem Untertitel «Mensch zwischen Gott und Teufel» herausgestellt. / **3** Gronau, *Martin Luther*, S. 165; Brecht, *Martin Luther*, Bd. 1, S. 431. Das widerfuhr ihm nicht zum ersten Mal; auf dem Weg zum Augsburger Verhör durch den Kardinallegaten Cajetan war es ihm ebenso ergangen. (Gronau, *Martin Luther*, S. 125; Brecht, *Martin Luther*, Bd. 1, S. 242.) / **4** *Luthers Briefe*, S. 109. / **5** Gronau, *Martin Luther*, S. 165 f. / **6** Johann Eck gab ihm den Rat mit, er solle Buße tun, seine Irrtümer erkennen und widerrufen. Falls er jedoch auf ihnen beharre, solle er sich klarmachen, welche Strafen ihn erwarteten. (Ebd., S. 165 f.; Brecht, *Martin Luther*, Bd. 1, S. 431 ff.; Oberman, *Luther*, S. 213 ff.) / **7** Die Darstellung folgt Brecht, *Martin Luther*, Bd. 1, S. 435 ff. / **8** Italienisch, so soll Karl gesagt haben, sei die Sprache für die Unterhaltung mit Freunden, Französisch mit Frauen, Deutsch mit Pferden und Spanisch mit Gott. / **9** Brecht, *Martin Luther*, Bd. 1., S. 438 f. / **10** Ebd., S. 506, Fn 24. / **11** Ebd., S. 440; Gronau, *Martin Luther*, S. 168. / **12** Zit. nach Ritter, *Luther*, S. 105. / **13** Ebd., S. 111, sowie Brecht, *Martin Luther*, Bd. 1, S. 440. / **14** So Febvre, *Martin Luther*, S. 109. / **15** Oberman, *Luther*, S. 155 ff. / **16** Luther, «An den christlichen Adel deutscher Nation»; *Ausgewählte Schriften*, Bd. 1, S. 180. / **17** Ebd., S. 153. / **18** Ebd., S. 191. / **19** Zit. nach Febvre, *Martin Luther*, S. 122. / **20** Zit. nach Gronau, *Martin Luther*, S. 159 f. / **21** Luther, «An den christlichen Adel», S. 172. / **22** Ebd., S. 169. / **23** Ebd. / **24** *Luther im Gespräch*, S. 229. / **25** In diesem Sinn bricht Luther auch in der Adelsschrift in den Ruf aus: «Ach Christus, mein Herr, sieh herab, laß deinen Jüngsten Tag anbrechen und zerstöre des Teufels Nest zu Rom!» (Ebd., S. 218.) / **26** Dazu Bornkamm, *Luther im Spiegel der deutschen Geistesgeschichte*, S. 31 ff. und 220 ff. / **27** Ebd., S. 41 ff. und 249 ff. / **28** Zit. ebd., S. 211. / **29** Wilhelm von Kaulbachs großes Gemälde «Das Zeitalter der Reformation» im Treppenhaus des Neuen Museums in Berlin, das 1945 vernichtet wurde, zeigt diese Sicht: Luther steht im Zentrum einer Menschenmenge, in der sich Herrscher und Entdecker, Wissenschaftler und Philosophen aus ganz Europa befinden. (Gross, *Jesus, Luther und der Papst*, S. 89 ff.) / **30** Vgl. unten, S. 312 ff. / **31** Dazu Weber, «Luther-Denkmäler», S. 198 ff. und 204 ff. / **32** Zit. nach Düfel, «Das Lutherjubiläum 1883», S. 19. / **33** Zit. nach Bornkamm, *Luther im Spiegel der deutschen Geistesgeschichte*, S. 262. / **34** Gross, *Jesus, Luther und der Papst*, S. 52; dazu auch Lehmann, «‹Er ist wir selber›», S. 92–97. Zu Luthers Kritik an den Fehlern und Sünden der Deutschen vgl. Bornkamm, *Luthers geistige Welt*, S. 208: «Die schlimmsten Nationallaster sind das Fressen und Saufen. So schlafen die Deutschen, während die Türken nüchtern sind und darum eine Zukunft haben. Der deutsche Teufel ist ‹ein Weinschlauch und muß Sauf heißen›. Er ist ein allmächtiger Gott bei uns Deutschen und verführet dazu, Gottes Wort zu schänden und zu verachten. […] Die Deutschen sind einfältiger und wahrheitsliebender als die Franzosen, Spanier und Italiener. Sie sind fromm und daher in religiösen Dingen leichtgläubig und von den welschen Spöttern leicht hinters Licht zu führen. Sie sind treu und tapfer, rechtlich und ehrlich, werden aber von den anderen Völkern als roh und tierisch verspottet.» / **35** Zit. nach Bornkamm, *Luther im Spiegel der deutschen Geistesgeschichte*, S. 265. / **36** Dazu Lehmann, «Martin Luther als deutscher Nationalheld», S. 53 ff. / **37** Zit. nach Bornkamm, *Luther im Spiegel der deutschen Geistesgeschichte*, S. 265. / **38** Zit. nach Cornehl und Grünberg, «Protestantismus», S. 79. / **39** Zit. nach ebd., S. 52. / **40** Althaus, *Luther und das Deutschtum*, S. 3. / **41** Marcks, *Luther und Deutschland*, S. 1. / **42** Ebd., S. 3. / **43** Ebd., S. 6. / **44** Ebd., S. 12 f. / **45** Ebd., S. 19. / **46** Ebd., S. 32. / **47** Ebd., S. 43 f. / **48** Zit. nach Lehmann, «‹Er ist wir selber›.», S. 99. / **49** Die inzwischen Kultstatus besitzende Schlagzeile von *Bild* am 20. April 2005 lautete: «Wir sind Papst!» / **50** Zit. nach Lehmann, «‹Er ist wir selber›.», S. 102; diese Passage fehlt in der hier benutzten Ausgabe von 1983. / **51** Dazu Minder, «Das Bild des Pfarrhauses», S. 76 ff. / **52** Eine ausführliche Darstellung und Abbildungen einschlägiger Bilder finden sich bei Gross, *Jesus, Luther und der Papst*, S. 100 ff. / **53** Paradigmatisch hierfür ist die Biographie von Heiko A. Oberman, die Luther als einen ganz der Vorstellungswelt des Spätmittelalters verhafteten Menschen ohne Anschlussfähigkeit für aktuelle politische Herausforderungen zeigt – Ausnahme: Luthers Familienleben (Oberman, *Luther*, S. 291 ff. und 320 ff.). / **54** Vgl. unten, S. 443 ff.

Der Zug nach Süden
Der Untergang der Goten und der Bußgang nach Canossa
1 Vorlage dafür war das Geschichtswerk des Prokopius, der diese Kriege ausführlich und nicht ohne Sympathie für die Goten schildert, während er die Verhältnisse am byzantinischen Hof als ein großes Intrigen- und Ränkespiel darstellt. / **2** Hierzu Esch, «Ein Kampf um Rom», S. 28 ff. / **3** Hierzu und zum Folgenden Wolfram, *Das Reich und die Germanen*, S. 146–159. / **4** Zit. nach *Das große deutsche Balladenbuch*, S. 244. / **5** Wolfram, *Das Reich und die Germanen*, S. 159. / **6** Als ‹Rabenschlacht› hat dieser Kampf in die Dietrichepik Eingang gefunden, wie überhaupt die Gestalt des Dietrich von Bern in Theoderich ihren historischen Ursprung hat. Bern steht dabei für ein verballhorntes Verona, wo Theoderich den entscheidenden Sieg über Odoaker errungen hatte. / **7** Dazu von See, *Barbar, Germane, Arier*, S. 289 ff.; ders., «Der Arier-Mythos», S. 67 ff. / **8** Zum Dahn'schen Heldenbild vgl. Titzmann, «Die Konzeption der ‹Germanen›», S. 133 ff. – Die Gegner der gotischen Herrschaft sind keineswegs allesamt als hinterhältig und heimtückisch dargestellt – der byzantinische Feldherr Belisar und der römische Präfekt Cetegus sind durchaus als Helden gezeichnet. / **9** Dazu Schulze, *Hegemoniales Kaisertum*, S. 432 ff. / **10** Hierzu und zum Folgenden Oexle, «Canossa», S. 61 f. / **11** Vgl. Schulze, «Versailles», S. 410 ff. / **12** Esch, «Canossa», S. 57. «Diesen geradezu zitierpflichtigen Satz verstand dazumal jeder ältere Schulbub, dem in der Geschichtsstunde etwas vom Bußgang Heinrichs IV. anno 1077 auf die Burgveste zu Papst Gregor VII. beigebracht worden war.» – So Ernst Engelberg, *Bismarck*, S. 114. / **13** Im Amtszimmer des Kurienkardinals in der Villa d'Este in Tivoli hing ein Bild Bismarcks, der Hohenlohe-Schillingsfürst nicht nur als Gegner des Dogmas von der päpstlichen Unfehlbarkeit, sondern auch als Feind des Jesuitenordens zugetan war; dazu ebd., S. 96, sowie Gall, *Bismarck*, S. 490. / **14** Vgl. Gall, *Bismarck*, S. 491. / **15** Esch, «Canossa, S. 57. / **16** Ebd., S. 66. / **17** Für eine ausführliche Darstellung vgl. Pflanze, *Bismarck. Der Reichsgründer*, S. 691–719, der jedoch auf den Konflikt um Hohenlohe-Schillingsfürst und die Canossa-Formel nicht eingeht; mit Sympathie für Bismarcks Haltung dagegen Engelberg, *Bismarck*, S. 92–129; im Rahmen der Bismarck'schen Machtstrategie, seines ‹Machiavellismus›, interpretiert Gall (*Bismarck*, S. 474 ff.) den Kulturkampf. / **18** Bismarck benutzte den Begriff in einer Reichstagsrede vom 6. Februar 1888, um den deutschen Nachbarn mehr Respekt abzuverlangen bzw. Angst einzujagen; zur Herkunft des Begriffs aus Lukans *Pharsalia* vgl. von See, *Barbar, Germane, Arier*, S. 57 ff. / **19** Heine, *Sämtliche Schriften*, Bd. 7, S. 419. / **20** Bertram, «Norden und deutsche Romantik», zit. nach von See, «Der Arier-Mythos», S. 78; vgl. auch ders., *Barbar, Germane, Arier*, S. 305 f. / **21** von See, «Der Arier-Mythos», S. 78. / **22** Thoma, *Lausbubengeschichten*, S. 191 ff. / **23** Schwartz, *Das Geschichtswerk des Thukydides*,

S. 137 ff. / **24** Dazu von See, «Der Arier-Mythos», S. 87 f.; eine literarische Auseinandersetzung mit dem Spartanermythos, wie er insbesondere in deutschnationalen Kreisen Verbreitung gefunden hatte, findet sich in Heinrich Bölls Erzählung «Wanderer, kommst du nach Spa...». / **25** So heißt es in Richard Harders aus dem April 1945 stammendem Aufsatz «Die geschichtliche Stellung des Tyrtaios»: «Man kämpft und hat zu kämpfen aus keinem andern Grunde als weil man eben Krieger ist.» In seinem Spartabuch von 1937 hatte Helmut Berve die bedingungslose Opferbereitschaft der Spartaner als kriegerische Größe gefeiert: Man hielt den Thermopylenpass «aus keinem anderen Grunde, als weil es so Befehl war». Zit. nach von See, «Der Arier-Mythos», S. 88 und 93. / **26** Zit. nach ebd., S. 83. / **27** von See, *Barbar, Germane, Arier*, S. 317. / **28** Vgl. oben, S. 67 f. / **29** Esch, «Ein Kampf um Rom», S. 36. / **30** Schreiber, *Kurze Geschichte des Zweiten Weltkriegs*, S. 139 f. / **31** Esch, «Ein Kampf um Rom», S. 36. / **32** Salewski, *Deutschland und der Zweite Weltkrieg*, S. 271. / **33** Vgl. *Das Deutsche Reich und der Zweite Weltkrieg*, Bd. 7, S. 563 f. / **34** Für eine ausführlichere Darstellung der alliierten und deutschen Operation im Raum Rom vgl. Keegan, *Der Zweite Weltkrieg*, S. 526 ff. / **35** *«Das Oberkommando der Wehrmacht gibt bekannt ...»*, Bd. 3, S. 117 f. / **36** Eine ausführliche Erörterung der deutschen Planungen findet sich im *Kriegstagebuch des OKW*, Bd. IV, S. 499 ff., ergänzt durch eine spätere Erläuterung des Hauptmanns Dr. Cartellari unter der Überschrift «Rom als ‹Offene Stadt›», S. 501–507. / **37** Goebbels (*Tagebücher*, Bd. 5, S. 2131 f.) fährt an der zitierten Stelle fort: «Der Punische Krieg ist ja neben dem Siebenjährigen Krieg das große Beispiel, nach dem wir uns heute ausrichten können und ausrichten müssen. Eigentlich passt er auf unsere Situation noch besser als der Siebenjährige Krieg, denn es handelt sich ja im Punischen Krieg mehr um eine weltgeschichtliche Entscheidung, die sich über mehrere Jahrhunderte ausgewirkt hat.» In den von Henry Picker aufgezeichneten *Tischgesprächen* hatte Hitler am 5. Juli 1942 hingegen noch erklärt: «Ein Wiederaufleben des Problems ‹Hie Rom – Hie Karthago› in einem ‹Hie Deutschland – Hie England› sei seines Erachtens nicht möglich» (S. 421). Die Passage zeigt freilich auch, dass Hitler sich mit dem Problem längerhin beschäftigt hat.

III. PREUSSENMYTHOS UND PREUSSISCHE MYTHEN

1 Der eigentümliche Titel «König in Preußen» – erst Friedrich II. nannte sich ab 1772 König von Preußen – hatte weniger mit dem Wiener Kaiserhaus als mit polnischen Ansprüchen auf die Oberhoheit über Preußen zu tun. Tatsächlich gehörte nur Ostpreußen zum Herrschaftsgebiet Kurfürst Friedrichs III., der sich nach seiner Selbstkrönung Friedrich I. nannte; andere preußische Gebiete standen unter polnischer Herrschaft, die man weder anerkennen noch in Frage stellen wollte – deswegen König *in* Preußen; vgl. Clarke, *Preußen*, S. 97 f. und 273. Der Weg vom König *in* zum König *von* Preußen erfolgte also über die Teilungen Polens. / **2** Zu einer ausführlichen Erörterung preußischer Tugenden als «Sekundärtugenden» vgl. Krockow, *Warnung vor Preußen*, S. 59 ff. / **3** Zum Hof als inszenierter Staatlichkeit und repräsentativer Öffentlichkeit vgl. Schuppert, *Politische Kultur*, S. 386 f.; Schuppert geht vom Hof unmittelbar zum öffentlichen Amt und damit zur «Entpersönlichung von Herrschaft» über. Die preußische Dienstauffassung, wie sie durch Friedrich Wilhelm I. und Friedrich II. verkörpert wurde, wäre in seiner Systematik zwischen Hof und Amt anzusiedeln. / **4** Dazu Röhl, *Wilhelm II.*, Bd. 2, S. 551 ff.; Herre, *Kaiser Wilhelm II.*, S. 135 ff., sowie Sombart, *Wilhelm II.*, S. 112 ff. / **5** Selbstverständlich gibt es einen klaren Unterschied zwischen Primär- (oder auch Kardinal-) und Sekundärtugenden: Erstere tragen ihren Zweck in sich selbst, Letztere sind auf einen außer ihnen liegenden Zweck bezogen, also instrumentalisierbar. / **6** Gotthard, «Preußens deutsche Sendung», S. 257; zum westdeutschen Wirtschaftswundermythos vgl. unten, S. 457 ff. / **7** Sie fand unter dem Titel «Preußen. Versuch einer Bilanz» vom 15. August bis 15. November 1981 im Gropius-Bau in Berlin statt und wurde in einem fünfbändigen Katalog dokumentiert. / **8** Dazu unten, S. 448 ff.

Disziplin und Dünkel
Preußen als politisch-mythische Herausforderung Deutschlands

1 Nach dem Ersten Weltkrieg ist vor allem von Autoren der Konservativen Revolution den Deutschen die Rückbesinnung auf Preußen und seine Tugenden anempfohlen worden. Spenglers *Preußentum und Sozialismus* und Moeller van den Brucks *Der preußische Stil* sind hier zu nennen. Dass es sich dabei um keine bloß bewahrende Beziehung gegenüber dem alten Preußen gehandelt hat, besagt der Begriff der «Konservativen Revolution»: Was zu bewahren war, musste erst hergestellt werden, und dabei spielte der Preußenmythos eine herausgehobene Rolle; zu Begriff und Konstrukt der Konservativen Revolution vgl. Mohler, *Die Konservative Revolution*; Breuer, *Anatomie der konservativen Revolution*, und Sieferle, *Die Konservative Revolution*. / **2** Zit. nach Clarke, *Preußen*, S. 9. / **3** Allenfalls vergleichbar ist die Geschichte der polnischen Teilungen; diese erfolgten freilich schrittweise und zogen sich über mehrere Jahrzehnte hin. Preußen dagegen endete durch einen Federstrich. / **4** Zit. nach Clarke, *Preußen*, S. 9. / **5** Der Satz geht auf Georg Heinrich Berenhorst zurück, einen Militärschriftsteller, und lautet vollständig: «Die preußische Monarchie ist nicht ein Land, das eine Armee, sondern eine Armee, die ein Land hat, in welchem sie gleichsam nur einquartiert steht.» Zit. nach Clarke, *Preußen*, S. 257. In Mirabeaus Preußenbuch finden sich ähnliche Äußerungen. Offensichtlich handelte es sich um ein Bonmot, das in Berlin umging. / **6** Dazu mit entsprechenden Berechnungen Clarke, *Preußen*, S. 257, der davon ausgeht, dass, zieht man nur die gebürtigen Preußen und nicht die angeworbenen Söldner in Betracht, die Relation von Militär und Gesamtbevölkerung etwa der der Bundesrepublik in den 1980er Jahren entsprochen habe; Krockow, *Warnung vor Preußen*, S. 105 ff., hingegen kommt zu dem Ergebnis, dass die Bundeswehr in den 1980er Jahren, wenn sie preußisches Niveau gehabt hätte, etwa zwei Millionen Mann hätte unter Waffen halten müssen. / **7** Heine, *Sämtliche Werke*, Bd. 7, S. 581. / **8** Vgl. Gregor, «Verdrängung, Satire und Innerlichkeit. Preußen im Film nach 1945», S. 47 f. / **9** Augstein, *Preußens Friedrich und die Deutschen*, S. 106, sowie Krockow, *Friedrich der Große*, S. 88; ein weiteres Beispiel für Befehlsverweigerung ist der Generalmajor von Saldern, der auf einen Plünderungsbefehl des Königs erwiderte: «Ew. Majestät halten zu Gnaden, das ist gegen meine Ehre und Eid.» Und als Friedrich auf seiner Anordnung insistierte: «Ew. Majestät schicken mich stehenden Fußes, den Feind und seine Batterien anzugreifen; so werde ich herzhaft gehorchen: aber wider Ehre, Eid und Pflicht kann ich nicht, darf ich nicht.» Zit. nach Carlyle, *Geschichte Friedrichs II. von Preußen*, S. 389 f. / **10** Zit. nach Clarke, *Preußen*, S. 416. / **11** Dazu unten, S. 421 ff. / **12** In mehreren Büchern hat René Girard die Figur des Sündenbocks als Schlüssel zum Verständnis archaischer wie moderner Mythen herausgestellt. Nach Krisen und Unruhen geht es darum, ein Opfer zu identifizieren, das mit Schuld beladen, getötet oder aus der Gemeinschaft vertrieben werden kann, um ihr die Rückkehr zu Ruhe und Frieden zu ermöglichen. Damit dies funktioniert, muss der Gemeinde jedoch der Opfermechanismus verborgen bleiben; sie muss an die Schuld des Sündenbocks glauben, damit dessen Opfer wirkt. Dies stellen nach Girard die Mythen sicher, die von der Schuld des Sündenbocks erzählen (vgl. Girard, *Das Heilige und die Gewalt*, S. 19 ff., ders., *Ich sah den Satan vom Himmel fallen*, passim; ders., *Die verkannte Stimme des Realen*, S. 44 ff. und 116 ff.). Man darf die Passförmigkeit der Girard'schen Sündenbocktheorie auf die Rolle Preußens im Westen nicht überzeichnen, zumal Girards Augenmerk religiösen und nicht politischen Mythen gilt. Aber einige der von Girard aufgedeckten Mechanismen lassen sich auch an der Rolle Preußens bei der politischen Reinigung Westdeutschlands beobachten. / **13** Vgl. Schuppert, *Politische Kultur*, S. 5 ff. / **14** Almond/Verba, *The Civic Culture*, passim. / **15** Es muss freilich offen bleiben, ob es sich dabei nicht eher um ein Erbe des europäisch kontinentalen Wohlfahrtsstaats handelte, der seit dem 18. Jahrhundert das vorherrschende Modell europäischer Staatlichkeit bildete und den kontinentaleuropäischen vom angloamerikanischen Entwicklungspfad unterscheidet. Vgl. Schuppert, *Politische Kultur*, S. 23 ff. und 43 ff. / **16** In der Studentenbewegung von 1968 spielte die Überwindung des preußischen Erbes allenfalls eine beiläufige Rolle; die politische Kritik richtete sich gegen die Generation der Eltern, die sich mit dem nationalsozialistischen Unrechtsregime arrangiert hatten. In den Debatten kleinerer Zirkel ging es sicherlich auch um Preußen und sein pädagogisches Erbe. Eine tiefere Auseinandersetzung mit Preußen und seiner Geschichte fand 1968 aber nicht statt. Dafür war Preußen als politisch fassbare Größe offenbar schon zu fern. / **17** Vgl. Clarke, *Preußen*, S. 635 ff. und 704 ff.; dazu vor allem Haffner, *Preußen ohne Legende*, S. 417 ff. / **18** Beide Zitate bei Krockow, *Warnung vor Preußen*, S. 9. / **19** Vgl. dazu Friedrich, *Fontanes preußische Welt*, sowie Nürnberger, *Fontanes Welt*, S. 186 ff., 302 ff., 395 ff. / **20** Hierzu und zum Folgenden Gotthard, «Preußens deutsche Sendung», S. 327 ff., sowie Mirow, *Das alte Preußen im Geschichtsbild*, S. 54 ff. – Eine rühmliche Ausnahme bildete Otto Hintzes Jubiläumsschrift von 1913 mit dem Titel *Die Hohenzollern und ihr Werk*. / **21** Dazu eingehend Friedrich, *Fontanes preußische Welt*, S. 114 ff. / **22** Fontane, *Balladen*, S. 244–246. / **23** Venohr, *Fritz der König*, S. 141. / **24** Jensen, *Adolph Menzel*, S. 88. / **25** Vgl. Nürnberger, *Fontanes Welt*, S. 395 ff., sowie Erler, «Fontane», S. 242 ff. / **26** Dazu mit Abbildung Jensen, *Adolph Menzel*, S. 116 ff. / **27** Eine dem mythischen Gehalt der Straße gewidmete Darstellung bietet de Bruyn, *Unter den Linden*, passim. / **28** Hierzu und zum Folgenden Seibt, «Das Brandenburger Tor», S. 67 ff., sowie Cullen/Kieling, *Das Brandenburger Tor*, S. 37 ff. / **29** Vgl. Besson, *Friedrich Ebert*, S. 75 ff. / **30** Dazu Carlyle, *Geschichte Friedrichs II.*, S. 110 ff., 169 ff. und 205 ff.; Schieder, *Friedrich der Große*, S. 365 ff.; Kunisch, *Friedrich der Große*, S. 286 ff.; mit stärkerer Distanz Mittenzwei, *Friedrich II. von Preußen*, S. 173 ff., in wohlwollend skeptischem Abstand Augstein, *Preußens Friedrich und die Deutschen*, S. 139–171. / **31** Clarke, *Preußen*, S. 304; skeptischer hinsichtlich der Stellung der Juden in Preußen Krockow, *Warnung vor Preußen*, S. 170 ff. / **32** Dazu Hertz, *Die jüdischen Salons*, insbes. S. 103 ff. / **33** Kant, *Werke*, Bd. 9, S. 53. / **34** Ebd., S. 55. / **35** Ebd., S. 59. / **36** Ebd., S. 61.

Das Mirakel des Hauses Brandenburg
Fritz der König

1 Dazu Oestreich, *Friedrich Wilhelm I.*, S. 44ff. / **2** Dollinger, *Friedrich II. von Preußen*, S. 14. Der Vater-Sohn-Konflikt nimmt in allen für einen größeren Leserkreis bestimmten Biographien einen zentralen Platz ein; an seiner Darstellung entscheidet sich zumeist, wie der Biograph Friedrichs weiteres Wirken beurteilen wird. Zwei Interpretationsmuster stehen dabei einander gegenüber: auf der einen Seite die Härtung des Kronprinzen im Konflikt mit dem Vater, durch die Friedrich befähigt wurde, den auf ihn zukommenden Herausforderungen standzuhalten, und auf der anderen Seite die Verkümmerung aller Sensibilität und die Herausbildung eines zynischen Misanthropen; vgl. Mitford, *Friedrich der Große*, S. 9–62; Mittenzwei, *Friedrich II. von Preußen*, S. 9–28; Aretin, *Friedrich der Große*, S. 33–39; Schieder, *Friedrich der Große*, S. 15–33; Kunisch, *Friedrich der Große*, S. 11–72; Krockow, *Friedrich der Große*, S. 26–55f. / **3** Aretin, *Friedrich der Große*, S. 78. / **4** Ebd. / **5** Zit. nach Dollinger, *Friedrich II. von Preußen*, S. 99. / **6** Ebd. / **7** Zit. nach ebd. / **8** Dazu Jensen, *Adolph Menzel*, S. 20ff., und vor allem Paret, «Kunst als Geschichte – Geschichte als Politik: Die ‹Geschichte Friedrichs des Großen› von Kugler und Menzel», in: ders., *Kunst als Geschichte*, S. 34ff. / **9** Kugler, *Geschichte Friedrichs des Großen*, S. 513f. / **10** Dollinger, *Friedrich II. von Preußen*, S. 101. / **11** Dazu Kunisch, *Friedrich der Große*, S. 363ff. / **12** «Zwar hatten die Preußen auch vor Kolin einige Male am Rande der Niederlage gestanden – in der Schlacht von Mollwitz hatte Friedrich gar in panischer Verzweiflung das Kommando an Feldmarschall Schwerin übergeben, der das Treffen dann noch gewann, – aber am Schluss war ihnen das Glück dann doch hold gewesen bzw. die bessere Ausbildung ihrer Infanterie hatte den Ausschlag gegeben.» (Ebd., S. 182ff.) / **13** Ebd., S. 374ff. / **14** Goethe meinte später, alle in seiner Generation seien damals «gut fritzisch» gewesen. In Deutschland kursierte das Spottlied: «Und wenn der große Friedrich [später auch: der alte Fritz] kommt / Und klopft nur auf die Hosen, / Dann läuft die ganze Reichsarmee, / Panduren und Franzosen.» (Zit. nach Aretin, *Friedrich der Große*, S. 80.) / **15** Vgl. Kunisch., *Friedrich der Große*, S. 380ff., sowie Uhle-Wettler, *Höhe- und Wendepunkte deutscher Militärgeschichte*, S. 11–46. / **16** Vgl. Kroener, «‹Nun danket alle Gott›», S. 105f. / **17** *Nationalgalerie Berlin:* Menzel, «Ansprache Friedrichs des Großen an seine Generale vor der Schlacht bei Leuthen, 1757» – Menzel hat die Arbeit an dem Bild nicht mehr aufgenommen; vermutlich hat ihn mehr als die königliche Kritik geärgert, dass er unter Druck von außen kurzzeitig die Konzeption zu ändern bereit gewesen war. Er hatte seine künstlerische Autonomie selbst in Frage gestellt. Als Mahnung behielt er das Bild in seinem Atelier. / **18** Abbildung in Dollinger, *Friedrich II. von Preußen*, S. 151. / **19** Womöglich Seydlitz, dessen Kavallerieattacke schließlich den Ausschlag gab. / **20** *Ausgewählte Werke Friedrichs des Großen*, Bd. 1, S. 279. / **21** Kunisch, *Friedrich der Große*, S. 400ff. / **22** Zit. nach Dollinger, *Friedrich II. von Preußen*, S. 103. / **23** Dazu Born, «Friedrich der Große im Urteil der preußischen Konservativen», S. 233f. / **24** Ebd., S. 235. / **25** Zit. nach Dollinger, *Friedrich II. von Preußen*, S. 108; statt mit Friedrich beschäftigte Schiller sich dann mit Wallenstein; vgl. Safranski, *Schiller*, S. 438, 444ff. / **26** Dazu Ellwein/Brückmann, «Friedrich der Große im Spiegel der Nachwelt», S. 223ff., Bussmann, «Friedrich der Große im Wandel», S. 377ff., sowie Kroll, «Friedrich der Große», S. 261f. / **27** Hegel, *Werke*, Bd. 1, S. 484f. / **28** Zit. nach Dollinger, *Friedrich II.*, S. 115. / **29** Ebd. / **30** Vgl. dazu Schulze (Hg.), *1813–1815*, S. 73f. / **31** Erstaunlicherweise war der Napoleonmythos nach dem

Scheitern des Kaisers nicht verschwunden, sondern gewann mit den politisch-kulturellen Krisenzyklen immer wieder an Stärke, nicht nur in Frankreich, sondern auch in Deutschland; vgl. Beßlich, *Der deutsche Napoleonmythos*, S. 169 ff. / **32** Dabei hat Menzel keineswegs einen naiven oder platt-heroischen Blick auf den Preußenkönig entwickelt, wie man ihn etwa in den farbig kolorierten Bildfolgen von Röchling und Knötel findet. (Abbildungen bei Aretin, *Friedrich der Große*, S. 140/141.) / **33** Kugler, *Geschichte Friedrichs des Großen*, S. 208. / **34** Dazu kommen noch Schwerin, Keith, Derfflinger, der Generalfeldmarschall des Großen Kurfürsten, Major Schill, der 1809 eigenmächtig einen antinapoleonischen Aufstand angezettelt und in den Straßen Stralsunds den Tod gefunden hatte, sowie der liberale Politiker Schwerin-Putzar, dazu Paret, *Kunst als Geschichte*, S. 77–91, insbes. S. 82 f. / **35** Fontane, *Balladen, Lieder, Sprüche*, S. 208 f. / **36** «Die ‹Preußenlieder› sind, wie Menzels Holzstiche, die ihrerseits ihre Abfassung beeinflussten und zu denen sie ein literarisches Gegenstück bilden, Werke anspruchsvoller Interpretation, gerichtet an ein Publikum, das sie als Nach-Erschaffung einer heroischen Zeit zu würdigen wußte» – so Peter Parets zusammenfassendes Urteil. «Aber die große patriotische und historische Aussage der Balladen ging einher mit kleineren Themen, und Fontanes Publikum konnte, wenn es wollte, die Verherrlichung der kriegerischen Tugend hinterfragen, um beunruhigende Charakteranalysen und ebenso beunruhigende Anspielungen auf Preußen und Deutschland [...] zu entdecken.» (Paret, *Kunst als Geschichte*, S. 84.) / **37** Vgl. de Bruyn, *Unter den Linden*, S. 91 ff. / **38** Dazu Clarke, *Preußen*, S. 536 ff. / **39** Zit. nach de Bruyn, *Unter den Linden*, S. 94. / **40** Zit. nach Dollinger, *Friedrich II. von Preußen*, S. 128. / **41** Dem entging auch nicht Erich Honecker, der das Denkmal, das 1950 aus dem Berliner Zentrum nach Potsdam verbannt worden war, 1980 wieder zurückbringen und auf den Linden hatte aufstellen lassen. Nun hieß es im Berliner Volksmund: «Lieber Fritz, steig Du hernieder / Und regier' uns wieder. / Laß in diesen schlechten Zeiten / Lieber unsern Erich reiten.» Ebd., S. 210. / **42** Bussmann, «Friedrich der Große im Wandel des europäischen Urteils», S. 391. / **43** Zit. ebd. / **44** Zit. ebd., S. 394. / **45** Bismarck, *Gedanken und Erinnerungen*, Bd. 2, S. 329. Für Bismarck dient der Verweis auf Friedrich an dieser Stelle zur Charakterisierung Wilhelms I.: «Eine Eitelkeit der Art war dem Kaiser Wilhelm I. durchaus fremd; dagegen war ihm die Furcht vor berechtigter Kritik der Mit- und Nachwelt in hohem Maße eigen. Er war darin ganz preußischer Offizier, der, sobald er durch höhern Befehl gedeckt ist, ohne Schwanken dem sichern Tode entgegen geht, aber durch die Furcht vor dem Tadel des Vorgesetzten und der öffentlichen Meinung in zweifelnde Unsicherheit geräth, die ihn das Falsche wählen lässt.» (Ebd.) An anderer Stelle bemerkt er: «Die Eitelkeit an sich ist eine Hypothek, welche von der Leistungsfähigkeit des Mannes, auf dem sie lastet, in Abzug gebracht werden muß, um den Reinertrag darzustellen, der als brauchbares Ergebnis seiner Begabung übrig bleibt.» (Bd. 3, S. 124). / **46** Bismarck nahm an, dass bei seiner Entlassung das Vorbild Friedrichs eine Rolle gespielt hat. Mehrfach verweist er auf die Bemerkung Graf Waldersees gegenüber Wilhelm: «Wenn Friedrich der Große einen solchen Kanzler gehabt hätte, so wäre er nicht der Große geworden.» Bismarck, *Gedanken und Erinnerungen*, Bd. 3, S. 48. / **47** Ebd., S. 122. / **48** Ebd., S. 123. / **49** Zit. nach Born, «Friedrich der Große im Urteil der preußischen Konservativen», S. 234. / **50** Aretin, *Friedrich der Große*, S. 151. / **51** Mitford, *Friedrich der Große*, S. 208; Augstein, *Preußens Friedrich*, S. 67 und 75 f., Schieder, *Friedrich der Große*, S. 456 f. / **52** Schieder, *Friedrich der Große*, S. 170 ff.; Kunisch, *Friedrich der Große*, S. 329 ff. / **53** Bussmann, «Friedrich der Große im Wandel des europäischen Urteils», S. 399. / **54** Mann, *Essays*, Bd. 1, S. 268; vgl. Mehring, *Thomas Mann*, S. 155ff., sowie Görtemaker, *Thomas Mann und die Politik*, S. 31ff. / **55** Dazu oben, S. 124ff. / **56** Mann, *Essays*, Bd. 1, S. 268. / **57** Roland Barthes (*Mythen des Alltags*) hat die Verwandlung von Geschichte in Natur als Wesensmerkmal politisch-mythischen Denkens bezeichnet. / **58** Mann, *Essays*, Bd. 1, S. 210. / **59** Ebd., S. 257. / **60** Ebd., S. 266. / **61** Ebd., S. 264. / **62** Dazu Fest, *Hitler*, S. 1034. / **63** Dazu *Preußen im Film*, S. 176f., 270ff.; Rother in *Mythen der Nationen. Völker im Film*, S 71f. / **64** Kershaw, *Hitler*, S. 662. / **65** Picker, *Hitlers Tischgespräche*, S. 98f.; dazu ausführlich Barthel, *Friedrich der Große in Hitlers Geschichtsbild*, S. 7ff. / **66** Picker, *Hitlers Tischgespräche*, S. 170. / **67** Auch in persönlichen Dingen verglich Hitler sich gerne mit Friedrich. Am 4. Juli 1942 erklärte er, es liege ihm nichts an persönlichem Vermögen, «denn mit ins Grab nehmen könne er nichts. Leibeserben habe er nicht, und zum Genießen dieser Welt sei er, um ein Wort des Alten Fritz abzuwandeln, offensichtlich nicht bestimmt, sondern wohl nur zu ihrem Gestalten.» (Ebd., S. 410.) / **68** Zit. nach Fest, *Hitler*, S. 980. / **69** Zit. nach Read/Fisher, *Der Fall von Berlin*, S. 373. / **70** Fest, *Der Untergang*, S. 32. / **71** Zit. nach Kershaw, *Hitler*, S. 1003. / **72** Ebd., S. 1011; Read/Fisher, *Der Fall von Berlin*, S. 434. – Anhand von Goebbels' Tagebüchern lässt sich die Carlyle-Lektüre im Bunker nachzeichnen. «Ich habe die Möglichkeit», trug er am 5. März 1945 ein, «mich des Mittags über etwas mit Lektüre zu beschäftigen. Insbesondere fesselt mich jetzt das Buch von Carlyle über Friedrich den Großen. Welch ein Beispiel für uns, und welch ein Trost und welche Aufrichtung in diesen schlimmen Tagen!» (Goebbels, *Tagebücher*, Bd. 5, S. 2133.) / **73** Ebd., S. 2149. / **74** Zit. nach Fest, *Hitler*, S. 1000. / **75** Kershaw, *Hitler*, S. 1021; Read/Fisher, *Der Fall von Berlin*, S. 452f. / **76** Ebd., S. 676.

Madonna und Kriegsgöttin
Luise und das Eiserne Kreuz

1 Tatsächlich scheint Luise, die inzwischen zehn Geburten hinter sich hatte, zum Dicklichen geneigt zu haben; dazu Demandt, *Luisenkult*, S. 156f. / **2** Demandt, *Luisenkult*, S. 329. / **3** Zur victima-sacrificium-Unterscheidung und deren Bedeutung für politische Mythen vgl. Münkler/Fischer, «‹Nothing to kill or die for …›», S. 344ff. / **4** Dazu Winkle, *Der Dank des Vaterlandes*, passim, sowie Stein/Ottmer, *Symbole und Zeremoniell in deutschen Streitkräften*, S. 64ff. / **5** de Bruyn, *Preußens Luise*, S. 26f.; ders., «Königin Luise», S. 288. / **6** Oestreich, *Friedrich Wilhelm I.*, S. 59f. / **7** Neben den bereits genannten Arbeiten de Bruyns stützt sich die nachfolgende Darstellung auf Thiele, *Luise*, sowie hinsichtlich der Mythisierung der Königin auf Wülfing, «Die heilige Luise von Preußen» (weitgehend textidentisch mit Wülfing/Bruns/Parr, *Historische Mythologie der Deutschen*, S. 59–111), ders., «Eine Frau als Göttin», S. 172ff., sowie Demandt, *Luisenkult*. / **8** Dazu Thiele, *Luise*, S. 99ff., 1 47ff., 247ff., der es freilich, wie die meisten Biographen Luises, immer wieder an der für eine historische Darstellung geziemenden Distanz fehlen lässt. / **9** Demandt, *Luisenkult*, S. 88. / **10** Novalis, *Schriften*, Bd. 2, S. 475f. / **11** Ebd., S. 498. / **12** Novalis' Hinweis auf Schadows Figurengruppe belegt, dass dieses Meisterwerk preußischer Plastik keineswegs so unbekannt war, wie de Bruyn (*Preußens Luise*, S. 13ff.) annimmt. Richtig ist sicherlich, dass Friedrich Wilhelm III. nach Inaugenscheinnahme des Werks es mit der berühmten Wendung «Mir fatal» kommentierte und an seiner öffentlichen Präsentation kein Interesse zeigte (ebd., S. 21); dazu auch

Demandt, *Luisenkult*, S. 167 ff.; Wülfing, «Die heilige Luise», S. 243 ff. / **13** Wülfing, «Die heilige Luise», S. 86 ff. / **14** Demandt, *Luisenkult*, S. 225. / **15** Abbildung bei de Bruyn, *Preußens Luise*, S. 45; weitere Karikaturen bei Demandt, *Luisenkult*, S. 227 f. / **16** Demandt, *Luisenkult*, S. 136 f., 226 f. / **17** Ebd., S. 275 ff. Es gibt mehrere Varianten der Szene: Einmal schreibt Luise mit dem Finger auf das beschlagene Glas, ein anderes Mal benutzt sie ihren Ring, um in das Glas zu ritzen, und schließlich soll sie die Verse auch mit einem Messer in den Küchentisch geschnitten haben. / **18** Vgl. Beßlich, *Der deutsche Napoleonmythos*, S. 41 ff.; Kleßmann, *Napoleon und die Deutschen*, S. 82 ff. / **19** Hegel, *Briefe*, Bd. 1, S. 120. / **20** Ebd., S. 121; dazu auch Franz, «Hegel und die Schlacht bei Jena», S. 75 ff. / **21** In der jüngeren Literatur ist die Erfurter Begegnung einige Male behandelt worden, etwa bei Blumenberg, *Arbeit am Mythos*, S. 504 ff.; ders., *Goethe zum Beispiel*, S. 21 ff.; Seibt, «Sein Kaiser», S. 570 ff. / **22** Das hinderte ihn nicht an Respektsbekundungen gegenüber Luise. Vgl. dazu Demandt, *Luisenkult*, S. 149, und Wülfing, «Die heilige Luise», S. 246 f. / **23** Zit. nach Demandt, *Luisenkult*, S. 223. / **24** Ebd., S. 136. / **25** Ebd., S. 240. / **26** Ebd., S. 137. / **27** Ebd., S. 239. / **28** Vortrag Treitschkes vom 10. März im Kaisersaale des Berliner Rathauses; zit. nach Wülfing, «Die heilige Luise», S. 248. / **29** Zit. nach Demandt, *Luisenkult*, S. 127. / **30** Zit. ebd. / **31** Abbildung in Thiele, *Luise*, S. 454. / **32** Abbildung in Demandt, *Luisenkult*, Abb. VI, zwischen S. 224 und 225. / **33** Zit. ebd., S. 232. / **34** Körner, *Werke*, Bd. 1, S. 91. / **35** Zit. nach Schulze (Hg.), *1813–1815*, S. 62. / **36** Ulmann, *Geschichte der Befreiungskriege*, Bd. 1, S. 229. / **37** Zit. nach Wülfing u. a., *Historische Mythologie der Deutschen*, S. 91 f. / **38** Demandt, *Luisenkult*, S. 312. / **39** Zit. ebd. / **40** Zit. ebd. / **41** Mehrere einschlägige Abbildungen bei Wülfing u. a., *Historische Mythologie der Deutschen*, S. 80 und 81. / **42** Zit. nach Demandt, *Luisenkult*, S. 313. / **43** Zit. ebd., S. 314. / **44** Winkle, *Der Dank des Vaterlandes*, S. 47 ff.; Stein/Ottmer, *Symbole und Zeremoniell in deutschen Streitkräften*, S. 57 ff. / **45** Arndt, *Gedichte*, S. 13. / **46** Demandt, *Luisenkult*, S. 389. / **47** Bei der Dämonisierung Napoleons in Deutschland, durch die das positive Bild des Kaisers ins Gegenteil verkehrt werden sollte, hat die Demütigung der Königin durch Napoleon eine wichtige Rolle gespielt. Der Emporkömmling hatte sich an einer «reinen Frau» vergangen; zur Dämonisierung Napoleons vgl. Wülfing, «‹Heiland› und ‹Höllensohn›», S. 164 ff., sowie Pelzer, «Die Wiedergeburt Deutschlands 1813 und die Dämonisierung Napoleons», S. 135 ff. / **48** Abbildungen in Thiele, *Luise*, S. 587, und de Bruyn, *Preußens Luise*, S. 96. / **49** Kleist, *Werke und Briefe*, Bd. 3, S. 330. / **50** Demandt, *Luisenkult*, S. 303 und 309. / **51** Abbildung in Thiele, *Luise*, S. 589. / **52** Vgl. Demandt, *Luisenkult*, S. 119 ff. / **53** Dabei ist die Wiederholung, hier gar die dreifache Repetition, von mythenpolitischer Relevanz: Der strahlende Eindruck beim ersten Einzug, die wiederkehrende Hoffnung beim zweiten, das Ende aller Hoffnung beim dritten. Dazu Wülfing, «Die heilige Luise», S. 243 ff., 252 ff. / **54** Dazu ausführlich Demandt, *Luisenkult*, S. 53–103. / **55** Körner, *Werke*, Bd. 1, S. 73 f. / **56** Zit. nach Demandt, *Luisenkult*, S. 344 f. / **57** Abbildungen ebd., S. 345 und 346. / **58** Dazu Wülfing/Bruns/Parr, *Historische Mythologie der Deutschen*, S. 103 ff. / **59** Abbildung bei Demandt, *Luisenkult*, S. 389. / **60** Abbildung ebd., S. 406, Wülfing/Bruns/Parr, *Historische Mythologie der Deutschen*, S. 106; de Bruyn, *Preußens Luise*, S. 84; die Statue entstand im Auftrag des Berliner Pestalozzi-Fröbel-Hauses, wo sie auch aufgestellt wurde. Das Original wurde im Zweiten Weltkrieg zerstört. / **61** Demandt, *Luisenkult*, S. 439 ff.

Preußen als Beute

Der «Tag von Potsdam» und das Attentat auf Hitler

1 Eine um zahlreiche Dokumente angereicherte Darstellung der Ereignisse findet sich bei Scheel, *Der Tag von Potsdam*; eine religionsphänomenologische Analyse bietet Freitag, «Nationale Mythen und kirchliches Heil», insbes. S. 389 ff.; eine Untersuchung über den Einfluss der Inszenierung auf die preußisch-deutsche Militärelite gibt Müller, «Der Tag von Potsdam», S. 435 ff. / **2** Höhne, *Die Machtergreifung*, S. 296 / **3** Kershaw, *Der Hitler-Mythos*, S. 76. Evans (*Das Dritte Reich*, Bd. 1, S. 464) macht darauf aufmerksam, dass «die eigentliche Bedeutung des Rituals [...] eher in den Bildern [lag], die es vermittelte, als in den Reden, die gehalten wurden». / **4** Müller, «Der Tag von Potsdam», S. 435; zur Kriegszerstörung der Garnisonkirche und ihrer späteren Sprengung vgl. Ostertag, «Vom strategischen Bombenkrieg zum sozialistischen Bildersturm», S. 487 ff. / **5** Zur Bedeutung der «Realpräsenz» des «preußischen Nationalheiligen» vgl. Freitag, «Nationale Mythen und kirchliches Heil», S. 384 f. / **6** Vgl. oben, S. 255. / **7** Reuth, *Goebbels*, S. 277, liegt falsch, wenn er meint, Goebbels habe bedauert, dem Tag von Potsdam nicht ein stärker nationalsozialistisches Gepräge gegeben zu haben. Der weitgehende Verzicht darauf war der Clou der ganzen Inszenierung; die Bedeutung des Mitwirkens von Kirche und Reichswehr ist richtig erkannt bei Pyta, *Hindenburg*, S. 820. / **8** Zit. nach Höhne, *Die Machtergreifung*, S. 262. / **9** Zu Hitlers Furcht vor dem Generalstreik Höhne, *Die Machtergreifung*, S. 276 f. / **10** Dazu Janßen/Tobias, *Der Sturz der Generäle*, S. 23 ff. und 83 ff. / **11** So auch Höhne, *Die Machtergreifung*, S. 269. / **12** Vgl. Malinowski, *Vom König zum Führer*, S. 585 ff. / **13** Dass der Bombenanschlag im Führerhauptquartier, auf den sich die Thematisierung des 20. Juli in der Regel konzentriert, nur *ein* Element eines umfassenden Umsturzprojekts war, hat Joachim Fest herausgestellt, als er seiner Darstellung der Vorgänge den Titel *Staatsstreich* gegeben hat. / **14** Zit. nach Ueberschär, *Stauffenberg. Der 20. Juli 1944*, S. 95. / **15** Zur Diskussion darüber vgl. Backes u. a., *Reichstagsbrand*, passim. / **16** Ursprünglich wurde sogar erwogen, die Garnisonkirche dauerhaft zum Ort der Reichstagssitzungen zu machen. Dagegen hatte die Kirchenleitung interveniert und dabei ihre guten Kontakte zu Hindenburg genutzt. So verständigte man sich darauf, die feierliche Eröffnung in der Garnisonkirche vorzunehmen, ansonsten aber in der Krolloper in Berlin zu tagen; dazu Scholder, *Die Kirchen und das Dritte Reich*, Bd. 1, S. 285 f. / **17** Vgl. dazu Merseburger, *Mythos Weimar*, S. 310–359. / **18** Der Untertitel von Carl Schmitts 1940 erstmals erschienenem Werk *Positionen und Begriffe* lautet: «Im Kampf mit Weimar-Genf-Versailles». / **19** Was als «Geist von Potsdam» bezeichnet werden kann, ist nicht eindeutig (vgl. Krockow, *Warnung vor Preußen*, S. 150 ff.): Es könnte damit auch jenes Edikt des Großen Kurfürsten gemeint sein, das, in Potsdam ausgestellt, die französischen Hugenotten nach Brandenburg einlud, um ihnen dort eine neue Heimat zu geben. / **20** Höhne, *Die Machtergreifung*, S. 273. / **21** Hierzu und zum Folgenden Freitag, «Nationale Mythen und kirchliches Heil», S. 382 ff. / **22** Für eine Darstellung des «Tags von Potsdam» aus der Perspektive Hindenburgs vgl. Pyta, *Hindenburg*, S. 820 ff., sowie von Hoegen, *Der Held von Tannenberg*, S. 383 ff. / **23** *Völkischer Beobachter* vom 22. 3. 1933; zit. nach Scheel, *Der Tag von Potsdam*, S. 115. / **24** Hierzu und zum Folgenden Freitag, «Nationale Mythen und kirchliches Heil», S. 392. / **25** Zit. ebd., S. 393. / **26** Zit. ebd., S. 394. / **27** Dazu Scheel, *Der Tag von Potsdam*, S. 28 ff. / **28** Zit. ebd., S. 119; zu der Hindenburg von Goebbels zugedachten Rolle eines ‹obersten Priesters› vgl. von Hoegen, *Der Held von Tannenberg*, S. 391. / **29** Zit. nach von Hoegen,

Der Held von Tannenberg, S. 392. / **30** Goebbels, *Tagebücher*, Bd. 2, S. 783. / **31** Die Formel vom «Aufstand des Gewissens» geht zurück auf die beiden Publikationen von Annedore Leber, *Das Gewissen steht auf* und *Das Gewissen entscheidet*; die Gegenformel vom «Aufstand des schlechten Gewissens» findet sich bei Malinowski, *Vom König zum Führer*, S. 602 ff.; einen knappen Überblick zum Forschungsstand bietet Ueberschär, *Stauffenberg*, S. 182 ff. / **32** Vgl. Massing, *Gründungsmythen und politische Rituale*, S. 47 ff. / **33** Wolfgang Schieder hat die Jüngeren als «untere Linie» identifiziert und ihr eine «obere Linie» gegenübergestellt, die vom Generalmajor bis zum Generalfeldmarschall verlief. (Schieder, «Zwei Generationen im militärischen Widerstand gegen Hitler», S. 439 ff.) / **34** Stauffenbergs Begeisterung für den NS im Jahre 1933 ist nicht recht klar; es steht jedoch außer Zweifel, dass er Hitlers Machtübernahme begrüßt hat, dazu Zeller, *Stauffenberg*, S. 26 ff. Zur zeitweiligen Anhängerschaft Tresckows vgl. Scheurig, *Henning von Tresckow*, S. 47 ff. Im Übrigen gehörte er zu den Soldaten des IR 9, die am «Tag von Potsdam» vor Hindenburg und Hitler paradierten (ebd., S. 51). Am weitesten ging Fritz-Dietlof Graf von der Schulenburg, für den der Nationalsozialismus eine neue Form des Preußentums darstellte; dazu Heinemann, *Graf von der Schulenburg*, S. 22 ff., 27 ff. / **35** Hierzu Klaus-Jürgen Müller, «Nationalkonservative Eliten», S. 24 und 29. / **36** Vgl. Zeller, *Stauffenberg*, S. 164 ff.; Scheurig, *Henning von Tresckow*, S. 137 ff.; Heinemann, *Graf von der Schulenburg*, S. 92 ff. Schulenburg, der dem NS am nächsten gestanden hatte, fand als Erster den Weg in den entschiedenen Widerstand. / **37** Um Missverständnissen vorzubeugen, sei hier ausdrücklich betont, dass der Widerstand gegen das NS-Regime und gegen Hitler sehr viel breiter und keineswegs auf die Gruppierung der alten Eliten und des Militärs beschränkt war, die hier ins Auge gefasst werden; zu einer umfassenden Darstellung vgl. van Roon, *Widerstand im Dritten Reich*; Cartarius, *Opposition gegen Hitler*, sowie Steinbach/Tuchel (Hgg.), *Widerstand in Deutschland 1933–1945*. / **38** Für eine ausführliche Darstellung dieses Schwankens zwischen Resignation und neuen Plänen vgl. Fest, *Staatsstreich*, S. 76 ff. und 105 ff. / **39** Diese Sicht findet sich im Übrigen gleichermaßen bei linken wie rechten Kritikern des militärischen Widerstands und der Attentäter vom 20. Juli. / **40** Dazu Fest, *Staatsstreich*, und Klaus-Jürgen Müller, «Nationalkonservative Eliten», S. 24 ff. / **41** So kommt es nicht von ungefähr, dass das am ehesten erfolgversprechende Projekt, Hitler noch vor Ausbruch eines großen Krieges zu beseitigen, von einer nationalrevolutionären «Verschwörung in der Verschwörung» getragen wurde. Dazu ausführlich Meinl, *Nationalsozialisten gegen Hitler*, sowie Fest, *Staatsstreich*, S. 94 ff. / **42** In dem Bamberger Reiterregiment hatte Stauffenberg gedient, und seine persönliche Überzeugungskraft hat eine Reihe früherer Regimentskameraden in den Kreis der Verschwörer hineingebracht. / **43** Dazu insbes. Klausa, «Preußische Soldatentradition und Widerstand», S. 533 ff., sowie Schieder, «Zwei Generationen im militärischen Widerstand», S. 450 f. / **44** Zit. nach Scheurig, *Hennig von Tresckow*, S. 167 f. / **45** Exakt damit hatte sich Stauffenberg während seiner Generalstabsausbildung in Berlin beschäftigt, als er mit seiner Arbeit «Gedanken zur Abwehr feindlicher Fallschirmeinheiten im Heimatgebiet» 1937 den ersten Preis der Deutschen Gesellschaft für Wehrpolitik und Wehrwissenschaft gewann; vgl. Zeller, *Stauffenberg*, S. 39. / **46** Dazu Ueberschär, *Stauffenberg*, S. 31; Fest, *Staatsstreich*, S. 222 ff. / **47** Zit. nach Fest, *Staatsstreich*, S. 223. / **48** Vgl. oben, S. 97 ff. / **49** Zit. nach Danyel, «Der 20. Juli», S. 226. / **50** Vgl. oben, S. 252 ff. / **51** Zit. nach Ueberschär, *Stauffenberg*, S. 161. / **52** Zit. nach Fest, *Staatsstreich*, S. 294. / **53** Schöllgen, *Ulrich von Hassell*, S. 172. / **54** Zit. nach Fest,

Staatsstreich, S. 305. / **55** Dazu Danyel, «Der 20. Juli», S. 227ff. / **56** Vgl. Ueberschär, *Stauffenberg*, S. 126ff.; ders. (Hg.), *Das Nationalkomitee ‹Freies Deutschland› und der Bund Deutscher Offiziere*, passim. / **57** Dazu Zeller, *Stauffenberg*, S. 47ff. / **58** Zit. nach Danyel, «Der 20. Juli», S. 229. / **59** Zur Herausbildung dieser Vorstellung, die über Jahrzehnte Bestand hatte, trugen die in den 1950er Jahren entstandenen «Generalsmemoiren» entscheidend bei. Dazu Wette, *Die Wehrmacht*, S. 225ff., sowie die Beiträge von Danyel und Steinbach in Müller/Volkmann (Hgg.), *Die Wehrmacht*, S. 1139ff. und 1150ff. / **60** Heer/Naumann (Hgg.), *Vernichtungskrieg*, sowie Hamburger Institut für Sozialforschung (Hg.), *Eine Ausstellung und ihre Folgen*. / **61** Exemplarisch Hürter, *Hitlers Heerführer*, insbes. S. 509ff.

IV. BURGEN UND STÄDTE

1 Vgl. Baumunk/Brunn, *Hauptstadt*, passim. / **2** Dazu Clemens, «Neuschwanstein», S. 422ff., wo freilich eine Geschichte der Nutzung des mythischen Ortes aufgezeigt werden kann: vom bayerischen Königsschloss über das Nationalsymbol zu «Cinderella Castle»; zu einer Beschreibung der Baugeschichte und Ausstattung von Neuschwanstein vgl. Evers, *Ludwig II.*, S. 178ff. / **3** Vgl. Gerstner, «Aachen: Wo ein alter Kaiser den Weg ins moderne Europa weist», S. 151ff. / **4** Zu einer mythenkritischen Auseinandersetzung mit politisch-affirmativen Bezügen auf das Karolingische Reich vgl. Faber, *Abendland*, S. 109ff.; zur mythenpolitischen Identitätsstiftung und Finalisierung Europas vgl. Münkler, *Reich, Nation, Europa*, S. 97ff. / **5** Dazu ausführlicher Fink, «Heidelberg», S. 473ff.; weiterhin Lüdtke, «Von der Heidelberger Romantik zur Romantik Heidelbergs», S. 187ff. / **6** Wenn Nicolaus Sombart seine Erinnerungen an die Heidelberger Studienzeit nach dem Zweiten Weltkrieg unter den Titel *Rendezvous mit dem Weltgeist* gestellt hat, sagt das mehr über ihn als über Heidelberg.

«Ein gute Wehr und Waffen ...»
Die Wartburg

1 Eine handliche Zusammenstellung der Wartburgsagen von der Gründung der Burg bis zu Luthers Aufenthalt bietet Büttner (Hg.), *Der Sängerkrieg auf der Wartburg*. / **2** Zur Geschichte der Burg und ihrer baulichen Gestalt vgl. Asche, *Die Wartburg*; Noth, *Die Wartburg*; Noth/Beyer, *Die Wartburg;* Schuchardt, *Die Wartburg*, sowie Krauß/Kneise, *Welterbe Wartburg*. In den Darstellungen der Burggeschichte über mehr als acht Jahrhunderte spiegelt sich die deutsche Geschichte der letzten Jahrzehnte: Im ersten Jahrzehnt der DDR stand Wartburg-Direktor Asche für die Idee der nationalen Einheit Deutschlands; er floh 1960 in den Westen, wo er in Bonn eine Ausstellung über die Wartburg als Gegenentwurf zur Inanspruchnahme der Burg durch die DDR konzipierte; sein Nachfolger Noth unterstützte die Nutzung der Wartburg als Symbol für die Eigenständigkeit der DDR; vgl. Hähnel, «Spielball nationalen Gedenkens». Die Bücher von Schuchardt und Krauß/Kneise sind im Zeichen der Wiedervereinigung geschrieben. Einen knappen Überblick zu Geschichte und literarischer Ausgestaltung bietet François, «Die Wartburg». / **3** Heine, *Sämtliche Schriften*, Bd. 7, S. 58f. Auch anlässlich der Besprechung von Novalis' «Heinrich von Ofterdingen» in seiner *Romantischen Schule* kommt Heine auf die Wartburg und Eisenach zu sprechen: «In Eisenach, dem lieblichen Städtchen, welches am Fuße jener alten Wartburg liegt», sei «schon das Größte, aber auch schon das Dümmste geschehen; wo nämlich Luther seine Bibel übersetzt, und einige alberne Deutschtümler den Gendarmeriekodex des Herren Kamptz verbrannt haben.» Heine, *Sämtliche Schriften*, Bd. 5, S. 443. / **4** «Meister Hemling, der dir dein Haupt abschlug, armer Thomas Münzer, er war in gewisser Hinsicht wohl berechtigt zu solchem Verfahren: Denn er hatte das Schwert in Händen, und sein Arm war stark!» Heine, *Sämtliche Schriften*, Bd. 5, S. 59. / **5** Heine, *Sämtliche Schriften*, Bd. 7, S. 59. Die Sammlung von Waffen und Rüstungen ist 1946 von sowjetischen Soldaten als «Beutekunst» abtransportiert worden; vgl. Krauß/Kneise, *Welterbe Wartburg*, S. 37. / **6** Heine ist in Bonn und Düsseldorf Mitglied einer Burschenschaft gewesen; in Göttingen wurde er unter für ihn ehrenrührigen Umständen ausgeschlossen. Dass dabei antijüdische Affekte eine Rolle spielten, ist wahrscheinlich. Dazu und zu Heines ambivalentem Verhältnis zu den Burschenschaften vgl. Raddatz, *Taubenherz und Geierschnabel*, S. 57 ff. / **7** Vgl. Brecht, *Luther*, Bd. 2, S. 39 f. / **8** Bumke, *Höfische Kultur*, S. 657 ff. und 662 f.; zur Bedeutung Hermanns als Mäzen von Berufsdichtern vgl. auch Peters, *Fürstenhof und höfische Dichtung*, S. 10 ff. / **9** Nach wie vor ist editionsphilologisch umstritten, was diesem Textkorpus zuzurechnen ist und was nicht. Bezugspunkt der Debatte ist die 1858 von Karl Simrock herausgebrachte Ausgabe *Der Wartburgkrieg*, ein Werk, das die bauliche Restaurierung der Burg mit der akademischen Positionierung der Germanistik eng verbunden hat. Zum Stand der Forschung vgl. Wachinger, *Der Sängerkrieg*, insbes. S. 5–32. Neben dem literarischen Corpus gibt es zumindest zwei Anfang des 14. Jahrhunderts entstandene Chroniken, die von dem Sängerwettstreit auf der Wartburg berichten: die «Vita S. Elisabeth» des Dietrich von Apolda sowie die «Vita Ludovici» eines unbekannten Verfassers; vgl. Wachinger, *Der Sängerkrieg*, S. 54 ff. / **10** Bumke, *Höfische Kultur*, S. 663; zur Verbindung des Wandermotivs vom Sängerwettstreit mit der Wartburg vgl. Schweizer, «Der Saal wird zur mächtigen Halle von ehedem», S. 47 ff. / **11** Bechstein, *Der Sagenschatz und die Sagenkreise des Thüringer Landes*, Teil 1, S. 34 f.; dazu Weigel, «Der ‹Wartburg-Poet› Ludwig Bechstein», S. 119 ff. / **12** Eine wichtige Vermittlungsfunktion kam dabei einer kleinen Schrift zu: Lucas, *Über den Krieg von Wartburg*. / **13** Schlegel, *Werke*, Bd. 7, S. 58. / **14** Die Anregung dazu hat er wohl aus Bechsteins Thüringer Sagenbuch erhalten. / **15** Eine zentrale Rolle in Wagners Anlage des Sängerkriegs hat E. T. A. Hoffmanns «Kampf der Sänger» aus den *Serapionsbrüdern* gespielt; Hoffmann, *Gesammelte Werke*, Bd. 4, S. 332 ff. / **16** Vermutlich war Heine für Wagner einmal mehr der Vermittler dieses Stoffes; dazu Mertens, «Wagner und das Mittelalter», S. 22 f., sowie Borchmeyer, *Richard Wagner*, S. 144 ff. / **17** Wagner, *Dichtungen und Schriften*, Bd. 6, S. 244 f. / **18** Hier bot sich für Wagner die Möglichkeit, an Lokalsagen anzuknüpfen, die sich um den nahegelegenen Hörselberg rankten: Man hielt die dort zu findenden Klüfte und Höhlen für den Eingang zur Unterwelt: Die wilde Jagd zog von hier übers Land, hier wohnte Frau Holle, aber auch der Teufel und die Seinen, und schließlich zog hier, von Süden kommend, Frau Venus ein; dazu Woeller, *Sage und Weltgeschichte*, S. 137 f. / **19** Zur Venus-Maria-Konstellation in der romantischen Literatur und bei Wagner vgl. Borchmeyer, *Richard Wagner*, S. 155–164. / **20** Hier ist freilich zu beachten, dass Wagner den Schluss des *Tannhäuser* immer wieder verändert hat und, wie die kurz vor seinem Tod gemachte Bemerkung, er sei der Welt «noch einen Tannhäuser schuldig», zeigt, bis zum Schluss mit den gefundenen Lösungen unzufrieden war: Einmal hat er Elisabeth, ein anderes Mal die Pilger und schließlich Wolfram als den die Erlösung Tannhäusers Verkündenden herausgestellt. Worin die Erlösung je bestand, veränderte sich damit. / **21** So im Prinzip Borchmeyer, *Richard Wagner*, S. 144 ff. / **22** Bermbach, «*Blühendes Leid*», S. 91–115; ders., *Wo Macht ganz auf Verbrechen ruht*, S. 202–217. / **23** Zu Feuerbachs philosophischer Anthropologie und ihren politischen Implikationen vgl. Schmidt, *Emanzipatorische Sinnlichkeit*, S. 107 ff. / **24** Zit. nach Bermbach, «*Blühendes Leid*», S. 107. / **25** Zwischen 1844 und 1846 hatte Schwind bereits eine Ölbildfassung für das Städelsche Kunstinstitut in Frankfurt am Main gemalt; vgl. Schall, *Schwind und die Wartburg*, sowie Schweizer, «Der Saal wird zur mächtigen Halle von ehedem». / **26** Zit. nach Scholz, *Volk, Nation, Geschichte*, S. 30. / **27** Dazu Vergoossen, «Authentizität und Historismus», S. 121 ff. / **28** Schwind hat noch einen weiteren Raum mit Szenen aus dem Leben der heiligen Elisabeth ausgemalt. Ausführlich Schweizer, «Der katholische Maler und sein protestantischer Auftraggeber». / **29** Elisabeth war also eine Figur auf dem Schachbrett der Politik; hierzu und zum Folgenden vgl. Hoppe, *Elisabeth, Landgräfin von Thüringen*, sowie Blume/Werner, *Elisabeth von Thüringen*. / **30** Es handelt sich um ein Wandermotiv, denn der Tintenfleck wurde zunächst auch mit Luthers Auftreten in Eisleben, Erfurt und auf der Veste Coburg verbunden, bevor er endgültig auf der Wartburg seinen Ort fand. Dazu Schwarz, «Luthers Tintenfleck», S. 112 f. / **31** Zit. nach François, «Die Wartburg», S. 156. / **32** Luther, *Ausgewählte Schriften*, Bd. 6, S. 35. / **33** Dazu oben, S. 181 ff. / **34** Luther, *Ausgewählte Schriften*, Bd. 6, S. 34. / **35** Ebd., S. 47. / **36** Ebd., S. 47 f. / **37** Hierzu und zum Folgenden vgl. Brecht, *Martin Luther*, Bd. 1, S. 11–63; Febvre, *Martin Luther*, S. 159–186, sowie Gronau, *Martin Luther*, S. 175–196. / **38** Brecht, *Martin Luther*, S. 13. / **39** Diese von den Biographen zumeist wenig beachtete Seite von Luthers Wartburgaufenthalt ist vor allem bei Febvre, *Martin Luther*, S. 165 ff., herausgearbeitet. / **40** Brecht, *Martin Luther*, Bd. 1, S. 15; Febvre, *Martin Luther*, S. 178. Als Luther erfuhr, dass Spalatin seine Schrift gegen Albrecht von Brandenburg zurückgehalten hatte, schrieb er einen wütenden Brief: «Du findest es natürlich recht, daß der allgemeine Friede nicht gestört werden darf, und duldest es, daß der ewige Friede Gottes durch die gottlosen und tempelschändnerischen Machenschaften dieses Mannes gestört wird? So nicht, Spalatin! So nicht, Kurfürst!» Luther, *Ausgewählte Schriften*, Bd. 6, S. 37 f. / **41** Luther, *Briefe von der Wartburg*, S. 98. / **42** *Luther im Gespräch*, S. 375 f. / **43** Vgl. Brecht, *Martin Luther*, Bd. 1, S. 51. Luthers Vorstellung, er stehe in einem permanenten Kampf mit dem Teufel, ist der Leitfaden bei Oberman, *Luther*, passim, insbes. S. 195 f. / **44** Luther, *Werke. Kritische Gesamtausgabe* (WA), Bd. 30/2, S. 68. / **45** Nietzsche, *Jenseits von Gut und Böse*; *Sämtliche Werke*, Bd. 5, S. 191. / **46** «Interim Biblia transferam, quamquam onus susceperim supra vires.» Luther, *Werke in Auswahl*, Bd. 6, S. 90. / **47** Luther, *Werke in Auswahl*, Bd. 4, S. 184. / **48** Das sagt freilich mehr über Goethe als über die Wartburg; Goethe hatte wenig Sinn für das Mittelalter und seine baulichen Hinterlassenschaften – auch wenn wir ihm wundervolle Tusch- und Bleistiftzeichnungen vom damaligen Zustand der Burg verdanken; einige davon sind abgebildet in Noth/Beyer, *Die Wartburg*, S. 40 und 41. / **49** Zit. nach Noth/Beyer, *Die Wartburg*, S. 40. / **50** Hierzu und zum Folgenden Brandt, «Das studentische Wartburgfest», S. 89 ff.; Asmus, *Das Wartburgfest*, sowie Wolgast, «Wartburgfest 1817 und Hambacher Fest 1832», S. 98 ff., sowie Merseburger, *Mythos Weimar*, S. 151 ff. / **51** Seit dem 18. Oktober 1814, dem ersten Jahrestag der Völkerschlacht, feierte man den Sieg alljährlich mit Höhenfeuer und Feuerwerk; dazu Düding, «Das deutsche Nationalfest von 1814», S. 67 ff.; zur Bedeutung des Fests als Ritualisierung und Ikonisierung der Nation vgl. Speth, *Nation* *und Revolution*, S. 196–209. / **52** Dessen Uniform bestand aus schwarzgefärbten Anzügen mit roten Aufschlägen und goldfarbenen Knöpfen, und diese Farben – Schwarz-Rot-Gold – tauchten auch in der großen Burschenschaftsfahne wieder auf, die dem Zug der Studenten von Eisenach zur Wartburg vorangetragen wurde. Die Farben Schwarz-Rot-Gold, die seit 1919 zum nationalen Symbol geworden sind, gehen also auf die Uniform des Lützow'schen Freikorps zurück. / **53** Zit. nach Kühn (Hg), *Das Wartburgfest*, S. 15. / **54** Dass man die Wartburg als Mahnung an die noch ausstehende Einigung Deutschlands verstand, zeigt ein Eintrag ins Gästebuch der Burg vom 11. November 1815: «Man schaut ins Großherzogtum Weimar, Herzogtum Gotha, nach Hessen – man sieht den Himmel sich über Sachsen, Preußen, Bayern, Württemberg und Österreich wölben – doch wo ist Deutschland?» Zit. nach Noth/Beyer, *Die Wartburg*, S. 42. / **55** Zu Fries' Teilnahme am Wartburgfest und zur philosophischen Begründung seines Engagements vgl. Hubmann, *Ethische Überzeugung und politisches Handeln*, S. 45–66. / **56** Siehe oben, S. 236. / **57** So François, «Wartburg», S. 157. / **58** Vgl. Brandt, «Das studentische Wartburgfest», S. 96. / **59** Vgl. Düding, «Das deutsche Nationalfest von 1814», S. 67 f. / **60** Peter Hacks hat in seinem Essay *Ascher gegen Jahn. Ein deutscher Freiheitskrieg* diese Kontroverse aufgearbeitet und als eine Schlüsselauseinandersetzung der politischen Geistesgeschichte Deutschlands dargestellt. 1991 hat der Aufbau-Verlag Hacks' Essay zusammen mit Jahns *Deutsches Volkstum* und *Vier Flugschriften* Aschers, darunter «Die Germanomanie» sowie «Die Wartburgfeier», in einer dreibändigen Ausgabe herausgebracht. / **61** Hierzu Oberman, *Luther*, S. 198 f., sowie Brecht, *Martin Luther*, Bd. 1, S. 403 ff. / **62** Dieser Aspekt, der alle während des Wartburgfestes gehaltenen Reden durchzieht, wird am darauffolgenden Tag vor allem von dem Hegel-Schüler Friedrich-Wilhelm Carové herausgestellt; vgl. Brandt, «Das studentische Wartburgfest», S. 99 ff. / **63** Zit. nach ebd., S. 105. / **64** Zur Bücherverbrennung vom 10. Mai 1933 vgl. Sander, *Die Bücherverbrennung*. / **65** Dazu Buzás, *Deutsche Bibliotheksgeschichte*, S. 8. / **66** Die Berliner Bücherverbrennung war nicht die einzige ihrer Art; ähnliche Aktionen fanden in vielen deutschen Universitätsstädten statt, manche auch zeitversetzt, weil es am 10. Mai stark regnete. / **67** Thauer, *Geschichte der Öffentlichen Bücherei*, S. 144; Jochum, *Kleine Bibliotheksgeschichte*, S. 169. / **68** Zu Baeumlers weiterem Werdegang vgl. den Eintrag in Klee, *Das Personenlexikon zum Dritten Reich*, S. 24 f.; zu Rolle und Wirken Baeumlers an der Berliner Universität vgl. Gerhardt/Mehring/Rindert, *Berliner Geist*, S. 291–296. / **69** Zit. nach Tress, «*Wider den undeutschen Geist*», S. 118 f. / **70** Goebbels, «Rede zur Bücherverbrennung»; in: Beyer, *In jenen Tagen*, S. 290. / **71** Heine, *Sämtliche Schriften*, Bd. 1, S. 284 f. / **72** Entsprechende Äußerungen Heines über das Autodafé auf der Wartburg finden sich in seiner Schrift *Ludwig Börne; Sämtliche Schriften*, Bd. 7, S. 88 f. / **73** Dazu Ehrlich/Ulbricht (Hg.), *Carl Alexander von Sachsen-Weimar-Eisenach*, passim. / **74** Scheffel, *Werke*, Bd. 1, S. 27 ff.; vgl. Haufe, «*Deutschem Wesen stets bereit*», S. 33 f. / **75** Dazu unten, S. 393. / **76** Hierzu mit Abbildungen Noth/Beyer, *Die Wartburg*, S. 49 f. / **77** Eigentlich hätte es nahegelegen, das Denkmal auf dem Wartenberg zu errichten, wo die Bücherverbrennung stattgefunden hatte; aber dort war zwischenzeitlich eine Bismarcksäule errichtet worden, sodass man einen anderen Standort suchen musste; dazu eingehend Schuchardt, «Eisenacher ‹Nationaldenkmäler›. Wartburg – Burschenschaftsdenkmal – Bismarckturm», S. 288 ff. / **78** Die Leitidee der Restaurierung hatte Carl Alexander wie folgt zusammengefasst: Es gehe ihm um die «historisch- und politisch-faktische Bedeutung [der Burg], ihre Bedeutung für die Entfaltung des Geistes und namentlich der Poesie, ihre Bedeutung für die Reformation und ihre katholisch-religiöse Bedeutung». So der Text, der bei der Neuerrichtung des Bergfrieds in den Grundstein eingelassen wurde; zit. nach Noth/Beyer, *Die Wartburg*, S. 47. / **79** Nach Beendigung der äußerlichen Restaurierungsarbeiten wurden Möbel und andere Einrichtungsgegenstände aus Spätmittelalter und Renaissance angekauft, um die Authentizität der Innenräume zu erhöhen; Noth/Beyer, *Die Wartburg*, S. 52. / **80** Belege bei Brandt, «Das studentische Wartburgfest, S. 101 und 103. / **81** Siehe oben, S. 141 ff. / **82** Dazu mit zahlreichen Beispielen Haufe, *«Deutschem Wesen stets bereit»*, und ders., «‹Deutschen Geistes Standquartier›», S. 88 ff. / **83** Flex, *Gesammelte Werke*, Bd. 1, S. 159 f. / **84** Dazu Schuchardt, «Die Wartburg. Ein nationales Denkmal unterm Hakenkreuz», S. 395 f.; eine Abb. des Bergfrieds mit Hakenkreuz S. 374. / **85** Aufschlussreich sind einige Passagen aus der Rede, die Johannes R. Becher, der erste Kulturminister der DDR, anlässlich der feierlichen Burgübergabe nach ihrer Restaurierung im Jahre 1954 hielt: «Wir überblicken von der Wartburg aus, wie von keiner anderen Warte unseres deutschen Vaterlands, ein weites Reich deutscher Geschichte. Es ist mit Recht bemerkt worden, dass die Wartburg unter den vielen nationalen Gedenkstätten des deutschen Volkes eine eigentümliche Stellung einnimmt, insofern, als dem Besucher hier die deutsche Geschichte in ihrem Gesamtverlauf begegnet.» Becher schloss mit dem Satz: «‹Ein Deutschland ist, soll sein und bleiben!›» Zit. nach Krauß/Kneise, *Welterbe Wartburg*, S. 38. Vgl. hierzu und zum Folgenden auch Hähnel, «Spielball nationalen Gedenkens», S. 7 ff.

Der Mythos des deutschen Bildungsbürgertums
Weimar und die «Deutsche Klassik»

1 Nipperdey beginnt seine das 19. und 20. Jahrhundert umfassende *Deutsche Geschichte* mit dem wuchtigen, an den Beginn des Johannesevangeliums erinnernden Satz: «Am Anfang war Napoleon» (S. 11) – einer Wendung von mythischer Kraft und Reichweite, die in vielen nachfolgenden Darstellungen deutscher Geschichte variiert worden ist. / **2** Zu Leben und Wirken Anna Amalias in Weimar vgl. Salentin, *Anna Amalia*, passim. / **3** Hier ist anzumerken, dass die Herausstellung der Weimarer Dichter als «deutsche Klassiker» selbst das Ergebnis einer an nationaler Identität orientierten Mythenbildung gewesen ist; vgl. Wiedemann, «Deutsche Klassik», S. 205 f. / **4** Merseburger, *Mythos Weimar*, insbes. S. 47–111; zu Weimar als geistiger Lebensform und «Symbol» deutscher Geschichte Borchmeyer, *Weimarer Klassik*, S. 44 ff. / **5** Im Marxismus ist diese Vorstellung unter dem Begriff der «Totalität» aufgenommen worden; vor allem in den kulturtheoretischen Schriften Georg Lukács'; auch in Leo Trotzkis Ansichten der kommunistischen Zukunft spielt sie eine zentrale Rolle. / **6** Eine zusammenfassende Behandlung der bildungsbürgerlichen Ideale und ihrer (un)politischen Folgen findet sich bei Bollenbeck, *Bildung und Kultur*, S. 96 ff.; zum Begriff und seiner Geschichte vgl. Engelhardt, *«Bildungsbürgertum»*; für eine genauere Ausfaltung der inhaltlichen Seite des bildungsbürgerlichen Programms sind die vier Sammelbände *Bildungsbürgertum im 19. Jahrhundert* unentbehrlich, hier insbes. der von Reinhart Koselleck herausgegebene 2. Band. / **7** Mann, *Betrachtungen eines Unpolitischen*, insbes. S. 111 ff. / **8** Vgl. hierzu Merseburger, *Mythos Weimar*, S. 13–46. / **9** Ebd., S. 32 ff., sowie Wolff, *Johann Sebastian Bach*, S. 161–203. / **10** Dazu Salentin, *Anna Amalia*, S. 53 und 63 f. / **11** Neben der glücklosen Beziehung zu Lili Schönemann dürften dabei die Nähe zu den Eltern und die beengte Atmosphäre der Freien Reichsstadt die Hauptfaktoren für Goethes Bereitschaft gewesen sein, das sehr viel größere und geschäftigere Frankfurt zu verlassen und in einem Provinzstädtchen Dauerquartier zu beziehen; dazu Friedenthal, *Goethe*, S. 166 ff., sowie Conrady, *Goethe*, S. 255 ff. / **12** Die Gründe für Goethes Bleiben werden ausführlich behandelt bei Boyle, *Goethe*, Bd. 1, S. 278 ff. / **13** Zu Goethes Inanspruchnahme durch die Verwaltung des Herzogtums eingehend Conrady, *Goethe*, S. 320 ff. und 363 ff., sowie Borchmeyer, *Weimarer Klassik*, S. 65 ff.; zu den Problemen, sich der Literaturproduktion zu widmen, vgl. Boyle, *Goethe*, Bd. 1, S. 310 ff. / **14** Ein positiveres Urteil bezüglich des Kontakts zwischen Goethe und Herder, freilich vor allem mit Blick auf die Geschichtsphilosophie und die Naturforschung, findet sich bei Borchmeyer, *Weimarer Klassik*, S. 111 ff. / **15** Die Darstellung von Goethes Verhältnis zu Charlotte von Stein ist der Lackmustest für alle Biographien: auratisch-weihevoll dem zukünftigen Olympier gewidmet, oder aber die Verwerfungen und Kontingenzen eines Lebens auf der Suche nach sich selbst herausstellend; vgl. Bielschowsky, *Goethe*, Bd. 1, S. 300 ff.; Friedenthal, *Goethe*, S. 220 ff.; Conrady, *Goethe*, S. 311 ff.; Boyle, *Goethe*, Bd. 1, S. 297 ff. Die Beziehung zwischen Charlotte von Stein und Goethe lässt sich in dem von Renate Seydel herausgegebenen Briefwechsel sehr schön nachvollziehen. / **16** In seinem ungeschrieben gebliebenen Goethe-Buch, von dem posthum Fragmente und Marginalien veröffentlicht wurden, wollte Hans Blumenberg offenbar das Schlusskapitel unter die Überschrift «Der große Menschenverbraucher» stellen; vgl. Blumenberg, *Goethe zum Beispiel*, S. 236 ff. / **17** Friedenthal, *Goethe*, S. 278 ff.; Conrady, *Goethe*, S. 461 ff. / **18** Dazu ausführlich Ziolkowski, *Das Wunderjahr in Jena*, passim. / **19** Zu den wechselnden Liebesbeziehungen der anarchischen Romantikergemeinde in Jena vgl. Safranski, *Romantik*, S. 84 ff. / **20** Dazu Kühn, *Goethe zieht in den Krieg*, passim. / **21** Vgl. Hertz, *Die jüdischen Salons im alten Berlin*, insbes. S. 43 ff. / **22** Schillers *Briefe*, die nur selten als Text der Geschichte des politischen Denkens gelesen werden (als Ausnahme Jacoby, «Goethe, Schiller und Hölderlin», S. 137 ff.), sind vielfältig ausgedeutet worden; Rüdiger Safranski (*Schiller*, S. 409) hat sie jüngst als «Gründungsdokument einer Theorie der Moderne» und als «Fundamentalontologie des Ästhetischen» bezeichnet. / **23** Siehe unten, S. 442 f. / **24** Hierzu und zum Folgenden maßgeblich Wiedemann, «Zwischen Nationalgeist und Kosmopolitismus», insbes. S. 85 ff., sowie ders., «Deutsche Klassik», S. 225 ff. / **25** Dazu Wiedemann, «Deutsche Klassik und nationale Identität», S. 216 ff. und 271 f., sowie ders., «Zwischen Nationalgeist und Kosmopolitismus», S. 85 ff. Die sich hier abzeichnende Dreiteilung des europäischen Führungsanspruchs kann als Variation der spätmittelalterlichen Vorstellung angesehen werden, wonach die Franzosen das *studium*, die Italiener das *sacerdotium* und die Deutschen das *imperium* für sich beanspruchen sollten; vgl. Münkler u. a., *Nationenbildung*, S. 34 f., 85 u. a. / **26** Dazu Reiß, *Fichtes «Reden an die deutsche Nation»*, S. 1653 ff. / **27** Burkes Revolutionskritik wurde in Deutschland durchaus rezipiert; sie bildete die Grundlage einer liberal-konservativen Strömung, die bis heute gegenüber politischen Versprechen mit dem «Beweislastumkehrungsverfahren» argumentiert, wonach sich nicht das Alte vor dem Neuen zu rechtfertigen habe, sondern das Neue nachweisen müsse, dass es dem Bestehenden überlegen sei. Zur Burke-Rezeption in Deutschland vgl. Epstein, *Die Ursprünge des Konservativismus in Deutschland*, S. 633 ff.; zur «Beweislastumkehrung» als Reaktion auf das bundesrepublikanische Schlüsseljahr 1968 vgl. Hacke, *Philosophie der Bürgerlichkeit*, S. 170 ff. / **28** Es kommt nicht von ungefähr, dass in vielen Goethebiographien dessen politische Grundorientierung zu

Beginn der 1790er Jahre anhand der alternativen Entwicklung Georg Forsters dargestellt wird, der zum führenden Kopf der Mainzer Jakobiner avancierte und in deren Auftrag nach Paris reiste, um den Antrag auf Anschluss an die französische Republik zu überbringen; vgl. Friedenthal, *Goethe*, S. 354 ff., und Conrady, *Goethe*, S. 562 f.; zu den Mainzer Jakobinern insgesamt Grab, *Ein Volk muß seine Freiheit selbst erobern*, S. 167–272. / **29** Marx, «Zur Kritik der Hegelschen Rechtsphilosophie. Einleitung»; in: Marx/Engels, *Studienausgabe*, Bd. 1, S. 35. / **30** Vgl. oben, S. 37 ff. / **31** Vgl. oben, S. 165 ff. / **32** Die Debatte über die Bedeutung der Französischen Revolution für die europäische Moderne durchzieht noch die politische Literatur des 20. Jahrhunderts wie ein roter Faden: Von der sozialistischen These, dass die Intentionen der Revolution – Freiheit, Gleichheit, Brüderlichkeit – erst durch eine sozialistische Revolution verwirklicht werden könnten, über die vor dem Bicentenaire entwickelte These, es komme jetzt darauf an, die Revolution zu beenden, sowie die nach dem Zusammenbruch der sozialistischen Staaten im Jahr des Bicentenaire aufgestellte These, *jetzt* sei die Revolution beendet, bis zu Hannah Arendts Buch *Über die Revolution*, in dem sie die erfolgreiche amerikanische der misslungenen Französischen Revolution gegenübergestellt hat. Aus der Perspektive der politischen Ideengeschichte gehört der Mythos Weimar bzw. Weimar als politischer Mythos in diesen Kontext. / **33** Schiller, *Werke*, Bd. 8, S. 181. / **34** Immanuel Kant ist bei dieser Sicht auf die Französische Revolution geblieben, als er gegen die Kritik Edmund Burkes, wonach die Revolution eine Folge von Theoriegespinsten sei, die mehr zerstörten als aufbauten, einwandte: «Ich werde also annehmen dürfen: daß, da das menschliche Geschlecht beständig im Fortrücken in Ansehung der Kultur, als dem Naturzwecke derselben, ist, es auch im Fortschreiten zum Besseren in Ansehung des moralischen Zwecks seines Daseins begriffen sei, und daß dieses zwar bisweilen *unterbrochen*, aber nie *abgebrochen* sein werde.» (Kant, «Über den Gemeinspruch», in: ders., *Werke*, Bd. 9, S. 167.) Die Politik folgt bei Kant also den Vorgaben der Kultur, und beide zusammen führen das Menschengeschlecht näher an seinen moralischen Zweck heran. Das war eine deutlich andere Sichtweise, als sie von den Weimarer Klassikern vertreten wurde. Im Unterschied zu dem Schiller der *Ästhetischen Briefe* war Kant nämlich der Auffassung, dass der Fortschritt des Menschengeschlechts nicht nur auf dem Weg der Bildung, sondern auch auf dem politischer Veränderung beschritten werde. Zu Kants Sicht auf die Revolution in Frankreich vgl. Fetscher, «Immanuel Kants bürgerlicher Reformismus», S. 178 ff. / **35** Schiller, *Werke*, Bd. 8, S. 181. Ich vermag darum dem Urteil Safranskis nicht zu folgen (*Schiller*, S. 410), wonach für Schiller die ästhetischen Reflexionen den politischen *nachgeordnet* blieben. / **36** Schiller, *Werke*, Bd. 8, S. 183. / **37** Ebd., S. 281. / **38** Ebd., S. 282. / **39** Zit. nach Safranki, *Schiller*, S. 496. In der Schlussansprache des Hans Sachs in Wagners *Meistersingern* findet sich dieser Gedanke dann wieder. / **40** Schiller, *Werke*, Bd. 8, S. 222. – «Mitten in dem furchtbaren Reich der Kräfte und mitten in dem heiligen Reich der Gesetze baut der ästhetische Bildungstrieb unvermehrt an einem dritten, fröhlichen Reiche des Spiels und des Scheins, worin er dem Menschen die Fesseln aller Verhältnisse abnimmt und ihn von allem, was Zwang heißt, sowohl im Physischen wie im Moralischen entbindet.» (Ebd. S. 279) / **41** Ebd., S. 224. / **42** Heine, *Sämtliche Schriften*, Bd. 5, S. 594–596. / **43** Ebd., S. 638–640. / **44** Abb. in: Bertmann (Hg.), *Anton von Werner. Geschichte in Bildern*, S. 311. / **45** Wiedemann, «Zwischen Nationalgeist und Kosmopolitismus», S. 100 f. / **46** Dazu oben, S. 109 ff. / **47** Dazu Borchmeyer, «Goethe», S. 194 f. / **48** Borcherdt (Hg.), *Briefwechsel zwischen Schiller und Goethe*, 2 Bde. /

49 Dazu Appelbaum (Red.), *Das Denkmal. Schiller und Goethe*; darin zahlreiche Abbildungen. / **50** Die Unterscheidung zwischen Staats- und Kulturnation hat in der Nationen- und Nationalismusforschung im Anschluss an Friedrich Meinecke (*Weltbürgertum und Nationalstaat*, S. 10 ff.) eine zentrale Rolle gespielt. Mit der kulturalistischen Wende der Geisteswissenschaften während der letzten zwei Jahrzehnte sind jedoch auch die kulturellen Ressourcen der von Staaten forcierten Nationsbildungsprozesse stärker in den Blick gekommen. / **51** Hier ist an die eingangs besprochenen drei Elemente der Mythenanalyse zu erinnern: narrative Ausgestaltung, ikonische Verdichtung und rituelle Inszenierung. Denkmäler stellen nicht nur ikonische Verdichtungen dar, sondern bilden auch Zentren ritueller Inszenierung. So waren alle Feiern der Geburts- und Todestage Schillers und Goethes seit seiner Errichtung um das Doppeldenkmal zentriert. / **52** Hardtwig, «Das Denkmal der Kulturnation», S. 157. / **53** So entsteht eine «ästhetische Topographie, die sich auf die große Vergangenheit bezieht und sie zugleich visuell aufbereitet». (Bollenbeck, «Weimar», S. 214.) / **54** Vgl. Merseburger, *Mythos Weimar*, S. 182 ff. / **55** Dazu ausführlich Riedel, *Nietzsche in Weimar*, S. 90 ff. / **56** Vgl. Merseburger, *Mythos Weimar*, S. 242 ff., sowie Grupp, *Harry Graf Kessler*, S. 85–128. / **57** Dazu ausführlich Ehrlich (Hg.), *Das Dritte Weimar*. / **58** Eine genauere Beschreibung dieser Gruppe und ihres Bezugs zu Weimar findet sich bei Ulbricht, «‹Deutsche Renaissance›», S. 191 ff.; zur Entstehung der künstlerischen und kulturellen Avantgarde in Europa und ihrer definitorischen Aneignung der Moderne vgl. von Beyme, *Das Zeitalter der Avantgarden*, S. 31–41. / **59** Dazu allgemein Breuer, *Grundpositionen der deutschen Rechten*, S. 75 ff. und 148 ff., sowie Puschner, *Die völkische Bewegung im wilhelminischen Kaiserreich*, passim; zum Kampf um Weimar und sein Erbe vor allem Bollenbeck, *Tradition, Avantgarde, Reaktion*, S. 159 ff. und 201 ff. / **60** Die Vorstellung einer Wiedergeburt oder Renaissance speiste sich auch aus der vorherrschenden Diagnose eines allgemeinen Verfalls und Niedergangs; Panajotis Kondylis (*Der Niedergang*) hat dies mit einer Krise des Bürgertums und seiner Lebensform in Verbindung gebracht. Die Diagnose wurde verschärft, sobald aus dem langsamen Niedergang der jähe Abgrund wurde; vgl. dazu von Bredow/Noetzel, *Lehren des Abgrunds*, insbes. S. 13 ff. und 222 ff. / **61** von Beyme, *Das Zeitalter der Avantgarden*, S. 67 ff., 87 ff. / **62** Dazu Naake, «Nietzsche in Weimar», S. 21 ff. / **63** Sie wurde erst in den 1970er und 1980er Jahren durch die heroische Editionsarbeit der Italiener Giorgio Colli und Mazzino Montinari rekonstruiert, wobei Montinari mehrere Jahre in Weimar lebte und arbeitete, ohne von der offiziellen DDR-Philosophie auch nur im Geringsten beachtet zu werden (vgl. Riedel, *Nietzsche in Weimar*, S. 226 ff.). / **64** Rudolf Huch, *Mehr Goethe*, München–Leipzig 1899. / **65** Zitatnachweise bei Ulbricht, «‹Deutsche Renaissance›», S. 191–196. / **66** Langbehn, *Rembrandt als Erzieher*, S. 30. / **67** Zu Wachlers kulturpolitischen Vorstellungen vgl. Ulbricht, «‹Deutsche Renaissance›», S. 197–202; zum Projekt des Harzer Bergtheaters vgl. von Schnurbein, «Religiöse Ikonographie – religiöse Mission», S. 85 ff. / **68** Bartels, *Goethe der Deutsche*, S. 30 f. und 102. / **69** Schirach, «Goethe-Rede»; in: Neumann (Hg.), *Quellen zur Geschichte Thüringens*, S. 205. / **70** Vgl. Merseburger, *Mythos Weimar*, S. 310–359. / **71** Vgl. Schulze, *Weimar*, S. 184 f.; Merseburger, *Mythos Weimar*, S. 285–293, zu den sicherheitspolitischen Erwägungen S. 290; außerdem Bollenbeck, *Tradition, Avantgarde, Reaktion*, S. 195 f. / **72** Ebert, *Schriften*, Bd. 2, S. 149. / **73** Ebd., S. 151. / **74** Ebd., S. 153. / **75** In Schillers *Wilhelm Tell* lautet die Passage: «Wir wollen sein ein einzig [!] Volk von Brüdern, In keiner Not uns trennen noch Gefahr.» / **76** Ebert,

Schriften, Bd. 2, S. 155 f. Dass diese Passagen bei der äußersten Linken wenig Anklang fanden, zeigen die Erinnerungen Walter Oehmes (*Die Weimarer Nationalversammlung 1919*), in denen Oehme dazu notiert: «Mit Goethes ‹Faust› und ‹Wilhelm Meisters Wanderjahren› wollte der angebliche Marxist an die großen Gesellschaftsprobleme herangehen, nicht im Geiste von Karl Marx» (S. 81). In der «Vorbemerkung des Verlages» heißt es zu diesen Erinnerungen: «Hier wird der ‹demokratische› Staat, die Weimarer Republik, als das entlarvt, was er war: als das Machtinstrument der deutschen Großbourgeoisie.» / **77** Dazu Bollenbeck, *Tradition, Avantgarde, Reaktion*, S. 194 ff. / **78** Mann, *Reden und Aufsätze*, Bd. 1, S. 188. / **79** Ebd., S. 187. / **80** Ebd. / **81** Ebd., S. 35–62. / **82** Jaspers, *Unsere Zukunft und Goethe*, S. 7. / **83** Ebd., S. 11. / **84** Ebd., S. 13. / **85** Ebd., S. 18. / **86** Ebd., S. 6. / **87** Ebd., S. 29. / **88** Becher, «Der Befreier», S. 223 f. / **89** Ebd., S. 258 f. / **90** Ebd., S. 258. / **91** Ebd., S. 234. / **92** Ebd., S. 240. / **93** Dem affirmativen Goethe-Bezug der DDR kam im Übrigen zugute, dass Karl Marx ein guter Kenner und Verehrer Goethes gewesen war und ihn mitunter zustimmend zitiert hatte. In einen Fragebogen, dessen Ausfüllen während der 1860er Jahre in England ein beliebtes Gesellschaftsspiel war, hatte Marx unter der Rubrik «Lieblingsdichter» außer Aischylos, Dante und Shakespeare auch Goethe eingetragen; vgl. Fetscher, *Marx*, S. 149 f. / **94** Vgl. die der *Welt am Sonntag* im Oktober 2007 anlässlich des Abschlusses der baulichen Restaurierung beigefügte Sonderausgabe zur Anna Amalia Bibliothek.

Zertrümmerter Stolz
Nürnberg und Dresden als mythische Orte

1 Einen knappen und zuverlässigen Überblick zur Stadtgeschichte vermitteln Schieber, *Geschichte Nürnbergs*, und Rader, *Kleine Geschichte Dresdens*. / **2** Dazu Endres, «Nürnberg im 18. Jahrhundert», S. 40 ff. / **3** Zit. nach Czarnowski, «Nürnberg», S. 171. / **4** Blessing, «Nürnberg – ein deutscher Mythos», S. 373. / **5** Rader, *Kleine Geschichte Dresdens*, S. 65 ff. / **6** Dazu Stauber, «Nürnberg und Italien», S. 123 ff. / **7** Vor allem Gaetano Chiaveri, der Architekt der Hofkirche, ist hier zu nennen; vgl. dazu Hädecke, *Dresden*, S. 104 ff.; insgesamt dazu Marx (Hg.), *Elbflorenz*. / **8** Hierzu mit zahlreichen Abbildungen Löffler, *Bellotto. Dresden im 18. Jahrhundert*, passim. / **9** Eine auch das Schicksal einzelner Städte erfassende Darstellung des Bombenkriegs bietet Friedrich, *Der Brand*, S. 181–370. / **10** Ebd., S. 317 ff. / **11** Rader, «Dresden», S. 453. / **12** Vgl. Rader, *Kleine Geschichte Dresdens*, S. 142 ff.; ders., «Dresden», S. 456. / **13** Hier wurden vor allem die in der DDR systematisch beschwiegenen Gräuel, die sich beim Vormarsch der Roten Armee ereignet hatten – vor allem die zigtausendfachen Vergewaltigungen –, herausgestellt, um die Verteidigungsbereitschaft der Bevölkerung zu wecken. Besonders in Anerkennungsverfahren für Wehrdienstverweigerer wurde häufig auf Vergewaltigungen hingewiesen, um die Kandidaten davon zu überzeugen, solche Übergriffe müssten mit Waffengewalt verhindert werden. / **14** Tatsächlich sind der Bombenkrieg und die Zerstörung deutscher Städte erst nach der Wiedervereinigung explizit in die offizielle Gedenkkultur der Bundesrepublik aufgenommen worden. Dazu Naumann, *Der Krieg als Text*, S 39 ff. und 81 ff. / **15** Vgl. unten, S. 421 ff. / **16** Dazu Safranski, *Romantik*, S. 98 ff., sowie vor allem Grote, *Die romantische Entdeckung Nürnbergs*, S. 20 ff. / **17** Wackenroder/Tieck, *Herzergießungen*, S. 48. / **18** Dazu Bermbach, «Blühendes Leid», S. 247 ff.; ders., *Wo die Macht ganz auf Verbrechen ruht*, S. 238 ff.; außerdem Borchmeyer, *Richard*

Wagner, S. 235 ff. / **19** Blessing, «Nürnberg – ein deutscher Mythos», S. 371. / **20** Vgl. Mende, «Das Dürer-Denkmal in Nürnberg», S. 163 ff. / **21** Dazu die Beiträge von Stephan Füssel und Klaus Arnold in Füssel (Hg.), *500 Jahre Schedelsche Weltchronik*, S. 7–56. / **22** Dazu Münkler/Grünberger/Mayer, *Nationenbildung*, S. 163 ff.; zur Inversion des Nürnberger Städtelobs bei Celtis und anderen mit einer Beschreibung Deutschlands vgl. ebd., S. 236 f. / **23** Dazu Schieber, *Geschichte Nürnbergs*, S. 42 ff.; Blessing, «Nürnberg – ein deutscher Mythos», S. 382 f. Das fand seine Fortsetzung beim Wiederaufbau Nürnbergs nach der Zerstörung im Zweiten Weltkrieg, als auch die alte Stadtmauer, soweit sie durch Bombentreffer in Mitleidenschaft gezogen worden war, mit Toren und Türmen wiederhergestellt wurde. (Czarnowski, «Nürnberg», S. 184.) / **24** Dazu Endres, «‹Carissima civitas›», S. 80. / **25** Vgl. Schramm, *Herrschaftszeichen*, Bd. 2, S. 560–637, sowie Staats, *Die Reichskrone*, S. 22. / **26** Das änderte sich 1938, nach dem Anschluss Österreichs an das Deutsche Reich, noch einmal, als Hitler der «Stadt der Reichsparteitage» ein Geschenk machen wollte und die Reichskleinodien von Wien wieder nach Nürnberg holen ließ. 1946 sind sie nach einem Zwischenaufenthalt in einem Salzbergwerk bei Helmstedt in die Schatzkammer der Wiener Hofburg zurückgekehrt. (Staats, *Die Reichskrone*, S. 24.) / **27** Vgl. Strauss, *Nuremberg in the XVth century*, sowie Althaus (Hg.), *Nürnberg – Europäische Stadt in Mittelalter und Neuzeit.* / **28** Hans Sachs hat diese Verhältnisse in «Ein lobspruch der stat Nürnberg» so beschrieben: «Ein emsig volk, reich und ser mechtig, / Gescheit, geschicket und fürtrechtig. / Ein großer teil treibt kauffmanshandel. / In alle lant hat es sein wandel / Mit specerei und aller war. / Alda ist jarmarkt uber jar / Von aller war, wes man begert. / Der meist theil sich mit hantwerk nert, / Allerlei hantwerk ungenant / Was ie erfunden menschenhant.» (Zit. nach: *Dichtungen von Hans Sachs*, Bd. 2, S. 34–44, hier S. 38.) / **29** Wolgemut hat im Übrigen den jungen Dürer in die Kunst der Kupferstich- und Holzschnittillustrationen eingeführt. Auch Dürer hat also von den in Nürnberg tradierten handwerklichen Fähigkeiten profitiert. Seine *Apokalypse* von 1498 war der erste Bildband, in dem die Illustrationen den Text dominierten. / **30** Max von Schenckendorf, *Gedichte*, S. 127–136, hier S. 132. / **31** «Norimberga centrum Europe simul atque Germanie», heißt es in Johannes Cochlaeus' *Descriptio Germaniae*; dazu Münkler/Grünberger/Mayer, *Nationenbildung*, S. 236 ff., sowie Althaus, «Zwischen Realität und Romantik», S. 43 ff.; das Mittelpunktmotiv findet sich auch bei Czarnowski, «Nürnberg», S. 168. / **32** Vgl. Schieber, *Geschichte Nürnbergs*, S. 95 ff.; Blessing, «Der Schein der Provinzialität», S. 69 ff. / **33** Anlässlich der Enthüllung eines Reiterstandbildes seines Großvaters in Nürnberg erklärte Kaiser Wilhelm II. in seiner Festansprache: «Mit tiefem Dank gegen Gott, dessen Führung mein Haus von der Burggrafenzeit an bis hierher so wunderbar geleitet, stehe ich tiefbewegt auf Nürnbergs Boden, stolz auf meine Würde als Burggraf [...].» Zit. nach Czernowski, «Nürnberg», S. 178. / **34** Schieber, *Geschichte Nürnbergs*, S. 103. / **35** Zit. nach Czernowski, «Nürnberg», S. 175. / **36** Dazu Glaser u. a. (Hgg.), *Industriekultur in Nürnberg*, passim. / **37** Vgl. Hädecke, *Dresden*, S. 179 ff. / **38** Ebd., S. 99 ff. / **39** Eine Abbildung findet sich in Füssel (Hg.), *500 Jahre Schedelsche Weltchronik*, S. 43. / **40** Löffler, *Bellotto. Dresden im 18. Jahrhundert*, insbes. Abb. 1, 9, 14, 16 und 21. / **41** Der Titel «König in Preußen» wurde gewählt, weil Westpreußen bis zur Teilung Polens polnisch war, 1701 also unter der Herrschaft der Wettiner stand. Diese Lösung blieb hinter dem Glanz der polnischen Krone weit zurück, hatte aber den Vorteil, dass es sich dabei um eine Erbmonarchie handelte, im Gegensatz zur polnischen Krone, die vom Adel des Landes per Wahl immer wieder neu vergeben wurde. / **42** Vgl. Groehler, *Die Kriege Friedrichs II.*, S. 153–156. / **43** Vgl. Rader, *Kleine Geschichte Dresdens*, S. 55 ff. / **44** Herder, *Adrastea*; in: ders., *Werke*, Bd. 10, S. 407. – Gegenüber den drei weiteren Verbindungslinien zur Antike bzw. Renaissance, die Herder damit zog – zwischen Dresden und dem griechischen Olympia; zwischen dem seit 1748 unweit Dresden lebenden Johann Joachim Winckelmann und Phidias, einem der größten Künstler der Antike; und zwischen dem Renaissancemaler Raffael und Anton Raphael Mengs, der das Altarbild in der Hofkirche geschaffen und die große Abgusssammlung antiker Plastiken nördlich der Alpen begründet hatte –, hat die zu «Elbflorenz» variierte sich schließlich durchgesetzt, was nicht zuletzt daran liegen dürfte, dass Berlin seit Schinkel als «Spreeathen» bezeichnet wurde. (Günzel, *Romantik in Dresden*, S. 18 f.) / **45** Vgl. ebd., S. 27 ff. / **46** Vgl. oben, S. 333 f. / **47** Zit. nach Günzel, *Romantik in Dresden*, S. 28. / **48** Dazu Pommerin (Hg.), *Dresden unterm Hakenkreuz*, sowie Hädecke, *Dresden*, S. 242 ff. / **49** Dazu Rusinek, «‹Die deutscheste aller deutschen Städte›», S. 92 ff.; Blessing, «Nürnberg – ein deutscher Mythos», S. 390. / **50** Dazu Neuhaus, «Das Reich als Mythos», S. 315–318; zu der bis zur Selbstwidersprüchlichkeit gehenden Offenheit des Mythos vom Dritten Reich vgl. Neurohr, *Der Mythos vom Dritten Reich*, insbes. S. 13 ff., 81 ff. und 264 ff. / **51** Dazu Karow, *Deutsches Opfer*, S. 21–91; die Veranstaltungsabfolge im Verlauf einer Woche ist für den «Parteitag der Ehre» von 1936 exemplarisch beschrieben bei Zelnhefer, *Die Reichsparteitage der NSDAP*, S. 96–119. / **52** Hierzu und zum Folgenden Rusinek, «Die deutscheste aller deutschen Städte», S. 94 f. / **53** Dazu Behrenbeck, *Der Kult um die toten Helden*, insbes. S. 176 ff.; speziell zur Opfer- und Todesinszenierung auf den Reichsparteitagen vgl. Karow, *Deutsches Opfer*, S. 49 ff. / **54** Wiewohl vieles Torso blieb, bildete das Reichsparteitagsgelände nach 1945 für Nürnberg eine Hinterlassenschaft, die erinnerungspolitisch bewirtschaftet werden musste. Nachdem die Amerikaner einige Gebäude gesprengt hatten und man zunächst buchstäblich über das Ganze Gras wachsen ließ, wurde später ein Informationszentrum eingerichtet, das die «Faszination der Gewalt» konterkarieren und die Entstehung eines neuen Mythos aus der Ruinenatmosphäre verhindern sollte. (Vgl. Dietzfelbinger, *Der Umgang mit dem Reichsparteitagsgelände*, insbes S. 28 ff.) / **55** Dazu Loiperdinger, *Der Parteitagsfilm «Triumph des Willens»*; Eder, «Affektlenkung im Film», S. 107 ff., sowie Lenssen, «Unterworfene Gefühle», S. 198 ff. / **56** Karow, *Deutsches Opfer*, S. 155 ff. / **57** Ebd., S. 176. / **58** Vgl. Girard, *Das Heilige und die Gewalt*, insbes. S. 27 ff.; ders., *Die verkannte Stimme des Realen*, S. 56 ff.; ders., *Ich sah den Satan*, S. 174 ff. / **59** Vgl. Karow, *Deutsches Opfer*, S. 30 ff.; eine eingehende Analyse des Helden- und Opferkults *ohne* weitergehende religionstheoretische Deutung findet sich bei Behrenbeck, *Der Kult um die toten Helden*, insbes. S. 299 ff. und 492 ff. / **60** Karow, *Deutsches Opfer*, S. 162. / **61** Ebd., S. 164–167; die Akzeptanz dieses Hitlerbildes in der Bevölkerung wird behandelt bei Kershaw, *Der Hitler-Mythos*; danach war der Glaube an den Führer dann am stärksten, wenn er keine Opfer verlangte, sondern eher «gemäßigt» und «ohne Blutvergießen» Erfolge erzielte (S. 131 ff., 155 ff.). / **62** Dazu Grau, «Immension und Emotion», S. 84 ff., und Eder, «Affektlenkung im Film», S. 121 ff. / **63** «Der Mann kämpft für Hitler, bereit, sein Leben zu opfern, die Frau verehrt/liebt Hitler, bereit, ihm neues Leben (für neue Opfer) zu ‹schenken›.» (Karow, *Deutsches Opfer*, S. 161.) / **64** Hier ist zwischen der suggestiven Darstellung des Films und der Realität der Parteitage zu unterscheiden: Die Aufführungen der *Meistersinger* fanden bei den ‹alten Kämpfern› wenig Freunde (vgl. Zelnhefer, *Reichsparteitage*, S. 198 ff.), während sich die banale Unterhaltung in Bierzelten großen Zuspruchs erfreute (ebd., S. 202 ff.). / **65** Bracher, *Die deutsche Diktatur*, S. 277. / **66** Dazu ausführlich Evans, *Das Dritte Reich*, Bd. II/2, S. 660 ff. / **67** Ebd., S. 667 ff. / **68** Nach Kriegsende wurde bei Streicher im Übrigen eine riesige Sammlung pornographischer Literatur gefunden. / **69** Benz, *Geschichte des Dritten Reiches*, S. 137 ff. / **70** Die Zahlen folgen Bergander, *Dresden im Luftkrieg*, S. 402; ähnlich Reinhard u. a. (Hgg.), *Das rote Leuchten*, S. 100; ebenso mit differenzierten Überlegungen zu zeitweilig sehr viel höheren Opferangaben Taylor, *Dresden*, S. 381–388. / **71** Klemperer, *Ich will Zeugnis ablegen*; die lebensgefährlichen Umstände, unter denen die Tagebücher entstanden, sind dargestellt bei Hädecke, *Dresden*, S. 267 ff. / **72** Klemperer, *Ich will Zeugnis ablegen*, Bd. 2, S. 661. / **73** Ebd., S. 661. / **74** Zum Entscheidungsprozess, der zum Angriff auf Dresden führte, ausführlich Bergander, «Vom unattraktiven zum besonders lohnenden Ziel. Dresden in der Luftkriegsplanung der Alliierten»; in: Reinhard u. a. (Hgg.), *Das rote Leuchten*, S. 44–57, sowie Taylor, *Dresden*, S. 210 ff. / **75** Zur Strategie der Erzeugung von Feuerstürmen in den Stadtzentren als Alternative nach dem Fehlschlag der Präzisionsangriffe vgl. Friedrich, *Der Brand*, S. 109 ff., sowie Müller, *Der Bombenkrieg*, S. 107 ff. / **76** Klemperer, *Ich will Zeugnis ablegen*, S. 661 f. / **77** Eine Zusammenstellung findet sich bei Schmitz (Hg.), *Die Zerstörung Dresdens*, S. 187 ff. / **78** Die Bedeutung der Trümmerlandschaft für die Herausbildung einer deutschen Nachkriegsidentität und die Prägung des kollektiven Gedächtnisses einer Generation ist anhand von Fotografien behandelt bei Jäger, «Fotografie – Erinnerung – Identität», S. 2897 ff. / **79** Für Churchill war Nürnberg das «lebende Symbol des Nazismus», weswegen er schon früh auf Luftangriffe gegen Nürnberg gedrängt hatte; dazu Czernowski, «Nürnberg», S. 181, sowie Blessing, «Nürnberg – ein deutscher Mythos», S. 392. / **80** Dazu Taylor, *Die Nürnberger Prozesse*, insbes. S. 15–61. Die durch die Nürnberger Prozesse vorgenommene Weiterentwicklung des Kriegsvölkerrechts ist ausführlich dargestellt bei Friedrich, *Das Gesetz des Krieges*, S. 146 ff. und 224 ff. / **81** Shirer, «Wieder in Nürnberg»; in: Radlmaier (Hg.), *Der Nürnberger Lernprozess*, S. 27. / **82** Dos Passos, «Nürnberger Tagebuch», ebd., S. 48. / **83** Shirer, «Wieder in Nürnberg», S. 28 f. / **84** In den 1950er Jahren versuchten rechte und rechtsradikale Gruppierungen in der Bundesrepublik, mit dem Bombenkrieg politische Stimmung zu machen. So erklärte der ehemalige SS-General Ramcke im Oktober 1952 beim ersten «Kameradschaftstreffen» der Waffen-SS nach dem Krieg, die wirklichen Kriegsverbrecher seien jene, «die ohne taktische Gründe ganze Städte zerstörten, die die Bomben auf Hiroshima warfen und neue Atombomben herstellen». Zit. nach Frei, *1945 und wir*, S. 11. / **85** Schieber, *Geschichte Nürnbergs*, S. 171 f.; ausführlich Mulzer, *Der Wiederaufbau der Altstadt von Nürnberg*. / **86** Eine ausführliche Darstellung dessen bei Hädecke, *Dresden*, S. 287 ff. / **87** Rader, *Kleine Geschichte Dresdens*, S. 151 ff. / **88** Meinhardt, «Der Mythos vom alten Dresden», S. 177 ff. / **89** Zit. nach Neutzner, «Vom Anklagen zum Erinnern», S. 140 f. / **90** Ebd., S. 159 ff. / **91** Dazu ausführlich Bahr, *Sieben Tage im Oktober*, sowie Ulrich, *Die Bürgerbewegung in Dresden*; zusammenfassend Hädecke, *Dresden*, S. 342 ff. / **92** Kohl, *«Ich wollte Deutschlands Einheit»*, S. 213 f. / **93** Ebd., S. 214. / **94** Ebd., S. 217. / **95** Ebd., S. 221. / **96** Hierzu und zum Folgenden Appel (Hg.), *Die Dresdner Frauenkirche*; Delau, *Die Frauenkirche*, sowie Glaser (Red.), *Die Frauenkirche zu Dresden*.

Weinseligkeit und Kriegsgeschrei
Rheinmythen und Mythen am Rhein

1 Vgl. u. a. Tümmers, *Rheinromantik*; Gassen/Holeczek (Hgg.), *Mythos Rhein*; Boldt u. a. (Hgg.), *Der Rhein*, sowie Honnef u. a. (Hgg.), *Vom Zauber des Rheines ergriffen*. / **2** Zit. nach Tümmers, *Rheinromantik*, S. 60. / **3** Von Bismarck stammt die Bemerkung, Beckers «Rheinlied» habe in Deutschland eine Begeisterung ausgelöst, die Armeen wert sei. Beckers Gedicht umfasst sieben Strophen, in denen nach der politischen Eingangsstrophe allerlei deutsche Sentimentalitäten aufgeboten werden. So heißt es u. a.: «Sie sollen ihn nicht haben, / Den freien deutschen Rhein, / So lang sich Herzen laben / An seinem Feuerwein. // Sie sollten ihn nicht haben / Den freien deutschen Rhein / Bis seine Flut begraben / Des letzten Manns Gebein!» / **4** Heine, *Sämtliche Schriften*, Bd. 7, S. 587. / **5** Bei Musset heißt es weiter: «Wir haben ihn gehabt, den deutschen Rhein. / Wo waren die Germanensitten, / Als über eure Länderein / Des mächtgen Kaisers Schatten glitten? / Wo denn liegt eingesargt des letzten Manns Gebein? // Wir haben ihn gehabt, den deutschen Rhein / Habt ihr das Weltgeschehn vergessen; / So dachten eure Jüngferlein / Um so viel mehr an uns indessen. / Sie füllten uns den Krug mit eurem kleinen Wein.» Nicht ohne ironische Distanzierung von Beckers Versen ist auch Georg Herweghs «Rheinweinlied»: «Wo solch ein Feuer noch gedeiht / Und solch ein Wein noch Flammen speit, / Da lassen wir in Ewigkeit / Uns nimmermehr vertreiben. / Stoßt an! Stoßt an! Der Rhein, / Und wär's nur um den Wein, / Der Rhein soll deutsch verbleiben!» / **6** Schneckenburger, *Auswahl aus seinem Nachlass*, S. 19. / **7** Herwegh, *Werke und Briefe*, Bd. 1, S. 24. / **8** Vgl. die Beiträge von Vaughan, Powers und Riemann in Honnef u. a. (Hgg.), *Vom Zauber des Rheines ergriffen*, S. 107 ff., 219 ff. und 297 ff. / **9** Dazu die Beiträge von Buchert und Lange/Lohberg in: Boldt u. a. (Hgg.), *Der Rhein*, S. 157 ff. und 171 ff. / **10** «Da Deutschland eine solche Hauptstadt, in der Macht und Geschichte der Nation repräsentiert waren, nicht besaß, setzte man an ihre Stelle eine ganze nationale Landschaft; deren Verteidigung für die Deutschen ebenso höchste Pflicht sein sollte, wie die Verteidigung von Paris oder London für die Franzosen und Engländer.» (Veit-Brause, *Die deutsch-französische Krise von 1840*, S. 168.) / **11** Abbildung in Gassen/Holeczek (Hgg.), *Mythos Rhein*, S. 234/35. / **12** Darauf bezieht sich auch die Zugehörigkeitsmarkierung im «Lied der Deutschen»: «Von der Maas bis an die Memel». – Zu Beginn des 16. Jahrhunderts ist es bereits zu einer scharfen Auseinandersetzung zwischen deutschen und französischen Humanisten über die Frage gekommen, ob Karl der Große als Deutscher oder Franzose zu gelten habe, d. h., welche von beiden Nationen den Erneuerer des Kaisertums für sich reklamieren könne; dazu Münkler/Grünberger/Mayer, *Nationenbildung*, S. 176 ff. / **13** Fichte, *Reden an die Deutsche Nation*, insbes. S. 58 ff.; dazu Reiß, *Fichtes ‹Reden an die deutsche Nation›*, S. 119 ff. / **14** Vgl. oben, S. 165 ff. / **15** Eine Zusammenstellung von Zeitungsartikeln und Flugschriften von Görres und Arndt bietet Spies (Hg.), *Die Erhebung gegen Napoleon*, insbes. S. 386 ff. und 414 ff. / **16** Den Auftakt zur Poetisierung des Rheins bildete 1814 Max von Schenkendorfs «Lied vom Rhein»: «Es regen sich in allen Herzen / Viel vaterländsche Lust und Schmerzen, / Wenn man das deutsche Lied beginnt / Vom Rhein, dem hohen Felsenkind. // Sie hatten ihm geraubt, / Der alten Würden Glanz, / Von seinem Königshaupt / Den grünen Rebenkranz; // In Fesseln lag der Held geschlagen: / Sein Zürnen und sein stolzes Klagen, / Wir haben's manche Nacht belauscht, // Von Geisterschauern her umrauscht. / [...] / Wir huldgen unserm Herrn, / Wir trinken seinen Wein. / Die Freiheit sei der Stern! / Die Losung sei der Rhein! // Wir wollen ihm aufs Neue schwören; / Wir müssen ihm, er uns gehören. / Von Felsen kommt er frei und hehr, / Er fließe frei in Gottes Meer!» (Schenkendorf, *Gedichte*, S. 141–143.) / **17** Zur wirtschaftlichen Bedeutung des Rheins vgl. vor allem Febvre, *Der Rhein*, insbes. S. 95 ff., Irsigler, «‹Deutschlands hochschlagende Pulsader›», S. 67 ff., sowie die Beiträge von Petzina, Köhler/Manter, Stahlschmidt und Wiemer in Boldt u. a. (Hgg.), *Der Rhein*, S. 47 ff., 71 ff., 83 ff. und 109 ff. / **18** Zu den Aufständen im bergischen Land vgl. Tümmers, *Rheinromantik*, S. 54; zu Zollstationen und Kontinentalsperre Febvre, *Der Rhein*, S. 153 ff. / **19** Heine, *Sämtliche Schriften*, Bd. 1, S. 471. / **20** Dazu Pointner, «Vater Rhein», S. 225 ff.; bei dem erwähnten Karnevalslied handelt es sich um den Schlager «Ich hab' den Vater Rhein in seinem Bett geseh'n...» / **21** Vgl. Theissen, «Speyer. ‹Metropolis Germaniae›», S. 63 ff. / **22** Hierzu und zum Folgenden Rader, *Grab und Herrschaft*, S. 81 ff. / **23** Zur salischen Herrschaftsauffassung vgl. Schulze, *Hegemoniales Kaisertum*, S. 374 ff., sowie Fuhrmann, *Deutsche Geschichte im hohen Mittelalter*, S. 44 ff. / **24** Dazu Böckenförde, «Die Entstehung des Staates als Vorgang der Säkularisierung», S. 75 ff. / **25** Fuhrmann, *Deutsche Geschichte im hohen Mittelalter*, S. 170 f. / **26** 1689 wurde der Dom durch französische Truppen niedergebrannt. Im 18. Jahrhundert wiederhergestellt, fiel er 1793 mit der Eroberung Speyers abermals in französische Hände und wurde in ein Kriegsmagazin umgewandelt. 1805 wurde sogar sein Abbruch beschlossen, doch konnte der Mainzer Bischof die Rückgabe des Gebäudes erwirken und so dessen vollständige Zerstörung verhindern. Dazu Theissen, «Speyer», S. 66. / **27** Zit. nach Faber, *Abendland*, S. 187. / **28** Zit. ebd. / **29** Als Helmut Kohl die Trauerfeier für seine Frau Hannelore im Speyrer Kaiserdom planen ließ, dürfte der alte Reichsmythos dabei eine Rolle gespielt haben. / **30** *Das Nibelungenlied*, 19. Aventiure, Str. 1127–1140. / **31** Abbildung in Oberste, *Der Schatz der Nibelungen*, S. 209 und 211. / **32** Dazu und zum Folgenden Grolle, «‹Der Hort im Rhein›», S. 214 ff.; die Darstellung verdankt diesem Aufsatz zahlreiche Hinweise und Anregungen; weiterhin Storch, «Rheingold», S. 243 ff. / **33** Schenkendorf, *Gedichte*, S. 142. / **34** Zit. nach Storch, «Rheingold», S. 243. / **35** Herwegh, *Werke*, S. 28. / **36** In dem Gedicht «Bei des Nachtwächters Ankunft in Paris» (*Sämtliche Schriften*, Bd. 7, S. 415) heißt es: «Die Konstitution, die Freiheitsgesetze, / Sie sind uns versprochen, wir haben das Wort, / Und Königsworte, das sind Schätze, / Wie tief im Rhein der Nibelungenhort.» / **37** Dazu Wapnewski, *Weißt du wie das wird...?*, S. 67 ff., Borchmeyer, *Das Theater Richard Wagners*, S. 230 ff., der den politischen Gehalt des *Rings* als Replik zu Sophokles' *Ödipus* und *Antigone* begreift, sowie Bermbach, *Der Wahn des Gesamtkunstwerks*, S. 103 ff., der in der Konzeption des *Rings* Wagners durch Proudhon und Bakunin beeinflusste sozialistische Ideen identifiziert; zur Kritik an Eigentum und Macht bei Wagner vgl. auch Hartwich, *Deutsche Mythologie*, S. 154 ff. / **38** Wagner, *Dichtungen und Schriften*, Bd. 3, S. 72; der Vers «O leuchte noch» ist zu verstehen als «O würde doch noch leuchten». / **39** «Das Feuer, das mich verbrennt, / rein'ge den Ring vom Fluch: / ihr in der Flut / löst ihn auf, / und lauter bewahrt / das lichte Gold, / den strahlenden Stern des Rheins, / der zum Unheil euch geraubt. –» (Ebd., S. 310 f.) / **40** Dazu Wein, *Deutschlands Strom – Frankreichs Grenze*, S. 62 ff., 890 ff. / **41** Bertram, *Der Rhein*, S. 9. / **42** Dazu Tittel, «Monumentaldenkmäler von 1871 bis 1918 in Deutschland», S. 223 ff.; ders., *Das Niederwalddenkmal*, passim; von Bruchhausen, *Das Zeichen im Kostümball. Marianne und Germania in der Politischen Ikonographie*, passim; Bemmann, *Deutsche Nationaldenkmäler*, S. 181 ff. / **43** Dazu Gall, *Germania*, passim. / **44** Beispielhaft dafür ist das Gemälde «Germania auf der Wacht am Rhein» von Lorenz Clasen im Krefelder

Kaiser-Wilhelm-Museum. / **45** Dazu Tittel, «Monumentaldenkmäler», S. 233 ff., Bemmann, *Deutsche Nationaldenkmäler*, S. 193 ff. / **46** Dazu Weschenfelder, «Der Denkmal-Komplex», S. 323 ff.; ders., «*Ein Bild aus Erz und Stein*»; Bemmann, *Deutsche Nationaldenkmäler*, S. 201 ff. / **47** Zit. nach Bemmann, *Deutsche Nationaldenkmäler*, S. 201. / **48** Haberland, «‹Eine Gegend wie ein Dichtertraum›», S. 138. / **49** Schlegel, *Ansichten und Ideen von der christlichen Kunst*, S 190. / **50** Dazu H. M. Schmidt, «Burgenromantik im Rheinland», S. 307 ff. / **51** Es gibt von Camphausens Bild zwei leicht voneinander abweichende Versionen, von denen sich die eine heute in Berlin (früher in Breslau), die andere im Mittelrheinmuseum in Koblenz befindet. / **52** Dazu Hager, *Geschichte in Bildern*, S. 258 f.; Wünschel, «Die Wacht am Rhein», S. 300 f. / **53** Dazu Kolbe, *Ich weiß nicht, was soll es bedeuten*; Czarnowski, «Die Loreley», S. 489 ff., sowie Fuß, «Die Loreley», S. 267 ff. / **54** Brentano, *Werke*, Bd. 3, S. 94. / **55** Brentano, «Lureley», in: *Das große deutsche Balladenbuch*, S. 161 f. / **56** So Czarnowski, «Die Loreley», S. 489 f. / **57** Heine, *Sämtliche Schriften*, Bd. 1, S. 107. Angesichts der Umstrittenheit des Rheins zwischen Frankreich und Deutschland nimmt es nicht wunder, dass schließlich auch die Loreley in diese Kämpfe involviert wurde. In Siegbert Meyers zwischen 1871 und 1876 entstandener «Neuer Loreley» (zit. nach Czarnowski, «Die Loreley», S. 484) heißt es: «Die deutscheste Jungfrau sitzet / Auf hohem felsigen Stein, / Ihr leuchtender Harnisch blitzet, – / So hält sie die Wacht am Rhein! // Es kamen zum Rhein die Franzosen, / Ein kampfesmutiger Troß, / Mit übermütigem Tosen, / Mit Sturm- und Donnergeschoß! // Da klang die goldene Leier, / Da sang die Loreley / Da stürmte Armin, der Befreier,/ Mit Deutschlands Helden herbei. // Sie scheuten keine Gefahren; / Der Sieg, er wurde ihr Lohn; / auf Loreleys goldenen Haaren / glänzt goldig die Kaiserkron!» Hier deutete sich eine Realkonkurrenz zwischen Loreley und Germania an, die dadurch geschlichtet wurde, dass die Loreley auf die Schönheit und die Germania auf das Wächteramt verpflichtet wurden. / **58** Dazu Tümmers, *Rheinromantik*, S. 110 ff. / **59** Zit. ebd., S. 498 f.; der Text wurde in der Phase der Nato-Nachrüstung wieder aufgenommen und aktualisiert. / **60** Haupts, «Die Kölner Dombaufeste 1842–1880», S. 200. / **61** Vgl. Borger (Hg.), *Der Kölner Dom*, S. 20–23. / **62** Haupts, «Die Kölner Dombaufeste», S. 194. / **63** Zit. nach Moeller van den Bruck, *Goethe*, S. 180. / **64** Heine, *Sämtliche Schriften*, Bd. 7, S. 584 f. / **65** Haupts, «Die Kölner Dombaufeste», S. 195.

V. POLITISCHE MYTHEN NACH DEM ZWEITEN WELTKRIEG

1 Zu Genese und Nachwirkungen der «unconditional-surrender-Formel» vgl. Massing, *Gründungsmythen*, S. 47 ff. / **2** Hierzu und zu den Selbsttäuschungen der Regierung Dönitz vgl. Hildebrandt, *Das vergangene Reich*, S. 843 ff. / **3** Dass es sich bei der Rechtsfiktion vom Fortbestand des Deutschen Reichs in den Grenzen von 1937 um «eine neudeutsche Kyffhäuser-Mythe» gehandelt habe, wie Massing («Identität als Mythopoem», S. 235 f.) meint, ist wenig plausibel, da dieser Fiktion weder eine narrative Komponente noch ikonische Momente eigen waren, von rituellen Inszenierungen ganz zu schweigen. Dass es am rechten Rand des politischen Spektrums solche Vorstellungen gab, soll damit nicht bestritten werden. / **4** Der Dramatiker Heiner Müller hat sich dieses Begriffes immer wieder bedient und daraus während der 1970er Jahre in seiner Theaterarbeit eine mythische Gegenerzählung geformt; vgl. Müller, *Krieg ohne Schlacht*, S. 243 ff. / **5** Zit.

nach Hildebrandt, *Das vergangene Reich*, S. 843. / **6** Vgl. Wolfrum, *Die geglückte Demokratie*, S. 130 f. / **7** Zum Begriff der postheroischen Gesellschaft vgl. Münkler, *Der Wandel des Krieges*, S. 310 ff. / **8** Zu den sogenannten Bausoldaten in der NVA, die den Wehrdienst ohne Waffe ableisten konnten, und den Totalverweigerern vgl. Schroeder, *Der SED-Staat*, S. 450–454. / **9** Dazu ebd., S. 274 ff., sowie Neubert, *Opposition in der DDR*, S. 366 ff., 389 ff. sowie 622 ff., zur Formel «Schwerter zu Pflugscharen», S. 398 ff. / **10** Vgl. oben, S. 356 ff. / **11** Vgl. oben, S. 124 ff. / **12** Vgl. oben, S. 393 ff. / **13** Österreich jedenfalls ging erinnerungspolitisch seinen eigenen Weg; vgl. hierzu die Beiträge insbes. von Irene Etzersdorfer, Werner Suppanz, Karin Liebhart und Andreas Pribersky in Brix u. a. (Hgg.), *Memoria Austriae*, Bd. 1; zu einer in die Geschichte zurückreichenden politischen Mythologie Österreichs vgl. Bruckmiller, «Österreich. ‹An Ehren und an Siegen reich›», S. 269 ff. / **14** Dazu Wolfrum, *Geschichtspolitik*, S. 65 ff. Es gab freilich immer wieder auch Debatten über die Abschaffung des 17. Juni als politischer Feiertag, doch hat man sich bis zum Ende der DDR nie dazu durchringen können. Anstelle dessen kam es zu unterschiedlichen Aufmerksamkeitskonjukturen (vgl. ebd., S. 249 ff., 286 ff.; 325 ff.). / **15** Vgl. Schroeder, *Der SED-Staat*, S. 219 ff., 246 ff., 269 ff., 306 ff. / **16** Ebd., S. 293 f. / **17** Wolfrum, *Geschichtspolitik*, S. 336 ff. / **18** Dazu Hacke, «Kanzlermythen», S. 33 ff., sowie Werz, «Helmut Kohl: Auf dem Weg zum Mythos?», S. 219 ff. Erhard und Kiesinger sind als Kanzler eher Gestalten des Übergangs; Ludwig Erhards Mythenfähigkeit liegt in seiner Zeit als Wirtschaftsminister unter Adenauer. / **19** Zur ikonographischen Ausgestaltung des Ulbricht-Kults vgl. Klotz, *Das politische Plakat der SBZ/DDR*, S. 97 ff. / **20** Vgl. Werz, «Helmut Kohl. Auf dem Weg zum Mythos?», S. 223 ff. / **21** Dazu Schmid, «‹Wir Antifaschisten›», S. 163. / **22** Dazu Mierzejewski, *Ludwig Erhard*, S. 243 ff. / **23** Vgl. Münkler, «‹Enkel› und ‹Kronprinzen›», S. 299 ff.

Antifaschistischer Widerstand, Frühbürgerliche Revolution und Befreiungskriege
Die Gründungsmythen der DDR

1 Zit. nach Ullrich u. a. (Hgg.), *Deutsche Demokratische Republik*, S. 21. / **2** Walter Ulbricht, *Die Bedeutung und die Lebenskraft der Lehren von Karl Marx für unsere Zeit*, Berlin [DDR] 1968, S. 41; zit. nach *Lehrbuch Geschichte, Klasse 9*, S. 159. / **3** Zit. nach Pieck, Dimitroff, Togliatti, *Die Offensive des Faschismus*, S. 87. / **4** Ullrich u. a. (Hgg.), *Deutsche Demokratische Republik*, S. 23. / **5** Ebd., S. 22. / **6** Schönhoven, «Verschiedene Vergangenheiten», S. 237 ff. / **7** Zusammenfassend ist hier auf folgende einschlägige Untersuchungen hinzuweisen: Wilke, «Antifaschismus als Legitimation staatlicher Herrschaft», S. 52 ff.; ders., «Mythos Antifaschismus», S. 94 ff.; Meuschel, «Antifaschistischer Stalinismus», S. 163; Schuberth/Schmidt, «‹Sieger der Geschichte›. Verordneter Antifaschismus und die Folgen», S. 12 ff.; Grunenberg, *Antifaschismus – ein deutscher Mythos*; Zimmering, *Mythen in der Politik der DDR*, S. 37 ff.; Faulenbach, «Zur Funktion des Antifaschismus in der SBZ/DDR», S. 144 f., sowie Schmid, «‹Wir Antifaschisten›», S. 150 ff. / **8** Ullrich u. a. (Hgg.), *Deutsche Demokratische Republik*, S. 22. / **9** In Anknüpfung an Franz Mehring hat Alfred Meusel 1952 den Begriff der frühbürgerlichen Revolution geprägt, womit er Reformation und Bauernkrieg zu einem «einheitlichen revolutionären Prozess» miteinander verband; vgl. Meusel, *Thomas Müntzer und seine Zeit*, S. 41; ähnlich bei einer Diskussion über Luther am 5. 10. 1952: «Die Reformation war die frühbürgerliche Revolution in Deutschland.» Dadurch wurde es schließlich möglich, dem zunächst geschmähten Luther einen prominenten Platz in der Vorgeschichte der DDR zuzuweisen; vgl. Brinks, *Die DDR-Geschichtswissenschaft*, S 149 ff.; als Standardwerk zur Umsetzung im Geschichtsunterricht der DDR vgl. Mätzing, *Geschichte im Zeichen des Materialismus.* / **10** Aus der Perspektive der Befreiungskriege und in Analogie zu den Rheinbundstaaten betrachtet, handelte es sich bei der Bundesrepublik um ein politisch ephemeres Gebilde, das im Wesentlichen dazu diente, deutsche Soldaten für die Zwecke ausländischer Mächte – in diesem Fall vor allem der USA – aufzubieten und für deren Interessen zu verheizen. / **11** *Lehrbuch Geschichte, Klasse 9*, S. 159. / **12** Ebd., S. 136. / **13** Zum Wahlerfolg der NSDAP in der Arbeiterklasse vgl. Falter, *Hitlers Wähler*, S. 198 ff., sowie Zollitsch, *Arbeiter zwischen Weltwirtschaftskrise und Nationalsozialismus.* / **14** *Lehrbuch Geschichte, Klasse 9*, S. 49 und 127. So ließ sich auch die Sozialfaschismusthese vergessen machen, wonach die Sozialdemokraten und nicht die Nazis die Hauptgegner der Kommunistischen Partei seien. / **15** Ebd., S. 147. / **16** Auch der politische Führungsanspruch der Kommunisten innerhalb der SED leitete sich aus der Gründungserzählung her, nach der sie die entschlosseneren Kämpfer waren. Wäre die Mitgliederzahl ausschlaggebend gewesen, hätte den Sozialdemokraten die Führungsrolle innerhalb der neuentstandenen Partei zufallen müssen: In den von den Sowjets besetzten Gebieten Deutschlands hatte die SPD zum Zeitpunkt der Zwangsvereinigung 302 400, die KPD nur 248 900 Mitglieder. Diese Angaben nach Eppelmann u. a. (Hgg.), *Lexikon des DDR-Sozialismus*, S. 534. / **17** Als klar wurde, dass der KPD keineswegs an einer gleichberechtigten Zusammenarbeit mit der SPD gelegen war, sondern sie ihren Führungsanspruch mit allen Mitteln durchzusetzen gedachte, entstand eine Opposition gegen die von Otto Grotewohl betriebene Vereinigungspolitik. Diese Opposition wurde mit Einschüchterungen und Verhaftungen zerschlagen; vgl. Malycha, *Auf dem Weg zur SED*, passim. / **18** In dem 1977 herausgegebenen Lehrplan für die 10. Klasse heißt es: «Die Gründung der Sozialistischen Einheitspartei Deutschlands war die größte Errungenschaft in der Geschichte der deutschen Arbeiterklasse und des deutschen Volkes nach der Veröffentlichung des Kommunistischen Manifestes und der Gründung der KPD.» (Ministerrat der DDR, *Lehrplan Geschichte, Klasse 10*, S. 18); zur ikonographischen Ausgestaltung der SED-Gründung vgl. Klotz, *Das politische Plakat der SBZ/DDR*, S. 34 ff. / **19** Dazu Mählert/Stephan, *Blaue Hemden – Rote Fahnen*, S. 56 ff., sowie Fippel, «Verfolgte», S. 153 ff. – Der antifaschistische Gründungsmythos diente schließlich sogar dazu, gegen ehemalige KZ-Häftlinge der KPD vorzugehen, sie politisch zu entmachten oder erneut zu inhaftieren, wenn das – wie im Fall des Lagerkomitees von Buchenwald – im Interesse der Partei lag. (Dazu Niethammer, *Der «gesäuberte» Antifaschismus*, S. 77.) / **20** Hierzu zählt die Gründung der «Einheitsfront antifaschistisch-demokratischer Parteien», des sogenannten Antifa-Blocks, um die strukturell bürgerliche Mehrheit in der SBZ/DDR zu brechen. Dazu Niethammer, *Der «gesäuberte» Antifaschismus*, S. 77. / **21** Zur Entwicklung der Literatur in SBZ und DDR im Hinblick auf den antifaschistischen Gründungsmythos vgl. Emmerich, *Kleine Literaturgeschichte der DDR*, S. 70 ff., sowie ders., «Selektive Erinnerung», S. 105 ff.; zum Einbezug der Literatur in den Unterricht vgl. insbes. Zimmering, *Mythen in der Politik der DDR*, S. 56 ff., der die Darstellung hier und im Folgenden verpflichtet ist. Zur Attraktivität von SBZ und DDR für Künstler und Intellektuelle vgl. Dornhof, «Der Traum von einer Gelehrtenrepublik», S. 94 ff. / **22** de Bruyn, *Vierzig Jahre*, S. 117. / **23** Wolf, «Kiki. Die Geschichte eines kleinen Hundes»; in: *Lesebuch Klasse 6*, Berlin [DDR], 1985, S. 134–140. / **24** Seghers' Roman, 1942 geschrieben und 1946 im Berliner Aufbau-Verlag veröffentlicht, gehörte von 1946 bis 1990 zur Pflichtlektüre an Grund- und Vorschulen; vgl. Zimmering, *Mythen in der Politik der DDR*, S. 62. 1948/49 wurde der Roman im Westen heftig kritisiert und angegriffen; dazu Stephan, *Anna Seghers' Das Siebte Kreuz*, S. 238ff. / **25** Apitz, *Nackt unter Wölfen*, S. 418ff.; auch gegen Apitz' Roman wurde im Westen polemisiert; ein Rezensent warf ihm u.a. vor, «eine rührselige Geschichte mit Lesebuch-Didaktik» geschrieben zu haben (zit. nach Emmerich, *Kleine Literaturgeschichte der DDR*, S. 135); vgl. jetzt auch Niven, *The Buchenwald Child.* / **26** Über die Rolle der Kommunisten in der Lagerorganisation und die Entscheidungsdilemmata vor Eintreffen der Amerikaner informiert Niethammer, *Der ‹gesäuberte› Antifaschismus*, S. 27–51. / **27** Hier weiterführend Barck, *Antifa-Geschichte(n)*, passim. / **28** Dazu McLellan, *Remembering Spain*, passim. / **29** Schon mit Tamara Bunke, der Weggefährtin und Geliebten Che Guevaras, die 1967 in Bolivien getötet worden war, tat sich das Regime schwer (vgl. hierzu Ines Langelüddecke: *«So lebt Tanja in uns weiter.» – Tamara Bunke und die Konstruktion eines politischen Mythos*, passim.), wurden durch sie doch Sehnsüchte geweckt, die man nicht befriedigen konnte. Das wurde noch schwieriger, als die in der Bundesrepublik Mitte der 1960er Jahre entstandene neue Linke ihrem romantischen Internationalismus zu frönen begann und die westliche Reisefreiheit sowie die Chancen einer harten Währung dazu nutzte, um Informations- und Solidaritätsreisen nach Kuba und Portugal, Jordanien und Vietnam zu unternehmen. / **30** Dazu Zimmering, *Mythen in der Politik der DDR*, S. 132ff. / **31** Zit. nach *Ringsum erwachen Lieder*, S. 103. / **32** Assmann, *Das kulturelle Gedächtnis*, S. 52–54. / **33** Von Anfang an hat sich die DEFA-Filmproduktion um die Vermittlung des Gründungsmythos vom antifaschistischen Widerstand bemüht, nicht zuletzt durch Literaturverfilmungen. Zur Bedeutung des Films bei der Vermittlung politischer Mythen Rother (Hg.), *Mythen der Nationen. Völker im Film*; zum Heldenkult um Ernst Thälmann vgl. Leo, «‹Deutschlands unsterblicher Sohn›», S. 101ff.; zur Darstellung des KPD-Vorsitzenden Ernst Thälmann im Film der DDR vgl. Langenhahn, «Ursprünge und Ausformung des Thälmannkults», S. 55ff.; sowie dies., «Zur politischen Ikonographie des DEFA-Films», S. 267ff.; zum Antifaschismus in DEFA-Filmen vgl. Mückenberger, *Der Wandel des antifaschistischen Leitbildes*, S. 101ff., sowie Kannapin, *Antifaschismus im Film der DDR*, S. 72ff. / **34** Hierzu und zum Folgenden Knigge u.a., *Versteinertes Gedenken*, passim; Zimmering, *Mythen in der Politik der DDR*, S. 79ff., sowie Reichel, *Politik mit der Erinnerung*, S. 129ff.; zur Geschichte der Gedenkstätte und ihrer Bedeutung für die DDR vgl. Overesch, *Buchenwald und die DDR*, S. 261ff. / **35** Vgl. oben, S. 329ff. / **36** Knigge u.a., *Versteinertes Gedenken*, S. 7; in der späteren Ausformung durch die KPD wurde der erste Satz leicht variiert und lautete: «Die Vernichtung des Nazismus mit seinen Wurzeln ist unsere Losung.» (ebd., S. 8). / **37** Vgl. ebd., S. 33ff. / **38** Offenbar gab es auch einige Stimmen in der SED, die das Lager verschwinden lassen wollten, um ehemalige Mitläufer des NS für den neuen Staat zu gewinnen; vgl. Knigge u.a., *Versteinertes Gedenken*, S. 55, sowie *Buchenwald und die DDR*, Göttingen 1990, hier S. 261ff. / **39** «Buchenwald wurde als eine Art mythische Geburtsstätte der DDR betrachtet, wo aus unsagbarem Leid, aber auch aus der kämpferischen Überwindung des alten [...] die neue Gesellschaft entstand.» (Zimmering, *Mythen in der Politik der DDR*, S. 79). Im Unterschied dazu konnten die Sowjets das Ehrenmal in Berlin-Treptow, wo 7000 bei der Eroberung Berlins gefallene Sowjetsoldaten bestattet sind, in Form eines Siegesmals errichten (ebd., S. 73ff.) – freilich um den Preis, dass der unbedarfte Besucher die dort verwendete Formsprache leicht mit der des Nationalsozialismus verwechseln konnte. An Vergleichbares war am Ort eines ehemaligen KZ nicht zu denken. Also musste man den Opfergang mit dem schließlich doch errungenen Sieg verbinden, und das führte zwangsläufig zu einer Kombination von Golgatha, Ostern und Pfingsten. (Vgl. Knigge, «Buchenwald-Denkmal», S. 115.) / **40** Zum Thälmannkult in der DDR vgl. Börnert, *Wie Thälmann treu und kühn*, sowie Monteath, *Thälmann. Mensch und Mythos.* / **41** Vgl. Knigge u. a., *Versteinertes Gedenken*, S. 24 f. / **42** So Zimmering, *Mythen in der Politik der DDR*, S. 87; zum Kyffhäuser-Denkmal vgl. oben, S. 63 ff. / **43** Hierzu und zum Folgenden vgl. Knigge u. a., *Versteinertes Gedenken*, S. 74 ff., Zimmering, *Mythen in der Politik der DDR*, S. 91 ff., sowie Frank, *Antifaschistische Mahnmale in der DDR*, S. 17 f. / **44** Knigge u. a., *Versteinertes Gedenken*, S. 81. / **45** Frank, *Antifaschistische Mahnmale in der DDR*, S. 5. / **46** Dazu Mittig, «Ostberliner Denkmäler zwischen Vergessen und Erinnern», S. 329 ff. / **47** Lepsius, «Das Erbe des Nationalsozialismus», S. 247 ff. / **48** Vgl. Saage, *Faschismustheorien*, S. 32 ff. / **49** Die Machtübertragung, so hieß es im DDR-Geschichtslehrbuch, «erfolgte auf Drängen der reaktionärsten Kräfte des deutschen Monopolkapitals», und weiter: «Den Monopolvertretern waren die wirklichen Ziele der Nazipartei bekannt. Sie begrüßten und förderten jene Absichten, die die rücksichtslose Unterdrückung der Arbeiterklasse und der demokratischen Kräfte zum Ziel hatten.» (*Lehrbuch Geschichte, Klasse 9*, S. 145.) / **50** Tatsächlich hatten die Ruhrindustriellen Hitler hofiert und seit Anfang der 1930er Jahre die NSDAP mit erheblichen finanziellen Mitteln unterstützt. Das hatten sie freilich auch bei anderen Parteien getan, auf die sie politischen Einfluss ausüben zu können glaubten; vgl. Turner, *Die Großunternehmer und der Aufstieg Hitlers*, insbes. S. 257 ff. und 415 ff. / **51** Offenbar hat die Übernahme der Faschismustheorie marxistischer Provenienz in der westdeutschen Studentenbewegung ähnliche Effekte gehabt wie in der DDR, denn wenn man den Nationalsozialismus als die Folge des Kapitalismus begriff, war man im selben Zug die Last der Vergangenheit los, brauchte sich nicht weiter mit ihr zu beschäftigen und konnte unbeschwert zum politischen Kampf «gegen den zionistischen Staat» in Palästina aufrufen. Nach Auffassung von Götz Aly (*Unser Kampf*, S. 157, 189 und 206) hatte die Rezeption der Faschismustheorie in großen Teilen der westdeutschen Linken zur Folge, dass man sich von den Taten der Väter abwandte und allgemein über den Zusammenhang von Kapitalismus und Faschismus räsonierte. / **52** «520 000 ehemalige Angehörige der Nazipartei wurden aus öffentlichen Ämtern entlassen. Allein bis 1950 sind über 10 000 Personen, die der Kriegsverbrechen und Verbrechen gegen die Menschlichkeit überführt waren, abgeurteilt worden.» (Ullrich u. a. [Hgg.], *Deutsche Demokratische Republik*, S. 24.) Dass diese Entnazifizierung den Maßgaben der Faschismustheorie folgte, zeigt der anschließende Satz: «7136 Großgrundbesitzer und 4112 Kriegsverbrecher wurden – den Bestimmungen des gesetzlich rechtsverbindlichen Potsdamer Abkommens folgend – entschädigungslos enteignet.» (Ebd.). / **53** Eine ausgewogene Beurteilung dessen bei Frei, *1945 und wir*, S. 28 f. sowie 200, Fn. 26. / **54** So Schroeder, *Der SED-Staat*, S. 66 ff. / **55** Vgl. die exemplarische Untersuchung von Fait, «Die Kreisleiter der NSDAP – nach 1945», S. 213 ff. / **56** Dazu Wesh, «‹Antifaschistisch-demokratische Umwälzung›», S. 84 ff. / **57** Hermann Lübbe («Deutschland nach dem Nationalsozialismus» sowie «Der Nationalsozialismus im Bewusstsein der deutschen Gegenwart») hat darauf bestanden, dass dieses Beschweigen nicht mit Verdrängen identisch sei. Seine Argumentation, auf die hier nicht näher eingegangen werden kann, hat eine heftige Kontroverse ausgelöst; vgl. Haug, «Hermann Lübbes Verklärung des Verschweigens»; Friedrich, *Die kalte Amnestie*, passim, sowie Fischer/Lorenz (Hgg.), *Lexikon der «Vergangenheitsbewältigung»*, S. 92 ff. – Zu den «Schuldfreiheitsgesetzen» von 1949 und 1954 in der Bundesrepublik vgl. Frei, *Vergangenheitspolitik*, S. 29 ff. und 100 ff. / **58** Hermlin, *In den Kämpfen dieser Zeit*, S. 29. Dass Hermlin selbst seine Vita dem DDR-Gründungsmythos angepasst hat, um bei den ersten Siegern der Geschichte zu sein, legen jüngere Untersuchungen zu seiner Biographie nahe; vgl. Corino, *«Außen Marmor, innen Gips»*; zur Formel vom «Sieger der Geschichte» vgl. Maier, «Gibt es einen Sieger der Geschichte?», S. 197 ff. / **59** Dazu ausführlich Kessler, *Die DDR und die Juden*, der auch (etwa S. 171) einige Beispiele für die Instrumentalisierung des antifaschistischen Gründungsmythos in der Konkurrenz mit der Bundesrepublik bringt. / **60** Eine polemisch-engagierte Auseinandersetzung mit der in der DDR unterbliebenen Beschäftigung mit dem Mord an den europäischen Juden findet sich bei Wolffsohn, *Die Deutschland-Akte*; eine vergleichende Untersuchung zur Thematisierung der Shoa in der DDR und der Bundesrepublik bietet Herf, *Zweierlei Erinnerung*, insbes. S. 87–238. / **61** Nachweise bei Wolffsohn, *Die Deutschland-Akte*, S. 188. / **62** Zimmering (*Mythen in der Politik der DDR*) datiert dieses Funktionieren bis in die 1970er Jahre hinein. / **63** Simon, «Antifaschismus als Loyalitätsfalle»; in: *FAZ*, 1. März 1993; zu der durch die antifaschistische Literatur generierten Loyalität gegenüber der DDR vgl. auch Rüther, *Literatur in der Diktatur*, S. 249–282. / **64** Leo, «Die Helden erinnern sich», S. 159 f. / **65** Hensel, *Zonenkinder*, S. 108. / **66** Zit. nach Mählert/Stephan, *Blaue Hemden – Rote Fahnen*, S. 65. / **67** Dazu Azaryahu, *Vom Wilhelmplatz zum Thälmannplatz*, insbes. S. 151 ff., sowie Sänger, *Heldenkult und Heimatliebe*, insbes. S. 127 ff. / **68** Gellner, *Bedingungen der Freiheit*, S. 49 ff.; Schmid, «‹Wir Antifaschisten›», S. 165 ff. / **69** Diese Konzeption ist ausformuliert bei Steinmetz (Hg.), *Die frühbürgerliche Revolution in Deutschland*, sowie Brendler, *Reformation und Bauernkrieg*. / **70** Ullrich u. a., *Die Deutsche Demokratische Republik*. / **71** Engels beginnt seine im Sommer 1850 geschriebene Abhandlung mit der für die Erbe-Theorie grundlegenden Feststellung: «Auch das deutsche Volk hat seine revolutionäre Tradition. Es gab eine Zeit, wo Deutschland Charaktere hervorbrachte, die sich den besten Leuten der Revolutionen anderer Länder an die Seite stellen können, wo das deutsche Volk eine Ausdauer und Energie entwickelte, die bei einer zentralisierten Nation die großartigsten Resultate entwickelt hätte, wo deutsche Bauern und Plebeier mit Ideen und Plänen schwanger gingen, vor denen ihre Nachkommen oft genug zurückschaudern. Es ist an der Zeit, gegenüber der augenblicklichen Erschaffung, die sich nach zwei Jahren des Kampfes [Engels bezieht sich auf die Revolution von 1848] fast überall zeigt, die ungefügen, aber kräftigen und zähen Gestalten des großen Bauernkriegs dem deutschen Volke wieder vorzuführen.» (Engels, «Der deutsche Bauernkrieg», S. 325.) / **72** Smirin, *Die Volksreformation des Thomas Müntzer*. / **73** Abusch, *Der Irrweg einer Nation*, S. 23; noch schärfer ausgeprägt ist die Verantwortlichmachung Luthers für die deutsche Misere bei Hanstein, *Von Luther zu Hitler*. / **74** Ebd., S. 23 und 29. / **75** Zit. nach Zimmering, *Mythen in der Politik der DDR*, S. 204; zur Erbekonzeption generell Haase (Hg.), *Die SED und das kulturelle Erbe*. / **76** Das wichtigste Dokument dieser Erbe-Theorie während ihrer Durchsetzung gegen die Misere-Auffassung ist Albert Nordens Buch *Um die Nation*, ein systematischer Beutezug durch die deutsche Geschichte. / **77** Dabei konnte das Müntzer-Buch von Ernst Bloch (*Thomas Münzer als Theologe der Revolution*) zu Hilfe genommen werden. / **78** Dazu ausführlich Zimmering, *Mythen in der Politik der DDR*, S. 176 ff. / **79** Luthers Zwei-Reiche-Lehre passte mitsamt der affirmativen Auslegung des Paulus-Wortes aus Römer 13, wonach ein jeder untertan sei der Obrigkeit, vorzüglich in das politische Selbstverständnis der Partei- und Staatsführung. Außerdem kam es den Erfordernissen der «Kirche im Sozialismus» entgegen. / **80** Dazu oben, S. 323; zum Wandel des Lutherbildes in der DDR vgl. Brendler, «Luther im Traditionenkonflikt der DDR», sowie Zimmering, *Mythen in der Politik der DDR*, S. 218 ff. Das neue Lutherbild tritt erstmals hervor in Junghans (Hg.), *Luther: Leben und Werk*, das sowohl im Osten als auch im Westen erschienen ist. / **81** Herrnstadt, *Die Entdeckung der Klassen*, S. 37. / **82** Steinmetz, *Deutschland 1476–1648*, S. 92. / **83** Der Begriff geht auf Alfred Meusel (*Thomas Müntzer*, S. 41) zurück, der ihn bereits zu Beginn der 1950er Jahre prägte; gründungsmythische Relevanz bekam er jedoch erst gut zehn Jahre später. / **84** Dass man darüber Müntzer nicht aus dem Traditionsbestand der DDR tilgte, zeigt die 1989 anlässlich des 40. Jahrestags der DDR-Gründung durchgeführte historisch-biographische Ausstellung zu Thomas Müntzer im Berliner Museum für deutsche Geschichte. Vgl. dazu den Ausstellungsband *Ich, Thomas Müntzer, eyn Knecht Gottes*, Berlin [DDR] 1989. / **85** Zit. nach Zimmering, *Mythen in der Politik der DDR*, S. 232. / **86** Zu Leben und Theologie Müntzers vgl. Elliger, *Außenseiter der Reformation: Thomas Müntzer*, sowie Ebert, *Thomas Müntzer*. Eine scharfe Kritik an der «linken» These, Müntzers Theologie sei auf eine politische und soziale Revolution gerichtet gewesen, findet sich bei Arndt, *Theologie als Weltordnung*, insbes. S. 171 ff. / **87** Die Folgen der Niederlage der Bauern werden unterschiedlich beurteilt: Während die DDR-Historiographie im Anschluss an Engels und Mehring darin eine vertane Chance zur Nationalstaatsbildung sah und daraus die historische Verspätung Deutschlands erklärte, geht die in den 1920er Jahren begonnene und 1933 erstmals erschienene Darstellung von Günter Franz davon aus, die längerfristigen Effekte der bäuerlichen Niederlage seien ephemer gewesen (Franz, *Der deutsche Bauernkrieg*, S. 294 ff.). Dagegen hat Adolf Waas die hohen Menschenverluste der Bauernschaft herausgestellt, dazu die Entrechtung der Dorfgemeinden und eine lange währende Schwächung bäuerlicher Interessenvertretung (Waas, *Der Bauernkrieg*, S. 254 ff.). Franz und Waas stimmen jedoch darin überein, dass nicht nur die Bauern, sondern auch die Ritter die Verlierer des Aufstandes gewesen seien, während die auf territorialstaatliche Konsolidierung bedachten Fürsten die tatsächlichen Gewinner waren (Franz, *Der deutsche Bauernkrieg*, S. 298 f.; Waas, *Der Bauernkrieg*, S. 259 f.). Das würde freilich bedeuten, dass der Ausgang des Bauernkrieges – entgegen den marxistischen Annahmen über die Folgen des Bauernkrieges – die Entwicklung in Deutschland nicht verlangsamt, sondern beschleunigt hat; dazu und zum Stand der Forschungsdebatte vgl. Blickle, *Die Revolution von 1525*, S. 245 ff. und 279 ff. / **88** Eine ausführliche Darstellung dieser Debatten findet sich bei Behrendt, *Werner Tübkes Panoramabild*, S. 97 ff. / **89** Auch dabei spielte der Gegensatz zur Bundesrepublik eine zentrale Rolle; von ihr hieß es in einer Stellungnahme des Komitees, das mit der Vorbereitung des 450. Jahrestags des Bauernkriegs befasst war: «In einem großen Teil der Kerngebiete des Bauernkrieges – wie in Franken und in der Pfalz, in Schwaben und im Allgäu – blieb dagegen – wie in der imperialistischen BRD insgesamt – das Vermächtnis von 1525 unerfüllt. […] Dort sind die Nachfahren der Aufständischen von 1525 – werktätige Bauern und Landarbeiter, Handwerker und Kleinhändler – Opfer der Ausbeutung durch das Monopolkapital. Hunderttausende werktätige Bauern mussten und müssen noch immer ihre Existenz den Profitinteressen der Großbourgeoisie opfern.» (Zit. nach Zimmering, *Mythen in der Politik der DDR*, S. 232); weitere Belege für die Konkurrenzwahrnehmung gegenüber der Bundesrepublik bei Behrendt, *Werner Tübkes Panoramabild*, S. 131 und 133. / **90** Zit. nach Zimmering, *Mythen in der Politik der DDR*, S. 233. / **91** Es sollte sich in seiner Anlage zunächst an den Schlachtenpanoramen des 19. Jahrhunderts (Sternberger, *Panorama*, passim), insbesondere dem russischen Panorama auf dem Schlachtfeld von Borodino (Behrendt, *Werner Tübkes Panoramabild*, S. 128 f.) orientieren. – Die gründlichste Analyse der Entstehungsgeschichte des Panoramas sowie seiner Bildsprache findet sich bei Behrendt, *Werner Tübkes Panoramabild*; als weitere Darstellungen mit guten Abbildungen sind Lindner, *Vision und Wirklichkeit*, sowie Meißner/Murza, *Werner Tübke. Bauernkrieg und Weltgericht*, zu nennen. / **92** Rehberg, «Mäzene und Zwingherrn», S. 55. / **93** Vgl. Lindner, *Vision und Wirklichkeit*, S. 35. / **94** Das ist umso bemerkenswerter, als das Projekt offiziell unter dem Titel «Bauernkriegspanorama Bad Frankenhausen. Monumentalbild von Werner Tübke, Frühbürgerliche Revolution in Deutschland» geführt wurde. (Behrendt, *Werner Tübkes Panoramabild*, S. 100.) / **95** Die Darstellung der Verhältnisse geht also nicht hinter Feuerbachs Religionskritik zurück, aber die an den Himmel verschleuderten Gattungskräfte der Menschheit entpuppen sich nicht als politische Produktivkraft, sondern als vergebliche Hoffnung. / **96** Tübkes Absage an die Selbstlegitimation der DDR zeigt sich u. a. in seiner zyklischen Geschichtsvorstellung. Die Ereignisse drehen sich buchstäblich im Kreis, es gibt keinen Ausgang. Tübke habe in der Umbruchsepoche von Renaissance und Reformation keine «vergangene Zeit» gesehen, und überhaupt sei ihm die Fähigkeit zur «historischen Distanz» abgegangen. «Sein Epochengemälde», so Gerd Lindner, «ist mithin nicht allein ein komplexes Historienbild, sondern eine widerspruchsreiche Parabel mit Durchblick auf das Wesen des Menschen schlechthin wie den zyklischen Verlauf aller Geschichte.» (Ebd., S. 11 und 18.) Eine deutlichere Absage an die Grundüberzeugungen des Marxismus als sprachliche Wendungen vom «Wesen des Menschen schlechthin» oder vom «zyklischen Verlauf aller Geschichte» ist kaum vorstellbar. / **97** Vgl. Behrendt, *Werner Tübkes Panoramabild*, S. 144 ff. und öfter. / **98** Zimmering, *Mythen in der Politik der DDR*, S. 301–357, insbes. S. 339 ff. – Dass die gründungsmythische Verbindung der DDR mit Preußen einen relevanten Beitrag zu ihrem schnellen Zusammenbruch im Spätherbst 1989 geleistet habe, wie Zimmering meint (ebd., S. 355 ff.), dürfte übertrieben sein und auf eine Unterschätzung der ökonomischen Krise des Landes hinauslaufen. / **99** Es ist die Frage, ob der positive Preußenbezug, wie er sich zu Beginn der 1980er Jahre in der DDR zeigte, nicht im Wesentlichen eine Reaktion auf das in der Bundesrepublik einsetzende Interesse an dem durch Beschluss des Alliierten Kontrollrats aufgelösten Preußen handelte. (Dazu Wolfrum, *Geschichtspolitik*, S. 318 ff.) Mit der 1981 in West-Berlin eröffneten großen Ausstellung «Preußen – Versuch einer Bilanz» geriet man in Ost-Berlin unter Zugzwang, das eigene Preußenbild konturieren zu müssen, wenn man dem Westen in dieser Frage nicht die Deutungshoheit überlassen wollte. Insgesamt dürfte bei der veränderten Beurteilung Preußens zwischen 1700 und 1945 die DDR eher der Getriebene als der Antreiber gewesen sein. / **100** Eine ausführliche Darstellung dieser Entwicklung im «Blick von außen» vgl. Brinks, *Die DDR – Geschichtswissenschaft auf dem Weg zur deutschen Einheit*. / **101** Zimmering, *Mythen in der Politik der DDR*, S. 350 ff. / **102** Dazu Rodekamp, *Völkerschlachtdenkmal*, insbes. S. 102 ff., Hoffmann, «Sakraler Monumentalismus», sowie Bemmann, *Deutsche Nationaldenkmäler*, S. 214 ff. / **103** Hierzu und zum Folgenden vgl. Bluhm, «Befreiungskriege und Preußenrenaissance in der DDR», S. 71 ff., sowie ders., «Zur Ikonographie der Befreiungskriege», S. 162 ff. / **104** Zit. nach Neef

(Hg.), *Programmatische Dokumente der Nationalen Front*, S. 14; ebenso Ueberschär (Hg.), *Das Nationalkomitee «Freies Deutschland»*, S. 268. / **105** Dazu und zum Folgenden Einsel, «Clausewitz in russischen Diensten», S. 246 ff., sowie von Schramm, *Clausewitz*, S. 397 ff. / **106** Siehe oben, S. 220. / **107** Dass man in den Spitzen der Wehrmacht und des Regimes über die Gründung des Bundes Deutscher Offiziere beunruhigt war (Heider, «Reaktionen in der Wehrmacht», S. 617 f.), hat auch mit der Erinnerung an die Konvention von Tauroggen und die dort zutage getretene politische Selbständigkeit deutscher Offiziere zu tun. / **108** Dazu Diederich u. a. (Hg.), *Im Dienste der Partei*, S. 339 ff. und 423 ff. / **109** Zur Pflege dieser Tradition gehört auch die Umbettung von Clausewitz' sterblichen Überresten, die aus dem inzwischen polnischen Breslau, wo er nach seinem frühen Tod beigesetzt worden war, in seinen Geburtsort Burg in der Nähe von Magdeburg überführt wurden. Ein weiteres Beispiel ist die 1966 erfolgte Stiftung des Scharnhorst-Ordens, der für «außerordentliche Verdienste bei der Stärkung der Vereidigungskraft der DDR und bei der Festigung der Militärkoalition der sozialistischen Bruderarmeen» verliehen werden konnte. / **110** Gegen diese konkurrierenden Ansprüche gewandt, heißt es am Schluss eines 1972 im Militärverlag der DDR erschienenen Scharnhorst-Buchs unter der Überschrift «Scharnhorst gehört der Arbeiter-und-Bauern-Armee»: «Die Grundgedanken des Scharnhorstschen Werks wurden auf deutschem Boden einzig und allein in der DDR vollendet und auf sozialhistorisch höherer Stufe fortgesetzt. Die sozialistische Armee ist die Hüterin aller fortschrittlichen und patriotischen Ideen Scharnhorsts; sie steht fest an der Seite des gesellschaftlichen Fortschritts, sie ist eng verbunden mit dem werktätigen Volk, sie meistert erfolgreich die sozialistische Militärwissenschaft und steht auf der Höhe ihrer Aufgaben. Nur die Nationale Volksarmee, nicht aber die Bundeswehr kann sich zu Recht auf Scharnhorst berufen.» (Usczeck, *Scharnhorst*, S. 344.) / **111** Das zeigt sich im Übrigen auch im Umgang mit dem anderen großen preußischen Militärreformer, mit Gneisenau. In einem ebenfalls im Militärverlag der DDR erschienenen Gneisenau-Buch heißt es: «Weil die Reformer-Patrioten dem gesellschaftlichen Fortschritt dienten[...] gehört ihr Wirken zum Traditionsbild der Deutschen Demokratischen Republik und ihrer Nationalen Volksarmee.» (Förster/Gudzent, Einführung zu: Gneisenau, *Ausgewählte militärische Schriften*, S. 47 f.) / **112** So Fritz Lange am 1. Juni 1952 im *Neuen Deutschland*. / **113** Auf eine kurze Phase der Entkanonisierung der Generäle folgte sehr schnell ihre Rekanonisierung; vgl. Azaryahu, *Vom Wilhelmplatz zum Thälmannplatz*, S. 131 ff. / **114** Vgl. Merta, «Uniformierung als Mittel der Politik», S. 177 ff. / **115** Zit. nach ebd., S. 180 f. / **116** Zit. nach Schüddekopf (Hg.), *«Wir sind das Volk!»*, S. 240 f. / **117** Vgl. Schroeder, *Der SED-Staat*, S. 351. / **118** Dazu Schönhoven, «Verschiedene Vergangenheiten», S. 244 ff.

Währungsreform und Wirtschaftswunder
Die politischen Mythen der Bundesrepublik

1 Ganz unbemerkt blieb die schleichende Selbstaffirmation der Bundesrepublik seit den späten 1960er Jahren freilich nicht, und in der polemischen Umkehrung, mit der konservative Kreise auf die Leitformel der Brandt'schen Ostpolitik «Wandel durch Annäherung» reagierten, indem sie von «Annäherung durch Wandel» sprachen, ist auch das zufriedene Einrichten in der Bundesrepublik kritisiert worden. / **2** Die Formel, wonach Bonn nicht Weimar sei, geht auf den Schweizer Publizisten Fritz René Allemann zurück.

Man kann in dem von Dolf Sternberger geprägten Begriff des Verfassungspatriotismus, der später von Jürgen Habermas aufgegriffen und umgedeutet wurde, eine provisorische Form der Selbstanerkennung sehen; vgl. Wolfrum, *Geschichtspolitik*, S. 286 ff. / **3** Der dynamische Prozess der Selbstanpassung an die sozioökonomischen und politischen Verhältnisse der Bundesrepublik ist beschrieben bei Weber, *Geschichte der DDR*, S. 356 ff., sowie Schroeder, *Der SED-Staat*, S. 361 ff. / **4** Vgl. Bude/Greiner (Hgg.), *Westbindungen*, und insbesondere Winkler, *Der lange Weg nach Westen*. / **5** Vgl. Wellhöner, *«Wirtschaftswunder» – Weltmarkt – westdeutscher Fordismus*, S. 37–39. / **6** Dazu Schmale, *Scheitert Europa an seinem Mythendefizit?* / **7** Dazu Becker, «Begriff und Bedeutung des politischen Mythos», S. 137 f., sowie allgemein François u. a. (Hgg.), *Nation und Emotion*, passim. / **8** Für eine zusammenfassende Darstellung der verfassungs- und sozialstaatlichen Entwicklung vgl. die Beiträge von Walter Pauly/Martin Siebinger und Lutz Leisering in Ellwein/Holtmann (Hgg.), *50 Jahre Bundesrepublik Deutschland*, S. 79 ff. und 181 ff. / **9** Dazu Wolfrum, *Die geglückte Demokratie*, S. 236 f. / **10** Es ist bemerkenswert, wie beiläufig die Notstandsgesetze in den meisten jüngeren Darstellungen des «Mythos 1968» behandelt werden, etwa bei Busche, *Die 68er*, S. 29; etwas ausführlicher bei Frei, *1968*, S. 88 ff., und Kraushaar, *Acht und Sechzig*, S. 163 ff. Mit dem Blick auf das globale «1968», auf die amerikanische Hippie-Bewegung, Woodstock usw., sind die spezifisch deutschen Wurzeln aus dem Blick gekommen. / **11** Stöver, *Die Bundesrepublik*, S. 38. / **12** Dazu Glaser, *Kulturgeschichte der Bundesrepublik*, Bd. 2, S. 59 ff. / **13** Steininger, *Deutsche Geschichte*, Bd. 2, S. 135; zur wissenschaftlichen Diskussion über die ökonomische Stimulationswirkung der Währungsreform Morsey, *Die Bundesrepublik Deutschland*, S. 150 f. / **14** Zit. nach Stöver, *Die Bundesrepublik*, S. 39. / **15** Mierzejewski, *Ludwig Erhardt*, S. 151. / **16** Vgl. ebd., S. 144 ff.; zu Erhards marktwirtschaftlichen Vorstellungen auch Bohlender, «Die historische Wette des Liberalismus», S. 121 ff. / **17** Borchardt, *Wachstum, Krisen, Handlungsspielräume*, S. 125. / **18** Steininger, *Deutsche Geschichte*, Bd. 2, S. 137 f. / **19** Vgl. Wellhöner, *«Wirtschaftswunder» – Weltmarkt – westdeutscher Fordismus*, S. 9. / **20** Vgl. Stöver, *Die Bundesrepublik*, S. 38. / **21** Hierzu und zum Folgenden Schildt, *Ankunft im Westen*, S. 25 ff.; Wolfrum, *Die 50er Jahre*, S. 71 ff., sowie Hosfeld/Pölking, *Die Deutschen 1945 bis 1972*, S. 76 ff., 95 ff. / **22** Zit. nach Stöver, *Die Bundesrepublik*, S. 36. / **23** Dazu Wellhöner, *«Wirtschaftswunder» – Weltmarkt – westdeutscher Fordismus*, S. 25 f. / **24** Zu Bevin vgl. Stöver, *Die Bundesrepublik*, S. 37; die Schdanow-Zitate finden sich bei Hosfeld/Pölking, *Die Deutschen von 1945 bis 1972*, S. 79 f. / **25** Die Rolle Erhards wird herausgestellt bei Mierzejewski, *Ludwig Erhard*, S. 110 ff. und 149 ff., sowie Meyer, *Mythos Deutsche Mark*, S. 93 ff.; von einer nur begleitenden Rolle Erhards gehen hingegen Hentschel, *Ludwig Erhard*, S. 15 ff., und Pohl, «Das Symbol für Freiheit und Stabilität», S. 20–25, aus. / **26** Vgl. Mierzejewski, *Ludwig Erhard*, S. 117. / **27** Zit. nach Meyer, *Mythos Deutsche Mark*, S. 125 f. / **28** Zit. ebd., S. 116 f. / **29** Zit. nach Glaser, *Deutsche Kultur*, S. 184. – Mit der Umstellung auf eine konsumorientierte Lebensweise begann freilich ein großes Zeitschriftensterben. Als das Geld knapp wurde, brach der Markt für politisch-kulturelle Zeitschriften zusammen. (Ebd., S. 186.) Der dadurch erzeugte Missmut vieler Schriftsteller und Publizisten dürfte dazu beigetragen haben, dass sie keine Elogen auf das westdeutsche Wirtschaftswunder schrieben. / **30** Vgl. Mierzejewski, *Ludwig Erhard*, S. 117. / **31** Pohl, «Das Symbol für Freiheit und Stabilität», S. 25. / **32** Ebd., S. 15–19; Meyer, *Mythos Deutsche Mark*, S. 78–92. / **33** Dazu mit Bildern Wolfrum, *Die 50er Jah-*

re, S. 71–101. / **34** Zu alten und neuen Stereotypen bei der Wahrnehmung der Deutschen vgl. Koch-Hillebrecht, *Die Deutschen sind schrecklich*, S. 379 ff. und 390 f. / **35** Schütz, «Der Volkswagen», S. 352 f. / **36** Brater, *Generation Käfer* – eine Replik auf die von Florian Illies kurz zuvor ins Gespräch gebrachte «Generation Golf». / **37** Schütz, «Der Volkswagen», S. 354. / **38** Ebd., S. 361. / **39** Wellhöner, *«Wirtschaftswunder» – Weltmarkt – westdeutscher Fordismus*, S. 34 ff. / **40** Vgl. Schütz/Gruber, *Mythos Reichsautobahn*, S. 7 ff. / **41** Ebd., S. 7. / **42** Vgl. Heinrich, *Tooor! Toor! Tor!*, S. 10 ff. / **43** Zit. ebd., S. 141. / **44** Glaser, *Kulturgeschichte der Bundesrepublik*, Bd. 2, S. 152. / **45** So Schildt, *Ankunft im Westen*, S. 49. / **46** Seibt, «Das Brandenburger Tor», S. 75. / **47** Vgl. oben, S. 430 ff. / **48** Pohl, «Das Symbol für Freiheit und Stabilität», S. 51 ff.; Schroeder, *Der SED-Staat*, S. 365 f. / **49** Insofern zeigt sich in Gründungsmythen jenes Grundmuster, das Mircea Eliade an allen mythischen Erzählungen beobachtet hat: die Aufforderung zur Rückkehr *in illo tempore*. Die einzige große Ausnahme davon sind eschatologische Mythen, in denen nicht die Rückkehr zum Ursprung, sondern der Neuanfang im Zentrum der Erzählung steht; vgl. Eliade, *Mythos und Wirklichkeit*, S. 41 ff., 138 ff.; ders., *Kosmos und Geschichte*, S. 46 ff. Hier ist einmal mehr zwischen Gründungs- und Orientierungsmythen zu unterscheiden; der Nibelungenmythos etwa ist Letzteren zuzurechnen. / **50** Alfred Mierzejewski (*Ludwig Erhard*, S. 53 ff. und 319 ff.) hat freilich gezeigt, dass Erhard in wirtschaftspolitischen Fragen stets viel liberaler dachte als das Gros seiner Partei. / **51** Vgl. ebd., S. 312 ff. / **52** Dazu Busche, *Helmut Kohl*, S. 162 ff. / **53** Vgl. Clough, *Helmut Kohl*, S. 89 f. / **54** Ebd., S. 109 ff., sowie Leyendecker u. a., *Helmut Kohl, die Macht und das Geld*, S. 112–136. / **55** Zu Kohls eigener Sicht, bei der er natürlich die eigene Rolle entsprechend herausgestellt hat, vgl. Kohl, *«Ich wollte Deutschlands Einheit»*, S. 229 ff., 445 ff. / **56** Vgl. Münkler, «‹Enkel› und ‹Kronprinzen›», S. 299 ff. / **57** Dazu Stöver, *Die Bundesrepublik Deutschland*, S. 122. / **58** Dazu Busche, *Helmut Kohl*, S. 146–156, sowie Werz, «Helmut Kohl. Auf dem Weg zum Mythos?», S. 225. – Dass der Mythos von ihm freilich so ernst genommen, so sehr geglaubt wurde, hängt auch an Persönlichkeitsstrukturen, die keineswegs bei allen Angehörigen seiner Generation in vergleichbarer Form anzutreffen sind. / **59** Man kann den Wirtschaftswundermythos auch als die narrative Selbstvergewisserung der soziopolitischen Mitte begreifen, als den Mythos des *juste milieu*. Dass dies aus einer Perspektive ästhetischer Erregungsbedürftigkeit wenig ansprechend ist, zeigen jene Veröffentlichungen, die das politische Selbstverständnis der Deutschen einer kritischen Inspektion unterzogen haben. Stellvertretend dafür Pintschovius, *Die Diktatur der Kleinbürger*, insbes. S. 532 ff.

«Wir sind Papst» und «Du bist Deutschland»
Die Ablösung des Mythos durch Schlagzeilen und Werbekampagnen

1 Vgl. Hertle, *Chronik des Mauerfalls*, S. 118 ff. / **2** Vgl. Cammann, «1989 neu entdecken», S. 55 ff.; Winkler, *Auf ewig in Hitlers Schatten?*, S. 150 ff., sowie Reichel, *Schwarz-Rot-Gold*, S. 89 ff. / **3** Dazu Opp/Voß, *Die volkseigene Revolution*. / **4** Schröder, *Deutschland schwierig Vaterland*. / **5** Dazu Selling, *Aus dem Schatten der Vergangenheit*, S. 216 ff., Leggewie/Meyer, *«Ein Ort, an den man gerne geht»*, passim, sowie A. Assmann, *Der lange Schatten der Vergangenheit*, S. 235 ff. – Dass die Erinnerung an den Holocaust, wie der Völkermord an den Juden nach der gleichnamigen amerikanischen Fernsehserie seit den 1980er Jahren bezeichnet wurde, deswegen die Merkmale eines Gründungsmythos

erhielt (so Probst, «Gründungsmythos ex post», S. 85 ff.), wird man freilich bezweifeln müssen. / **6** Dazu oben, S. 421 ff. / **7** Zur Wiedergewinnung des Reichstagsgebäudes von Christos Verhüllungsprojekt bis zu Fosters Glaskuppel vgl. Klein u. a. (Hgg.), *Kunst, Symbolik und Politik*; zur spektakulären Architektur des Kanzleramts vgl. Wefing, *Kulisse der Macht*, passim. / **8** Ausgangspunkt ist Sternbergers kleiner Text «Verfassungspatriotismus» von 1979, der in der FAZ zum 30. Jahrestag des Inkrafttretens des Grundgesetzes erschien; Sternberger hat diese Überlegungen später einige Male ergänzt und erläutert; vgl. Sternberger, *Verfassungspatriotismus*, S. 13 ff. / **9** Dazu J. W. Müller, «Verfassungspatriotismus Revisited», S. 83 ff., sowie ders., «Verfassungspatriotismus – ein deutscher Mythos?», S. 40 f. / **10** Habermas hat das Projekt einer Diskursivierung des Verfassungspatriotismus immer wieder entwickelt und variiert; einschlägig sind die unter der Überschrift «Verfassungspatriotismus – im allgemeinen und im besonderen» zusammengestellten kleinen politischen Schriften in: Habermas, *Die nachholende Revolution*, S. 149–175. / **11** Viele Informationen der nachfolgenden Passagen verdanke ich der Expertise, die Lena Maria Büttenbender im Rahmen meines Seminars «Politische Mythen, Symbole und Metaphern» im Wintersemester 2005/06 an der Humboldt-Universität zu Berlin recherchiert und zusammengestellt hat. / **12** Wobei der Letzte, Hadrian VI., eher ein Holländer als ein Deutscher war. / **13** *Stern*, Nr. 29, 22. Sept. 2005. / **14** Auf den ersten Platz kam das Wort «Bundeskanzlerin». Diese Entscheidung war offenkundig stärker an politischer Korrektheit als sprachlicher Originalität orientiert. / **15** Speth, «‹Du bist Deutschland›», S. 63. / **16** Hierzu und zum Folgenden ebd., S. 54 ff. / **17** Ebd., S. 60. / **18** Zit. nach ebd., S. 60. / **19** Ebd., S. 61. / **20** Im Felde der politischen Kultur ist sie ein weiteres Beispiel für den von Hartmut Rosa (*Beschleunigung*, insbes. S. 236 ff.) identifizierten Trend der «Beschleunigung» als Charakteristikum moderner Gesellschaften. / **21** Verglichen damit stellte das Auswendiglernen von Gedichten, in denen auf politische Mythen Bezug genommen wurde, eine Chance selbständiger Aneignung und kreativer Variation dar, die mit jedem Versprecher beim Aufsagen des Gedichtes begann. Werbe- und Stimmungskampagnen zitieren sich wechselseitig und treten so in ein Wechselspiel von Affirmation und Kritik ein.

Literaturverzeichnis

Abusch, Alexander: *Der Irrweg einer Nation. Ein Beitrag zum Verständnis deutscher Geschichte*, Berlin 1946.

Almond, Gabriel A./Verba, Sidney: *The Civic Culture. Political Attitudes and Democracy in Five Nations*, Princeton/N. J. 1963.

Althaus, Helmut (Hg.): *Nürnberg. Eine europäische Stadt in Mittelalter und Neuzeit*, Nürnberg 2000.

Althaus, Paul: *Luther und das Deutschtum*, Leipzig 1917.

Altrichter, Helmut, u. a. (Hgg.): *Mythen in der Geschichte*, Freiburg im Br. 2004.

Aly, Götz: *Hitlers Volksstaat. Raub, Rassekrieg und nationaler Sozialismus*, Frankfurt am Main 2005.

Ders.: *Unser Kampf. 1968 – ein irritierter Blick zurück*, Frankfurt am Main 2008.

Anders, Günther: *Die Antiquiertheit des Menschen*, 2 Bde., München 1985.

Apitz, Bruno: *Nackt unter Wölfen* [1958], Berlin 1998.

Appel, Reinhard (Hg.): *Die Dresdner Frauenkirche*, Köln 2007.

Appelbaum, Dirk (Red.) *Das Denkmal. Goethe und Schiller als Doppelstandbild in Weimar*, Tübingen 1993.

Arendt, Hannah: *Über die Revolution*, München 1974.

Aretin, Karl Otmar von: *Friedrich der Große. Größe und Grenzen des Preußenkönigs. Bilder und Gegenbilder*, Freiburg u. a. 1985.

Ders.: *Das Alte Reich. 1648–1806*, 3 Bde., Stuttgart 1993–1997.

Arndt, Ernst Moritz: *Gedichte*, Hildesheim u. a. 1992, Faksimile-Druck der Ausgabe Leipzig 1850.

Arndt, Monika: *Die Goslarer Kaiserpfalz als Nationaldenkmal. Eine ikonographische Untersuchung*, Hildesheim 1976.

Arndt, Uwe: *Theologie als Weltordnung. Zur Frage des Gesellschaftsentwurfs in der Theologie Thomas Müntzers*, Frankfurt am Main 1997.

Asche, Sigfried: *Die Wartburg*, Dresden 1955.

Ascher, Saul: *4 Flugschriften: Eisenmenger der Zweite. Napoleon. Die Germanomanie. Das Wartburgfest*, Berlin und Weimar 1991.

Asmus, Helmut: *Das Wartburgfest. Studentische Reformbewegungen 1770–1819*, Magdeburg 1995.

Assmann, Aleida: *Der lange Schatten der Vergangenheit. Erinnerungskultur und Geschichtspolitik*, München 2006.

Dies.: *Geschichte im Gedächtnis. Von der individuellen Erfahrung zur öffentlichen Inszenierung*, München 2007.
Dies./Dietrich Harth (Hgg.): *Mnemosyne. Formen und Funktionen der kulturellen Erinnerung*, Frankfurt am Main 1991.
Assmann, Jan: *Das kulturelle Gedächtnis. Schrift, Erinnerung und politische Identität in frühen Hochkulturen*, München 1992.
Augstein, Rudolf: *Preußens Friedrich und die Deutschen*, Nördlingen 1986.
Azaryahu, Maoz: *Von Wilhelmplatz zu Thälmannplatz. Politische Symbole im öffentlichen Leben der DDR*, Gerlingen 1991.
Backes, Uwe, u. a.: *Reichstagsbrand. Aufklärung einer historischen Legende*, München und Zürich 1986.
Bahr, Eckhard: *Sieben Tage im Oktober. Aufbruch in Dresden*, Leipzig 1990.
Barck, Simone: *Antifa-Geschichte(n). Eine literarische Spurensuche in der DDR der 1950er und 1960er Jahre*, Köln, Weimar, Wien 2003.
Baron, Frank: *Doctor Faustus. From History to Legend*, München 1978 (= Humanistische Bibliothek, Reihe I, Bd. 27).
Bartels, Adolf: *Goethe der Deutsche*, Frankfurt am Main 1932.
Barthel, Konrad: *Friedrich der Große in Hitlers Geschichtsbild*, Wiesbaden 1977 (= Frankfurter Historische Vorträge, Bd. 5).
Barthes, Roland: *Mythen des Alltags*, Frankfurt am Main 1964.
Bartmann, Dominik (Hg.): *Anton von Werner. Geschichte in Bildern*, München ²1997.
Bauer, Heinrich: *Geburt des Ostens. Drei Kämpfer um eine Idee*, Berlin 1933.
Baumgart, Winfried (Bearbeiter): *Die Julikrise und der Ausbruch des Ersten Weltkrieges 1914*, Darmstadt 1983 (= Texte zur Forschung, Bd. 44).
Baumunk, Bodo-Michael/Brunn, Gerhard (Hgg.): *Hauptstadt. Zentren, Residenzen, Metropolen in der deutschen Geschichte*, Köln 1989.
Becher, Johannes R.: «Der Befreier», in: ders., *Publizistik III. 1946–1951*, Berlin und Weimar 1979 (= Gesammelte Werke, Bd. 17), S. 223–263.
Bechstein, Ludwig: *Der Sagenschatz und die Sagenkreise des Thüringer* Landes, 3 Teile, Hildburghausen 1835/38.
Becker, Frank: *Bilder von Krieg und Nation. Die Einigungskriege in der bürgerlichen Öffentlichkeit Deutschlands* 1864–1913, München 2001.
Ders.: «Begriff und Bedeutung des politischen Mythos», in: Barbara Stollberg-Rilinger (Hg.), *Was heißt Kulturgeschichte des Politischen?*, Berlin 2005 (= Beiheft 35 der *Zeitschrift für Historische Forschung*), S. 129–148.
Behrenbeck, Sabine: *Der Kult um die toten Helden. Nationalsozialistische Mythen, Riten und Symbole*, Vierow bei Greifswald 1996.
Behrendt, Harald: *Werner Tübkes Panoramabild in Bad Frankenhausen. Zwischen staatlichem Prestigeobjekt und künstlerischem Selbstauftrag*, Kiel 2006.
Bemmann, Klaus: *Deutsche Nationaldenkmäler und Symbole im Wandel der Zeiten*, Göttingen 2007.
Benz, Wolfgang: *Geschichte des Dritten Reiches*, München 2000.
Berg, Stefanie Barbara: *Heldenbilder und Gegensätze. Friedrich Barbarossa und Heinrich der Löwe im Urteil des 19. und 20. Jahrhunderts*, Münster 1994.
Bergander, Götz: *Dresden im Luftkrieg. Vorgeschichte – Zerstörung – Folgen*, Weimar u. a. 1994 (2., überarb. und erw. Auflage).

Bermbach, Udo: *Wo Macht ganz auf Verbrechen ruht. Politik und Gesellschaft in der Oper*, Hamburg 1997.
Ders.: *«Blühendes Leid.» Politik und Gesellschaft in Richard Wagners Musikdramen*, Stuttgart/Weimar 2003.
Ders.: *Der Wahn des Gesamtkunstwerks. Richard Wagners politisch-ästhetische Utopie*, Stuttgart/Weimar 2004 (2., überarb. und erw. Aufl.).
Bertram, Ernst: *Der Rhein. Ein Gedenkbuch*, München 1922.
Beßlich, Barbara: *Der deutsche Napoleon-Mythos. Literatur und Erinnerung 1800 bis 1945*, Darmstadt 2007.
Besson, Waldemar: *Friedrich Ebert. Verdienst und Grenze*, Göttingen [2]1970.
Beyme, Klaus von: *Das Zeitalter der Avantgarden. Kunst und Gesellschaft 1905–1955*, München 2005.
Bielschowsky, Albert: *Goethe. Sein Leben und seine Werke*, 2 Bde., München [39]1920.
Bismarck, Otto Fürst von: *Gedanken und Erinnerungen*, Bd. 1 und 2: Stuttgart und Berlin 1913, Bd. 3: Stuttgart und Berlin 1919.
Bizeul, Yves (Hg.): *Politische Mythen und Rituale in Deutschland, Frankreich und Polen*, Berlin 2000.
Blessing, Werner K.: «Nürnberg – ein deutscher Mythos», in: Altrichter u. a. (Hgg.), *Mythen in der Geschichte*, S. 371–395.
Ders.: «Der Schein der Provinzialität. Nürnberg im 19. Jahrhundert», in: Althaus (Hg.), *Nürnberg*, S. 69–103.
Blickle, Peter: *Die Revolution von 1525*, München 1993 (3., erweiterte Auflage).
Blindow, Felix: *Carl Schmitts Reichsordnung. Strategien für einen europäischen Großraum*, Berlin 1999.
Bloch, Ernst: *Thomas Müntzer als Theologe der Revolution* [1921], Frankfurt/M. 1967.
Ders.: *Tübinger Einleitung in die Philosophie*, 2 Bde., Frankfurt am Main 1963.
Ders.: «Zur Originalgeschichte des Dritten Reiches» (1937), in: ders., *Erbschaft dieser Zeit*, Frankfurt/M. 1973, S. 126–152.
Ders.: *Subjekt-Objekt. Erläuterungen zu Hegel*, Frankfurt am Main 1971 (erweiterte Ausgabe).
Ders.: *Das Prinzip Hoffnung (1938–1947)*, 3 Bde., Frankfurt am Main 1973.
Bluhm, Harald: «Befreiungskriege und Preußenrenaissance in der DDR», in: Rudolf Speth/Edgar Wolfram (Hgg.), *Politische Mythen und Geschichtspolitik*, Berlin 1996, S. 71–95.
Ders.: «Zur Ikonographie und Bedeutung von Darstellungen der Befreiungskriege 1813/14 in der Staatsrepräsentation der DDR», in: Dieter Vorsteher (Hg.), *Parteiauftrag: Ein neues Deutschland. Rituale und Symbole der frühen DDR*, Berlin 1996, S. 162–174.
Blume, Dieter/Werner, Matthias (Hgg.): *Elisabeth von Thüringen – Eine europäische Heilige*, 2 Bde. (Katalog und Aufsätze), Petersberg 2007.
Blumenberg, Hans: «Wirklichkeitsbegriff und Wirkungspotential des Mythos», in: *Terror und Spiel. Probleme der Mythenrezeption*, hg. von Manfred Fuhrmann, München 1971 (= Poetik und Hermeneutik, Bd. 4), S. 11–66.
Ders.: *Arbeit am Mythos*, Frankfurt am Main 1979.
Ders.: *Goethe zum Beispiel*. In Verb. mit Manfred Sommer hg. vom Hans Blumenberg-Archiv, Frankfurt am Main u. Leipzig 1999.
Böckenförde, Ernst-Wolfgang: «Die Entstehung des Staates als Vorgang der Säkularisie-

rung», in: *Säkularisation und Utopie. Ebracher Studien. Ernst Forsthoff zum 65. Geburtstag*, Stuttgart u. a. 1967, S. 75–94.
Bohlender, Matthias: «Die historische Wette des Liberalismus. Die Geburt der sozialen Marktwirtschaft», in: *Ästhetik und Kommunikation*, 36. Jg., 2005, Heft 129/130 (= Mythos Bundesrepublik), S. 121–129.
Böhringer, Hannes: *Auf dem Rücken Amerikas. Eine Mythologie der neuen Welt im Western und Gangsterfilm*, Berlin 1998.
Boldt, Hans, u. a. (Hgg.): *Der Rhein. Mythos und Realität eines europäischen Stromes*, Köln 1988.
Bollenbeck, Georg: *Bildung und Kultur. Glanz und Elend eines deutschen Bildungsmusters*, Frankfurt am Main und Leipzig 1994.
Ders.: *Tradition, Avantgarde, Reaktion. Deutsche Kontroversen um die kulturelle Moderne 1880–1945*, Frankfurt am Main 1999.
Bolz, Norbert: *Auszug aus der entzauberten Welt. Philosophischer Extremismus zwischen den Weltkriegen*, München 1989.
Borchardt, Frank Lewis: *German Antiquity in Renaissance Myth*, Baltimore und London 1971.
Borchardt, Knut: *Wachstum, Krisen, Handlungsspielräume in der Wirtschaftspolitik*, Göttingen 1982.
Borchmeyer, Dieter: *Das Theater Richard Wagners. Idee – Dichtung – Wirkung*, Stuttgart 1982.
Ders.: *Weimarer Klassik. Portrait einer Epoche*, Weinheim 1994.
Ders.: «Goethe», in: François/Schulze (Hgg.), *Deutsche Erinnerungsorte*, Bd. 1, S. 187–206.
Ders.: *Richard Wagner. Ahasvers Verwandlungen*, Frankfurt/M. 2002.
Borger, Hugo (Hg.): *Der Kölner Dom im Jahrhundert seiner Vollendung*, Köln 1980.
Born, Karl Erich: «Friedrich der Große im Urteil der preußischen Konservativen», in: *Geschichte in Wissenschaft und Unterricht*, 6. Jg., 1955, S. 227–239.
Börnert, René: *Wie Thälmann treu und kühn! Das Thälmannbild der SED im Erziehungsalltag der DDR*, Bad Heilbrunn 2004.
Bornkamm, Heinrich: *Luthers geistige Welt*, Gütersloh [3]1959.
Ders.: *Luther im Spiegel der deutschen Geistesgeschichte*, Göttingen 1970 (2., neu bearb. Aufl.).
Borst, Arno: «Die Staufer in der Geschichtsschreibung», in: *Die Zeit der Staufer. Geschichte – Kunst – Kultur*, Stuttgart 1977, Bd. III, S. 263–274.
Ders.: «Barbarossas Erwachen – Zur Geschichte der deutschen Identität», in: Marquard, Odo/Stierle, Karlheinz (Hgg.), *Identität*, München 1979 (= Poetik und Hermeneutik, Bd. 7), S. 17–60.
Botzenhart, Manfred: «Kleist und die preußischen Reformer», in: *Kleist-Jahrbuch 1988/89*, S. 132–146.
Boyle, Nicholas: *Goethe. Der Dichter in seiner Zeit*. Bd. 1: 1749–1790. Aus dem Engl. von Holger Fliessbach, München 1995.
Bracher, Karl Dietrich: *Die deutsche Diktatur. Entstehung, Struktur, Folgen des Nationalsozialismus*, Köln [7]1993.
Brakelmann, Günter: *Krieg und Gewissen. Otto Baumgarten als Politiker und Theologe im Ersten Weltkrieg*, Göttingen 1991.

Brandenburg, Detlef: «Wahn und Welt. Politische Aspekte der Rezeption von Wagners *Ring des Nibelungen* in der Bundesrepublik Deutschland nach 1945», in: *Wagner-Spektrum*, 2. Jg., 2006, Heft 1, S. 11–61.

Brandt, Peter: «Das studentische Wartburgfest vom 18./19. Oktober 1817», in: Dieter Düding u. a. (Hg.), *Öffentliche Festkultur. Politische Feste in Deutschland von der Aufklärung bis zum Ersten Weltkrieg*, Reinbek bei Hamburg 1988, S. 89–112.

Brandt, Peter, u. a. (Hgg.): *Symbolische Macht und inszenierte Staatlichkeit. «Verfassungskultur» als Element der Verfassungsgeschichte*, Bonn 2005.

Brater, Jürgen: *Generation Käfer. Unsere besten Jahren*, Frankfurt/M. 2005.

Brecht, Bertolt: *Gesammelte Werke in 20 Bdn.*, Frankfurt am Main 1967.

Brecht, Martin: *Martin Luther*. Bd. 1: *Sein Weg in die Reformation. 1483–1521*, Stuttgart 1981. Bd. 2: *Ordnung und Abgrenzung der Reformation 1521–1532*, Berlin 1989.

Bredow, Wilfried von/Noetzel, Thomas: *Lehren des Abgrunds. Politische Theorie für das 19. Jahrhundert*, Erster Teil, Münster 1991.

Dies., *Luftbrücken. Politische Theorie für das 19. Jahrhundert*, Zweiter Teil, Münster 1993.

Breitenborn, Konrad: *Bismarck. Kult und Kitsch um den Reichsgründer*, Frankfurt am Main/Leipzig 1990.

Brendler, Gerhard: «Reformation und Bauernkrieg – die frühbürgerliche Revolution (1517–1525/26)», in: *Deutsche Geschichte in 12 Bdn.*, Bd. 3, Berlin 1983, S. 96–188.

Ders: «Luther im Traditionskonflikt der DDR», in: Horst Dähn und Joachim Heise (Hgg.), *Luther und die DDR. Der Reformator und das DDR-Fernsehen*, Berlin 1996, S. 9–20.

Brentano, Clemens: *Werke*, 4 Bde., München 1963–1968.

Breuer, Stefan: *Anatomie der Konservativen Revolution*, Darmstadt 1993.

Ders.: *Grundpositionen der deutschen Rechten (1871–1945)*, Tübingen 1999.

Brinks, Jan Hermann: *Die DDR-Geschichtsschreibung auf dem Weg zur deutschen Einheit. Luther, Friedrich II. und Bismarck als Paradigmen politischen Wandels*, Frankfurt/M. 1992.

Brix, Emil, u. a. (Hgg.): *Memoria Austriae*, Bd. 1: Menschen, Mythen, Zeiten, Wien 2004.

Brosius, Dieter: «Heinrich der Löwe», in: Müller/Wunderlich (Hgg.), *Herrscher, Helden, Heilige*, S. 119–131.

Bruchhausen, Esther-Beatrice Christiane von: *Das Zeichen im Kostümball. Marianne und Germania in der Politischen Ikonographie*, Diss. phil. Halle 2000; online publizierte Dissertation erhältlich unter: [http://deposit.ddb.de/egi-bin/dokserv?idn=962387878.]

Bruckmiller, Ernst: «Österreich. ‹An Ehren und an Siegen reich›»; in: Flacke (Hg.), *Mythen der Nationen*, S. 269–284.

Brüder Grimm (Hgg.): *Deutsche Sagen*, Berlin 1816.

Bruyn, Günter de: *Vierzig Jahre. Ein Lebensbericht*, Frankfurt/M. 1996.

Ders.: *Unter den Linden*, Berlin 2002.

Ders.: *Preußens Luise. Vom Entstehen und Vergehen einer Legende*, Berlin 2004.

Ders.: «Königin Luise», in: François/Schulze (Hgg.), *Deutsche Gedenkorte*, Bd. 2, S. 286–298.

Bude, Heinz: *Das Altern einer Generation. Die Jahrgänge 1938–1948*, Frankfurt am Main 1995.

Ders.: *Generation Berlin*, Berlin 2003.

Bude, Heinz/Greiner, Bernd (Hgg.): *Westbindungen. Amerika in der Bundesrepublik*, Hamburg 1999.

Bulang, Tobias: *Barbarossa im Reich der Poesie. Verhandlungen von Kunst und Historismus bei Arnim, Grabbe, Stifter und auf dem Kyffhäuser*, Frankfurt/M. u. a. 2003 (= Mikrokosmos. Beiträge zur Literaturwissenschaft und Bedeutungsforschung, Bd. 69).
Fürst Bülows Reden, hg. von Otto Hötzsch, 3 Bde., Berlin 1909.
Bumke, Joachim: *Höfische Kultur. Literatur und Gesellschaft im hohen Mittelalter*, München [8]1997.
Busch, Karl: *Das Nibelungenlied in deutscher Geschichte und Kunst*, München 1934.
Busche, Jürgen: *Helmut Kohl. Anatomie eines Erfolgs*, Berlin 1998.
Ders.: *Die 68er. Biographie einer Generation*, Berlin 2003.
Bussmann, Walter: «Friedrich der Große im Wandel des europäischen Urteils», in: *Deutschland und Europa. Festschrift für Hans Rothfels zum 60. Geburtstag*, hg. von Werner Conze, Düsseldorf 1951, S. 375–408.
Büttner, Karlheinz (Hg.): *Der Sängerkrieg auf der Wartburg. Wartburg-Sagen*, Marburg 1992.
Buzás, Ladislaus: *Deutsche Bibliotheksgeschichte der neuesten Zeit* (1800–1945), Wiesbaden 1978.
Cammann, Alexander: «1989 neu entdecken. Die verdrängte Gründungsrevolution der Berliner Republik», in: Ruge/Morat (Hgg.), *Deutschland denken*, S. 55–70.
Carcenac-Lecomte, Constanze, u. a. (Hgg.): *Steinbruch. Deutsche Erinnerungsorte. Annäherung an eine deutsche Gedächtnisgeschichte*, Frankfurt/M. u. a. 2000.
Carlyle, Thomas: *Geschichte Friedrichs II. von Preußen, genannt Friedrich der Große*, Berlin und Frankfurt am Main 1954.
Cartarius, Ulrich: *Opposition gegen Hitler. Bilder, Texte, Dokumente.* Mit einem Essay von Karl Otmar von Aretin, Berlin 1994.
Cartier, Raymond: *Der Zweite Weltkrieg*, 3 Bde., München und Zürich [6]1986.
Cassirer, Ernst: *Philosophie der symbolischen Formen*, 3 Bde., Darmstadt [8]1987.
Chamberlain, Houston Stewart: *Die Grundlagen des 19. Jahrhunderts*, München [22]1937.
Citron, Suzanne: «Der Nationalmythos in Frankreich», in: Bizeul (Hg.), *Politische Mythen und Rituale*, S. 43–57.
Clarke, Christopher: *Preußen. Aufstieg und Niedergang. 1600–1947.* Aus dem Engl. von R. Barth u. a., München 2007.
Clemens, Catherina: «Neuschwanstein», in: François/Schulze (Hgg.), *Deutsche Erinnerungsorte*, Bd. 3, S. 422–435.
Clough, Patricia: *Helmut Kohl. Ein Porträt der Macht*, München 1998.
Conrady, Karl Otto: *Goethe. Leben und Werk*, München und Zürich 1994.
Corino, Carl: *«Außen Marmor, innen Gips». Die Legenden des Stephan Hermlin*, Düsseldorf 1996.
Cornehl, Peter/Grünberg, Wolfgang: «Protestantismus – eine deutsche Religion? Die Lutherfeiern 1883 und 1983», in: *Politische Erinnerung*, S. 67–99.
Cullen, Michael S./Kieling, Uwe: *Das Brandenburger Tor. Geschichte eines deutschen Symbols*, Berlin 1990.
Czarnowski, Katja: «Nürnberg – ‹gemauerte Chronik› oder ‹Abfallhaufen der Geschichte›?», in: Constanze Carcenac-Lecomte u. a. (Hgg.), *Steinbruch*, S. 167–185.
Dies.: «Die Loreley», in: François/Schulze (Hgg.), *Deutsche Erinnerungsorte*, Bd. 3, S. 488–502.

Danyel, Jürgen: «Der 20. Juli», in: François/Schulze (Hgg.), *Deutsche Gedenkorte*, Bd. 2, S. 220–237.
Das Deutsche Reich und der Zweite Weltkrieg, hg. vom Militärgeschichtlichen Forschungsamt, 10 Bde., Stuttgart, München 1978–2008.
Das große deutsche Balladenbuch, hg. von Beate Pinkerneil, Weinheim 1995.
Das Nibelungenlied: Mittelhochdeutsch/Neuhochdeutsch, hg. und übersetzt von Siegfried Grosse, Stuttgart 2003.
«Das Oberkommando der Wehrmacht gibt bekannt …» Der deutsche Wehrmachtsbericht. Vollständige Ausgabe, 3 Bde., Osnabrück 1982.
Deist, Wilhelm (Bearb.): *Militär und Innenpolitik im Weltkrieg 1914–1918*, Düsseldorf 1970.
Ders.: «Der militärische Zusammenbruch des Kaiserreichs. Zur Realität der ‹Dolchstoßlegende›», in: *Das Unrechtsregime. Internationale Forschung über den Nationalsozialismus*, hg. von Ursula Büttner, Bd. 1, Hamburg 1986, S. 101–129.
Delau, Reinhard: *Die Dresdner Frauenkirche. Ein Tagebuch des Wiederaufbaus*, Dresden 2006 (4., erw. Aufl.).
Demandt, Philipp: *Luisenkult. Die Unsterblichkeit der Königin von Preußen*, Köln, Weimar, Wien 2003.
Deutsche Reden in schwerer Zeit, gehalten von den Professoren an der Universität Berlin, hg. von der Zentralstelle für Volkswohlfahrt und dem Verein für volkstümliche Kurse von Berliner Hochschullehrern, 2 Bde., Berlin 1915.
Dieckmann, Friedrich: «Das Grab auf der Terrasse», in: Patrick Bahners/Gerd Roellecke (Hgg.), *Preußische Stile. Der Staat als Kunststück*, Stuttgart 2001, S. 467–471.
Diedrich, Torsten, u. a. (Hgg.): *Im Dienste der Partei. Handbuch der bewaffneten Organe der DDR*, Berlin 1998.
Diehl, Paula: *Macht-Mythos-Utopie. Die Körperbilder der SS-Männer*, Berlin 2005 (= Politische Ideen, Bd. 17).
Dietzfelbinger, Eckart: *Der Umgang der Stadt Nürnberg mit dem früheren Reichsparteitagsgelände*, Nürnberg 1990 (= Beiträge zur politischen Bildung, Nr. 9).
Dollinger, Hans: *Friedrich II. von Preußen. Sein Bild im Wandel von zwei Jahrhunderten*, München 1986.
Domdey, Horst: «Faust und die Nachrüstung», in: *Berliner Hefte*, Nr. 18, 1981, S. 40–59.
Donoso Cortés, Juan: *Drei Reden. Über die Diktatur. Über Europa. Über die Lage Spaniens.* Deutsch von J. Langenegger, Zürich 1948.
Dörner, Andreas: «Politische Integration durch symbolische Politik. Der Hermannmythos und die deutsche Nation», in: Bizeul (Hg.), *Politische Mythen und Rituale*, S. 73–95.
Ders.: *Politischer Mythos und symbolische Politik. Der Hermannmythos: zur Entstehung des Nationalbewußtseins der Deutschen*, Reinbek b. Hamburg 1996.
Ders.: *Politische Kultur und Medienunterhaltung. Zur Inszenierung politischer Identitäten in der amerikanischen Film- und Fernsehwelt*, Konstanz 2000.
Dornhof, Dorothea: «Der Traum von einer Gelehrtenrepublik. Die Anziehungskraft Berlins auf Emigranten und Intellektuelle», in: Bernd Wilczek (Hg.), *Berlin – Hauptstadt der DDR 1949–1989. Utopie und Realität*, Zürich und Baden-Baden 1995, S. 94–112.
Doyé, Werner M.: «Arminius»; in François/Schulze (Hgg.), *Deutsche Erinnerungsorte*, Bd. 3, S. 587–602.

Düding, Dieter, u. a. (Hgg.): *Öffentliche Festkultur. Politische Feste in Deutschland von der Aufklärung bis zum Ersten Weltkrieg*, Reinbek b. Hamburg 1988, S. 67–88.
Düfel, Hans: «Das Lutherjubiläum 1883. Ein Beitrag zum Luther- und Reformationsverständnis des 19. Jahrhunderts», in: *Zeitschrift für Kirchengeschichte*, Bd. 95, 1984, S. 1–94.
Düllfer, Jost: *Regeln gegen den Krieg? Die Haager Friedenskonferenzen von 1899 und 1907 in der internationalen Politik*, Berlin, Frankfurt/M., Wien 1981.
Ebach, Jürgen: *Kassandra und Jona. Gegen die Macht des Schicksals*, Frankfurt/M. 1987.
Ebert, Friedrich: *Schriften, Aufzeichnungen, Reden*, 2 Bde., Dresden 1926.
Ebert, Klaus: *Thomas Müntzer. Von Eigensinn und Widerspruch*, Frankfurt am Main 1987.
Eder, Jens: «Affektlenkung im Film. Das Beispiel Triumph des Willens», in: Grau/Keil (Hgg.), *Mediale Emotionen*, S. 107–132.
Egelhaaf, Gottlob: «Die Schlacht im Teutoburger Wald», in: *Deutsche Rundschau*, Nr. 140, 1909, S. 409–423.
Ehlert, Hans, u. a. (Hgg.): *Der Schlieffenplan. Analysen und Dokumente*, Paderborn u. a. 2006.
Ehrismann, Otfrid: *Das Nibelungenlied in Deutschland. Studien zur Rezeption des Nibelungenliedes von der Mitte des 18. Jahrhunderts bis zum Ersten Weltkrieg*, München 1975.
Ders.: *Nibelungenlied. Epoche – Werk – Wirkung*, München 1987.
Ehrlich, Lothar (Hg.): *Das Dritte Weimar. Klassik und Kultur im Nationalsozialismus*, Köln 1999.
Eichhorn, Mathias: *Es wird regiert! Der Staat im Denken Karl Barths und Carl Schmitts in den Jahren von 1919 bis 1938*, Berlin 1994.
Einsel, Wolfhart: «Clausewitz in russischen Diensten – ein Beitrag zur Biografie», in: *Jahrbuch der Clausewitz-Gesellschaft*, Bd. 3, 2007, S. 243–254.
Eisler, Hanns: *Johann Faustus* (1952), Leipzig 1996.
Eliade, Mircea: *Kosmos und Geschichte. Der Mythos der ewigen Wiederkehr*, dt. von Günter Spaltmann, Reinbek bei Hamburg 1966.
Ders.: *Mythos und Wirklichkeit* (frz. Original 1963), Frankfurt am Main 1988.
Elliger, Walter: *Außenseiter der Reformation: Thomas Müntzer. Ein Knecht Gottes*, Göttingen 1975.
Ellwein, Thomas/Brückmann, Waldemar: «Friedrich der Große im Spiegel der Nachwelt», in: *Zeitschrift für Religions- und Geistesgeschichte*, Bd. 1, 1948, S. 222–244.
Ellwein, Thomas/Holtmann, Everhard (Hgg.): *50 Jahre Bundesrepublik Deutschland. Rahmenbedingungen – Entwicklungen – Perspektiven*, Opladen/Wiesbaden 1999 (= PVS-Sonderheft 30).
Emmerich, Wolfgang: *Kleine Literaturgeschichte der DDR*, Leipzig 1996.
Ders.: «Selektive Erinnerung. Selbstbegründungsmythen der literarischen Intelligenz in Ost und West nach 1945», in: *Orientierung, Gesellschaft, Erinnerung. Rostocker Philosophische Manuskripte* (1997), S. 95–114.
Endres, Rudolf: «Nürnberg im 18. Jahrhundert», in: Gotthardt Frühsorge u. a. (Hgg.), *Stadt und Bürger im 18. Jahrhundert*, Marburg 1993, S. 40–55.
Ders.: «‹Carissima civitas›. Kaiserstadt und Aufbewahrungsort der Reichsinsignien: Nürnberg», in: Baumunk/Brum (Hgg.), *Hauptstadt*, S. 72–87.
Engelberg, Ernst: *Bismarck. Das Reich in der Mitte Europas*, München 1993.

Engelhardt, Michael von: *Der plutonische Faust. Eine motivgeschichtliche Studie zur Arbeit am Mythos in der Faust-Tradition*, Basel und Frankfurt am Main 1991.

Engelhardt, Ulrich: *«Bildungsbürgertum». Begriffs- und Dogmengeschichte eines Etiketts*, Stuttgart 1986.

Engels, Friedrich: «Der deutsche Bauernkrieg», in: *Marx-Engels Werke* (MEW), Bd. 7, Berlin [DDR] 1976, S. 327–413.

Eppelmann, Rainer, u. a. (Hgg.): *Lexikon des DDR-Sozialismus*, Paderborn und München 1996.

Epstein, Klaus: *Die Ursprünge des Konservativismus in Deutschland. Der Ausgangspunkt: Die Herausforderung durch die französische Revolution 1770–1806*, Frankfurt/M. und Berlin 1973.

Erdmann, Elisabeth: «Die ‹Dolchstoßlegende in deutschen Schulbüchern von den 20er Jahren bis in die Gegenwart», in: Altrichter u. a. (Hgg.), *Mythen in der Geschichte*, S. 419–436.

Erler, Gotthard: «Fontane», in: François/Schulze (Hgg.), *Deutsche Erinnerungsorte*, Bd. 1, S. 242–253.

Esch, Arnold: «Ein Kampf um Rom», in: François/Schulze (Hgg), *Deutsche Erinnerungsorte*, Bd. 1, S. 27–40.

Essen, Gesa von: *Hermannsschlachten. Germanen- und Römerbilder in der Literatur des 18. und 19. Jahrhunderts*, Göttingen 1998.

Evans, Richard J.: *Das Dritte Reich* (engl. Original 2005), 2 Bde., München 2005/06.

Evers, Hans Gerhard: *Ludwig II. von Bayern. Theaterfürst-König-Bauherr. Gedanken zum Selbstverständnis*, hg. von J. A. Schmoll gen. Eisenwerth, bearbeitet von Klaus Eggert, München 1986.

Faber, Richard: *Abendland. Ein «politischer Kampfbegriff»*, Hildesheim 1979.

Fait, Barbara: «Die Kreisleiter der NSDAP – nach 1945», in: *Von Stalingrad zur Währungsunion. Zur Sozialgeschichte des Umbruchs in Deutschland*, hgg. von Martin Broszat, Klaus-Dietmar Henke und Hans Woller, München 1988, S. 213–299.

Falter, Jürgen W.: *Hitlers Wähler*, München 1991.

Faulenbach, Bernd: «Zur Funktion des Antifaschismus in der SBZ/DDR», in: *Getrennte Vergangenheit, Gemeinsame Zukunft. Ausgewählte Dokumente, Zeitzeugenberichte und Diskussionen der Enquetekommission «Aufarbeitung von Geschichte und Folgen der SED-Diktatur in Deutschland» des Deutschen Bundestages 1992–1994*. In vier Bdn. hg. von Ingrun Drechsler u. a., München 1997, Bd. 1, S. 144–154.

Febvre, Lucien: *Der Rhein und seine Geschichte*, hg., übersetzt und mit einem Nachwort von Peter Schöttler, Frankfurt/New York 1994.

Ders.: *Martin Luther*, hg., neu übersetzt und mit einem Nachwort von Peter Schöttler, Frankfurt/New York 1996 [frz. Original 1928].

Fehrenbach, Elisabeth: *Wandlungen des deutschen Kaisergedankens 1871–1918*, München und Wien 1969.

Felken, Detlef: *Oswald Spengler. Konservativer Denker zwischen Kaiserreich und Diktatur*, München 1988.

Ferguson, Niall: Der *falsche Krieg. Der Erste Weltkrieg und das 20. Jahrhundert*. Aus dem Engl. von Klaus Kochmann, Stuttgart 1999.

Ferro, Marc: *Der Große Krieg, 1914–1918*. Aus dem Franz. von Michael Jeismann, Frankfurt/M. 1988.

Fest, Joachim C.: *Hitler. Eine Biographie*, Frankfurt/M. – Berlin 1973.
Ders.: *Staatsstreich. Der lange Weg zum 20. Juli*, Berlin 1994.
Ders.: *Der Untergang. Hitler und das Ende des Dritten Reiches. Eine historische Skizze*, Berlin 2002.
Fetscher, Iring: «Immanuel Kants bürgerlicher Reformismus», in: ders., *Herrschaft und Emanzipation. Zur Philosophie des Bürgertums*, München 1976, S. 176–200.
Ders.: *Joseph Goebbels im Berliner Sportpalast 1943. «Wollt ihr den totalen Krieg?»*, Hamburg 1988.
Ders.: *Marx*, Freiburg/Br. 1999.
Fichte, Johann Gottlieb: *Reden an die Deutsche Nation*, Hamburg 1978.
Ficker, Julius: «Das Deutsche Kaiserreich in seinen universalen und nationalen Beziehungen», in: Schneider (Hg.), *Universalstaat oder Nationalstaat*, S. 19–158.
Fink, Oliver: «Heidelberg», in: François/Schulze (Hgg), *Deutsche Erinnerungsorte*, Bd. 3, S. 473–487.
Fippel, Günter: «Verfolgte des Nationalsozialismus und des Stalinismus», in: *Getrennte Vergangenheit, gemeinsame Zukunft. Ausgewählte Dokumente, Zeitzeugenberichte und Diskussionen der Enquete-Kommission «Aufarbeitung von Geschichte und Folgen der SED-Diktatur in Deutschland» des Deutschen Bundestages 1992–1994*. In vier Bdn. hg. von Ingrun Drechsler u. a., München 1997, Bd. 1, S. 154–162.
Fischer, Ernst: «Doktor Faustus und der deutsche Bauernkrieg», in: *Sinn und Form*, 4. Jg., 1952, 6. Heft, S. 59–73,
Fischer, Torben/Lorenz, Matthias N. (Hgg.): *Lexikon der «Vergangenheitsbewältigung» in Deutschland. Debatten- und Diskursgeschichte des Nationalsozialismus nach 1945*, Bielefeld 2007.
Flach, Dieter: «Der taciteische Zugang zu der Welt der Germanen», in: Wiegels/Woesler (Hgg.), *Arminius und die Varusschlacht*, S. 143–166.
Flacke, Monika (Hg.): *Mythen der Nationen. Ein europäisches Panorama*, Berlin 1998.
Dies.: «Deutschland. Die Begründung der Nation aus der Krise», in: dies. (Hg.), *Mythen der Nationen. Ein europäisches Panorama*, Berlin 1998, S. 101–128.
Flasch, Kurt: *Die geistige Mobilmachung. Die deutschen Intellektuellen und der Erste Weltkrieg. Ein Versuch*, Berlin 2000.
Flex, Walter: *Gesammelte Werke*, 2 Bde., hg. von Konrad Flex, München [4]1936.
Fontane, Theodor: *Balladen, Lieder, Sprüche*, Frankfurt am Main u. a. 1979 (= Werke und Schriften, Bd. 22).
Förster, Stig: «Vom europäischen Krieg zum Weltkrieg», in: Hirschfeld u. a. (Hgg.), *Enzyklopädie Erster Weltkrieg*, Paderborn 2003, S. 242–248.
François, Etienne: «Die Wartburg», in: François/Schulze (Hgg.), *Deutsche Erinnerungsorte*, Bd. 2, S. 154–170.
Ders. u. a. (Hgg.): *Nation und Emotion. Deutschland und Frankreich im Vergleich. 19. und 20. Jahrhundert*, Göttingen 1995.
François, Etienne/Schulze, Hagen (Hgg.): *Deutsche Erinnerungsorte*, 3 Bde., München 2001.
Frank, Volker: *Antifaschistische Mahnmale in der DDR. Ihre künstlerische Gestaltung*, Leipzig 1970.
Franz, Günther: *Der deutsche Bauernkrieg*, Darmstadt 1975 (Zehnte, verbesserte und durch einen Bildanhang erweiterte Auflage).

Franz, Michael: «Hegel und die Schlacht bei Jena. Eine Textcollage», in: Gerd Fesser/Reinhard Jonscher (Hgg.), *Umbruch im Schatten Napoleons. Die Schlachten von Jena und Auerstedt und ihre Folgen*, Jena 1998, S. 75–82.
Frauendienst, Werner (Hg.): *Die geheimen Papiere Friedrich von Holsteins*, 4 Bde., Göttingen 1956–1963.
Frei, Norbert: *Vergangenheitspolitik. Die Anfänge der Bundesrepublik und die NS-Vergangenheit*, München 1996.
Ders.: *1945 und wir. Das Dritte Reich im Bewusstsein der Deutschen*, München 2005.
Ders.: *1968. Jugendrevolte und globaler Protest*, München 2008.
Freitag, Werner: «Nationale Mythen und kirchliches Heil: Der ‹Tag von Potsdam›», in: *Westfälische Forschungen*, Bd. 41, 1991, S. 379–430.
Freytag, Gustav: *Der Kronprinz und die deutsche Kaiserkrone*, Leipzig 1889.
Friedenthal, Richard: *Goethe. Sein Leben und seine Zeit*, München 1963.
Friedländer, Saul/Rüsen, Jörn (Hgg.): *Richard Wagner im Dritten Reich*, München 2000.
Friedrich, Gerhard: *Fontanes preußische Welt. Armee – Dynastie – Staat*, Flensburg 2001.
Friedrich, Jörg: *Die kalte Amnestie. NS-Täter in der Bundesrepublik*, Berlin 2007 (urspr. 1984).
Ders.: *Das Gesetz des Krieges. Das deutsche Heer in Rußland 1941 bis 1945. Der Prozeß gegen das Oberkommando der Wehrmacht*, München, Zürich 1993.
Ders.: *Der Brand. Deutschland im Bombenkrieg 1940–1945*, München 2002.
Ausgewählte Werke Friedrichs des Großen in deutscher Übersetzung, hg. von Gustav Berthold Volz, 2 Bde., Berlin o. J.
Friz, Diana Maria: *Wo Barbarossa schläft – der Kyffhäuser. Der Traum vom deutschen Reich*, Weinheim 1991.
Fueter, Eduard: *Geschichte der neueren Historiographie*, München und Berlin 1911 (= Hdb. der mittelalterl. und neueren Geschichte, I. Abt.).
Fuhrmann, Horst: *Deutsche Geschichte im Hohen Mittelalter von der Mitte des 11. bis zum Ende des 12. Jahrhunderts*, Göttingen 1979 (= Deutsche Geschichte, hg. von W. Leuschner, Bd. 2).
Ders.: «‹Wer hat die Deutschen zu Richtern über die Völker bestellt?› Die Deutschen als Ärgernis im Mittelalter», in: *Geschichte in Wissenschaft und Unterricht*, Nr. 46, 1995, S. 625–641.
Fuhrmann, Manfred: «Die Germania des Tacitus und das deutsche Nationalbewußtsein», in: ders., *Brechungen. Wirkungsgeschichtliche Studien zur antik-europäischen Bildungstradition*, Stuttgart 1982, S. 113–128.
Fuß, Ulrike: «Die Loreley. Die Geschichte einer legendären Frau», in: Gassen/Holeczek (Hgg.), *Mythos Rhein*, S. 267–291.
Füssel, Stephan (Hg.): *500 Jahre Schedelsche Weltchronik. Akten eines interdisziplinären Symposions*, Nürnberg 1994 (= Pirckheimer-Jahrbuch, Bd. 9).
Gall, Lothar: *Germania. Eine deutsche Marianne?*, Bonn 1993.
Ders.: *Bismarck. Der weiße Revolutionär* [1980], Berlin 1995.
Gassen, Richard W./Holeczek, Bernhard (Hgg.): *Mythos Rhein. Ein Fluß – Bild und Bedeutung*, Ludwigshafen 1992.
Geibel, Emanuel: *Werke*, hg. von Wolfgang Stammler, Leipzig, Wien 1918.
Gellner, Ernest: *Bedingungen der Freiheit. Die Zivilgesellschaft und ihre Rivalen*, Stuttgart 1995.

Gerhardt, Volker/Mehring, Reinhard/Rindert, Jana: *Berliner Geist. Eine Geschichte der Berliner Universitätsphilosophie*, Berlin 1999.
Gerstner, Alexandra: «Aachen: Wo ein alter Kaiser den Weg ins moderne Europa weist», in: Carcenac-Lecomte u. a. (Hgg.): *Steinbruch*, S. 151–166.
Gerwarth, Robert: *Der Bismarck-Mythos. Die Deutschen und der Eiserne Kanzler*, aus dem Engl. von Klaus-Dieter Schmidt, München 2007.
Giesebrecht, Wilhelm: *Geschichte der deutschen Kaiserzeit*, 6 Bde., Leipzig 1855–1895.
Girard, René: *Das Heilige und die Gewalt* (frz. Original 1972), Frankfurt am Main 1992.
Ders.: *Ich sah den Satan vom Himmel fallen wie einen Blitz. Eine kritische Apologie des Christentums* (frz. Original 1999), München, Wien 2002.
Ders.: *Die verkannte Stimme des Realen. Eine Theorie archaischer und moderner Mythen* (frz. Original 2002), München, Wien 2005.
Glaser, Gerhard (Red.): *Die Frauenkirche zu Dresden. Werden, Wirkung, Wiederaufbau*, hg. von der Stiftung Frauenkirche Dresden, Dresden 2005.
Glaser, Herman u. a. (Hgg.): *Industriekultur in Nürnberg. Eine deutsche Stadt im Maschinenzeitalter*, München 1980.
Ders.: *Kulturgeschichte der Bundesrepublik*, 3 Bde., München, Wien 1985–1989.
Ders.: *Deutsche Kultur. 1945–2000*, München, Wien 1997.
Glotz, Peter, u. a.: *Mythos und Politik. Über die magischen Gesten der Rechten*, Hamburg 1985.
Gneisenau, Neidhardt von: *Ausgewählte militärische Schriften*, hg. von Gerhard Förster und Christa Gudzent, Berlin [DDR] 1984.
Goebbels, Joseph: *Tagebücher 1924–1945*, hg. von Ralf Georg Reuth, 5 Bde., München, Zürich 1992.
Goethe, Johann Wolfgang: *Faust.* Texte, hg. von Albrecht Schöne, Frankfurt am Main 1999.
Gollwitzer, Heinz: *Die Gelbe Gefahr. Geschichte eines Schlagworts. Studien zum imperalistischen Denken*, Göttingen 1962.
Ders.: «Zur Auffassung der mittelalterlichen Kaiserpolitik im 19. Jahrhundert. Eine ideologie- und wissenschaftsgeschichtliche Nachlese», in: *Dauer und Wandel der Geschichte. Aspekte europäischer Vergangenheit.* Festschrift für Kurt von Raumer, hg. von Rudolf Vierhaus und Manfred Botzenhart, Münster 1966, S. 483–511.
Ders.: «Zum politischen Germanismus des 19. Jahrhunderts», in: *Festschrift für Hermann Heimpel zum 70. Geburtstag*, Göttingen 1971, Bd. 1, S. 282–356.
Ders.: *Geschichte des weltpolitischen Denkens*, 2 Bde., Göttingen 1972 und 1982.
Görtemaker, Manfred: *Thomas Mann und die Politik*, Frankfurt am Main 2005.
Gotthard, Axel: «Preußens deutsche Sendung», in: Altrichter u. a. (Hgg.), *Mythen in der Geschichte*, S. 321–369.
Grab, Walter: *Ein Volk muß seine Freiheit selbst erobern. Zur Geschichte der deutschen Jakobiner*, Frankfurt am Main u. a. 1984.
Grabbe, Christian Dietrich: *Werke und Briefe*, hg. von Alfred Bergmann, 6 Bde., Emsdetten 1960–73.
Grau, Oliver/Keil, Andreas (Hgg.): *Mediale Emotionen. Zur Lenkung von Gefühlen durch Bild und Sound*, Frankfurt am Main 2005.
Graus, František: *Lebendige Vergangenheit. Überlieferung im Mittelalter und in den Vorstellungen vom Mittelalter*, Köln, Wien 1975.

Gregor, Ulrich: «Verdrängung, Satire und Innerlichkeit. Preußen im Film nach 1945», in: Marquart/Rathsack (Hgg.), *Preußen im Film*, Reinbek b. Hamburg 1981, S. 39–54.

Gregor-Dellin, Martin: *Richard Wagner. Sein Leben, sein Werk, sein Jahrhundert*, München, Zürich 1980.

Groehler, Olaf: *Die Kriege Friedrichs II.*, Berlin [DDR] 1981 (3., überarbeitete Auflage).

Grolle, Jeist und Ingeborg: «‹Der Hort im Rhein›. Zur Geschichte eines politischen Mythos», in: *Gedenkschrift Martin Göhring. Studien zur europäischen Geschichte*, hg. von Ernst Schulin, Wiesbaden 1968, S. 214–238.

Gronau, Dietrich: *Martin Luther. Revolutionär des Glaubens*, München 1996.

Gross, Friedrich: *Jesus, Luther und der Papst im Bilderkampf 1871 bis 1918. Zur Malereigeschichte der Kaiserzeit*, Marburg 1989.

Grote, Ludwig: *Die romantische Entdeckung Nürnbergs*, München 1967 (= Bibl. des Germanischen Nationalmuseums, Bd. 8).

Grunenberg, Antonia: *Antifaschismus – ein deutscher Mythos*, Reinbek b. Hamburg 1993.

Günzel, Klaus: *Romantik in Dresden. Gestalten und Begegnungen*, Leipzig 1997.

Haase, Horst (Hg.): *Die SED und das kulturelle Erbe. Orientierungen, Errungenschaften, Probleme*, Berlin ^{2}1988.

Haberland, Detlef: «‹Eine Gegend wie ein Dichtertraum›. Aspekte der deutschen literarischen Rheinromantik», in: Honnef u. a. (Hgg.), *Vom Zauber des Rheines ergriffen*, S. 135–146.

Habermas, Jürgen: *Die nachholende Revolution. Kleine politische Schriften VII*, Frankfurt am Main 1990.

Hacke, Jens: «Kanzlermythen. Das nachträgliche Charisma der Bonner Republik», in: *Ästhetik und Kommunikation*, 36. Jg., 2005, Heft 129/130 (= Mythos Bundesrepublik), S. 33–48.

Ders.: *Philosophie der Bürgerlichkeit. Die liberalkonservative Begründung der Bundesrepublik*, Göttingen 2006.

Hacks, Peter: *Ascher gegen Jahn. Ein deutscher Freiheitskrieg*, Berlin und Weimar 1991.

Hädecke, Wolfgang: *Dresden. Eine Geschichte von Glanz, Katastrophe und Aufbruch*, München und Wien 2006.

Haecker, Theodor: *Vergil – Vater des Abendlandes*, (1931) München ^{5}1947.

Haffner, Sebastian: *Preußen ohne Legende*, München 1980.

Hager, Werner: *Geschichte in Bildern. Studien zur Historienmalerei des 19. Jahrhunderts*, Hildesheim u. a. 1989.

Hähnel, Sabine: «Spielball nationalen Gedenkens. Der Erinnerungsort Wartburg zwischen Kriegsende und nationalem Jubiläum 1967», in: *Wartburg-Jahrbuch 2002*, S. 7–42.

Halbwachs, Maurice: *Das Gedächtnis und seine sozialen Bedeutungen* [1925], übersetzt von Lutz Geldsetzer, Berlin und Neuwied 1966.

Ders.: *Das kollektive Gedächtnis*, aus dem Franz. von Holde Lhoest-Offergeld, Stuttgart 1967.

Hamann, Brigitte: *Winifred Wagner oder Hitlers Bayreuth*, München und Zürich 2002.

Hamburger Institut für Sozialforschung (Hg.): *Eine Ausstellung und ihre Folgen. Zur Rezeption der Ausstellung «Vernichtungskrieg. Verbrechen der Wehrmacht 1941 bis 1944»*, Hamburg 1999.

Hammer, Karl: *Deutsche Kriegstheologie 1870–1918*, München 1974.

Hammerstein, Notker (Hg.): *Deutsche Bildung? Briefe zweier Schulmänner. Otto Schumann – Martin Havenstein 1930–1944*, Frankfurt/M. 1988.

Hansen, Heinrich E.: «Die *Hunnenrede* Kaiser Wilhelms II. in Bremerhaven», in: *Jahrbuch 50 Männer vom Morgenstern. Heimatbund an Elb- und Wesermündung*, Bremerhaven 1969, S. 207–231.

Hanstein, Wolfram: *Von Luther zu Hitler*, Dresden 1947.

Hartwich, Wolf-Daniel: *«Deutsche Mythologie». Die Erfindung einer nationalen Kunstreligion*, Berlin, Wien 2000.

Haufe, Rüdiger: *«Deutschem Wesen stets bereit». Die Wartburg in nationaler Deutung. Zur Wartburg-Lyrik 1890–1933*, Weimar 2000.

Ders.: «‹Deutschen Geistes Standquartier› – Die Wartburg als Subjekt deutsch-nationaler Weltkriegs-Lyrik», in: *Wartburg-Jahrbuch 2005*, S. 88–104.

Haug, Wolfgang Fritz: «Hermann Lübbes Verklärung des Verschweigens», in: *Vom hilflosen Antifaschismus zur Gnade der späten Geburt*, Hamburg 1993 (2., erw. Aufl.), S. 185–199.

Haupts, Leo: «Die Kölner Dombaufeste 1842–1880 zwischen kirchlicher, bürgerlich-nationaler und dynastisch-höfischer Selbstdarstellung», in: Düding u. a. (Hgg.), *Öffentliche Festkultur*, S. 191–211.

Hauschild, Jan-Christoph/Werner, Michael: *«Der Zweck des Lebens ist das Leben selbst.» Heinrich Heine. Eine Biographie*, Frankfurt/M. 2005.

Haymes, Edward R.: *Das Nibelungenlied. Geschichte und Interpretation*, München 1999.

Heer, Hannes/Naumann, Klaus (Hgg.): *Vernichtungskrieg. Verbrechen der Wehrmacht 1941–1944*, Hamburg 1995.

Hegel, Georg Wilhelm Friedrich: *Briefe von und an Hegel*, hg. von Joh. Hoffmeister, 3 Bde., Hamburg 1952.

Ders.: *Vorlesungen über die Ästhetik. Werke*, hg. von Eva Moldenhauer und Karl Markus Michel, Bde. 13–15, Frankfurt/M. 1970.

Heidegger, Martin: *Die Selbstbehauptung der deutschen Universität/Das Rektorat 1933/34*, hg. von Hermann Heidegger, Frankfurt am Main 1983.

Heider, Paul: «Reaktionen in der Wehrmacht auf Gründung und Tätigkeit des Nationalkomitees ‹Freies Deutschland› und des Bundes Deutscher Offiziere», in: Rolf-Dieter Müller/Hans-Erich Volkmann (Hgg.), *Die Wehrmacht. Mythos und Realität*, München 1999, S. 614–634.

Heine, Heinrich: *Sämtliche Schriften in zwölf Bänden*, hg. von Klaus Briegleb, München, Wien 1976.

Heinemann, Ulrich: *Ein konservativer Rebell. Fritz-Dietlof Graf von der Schulenburg und der 20. Juli*, Berlin 1990.

Heinrich, Arthur: *Tooor! Toor! Tor! Vierzig Jahre 3:2*, Berlin 1994.

Heinzle, Joachim: *Das Nibelungenlied. Eine Einführung*, Frankfurt/M. 1994.

Heinzle, Joachim/ Waldschmidt, Anneliese (Hgg.): *Die Nibelungen. Ein deutscher Wahn, ein deutscher Alptraum. Studien und Dokumente zur Rezeption des Nibelungenstoffs im 19. und 20. Jahrhundert*, Frankfurt/M. 1991.

Hennis, Wilhelm: *Max Webers Fragestellung. Studien zur Biographie des Werks*, Tübingen 1987.

Hensel, Jana: *Zonenkinder*, Reinbek b. Hamburg 2004.

Hentschel, Volker: *Ludwig Erhard, die «soziale Marktwirtschaft» und das Wirtschaftswunder. Historisches Lehrstück oder Mythos?*, Bonn 1998.

Herder, Johann Gottfried: *Werke in fünf Bänden*, ausgewählt und eingeleitet von Regine Otto, Berlin und Weimar 1978 (5., neubearb. Auflage).

Ders.: *Werke in 10 Bänden*, hg. von Günter Arnold, Frankfurt am Main 2000.
Herf, Jeffrey: *Zweierlei Erinnerung. Die NS-Vergangenheit im geteilten Deutschland.* Aus dem Amerikan. von Klaus-Dieter Schmidt, Berlin 1998.
Hermlin, Stephan: *In den Kämpfen dieser Zeit*, Berlin 1995.
Herre, Franz: *Kaiser Wilhelm II. Monarch zwischen den Zeiten*, Köln 1993.
Herrmann, Hans Peter: «Arminius und die Erfindung der Männlichkeit im 18. Jahrhundert», in: *Machtphantasie Deutschland. Nationalismus, Männlichkeit und Fremdenhaß im Vaterlandsdiskurs deutscher Schriftsteller des 18. Jahrhunderts*, hrsg. von Hans Peter Herrmann u. a., Frankfurt am Main 1996, S. 161–191.
Herrnstadt, Rudolf: *Die Entdeckung der Klassen, die Geschichte des Begriffs Klasse*, Berlin [DDR] 1965.
Hertle, Hans-Hermann: *Chronik des Mauerfalls. Die dramatischen Ereignisse um den 9. November 1989*, Berlin 1996.
Hertz, Deborah: *Die jüdischen Salons im alten Berlin.* Aus dem Amerikan. von Gabriele Neumann-Kloth, Meisenheim/Frankfurt am Main 1991.
Herwegh, Georg: *Werke in einem Band*, Berlin und Weimar 1967.
Ders.: *Werke und Briefe. Kritische und kommentierte Gesamtausgabe*, hg. von Ingrid Pepperle, bislang 2 von 6 Bdn. erschienen, Bielefeld 2005 f.
Herzinger, Richard: «Aufstand gegen die Pax Romana. Heinrich von Kleist, Adam Müller und die Aktualität des organischen Kriegs», in: *Text und Kritik*, Heft 124, 1994, S. 21–37.
Heusler, Andreas: *Nibelungensage und Nibelungenlied. Eine Stoffgeschichte des deutschen Heldenepos*, Dortmund 1921.
Hildebrandt, Klaus: *Das vergangene Reich. Deutsche Außenpolitik von Bismarck bis Hitler*, Stuttgart 1995.
Hillgruber, Andreas: *Hitlers Strategie. Politik und Kriegführung 1940–1941*, München ²1982.
Hindenburg, Paul von: *Briefe, Reden, Berichte*, hg. von Fritz Endres, München 1934.
Hirschfeld, Gerhard/Gerd Krumeich/Irina Renz (Hgg.): *Enzyklopädie Erster Weltkrieg*, Paderborn 2003.
Dies. (Hgg.): *Die Deutschen an der Somme 1914–1918. Krieg, Besatzung, Verbrannte Erde*, Essen 2006.
Hitler, Adolf: *Mein Kampf*, 2 Bde., München ¹⁹1933.
Hoegen, Jesko von: *Der Held von Tannenberg. Genese und Funktion des Hindenburg-Mythos*, Köln, Weimar, Wien 2007 (= Stuttgarter Historische Forschungen, Bd. 4).
Hoelscher, Uvo: *Die Kaiserpfalz Goslar.* Nachdruck der Ausgabe Berlin 1927. Mit einer Einführung von Martin Möhle, Bielefeld 1996 (= Beiträge zur Geschichte der Stadt Goslar, Bd. 43).
Hoffmann, Ernst Theodor Amadeus: *Gesammelte Werke in Einzelausgaben*, Textrevision und Anmerkungen von Hans-Joachim Kruse, Berlin 1994.
Hoffmann von Fallersleben, August Heinrich: *Unpolitische Lieder*, Hamburg 1840.
Hoffmann, Stefan-Ludwig: «Sakraler Monumentalismus um 1900. Das Leipziger Völkerschlachtdenkmal», in: Reinhart Koselleck/Michael Jeismann (Hgg.), *Politischer Totenkult. Kriegerdenkmäler der Moderne*, München 1994, S. 249–280.
Höfler, Otto: *Siegfried, Arminius und die Symbolik.* Mit einem historischen Anhang über die Varusschlacht, Heidelberg 1961.

Hofmann, Wilhelm: «Die Politik der Bilder und der Worte. Bemerkungen zum Verhältnis von sprachlicher und visueller Kommunikation bei Susan Sontag und Roland Barthes, in: ders. (Hg.), *Bildpolitik – Sprachpolitik. Untersuchungen zur politischen Kommunikation in der entwickelten Demokratie*, Münster 2006, S. 157–180.

Höhne, Heinz: *Die Machtergreifung. Deutschlands Weg in die Hitler-Diktatur*, Reinbek b. Hamburg 1983.

Hölderlin, Friedrich: *Sämtliche Werke und Briefe*, 3 Bde., hg. von Michael Knaupp, München, Wien 1992.

Hölscher, Lucian: *Weltgericht oder Revolution. Protestantische und sozialistische Zukunftsvorstellungen im deutschen Kaiserreich*, Stuttgart 1989.

Honnef, Klaus, u. a. (Hgg.): *Vom Zauber des Rheines ergriffen. Zur Entdeckung der Rheinlandschaft*, München 1992.

Hoppe, Günther: *Elisabeth, Landgräfin von Thüringen*, Eisenach 1984.

Horne, John/Kramer, Alan: *Deutsche Kriegsgreuel 1914. Die umstrittene Wahrheit*. Aus dem Engl. von Udo Rennert, Hamburg 2004.

Hosfeld, Rolf/Pölking, Hermann: *Die Deutschen 1945 bis 1972. Leben im doppelten Wirtschaftswunderland*, München, Zürich 2006.

Hubmann, Gerald: *Ethische Überzeugung und politisches Handeln. Jakob Friedrich Fries und die deutsche Tradition der Gesinnungsethik*, Heidelberg 1997.

Hüfner, Oliver: *Die Struktur politischer Mythen. Wiedervereinigung und Wirtschaftswunder in den Reden bundesdeutscher Politiker von 1949–1969*, Opladen 2001.

Hürter, Johannes: *Hitlers Heerführer. Die deutschen Oberbefehlshaber im Krieg gegen die Sowjetunion 1941/42*, München [2]2007.

Hutten, Ulrich von: *Opera/Schriften*, hg. von Eduard Böcking, 5 Bde., Aalen 1963 (ND der Ausg. 1859–1861).

Ders.: *Deutsche Schriften*, München 1970.

Illies, Florian: *Generation Golf*, München [4]2000.

Irsigler, Franz: «‹Teutschlands hochschlagende Pulsader›. Zur wirtschaftlichen Bedeutung des Rheins bis zum frühen 19. Jahrhundert», in: Honnef u. a. (Hgg.), *Vom Zauber des Rheines ergriffen*, S. 67–90.

Jacoby, Edmund: «Goethe, Schiller und Hölderlin», in: *Pipers Handbuch der politischen Ideen*, hg. von Iring Fetscher und Herfried Münkler, Bd. 4, München 1986, S. 127–151.

Jaeger, Michael: *Global Player Faust oder Das Verschwinden der Gegenwart. Zur Aktualität Goethes*, Berlin 2008.

Jäger, Jens: «Fotografie – Erinnerung – Identität. Die Trümmeraufnahmen aus deutschen Städten 1945», in: *Kriegsende 1945 in Deutschland*. Im Auftrag des Militärgeschichtl. Forschungsamtes hg. von Jörg Hillmann und John Zimmermann, München 2002, S. 287–300.

Jahn, Friedrich Ludwig: *Deutsches Volkstum*, Berlin und Weimar 1991.

Jankuhn, Herbert/Timpe, Dieter (Hgg.): *Beiträge zum Verständnis der Germania des Tacitus*, Teil I, Göttingen 1989 (= Abh. der Akad. d. Wiss. in Göttingen, Phil.-hist. Klasse, 3. Folge, Nr. 175).

Janssen, Karl-Heinz/Tobias, Fritz: *Der Sturz der Generäle. Hitler und die Blomberg-Fritsch-Krise 1938*, München 1994.

Jasper, Willi: «Faust und die Deutschen. Zur Entwicklungsgeschichte eines literarischen

und politischen Mythos», in: *Zeitschrift für Religions- und Geistesgeschichte*, 48 Jg., 1996, Heft 3, S. 215–230.
Ders.: *Faust und die Deutschen*, Berlin 1998.
Jaspers, Karl: *Unsere Zukunft und Goethe*, Bremen 1949.
Jeismann, Michael: *Das Vaterland der Feinde. Studien zum nationalen Feindbegriff und Selbstverständnis in Deutschland und Frankreich 1792–1918*, Stuttgart 1992 (= Sprache und Geschichte, Bd. 19).
Jensen, Jan Christian: *Adolph Menzel*, Köln 2003.
Jochum, Uwe: *Kleine Bibliotheksgeschichte*, Stuttgart 1993.
[Johann von Winterthur:]«Die Chronik Johanns von Winterthur», hg. von Friedrich Baethgen. *Monumenta Germaniae historica, Scriptores rerum Germanicarum*, Nova Series, Berlin ²1955.
Johnston, Otto W.: *Der deutsche Nationalmythos. Ursprung eines politischen Programms*, Stuttgart 1990.
Jünger, Ernst: «Die totale Mobilmachung», in: ders., *Blätter und Steine*, Hamburg 1934, S. 125–156.
Junghans, Helmar (Hg.): *Luther, Leben und Werk*, 2 Bde., Göttingen/Berlin 1983.
Jureit, Ulrike/Wildt, Michael (Hgg.): *Generationen. Zur Relevanz eines wissenschaftlichen Begriffs*, Hamburg 2005.
Kampers, Franz: *Die deutsche Kaiseridee in Prophetie und Sage*, München 1896.
Kannapin, Detlef: *Antifaschismus im Film der DDR. DEFA-Spielfilme 1945–1955/56*, Köln 1997.
Kant, Immanuel: *Werke in zehn Bänden*, hg. von Wilhelm Weischedel, Darmstadt 1970.
Kantorowicz, Ernst: *Kaiser Friedrich der Zweite*, 2 Bde., Düsseldorf und München 1927.
Ders.: *Die zwei Körper des Königs. Eine Studie zur politischen Theologie des Mittelalters.* Übersetzt von Walter Theimer und Brigitte Hellmann, München 1990.
Karow, Yvonne: *Deutsches Opfer. Kultische Selbstauslöschung auf den Reichsparteitagen der NSDAP*, Berlin 1997.
Kastner, Jörg/Mazal, Otto: *Das Nibelungenlied in den Augen der Künstler vom Mittelalter bis zur Gegenwart*, Ausstellung in der Staatlichen Bibliothek Passau, Passau 1986.
Kaul, Camilla G.: *Friedrich Barbarossa im Kyffhäuser. Bilder eines nationalen Mythos im 19. Jahrhundert*, 2 Bde., Köln u. a. 2007.
Keegan, John: *Der Erste Weltkrieg. Eine europäische Tragödie.* Deutsch von Karl und Heidi Nicolai, Reinbek b. Hamburg 2000.
Ders.: *Der Zweite Weltkrieg.* Aus dem Engl. von Kurt Kober, Berlin 2004.
Kershaw, Ian: *Der Hitler-Mythos. Führerkult und Volksmeinung* (engl. Original 1987), Stuttgart 1999.
Ders.: *Hitler. 1936–1945.* Aus dem Engl. von Klaus Kochmann, Stuttgart 2000.
Kessler, Mario: *Die DDR und die Juden – zwischen Repression und Toleranz. Politische Entwicklungen bis 1967*, Berlin 1995.
Kettenacker, Lothar: «Der Mythos vom Reich», in: Karl Heinz Bohrer (Hg.), *Mythos und Moderne. Bild und Begriff einer Rekonstruktion*, Frankfurt am Main 1983, S. 261–289.
Kiesel, Helmuth: *Ernst Jünger. Die Biographie*, München 2007.
Kittsteiner, Heinz Dieter: «Kants Theorie des Geschichtszeichens. Vorläufer und Nachfahren», in: ders. (Hg.), *Geschichtszeichen*, Köln 1999, S. 81–115.
Klausa, Ekkehard: «Preußische Soldatentradition und Widerstand – Das Potsdamer

Infanterieregiment 9 zwischen dem ‹Tag von Potsdam› und dem 20. Juli 1944», in: Schmädeke/Steinbach (Hgg.), *Der Widerstand gegen den Nationalsozialismus*, S. 533–545.

Klee, Ernst: *Das Personenlexikon zum Dritten Reich. Wer war was vor und nach 1945*, Frankfurt/M. 2003.

Klein, Ansgar, u. a. (Hgg.): *Kunst, Symbolik und Politik. Die Reichstagsverhüllung als Denkanstoß*, Opladen 1995.

Kleist, Heinrich von: *Werke und Briefe*, hg. von Siegfried Streker, 4 Bde., Berlin [3]1993 .

Klemperer, Victor: *Ich will Zeugnis ablegen bis zum letzten. Tagebücher 1933–1945*, hg. von Walter Nowojski unter Mitarbeit von Hadwig Klemperer, 2 Bde., Berlin 1995.

Kleßmann, Eckart: *Napoleon und die Deutschen*, Berlin 2007.

Klotz, Katharina: *Das politische Plakat der SBZ/DDR 1945–1963. Zur politischen Ikonographie der sozialistischen Sichtagitation*, Aachen 2006.

Klüger, Ruth: «Freiheit, die ich meine. Fremdherrschaft in Kleists ‹Hermannsschlacht› und ‹Verlobung in St. Domingo›», in: dies., *Katastrophen. Über deutsche Literatur*, Göttingen 1994, S. 133–162.

Knigge, Volkhard: «Buchenwald-Denkmal», in: *Auftrag: Kunst* (= Katalog zu einer Ausstellung des Deutschen Historischen Museums), München/Berlin 1995, S. 106–118.

Ders./Pietsch, Jürgen Maria/Seidel, Thomas A.: *Versteinertes Gedenken. Das Buchenwalder Mahnmal von 1958*, Spröda 1997.

Knopf, Jan: «Erblasser Dr. Johann Faust. Hanns Eislers Faustoper und die deutschen Traditionen», in: Joachim Dyck u. a., *Brechtdiskussion*, Kronberg/Ts. 1974, S. 261–283.

Koch-Hillebrecht, Manfred: *Die Deutschen sind schrecklich. Geschichte eines europäischen Feindbildes*, Berlin 2008.

Kohl, Helmut: *«Ich wollte Deutschlands Einheit»*. Dargestellt von Kai Diekmann und Rolf Georg Reuth, Berlin 1996.

Kolbe, Jürgen: *Ich weiß nicht was soll es bedeuten. Heinrich Heines Loreley. Bilder und Gedichte*, München 1976.

Kondylis, Panjotis: *Der Niedergang der bürgerlichen Denk- und Lebensform. Die liberale Moderne und die massendemokratische Postmoderne*, Weinheim 1991.

König, Helmut: *Die Zukunft der Vergangenheit. Der Nationalsozialismus im politischen Bewußtsein der Bundesrepublik*, Frankfurt am Main 2003.

König, Helmut/Kuhlmann, Wolfgang/Schwabe, Klaus: *Vertuschte Vergangenheit. Der Fall Schwerte und die NS-Vergangenheit der deutschen Hochschulen*, München 1997.

Koopmann, Helmut: «‹Mit Goethes *Faust* hat mein Roman nichts gemein›: Thomas Mann und sein Doktor Faustus», in: *Faust Through Four Centuries/Vierhundert Jahre Faust*, ed. by Peter Boerner und Sidney Johnson, Tübingen 1989, S. 213–228.

Köpnick, Lutz: *Nothungs Modernität. Wagners «Ring» und die Poesie der Macht im 19. Jahrhundert*, München 1994.

Korff, Hermann August: *Faustischer Glaube. Versuch über das Problem humaner Lebensgestaltung*, Leipzig 1938.

Körner, Theodor: *Werke*, hg. von Hans Zimmer, 2 Bände, Leipzig und Wien 1893.

Koselleck, Reinhart: *Vergangene Zukunft. Zur Semantik geschichtlicher Zeiten*, Frankfurt am Main 1979.

Ders. (Hg.): *Bildungsbürgertum im 19. Jahrhundert. Teil II: Bildungsgüter und Bildungswissen*, Stuttgart 1990.

Krapf, Ludwig: *Germanenmythus und Reichsideologie. Frühhumanistische Rezeptionsweisen der taciteischen «Germania»*, Tübingen 1979.

Kraushaar, Wolfgang: *Acht und Sechzig. Eine Bilanz*, Berlin 2008.

Krauß, Jutta (Text)/Ulrich Kneise (Fotografien): *Welterbe Wartburg. Porträt einer Tausendjährigen*, Regensburg 2000.

Krebs, Wolfgang: *Die imperiale Endzeit. Oswald Spengler und die Zukunft der abendländischen Zivilisation*, Berlin 2008.

Kreimeier, Klaus: *Die UFA-Story, Geschichte eines Filmkonzerns*, München, Wien 1992.

Kriegstagebuch des Oberkommandos der Wehrmacht. 1940–1945, geführt von Helmuth Greiner und Percy Ernst Schramm, 4 Bde., Herrsching 1982.

Krockow, Christian Graf von: *Warnung vor Preußen*, Berlin 1981.

Ders.: *Friedrich der Große. Ein Lebensbild*, München 1993.

Kroener, Bernhard R.: *Potsdam. Staat, Armee, Residenz in der preußisch-deutschen Militärgeschichte*, Frankfurt am Main/Berlin 1993.

Ders.: «‹Nun danket alle Gott.› Der Choral von Leuthen und Friedrich der Große als protestantischer Held. Die Produktion politischer Mythen im 19. und 20. Jahrhundert», in: Krumeich, Gerd/Lehmann, Hartmut (Hgg.), *«Gott mit uns.» Nation, Religion und Gewalt im 19. und frühen 20. Jahrhundert*, Göttingen 2000, S. 105–134.

Krohn, Rüdiger: «Das Fortleben der Staufer in der Literatur des 19. und 20. Jahrhunderts (am Beispiel Barbarossas)», in: *Fridericiana. Zeitschrift der Universität Karlsruhe*, Nr. 22, 1978, S. 46–57.

Ders.: «Barbarossa oder der Alte vom Berge. Zur neuzeitlichen Rezeption der Kyffhäuser-Sage», in: Müller/Wunderlich, *Herrscher, Helden, Heilige*, S. 101–118.

Kroll, Frank-Lothar: «Friedrich der Große», in: François/Schulze (Hgg.), *Deutsche Erinnerungsorte*, Bd. 3, S. 620–635.

Kröplin, Eckart: «Aufhaltsame Ankunft und ahnungsvoller Abschied. Der *Ring* in der DDR», in: *Wagner-Spektrum*, 2. Jg., 2006, Heft 1, S. 63–110.

Krüger, Peter: «Etzels Halle und Stalingrad. Die Rede Görings vom 30. 1. 1943», in: Heinzle/Waldschmidt (Hgg.), *Die Nibelungen*, S. 151–190.

Krumeich, Gerd: «Die Dolchstoß-Legende», in: François/Schulze (Hgg.), *Deutsche Erinnerungsorte*, Bd. 1, S. 585–599.

Krzeminski, Adam: «Der Mythos der Nation und seine Rituale in der Republik Polen», in: Bizeul (Hg.), *Politische Mythen und Rituale*, S. 143–151.

Kugler, Franz: *Geschichte Friedrichs des Großen. Mit den berühmten Holzschnitten von Adolph Menzel*. Gedenkausgabe zum 150. Todestag des großen Königs, Leipzig 1936.

Kühn, Dieter: *Goethe zieht in den Krieg. Eine biographische Skizze*, Frankfurt am Main 1999.

Kühn, Hugo (Hg.): *Das Wartburgfest am 18. Oktober 1817. Zeitgenössische Darstellungen, archivalische Akten und Urkunden*, Weimar 1913.

Kunisch, Johannes: *Friedrich der Große. Der König und seine Zeit*, München 2004.

Langelüddecke, Ines: *«So lebt Tanja in uns weiter.» – Tamara Bunke und die Konstruktion eines politischen Mythos in der DDR*, Magisterarbeit an der Humboldt-Universität zu Berlin, 2003.

Langenhahn, Sandra: «Ursprünge und Ausformung des Thälmannkults. Die DEFA-Filme ‹Sohn seiner Klasse› und ‹Führer seiner Klasse›», in: *Leit- und Feindbilder in DDR-Medien*, hg. von der Bundeszentrale für politische Bildung, Bonn 1997, S. 55–65.

Dies.: «Zur politischen Ikonographie des DEFA-Films am Beispiel der Produktionen zu Ernst Thälmann», in: Wilhelm Hofmann (Hg.), *Visuelle Politik. Filmpolitik und die visuelle Konstruktion des Politischen*, Baden-Baden 1998, S. 220–240.

Langosch, Karl (Hg.): *Geistliche Spiele. Lateinische Dramen des Mittelalters mit deutschen Versen*, Darmstadt [3]1967.

Leber, Annedore: *Das Gewissen steht auf. 64 Lebensbilder aus dem deutschen Widerstand 1933–1945*, Berlin [9]1960.

Dies.: *Das Gewissen entscheidet. Bereiche des deutschen Widerstandes von 1933 bis 1945 in Lebensbildern*, Berlin [4]1960.

Leggewie, Claus/Meyer, Erik: *«Ein Ort, an den man gerne geht». Das Holocaust-Mahnmal und die deutsche Geschichtspolitik nach 1989*, München 2005.

Lehmann, Hartmut: «Martin Luther als deutscher Nationalheld des 19. Jahrhunderts», in: *Luther. Zeitschrift der Luthergesellschaft*, Bd. 55, 1984, S. 53–65.

Ders.: «‹Er ist wir selber: der ewige Deutsche›. Zur langanhaltenden Wirkung der Lutherdeutung von Heinrich von Treitschke», in: *«Gott mit uns». Nation, Religion und Gewalt im 19. und frühen 20. Jahrhundert*, hg. von Gerd Krumeich und Hartmut Lehmann, Göttingen 2000, S. 91–103.

Lehrbuch Geschichte, Klasse 9, Berlin [DDR] 1970.

Lenger, Friedrich: *Werner Sombart. 1863–1941. Eine Biographie*, München 1994.

Lenk, Kurt: «Spengler im Dritten Reich. Vom Wegbereiter zur Persona ingrata», in: *Politische Erinnerung*, S. 102–107.

Lenssen, Claudia: «Unterworfene Gefühle. Nationalsozialistische Mobilisierung und emotionale Manipulation der Massen in den Parteitagsfilmen Leni Riefenstahls», in: Claudia Benthien (Hg.), *Emotionalität. Zur Geschichte der Gefühle*, Weimar und Wien 2000, S. 198–212.

Leo, Annette: «Die Helden erinnern sich», in: *Die wiedergefundene Erinnerung. Verdrängte Geschichte in Osteuropa*, Berlin 1992, S. 159–172.

Dies.: «‹Deutschlands unsterblicher Sohn …› Der Held des Widerstands Ernst Thälmann», in: Silke Satjukow/Rainer Gries (Hgg.), *Sozialistische Helden. Eine Kulturgeschichte von Propagandafiguren in Osteuropa und der DDR*, Berlin 2002, S. 101–114.

Lepsius, Rainer M.: «Das Erbe des Nationalsozialismus und die politische Kultur der Nachfolgestaaten des ‹Großdeutschen Reiches›», in: Max Heller u.a. (Hgg.), Kultur und Gesellschaft, Frankfurt am Main 1989, S. 247–254.

Lévi-Strauss, Claude: «Die Struktur der Mythen», in: ders., *Strukturale Anthropologie*, Frankfurt/M. 1967, S. 226–254.

Leyendecker, Hans/Prantl, Heribert/Stiller, Michael: *Helmut Kohl, die Macht und das Geld*, Göttingen 2000.

Linder, Christian: *Der Bahnhof von Finnentrop. Eine Reise ins Carl Schmitt Land*, Berlin 2008.

Lindner, Gerd: *Vision und Wirklichkeit. Das Frankenhausener Geschichtspanorama von Werner Tübke*, Bad Frankenhausen 2006.

Link, Jürgen/Wülfing, Wulf (Hgg.): *Nationale Mythen und Symbole in der zweiten Hälfte des 19. Jahrhunderts. Strukturen und Funktionen von Konzepten nationaler Identität*, Stuttgart 1991.

Löffler, Fritz: *Bernardo Bellotto, genannt Canaletto. Dresden im 18. Jahrhundert*, Leipzig 1985.

Loiperdinger, Martin: *Der Parteitagsfilm «Triumph des Willens von Leni Riefenstahl. Rituale der Mobilmachung*, Opladen 1987.
Losemann, Volker: «‹Varuskatastrophe› und ‹Befreiungstat des Arminius›, in: *Varusschlacht und Germanenmythos*, Oldenburg 1993, S. 25–44.
Ders.: «Nationalistische Interpretationen der römisch-germanischen Auseinandersetzung», in: Wiegels/Woesler (Hgg.), *Arminius und die Varusschlacht*, S. 419–432.
Lübbe, Hermann: «Der Nationalsozialismus im Bewusstsein der deutschen Gegenwart», in: ders., *Die Aufdringlichkeit der Geschichte*, Graz u. a. 1989, S. 334–350.
Ders.: «Deutschland nach dem Nationalsozialismus 1945–1990», in: ders., *Modernisierung und Folgelasten*, Berlin u. a. 1997, S. 284–301.
Lucas, Christian Theodor Ludwig: *Über den Krieg von Wartburg*, Königsberg 1838 (Jahresheft der Königlichen deutschen Gesellschaft).
Lüdtke, Torsten: «Von der Heidelberger Romantik zur Romantik Heidelbergs – Eine Stadt zwischen Kunst, Kitsch und Korporationen», in: Carcenac-Lecomte u. a. (Hgg.), *Steinbruch*, S. 187–199.
Lukács, Georg: *Faust und Faustus. Vom Drama der Menschengattung zur Tragödie der modernen Kunst*, Reinbek b. Hamburg 1967.
Lund, Allan A.: *Zum Germanenbild der Römer. Eine Einführung in die antike Ethnographie*, Heidelberg 1990.
Luther, Martin: *Tischreden*, 5 Bde., Weimar 1914–1919.
Ders.: *Werke. Kritische Gesamtausgabe* (Weimarer Ausgabe), Weimar 1883 ff.
Ders.: *Werke in Auswahl*, hg. von Otto Clemen u. a., Berlin 1966 u. ö.
Ders.: *Ausgewählte Schriften*, hg. von Karin Bornkamm und Gerhard Ebeling, Frankfurt/M. 1982.
Ders.: *Briefe von der Wartburg*, hg. von Herbert von Hintzenstern, Eisenach 1984.
Luthers Briefe, hg. von Reinhard Buchwald, Stuttgart 1956.
Luther im Gespräch, hg. von Reinhard Buchwald, Frankfurt/M. 1983.
Machtan, Lothar (Hg.): *Bismarck und der deutsche Nationalmythos*, Bremen 1994.
Mahal, Günther: *Faust. Spuren eines geheimnisvollen Lebens*, Bern und München 1980.
Mählert, Ulrich/Stephan, Gerd-Rüdiger: *Blaue Hemden – Rote Fahnen. Die Geschichte der Freien Deutschen Jugend*, Opladen 1996.
Mai, Günther (Hgg.): *Das Kyffhäuser-Denkmal 1890–1996. Ein nationales Monument in europäischem Kontext*, Weimar u. a. 1997.
Ders.: «‹Für Kaiser und Reich›. Das Kaiser-Wilhelm-Denkmal auf dem Kyffhäuser», in: ders. (Hg.), *Das Kyffhäuser-Denkmal*, S. 149–177.
Maier, Charles S.: «Gibt es einen Sieger der Geschichte? Geschichtswissenschaft und DDR-Vergangenheit», in: Konrad H. Jarausch (Hg.), *Zwischen Parteilichkeit und Professionalität. Bilanz der Geschichtswissenschaft der DDR*, Berlin 1991, S. 197–216.
Malinowski, Stephan: *Vom König zum Führer. Sozialer Niedergang und politische Radikalisierung im deutschen Adel zwischen Kaiserreich und NS-Staat*, Berlin 2003.
Malycha, Andreas: *Auf dem Weg zur SED. Die Sozialdemokratie und die Bildung der Einheitspartei*, Bonn [2]1990.
Mann, Thomas: *Reden und Aufsätze*, 2 Bde., Frankfurt am Main 1965 (= Stockholmer Ausgabe).
Ders.: *Doktor Faustus. Das Leben des deutschen Tonsetzers Adrian Leverkühn, erzählt von einem Freunde*, Frankfurt am Main 1980 (= Frankfurter Ausgabe).

Ders.: *Betrachtungen eines Unpolitischen.* Nachwort von Hanno Helbling, Frankfurt am Main 1983 (= Frankfurter Ausgabe).
Ders.: *Essays*, hg. von Hermann Kurzke und Stephan Stachorski, 5 Bde., Frankfurt am Main 1993 ff.
Mannheim, Karl: «Das Problem der Generationen», in: *Kölner Vierteljahreshefte für Soziologie*, 7. Jg. 1928, S. 157–185 und 309–330.
Marcks, Erich: *Luther und Deutschland. Eine Reformationsrede im Kriegsjahr 1917*, Leipzig 1917.
Ders./von Eisenhart Rothe, Ernst: *Paul von Hindenburg als Mensch, Staatsmann, Feldherr*, Berlin o. J. [1932].
Marx, Barbara (Hg.): *Elbflorenz. Italienische Präsenz in Dresden. 16.–19. Jahrhundert*, Dresden 2000.
Marx, Karl/Engels, Friedrich: *Studienausgabe in fünf Bänden*, hg. von Iring Fetscher, Berlin 2004.
Massing, Otwin: «Identität als Mythopoem. Zur politischen Symbolisierungsfunktion verfassungsgerichtlicher Spruchweisheiten», in: Rüdiger Voigt (Hg.), *Symbole der Politik, Politik der Symbole*, Opladen 1989, S. 235–256.
Ders.: *Gründungsmythen und politische Rituale. Eine Kritik ihrer Überhöhung und Verfälschung*, Baden-Baden 2000.
Mattenklott, Gert: «Faust», in: François/Schulze (Hgg.), *Deutsche Erinnerungsorte*, Bd. III, S. 603–619.
Mätzing, Heike Christina: *Geschichte im Zeichen des historischen Materialismus. Untersuchungen zu Geschichtswissenschaft und Geschichtsunterricht in der DDR*, Hannover 1999 (= Studien zur internationalen Schulbuchforschung, Bd. 96).
Mayer, Arno, J.: *Der Krieg als Kreuzzug. Das Deutsche Reich, Hitlers Wehrmacht und die «Endlösung».* Aus dem Amerikan. von Karl Heinz Siber, Reinbek bei Hamburg 1989.
Mayer, Kathrin: *Mythos und Monument. Die Sprache der Denkmäler im Gründungsmythos des italienischen Nationalstaates 1970–1915*, Köln 2004 (= Italien in der Moderne, Bd. 11).
McLellan, Josie: *Remembering Spain. The contested history of the International Brigades in the German Democratic Republic*, Oxford, Unveröffentlichte Dissertation.
MEGA: Karl Marx/Friedrich Engels Gesamtausgabe, Berlin 1975 ff.
Mehring, Reinhard: *Thomas Mann. Künstler und Philosoph*, München 2001.
Meier, Christian: *Die Entstehung des Politischen bei den Griechen*, Frankfurt/M. 1980.
Meinecke, Friedrich: *Aphorismen und Skizzen zur Geschichte*, Berlin 1942.
Ders.: *Die Idee der Staatsräson in der neueren Geschichte*, hg. und eingeleitet von Walter Hofer, München, Wien 1974.
Meinhardt, Matthias: «Der Mythos vom ‹Alten Dresden› als Bauplan. Entwicklung, Ursachen und Folgen einer retrospektiv-eklektizistischen Stadtvorstellung», in: Andreas Ranft/Stephan Selzer (Hgg.), *Städte aus Trümmern. Katastrophenbewältigung zwischen Antike und Moderne*, Göttingen 2004, S. 172–200.
Meinl, Susanne: *Nationalsozialisten gegen Hitler. Die nationalrevolutionäre Opposition um Friedrich Wilhelm Heinz*, Berlin 2000.
Meißner, Günter/Murza, Gerhard: *Werner Tübke. Bauernkrieg und Weltgericht. Das Frankenhausener Monumentalbild einer Wendezeit*, Leipzig 1995.

Mende, Matthias: «Das Dürer-Denkmal in Nürnberg», in: Mittig/Plagemann (Hgg.), *Denkmäler im 19. Jahrhundert*, S. 163–181.
Merseburger, Peter: *Mythos Weimar. Zwischen Geist und Macht*, Stuttgart [5]1999.
Merta, Klaus-Peter: «Uniformierung als Mittel der Politik», in: Dieter Vorsteher (Hg.), *Parteiauftrag: Ein neues Deutschland. Bilder, Rituale und Symbole der frühen DDR*, Berlin 1996, S. 175–186.
Mertens, Volker: «Richard Wagner und das Mittelalter», in: *Richard-Wagner-Handbuch*, hg. von Ulrich Müller und Peter Wapnewski, Stuttgart 1986, S. 21–59.
Meuschel, Sigrid: «Antifaschistischer Stalinismus», in: Brigitte Rauschenbach (Hg.), *Erinnern, Wiederholen, Durcharbeiten. Zur Psychoanalyse deutscher Wenden*, Berlin 1992, S. 163–171.
Meusel, Alfred: *Thomas Müntzer und seine Zeit*, Berlin [DDR] 1952.
Meyer, Werner: *Mythos Deutsche Mark. Zur Geschichte einer abgeschafften Währung*, Berlin 2001.
Michaelis, Herbert/Schraepler, Ernst (Hgg): *Ursachen und Folgen. Vom deutschen Zusammenbruch 1918 und 1945 bis zur staatlichen Neuordnung Deutschlands in der Gegenwart. Eine Urkunden- und Dokumentensammlung*, 26 Bde., Berlin 1958 ff.
Michelsen, Peter: «‹Wehe, mein Vaterland, dir!› Heinrich von Kleists ‹Die Hermannsschlacht›», in: *Kleist-Jahrbuch 1987*, S. 115–136.
Mierzejewski, Alfred C.: *Ludwig Erhard. Der Wegbereiter der sozialen Marktwirtschaft* (amerikan. Original 2005), Berlin 2005.
Minder, Robert: «Das Bild des Pfarrhauses in der deutschen Literatur von Jean Paul bis Benn», in: ders., *Acht Essays zur Literatur*, Frankfurt am Main 1969, S. 76–98.
Ministerrat der Deutschen Demokratischen Republik, Ministerium für Volksbildung: *Lehrplan Geschichte*, Klasse 10, Berlin [DDR] 1977.
Mirow, Jürgen: *Das alte Preußen im deutschen Geschichtsbild seit der Reichsgründung*, Berlin 1981.
Mitford, Nancy: *Friedrich der Große*, Frankfurt am Main 1976.
Mittenzwei, Ingrid: *Friedrich II. von Preußen. Eine Biographie*, Köln 1980.
Mittig, Hans-Ernst: «Ostberliner Denkmäler zwischen Vergessen und Erinnern», in: Kai-Uwe Hemken (Hg.), *Gedächtnisbilder*, Leipzig 1996, S. 329–343.
Mittig, Hans-Ernst/Plagemann, Volker (Hgg.): *Denkmäler im 19. Jahrhundert, Deutung und Kritik*, München 1972.
Moeller van den Bruck, Arthur: *Verirrte Deutsche*, Minden i. W. 1904.
Ders.: *Goethe*, Minden i. W. 1907.
Ders.: *Das Recht der jungen Völker*, München 1919.
Ders.: *Der Preußische Stil*, Breslau [5]1931.
Ders.: *Das Dritte Reich*, 3. Aufl., bearb. von H. Schwarz, Hamburg/Berlin 1931.
Mohler, Armin: *Die Konservative Revolution in Deutschland 1918–1932. Ein Handbuch*, Darmstadt 1989 (Dritte, um einen Ergänzungsband erweiterte Auflage).
Möhring, Hannes: *Der Weltkaiser der Endzeit. Entstehung, Wandel und Wirkung einer tausendjährigen Weissagung*, Stuttgart 2000.
Mommsen, Katharina: *Kleists Kampf mit Goethe*, Heidelberg 1974.
Mommsen, Theodor: «Germanische Politik», in: ders., *Reden und Aufsätze*, Berlin [3]1912, S. 316–343.
Mommsen, Wolfgang J.: *Max Weber und die Deutsche Politik 1890–1920*, Tübingen [2]1974.

Monteath, Peter (Hg.): *Ernst Thälmann. Mensch und Mythos*, Amsterdam und Atlanta 2000.

Montesquieu: *Vom Geist der Gesetze*, übersetzt und hg. von Ernst Forsthoff, 2 Bde., Tübingen ²1992.

Morell, Anne: *Die Prinzipien der Kriegspropaganda*. Aus dem Franz. von Marianne Schönbach, Lüneburg 2004.

Morsey, Rudolf: *Die Bundesrepublik Deutschland. Entstehung und Entwicklung bis 1969*, München 1995 (3., überarb. und erw. Auflage).

Mückenberger, Christiane: «Der Wandel des antifaschistischen Leitbildes im DEFA-Film», in: Bundeszentrale für politische Bildung (Hg.), *Leit- und Feindbilder in DDR-Medien*, Bonn 1997, S. 101–111.

Muhlack, Ulrich: «Die Germania im deutschen Nationalbewußtsein vor dem 19. Jahrhundert», in: Jankuhn/Timpe (Hgg.), *Beiträge zum Verständnis der Germania des Tacitus*, S. 128–154.

Mulzer, Erich: *Der Wiederaufbau der Altstadt von Nürnberg 1945–1970*, Erlangen 1972.

Müller, Günther: *Geschichte der deutschen Seele. Vom Faustbuch zu Goethes Faust* (1939), Darmstadt 1967.

Müller, Heiner: *Krieg ohne Schlacht. Leben in zwei Diktaturen*, Köln 1992.

Müller, Jan-Dirk: *Spielregeln für den Untergang. Die Welt des Nibelungenliedes*, Tübingen 1998.

Müller, Jan-Werner: «Verfassungspatriotismus Revisited. Eine liberale politische Kultur für Deutschland (und Europa)», in: Ruge/Morat (Hgg.), *Deutschland denken*, S. 83–95.

Ders.: «Verfassungspatriotismus – ein deutscher Mythos?», in: *vorgänge*, 46. Jg., 2007, Heft 1, S. 40–46.

Müller, Joachim: «Thomas Manns ‹Doktor Faustus›. Grundthematik und Motivgefüge», in: Günther Mahal (Hg.), *Ansichten zu Faust*, Stuttgart u. a. 1973, S. 199–219.

Müller, Jörg Jochen: «Germanistik – eine Form bürgerlicher Opposition», in: ders. (Hg.), *Germanistik und deutsche Nation 1806–1848*, Stuttgart 1974 (= Literaturwissenschaft und Sozialwissenschaften 2).

Müller, Klaus-Jürgen: «Der Tag von Potsdam und das Verhältnis der preußisch-deutschen Militär-Elite zum Nationalsozialismus», in: Kröner (Hg.), *Potsdam*, S. 435–449.

Ders.: «Nationalkonservative Eliten zwischen Kooperation und Widerstand», in: Schmädeke/Steinbach (Hgg.), *Der Widerstand gegen den Nationalsozialismus*, S. 24–49.

Müller, Rolf-Dieter: *Der Bombenkrieg 1939–1945*, Berlin 2004.

Ders.: *Der letzte deutsche Krieg. 1939–1945*, Stuttgart 2005.

Ders./Volkmann, Hans Erich (Hgg.): *Die Wehrmacht. Mythos und Realität*, München 1999.

Müller, Ulrich: «Friedrich II., jener große Freigeist, das Genie unter den deutschen Kaisern»?, in: Müller/Wunderlich (Hgg.), *Herrscher, Helden, Heilige*, S. 197–212.

Müller, Ulrich/Wunderlich, Werner (Hgg.): *Herrscher, Helden, Heilige*, St. Gallen 1996 (= Mittelalter-Mythen, Bd. 1).

Münkler, Herfried: *Das Blickfeld des Helden. Zur Darstellung des Römischen Reiches in der germanisch-deutschen Heldendichtung*, Göppingen 1983.

Ders.: *Im Namen des Staates. Die Begründung der Staatsraison in der Frühen Neuzeit*, Frankfurt am Main 1987.

Ders.: *Reich, Nation, Europa. Modelle politischer Ordnung*, Weinheim 1996.

Ders.: «‹Ein herrlicher Sonnenaufgang›. Die Rhetorik der weltgeschichtlichen Zäsur am Beispiel der Französischen Revolution», in: Karsten Fischer (Hg.), *Neustart des Weltlaufs? Fiktion und Faszination der Zeitenwende*, Frankfurt/M. 1999, S. 16–35.

Ders.: «‹Enkel› und ‹Kronprinzen›. Nachfolgesemantiken der Politik», in: André Kaiser/Thomas Zittel (Hgg.), *Demokratietheorie und Demokratieentwicklung. Festschrift für Peter Graf Kielmannsegg*, Wiesbaden 2004, S. 299–316.

Ders.: *Machtzerfall. Die letzten Tage des Dritten Reichs, dargestellt am Beispiel der hessischen Kreisstadt Friedberg*, Hamburg 2005 (2., verbesserte und ergänzte Auflage).

Ders.: *Imperien. Die Logik der Weltherrschaft – vom Alten Rom bis zu den Vereinigten Staaten*, Berlin 2005.

Ders.: *Der Wandel des Krieges. Von der Symmetrie zur Asymmetrie*, Weilerswist 2006.

Münkler, Herfried/Grünberger, Hans/Mayer, Kathrin: *Nationenbildung. Die Nationalisierung Europas im Diskurs humanistischer Intellektueller. Italien und Deutschland im Vergleich*, Berlin 1998.

Münkler, Herfried/Fischer, Karsten: «‹Nothing to kill or die for …› Überlegungen zu einer politischen Theorie des Opfers», in: *Leviathan*, 28. Jg., 2000, Heft 3, S. 344–362.

Münkler, Marina: *Fausts Höllenfahrt*, Göttingen 2009 (i. E.).

Naake, Erhard: «Nietzsche in Weimar», in: John/Wahl (Hgg.), *Zwischen Konvention und Avantgarde*, S. 21–31.

Nationalgalerie Berlin. Das XIX. Jahrhundert. Katalog der ausgestellten Werke, Leipzig 2002.

Naumann, Hans: *Das Nibelungenlied – eine staufische Elegie oder ein deutsches Nationalepos?* Bonn 1942 (= Kriegsvorträge der Rheinischen Friedrich-Wilhelms-Universität Bonn a. Rh., Heft 100).

Naumann, Klaus: *Der Krieg als Text. Das Jahr 1945 im kulturellen Gedächtnis der Presse*, Hamburg 1998.

Neef, Helmut (Hg.): *Programmatische Dokumente der Nationalen Front des demokratischen Deutschland*, Berlin [DDR] 1967.

Negt, Oskar: *Die Faust-Karriere. Vom verzweifelten Intellektuellen zum gescheiterten Unternehmer*, Göttingen 2005.

Nestle, Wilhelm: *Vom Mythos zum Logos. Die Selbstentfaltung griechischen Denkens von Homer bis auf die Sophistik und Sokrates* (1940), Stuttgart 1975.

Neubert, Ehrhart: *Geschichte der Opposition in der DDR. 1949–1989*, Berlin 1997.

Neuhaus, Helmut: «Das Reich als Mythos in der neueren Geschichte», in: Altrichter u. a. (Hgg.), *Mythen in der Geschichte*, S. 293–320.

Ders.: «Zwischen Realität und Romantik: Nürnberg im Europa der Frühen Neuzeit», in: ders. (Hg.), *Nürnberg*, S. 43–68.

Neumann, Thomas (Hg.): *Quellen zur Geschichte Thüringens. Kultur in Thüringen 1919–1949*, Weimar 1998.

Neurohr, Jean F.: *Der Mythos vom Dritten Reich. Zur Geistesgeschichte des Nationalsozialismus*, Stuttgart 1954.

Neutzner, Matthias: «Vom Anklagen zum Erinnern. Die Erzählung vom 13. Februar», in: Reinhard u. a. (Hgg.), *Das rote Leuchten*, S. 128–163.

Niethammer, Lutz: *Der ‹gesäuberte› Antifaschismus. Die SED und die roten Kapos von Buchenwald*, Berlin 1994.

Nietzsche, Friedrich: *Sämtliche Werke*. Kritische Studienausgabe in 15 Einzelbänden, hg. von Giorgio Colli und Mazzino Montinari, München, Berlin–New York 1988.
Nipperdey, Thomas: *Deutsche Geschichte. Bd. 1: 1800–1866. Bürgerwelt und starker Staat*, München 1983.
Niven, William John: *The Buchenwald Child. Truth, fictions, and propaganda*, Rochester, NY 2007.
Norden, Albert: *Um die Nation. Beiträge zu Deutschlands Lebensfrage*, Berlin 1952.
Noth, Werner: *Die Wartburg*, Leipzig 1983.
Noth, Werner/Beyer, Klaus G.: *Die Wartburg. Denkmal, Museum, Sammlungen*, Leipzig 1990.
Novalis (= Friedrich von Hardenberg): *Schriften*, hg. von Paul Kluckhohn, Stuttgart 1965.
Nürnberger, Helmuth: *Fontanes Welt*, Berlin 1997.
Oberman, Heiko Augustinus: *Luther. Mensch zwischen Gott und Teufel*, Berlin 1981.
Oberste, Jörg: *Der Schatz der Nibelungen. Mythos und Geschichte*, Bergisch Gladbach 2008.
Oehme, Walter: *Die Weimarer Nationalversammlung 1919. Erinnerungen*, Berlin [DDR] 1962.
Oestreich, Gerhard: *Friedrich Wilhelm I. Preußischer Absolutismus, Merkantilismus, Militarismus*, Göttingen u. a. 1977.
Oexle, Otto Gerhard: «Canossa», in: François/Schulze (Hgg.), *Deutsche Erinnerungsorte*, Bd. 1, S. 56–67.
Opp, Karl-Dieter/Voß, Peter, unter Mitarbeit von Christiane Gern: *Die volkseigene Revolution*, Stuttgart 1993.
Ostertag, Heiger: «Vom strategischen Bombenkrieg zum sozialistischen Bildersturm. Die Zerstörung Potsdams 1945 und das Schicksal seiner historischen Gebäude nach dem Krieg», in: Kroener (Hg.), *Potsdam*, S. 487–500.
Ott, Hugo: *Martin Heidegger. Unterwegs zu seiner Biographie*, Frankfurt/New York 1988.
Ottmann, Henning: «Oswald Spengler und Thoman Mann», in: *Der Fall Spengler. Eine kritische Bilanz*, hg. von Alexander Demandt und John Farrenkopf, Köln, Weimar, Wien 1994, S. 153–169.
Overesch, Manfred: *Buchenwald und die DDR*, Göttingen 1990.
Ders.: *Buchenwald und die DDR oder Die Suche nach der Selbstlegitimation*, Göttingen 1995.
Paret, Peter: *Kunst als Geschichte. Kultur und Politik von Menzel bis Fontane*, dt. von Holger Fließbach, München 1990.
Ders.: «‹Kolberg› (1945) as Historical Film and Historical Document», in: *Historical Journal of Film, Radio and Television*, Bd. 14, 1994, Nr. 4, S. 433–448.
Parr, Rolf: *«Zwei Seelen wohnen, ach! in meiner Brust!» Strukturen und Funktionen der Mythisierung Bismarcks (1860–1918)*, München 1992.
Patzelt, Werner J. (Hg.): *Parlamente und ihre Symbolik. Programme und Beispiele institutioneller Analysen*, Wiesbaden 2001.
Paul, Ulrich: *Studien zur Geschichte des deutschen Nationalbewusstseins im Zeitalter des Humanismus und der Reformation*, Berlin 1936 (= Historische Studien, Heft 298).
Pelzer, Erich: «Die Wiedergeburt Deutschlands 1813 und die Dämonisierung Napoleons», in: Gerd Krumeich und Hartmut Lehmann (Hgg.), *«Gott mit uns». Nation, Religion und Gewalt im 19. und frühen 20. Jahrhundert*, Göttingen 2000, S. 135–156.

Peters, Ursula: *Fürstenhof und höfische Dichtung. Der Hof Hermanns von Thüringen als literarisches Zentrum*, Konstanz 1981 (= Konstanzer Universitätsreden, Bd. 113).

Petri, Franz: «Zur Flamenpolitik des 1. Weltkrieges. Ungelöste Fragen und Aufgaben», in: *Dauer und Wandel der Geschichte. Festschrift für Kurt von Raumer*, hg. von Rudolf Vierhaus und Manfred Botzenhart, Münster 1966, S. 513–536.

Peukert, Will-Erich: *Die große Wende. Das apokalyptische Säkulum und Luther*, 2 Bde., Darmstadt 1966.

Pflanze, Otto: *Bismarck. Der Reichsgründer*. Aus dem Engl. von Peter Hahlbrock, München 1997.

Picker, Henry: *Hitlers Tischgespräche im Führerhauptquartier 1941–1942*, hg. von Andreas Hillgruber, München 1968.

Ders.: *Hitlers Tischgespräche im Führerhauptquartier*, München 1979.

Pieck, Wilhelm/Dimitroff, Georgi/Togliatti, Pietro: *Die Offensive des Faschismus und die Aufgabe der Kommunisten im Kampf für die Volksfront gegen Krieg und Faschismus, Berlin* [DDR] 1960.

Pinette, G. L.: «Die Spanier und Spanien im Urteil des deutschen Volkes zur Zeit der Reformation», in: *Archiv für Reformationsgeschichte*, 48. Jg., 1957, Heft 1/2, S. 182–191.

Pinkerneil, Beate (Hg.): *Das große deutsche Balladenbuch*, Weinheim 1978.

Pintschovius, Joska: *Die Diktatur der Kleinbürger. Der lange Weg in die deutsche Mitte*, Berlin 2008.

Plessner, Helmut: *Die verspätete Nation. Über die Verführbarkeit bürgerlichen Geistes* (1935/1959). Werke, Bd. VI, Frankfurt/M. 1982, S. 7–223.

Pohl, Manfred: «Das Symbol für Freiheit und Stabilität. Die D-Mark 1948–2001», in: Carl-Ludwig Holtfrerich u. a., *Requiem auf eine Währung. Die Mark 1873–2001*, Stuttgart/München 2001, S. 7–59.

Pointner, Alfred: «Vater Rhein. Der personifizierte Fleiß», in: Boldt u. a. (Hgg.), *Mythos Rhein*, S. 225–239.

Politische Erinnerung. Geschichte und kollektive Identität, hg. von Harald Schmid und Justyna Krzymianowska, Würzburg 2007.

Pollmann, Judith: «Eine natürliche Feindschaft. Ursprung und Funktion der schwarzen Legende über Spanien in den Niederlanden, 1560–1581», in: Franz Bosbach (Hg.), *Feindbilder. Die Darstellung des Gegners in der politischen Publizistik des Mittelalters und der Neuzeit*, Köln u. a. 1992, S. 73–93.

Pommerin, Reiner (Hg.): *Dresden unterm Hakenkreuz*, Köln u. a. 1998 (= Dresdner Historische Studien, Bd. 3).

Probst, Lothar: «Gründungsmythos ex post. Der Holocaust im politischen Selbstverständnis der Bundesrepublik», in: *vorgänge*, 46. Jg., 2007, Heft 1, S. 85–93.

Przyrembel, Alexandra: *«Rassenschande». Reinheitsmythos und Vernichtungslegitimation im Nationalsozialismus*, Göttingen 2003.

Puschner, Uwe: *Die völkische Bewegung im wilhelminischen Kaiserreich. Sprache, Rasse, Religion*, Darmstadt 2001.

Pyta, Wolfram: *Hindenburg. Herrschaft zwischen Hohenzollern und Hitler*, München 2007.

Raddatz, Fritz J.: *Taubenherz und Geierschnabel. Heinrich Heine. Eine Biographie*, Weinheim und Berlin 1997.

Rader, Olaf B.: *Grab und Herrschaft. Politischer Totenkult von Alexander dem Großen bis Lenin*, München 2003.

Ders.: *Kleine Geschichte Dresdens*, München 2005.

Ders.: «Dresden», in: François/Schulze (Hgg.), *Deutsche Erinnerungsorte*, Bd. 3, S. 451–470.

Radkau, Joachim: *Das Zeitalter der Nervosität. Deutschland zwischen Bismarck und Hitler*, München, Wien 1998.

Ders.: *Max Weber. Die Leidenschaft des Denkens*, München und Wien 2005.

Radlmaier, Steffen (Hg.): *Der Nürnberger Lernprozess. Von Kriegsverbrechern und Starreportern*, Frankfurt am Main 2001.

Read, Anthony/Fisher, David: *Der Fall von Berlin*, Berlin 1995.

Rehberg, Karl-Siegbert: «Mäzene und Zwingherrn. Kunstsoziologische Beobachtungen zu Auftragsbildern und ‹Organisationskunst›», in: Paul Kaiser/Karl-Siegbert Rehberg (Hgg.), *Enge und Vielfalt: Auftragskunst und Kunstförderung in der DDR*, Hamburg 1999, S. 17–56.

Reichel, Peter: *Politik mit der Erinnerung. Gedächtnisorte im Streit um die nationalsozialistische Vergangenheit*, München, Wien 1995.

Ders.: *Erfundene Erinnerung. Weltkrieg und Judenmord in Film und Theater*, München, Wien 2004.

Ders.: *Schwarz-Rot-Gold. Kleine Geschichte der deutschen Nationalsymbole nach 1945*, München 2005.

Reinhard, Oliver u. a. (Hgg.): *Das rote Leuchten. Dresden und der Bombenkrieg*, Dresden 2005.

Reiß, Stefan: *Fichtes ‹Reden an die deutsche Nation› oder: Vom Ich zum Wir*, Berlin 2006 (= Politische Ideen, Bd. 19).

Reuth, Ralf Georg: *Goebbels*, München und Zürich 1990.

Ridé, Jacques: «Arminius in der Sicht der deutschen Reformatoren», in: Wiegels/Woesler (Hgg.), *Arminius und die Varusschlacht*», S. 239–248.

Ringer, Fritz K.: *Die Gelehrten. Der Niedergang der deutschen Mandarine 1890–1933*, Stuttgart 1983.

Ringsum erwachen Lieder. Chorbuch für Oberschulen, 9.–12. Klasse, Berlin [DDR] 1956.

Ritter, Gerhard: *Luther. Gestalt und Tat* (1925), Stuttgart [7]1983.

Rodekamp, Volker (Red.): *Völkerschlachtdenkmal*, hg. vom Stadtgeschichtlichen Museum Leipzig, Leipzig/Altenburg [2]2004.

Roethe, Gustav: *Von deutscher Art und Kultur*, Berlin 1915.

Ders.: *Deutsche Reden*, Leipzig o. J.

Röhl, John C. G.: *Wilhelm II.* Bd. 1: *Die Jugend des Kaisers. 1859–1888*; Bd. 2: *Der Aufbau der persönlichen Monarchie. 1888–1900*, München 1993 und 2001.

Roloff, Hans-Gert: «Der Arminius des Ulrich von Hutten», in: Wiegels/Woesler (Hgg.), *Arminius und die Varusschlacht*, S. 211–238.

Rosa, Hartmut: *Beschleunigung. Die Veränderung der Zeitstruktur in der Moderne*, Frankfurt am Main 2005.

Rosenberg, Alfred: *Der Mythus des 20. Jahrhunderts. Eine Wertung der seelisch-geistigen Gestaltenkämpfe unserer Zeit*, München 1935 (53.–54 Tsd.).

Rother, Rainer (Hg.): *Mythen der Nationen. Völker im Film*, München und Berlin 1998, Begleitband zu einer Ausstellung im Deutschen Historischen Museum.

Ruge, Undine/Morat, Daniel (Hgg.): *Deutschland denken. Beiträge für die reflektierte Republik*, Wiesbaden 2005.

Rünzler, Dieter: *Im Westen ist Amerika. Die Metamorphose des Cowboys. Vom Rinderhirten zum amerikanischen Helden*, Wien 1995.
Rusconi, Gian Enrico: *Deutschland–Italien. Italien–Deutschland. Geschichte einer schwierigen Beziehung von Bismarck bis Berlusconi*, Paderborn u. a. 2006.
Rusinek, Bernd A.: «‹Die deutscheste aller deutschen Städte›. Nürnberg als Hauptstadt des Nationalsozialismus», in: Baumunk/Brunn (Hgg.), *Hauptstadt*, S. 92–98.
Rüther, Günther: *Literatur in der Diktatur. Schreiben im Nationalsozialismus und DDR-Sozialismus*, Paderborn u. a. 1997.
Saage, Richard: *Faschismustheorien*, München ²1997.
Saalfeld, Lerke von: *Die ideologische Funktion des Nibelungenliedes in der preußisch-deutschen Geschichte von seiner Wiederentdeckung bis zum Nationalsozialismus*, Diss.phil., Berlin 1977.
Sachs, Hans: *Dichtungen*, Bd. 2: Spruchgedichte, hg. von Julius Tittmann, Leipzig 1885.
Safranski, Rüdiger: *Ein Meister aus Deutschland. Heidegger und seine Zeit*, München, Wien 1994.
Ders.: *Friedrich Schiller oder Die Erfindung des deutschen Idealismus*, München und Wien 2004.
Ders.: *Romantik. Eine deutsche Affäre*, München 2007.
Salentin, Ursula: *Anna Amalia. Wegbereiterin der Weimarer Klassik*, Köln u. a. 1996.
Salewski, Michael: *Deutschland und der Zweite Weltkrieg*, Paderborn u. a. 2005.
Samuel, Richard: «Kleists ‹Hermannsschlacht› und der Freiher vom Stein», in: *Jahrbuch der deutschen Schiller-Gesellschaft*, 5. Jg., 1961, S. 64–101.
Sander, Gerhard: *Die Bücherverbrennung*: zum 10. Mai 1933, Frankfurt/M. 1983.
Sänger, Johanna: *Heldenkult und Heimatliebe. Straßen- und Ehrennamen im offiziellen Gedächtnis der DDR*, Berlin 2006.
Schall, Petra: *Schwind und die Wartburg. Bilder eines Spätromantikers*, Leipzig 1995.
Scheel, Klaus: *Der Tag von Potsdam*, Berlin 1996 (= Das Tagebuch Europas; 1933).
Scheffel, Victor: *Werke*. Kritisch durchgesehene und erläuterte Ausgabe, hg. von Friedrich Panzer, 4 Bde., Leipzig 1920.
Schelsky, Helmut: *Die skeptische Generation. Eine Soziologie der deutschen Jugend*, Düsseldorf 1957.
Schenckendorf, Max von: *Gedichte*. Mit einem Lebensabriß und Erläuterungen hg. von August Hagen, Stuttgart 1878.
Ders.: *Gedichte*, hg. von E. Groß, Berlin u. a., o. J. [1912].
Scheurig, Bodo von: *Henning von Tresckow. Ein Preuße gegen Hitler. Biographie*, Berlin 2004 (Neuausgabe).
Schieber, Martin: *Geschichte Nürnbergs*, München 2007.
Schieder, Theodor: *Friedrich der Große. Ein Königtum der Widersprüche*, München 2002.
Schieder, Wolfgang: «Zwei Generationen im militärischen Widerstand gegen Hitler», in: Schmädeke/Steinbach (Hgg.), *Der Widerstand gegen den Nationalsozialismus*, S. 436–459.
Schildt, Alex: *Ankunft im Westen. Ein Essay zur Erfolgsgeschichte der Bundesrepublik*, Frankfurt am Main 1999.
Schiller, Friedrich: *Werke*, hg. von Ludwig Bellermann (= Meyers Klassiker-Ausgaben), Leipzig und Wien o. J.

Schivelbusch, Wolfgang: *Die Kultur der Niederlage. Der amerikanische Süden 1865. Frankreich 1871. Deutschland 1918*, Berlin 2001.
Schlegel, Friedrich: *Ansichten und Ideen von der christlichen Kunst*, hg. und eingel. von Hans Eichner, Paderborn, München, Wien 1959 (= Kritische Friedrich-Schlegel-Ausgabe, I. Abt., 4. Bd.).
Ders.: *Werke. Kritische Ausgabe*. Hg. von Ernst Behler, Paderborn und Wien 1966.
Schmädeke, Jürgen/Steinbach, Peter (Hgg.), *Der Widerstand gegen den Nationalsozialismus. Die deutsche Gesellschaft und der Widerstand gegen Hitler*, München 1985 (= Publikationen der Historischen Kommission zu Berlin).
Schmale, Wolfgang: *Scheitert Europa an seinem Mythendefizit?*, Bochum 1997.
Schmid, Harald: «‹Wir Antifaschisten›. Zum Spannungsfeld generationeller Erfahrung und politischer Ideologie in der DDR», in: *Politische Erinnerung*, S. 150–167.
Schmidt, Alfred: *Emanzipatorische Sinnlichkeit. Ludwig Feuerbachs anthropologischer Materialismus*, München 1973.
Schmidt, Hans M.: «Burgenromantik im Rheinland und zum Einfluss englischer Architektur im 19. Jahrhundert», in: Honnef u. a. (Hgg.), *Vom Zauber des Rheines ergriffen*, S. 307–318.
Schmidt, Walter: «Barbarossa im Vormärz», in: Engel/Töpfer (Hgg.), *Kaiser Friedrich Barbarossa*, S. 171–204.
Schmidt-Sasse, Joachim: «Die Kunst aufzuhören. Der Nibelungen-Stoff in Heiner Müllers Germania Tod in Berlin», in: Heinzle/Waldschmidt (Hgg.), *Die Nibelungen*, S. 370–396.
Schmitt, Carl: *Der Nomosder Erde im Völkerrecht des Ius Publicum Europaeum*, Köln 1950.
Ders.: *Theorie des Partisanen. Zwischenbemerkung zum Begriff des Politischen*, Berlin 1963.
Ders.: *Glossarium. Aufzeichnungen der Jahre 1947–1951*, hg. von Eberhard von Medem, Berlin 1991.
Ders.: *Katholizismus und politische Form* (1925), München 1984.
Schmitz, Walter (Hg.): *Die Zerstörung Dresdens. Antworten der Künste*, Dresden 2005.
Schneckenburger, Max: *Auswahl aus seinem Nachlass*, Stuttgart 1870.
Schneider, Friedrich (Hg.): *Universalstaat oder Nationalstaat. Macht und Ende des Ersten deutschen Reiches. Die Streitschriften von Heinrich v. Sybel und Julius Ficker zur deutschen Kaiserpolitik des Mittelalters*, Innsbruck [2]1943.
Schnurbein, Stefanie von: «Religiöse Ikonographie – religiöse Mission. Das völkische Weihespiel um 1910», in: *Kunst – Fest – Kanon. Inklusion und Exklusion in Gesellschaft und Kultur*. In Zusammenarbeit mit der Staatsoper Unter den Linden herausgegeben von Hermann Danuser und Herfried Münkler, Schliengen 2004, S. 85–97.
Scholder, Klaus: *Die Kirchen und das Dritte Reich*, Bd. 1: *Vorgeschichte und Illusionen. 1918–1934*, Frankfurt/M. u. a. 1977.
Schöllgen, Gregor: *Ulrich von Hassell. 1881–1944. Ein Konservativer in der Opposition*, München 1990.
Scholz, Robert: *Volk, Nation, Geschichte. Deutsche historische Kunst im 19. Jahrhundert*, Rosenheim o. J.
Schönhoven, Klaus: «Verschiedene Vergangenheiten. Geschichtskulturelle Konflikte im geteilten Deutschland», in: *Jahrbuch für Historische Kommunismusforschung 2000/2001*, S. 237–247.
Schramm, Percy Ernst: *Herrschaftszeichen und Staatssymbolik. Beiträge zu ihrer Geschichte vom dritten bis zum sechzehnten Jahrhundert*, Stuttgart 1954–56, München 1978.

Schramm, Wilhelm von: *Clausewitz. Leben und Werk*, Esslingen 1976.
Schreiber, Gerhard: *Kurze Geschichte des Zweiten Weltkriegs*, München 2005.
Schreiner, Klaus: «Die Staufer in Sage, Legende und Prophetie», in: *Die Zeit der Staufer. Geschichte – Kunst – Kultur*, Stuttgart 1977, Bd. III, S. 249–262.
Ders.: «Friedrich Barbarossa – Herr der Welt, Zeuge der Wahrheit, die Verkörperung nationaler Macht und Herrlichkeit», in: *Die Zeit der Staufer. Geschichte – Kunst – Kultur*, Stuttgart 1977, Bd. V, S. 521–579.
Schröder, Richard: *Deutschland schwierig Vaterland. Für eine neue politische Kultur*, Freiburg u. a. 1993.
Schroeder, Klaus: *Der SED-Staat. Partei, Staat und Gesellschaft 1949–1990*, München 1998.
Schuberth, Wilfried/Schmidt, Thomas: «‹Sieger der Geschichte›. Verordneter Antifaschismus und die Folgen», in: Karl-Heinz Heinemann/Wilfried Schuberth (Hgg.), *Der antifaschistische Staat entläßt seine Kinder*, Berlin 1992, S. 12–28.
Schuchardt, Günter: *Die Wartburg*, Leipzig 1995.
Ders.: «Die Wartburg. Ein nationales Denkmal unterm Hakenkreuz», in: Detlev Heiden / Gunther Mai (Hgg.), *Nationalsozialismus in Thüringen*, Weimar u. a. 1995, S. 374–398.
Ders.: «Eisenacher ‹Nationaldenkmäler›. Wartburg–Burschenschaftsdenkmal–Bismarckturm», in: Mai (Hg.), *Das Kyffhäuser-Denkmal*, S. 279–305.
Schüddekopf, Otto-Ernst: *Der Erste Weltkrieg. Bilder, Daten, Dokumente*, Gütersloh 1977.
Schüddekopf, Charles (Hg.), *«Wir sind das Volk!» Flugschriften, Aufrufe und Texte einer deutschen Revolution*, Reinbek 1990.
Schulte Wülwer, Ulrich: *Das Nibelungenlied in der deutschen Kunst des 19. und 20. Jahrhunderts*, Gießen 1980.
Schultheiss, Fr. Guntram: *Die deutsche Volkssage vom Fortleben und der Wiederkehr Kaiser Friedrichs II.*, Berlin 1911 (= Historische Studien, Bd. XCIV).
Schulze, Friedrich (Hg.), *1813–1815. Die deutschen Befreiungskriege in zeitgenössischer Schilderung*, Leipzig 1912.
Schulze, Hagen: *Weimar. Deutschland 1917–1933*, Berlin 1982 (= Siedler Deutsche Geschichte; Die Deutschen und ihre Nation).
Ders.: «Versailles», in: François/Schulze (Hgg.), *Deutsche Erinnerungsorte*, Bd. 1, S. 407–421.
Schulze, Hans K.: *Hegemoniales Kaisertum. Ottonen und Salier*, Berlin 1991 (= Siedler Deutsche Geschichte; Das Reich und die Deutschen).
Schütz, Erhard: «Der Volkswagen», in: François/Schulze (Hgg.), *Deutsche Erinnerungsorte*, Bd. 1, S. 352–369.
Ders./Gruber, Eckhard: *Mythos Reichsautobahn. Bau und Inszenierung der «Straßen des Führers» 1933–1941*, Berlin 1996.
Schwartz, Eduard: *Das Geschichtswerk des Thukydides* [1919], Hildesheim ³1960.
Schwarz, Hilmar: «Luthers Tintenfleck auf der Wartburg», in: *Wartburg-Jahrbuch 2005*, S. 112–121.
Schweizer, Stefan: «‹Der Saal wird zur mächtigen Halle von ehedem› oder: Wie der ‹Sängerkrieg auf der Wartburg› seinen Ort und seine ‹Bilder› fand», in: *Wartburg-Jahrbuch 2003*, S. 47–88.
Ders: «Der katholische Maler und sein protestantischer Auftraggeber. Moritz von Schwinds Elisabeth-Zyklus auf der Wartburg», in: Blume/Werner (Hgg.), *Elisabeth*, S. 547–563.

Schwerte, Hans [= Hans Ernst Schneider]: *Faust und das Faustische. Ein Kapitel deutscher Ideologie*, Stuttgart 1962.

Schwilk, Heimo: *Ernst Jünger. Ein Jahrhundertleben*, München und Zürich 2007.

von See, Klaus: *Die Ideen von 1789 und die Ideen von 1914. Völkisches Denken in Deutschland zwischen Französischer Revolution und Erstem Weltkrieg*, Frankfurt/M. 1975.

Ders.: *Barbar, Germane, Arier. Die Suche nach der Identität der Deutschen*, Heidelberg 1994.

Ders.: «Der Arier-Mythos», in: Nikolaus Buschmann/Dieter Langewiesche (Hgg.), *Der Krieg in den Gründungsmythen europäischer Nationen und der USA*, Frankfurt/New York 2003, S. 56–96.

Seibt, Gustav: «Das Brandenburger Tor», in: François/Schulze (Hgg.), *Deutsche Gedächtnisorte*, Bd. 2, S. 67–85.

Ders.: «Sein Kaiser. Goethe im Empire», in: *Merkur*, Heft 7, 62 Jg., 2008, S. 565–577.

Seiler, Bernd W.: «‹Dolchstoß› und ‹Dolchstoßlegende›», in: *Zeitschrift für deutsche Sprache*, Bd. 22, 1966, S. 1–20.

Seitter, Walter: *Das politische Wissen im Nibelungenlied*. Vorlesungen, Berlin o. J. [1987].

Selling, Jan: *Aus dem Schatten der Vergangenheit. Deutschlands nationale Identitätssuche nach 1990*, Leipzig 2007.

Seydel, Renate (Hg.): *Charlotte von Stein und Johann Wolfgang von Goethe. Die Geschichte einer großen Liebe*, München 1993.

Sieferle, Rolf Peter: *Die Konservative Revolution. Fünf biographische Skizzen*, Frankfurt am Main 1995.

Simrock, Karl: *Das malerische und romantische Rheinland*. Mit Veduten von Verkas, Frommel u. a., Leipzig 1838–1840.

Smirin, Moses Mendelssohn [1946/1952]: *Die Volksreformation des Thomas Müntzer und der große Bauernkrieg*, 3 Bde., Frankfurt/M. 1976.

Sombart, Nicolaus: *Jugend in Berlin. 1933–1945. Ein Bericht*, München, Wien 1984.

Ders.: *Wilhelm II. Sündenbock und Herr der Mitte*, Berlin 1996.

Ders.: *Rendezvous mit dem Weltgeist. Heidelberger Reminiszenzen 1945–1951*, Frankfurt/M. 2000.

Sombart, Werner: *Händler und Helden*, München 1915.

Spengler, Oswald: *Preußentum und Sozialismus*, München 1919.

Ders.: *Jahre der Entscheidung. Deutschland und die weltgeschichtliche Entwicklung* (1933), München [2]1980.

Ders.: *Der Untergang des Abendlandes. Umrisse einer Morphologie der Weltgeschichte*, [1923] München 1998.

Speth, Rudolf: *Nation und Revolution. Politische Mythen im 19. Jahrhundert*, Opladen 2000.

Ders.: «‹Du bist Deutschland›. Vom Verfertigen kollektiver Selbstbilder», in: *vorgänge*, 46. Jg., 2007, Heft 1, S. 54–65.

Spies, Hans-Bernd (Hg.): *Die Erhebung gegen Napoleon 1806–1814/15*, Darmstadt 1981 (= Quellen zum politischen Denken der Deutschen im 19. und 20. Jahrhundert, Bd. II).

Spotts, Frederik: *Bayreuth. Eine Geschichte der Wagner-Festspiele*. Aus dem Engl. von Hans J. Jacobs, München 1994.

Staats, Reinhart: *Die Reichskrone. Geschichte und Bedeutung eines europäischen Symbols*, Göttingen 1991.

Stauber, Reinhard: «Nürnberg und Italien in der Renaissance», in: Neuhaus (Hg.), *Nürnberg*, S. 123–149.
Stein, Hans Peter, mit einem Beitrag von Hans-Martin Ottmer: *Symbole und Zeremoniell in deutschen Streitkräften vom 18. bis zum 20. Jahrhundert*, Herford und Bonn 1984.
Steinbach, Peter/Tuchel, Johannes (Hgg.): *Widerstand in Deutschland 1933–1945. Ein historisches Lesebuch*, München 1994.
Steinert, Marlies: *Hitler*. Aus dem Franz. von Guy Montag und Volker Wieland, München 1994.
Steininger, Rolf: *Deutsche Geschichte seit 1945. Darstellung und Dokumente in vier Bdn.*, Frankfurt am Main 1996.
Steinmetz, Max: *Deutschland 1476–1648. Lehrbuch der deutschen Geschichte*, Berlin [DDR] 1965.
Ders. (Hg.): *Die frühbürgerliche Revolution in Deutschland*, Berlin 1985 (= Studienbibliothek DDR-Geschichtswissenschaft, Bd. 5).
Stephan, Alexander: *Anna Seghers' Das Siebte Kreuz. Welt und Wirken eines Romans*, Berlin 1997.
Stephan, Karsten: *Erinnerungen an den Zweiten Weltkrieg. Zum Zusammenhang von nationaler Identität und kollektiver Erinnerung*, Baden-Baden 2006.
Sternberger, Dolf: *Panorama oder Ansichten vom 19. Jahrhundert*, Frankfurt am Main 1974.
Ders.: *Drei Wurzeln der Politik*, Frankfurt am Main 1978 (= Schriften, Bd. II).
Ders.: *Verfassungspatriotismus*, Frankfurt am Main 1990 (= Schriften, Bd. X).
Stolleis, Michael: *Arcana imperii und Ratio status. Bemerkungen zur politischen Theorie des 19. Jahrhunderts*, Hamburg 1980.
Storch, Wolfgang (Hg.): *Die Nibelungen. Bilder von Liebe, Verrat und Untergang*, München 1987.
Storch, Wolfgang: «Rheingold», in: Gassen/Holeczek (Hgg.), *Mythos Rhein*, S. 243–262.
Stöver, Bernd: *Die Bundesrepublik Deutschland*, Darmstadt 2002 (= Kontroverse um die Geschichte).
Strachan, Hew: *Der Erste Weltkrieg. Eine neue illustrierte Geschichte*. Aus dem Engl. von Helmut Ettinger, München 2004.
Strauss, Gerald: *Sixteenth Century Germany. Its Topography and Topographers*, Madison 1959.
Ders.: *Nuremberg in the sixteenth century: City politics and life between Middle Ages and Modern Times*. Bloomington: Indiana University Press 1976.
Stürmer, Michael: *Das ruhelose Reich. Deutschland 1860–1918*, Berlin 1983 (= Siedler Deutsche Geschichte. Die Deutschen und ihre Nation).
Sybel, Heinrich Karl Ludolf von: «Über die neueren Darstellungen der deutschen Kaiserzeit», in: Schneider (Hg.): *Universalstaat oder Nationalstaat*, S. 1–18.
Tacitus: *Germania*. Lat./dt., übersetzt und mit einem Nachwort von Manfred Fuhrmann, Stuttgart 1978.
Tacitus: *Annalen*, lat./dt. hg. von Erich Heller, Darmstadt [2]1992.
Tanzmann, Bruno: *Versuch einer neuen Deutung des Nibelungenliedes*, Dresden 1919.
Taylor, Frederick: *Dresden, Dienstag, 13. Februar 1945. Militärische Logik oder blanker Terror?* Aus dem Engl. von Friedrich Griese, München 2004.
Taylor, Telford: *Die Nürnberger Prozesse. Hintergründe, Analysen und Erkenntnisse aus heutiger Sicht*. Aus dem Amerikan. von Michael Schmidt, München 1994.

Thamer, Hans Ulrich: *Verführung und Gewalt. Deutschland 1933–1945*, Berlin 1986 (= Siedler Deutsche Geschichte. Die Deutschen und ihre Nation).
Thauer, Wolfgang: *Geschichte der Öffentlichen Bücherei in Deutschland*, Wiesbaden ²1990.
Theissen, Andrea: «Speyer. ‹Metropolis Germaniae›», in: Baumunk/Brunn (Hgg.), *Hauptstadt*, S. 63–67.
Thiele, Johannes: *Luise. Königin von Preußen. Das Buch ihres Lebens*, München 2003.
Thimme, Anneliese: *Flucht in den Mythos. Die Deutschnationale Volkspartei und die Niederlage von 1918*, Göttingen 1969.
Thoma, Ludwig: *Lausbubengeschichten*, Stuttgart 2003.
Thompson, Damian: *Das Ende der Zeiten. Apokalyptik und Jahrtausendwende*. Aus dem Engl. von Gerold Dommermuth-Gudrich, Hildesheim 1997.
Timm, Albrecht: *Der Kyffhäuser im deutschen Geschichtsbild*, Göttingen 1961 (= Historisch-politische Hefte der Ranke-Gesellschaft, Nr. 3).
Ders.: *Barbarossasage in Kaiserslautern und am Kyffhäuser*, Bonn 1974.
Timpe, Dieter: *Arminius-Studien*, Heidelberg 1970 (= Bibl. der Klass. Altertumswiss., NF, 2. Reihe, Bd. 34).
Tittel, Lutz: *Das Niederwalddenkmal 1871–1883*, Hildesheim 1979.
Ders.: «Monumentaldenkmäler von 1871 bis 1918 in Deutschland. Ein Beitrag zum Thema Denkmal und Landschaft», in: Mai/Waetzold (Hgg.), *Kunstverwaltung, Bau- und Denkmalpolitik im Kaiserreich*, S. 215–275.
Titzmann, Michael: «Die Konzeption der ‹Germanen› in der deutschen Literatur des 19. Jahrhunderts»; in Link/Wülfing (Hgg.), *Nationale Mythen und Symbole*, Stuttgart 1991, S. 120–145.
Treitschke, Heinrich von: *Deutsche Geschichte im Neunzehnten Jahrhundert*, 5 Bde., Leipzig ¹⁰1918.
Treß, Werner: *«Wider den undeutschen Geist»: Bücherverbrennung 1933*, Berlin 2003.
Tuchman, Barbara: *August 1914. Der Ausbruch des Ersten Weltkriegs*, Bern und München 1964.
Tümmers, Horst Johannes: *Der Rhein. Ein europäischer Fluß und seine Geschichte*, München 1994.
Ders.: *Rheinromantik. Romantik und Reisen am Rhein*, Köln 1968.
Turner, Henry Ashby, Jr.: *Die Großunternehmer und der Aufstieg Hitlers*, Berlin 1985.
Ueberschär, Gerd R. (Hg.): *Das Nationalkomitee «Freies Deutschland» und der Bund deutscher Offiziere*, Frankfurt am Main 1995.
Ders.: *Stauffenberg. Der 20. Juli 1944*, Frankfurt am Main 2004.
Uhle-Wettler, Franz: *Höhe- und Wendepunkte deutscher Militärgeschichte. Von Leuthen bis Stalingrad*, Graz 2006.
Ulbricht, Justus H.: «‹Deutsche Renaissance›. Weimar und die Hoffnung auf die kulturelle Regeneration Deutschlands zwischen 1900 und 1933», in: John/Wahl (Hgg.), *Zwischen Konvention und Avantgarde*, S. 191–208.
Ullrich, Klaus/Seifert, Peter/Müller, Brigitte/Sauer, Horst: *Deutsche Demokratische Republik*, Leipzig 1989.
Ullrich, Volker: *Die nervöse Großmacht. Aufstieg und Untergang des deutschen Kaiserreichs 1871–1918*, Frankfurt/M. 1997.
Ullrich, Wolfgang: «Der Bamberger Reiter und Uta von Naumburg», in: François/Schulze (Hgg.), *Deutsche Erinnerungsorte*, Bd. 1, S. 322–334.

Ulmann, Heinrich: *Geschichte der Befreiungskriege 1813 und 1814*, 2 Bde., München und Berlin 1914.
Unverfehrt, Gerd: «Arminius als nationale Leitfigur. Anmerkungen zu Entstehung und Wandel eines Reichssymbols», in: Mai/Waetzoldt (Hgg.), *Kunstverwaltung, Bau- und Denkmalpolitik*, Berlin 1981, S. 315–340.
Urich, Karin: *Die Bürgerbewegung in Dresden 1989/90*, Köln u. a. 2001.
Usczeck, Hansjürgen: *Scharnhorst. Theoretiker – Reformer – Patriot. Sein Werk und seine Wirkung in seiner und für unsere Zeit*, Berlin [DDR] 1972.
van Roon, Ger: *Widerstand im Dritten Reich. Ein Überblick*, München 1994 (6., überarb. Aufl.).
Veit-Brause, Irmline: *Die deutsch-französische Krise von 1840. Studien zur deutschen Einheitsbewegung*, Diss. Phil. Köln 1967.
Vergoossen, Manuela: «Authentizität und Historismus. Moritz von Schwinds ‹Sängerwettstreit auf der Wartburg› als Repräsentation bürgerlicher Geltungsansprüche», in: *Geltung der Literatur. Formen ihrer Autorisierung und Legitimierung im Mittelalter*, hg. von Beate Keller, Peter Strohschneider und Franziska Wenzel, Berlin 2005, S. 121–125.
Verhey, Jeffrey: *Der «Geist von 1914» und die Erfindung der Volksgemeinschaft*. Aus dem Engl. von Jürgen Bauer und Edith Nerke, Hamburg 2000.
Vietor-Engländer, Deborah: *Faust in der DDR*, Frankfurt am Main u. a. 1987.
Vogel, Jacob: «Die Pickelhaube», in: François/Schulze (Hgg.), *Deutsche Erinnerungsorte*, Bd. 2, S. 299–314.
Völker, Werner: *Als die Römer frech geworden … Die Schlacht im Teutoburger Wald*, Berlin 1981.
Ders. (Hg.): Faust. *Ein deutscher Mann. Die Geburt einer Legende und ihr Fortleben in den Köpfen*, Berlin 1999 (erw. und veränderte Neuausgabe).
Waas, Adolf: *Der Bauernkrieg. Die Bauern im Kampf um Gerechtigkeit. 1300 bis 1525*, Wiesbaden o. J.
Wachinger, Burghart: *Sängerkrieg. Untersuchungen zur Spruchdichtung des 13. Jahrhunderts*, München 1973 (= Münchener Texte und Untersuchungen zur deutschen Literatur des Mittelalters, Bd. 42).
Wackenroder, Wilhelm Heinrich/Tieck, Ludwig: *Herzergießungen eines kunstliebenden Klosterbruders*, hg. von Martin Bollacher, Stuttgart 2005.
Wagner, Leonie: *Nationalsozialistische Frauenansichten. Vorstellungen von Weiblichkeit und Politik führender Frauen im Nationalsozialismus*, Frankfurt am Main 1996.
Wagner, Richard: *Sämtliche Schriften und Dichtungen*, hg. von Richard Sternfeld, 16 Bde., Leipzig [6]1911.
Ders: *Dichtungen und Schriften. Jubiläumsausgabe in zehn Bänden*, hg. von Dieter Borchmeyer, Frankfurt/M. 1983.
Wapnewski, Peter: *Weißt du wie das wird …? Richard Wagner. Der Ring des Nibelungen*, München 1995.
Weber, Hermann: *Geschichte der DDR*, München 1999 (aktualisierte und erweiterte Neuausgabe).
Weber, Marianne: *Max Weber – ein Lebensbild*, Tübingen 1984.
Weber, Max: *Gesammelte Politische Schriften*, hg. von Joh. Winckelmann, Tübingen 1980.
Weber, Wilhelm: «Luther-Denkmäler – Frühe Projekte und Verwirklichungen», in: Mittig/Plagemann (Hgg.), *Denkmäler im 19. Jahrhundert*, S. 113–215 und 398–415.

Wefing, Heinrich: *Kulisse der Macht. Das Berliner Kanzleramt*, Stuttgart und München 2001.
Weigel, Heinrich: «Der ‹Wartburg-Poet› Ludwig Bechstein»; in *Wartburg-Jahrbuch 2001*, S. 119–142.
Weigend, Friedrich u. a. (Hgg.): *Keine Ruhe im Kyffhäuser. Das Nachleben der Staufer. Ein Lesebuch zur deutschen Geschichte*, Stuttgart und Aalen 1978.
Wein, Franziska: *Deutschlands Strom – Frankreichs Grenze. Geschichte und Propaganda am Rhein 1919–1930*, Essen 1992.
Weinfurter, Stefan: «Mythos Friedrich Barbarossa: Heiliges Reich und Weltkaiseridee», in: Altrichter u. a. (Hgg.): *Mythen in der Geschichte*, S. 237–260.
Wellhöner, Volker: *«Wirtschaftswunder» – Weltmacht – westdeutscher Fordismus. Der Fall Volkswagen*, Münster 1996.
Wells, Peter S.: *Die Schlacht im Teutoburger Wald*, dt. von Lutz Walther, Düsseldorf/Zürich 2005.
Welzer, Harald (Hg.): *Das soziale Gedächtnis. Geschichte, Erinnerung, Tradierung*, Hamburg 2001.
Ders.: *Das kommunikative Gedächtnis. Eine Theorie der Erinnerung*, München 2002.
Werber, Niels: *Die Geopolitik der Literatur. Eine Vermessung der medialen Weltordnung*, München 2007.
Werner, Michael: «Die ‹Germania›», in: François/Schulze (Hgg.), *Deutsche Erinnerungsorte*, Bd. 3, S. 569–586.
Werz, Nicolaus: «Helmut Kohl: Auf dem Weg zum Mythos?», in: Yves Bizeul (Hg.), *Politische Mythen und Rituale*, S. 219–234.
Weschenfelder, Klaus: «Der Denkmal-Komplex. Das Deutsche Eck zu Koblenz von 1945 bis in die jüngste Zeit», in: Gassen/Holeczek (Hgg.), *Mythos Rhein*, S. 323–328.
Ders.: «Ein Bild aus Erz und Stein». Kaiser Wilhelm am Deutschen Eck und die Nationaldenkmäler, Koblenz 1997.
Wesh, Helga A.: «‹Antifaschistisch-demokratische Umwälzung› und politische Säuberung in der sowjetischen Besatzungszone Deutschlands», in: Klaus Dietmar Henke/Hans Woller (Hgg.), *Politische Säuberung in Europa. Die Abrechnung mit Faschismus und Kollaboration nach dem Zweiten Weltkrieg*, München 1991, S. 84–107.
Wette, Wolfram: *Die Wehrmacht. Feindbilder, Vernichtungskrieg, Legenden*, Frankfurt am Main 2002.
Wiedemann, Conrad: «Deutsche Klassik und nationale Identität. Eine Revision der Sonderwegs-Frage», in: ders., *Grenzgänge. Studien zur europäischen Literatur und Kultur*, hg. von Renate Stauf und Cord-Friedrich Berghahn, Heidelberg 2005, S. 203–242.
Ders.: «Zwischen Nationalgeist und Kosmopolitismus. Über die Schwierigkeiten der deutschen Klassiker, einen Nationalhelden zu finden», in: *Aufklärung*, 4. Jg., 1991, Heft 2, S. 75–101.
Wiegels, Rainer/Woesler, Winfried (Hgg.): *Arminius und die Varusschlacht. Geschichte – Mythos – Literatur*, Paderborn u. a. 1995.
Wilke, Manfred: «Antifaschismus als Legitimation staatlicher Herrschaft in der DDR», in: Bundesministerium des Innern (Hg.), *Bedeutung und Funktion des Antifaschismus*, Bonn 1990, S. 52–64.
Ders.: «Mythos Antifaschismus. Die KPD und die Durchsetzung einer ‹antifaschistisch-demokratischen Neuordnung›», in: *vorgänge*, 46. Jg., 2007, Heft 1, S. 94–102.

Wilkiewicz, Zbigniew R.: «Die großen nationalen Mythen Polens», in: Bizeul (Hg.), *Politische Mythen und Rituale*, S. 59–72.
Winkle, Ralph: *Der Dank des Vaterlandes. Eine Symbolgeschichte des Eisernen Kreuzes 1914 bis 1936*, Essen 2007.
Winkler, Heinrich August: *Der lange Weg nach Westen*, 2 Bde., München 2000.
Ders.: *Auf ewig in Hitlers Schatten? Anmerkungen zur deutschen Geschichte*, München 2007.
Winzen, Peter: *Bülows Weltmachtkonzept*, Boppard 1977.
Ders.: «Der Krieg in Bülows Konzept. Katastrophe der Diplomatie oder Chance zur Machtexpansion?», in: Jost Dülffer/Karl Holl (Hgg.), *Bereit zum Krieg. Kriegsmentalität im wilhelminischen Deutschland 1890–1914*, Göttingen 1986, S. 161–193.
Woeller, Waltraut und Matthias: *Sage und Weltgeschichte*, Berlin/Leipzig 1991.
Woesler, Winfried: «‹Enkel Hermanns und Thusneldens› – Heines Kritik an der Funktionalisierung des Hermann-Mythos», in: Wiegels/Woesler (Hgg.), *Arminius und die Varusschlacht*, S. 399–409.
Wolff, Christoph: *Johann Sebastian Bach*, Frankfurt am Main 2000.
Wolffsohn, Michael: *Die Deutschland-Akte. Juden und Deutsche in Ost und West. Tatsachen und Legenden*, München 1995.
Wolfram, Herwig: «Herkunftsmythen», in: Altrichter u. a. (Hgg.), *Mythen in der Geschichte*, S. 161–175.
Ders: *Das Reich und die Germanen. Zwischen Antike und Mittelalter*, Berlin 1990 (= Siedler Deutsche Geschichte. Das Reich und die Deutschen).
Wolfrum, Edgar: *Geschichtspolitik in der Bundesrepublik Deutschland. Der Weg zur bundesrepublikanischen Erinnerung, 1948–1990*, Darmstadt 1999.
Ders.: *Die geglückte Demokratie. Geschichte der Bundesrepublik Deutschland von den Anfängen bis zur Gegenwart*, Stuttgart 2006.
Ders.: *Die 50er Jahre. Kalter Krieg und Wirtschaftswunder*, Darmstadt 2006.
Wolgast, Eike: «Wartburgfest 1817 und Hambacher Fest 1832 – Programmatik und Rhetorik», in: *Wartburg-Jahrbuch 2001*, S. 98–118.
Wolin, Richard: *Seinspolitik. Das politische Denken Martin Heideggers*, Wien 1991.
Wolters, Reinhard: *Die Schlacht im Teutoburger Wald. Arminius, Varus und das römische Germanien*, München 2008.
Wrede, Charlotte von: «Der ‹deutsche› Faust – für immer gestorben?, in: Carcenac/Lecomte u. a. (Hgg.), *Steinbruch*, S. 99–114.
Wülfing, Wulf: «Die heilige Luise von Preußen. Zur Mythisierung einer Figur in der Geschichte der deutschen Literatur des 19. Jahrhunderts», in: Link/Wülfing (Hgg.), *Bewegung und Stillstand in Metaphern und Mythen. Fallstudien zum Verhältnis von elementarem Wissen und Literatur im 19. Jahrhundert*, Stuttgart 1984, S. 233–275.
Ders.: «Eine Frau als Göttin. Luise von Preußen», in: Bodo von Borries u. a. (Hgg.), *Sammelband Geschichtsdidaktik: Frau in der Geschichte I/II/III*; Düsseldorf 1984, S. 172–190.
Ders.: «‹Heiland› und ‹Höllensohn›. Zum Napoleon-Mythos im Deutschland des 19. Jahrhunderts», in: Helmut Berding (Hg.), *Mythos und Nation*, Frankfurt am Main 1996, S. 164–184.
Wülfing, Wulf/Bruns, Karin/Parr, Rolf: *Historische Mythologie der Deutschen. 1798–1918*, München 1991.
Wunderlich, Werner (Hg.): *Der Schatz des Drachentödters. Materialien zur Wirkungsgeschichte des Nibelungenliedes*, Stuttgart 1977.

Wünschel, Hans-Jürgen: «Die Wacht am Rhein. Ein Fluß als Politikum», in: Gassen/Holeczek (Hgg.), *Mythos Rhein*, S. 297–320.

Würffel, Stefan Bodo: «Fausts Wandel in der Literatur der DDR», in: *Europäische Mythen der Neuzeit: Faust und Don Juan*, hg. von Peter Csobádi u.a., Salzburg 1993, Bd. 1, S. 507–521.

Zehnhefer, Siegfried: *Die Reichsparteitage der NSDAP. Geschichte, Struktur und Bedeutung der größten Propagandafeste im nationalsozialistischen Feierjahr*, Nürnberg 1991 (= Nürnberger Werkstücke zur Stadt- und Landesgeschichte, Bd. 46).

Zeller, Eberhard: *Oberst Claus Graf von Stauffenberg. Ein Lebensbild*, Paderborn u.a. 1994.

Dr. Zentgraf: *Wald und Volk*, Langensalza 1923 (= Schriften zur politischen Bildung, Heft 10).

Zimmering, Raina: *Mythen in der Politik der DDR. Ein Beitrag zur Erforschung politischer Mythen*, Opladen 2000.

Ziolkowski, Theodore: *Das Wunderjahr in Jena. Geist und Gesellschaft 1794/95*, Stuttgart 1998.

Zollitsch, Wolfgang: *Arbeiter zwischen Weltwirtschaftskrise und Nationalsozialismus. Ein Beitrag zur Sozialgeschichte der Jahre 1928 bis 1936*, Göttingen 1990.

Zons, Rainer: «Von der ‹Not der Welt› zur absoluten Feindschaft», in: *Zeitschrift für deutsche Philologie*, Bd. 109, 1990, Heft 2, S. 175–198.

Namenregister

Bildnachweis

Bildarchiv Preußischer Kulturbesitz 108, 148, 300, 328; Bildarchiv Preußischer Kulturbesitz / Jörg P. Anders 388; LWL-Landesmuseum für Kunst und Kulturgeschichte Münster / Dauerleihgabe des Westfälischen Kunstvereins 164; picture-alliance / akg-images 36, 198, 232, 256, 274, 362; picture-alliance / dpa 454; picture-alliance / KPA Honorar und Belege 68; ullstein bild 182, 216; ullstein bild / globalmoments 420

Danksagung

Bei dem Projekt, das mich über einen Zeitraum von zwei Jahrzehnten beschäftigt hat, von der Publikation eines Büchleins über den deutschen Umgang mit dem Nibelungen-Mythos bis zur Niederschrift der letzten Absätze dieses Buches kurz vor Weihnachten 2008, hat sich eine Dankesschuld aufgehäuft, die größer ist, als dass sie durch einzelne Namensnennungen abgearbeitet werden könnte. So manche gesprächsweise Anregung und ein schnell übermittelter Hinweis sind in meine Überlegungen eingeflossen, ohne dass ich zu sagen wüsste, von wem und in welchem Zusammenhang sie gekommen sind.

Mein Dank gilt zunächst den Teilnehmern der Seminare zur Theorie politischer Mythen, die ich an der Humboldt-Universität mehrfach abgehalten und aus denen ich eine Fülle von Ideen und Anregungen mitgenommen habe. Hinzu kommen mehrere Dissertationen zu Themen der politischen Mythologie, die ich entweder selbst angeregt und betreut habe oder bei denen ich als Zweitgutachter tätig geworden bin. Namentlich erwähnen möchte ich Andreas Dörner, Joachim Meißner, Kathrin Mayer und Esther von Bruchhausen. Die Gespräche, die ich mit ihnen geführt habe, waren ein großer Gewinn für mich. Mein Dank gilt weiterhin Jens Hacke und Stephan Schlak, mit denen ich das Vergnügen hatte, ein Teilprojekt zu politischen Mythen in Deutschland nach 1989 innerhalb eines Sonderforschungsbereichs der Deutschen Forschungsgemeinschaft durchführen zu können. Sebastian Huhnholz, Eva Hausteiner und Susanne Kirchhoff haben als studentische Hilfskräfte dafür gesorgt, dass ich (fast immer) Einsicht in die benötigte Literatur nehmen konnte. Dabei haben sie manche freudlose Stunde am Kopiergerät verbracht, um mir die Möglichkeit zu geben, die Texte auch dann lesen zu können, wenn die Türen der Bibliotheken bereits verschlossen waren. Das war häufiger der Fall, als mir lieb sein konnte. Martin Valenske und Sophia Kleyboldt haben das Register gefertigt und sich an den Korrekturen beteiligt. Auch dafür mein Dank.

Gunnar Schmidt hat mich ermuntert, das lange projektierte Buch endlich zu schreiben; vor allem aber hat er trotz der langen Entstehungsphase als Verleger immer daran geglaubt. Von Gerald Hubmann und Manfred Neuhaus habe ich eine Fülle von Hinweisen erhalten, Hans Grünberger hat erste Fassungen des Manuskripts gelesen und kommentiert, Grit Straßenberger, Karsten Fischer, Felix Wassermann und Sabine Meurer haben das zu einzelnen Kapiteln getan. Karina Hoffmann hat sich bei der Niederschrift des Textes einmal mehr nicht aus der Fassung bringen lassen und die Ordnung der Zettel und Einschübe, Fußnoten und Streichungen gewahrt, wenn nicht erst hergestellt. Bernd Klöckener hat das Buch lektoriert und mir in freundlicher Art immer wieder zu verstehen gegeben, wo es meiner Darstellung an Klarheit und Linienführung mangelte.

Während all der Jahre des Nachdenkens über politische Mythen und ihrer Bedeutung für die politische Kultur Deutschlands war mir meine Frau Marina Münkler eine ebenso unersetzliche wie unerbittliche Gesprächspartnerin. Ohne sie wäre das Buch nicht geschrieben worden. Ihr ist es in Dankbarkeit gewidmet.